KB188028

알면 다르게 보이는

일본문화

5

알면 다르게 보이는 일본 문화 5

초판 1쇄 펴낸날 | 2025년 3월 4일
초판 2쇄 펴낸날 | 2025년 4월 25일

지은이 | 이경수·강상규·동아시아 사랑방 포럼
펴낸이 | 고성환
펴낸곳 | (사)한국방송통신대학교출판문화원
　　　　주소 서울특별시 종로구 이화장길 54 (03088)
　　　　전화 1644-1232
　　　　팩스 (02)741-4570
　　　　홈페이지 https://press.knou.ac.kr
　　　　출판등록 1982년 6월 7일 제1-491호

출판위원장 | 박지호
편집 | 신경진
편집 디자인 | 티디디자인
표지 디자인 | 플러스

ⓒ 이경수·강상규·동아시아 사랑방 포럼, 2025
ISBN 978-89-20-05237-8 03730

값 24,000원

표지에 사용한 이미지는 '은제입배'(유물번호: 창덕21054)로 공공누리 제1유형에 따라 국립고궁박물관의
공공저작물을 이용했습니다.
(https://www.gogung.go.kr/gogung/pgm/psgudMng/view.do?menuNo=800065&psgud
Sn=362459)

알면 다르게 보이는

일본 문화 5

이경수·강상규·
동아시아 사랑방 포럼 지음

들어가기

《알면 다르게 보이는 일본 문화 5》를 펴내며

한국과 일본은 오래전부터 협력도 하고 갈등도 겪으며 지내 왔다. 대한민국의 국제적 위상이 높아지면서 한국을 찾는 외국인이 많이 증가했다. 한국관광공사 통계에 따르면 2023년 한 해 동안 한국을 찾은 외국인 관광객은 1,103만 명인데 그중 1위는 일본인 관광객으로 232만여 명이라고 한다. 특히 4회 이상 한국을 찾는 비율이 47.8%나 된다고 하니 지리적으로 가깝기 때문이기도 하지만 한국에 매력을 느끼는 일본인이 많다는 의미이기도 하다. 한국의 매력에 빠져 아예 한국에 거주하면서 유튜버로 활동하는 일본 젊은이들도 늘어나는 추세이다. 그들은 한국의 생활과 문화를 있는 그대로 일본인들에게 전달한다. 특히 인터뷰를 통해 한국의 '바로 지금'을 생생하게 소개하고 있어 흥미롭다. 아직 한국어가 능숙하지 않아 일본어를 섞어 사용하기도 하는데 그래서 더 친근하고 마음에 와닿는다. 당연히 일본어 학습자들에게는 공부에도 도움이 된다. 그렇다면 일본을 찾는 한국인 관광객은 얼마나 될까? 같은 통계에 따르면 2023년 한 해 동안 일본을 방문한 한국인 관광객은 695만여 명으로 일본을 방문한 외국인 관광객 중 1위라고 한다. 일본에 거주하는 한국인이 유튜브를 통해 일본의 생활과 문화를 소개하는 영상도 쉽게 찾아볼 수 있다. 또한 한국과 일본을 오가면서 양국의 문화를 비교하며 소개하는 채널도 인기이다. 이처럼 한일 양국의 개인들은 별다른 갈등 없이 직접 체험한 문화를 소개하고 공감하며 이해의 폭을 넓혀 가는 민간 외교관 역할을 톡톡히 하고 있다. 이런 민간 외교가 앞으로 한일 관계를 우호적으로 변화시키는 데 큰 역할을 할 것으로 기대한다. 이 책을 1권부터 읽었다는 일본인 독자들이 의외로 많은 것을 볼 때 《알면 다르게 보이는 일본 문화》도 작게나마 민간 교류의 역할을 담당한 것 같아 기쁘다. 일본인 독자들은 이 책을 통해 자신들도 제대로 몰랐던 일본 문화를 폭넓고 새롭게 이해할 수 있었다고 입을 모아 이야기한다.

2021년에 1권이 나온 《알면 다르게 보이는 일본 문화》가 어느새 5권을 세상에 내놓게 되었다. 일본 문화를 소개하는 책은 많지만 한국인과 일본인 필자가 공동으로, 전문가와 일반인이 함께 쓴 책은 아마 《알면 다르게 보이는 일본 문화》가 최초일 것이다. 일본 문화에 관심을 가진 한 분 한 분의 글이 모여 귀한 열매를 맺었다. 2021년 첫 책을 세상에 내놓을 때는 두렵기도 하고 긴장도 되었다. 당시는 한일 관계가 어려웠던 터라 작은 강의실을 빌려 조촐하게 출판기념회를 열었던 기억이 지금도 생생하다. 그런데 생각지도 못한 성원에 힘입어 어느새 5권을 출간하니 말할 수 없이 기쁘면서도 독자들이 어떤 평을 들려줄지 궁금하기도 하다. 독자들의 진솔한 비평은 성장의 밑거름이 된다. 《알면 다르게 보이는 일본 문화》가 아직은 다섯 살짜리 어린나무이지만 언젠가는 아름드리 거목이 되리라 믿는다.

5권의 특징은 일본 문화를 통하여 우리 문화를 생각한다는 표현이 어울릴 것 같다. 대표 필자의 한 사람으로서, 그리고 한국방송통신대학교 일본학과에서 오랫동안 학생들을 가르쳐 온 교수로서 한국인에게는 일본을 제대로 이해하도록 소개하고 일본인에게는 한국의 진정한 매력을 자연스럽게 알려 주고 싶다는 생각을 늘 하고 있었다. 한국인과 일본인이 함께 필자로 참여하면 다양한 관점에서 일본을 들여다볼 수 있을 것 같았다. 이를 실현하고자 '동아시아 사랑방 포럼'이라는 학술 모임을 만들었고, 그 모임에서 연구하고 토론한 내용을 바탕으로 도서 《알면 다르게 보이는 일본 문화》를 발간하게 되었다. 이 책에는 학술적이고 전문적인 내용도 있지만 일상적인 생활 문화를 다룬 글도 많아 일본의 이모저모를 알아보는 데 도움이 되었다는 피드백을 많이 받았다.

　한일 두 나라는 정치적으로는 불협화음을 낼 때도 있으나 개인적으로는 자주 왕래하며 쇼핑도 하고 맛있는 것도 먹고 우정도 쌓고 연애도 한다. 특히 1980년대 이후에 태어난 한국인들은 유소년 시절부터 일본 문화와 함께 자란 세대여서 일본 문화가 낯설지 않은 편이다. 한국이든 일본이든 젊은 세대일수록 궁금한 일이 있으면 직접 체험하려는 경향이 강하다. 만나서 어울리다 보면 이해하게 되고 자연스럽게 친해진다. 그러다 보니 젊은 층에서 한일 커플이 늘어나고 있는데 좋은 현상이라고 생각한다. 앞으로의 한일 관계를 밝게 보는 이유이기도 하다.

　《알면 다르게 보이는 일본 문화》 시리즈는 한국인과 일본인 필자들이 한국어로 쓴 최초의 일본 문화론이라는 평가를 받으면서 영광스럽게도 한국은 물론 일본의 언론에도 소개되었다. 특히 〈NHK WORLD-JAPAN〉의 〈하나 카페〉와 영어 방송 〈Friends Around The World〉를 비롯하여 《도쿄신문》, 《주니치신문》 같은 일본의 유력 언론에도 소개되었다. 〈하나 카페〉는 일본의 다양한 화제를 한국어로 이야기하며 하

나가 되는 청취자 참여 프로그램인데, 이곳에서는《알면 다르게 보이는 일본 문화》가 처음 발간된 2021년부터 매년 소개되고 있다. 그 밖에 일본에서 한국어를 가르치는 학원에서 교재로 사용하기도 한다. 또한 일본 야후에서 '知れば違って見える日本文化'로 검색하면 일본에서도 직접 구매할 수 있다. 한국에서는 교보문고, 예스24, 알라딘 등에서 일본 문화론 분야의 스테디셀러로 순항 중이다. 한국과 일본이 서로를 제대로 알고 교류하면서 함께 발전해 나가기를 바라는 우리의 소망이 민들레 씨앗처럼 퍼져 나가는 것을 보면 참으로 뿌듯하다. 처음의 기획 의도대로 민간 교류에 작은 보탬이 된 것 같아 필자 한 분 한 분이 귀하고 소중하다.

끝으로, 계속 이어지는 일본의 방송대학 교수와 학생들의 참여와 관심에 깊은 감사를 드린다. 아울러 원고 모집에서 정리 교정까지 도움을 주신 '동아시아 사랑방 포럼' 편집위원회의 고성욱 위원장님을 비롯하여 박경애, 한의정, 신재관, 김경옥, 이혜영, 이주영, 홍유선, 지계문, 최갑수 선생님께 진심으로 감사드린다. 특히 필자들의 개성 넘치는 다양한 글을 잘 정리해 주신 신경진 담당 편집자께도 깊이 감사드린다.《알면 다르게 보이는 일본 문화》시리즈가 앞으로도 이어 나갈 수 있도록 관심 있는 분들의 많은 성원을 부탁드린다.

공동 저자를 대표하여
평생교육의 메카 방송대 대학로 연구실에서
2025년 2월 이경수

차례

《알면 다르게 보이는 일본 문화》 시리즈에 나오는
일본의 주요 지명

왓카나이

아사히카와 • 비에이
오타루 • • 삿포로 • 후라노

하코다테

아오모리
아키타 • • 이와테

야마가타 • • 미야기
• 센다이
• 니가타
도야마 • • 후쿠시마
가나자와 • • 나가노
마츠모토 • 치바
돗토리 • 기후 • • 도쿄
고베 • 교토 • 요코하마
오카야마 • 아이치 • 시즈오카
히로시마 • 오사카 • 나고야 • 이즈반도
쓰시마 • 야마구치 • 다카마쓰 • 나라
후쿠오카 • 마쓰야마 • 와카야마 • 이세
사가 • 고치 • 나오시마
나가사키 • 오이타
구마모토
가고시마 • 미야자키

오키나와
오키노토리시마

생활 속 한국학과 일본학

커피와 인문학

이경수(한국방송통신대학교 일본학과 명예교수, 스페셜티커피앤티 연구소 소장)

친하게 지내던 교수의 퇴임식에서 커피와 인문학을 주제로 짤막한 강연을 해 달라는 부탁을 받았다. 내가 어설프기는 하지만 바리스타 자격증이 있기 때문일 것이다. 이런저런 에피소드가 떠오르기는 했으나 제대로 정리가 되어 있지 않아 다음 기회로 미루었다. 커피를 인문학과 연결해 이야기하면 재미있을 것 같기는 하다. 전에는 동료 교수들과 만나면 맥주를 마시면서 삶과 문학에 관한 이야기를 나누었으나, 내가 커피에 빠진 이후로는 커피, 차, 와인 이야기가 주를 이룬다. 가끔 주위 사람들에게 커피를 내려 주면서 커피에 관해 이런저런 이야기를 들려주면 다들 재미있어 한다. 언젠가는 커피와 인문학을 연결하는 작업을 해보려고 한다.

커피는 기호 식품이다. 자신에게 맞느냐 아니냐만 존재할 뿐 커피 맛은 주관적이다. 커피에도 장단점이 존재한다. 장점에 초점을 맞춰 연구하면 장점이 무수히 나오지만, 단점에 비중을 두고 연구하면 단점도 많이 나온다. 하지만 여기서는 커피의 긍정적인 면에 초점을 두려고 한다. 정신을 맑게 하는 에스프레소와 아메리카도 좋지만 핸드 드립 커피를 중심으로 이야기하고자 한다.

보통은 드립커피 한 잔에 138mg 정도의 카페인이 함유되어 있다고 한다. 개인차가 있기는 하지만, 일반적으로 커피를 한두 잔 마셔도 카페인의 영향은 그리 크지 않다. 커피를 잘 알고 마시면 좋은 점도 많다. 커피를 못 마시는 사람이라면 향만 맡아도 된다. 실제로 커피 향을 맡으면 알파파$_{\alpha波}$가 나오기 때문에 스트레스가 줄어든다. 알파파는 릴렉스 효과도 있어서 몸과 마음의 건강에도 좋다. 커피는 식후 30분 이내에 마시는 것이 좋다고 알려져 있다. 커피에 포함된 카페인과 클로로겐산에는 지방 연소 효과가 있어서 운동 전에 마시면 지방 연소에 도움이 된다. 또 커피는 이뇨 작용이 있어서 혈중 알코올 농도를 떨어뜨려서 수분과 함께 섭취하는 것이 좋다고 알려져 있다. 각성 효과와 집중력 강화에 도움이 되는 커피는 클로로겐산이나 타닌 등 항산화 물질을 함유하고 있다. 커피가 동맥 경화나 뇌경색 등 잘못된 생활 습관으로 생기는 병을 예방하고 노화 방지와 피부 미용 등 안티에이징에도 효과적인 이유이다. 또한 커피에 들어 있는 카페인은 도파민 분비를 촉진해 우울한 기분을 가라앉혀 준다. 이처럼 커피에는 의외로 좋은 점이 많다.

커피, 영화와 만나다 – 〈카모메 식당〉과 '코피 루왁'

인도네시아 커피는 풍부한 맛이 일품이다. 발리, 만델링, 토라자, 아체가요, 루왁 등이 대표적이다. 그중에서도 루왁 커피는 특히 유명하다. 몇 번 마셔 본 루왁 커피는 초콜릿과 바닐라 맛에 새콤달콤한 귤맛이 어우러져 매우 인상적이었다. 루왁 커피를 마셔 보고 싶었던 이유는 한국에도 잘 알려진 일본 영화 〈카모메 식당〉 때문이었다.

영화 〈카모메 식당〉은 무레 요코$_{群 ようこ}$의 소설 《카모메 식당》을 영화화했다. 핀란드 헬싱키의 어느 길모퉁이에서 일본식 식당 '카모메'를 운영하는 중년 여성이 일상에서 겪는 소소한 이야기가 담담하게 펼쳐진다. 주변에서 흔히 볼 수 있는 평범한 카모메 식당을 무대로 사람과 음식 이야기가 어우러져 하나의 인생 이야기가 된다. 소도시의 카페 같은 느낌의 카모메 식당은 누구나 부담 없이 들어가 커피를 마시는, 이야기와 휴식이 있는 곳이다. 여기에 나오는 루왁 커피 이야기가 매우 인상적이다. 어느 날 우연히 카모메 식당을 찾아온 한 손님이 커피는 마음으로 내려야 맛있는 법이라면서 주인공에게 맛있는 커피를 만드는 방법을 가르쳐 준다. 원두에 뜨거운 물을 붓기 전에 원두 입자를 검지로 살며시 누르면서 '코피 루왁' 하고 주문을 걸면 커피가 맛있어진다는 것이다. 그렇게 주문을 걸고 만든 커피를 주인공에게 내민다. 맛을 음미하는 주인공을 보면서 "맛있지? 커피는 자기가 내리기보다 남이 내려 주면 더 맛있는 법이야 うまいだろ。コーヒーは自分でいれるより人にいれてもらう方がうまいんだ。"라고 말한다. 반신반의하면서도 그대로 따라 했더니 정말로 커피가 맛있다며 손님들에게 칭찬을 받는다.

마음을 담아 정성껏 내려야 맛있는 커피가 탄생한다. 드리퍼에 담긴 분쇄된 원두에 작은 원을 그리듯 물을 따르며 천천히 내리는 커피는 느림의 미학 그 자체를 상징하기도 한다. 정성껏 내린 커피, 아늑한 분위기, 감미로운 음악을 들으며 좋은 사람과 함께 마신다면 맛없는 커피가 어디 있으랴만.

영화에 '코피 루왁'이라는 주문이 등장할 정도로 루왁 커피는 맛과 향도 일품이지만 생산 과정이 독특하고 생산량도 한정된 탓에 가격이 비싸기로도 유명하다. 사향고양이 인도네시아어로 '루왁'에게 커피 열매를 먹인 후 그 배설물에서 채취한 원두가 바로 루왁 커피의 원재료이다.

커피 열매는 사향고양이의 소화기관을 거치면서 껍질과 과육은 제거되고 원두는 온전한 상태로 변과 함께 배출된다. 소화 과정에서 나오는 효소가 원두를 발효시켜 루왁 커피 특유의 풍미를 만들어 낸다. 그렇게 배설물에 섞여 나온 원두를 씻어서 로스팅한 후 갈아서 뜨거운 물로 내리면 커피가 완성된다. 그러나 루왁 커피는 희소성 때문에 가격이 비싸지만, 야생 사향고양이를 잡아서 좁은 우리에 가두고 억지로 커피 열매를 먹여서 생산한다는 점에서 동물 학대라는 비판을 피할 수 없는 커피이기도 하다.

커피, 영화와 만나다 - 〈버킷리스트〉

당신이 지금 가장 하고 싶은 일은? 영화 〈버킷리스트〉는 공통점이라고는 전혀 없는 두 노인이 시한부를 선고받고 버킷리스트를 이루기 위해 함께 여행을 떠나는 이야기이다. 〈버킷리스트〉는 죽음을 눈앞에 둔 두 노인을 통해 역설적으로 우리의 가슴을 뭉클하게 우리의 삶을 성찰하게 만든다.

몸이 좋지 않아 병원에 입원한 카터 모건 프리먼는 대학 신입생 시절 죽기 전에 버킷리스트를 만들어 보라던 철학 교수의 말을 떠올리며 꼭 하고 싶은 일, 보고 싶은 것을 적어 본다. 그러나 가족에게 헌신하면서 자동차 정비사로 평생을 살아온 그에게 버킷리스트는 그저 쓸쓸한 추억일 뿐이다. 한편, 어릴 적부터 돈을 버는 일에만 몰두하고 살아온 에드워드 잭 니콜슨는 억만장자 재벌이 되었으나 성격이 괴팍해 여러 번 이혼한 데다가 딸마저 곁을 떠나 버리고 남은 것이라고는 세상에 대한 불만과 어마어마한 재산뿐이다. 이 두 사람이 우연히 같은 병실을 쓰게 된다. 카터가 선호하는 값싼 인스턴트 커피와 에드워드가 즐겨 마시며 자랑하는 세계 최고급 루왁 커피만큼이나 두 사람은 모든 면에서 확연하게 다르다. 둘은 처음엔 티격태격하지만 오로지 앞만 보며 살아왔다는 사실과 인생의 끝이 얼마 남지 않았다는 공통점으로 가까워지고 서로 의지한다. 어느 날 에드워드는 시한부 선고를 받은 카터가 구겨서 버린 버킷리스트를 주워서 읽어 보고는 자신이 해보고 싶은 일을 거기에 추가한다. 둘은 길어야 일 년 남짓 남은 삶을 생각하며 죽기 전에 버킷리스트를 실천하자며 함께 병원을 뛰쳐나가 열정적인 모험을 시작한다. 버킷리스트를 하나둘 성취하며 지내는 동안 둘 사이에는 진정한 우정이 싹트고 삶의 의미도 깨달아 간다.

그들의 버킷리스트 중에 '눈물이 날 때까지 웃기'가 있다. 병세가 악화되어 입원한 카터가 문병을 간 에드워드에게 루왁 커피를 아직도 마시느냐고 물으며 종이 한 장을 건네준다. 거기에는 세계 최고급 루왁 커피가 실은 고양이 똥에 섞여 나온 원두로 만든다는 내용이 적혀 있다. 이런 사실을 알게 된 둘은 그야말로 눈물이 나도록 웃는다. 루왁 커피가 그 소원을 이루어 준 것이다. 에드워드의 버킷리스트 중에는 '세상에서 가장 예쁜 여자와 키스하기'가 있다. 에드워드는 딸 에밀리의 만류에도 불구하고 딸을 폭행한 사위를 자신의 방식대로 혼내 준 일이 있다. 결국 사위는 딸을 떠났고 딸도 아버지를 원망하며 떠나 버렸다. 카터의 편지를 읽은 에드워드는 딸을 찾아가 용서를 구하고 예쁘게 자란 손녀딸을 만나 이마에 키스하면서 참된 행복이 무엇인지 깨닫는다. '세상에서 가장 예쁜 여자와 키스하기'가 이루어진 것이다. 그 밖에도 여러 버킷리스트가 있었는데 결국은 모두 달성한다.

커피와 사랑에 빠진 사람들

한국인의 커피 사랑은 어느 정도일까. 2023년 국내 성인 1인당 연간 커피 소비량은 405잔으로 전 세계 1인당 연간 커피 소비량인 152잔보다 두 배 이상 많다고 한다. 또한 통계청의 '서비스업 조사 보고서'에 따르면 국내 커피 전문점은 2022년 말 기준 10만 729개로 편의점보다도 많다고 하니 커피 공화국이라는 별명이 붙을 만도 하다.

커피와 사랑에 빠진 사람이 어찌 한국인뿐이겠는가. 바흐는 '커피 칸타타'로 잘 알려진 〈칸타타 BWV211〉을 작곡했는데 노랫말이 재미있다. '아, 커피는 얼마나 달콤한지, 천 번의 키스보다 사랑스럽고, 맛 좋은 포도주보다 더 부드러워.' 커피를 너무나 좋아하는 딸에게 아버지가 제발 커피 좀 그만 마시라고 하자, 딸은 커피 없이는 살 수 없다며 커피를 예찬하는 내용의 노래이다. 300년도 더 전에 태어난 바흐가 커피를 얼마나 좋아했는지 엿볼 수 있다. 바흐가 이 음악을 작곡한 18세기에도 정치와 철학과 예술을 토론하고, 사랑하는 사람들과 대화를 나누는 자리에 커피가 함께했던 모양이다. 베토벤은 주로 오전에 작품을 썼는데 원두 60알을 골라 모닝 커피용으로 추출하게 했다. 그래서 커피에서 '60'은 '베토벤 넘버'라고 불린다고 한다. 바흐, 베토벤과 함께 독일 음악의 '3B'로 불리는 브람스도 커피 애호가였다. 그는 자신의 커피는 직접 내려 마셨다. 괴테도 하루에 스무 잔이 넘는 커피를 마셔 주변 사람들이 중독을 걱정했을 정도이고, 독일 가곡의 왕 슈베르트도 소문난 커피 애호가였다. 슈베르트는 낡은 원두 그라인더를 '재산 목록 1호'라고 자랑했고, 그의 가곡 〈죽음과 소녀〉도 커피를 분쇄하면서 그 향기를 맡던 중 악상이 떠올라 썼다고 하니 커피와 사랑에 빠진 사람임이 분명하다. 프랑스의 계몽 사상가인 볼테르도 하루에 커피를 40잔 이상 마셔 주치의에게 '죽을 수도 있다'는 경고를 받았으나 끊지 않았다. 미국의 제26대 대통령을 지낸 루스벨트는 하루에 무려 3.8리터의 커피를 마신다는 소문이 돌 정도로 커피 애호가였다. 커피를 많이 마시는 탓에 커피잔도 엄청나게 커서 아들이 "아버지의 커피잔은 욕조보다 커 보인다."라고 했단다. 그가 1907년 테네시주 내슈빌의 맥스웰하우스 호텔에 머물 때 그곳의 커피 맛에 매료되어 "Good to the last drop! 마지막 한 방울까지 맛있다" 하면서 기뻐했다. 맥스웰하우스 커피는 이 문구를 광고에 활용했고, 지금까지 상품마다 브랜드 아래에 이 문구가 적혀 있다. 교황이 커피에 세례를 베풀었다는 이야기는 더 신기하다. 커피가 유럽에 처음 들어왔을 때, 로마의 몇몇 사제들이 커피는 사탄의 음료라면서 기독교인들이 커피를 못 마시게 해 달라고 당시 교황 클레멘트 8세에게 진정을 넣었다. 그러나 커피를 맛본 교황은 "사탄의 음료가 어찌 이렇게 맛있을 수 있단 말이냐? 이교도들만 즐긴다는 것이 아까울 정도이다. 커피에 세례를 내려 사탄을 쫓아내고 이를 진정한 기독교계의 음료로 명하노라." 하며 세례를 내려 기독교계의 공식 음료로 삼았다. 이를 계기로 커피가 유럽에 보편화되기 시작했다고 한다.

아주 먼 옛날, 염소 목동이 우연히 커피 열매를 발견한 덕분에 커피가 전 세계로 퍼져 나갔다고 하니, 커피에서 평안과 위로와 휴식을 얻는 커피 애호가들은 그 목동에게 감사할 일이다.

일본의 커피 대중화

　문헌에 따르면 우리나라에서 최초로 커피를 마신 사람은 고종 황제로 알려져 있다. 1895년 아관파천으로 러시아 공사관에 머물 때 커피를 마셨다고 기록되어 있다. 그러면 일본에는 커피가 언제 들어왔을까? 에도江戸 시대, 쇄국정책을 시행하면서도 나가사키의 데지마만은 유일한 무역 거점으로 남겨 두었다. 커피 원두가 일본에 전해진 것은 쇄국정책이 실시되던 1826년이다. 네덜란드인 지볼트가 커피는 건강과 장수에 효과가 있는 약과 같다고 선전하면서 일본에 커피를 보급했다고 한다. 일본은 개국하면서 서양 문화를 도입함과 동시에 커피에도 관심을 갖게 되었다. 미일수호통상조약1858의 체결과 함께 원두커피가 정식으로 수입되면서 커피 발전의 계기가 되었다. 일본의 카페 문화는 '깃사텐喫茶店'에서 싹트기 시작했다. 1888년, 일본 최초의 다방인 '가이사칸可否茶館'이 도쿄에서 문을 열었다. 메이지 시대부터 본격적으로 커피 애호가들이 늘어나고 문인들의 모임도 활성화된다. 이시카와 다쿠보쿠石川啄木, 기타하라 하쿠슈北原白秋, 다카무라 고타로高村光太郎 등 메이지 시대의 가인이나 시인들이 대표적인 인물이다. 특히 가인들이 니혼바시의 카페에 모여 담론을 즐기면서 커피의 대중화가 진행되었다. 1960년 커피 수입이 전면 자유화되면서 고베의 UCC우에시마 커피 주식회사는 세계 최초로 캔 커피를 발매하는 등 커피의 대중화에 기여했다. 이후 1996년 스타벅스가 일본에 상륙하면서 커피는 더욱 대중화되었다. 스타벅스야말로 한국과 일본의 커피 문화를 본격적으로 대중화했다고 할 수 있다. 시애틀에 있는 스타벅스 본점은 1971년에 문을 열었다.

일본의 '글로버 정원'에 가면 정원 전체에 커피 향이 은은하게 퍼진다. 그 커피향을 따라가면 지유테이 自由亭라는 커피숍이 나타난다. 그곳에서 나가사키항을 바라보면서 마시는 커피 맛은 그야말로 일품이다. 일본 최초의 서양요리 전문점인 지유테이에서는 후식으로 커피가 나왔다고 한다. 1878년에 지어진 지유테이는 여러 가지 사정으로 지금은 현재의 자리로 옮겨졌다. 목조건축인 찻집 계단에는 양탄자를 깔아 고급스럽고 중후한 느낌을 준다. 장식된 소품 하나하나에도 운치가 있고 벽에는 오래된 램프를 진열해 놓았다. 지유테이에 들어가면 마치 19세기로 돌아간 것 같다. 커피를 주문하면 정장 차림의 바리스타가 커피를 갈아 정성을 다해 내려 준다. 물이 흐르지 않도록 하얀 수건을 받쳐 들면서 리듬감 있게 칼리타로 커피를 내린다. 나가사키의 명물인 카스텔라와 이 드립커피는 완벽한 조합이다.

커피 왕국 일본, 커피 천국 한국

일본은 우리보다 먼저 커피를 받아들였다. 한국은 일본보다 좀 늦게 커피가 들어왔으나 커피에 대한 사랑만은 일본에 뒤지지 않는다. 최근의 일본은 커피 문화가 정점을 찍고 안정적으로 흘러가는 느낌이라면 한국은 커피 문화가 '붐'을 일으키고 있다. 한국에서 초창기 커피 문화를 선도한 선배들은 일본 커피의 영향을 많이 받았다. 커피계의 원조로 알려진 카페 '보헤미안'의 박이추 선생도 '일본통'이다. 카페 보헤미안은 처음에 대학로에서 문을 열었다가 이후에 고려대학교 쪽으로 이전했고 다시 강릉으로 옮겨 갔다. 카페 보헤미안이야말로 한국 커피의 참모습을 보여 준다. 강릉을 커피의 도시로 만드는 데는 박이추 선생을 비롯하여 순수 국내 커피 체인점인 테라로사, 커피박물관 등이 중추적인 역할을 했다.

커피계의 애플, 블루보틀

한국에는 스타벅스 커피를 즐기는 사람이 많다. 특히 아이스커피는 최고이다. 일본에는 아이스커피보다 따뜻한 커피를 즐기는 사람이 많다. 커피를 좋아하는 나라로 미국을 빼놓을 수 없다. 푸른색 병 로고로 유명한 블루보틀은 '커피계의 애플'로 통한다. 설립자인 제임스 프리먼은 원래 클라리넷 연주자였다. 그는 연주 여행을 다닐 때도 로스팅한 원두와 에스프레소 기계를 갖고 다니며 직접 커피를 만들어 마셨다고 한다. 2002년 샌프란시스코에서 블루보틀 1호점을 열었을 때는 주문을 받으면 로스팅한 지 48시간이 안 된 원두를 그 자리에서 갈아서 핸드드립으로 커피를 제공했다고 한다. 그 전통은 지금도 지켜져 블루보틀은 48시간 이내에 로스팅한 원두로 커피를 내린다. 당연히 느리고 불편하다. 하지만 조금은 불편한 이 콘셉트가 오히려 소비자의 충성심을 불러일으킨다. 커피계의 애플로 통하는 이유이다. 제주의 블루보틀은 '공간7'이라는 펜션 옆에 있다. 주변의 숲길, 분위기 있는 음악, 전문 바리스타 등이 커피 맛을 더욱 높여 준다. 전문 바리스타가 직접 갈아서 내려 주는 맛있는 커피를 마시려면 12분에서 15분을 기다려야 하지만 커피 한 잔에 느림의 미학이 녹아 있다. 커피를 사랑하는 바리스타가 시간을 들여 정성껏 내린 커피 한 잔을 앞에 놓고 지나온 삶을 돌아보는 여유를 갖는 것은 어떨까.

커피 도구 개발의 선두 주자, 일본

드립 커피는 분쇄한 커피 원두를 드리퍼에 넣은 후 뜨거운 물을 부어 추출해서 만든다. 그러려면 최소한의 도구를 갖춰야 한다. 기본적으로 그라인더, 드리퍼, 필터, 드립 서버, 드립 포트^{주전자}가 필요하다. 그 밖에 저울, 온도계, 타이머 등을 갖추면 더 좋다. 그라인더는 로스팅한 커피 원두를 분쇄하는 도구이다. 원두를 그때그때 분쇄하면 필요에 따라 굵기를 조절할 수 있을 뿐만 아니라 더 신선한 커피를 추출할 수 있다. 드리퍼는 분쇄된 원두를 담는 깔때기처럼 생긴 도구를 말한다. 드리퍼 안쪽에 필터를 끼우고 분쇄한 커피 가루를 넣는다. 필터는 드리퍼에 맞는 것을 쓰는 것이 좋다. 드리퍼 안쪽의 튀어나온 부분을 리브rib라고 하는데, 필터가 드리퍼에 달라붙는 것을 방지하고 커피에 포함된 가스를 내보내는 통로 역할을 한다. 리브의 모양에 따라 물의 흐름이 달라져 커피 맛에 변화가 생긴다. 잘 알려진 드리퍼로는 멜리타, 칼리타, 고노, 하리오, 오리가미 등이 있다. 멜리타는 독일 제품이지만, 칼리타, 고노, 하리오, 오리가미는 일본에서 개발한 것이다. 드립 서버는 추출된 커피를 모으는 용기이다. 한 잔만 만든다면 컵을 사용해도 되지만 여러 잔을 만들 때는 드립 서버가 있으면 편리하다. 원두의 가용 성분을 잘 용해하려면 원두를 물로 균일하게 적셔야 하는데 이때 필요한 도구가 드립 포트이다. 드립 포트는 물줄기를 쉽게 조절할 수 있도록 배출구 부분이 가늘고 길다.

커피와 삶의 향기

필자는 오랫동안 일본에서 공부했다. 캐나다 밴쿠버에서도 일 년을 보냈고 유럽 여러 나라도 여행했다. 커피에 관심이 많다 보니 커피의 맛과 향을 찾아서 가는 곳마다 카페 순례를 했다. 한국뿐 아니라 일본에서도 맛있는 커피를 찾아 전국 곳곳을 다녔다. 2017년 방문 교수로 나고야대학에 있을 때는 주말이면 자전거를 타고 아이치현 구석구석을 누볐다. 일본은 전통 있는 커피 전문점에서는 단맛을 끌어내는 짜릿한 강배전 커피가 많으나 젊은이들이 하는 커피 전문점에서는 의외로 약배전이나 약중배전 커피가 많았다. 커피도 세대와 시류에 따라 차이가 있는 모양이다.

일본에서 커피는 가타카나로 「コーヒー」라고 표기하지만, 한자로는 '珈琲'라 적는다. 珈琲는 얼핏 보면 중국에서 온 말 같으나 에도 시대의 난학자인 우다가와 요안宇田川 榕菴이 만든 일본어이다. 우다가와 요안은 네덜란드 서적을 바탕으로 해서 당시 일본에는 없던 식물학, 화학 등을 번역하여 책으로 엮어 소개한 인물로 '산소', '수소' 같은 단어도 만들어 냈다. 珈琲의 珈는 '여성이 머리에 쓰는 구슬 장식', 琲는 '구슬꿰미'라는 뜻이다. 빨간 열매가 달린 커피나무 가지가 마치 여자들의 머리 장식처럼 보여 珈琲라는 이름을 붙였다고 한다. 뜻을 알고 보니 아주 잘 어울리는 것 같다.

오래전부터 커피를 즐겨 온 유럽에서는 주로 커피에 압력을 가해 추출하는 에스프레소 커피를 마신다. 그러나 일본은 분쇄한 원두에 뜨거운 물을 부어 추출하는 드립 커피가 기본이다. 특히 개인이 운영하는 작은 카페에서는 손님의 눈앞에서 정성스럽게 내리기 때문에 더 각별한 느낌을 준다. 여기에 시각적인 즐거움을 주는 다양한 모양의 아트가 곁들여지면 예술적인 즐거움까지 가미되어 더 감동을 준다. 직접 만들 때는 자신의 취향에 맞게 추출할 수 있으므로 창조의 기쁨까지 맛볼 수 있다.

무라카미 하루키의 《코끼리 공장의 해피엔드》에 나오는 글을 읽으면 커피 한 잔도 무심하게 그냥 마실 일이 아니라는 생각이 든다. 커피를 내릴 때도 마실 때도 동작 하나하나에 의미와 사색을 부여하다 보면 삶이 더 향기로워질 것 같다.

"그날 오후에는 윈톤 켈리의 피아노가 흘렀다. 웨이트리스가 하얀 커피잔을 내 앞에 놓았다. 그 두툼하고 묵직한 잔이 테이블 위에 놓일 때 카당, 하고 듣기 좋은 소리가 났다. (…) 내가 정말로 마음에 들어 했던 것은 커피 맛 그것보다는 커피가 있는 풍경이었는지도 모르겠다고 지금은 생각한다. 내 앞에는 저 사춘기 특유의 반짝반짝 빛나는 거울이 있고 거기에 커피를 마시는 나 자신의 모습이 또렷하게 비쳤다. 그리고 내 뒤로는 네모나게 도려내진 작은 풍경이 있었다. 커피는 어둠처럼 검고 재즈의 선율처럼 따뜻했다. 내가 그 조그만 세계를 음미할 때 풍경은 나를 축복했다."

슬기로운 한국 생활, 슬기로운 일본 생활

고사카 고이치(니시닛포리역 앞 고사카안과 원장)

번역: 한의정(문화해설사)

한국어를 공부하게 된 배경, 한국을 좋아하는 이유

현재 일본에서는 한국 문화가 급속하게 유행하고 있는데, TV나 인터넷을 통해 매일 새로운 한국의 정보가 유입된다. 한국과 일본은 정치적·역사적 배경으로 인한 우여곡절을 겪었지만 이를 거쳐 새로운 문화 교류가 탄생했다. 한국 드라마, K-POP을 동경하는 많은 젊은이들이 한국 여행을 즐기고, 유학을 가서 한국어를 배우며, 한국에서 취업하는 것을 목표로 삼기도 한다.

하지만 일반 사회인이 현지에서 장기 유학을 하는 것은 쉽지 않고 시간적·금전적 여유가 없다면 거의 불가능하다. 따라서 한국어 학습자의 대부분이 일본에서 사회생활을 하면서 최대한 한국 문화를 접하면서 한국어를 공부하고 가끔씩 한국 여행을 즐기는 정도이다. 말해 뭐하겠는가. 바로 내가 그중 한 사람이다. 이런 사람 중에는 한국에서 살면서 취업하고 싶다는 바람은 없고, 그저 단순하게 한국이 좋아서 공부하는 사람도 있다. 취미라 해도 좋을 것이다.

그렇다면 나는 어째서 일본에서 취미라고 할 수 있는 한국어 공부를 시작한 것인지 이야기해 보려고 한다. 내가 처음 한국어 공부를 시작한 지 10년 이상이 흘렀다. 어릴 때 한국에 대한 기억은 1988년 서울

올림픽이나 가수 김연자, 조용필 정도이다. 한국에 관한 정보는 아무 것도 없었고 '가깝고 먼'이라기보다는 '가깝지만 잘 모르는 나라'였다. 실제로 그 무렵 한국에서는 군사정권하에서 마음 아픈 사건이 많았다고 한다.

하지만 2000년대에 들어서서 사태는 급변했다. 한일월드컵, 드라마 〈겨울 연가〉의 지상파 NHK 방송, K-POP 등의 한국 문화가 한꺼번에 일본 미디어를 통해서 확산되었고, 그 인기와 함께 한국을 보다 손쉽게 알 수 있게 되었다. 이런 일들의 배경에는 한국의 일본 문화 개방정책이 있었고, 일본 또한 한국과의 관계 개선을 위해 펼쳐진 정치적·사회적 동향이 있었다는 것을 당시의 나는 알지 못했다.

그 와중에 처음으로 한국 문화에 빠진 계기는 한국 드라마였다. 당시 일본에서 방송된 〈대장금〉, 〈허준〉 등 한국의 전통적인 한韓의학을 보고 신비로운 의술, 사람들을 진심으로 아끼고 헌신적으로 치료하는 모습에 감동했다. 당시 대학에서 연구 생활을 하고 있었기에 안과학 교실을 넘어 한漢방 교실일본에서는 중국 유래의 전통의학을 공부하는 일이 많다을 방문하여 몇 번인가 스터디 모임에 참가했다. 지금이야 일본 전국의 의학부에서 한漢방이 필수 과목이 되었지만, 내가 학생이었던 시절에는 한漢방의학을 공부할 기회가 거의 없었다. 그래서 관련 지식이 없었고 책을 통해 공부하는 정도였기 때문에 한漢방 교실에서 고전을 읽고 진료법을 공부할 수 있었던 것은 매우 귀중한 경험이었다.

한국의 한韓의학에 흥미를 가졌기에 한漢방의학 교실의 교수님께 부탁을 드려 경희대학교 한의학 교실의 조기호 교수님을 소개받아 경희대학교를 방문했다. 교수님은 유창한 일본어로 나에게 말을 걸어 주셨다. 경희대학교병원의 큰 규모와, 서양의학·동양의학이라는 두 학부가 있어서 많은 환자의 진료를 본다는 사실에 놀랐다. 또 한漢방약을 조제하는 방법을 보여 주셨다. 일본에서도 많은 환자가 내원한다는 이야기를 듣고 이미 한의학을 찾는 많은 일본인 환자가 한국을 방문한다는 것을 알았다.

교수님은 나에게 장래에 한漢방의가 되고 싶은지 물으셨다. 나는 안과의여서 전문적으로 한漢방을 공부하는 것은 생각해 보지 않았기에 그 질문을 받고 부끄러워졌다. 한漢방의학을 전문적으로 공부할 각오도 없는 나에게 교수님께서는 진지하게 그런 말을 해 주셨다. 당시 '안녕하세요'밖에 말하지 못하던 내게 일본어로 말씀해 주시는 교수님께 한국어도 제대로 할 줄 못했던 내가 어째서 한국의 한韓의학에 흥미를 갖게 되었을까? 사실 안과 질병 중에는 서양의학만으로는 치료가 어려운 경우가 많다. 지금의 안과학 중에서는 눈을 하나의 장기로 생각하고 신체 전신을 검진하고 치료하는 종합의학의 개념이 없다. 그래서 이런 난병에 대해 동양의학적 방식으로 접근해 치료하는 것이 가능할까? 그런 바람으로 한韓의학에 흥미를 가졌던 것이었다.

허준과 같은 의사가 되고 싶었다. 한韓의학을 공부하고 그것을 실제로 진료에 이용하기 위해서는 한국에서 환자와 의사들로부터 이야기를 들을 필요가 있었다. 그래서 그때 의학 지식뿐 아니라 한국어도 배워야겠다고 생각했다.

귀국 후 틈새 시간을 이용해 독학으로 한국어 공부를 시작했다. 하지만 혼자서 공부하는 것은 한계가 있었고, 도쿄에서 유학 중인 한국인을 찾아 어학 교류도 해 봤지만 오래 가지는 못했다. 시간이 좀 지나자 내 일이 바빠졌고 한국어에서 조금씩 멀어져 버렸다. 독학으로 어학을 공부하는 것은 결코 쉬운 일이 아니었다.

하지만 생각지도 못한 일이 일어났다. 그 시기에 SNS나 교류회에서 만나 지금도 만남을 이어 가는 한국인 친구들이 있다. 일본어를 배우고 있었던 그들에게 나는 일본어를 가르쳐 주었고, 그들은 내게 한국어를 가르쳐 주었다. 서로 어학 전문가는 아니었기 때문에 질문을 해도 제대로 답변할 수 없는 경우도 있었다. 하지만 공부를 통해 서로를 알게 되고, 그들이 귀국한 후에도 교류가 이어졌다. 코로나19 이전에는 내가 한국으로 여행을 가면 현지에서 나를 만나러 와서 관광 안내나 식사를 함께 하고 초보적인 한국어로 대화했다. 지금도 강렬하게 느끼는 한국의 깊은 '정情'을 그들을 통해서 알 수 있었다.

그 후 도쿄에서 개업하고 1년 정도 지났을 때 독학의 한계를 느끼고 학원에서 한국어 공부를 하고자 시부야에 있는 한국문화원 '세종학당'에 다니게 되었다. 한국어를 조금은 말할 수 있었기 때문에 중급 클래스에서 공부를 시작했다. 하지만 독학으로 한 공부여서 기초가 전혀 없었고, 선생님과 클래스의 학생들대부분은 초급 클래스부터 이어 온 사람들이 한국어로 무슨 이야기를 하는지 알 수 없어서 악전고투했다. 그 와중에 선생님은 '즐겁게 공부하면 돼요.'라고 하면서 사소한 부분은 너무 신경 쓰지 말고 계속 배우라고 말했다. 덕분에 1년 후에는 독학으로 공부했을 때보다 훨씬 더 한국어를 이해할 수 있었다. 그리고 수년이 지난 현재, 한국문화원 '세종학당'의 고급 클래스에서 계속해서 한국어를 배우고 있다. 동시에 일본 민단재일본대한민국민단 도쿄 오타지부에서 주최하는 한국어 교실에도 다니게 되었다. 한국문화원, 민단에서는 모두 한국어 교실뿐 아니라 한국 민요, 장구, 어린이 교실 등 한국 문화를 배울 수 있다. 한국어 교실에 다니는 학생들은 남녀노소를 불문하고 다양한 배경을 지녔다. K-POP이나 한국 드라마 등 한류를 좋아하는 사람, 한국 유학 후 일본에서 한국어를 쓸 기회가 없어서 계속해서 한국어를 배우고 싶은 사람, 재일 교포이지만 일본에서는 한국어를 사용할 일이 없어서 자신의 뿌리인 한국어를 공부하는 사람 등 다양했다.

이런 가운데 한국어능력시험 TOPIK을 보는 일본인도 매년 증가하고 있다. 한국교육재단에 따르면 2023년도 수험자 수는 4만 명 정도로 과거에 비해 가장 높았다 2023년에는 보통 때보다 시험을 1회 늘려 4회 실시한 영향도 있다. 코로나19로 시험이 중단되어 그 후 2021년은 수험자 수가 증가해 그때부터 늘지 않고 거의 비슷한 숫자를 유지했다. 나도 2023년에 시험에 응시했는데 시험을 보면서 느낀 것은 확실하게 젊은 여성이 많다는 점이었다. 남성은 보기 드물었고 나 같은 중년 남성은 거의 없었다. 시험장에 온 여성 중에는 한국식 화장을 하고 시험을 치는, 마치 신오쿠보에 모여 있는 스타일의 사람도 있었다. 역시 한국어 학습자 중에는 K-컬처, K-콘텐츠에 관심이 높은 여성이 많다는 것을 알 수 있었다.

한국어를 배워 온 현재

한국어를 공부하면서 많은 사람들과 만날 수 있었다. 그중 한국문화원에서 한국어를 가르쳐 주신 유춘미 선생님이 "동아시아 사랑방 포럼에서 일본인 질문자로 참가해 보지 않을래요?"라고 제안해 주었고, 당시 코로나19로 한국에 갈 수 없는 상황이라 인터넷으로 당시 한국방송통신대학교의 도이 미호 교수님에게 질문하는 역할을 맡으면서 주최자인 이경수 교수님과 알게 되었다. 두 분과는 코로나19 이후 서울에 갔을 때 뵈었고, 실제로 포럼에 참가하는 한국인 분들과 일본어를 공부하고 있는 한국인 포럼 참가자 분들과도 만날 수 있었다. 그때 한국에서 일본 문화를 사랑하는 사람들을 만난 것은 매우 귀중한 경험이 되었다. 한국에도 이렇게 일본 문화를 사랑하는 사람들이 있다는 것을 알고 감동했다.

또한 한국문화원에서 한국어를 지도해 주시는 이남금 선생님의 소개로 고양시에서 한방의로 개업한 유용우 한의사 선생님과 류리수 사모님과도 만나 뵙고 선생님의 병원에 직접 방문하여 실제로 치료하는 모습을 보기도 했다. 선생님은 소아과, 특히 이비인후과를 전문으로 하는데, 맨발 걷기와 그 효과에 대해 널리 알리는 활동을 펼치고 있다. 전문가가 아닌 내게도 정중하게 한韓방의학을 가르쳐 주어서 나의 스승님이 되었다. 그리고 같은 시기에 한국문화원 행사에서 임병묵 부산대학교 한의학 전문대학원 교수님과도 알게 되어 부산대학교 한방의학병원을 방문하기도 했다.

한국어를 배우며 많은 사람들과 만나고 현재도 교류를 이어 가는 것은 무척 감사한 일이다. 앞으로도 교류를 통해 한국전통의학을 배워 일본의 환자들에게 도움이 될 수 있다면 이보다 더 기쁜 일은 없을 것이다.

여담이지만, 한국인 친구에게 신오쿠보에 있는 '진고개'라는 해산물 전문점을 소개받았다. 식당 사장님은 일본어와 한국어를 쓰며 맛있는 요리로 대접해 주었다. 지금은 빈번하게 찾는 단골식당이 되었다. 가게 근처에는 한인 대형 마트도 있고 가게 손님은 일본인 절반, 한국인 절반이어서 마치 한국에 있는 것 같은 느낌이 든다. 한국어를 공부하면서 가끔씩 맛있는 한국 요리를 먹고, 때로는 한인마트에서 한국 식품을 구입해서 집에서 먹는다. 도쿄에서 생활하면서 현명한 한국 생활을 보내고 있다.

고령화 사회를 향해

지금 현재 일본에서는 한국과 마찬가지로 급격한 저출산 고령화 사회를 맞아 그 대책이 시급하다. 그중 치매는 사회적 문제가 되었고 그 대책이 시급하다. 하나의 대책으로 외국어 공부가 주목받고 있다. 외국어를 배우는 사람은 그렇지 않은 사람에 비해 치매에 걸릴 확률이 낮다고 하는데, 새로운 언어를 배움으로써 뇌가 활성화될 뿐 아니라 새로운 문화, 사람들과의 교류, 미지의 분야에 대한 호기심 등이 치매 예방에 큰 작용을 한다. 책을 읽고 어학을 배우는 것은 지금까지 알지 못했던 문화, 사람과의 만남으로 이어져 다양한 호기심을 불러 일으킨다. 이런 점이 뇌에 좋은 영향을 줘서 치매 예방과 건강 수면 연장으로 고령화 사회에 도움이 된다. 이 책의 독자들은 다들 일본 문화를 알고 싶은 사람일 것이다. 일본의 문화를 일본어 학습을 통해 알고 나아가 한일의 다양한 교류를 통해 국가를 초월하여 친구를 만드는 것은 매우 의미 있는 일이며, 앞으로 맞이할 초고령화 사회를 살아갈 때 큰 도움이 될 것이다. 나도 도쿄에서 '현명한 한국생활'을 하면서 때로는 한국을 방문해 한국 문화를 직접 체험하고, 때로는 한국에서 일본으로 오는 친구들에게 도쿄 안내를 하며 남은 인생을 즐겁고 현명하게 살아가려고 한다. 여러분들도 한국에서 '현명한 일본 생활'을 보내길 권한다.

늘어나는 노노케어와 시니어 일자리

강창희(행복100세자산관리연구회 대표)

몇 년 전에 한 공공기관에서 퇴직공무원들의 수기를 공모하는데 심
사위원을 맡은 일이 있다. 심사를 위해 백다섯 분의 수기를 읽고 깜짝
놀랐다. 공무원은 60세까지 정년이 보장되고 연금도 300만 원 이상 받
으니까 아무 걱정이 없을 것이라고 생각했는데 그렇지 않았기 때문
이다. 수기의 90% 이상이 퇴직하고 나니까 절벽이더라는 내용이었다.
가장 힘든 게 갈 곳이 없는 것이라고 했다. 그중에서도 인상 깊었던 한
분의 수기를 소개한다.

고급공무원 퇴직 후 주간노인보호센터 보조원으로

이 분은 통계직 공무원으로 지방사무소 소장까지 역임하고 퇴직한
후 주간노인보호센터 보조원으로 일했다. 처음에는 퇴직도 했고 연금
도 있으니까 한번 신나게 놀아 보자고 생각했다고 한다. 그런데 웬걸,
오래 가지 못했다. 3개월쯤 놀아 봤더니 즐겁기는커녕 답답해서 미칠
것 같았다는 것이다. 제일 힘든 게 아침에 일어나면 아내의 눈치가 보
이는 것이었다. 저 양반은 오늘도 안 나가나? 이렇게 생각하는 것 같은
표정이었다. 책이나 볼까 하고 동네 도서관에 갔더니 노인들이 신문

한 장 보려고 쟁탈전을 벌이고 있었다. '안 되겠다. 취직해야지.' 이렇게 생각하고 여기저기 원서를 냈는데, 준비가 안 되어서인지 면접 보러 오라는 데도 없었다. 그러던 어느 날 한 군데서 면접을 보러 오라는 통지가 왔다. 놀라서 보니까 요즘 많이 생기고 있는 주간노인보호센터였다. 면접에 합격하여 하루에 5~6시간씩 일을 한다고 했다. 아침에 자동차로 노인들을 센터로 모셔와서 돌봐주기도 하고, 장기도 두고 같이 노래도 부른다고 한다. 이 분의 성격이 아주 싹싹한 것 같았다. 혼자 고향에 계신 노모를 생각해서라도 이 분들에게 잘해 드려야겠다는 생각을 했다고 한다. 요즘 주간노인보호센터가 여기저기 생기면서 노인들이 마음에 안 들면 다른 데로 옮겨 가는데 그 센터는 그 분 덕분에 오히려 다른 데서 노인들이 옮겨 올 정도라고 한다. 센터의 유명 인사가 된 것이다.

그러면 한달에 월급을 얼마나 받는가? 월급으로 70만원을 받고 집에서 내던 건강보험료 30만원을 회사가 내준다고 했다. 그렇게 100만원 벌어다 줄 뿐 아니라 매일 밖으로 나가니 아내 분이 얼마나 좋아하겠는가? 수기의 마지막에 이렇게 쓰여 있었다. "그렇게 무섭던 아내가 천사로 바뀌었다."

늘어나는 노노케어와 시니어들의 일자리

이 분의 사례만이 아니라 최근 들어 노노케어가 퇴직한 시니어들의 일자리로 급속하게 늘어나고 있다. 70이 넘은 나이에 방문 케어 일을 하는 여성도 있다. 이 분은 어머니 간병을 위해 요양보호사 자격증을 땄다고 한다. 어머니가 돌아가셔서 쉬고 있는데 주위에서 자격증도 있고 성실하니까 다른 분을 간병해 줄 수 없겠느냐는 권유를 받았다고 한다. 90세에 가까운 할머니 한 분을 방문 케어하고 있는데 서로 마음이 맞아서 그런지는 모르지만 보람이 있고 급여도 받아서 너무 만족스럽다고 했다. 옛 직장 동료들에게도 전화를 해서 자격증을 따라고 권유를 할 정도이다.

그런데 여기에서 말하는 노노케어 노노돌봄, 노노간호란 건강한 노인이 병이나 그 밖의 이유로 도움을 필요로 하는 노인을 돌보는 것을 말한다. 고령 세대끼리만 살고 있는 가정에서 배우자가 다른 배우자를 돌보는 것이 가장 대표적인 노노케어 사례라고 할 수 있다. 65세의 자녀가 90세 전후의 부모를 돌보는 것도 노노케어의 일종이다. 여기에서는 시니어 일자리와 관련해서 한국과 일본의 시니어들이 많든 적든 어느 정도 보수를 받고 돌보는 사례에 대해 소개해 본다.

한국에서 공식적으로 노노케어가 정책 프로그램으로 도입된 시점은 2005년이다. 고령화로 발생한 노인문제를 종합적으로 해결해 보고자 2004년에 노인일자리 사업이 정책적으로 추진된 데 이어 2005년 한국노인인력개발원이 설립되어 취약노인 생활지원 활동을 돕는 공익활동 영역으로 노노케어가 재편되었다. 노인인력개발원 홈페이지에 소개된 노노케어는 앞에서 언급했듯이 건강한 시니어가 거동하기 불편하거나 몸이 아픈 시니어를 찾아가 안부를 확인하는 것이다. 말벗이 되거나 책을 읽어 주는 등의 정서적 지원, 빨래·설거지 등 가사 지원, 약물을 복용하거나 병원·약국 등에 갈 때 동행하는 보건의료 지원을 제공한다. 초기에는 65세 이상 기초생활보장 수급자를 서비스 제공자와 수혜자로 보았는데 현재는 노노케어를 다르게 해석하고 있다. 정책에서뿐만 아니라 해석을 다각화하여 이 시대에 맞는 새로운 프로그램과도 접목했다. 더 많은 사람이 참여하고 공감할 수 있는 공익 연계 프로젝트로 변모하고 위상도 높아졌다. 외국의 사례를 참고로 해서 노인돌봄을 위한 별도의 직업훈련 프로그램도 도입하는 등 지원을 체계화·전문화하려는 노력도 하는 것으로 알려졌다.

앞으로는 요양원이나 요양병원에서 노노케어 일자리가 크게 늘어날 것으로 예상된다. 요양병원은 보건업 일자리에, 요양센터나 복지센터는 사회복지서비스업 일자리에 해당된다. 2023년 4분기 기준으로 50대의 보건사회복지서비스업 일자리 수는 56만 1,000개, 60대 이상은 72만 9,000개였다. 이는 2022년에 비해 각각 2만 7,000개, 7만 5,000개씩 늘어난 수치이다. 2023년에 증가한 보건사회복지서비스업 전체 일자리 10만 7,000개 중 95%가 5060세대에서 늘어난 것이다. 게다가 60대 이상의 경우 전체 임금 근로 일자리 362만 4,000개 가운데 20%가 보건사회복지서비스업 일자리였다. 60대 이상 임금근로자 5명 중 1명은 '노노케어'에 종사하고 있다는 것이다. 특히, 한국보다 20년 정도 고령사회를 앞서가고 있는 일본의 사례를 살펴보면 앞으로 한국에서도 요양시설의 노노케어 일자리가 빠른 속도로 늘어날 것으로 예상된다.

일본의 노노케어 일자리 사례

일본의 요양시설에서는 60세 이상 시니어 직원들을 대대적으로 채용해 왔다. 한국의 경우에는 요양시설 몇 군데에 문의한 결과 60대 초중반 연령의 간병 보조요원을 쓰고 있기는 하지만, 공개적으로 노인인력을 뽑는 사례는 많지 않았다. 아직 일본과 같은 인력난에 시달리는 것도 아니고 중국 동포들도 많이 와서 도와주기 때문일 것이다. 또 전문 간병일과 보조 일이 분화되어 있지도 않다.

반면에 일본에서는 요양시설의 노노케어 일자리가 빠르게 늘어 왔다. 2017년 일본 출장시 일본의 복지전문 언론인에게 일본 요코하마에 있는 요양시설 신코복지회의 사례에 대해 들은 일이 있다. 당시 신코복지회의 직원 수는 총 1,123명이었는데 그중 60대 직원이 205명, 70대는 60명이 근무하고 있다고 했다. 60대 후반에 입사해서 70대에 간병복지사 자격증을 취득한 사례뿐만 아니라, 심지어는 80세 직원이 풀타임으로 일하는 사례도 있었다. 지금은 시니어 간병 인력이 훨씬 더 늘었을 것으로 생각된다. 간병돌봄업계의 일손 부족이 더욱 더 심각해졌기 때문이다.

2021년 말 기준 일본의 평균 유효 구인배율은 약 1.03배이다. 취업 희망자 1명당 1.03개의 일자리가 있다는 의미이다. 그런데 간병직의 유효 구인배율은 3.65배로 평균의 3배가 넘는다. 그만큼 사람 구하기가 쉽지 않다는 것이다. 그 빈자리를 메우면서 간병돌봄업계의 '구세주'로 등장한 주인공들이 바로 60~70대의 건강한 시니어들이다.

육체적으로 고된 일이 많을 텐데 노인들이 그런 일을 하는 게 힘들지 않느냐는 의문을 가질 수도 있다. 따라서 고령자 직원들은 본인의 희망과 체력에 따라, 풀타임 근무를 하는 건강한 시니어도 있지만 대부분 체력적 한계 때문에 하루 4~5시간, 주 2~4일 일하는 경우가 많다고 한다. 이들은 CA Care Assistant, 케어 어시스턴트로 요양시설의 침구 정리나 청소 등 보조업무를 맡아 전문 간병 직원들의 일 부담을 덜어 줄 뿐만 아니라, 같은 세대 입주자들에게 편안한 말벗이 되어 주기도 한다. 이 외에도 배식, 설거지, 산책 동행 등을 하기도 한다.

간병돌봄업계 구직 사이트를 들여다보면 관련 업체들이 '60세 이상 대환영', '비경험자도 환영' 등의 문구를 내걸고 시니어들에게 구애를 펼치는 모습을 쉽게 볼 수 있다. 고령의 베테랑 직원을 오래 붙잡아 두기 위해 정년을 70세까지 늘리거나 정년 자체를 아예 없애는 요양시설도 있을 정도이다. 심지어 이 시설에서 70대의 자녀가 90대 부모를 간병하는 사례도 있다.

지방자치단체 또한 건강한 시니어들이 요양시설에 적극적으로 취업할 수 있도록 지원제도를 만들기도 한다. 60세 이상 시니어가 일본 간병돌봄업계의 '귀하신 몸'으로 급부상한 것이다. 성별의 경계조차 희미해지고 있다. 일반적으로 간병인은 여자일 것으로 생각하기 쉬운데 3명 중 1명이 남자 간병인이라고 한다. 4차산업혁명 기술, 로봇기술 등을 접목하여 기계화 농업처럼 간병의 육체노동 비율을 낮추려는 노력도 같이 이루어지고 있다.

요양원 입주 고령자들에게 일자리를 제공하는 사례

고령자 시설은 보통 간병돌봄이 필요한 노인이 입주하는 경우가 많은데, 입주 고령자들에게 일자리를 제공하는 요양원도 있다. 일본 도쿄 인근의 후지사와시에 있는 '크로스하트 이시나자카'라는 이름의 민간 요양원이 바로 그곳이다. 간병돌봄 서비스 제공 유료 노인 주택이다. 이 노인 주택에는 자립이 가능한 사람부터 간병돌봄이 필요한 초고령자까지 70명이 입주해 있다. 이 노인 주택이 입주고령자들에게 일거리와 일자리를 제공하는 '일자리 제공형 유료 노인 주택'이라는 이름을 내걸었다. 입주 고령자들이 일자리를 통해 지속적으로 사회 참여를 하면서 자기 긍정감을 높이고 삶의 보람을 느끼도록 해 건강수명을 연장시키기 위함이다. 일하면서 용돈을 마련하는 부수효과도 기대하고 있다. 크로스하트는 2017년 12월부터 86~97세의 고령자 15명을 두 그룹으로 나누어 일자리를 제공하고 있다. 한 그룹은 농작물 재배와 판매를, 또 한 그룹은 인근 보육원에서 육아 보조를 한다. 소소하지만 일정의 급여도 제공된다. 농작물 일자리의 경우 다리가 불편한 고령자가 쭈그려 앉지 않고도 일할 수 있도록, 또 휠체어를 탄 채로 일할 수 있도록 농작물 재배 단을 높였다. 보육원의 업무는 보육원 아동들의 등하원 도우미와 산책할 때의 보조, 식사 준비 보조, 청소일까지 다양하다. 급여는 보육사의 시간당 인건비를 감안해 지급된다. 이 새로운 도전은 좋은 평가를 받아 '유료 노인 주택 대상'에도 선정되었다. 고령자에게 일과 역할, 사회 참여를 지속하게 해 줌으로써 치매나 간병 돌봄을 받는 상태를 예방하고 억제하는 것이 이 사업의 목표라고 한다.

도쿄건강연구소 자료에 따르면 이런 다양한 노노케어 일자리에서 일하는 노인들의 근육이 더 튼튼했고, 친구도 더 많고, 노화 속도가 지연된 것으로 나타났다. 남을 돕는 일이 자신도 도운 셈이다.

한국에도 노인이라고 부르기 민망할 정도로 건강하고 활동적인 노인들이 많다. 그분들이 이런 일자리에서 다양하게 일할 수 있는 환경을 만들 필요가 있지 않을까? 이를 통해 서로 돕는 건강한 고령사회를 이루어 가면 좋지 않을까 생각해 본다.

치매 환자의 새로운 삶의 시작

신미화(이바라키 그리스도교대학 교수)

사회 일원으로 활약하는 치매 환자

한국과 일본은 여러 면에서 닮은 점이 많다. 식생활 등 여러 면에서 유사하기 때문일 것이다. 한일 양국 모두 고령화사회로 인하여 어려움을 겪고 있다. 우리보다 먼저 초고령화 사회에 진입한 일본의 사례를 통하여 우리에게 시사하는 바가 몇 가지 있어 소개한다.

이 세상에서 무서운 병은 암과 치매라고 해도 과언이 아닐 것이다. 암은 본인이 힘들지만 치매는 주위가 힘들다고들 한다. 실제로 그럴까 하여 현장을 찾아가 보았다. 그렇지 않은 곳이 여기저기에서 보인다. 치매 환자들이 일하는 곳이 있다고 해서 도쿄에서 특급 열차를 타고 세 시간을 달려 후쿠시마현 이와키시 메이지단치福島県いわき市 明治寸地를 찾아갔다. 조용한 주택가에 단독 주택을 개조해 앙증맞게 자리 잡은 카페였다. 일본에서는 치매를 인지증認知症이라고 한다. 치매는 일본에서도 '2025년 문제'라고 불릴 정도로 심각한 사회적 과제이다. 일본 후생노동성에 따르면 치매 환자 수는 2012년 기준 426만 명에서 2025년에는 약 750만 명에 도달하는데, 이는 65세 이상 인구 5명 중 1명이 해당된다. 후생노동성은 환자의 의사를 존중해 가능한 한 살고 있던 익숙한 지역에서 인간답게 살 수 있는 사회를 목표로 각종 시책을 발표하고 있다.

치매에 걸리면 소중한 기억을 조금씩 잃고, 단순 계산을 할 수 없고, 일상을 보낼 수 없게 된다. 망상을 하거나 배회하거나 폭언을 반복하는 등 인격조차 바뀌어 버린다. 이윽고 가족의 얼굴도 잊어버리고 자신이 누구인지도 모르며, 의식이 몽롱한 채로 마지막 순간을 맞이하기도 한다. 이는 우리가 갖고 있는 치매에 대한 이미지로, 결코 과장된 표현이 아니다. 가능하면 평생 치매와 무관하게 인생이 끝날 때까지 인간으로서 존엄성을 지키며 당당한 삶을 보내고 싶은 것은 인류 공통의 소원일 것이다. 일본에는 '끝이 좋으면 모든 것이 좋다終わり良ければすべて良し'라는 속담이 있다. 여기에 해당할지는 몰라도 건강하게 살다가 가는 것이 모두의 염원일 것이다. 치매 환자들이 일하는 카페 후쿠로우福老 입구에는 가슴 뭉클한 글귀가 적혀 있다.

> "여기에서 일하는 직원은 주간 보호센터에 다니는 노령자치매 환자입니다. 처음 만나는 손님에게 "당신, 만난 적이 있어요!"라고 말하거나 같은 내용의 질문을 되풀이하는 경우도 있을 수 있지만 따뜻하게 대해 주시면 감사하겠습니다. 여러분이 식사하기 위해 들러 주시는 풍경이 노령자에게는 보람이자 기쁨입니다."

치매 환자가 일하는 카페, 후쿠로우

카페에 도착하자 앞치마를 두른 카페 대표 하세가와 마사에長谷川正江, 57세 씨가 환하게 웃으며 반갑게 맞이해 주었다. 아이 셋을 둔 하세가와 씨는 31세부터 방문요양보호사로 일하다가 11년 전부터 BLG 이

와키いわき 라는 데이서비스주간 보호센터를 운영하고 있다. 센터에는 현재 15명의 이용자가 있다고 한다. 데이서비스를 운영하던 하세가와 씨가 치매 환자들이 일할 수 있는 카페를 창업하기로 결심한 건 3년 전이다.

"계기가 된 건 친정아버지예요. 정년퇴직을 하고 나서 복지와 관련된 일을 하고 싶다며 요양원에서 운전을 하셨어요. 그때까지만 해도 건강하셨죠. 그런데 갑자기 요양원이 문을 닫는 바람에 실직하셨는데, 일이 없어지면서 치매에 걸리셨어요. 그때는 사회적으로도 이 병에 대한 이해도가 낮았기 때문에 제가 어떻게 대응해야 할지 몰랐어요. 아이 셋을 키우느라 바쁘기도 했고요. 배회를 거듭하시던 아버지는 결국 돌아가셨고, 뭔가 해 줄 수 있는 일이 있었을 텐데라는 고민과 후회가 많았어요."

많은 고령자들이 정년 후 본인의 역할이 없어졌다는 사실에 충격을 받는다. 쓸모없는 사람 취급을 받고, 살아가는 보람을 느끼지 못하게 되면 인지 능력이 급격히 떨어진다.

"제가 데이서비스를 만들긴 했지만, 이곳에서는 환자들이 가만히 앉아 있고 직원들이 모든 수발을 들어 주기 때문에 환자 본인은 점점 하고 싶은 일도 하지 않게 되더라고요."

치매 환자들에게 마지막까지 역할을 부여해 증상을 완화하는 방법이 없을까 고민하던 하세가와 씨는 2층짜리 단독 주택을 빌려 후쿠로우 카페를 열었다.

"괜찮아요, 재미있어요"

"남편 다카하시 미야히코高橋宮彦, 85세 씨를 부인 히사코高橋久子, 83세 씨가 혼자 집에서 돌보다가 힘에 부치기 시작했고, 다른 사람과의 대화가 거의 없었던 남편의 치매 증상이 점점 심해졌다고 해요. 그런데 우리 카페에서 부부가 함께 일하면서 표정이 많이 밝아졌어요. 특히 미야히코 씨는 앞치마를 입으면 과거 회사원이었던 때가 떠오르는지 긴장을 하더라고요." 다카하시 부부를 보며 하세가와 씨가 말했다. 후쿠로우를 방문한 날 미야히코 씨는 새로 작성한 메뉴판에 오자가 없는지 열심히 확인하고 있었다. 개호도 3등급보행기나 휠체어를 이용하며, 식사나 양치질 등 일상생활에서 전반적인 개호를 필요로 함이지만, 과거 회사에서 오래 영업을 한 덕분인지 아직까지는 교정을 잘 볼 수 있다고 한다. 부인인 히사코 씨는 주방에서 젊은 직원들과 닭튀김을 만들고 있었다. 부인은 치매 전조 단계인 '경도인지장애'가 있다. 함께 일하는 젊은 직원은 히사코 씨가 한 가지 일을 끝내면 다음 동작을 일러 준다고 한다. 경도인지장애는 한 가지 행동을 하면 다음 동작에 대해 인지하지 못하는데, 직원들이 미리 반복해 알려 주면 자연스럽게 다음 행동으로 이어진다. 부인에게 다가가 힘들지 않은지 묻자 "괜찮아요だいじょうぶです, 재미있어요たのしいです." 라고 말하는 것이 인상적이었다. 허리가 굽어서 오래 서서 일하면 조금 아파요."라며 소녀 같은 수줍은 미소까지 지었다. 이렇게 부부는 고독했던 일상을 벗어나 젊은 직원들과 끊임없이 대화하며 경도인지장애에서 치매로 넘어가지 않도록 노력하고 있다.

카페에서 일하며 가장 획기적인 변화를 보인 사람은 M 씨67세이다. 동그란 플라스틱 통에 젓가락으로 반찬을 담는 데 집중하느라 손에서 눈길을 떼지 않으면서도, 젊은 시절 어떤 일을 했는지 묻자 "목재소에서 오랫동안 근무했어요."라며 또박또박 답했다. M 씨는 정년인 65세쯤 치매가 찾아왔고, 이후 혼자 살며 고생을 많이 했다고 한다. 근처에 사는 동생이 스스로 식사를 해결하지 못하는 형을 위해 매일 편의점에서 주먹밥이나 도시락을 사서 배달해 주고 있었다. 어느 날 도시락을 사 온 동생에게 M 씨가 부엌칼을 들이밀며 "왜 매일 찾아와? 이놈, 내 재산을 탐내는 거지?"라며 화를 낸 일도 있었다고 한다. 그랬던 M 씨가 후쿠로우 카페에서 일하면서 많이 온순해졌다. 처음에는 일주일에 한 번 들렀는데, 카페가 마음에 들었는지 지금은 일주일에 네 번 정도 출근한다.

최고의 보상은 마음 회복

후쿠로우 카페는 하세가와 씨만의 독특한 방식으로 운영된다. 카페에는 주문표가 준비되어 있다. 손님이 주문 내용을 직접 작성하면 치매 환자가 받아 직원에게 넘겨주는 방식이다. 또한 손님이 너무 많이 오는 날은 '매진' 간판을 내걸고 더 이상 손님을 받지 않는다. 카페를 방문한 날 후쿠로우의 방식으로 커피와 한국식 김밥을 주문했다. 히사코 씨가 예쁜 잔에 담은 커피와 김밥을 정성스럽게 내주었다. 후쿠로우 카페의 도시락은 보기에도 예쁘고 맛도 좋다. 무엇보다 정성이 가득 들어간 게 느껴진다. 카페를 이용한 젊은 사람들이 SNS에 리뷰를 올리면서 멀리 있는 다른 현에서까지 손님들이 찾아오기 시작했다. 치매 환자가 손님을 맞이하며 90도로 인사하고, 손님이 탄 차가 사라질 때까지 인사하는 모습을 보면 하세가와 씨도 행복을 느낀다고 한다.

차가 사라질 때까지 인사하는 모습은 일본에서 자주 목격된다. 이런 것이 오모테나시おもてなし 정신이고, 작은 행동이지만 일본 사회의 발전에 큰 힘이 되는 것이라고 생각해 본다.

그러면 카페의 경영은 어떨까? 한마디로 말하면 적자이다. 하루에 팔리는 도시락은 많으면 50개, 적으면 5개 정도이다. 하루 매출은 2만~3만 엔 정도지만 이마저도 들쭉날쭉 일정하지 않다. 하세가와 씨가 운영하는 데이서비스에서 나오는 약간의 이익으로 카페의 적자를 메우며 겨우 운영하고 있다. 그럼에도 하세가와 씨는 매출이 너무 많으면 곤란하다고 말했다. 손님이 많아 지나치게 바쁘면 치매 환자도 직원도 지치기 때문이다. 하세가와 씨가 신경 쓰는 또 한 가지 부분은 카페에서 일하는 직원과 치매 환자의 영양 있는 식사이다. 혼자 사는 고령자에게 가장 중요한 것은 영양 밸런스를 맞춘 건강한 밥상이기 때문이다.

"저희는 오전에 일하고 오후 1시부터 한 시간 동안 점심을 먹어요. 남은 재료로 만들어 먹는데, 너무 맛있어서 직원이나 치매 환자들이 '점심 먹고 싶어 출근한다'고 농담할 정도예요. 특히 M 씨는 스스로 식사를 챙길 수 없는 상황이어서 이곳에 오시면 영양 보충을 충분히 하도록 당부하고 있어요."

후쿠로우 카페에서 일하는 치매 환자들은 먹는 것에서 즐거움을 찾는다. 이들의 하루 보수는 400엔약 4,000원. 일주일 동안 모은 보수로 주중에 맛있는 점심을 사 먹는 것에 큰 즐거움을 느낀다고 한다. 오전 근무가 끝나면 오후에는 카페를 닫고 하세가와 씨와 직원들은 치매 환자들과 외출한다. 당일 가고 싶은 곳을 물어보기도 하고, 가까운 바다를 구경하거나 공원에 가거나 함께 쇼핑하며 시간을 보낸다.

치매의 진행 속도가 느리다면 이 또한 쓸쓸하지 않다

후쿠로우 카페에서 행복하게 일하는 다카하시 부부와 M 씨를 보며, 정년을 맞이하기 전에 무슨 일을 했든 치매에 걸리면 기억을 잃어 가는 모습은 누구나 비슷하다는 사실을 깨달았다. 만약 내가 치매에 걸렸을 때 나라는 존재를 받아들이고 일이나 역할을 주는 곳이 있다면 행복하지 않을까? 치매가 느리게 진행된다면, 늙어도 쓸쓸하지 않을 것 같다는 생각으로 함께 살아가면 좋겠다.

인형과 꽃, 그리고 헨나코
– 일본 작가와의 콜라보 작품 탄생

임동아(인형 작가), **마쓰다 아야코**(아트 작가)

후지모토 치카코(만화가, 캐릭터 디자이너)

작품으로 만난 교류가 진정한 민간 교류로 이어지다

2023년에 일본 친구들과 얘기를 하던 중에 후지모토 작가가 서울에서 전시를 하고 싶다는 이야기를 듣고 작업실에서 가까운 갤러리를 검색한 후 신청서를 제출했다. 그렇게 해서 2024년 6월 20일부터 28일까지 마포평생학습관 1층 마포갤러리에서 3인전 〈인형과 꽃, 그리고 헨나코〉 전시를 열었다. 우리 세 명은 작품의 분야가 전혀 달라서 과연 함께 전시를 잘할 수 있을까 걱정이 살짝 들었지만, 막상 시작해 보니 우려했던 것과 달리 오히려 '분야가 달라서' 더 흥미로운 전시가 되었다.

인형을 만드는 나, 한국에서는 다소 생소한 '아트 뤼미에르, 소스페소 아트' 공예 작가 마

〈인형과 꽃, 그리고 헨나코〉 전시회 포스터

쓰다 아야코, 만화가이자 일러스트 작가 '후지모토 치카코^{작가명 미쓰바}
치' 이렇게 세 명의 조합이 만들어 간 전시였으니 말이다.

작품 소개와 작가 소개

● 인형 작가 임동아

초등학교 3학년 때였다. 동네 문구점에 들어서는 순간 내 인생의 첫
인형과 눈이 마주쳤고, 심장이 '쿵!' 하고 내려앉는 것 같았다. 그 순간
에 느낀 생생한 충격과 가슴 뛰는 설렘은 아직도 기억날 정도로 생생
하다. 난생처음으로 사달라고 떼를 쓰며 울고불고하여 겨우 얻은 소중
한 인형이었다.

인형을 향한 집착과 호기심이 남달랐기에 중고등학교 시절에는 마
론인형을 갖고 놀면서도 이런 궁금증까지 품기 시작했다. 이 재료는
과연 무엇일까? 이런 인형은 우리나라에서 만든 것일까?

안타깝게도 당시에 한국에는 인형 제작을 배울 만한 곳이 없었다.
그러다가 인터넷이 보급되면서 일본에 인형 교실이 있다는 사실을 알
고 매일 새벽 학원으로 달려가 일본어를 2년 정도 열심히 배웠다. 그리
고 일본어를 배우면서 미리 입학 허가를 받아 둔 도쿄 지유가오카의
'피그말리온 인형교실Doll space Pygmalion'에 2002년 7월부터 다녔다.
처음에는 1년 계획으로 갔지만 운 좋게도 배운 지 1년 만에 한국에서
인형을 가르치면서 5년 6개월을 공부할 수 있었다. 한 달에 두 번씩 서
울과 도쿄를 오가며 배우는 일이 전혀 힘들지 않았을 정도로 인형에
빠져 있던 시기였다. 지금은 인형을 전 세계에 판매도 하고, 갤러리에

서 작품 전시도 하면서 창작과 상업 영역을 넘나들고 있다. 어릴 때 그토록 갖고 싶었던 인형을 실컷 만들면서 전 세계에 팬까지 보유하게 되다니! 생각해 보면 가슴 벅찬 일이 아닐 수 없다. 인형을 정말로 사랑했기 때문에 용감하게 도전했고, 인형에 대한 꿈이 너무나도 간절했기에 이 길을 꾸준히 걸어올 수 있었다.

● 마쓰다 아야코

아이들이 중학생과 고등학생이 될 무렵에 아트 뤼미에르를 시작했다. 이전부터도 물건을 만드는 것을 좋아했지만, 육아에 집중하고 있었다. 병으로 몸져누운 어머니를 보면서 문득 이런 생각이 들었다. '애지중지 키운 아이들은 앞으로 독립을 할 것이다. 남편은 개업의라서 정년이 없었기에 일은 계속하려고 생각하면 할 수 있을 것이다. 하지만 나는? 그리고 나의 인생은?' 전업주부로 살아왔던 나에게는 특별한 무언가가 없었다. 나만의 것을 갖고 싶다는 생각이 간절해졌다.

마침 그때 아트 뤼미에르라는 스테인드글라스풍의 아트 인증 강사의 1기 강습생 모집 공고를 보았다. 그 순간 '바로 이거다!'라는 생각이 들었다. 이후로 교토에서 오사카, 도쿄로 레슨을 받으며 나름대로 열심히 했다. 그리고 '문화 학교에서 강사 면접을 보거나 워크숍을 하거나 여기저기 돌아다니며 활동하고 싶다!' 라고 원하면, 소원이 이루어졌다. 해외에서도 활동할 수 있었으면 좋겠다고 생각했는데, 마침 인형이 인연이 되어 한국 행사에서 워크숍을 진행했다. 그리고 파리, 스페인, 핀란드 등에서도 전시를 하며 소중한 경험을 쌓았다.

인생은 정말로 알 수 없다. 간절히 바라는 것이 생겨서 노력하면 주위에 멋진 사람들과 인연이 생기기도 한다. 나 역시 지금 이렇게 활동하고 있다. 정말 감사하다고 생각한다.

● 후지모토 치카코

'꿀벌'이라는 뜻의 일본어 '미쓰바치 樒蜂'라는 필명으로 만화가, 캐릭터 디자이너, 일러스트 작가로 활동하고 있다. 19세에 상업 작가로 데뷔한 후 2002년부터는 인형 작가로도 활동을 시작했다. 현재는 전람회나 이벤트, 아티스트와의 콜라보나 잡지에 많은 작품을 제공·출품하고 있다.

나에게는 얼굴이 몇 가지 있다. 그림 그리기, 만화 그리기, 인형의 헤드 메이크업 그리기 등의 얼굴이다. 작품에서 다루는 주제는 갈등이나 마음속 깊은 곳에 있는 감정이다.

일본에는 '팔백만의 신'이라는 개념이 있다. 모든 것에 신이 깃든다는 사고방식이다. 이 팔백만의 신에 대한 경외감을 느끼며 그림을 그릴 때가 많다. 어릴 때부터 갖고 있는 감각에 의지하고 있는 셈이다.

임동아의 인형, 마쓰다의 꽃, 미쓰바치의 작품의 특징

● 임동아의 인형

'인형'을 만드는 작업에 내 진심과 감정을 넣으면서 어린 시절의 나를 위로한다. 만드는 과정에서 상상의 나래가 펼쳐지고, 그러다 보면 심장이 따뜻해지고, 벅차오르는 감정을 느끼기도 한다. '인형'을 만들 때마다 '나에게 말 걸기'를 하는 중이라고 생각한다. 누구나 마음 한구석에 아픈 부분이 있다. 나는 내게 말을 걸면서 스스로 치유받고자

〈무릎 꿇은 인형〉

했다. 2023년부터 작업한 〈무릎 꿇은 인형三つ折り人形〉은 2024년 초에 겨우 완성했다. 2010년 이후 십수 년간 상업 인형에 전념하다가 슬럼프가 찾아왔다. 그래서 다시 점토를 만지기 시작했다. 다시 내게 말을 걸고 꿈을 이야기하고 싶었다. 이번 작품은 '내가 가장 예뻤을 때'를 표현하고 싶었다. 반항적이고 청개구리 같았던, 위로받고 싶었던 어린 시절을 표현하고자 했다.

● 마쓰다의 꽃

아트 뤼미에르와 이탈리아의 '소스페소 트라스파렌테'라는 기법을 콜라보한 것이 내 작품의 특징이다. 이처럼 서로 다른 기법을 융합해 독자적인 작품을 추구한다. 이번에 한국에서 작품을 전시하면서 많은 분이 봐주셨다. 정말 많은 분들이 "작품이 예쁘다! 이런 작품을 본 적이 없다." 같은 긍정적인 감상을 들려주어 기쁘고 뿌듯했다. 전시장을 찾아 준 한국 관람객들 덕분에 작품을 전시하는 동안 매일이 너무 행복한 시간이었다. 이 기회를 빌려 감사를 전한다.

아트 뤼미에르는 특수한 다양한 색상의 접착 시트와 씰 형태의 구리선이다. 평평한 물건이라면 어떤 물건이든 스테인드글라스와 같은 작품을 만들 수 있다. 그리고 '소스페소 트라스파렌테Sospeso-Trasparente'는 이탈리아에서 온 공예이며, 특수한 플라스틱아크릴 판에 종이나 천을 붙이거나 그림을 그리고, 촛불에 살짝 녹여 판이 부드러워지면 끝을 둥글게 말거나 휘어서 모양을 내는 것이다.

● 미쓰바치 작가가 인터뷰를 통해 들려주는 작품 이야기

이번에 한국에서 발표한 작품의 카테고리는 두 가지가 있다. 하나는 내 안에 있는 여러 명의 인격을 주제로 한 작품이다. 이 연작의 주제는 '내 안에 있는 분열된 나'이고, 그것들이 이상적으로 융합된 이미지를 표현했다. 자기 자신을 주제로 그림을 그리는 것은 처음이다. 정직하거나 강하거나 약하거나 불안정한 내 마음속에 있는 인격이다. 그 어떤 인격도 진정한 자신에게 변함이 없지만 모순되고 대립되는 감정이 존재한다. 담당 상담사가 인격을 그림으로 만들면 어떻겠느냐고 제안해 준 덕분에 생각한 주제이다.

자신을 객관적으로 볼 수 있는 기회로 삼기 위해서이다. 내가 평소에 다른 사람에게 보여 주는 부분이나 뒷면의 인격, 그 중간쯤 위치한 항상 불안하고 약한 내가 그림으로 표현된다. 모든 인격이 하나가 되는 것을 상상하고 그린 작품도 있다. 나 자신을 그리다 보면 겁이 나기도 하지만, 그래도 표현할 수 있어서 다행이라고 생각한다.

다른 하나는 '헨나코'라 불리는 오리지널 캐릭터를 그린 작품이다. 헨나코는 토끼가 아니라 사람들을 수호하는 요정이다. 막대한 피해가 발생한 2011년 동일본 대지진 때 태어난 캐릭터이다. 당시에 커다란 재해 앞에서 예술은 무력하다는 생각이 들었으나 그 와중에도 무언가를 만들어 내야겠다는 강한 창작 의욕에서 우러나온 것이다. 10년 이상 계속 그리고 있는 헨나코는 사람들을 다정하게 지켜보는 캐릭터이다.

만남을 통한 에피소드와 우정

2002년 7월, 도쿄로 인형을 배우러 간 첫날, 외국에서는 왠지 외톨이가 되기 싫어서 적극적으로 행동했다. 수업이 끝나면 다 같이 갤러리에 가서 작품 감상을 한 후에 맛있는 저녁을 먹곤 했다. 개인주의가 강한 일본인들에게 처음으로 '다 함께 가자'고 용기를 내어 제안해 봤다. 그 뒤부터는 수업이 끝나면 다 함께 하는 갤러리 투어가 일상이 되었다. 어느 여름날, 비가 억수로 쏟아지던 저녁 무렵에 비안개가 자욱한 이노카시라 공원을 걷던 기억, 모두 비에 흠뻑 젖어서 식당으로 향했던 기억, 그날은 마치 꿈속을 걷는 듯한 느낌이었다. 현실인지 꿈속인지 구분이 안 되는 날들로 기억한다.

2010년부터 점토나 비스크 인형 외에도 레진 인형을 시작하면서 본격적으로 판매를 위한 인형을 제작하게 되었다. 큰 욕심은 없었지만, 생각과 다르게 일본에서 반응이 좋아서 소소한 팬 미팅 같은 다과회도 여러 차례 진행했다. 그때 만난 분이 이번에 함께 전시한 마쓰다 아야코 작가이다. 처음 만났을 때, 얼마나 내 인형에 진심인지 열심히 설명하는 모습에서 진심과 순수함을 느꼈다.

2014년 봄, 서울의 예술의 전당에서 〈스팀펑크 아트展〉이라는 큰 규모의 전시회에 작가 겸 큐레이터로 참가했다. 일본의 인형 잡지 중 《돌리버드》_{하비재팬 출판}가 있는데, 그 잡지의 프리랜서 기자 자격으로 한국에 방문한 후지모토 치카코가 나를 인터뷰하러 오면서 바로 '미쓰바치' 작가와의 첫 만남이 시작된 것이다. 전시회는 장장 3개월에 걸쳐 진행되었고, 전시는 그대로 중국 베이징의 798 예술구에 위치한 '탱크 갤러리'에서 7개월간 더 이어졌다.

그때 나는 작품 전시도 했지만, 전 세계 작가 중 일본 작가들을 섭외하고 담당하는 큐레이터로도 참가하기도 했다. 이 전시회의 가장 대표적인 작가 우다가와 씨는 일본에서는 이미 유명한 작가였지만 아직 해외 전시는 참가해 본 적이 없었다. 대부분의 일본 작가들은 해외 전시를 좀 두려워하는 경향이 있는 것 같았다.

우다가와 작가는 서울의 전시 이후

전시 포스터, 우다가와 작가의 작품

에 자신감이 생겨서 중국과 러시아까지 진출하여 세계적인 작가로 나아가는 계기가 되었다. 그로부터 10년이 넘었지만, 아직도 매년 1월이 되면 직접 그린 연하장을 보내온다. 자신이 해외로 진출할 수 있는 계기를 마련해 줘서 고마웠고, 은인이라는 메시지와 함께. 뿌듯한 순간이다. 내가 일본을, 일본인을 좋아하는 이유 중 하나는 고마움을 오래 간직하는 사람들이 많아서이다. 적어도 내가 아는 일본인들은 그렇다.

가장 존경하는 스승이자 구체관절인형의 대가, 요시다 선생님. 최근 선생님이 일본의 한 유튜브 채널에서 내가 런칭한 브랜드를 적극적으로 홍보해 주셨다. 심지어 진행자들에게 '홍보해도 좋아!'라는 말씀까지 하시면서 말이다. 선생님은 흔히 한국에서 말하는 '츤데레' 스타일처럼 평소에는 말씀이 별로 없지만 마음이 매우 따뜻하시다. 인생에서 평생 가슴에 두고 모시는 스승이 있다는 것 자체가 행운이라고 생각한다. 지금도 선생님과 친구들이 정말 그리워서 가끔 일본에 간다.

나이를 더 먹기 전에 좋은 추억을 더 많이 남기고 싶기도 하다.

2002년 7월, 인형 교실에 처음 간 날, 선생님께서 점토 하나를 보여 주시고는 '한국에 이거 있어?'라고 물어보시는데 난생처음 보는 점토였다. "없는데요…" 하고 대답을 하고 생각해 보니 인형을 배워 봤자 재료가 없어서 한국에 오면 만들지 못하겠구나 싶었다. 그래서 그 점토를 우리나라에 가져와야겠다고 생각하고, 일본 점토회사와 한국의 회사 두 곳을 연결해 주었다.

지금은 일본의 점토회사 임직원들과 업무와는 전혀 상관없이 친하게 지낸다. 서울의 우리 집에 초대해서 요리도 대접하고, 도쿄에 가면 가장 근사한 식당에서 대접받기도 한다. 몇 년 전에는 '후지산을 보고 싶다'고 지나가는 말을 했는데 이런 나의 소원을 사장님이 들어주셨다. 점토회사 공장이 후지산 근교에 있었던 것이다. 공장 입구에 들어서니 방문자 이름과 함께 '환영'이라는 메시지까지 걸고 전 직원을 소개해 주고, 사장님이 직접 공장 견학까지 시켜 주셨다. 그 당시 사장님은 80대 초반이었지만, 공장 시설을 설명할 때는 젊은 시절의 열정과 애정이 느껴졌다. 그리고 공장에 외부인이 오기는 처음이라고 하셨다. 너무나 친근하고 가족처럼 따뜻한 사람들이었다. 이번에도 일부러 〈인형과 꽃, 그리고 헨나코〉 전시 일정에 맞춰서 한국에 방문한 점토회사 부장님. 지금은 함께 마음속 이야기도 하면서 친하게 지내는 친구가 되었다. 정말 알면 다르게 보이는 일본, 그 자체이다.

공장 사무실에서 바라본 후지산 전경   80대의 멋진 사장님, 친구 같은 부장님, 마쓰다 작가와 함께, 후지산의 낙조 감상.

민간 교류, 시민 교류가 진정한 교류

20년 넘게 일본과 한국을 오가면서 느낀 것은 국적만 다를 뿐 모두 인형이나 그림을 좋아하는 사람이라는 것이다. 한국 사람들은 해외에 나가는 것을 두려워하지 않는 편인데, 일본 사람들은 해외에 나가는 것을 여러 가지 이유로 두려워한다. 그 틀을 깨고 나면 한국을 좋아하고 1년에 한 번 이상 방문하게 된다. 이번 전시에 온 관람객 중에 도쿄에 사는 하야시 씨가 있다. 나의 인형을 수집하는 팬인데, 작년에 농담처럼 '한국 전시에 오세요'라는 말을 건넸더니 고민을 하는 것이었다. 해외여행도, 여권을 만드는 것도 처음이라며 매우 겁을 내던 하야시 씨가 설렘을 안고 마침내 한국을 찾았다. 그리고 한국에서 3박 4일의 일정을 마치고 일본으로 갈 때는 '한국이 이렇게 안전하고, 볼거리가 풍부한 나라인지 몰랐다'라며 조만간 다시 오겠다고 말했다. 올해

60세가 된 자신에게 인생의 터닝 포인트가 되었다며 꿈 많은 소년처럼 상기된 표정으로 웃으며 말하던 모습이 인상적이었다.

이렇게 경험으로 알아가는 것이 민간 교류의 묘미가 아닐까 싶다. 나 한 사람이 일본에서 하는 행동 하나, 말 한마디가 한국의 이미지가 되고 일본 사람들의 생각에 큰 영향을 끼친다. 일본 사람들과 20년 이상 인연이 계속될 수 있었던 이유는 진심으로 먼저 호의적으로 다가갔기 때문인 것 같다. 글을 쓰다 보니 올해는 미처 연락드리지 못했던 인형 교실의 요시다 선생님, 점토회사 사장님, 친구들이 생각난다. 이른 새벽이지만 이 계절을 잘 보내고 있는지 안부 메일이라도 보내야겠다.

일본, 이대로 가면 소멸할 것인가?

김경회(앙코르커리어 대표, 前 한덕개발 대표이사)

테슬라의 일론 머스크 회장이 2022년 5월 8일 트위터^현 X에서 지금 손을 쓰지 않으면 "일본은 결국 소멸할 것이다."라고 하여 화제가 되었다. 그가 이렇게 말한 바탕에는 일본의 2021년 합계출산율이 1.3명으로 떨어지고, 출생아 수는 81만 명으로 제2차 세계대전 이후 최저로 떨어진 데 따른 위기감을 반영한 것이라고 할 수 있다.

과연 일본은 인구 감소로 사라질 것인가? 일본의 저출산의 원인은

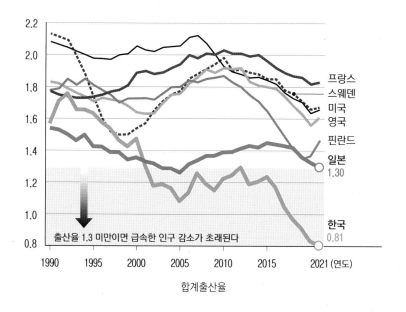

합계출산율

무엇이며 일본 정부는 저출산 문제를 해결하기 위해 어떤 노력을 해 왔으며 앞으로 어떻게 될 것인지 알아보자.

저출산의 배경

일본은 1970년대부터 합계출산율 저하가 시작되었다. 그렇다면 젊은 세대의 결혼과 출산 시기가 늦어지고 미혼율이 상승하여 저출산을 초래하게 된 사회경제적·문화적 배경은 무엇일까?

첫째, 여성의 대학진학률 상승과 경제활동 증가를 들 수 있다. 경제적으로 풍요해짐에 따라 1970년대 중반까지 초급대학을 포함한 대학진학률이 급상승했지만 남성보다 여성의 대학진학률은 상대적으로 낮았다. 2021년 4년제 대학진학률을 남성 58.1%, 여성 51.7%로 남녀 모두 높아졌지만 여성의 급속한 증가로 남녀 간 격차가 줄어들었다. 여성의 고학력화는 재학 기간이 길어지는 만큼 결혼·출산을 늦춰 그 자체가 단기적으로 저출산의 원인이다.

한편 여성의 경제활동 참가율은 25~29세에서 1975년의 42.6%에서 2019년 81.1%로 거의 배로 증가했다. 30~34세에게서도 그 비율이 1975년 43.9%에서 2019년 77.5%로 높아졌다. 이렇게 일하는 여성이 많이 늘어났지만 직장과 가정생활을 양립하기 어려운 환경 때문에 1970년대부터 미혼·비혼이 늘어나 출산율 저하로 이어졌다. 이런 미혼화·만혼화의 흐름이 바뀌지 않으면 2040년에는 남성의 생애미혼율, 즉 50세 때 미혼으로 남아 있을 남성의 비율이 30% 가까이 되어 3명 중 1명이 비혼일 것으로 예측되어 충격을 주고 있다.

둘째, 고용 지위가 불안정한 청년이 증가하고 있다. 1990년대 거품 경제가 붕괴하고 장기간의 경기침체기가 이어지는 가운데, 청년 실업률은 늘어나고 특히 비정규직 청년이 많아졌다. 이들은 큰 경제적 부담에다 사회적 책임을 수반하는 가족 형성_{결혼·육아}의 결단을 내리기가 쉽지 않다.

일본 릴레이션십 협회가 25세 이상 50세 미만의 미혼 여성을 대상으로 한 조사에 따르면, 결혼 상대의 조건으로 중요한 세 가지는 1위 경제력, 2위 가치관, 3위 외모로 나타났다. 경제력이 가장 중요시되었는데 이상적인 연봉으로 가장 많았던 의견은 600만 엔 이상 800만 엔 미만이었다. 그런데 실제 20~30대 남성의 평균 연봉은 300만~500만 엔 정도로 여성의 기대에 미치지 못하는 것으로 나타났다. 기대와 현실과의 괴리가 커서 원하는 결혼 상대를 고르기가 쉽지 않다.

수입뿐만 아니라 신분의 안정성도 결혼 조건에서 중요한 비중을 차지한다. 정규직 청년과 비교해 비정규직은 결혼하기가 어려워 미혼율이 현격히 높다. 정규직 남성 생애미혼율은 16.6%인 데 반해 비정규직은 50.5%로 3배 이상 높다. 이처럼 청년 고용 불안정화에 의한 경제력과 신분상의 차이는 1990년 후반 이후의 미혼화·저출산을 촉진하는 요인이 되었다.

셋째, 남녀를 맺어 주는 중개 시스템이 제대로 작동하지 않는다. 1970년대 이후 초혼율 저하의 대부분은 중매 등 소개형 결혼의 감소와 직연결혼_{직장에서 만나 결혼하는 사례}의 감소에 기인한다. 중매결혼은 1970년대 이전부터 감소했고, 1970년대 주류였던 직연결혼도 1980년대 이후에는 기업문화의 변화와 더불어 감소하기 시작했다. 이제 결혼을 원하는 사람은 자신의 책임과 비용으로 단체 미팅에 참여하거나 지인에게 소개를 부탁하기도 하고, 또는 결혼상담소에 의뢰해야 한다.

최근에는 미혼화에 의한 저출산이 더 심각한 지방에서는 지자체에서 적극적으로 결혼 지원에 나서는 경우도 늘고 있다. 현재 47개 도도부현 중 34개 지역에서 지자체 위탁사업으로 결혼지원센터가 설치되어 서비스를 제공하고 있다. 그중 에히메현에서는 AI로 빅데이터를 해석한 결과를 바탕으로 서로 꼭 맞는 상대를 만날 수 있는 방식을 개발하여 상당한 성과를 올리고 있다. 그러나 실제로 상대를 찾는 노력을 적극적으로 하는 젊은이는 미혼자 중 1/4 정도밖에 되지 않는 점은 여전히 해결 과제로 남아 있다.

넷째, 결혼에 대한 의식이 변화하고 있다. NHK가 5년마다 실시하는 '일본인의 의식' 조사에서 결혼은 '꼭 할 필요는 없다'고 생각하는 사람이 지난 25년간 계속 증가해 1993년의 51%에서 2018년에는 68%에 달했다. 그중 30대가 88%로 가장 높았다. 결혼하고 싶지 않은 구체적인 이유에 대해서는 "일과 취미에 몰두하고 있어 결혼해서 누군가를 부양하는 상황은 생각할 수 없다. 결혼하면 고생도 많아질 것이라고 생각한다"사이타마현, 26세 남성, "나 자신의 커리어 형성·수입을 얻는 것에 즐거움을 느끼고 있어서 결혼 등으로 얽매이고 싶지 않다"도쿄도, 27세 여성와 같이 결혼을 필수가 아닌 선택으로 보는 젊은이가 많아진 것이다.

한편, '결혼하는 것은 당연하다'라고 대답한 사람은 1993년의 45%에서 매년 감소하여 2018년에는 27%까지 내려갔다.

지금까지의 대응책과 그 성과에 대한 평가

1989년의 합계출산율이 1.57명으로 떨어진 이른바 '1.57 쇼크' 이후 일본 정부는 1994년부터 저출산 대책에 나섰다. 일본의 저출산 대책은 크게 세 시기로 구분할 수 있다.

제1기는 1990년대로 보육 정책이 중심이었다. 최초의 저출산 대책은 1994년의 '향후 육아 지원을 위한 시책의 기본적 방향에 대해엔젤 플랜'이다. 여기에서는 보육의 양적 확대와 0~2세아 보육 및 연장 보육 시행, 지역 육아지원센터 정비 등을 추진하기로 했다.

제2기는 2000년대에서 2010년대 전반까지로 두 축이 있었다. 첫 번째 축은 보육 서비스 확충이었다. 종래보다 더 많은 가정이 보육시설을 이용할 수 있도록 조치했다. 두 번째 축은 일과 육아의 양립지원이다. 기업과 지자체에서 종업원의 일과 육아의 양립지원을 위한 행동계획을 책정하도록 하고 목표를 달성한 기업에는 세제상의 혜택을 제공했다.

제3기는 2010년대 중반 이후 지금까지로 대책의 대상 폭을 확대하고 있다. 종래의 보육, 일과 육아의 양립지원을 두 축으로 한 저출산 대책에도 출산율을 회복하지 못한 것이 정책 변화의 배경이다. 보육과 양립지원을 더욱 강화하고, 아울러 결혼·임신·출산에 대한 지원을 새로운 대책의 한 축으로 추가했다.

이렇게 대책을 수립하고 시행했지만 30여 년이 지난 지금까지 저출산의 흐름을 바꾸지 못해 정책이 성공했다고 평가할 수 없다. 성공하지 못한 데는 크게 두 가지 이유를 들 수 있다.

첫째, 청년 미혼율 증가에 대한 대책이 너무 늦었다. 2010년대 중반까지의 저출산 대책의 양축이었던 보육 및 양립지원의 주 대상은 출산·육아기의 맞벌이 부부였다. 저출산의 가장 중요한 요인인 청년 미혼율 증가에 대한 정책은 2010년대 후반에야 시행되기 시작했다.

둘째, 육아에 대한 경제적 지원이 너무 미흡했다. 육아의 직접적 경제적 지원은 아동수당과 세액공제인데, 프랑스와 스웨덴 등 유럽의 '저출산 대책 선진국'에 비하면 그 금액 규모가 아주 낮다. 특히 교육에 대한 공적 지출은 저출산 대책 선진국의 절반 수준이다. 육아의 경제적 지원에 교육까지 포함하여 생각한다면 일본에서 육아의 경제적 지원은 육아 부담을 경감하기에는 매우 낮은 수준이다.

한마디로 요약한다면, 일본 정부의 대응책은 '시기도 너무 늦었고, 예산액도 너무 적어서' 성공하지 못했다. 지금까지와 같은 대책이 지속되어 합계출산율이 현재의 1.3 이하로 계속 감소한다면, 먼 장래에 일본이 소멸하지 않는다는 보장은 없다. 그래서 효과적인 저출산 정책이 시급히 요청되는 것이다.

향후 방향

그러면 저출산 대책이 성과를 올리기 위해서는 어떻게 해야 할까?

첫째, 청년 고용 문제는 가족정책을 넘은 노동경제 문제이지만, 결혼과 가족 형성의 경제 기반에 직접 관련되는 만큼 시급히 해결해야 한다. 비정규 고용의 확대, 기업 내에서 신분화하는 정규직과 비정규직의 양극화, 정규직의 장시간 노동 등의 문제를 종합적으로 해결할 수 있는 새로운 고용 시스템 구축이 필요하다.

둘째, 여성이 일과 가정을 양립할 수 있도록 고용 환경을 정비하고, 가정에서도 남녀의 적절한 역할 분담이 이루어지도록 가치 전환이 필요하다. 여성의 사회진출로 '남성은 일, 여성은 가사'라는 성별 분업의 근거가 사라지고 있는데도, 여성은 바깥에서 일하고 가정에서는 가사와 육아를 책임져야 한다는 의식이 남아 있다. 이것은 여성의 결혼·출산을 어렵게 한다.

셋째, 가족 관련 사회지출의 비중을 더 높이고, 그 재원은 고령자의 사회보장비용을 줄이거나 증세 등의 방법을 통해 마련할 필요가 있다. 이런 변화를 실천하기 위해서는 저출산 정책의 방향에 대해 국민을 설득하여 사회적 합의를 끌어내야 한다.

저출산은 수많은 젊은이가 주어진 환경에서 각자 나름대로 합리적으로 행동한 결과 초래된 것이다. 문제 해결의 방법은 수많은 젊은이가 지금과는 달리 행동하는 것이 합리적이라고 느낄 수 있도록 환경을 조성하는 것이다. 저출산 대책이 성과를 거두기 위해서는, 궁극적으로 젊은 세대가 자기들이 살아갈 사회는 안심하고 아이를 낳아 키울 수 있는 곳이라는 믿음을 가질 수 있도록 정부와 기업이 앞장서서 사회경제 시스템 전체를 개혁해야 할 필요가 있다.

지금까지 살펴본 일본의 저출산 문제는 그래도 우리 현실에 비하면 훨씬 나은 편이다. 2021년도 일본의 합계출산율이 1.30인 데 비해 우리는 0.81로 세계 최저이다. 테슬라의 일론 머스크 회장은 앞서 일본의 저출산에 대해 언급한 데 이어, 지난 5월 26일에는 한국의 출산율이 이렇게 계속 떨어지면 한국 인구가 3세대 안에 현재의 6% 미만으로 감소할 것이라고 우려했다. 지금 손을 쓰지 않으면 일본보다 한국이 먼저 소멸할지도 모른다. 우리보다 앞서 저출산 문제를 겪고 있는 일본의 경험에서 배우는 겸허한 자세가 필요하다.

많이 닮았지만 어딘가 다른 한국과 일본

다케이 하지메(디지털 크리에이터)

번역: 강은미(전 한국방송통신대학교 조교)

체코에서

2017년 3월, 나는 체코 수도인 프라하에서 혼자 여행하고 있었다. 프라하의 대표적인 교회인 성 비투스 대성당을 견학하기 위해 긴 줄을 섰다. 내 앞은 한국인 단체였고 뒤는 중국인 단체여서 둘 사이에 끼인 상태였다. 한국 단체는 조용히 질서정연하게 입장을 기다리고 있었지만, 중국 단체는 각자 자유롭게 행동했다. 양쪽을 바라보며 한국인들은 분위기나 행동이 일본인과 아주 비슷하다고 느꼈다. 일정을 마치고 체코에서 한국 항공사로 돌아왔는데 비행기에 타자마자 안심했다. 승무원의 미소가 일본인과 많이 닮았기 때문이다. 유럽인의 웃는 얼굴과는 확연하게 달랐다.

하지만 그 감상은 오래가지 못했다. 이때 일본 귀국 전에 서울에서 3일간 머물렀는데 그렇게나 일본인과 닮았다고 생각한 한국인이 전혀 닮지 않은 것이었다. 표정, 사람과의 거리 두기, 걸을 때의 모습, 소지품 등이 확실하게 달랐다. 한국과 일본은 전체적으로는 아주 비슷하지만 세세한 부분에서 다르다고 생각했다.

한국과 일본은 많이 닮았기 때문에 편하게 교류할 수 있는 존재이다. 그러나 닮았다는 것이 똑같다는 뜻은 아니다. 미묘하게 다른데 거

68   알면 다르게 보이는 일본 문화 5

기서 문제가 발생한다. 서로 다른데 닮았다고 '생각해 버리는' 것도 있을 수 있다. 표면상 닮은 것뿐인데 자신의 문화 기준으로 해석할 수 있기 때문이다. 이제부터 이런 것들에 대해 생각나는 대로 적어 보겠다.

아리랑의 공포

일본에서도 잘 알려진 한국 노래에 아리랑이 있다. '아리랑 고개를 넘는 님은 십 리도 못 가서 발병난다'라는 가사인데, 처음 이 노래를 들었을 때 '당연한 거 아냐?'라고 생각했다.

한국은 예로부터 지반이 안정된 안정육괴安定陸塊에 해당한다. 이런 곳은 완만한 산이 대부분을 차지하여 고개는 비교적 쉽게 넘을 수 있다. 한국 고유한자로는 '峴'이지만 반대쪽이 보이지 않는 지형이 '고개'이다.

일본에서는 지금도 조산 운동이 계속되고 지반이 변동하는 영향으로 높고 험한 산이 많다. 2,000~3,000미터에 달하는 산도 많고 험난하게 갈라져 있기 때문에 산 양쪽은 단절되어 전혀 다른 사회이다. 산을 넘어 반대로 가는 곳이 일본의 '고개'이다. 고개를 넘는 것도 힘든 일이다. 일본 한자로는 '峠'이며 험한 산을 넘는다는 이미지를 나타낸다. '峠', '峴'의 두 한자로 그리는 경치는 서로 다르다.

게다가 한국의 10리는 일본의 1리이며 일본의 10리는 40킬로미터이다. 험한 산을 40킬로미터나 걸으면 당연히 발이 아픈데 어째서 그것이 노래가 될 수 있을까 하는 것이다. 한국인과 일본인의 교류회 등에서 아리랑에 대한 이미지를 들으면 양쪽 나라 사람들 사이에서 그 이미지는 뚜렷하게 갈라진다.

맛과 예절

한국도 일본도 동아시아 세계에서 환경이 비슷하기 때문에 비슷한 재료를 사용한다. 그러나 한국이 마늘과 고추, 참기름을 기본으로 사용하는 요리를 선호하는 것에 반해, 일본에서는 이들 재료는 거의 사용하지 않고 육수와 간장을 중심으로 한 요리를 선호한다.

이런 차이는 역사의 차이와 관계가 있다. 한국에서는 고려 시대 몽골의 영향으로 육식 문화가 발달했다. 고려에 이어 조선 시대는 유교 국가이기 때문에 고기는 계속 먹을 수 있었다. 그렇기에 일본에 비해 고기 요리가 발달한 것이다. 고기 잡내 제거에 마늘 등 향신료가 필요하고, 또 역병을 막기 위해 붉은 것을 몸에 지니는 사상이 합쳐져 오늘날과 같은 붉은 요리가 되었다고 한다.

일본은 19세기 중반까지 불교국으로 육식이 금기시되었다. 그래서 멸치나 가다랑어포 같은 육수가 발달했다. 채소는 고기보다 국물이 우러나지 않기 때문이다. 또 18세기 전후부터 수도인 에도 지방에 간장이 보급되었다. 그 전까지는 주로 된장으로 간을 해서 맛이 무거웠지만 간장의 보급으로 깔끔한 간을 맞출 수 있게 되었다. 그 결과 개별 식재료의 색과 맛을 중시하는 요리가 만들어지고 향이 강한 마늘은 대체로 사용하지 않게 되었다.

또한 한국에서는 국물이 많은 요리를 좋아하기 때문에 수저로 식사하는 습관이 남았다. 식기는 금속제가 주를 이루고 상에 놓고 먹는데, 무겁고 화상의 위험이 있기 때문이다.

일본에서도 8세기에 귀족들 사이에서 금속 그릇과 숟가락을 사용했다. 그 후 고가의 금속보다는 풍부하게 존재하는 나무를 가공해 숟

가락과 젓가락, 그릇을 만들었다. 목기는 가볍고 열이 잘 통하지 않아 손으로 들고 먹을 수 있다. 국물 요리도 그릇을 들고 직접 입에 대고 먹었다. 이렇게 해서 그릇을 들고 젓가락으로만 먹게 된 것이다. 또한 뜨거운 국물을 직접 입으로 마시면 화상을 입기 때문에 그것을 방지하기 위해 공기空気와 국물을 같이 들이마신다. 더욱이 일본에서는 젓가락만으로 식사하기 때문에 섞어서 먹지 않는다. 카레라이스도 섞지 않고 먹는 사람이 많다.

김치와 기무치

각각의 사회의 취향에 따라 같은 기원의 식품이라도 맛 등은 달라진다. 배추김치와 일본의 배추기무치를 예로 들겠다. 한국의 배추김치는 양념과 젓갈, 액젓 등을 채소와 섞어 시간을 들여 발효시켜 신맛이 나는 김치를 선호한다. 반면에 일본의 배추기무치는 그다지 발효시키지 않고 가다랑어포 등의 육수 사용을 선호하며 신맛이 강하지 않다. 겉절이 같은 것으로 한국인들이 보면 어중간한 맛이라고 여길 수도 있다.

한국에서는 겨울의 기온이 낮고 건조하기 때문에 발효가 잘 진행되지 않는다. 신맛이 나는 것이 숙성의 신호가 된다. 그에 반해 일본은 겨울에도 한국에 비해 기온도 습도도 높아 바로 발효되어 버린다. 곰팡이나 세균이 번식하기 쉬워 신맛은 부패의 가능성이 있다고 여겨진다. 이리하여 김치를 원조로 하는 기무치가 완성된 것이다.

일본에서 발효 식품을 만들 때는 곰팡이나 부패를 막기 위해 균 관리가 중요하다. 한국에서는 대두로 발효 식품을 만들 때는 우선 메주를 만들어 매달아 공기 중에 부유하는 고초균으로 숙성한다. 그러나 일본의 기후에서는 메주 단계에서 곰팡이가 생기거나 부패할 가능성이 있다. 일본의 많은 지역에서는 메주를 만들지 않고 삶은 콩에 누룩곰팡이와 낫토균을 섞어 발효시키지만, 메주를 만드는 지역에서도 먼저 콩에 누룩을 묻혀서 말리고 자연 발효는 시키지 않는다.

이렇게 한국과 일본에서는 된장 등을 만드는 방법이 다르기 때문에 그 풍미도 다르다. 그 결과 푹 끓여 만드는 한국의 된장찌개와 끓이면 풍미가 없어지는 일본의 된장국에 차이가 생겼다.

회덮밥과 어묵 등

생선도 한국과 일본이 좋아하는 것이 다르다. 그 지역에서 잡히는 생선과 맛에 대한 취향이 다르기 때문이다. 한국에서 좋아하는 조기는 봄에 산란을 위해 서해로 모이는 것을 잡아 말리는데, 조기처럼 수분과 지방이 많은 생선을 말리는 데는 기술이 필요하다. 그래서 조기를 말린 굴비는 한국에서는 고급품이다.

일본에서 조기는 규슈 지방을 중심으로 넓은 지역에서 잡히지만, 고급 생선이 아니라 대중적인 생선 취급을 받는다. 오히려 어묵 등의 반죽 원료로 중요시된다.

두 나라에는 각각 회덮밥과 사시미톤부리가 있다. 한국의 회덮밥은 밥 위에 얹은 채소와 흰살 생선회를 섞어 먹는다. 비린내가 적은 흰살 생선은 이렇게 먹는 것이 어울린다. 한편 특유의 비린내를 가진 붉은 살 생선은 한국에서는 그다지 좋아하지 않는 편이다.

반면에 일본에서는 붉은살 생선을 좋아한다. 사시미톤부리는 붉은 살 회도 식초로 간을 한 밥 위에 올려, 그야말로 초밥을 먹듯이 회를 간장에 찍어 밥과 함께 먹는데 섞지는 않는다. 일본에서는 19세기 중엽까지 고기는 먹을 수 없었고 생선 중심의 식문화여서 생선 요리가 발달했다. 생선 비린내를 없애는 방법도 발달했다.

생선 요리 외에도 한국과 일본은 비슷한 식품이 많다. 예를 들면 김밥과 노리마키가 있다. 김밥은 간을 한 밥에 여러 가지 재료를 올리고 돌돌 말아 마무리로 참기름을 바르지만, 노리마키는 식초로 간을 한 밥에 약간의 재료를 넣어 돌돌 말고 참기름은 바르지 않는다. 비빔밥은 다양한 재료를 넣은 밥을 직접 비벼서 먹지만 일본의 마제고항混ぜご飯은 여러 재료가 미리 섞여 있다. 어묵은 생선 살을 으깬 '오뎅'을 재료로 하여 국물도 마시지만 '오뎅음식명'은 육수에 여러 어묵과 무, 감자 등도 끓여 건져 먹는 것으로 국물은 마시지 않는다. 인스턴트 라면도 한국에서는 대체로 봉지 면을 좋아하고 일본은 컵라면을 좋아한다. 식당에서 파는 라면은 한국에서는 인스턴트 라면 중심으로 팔고 일본에서는 생면이 중심이 된다. 이것들은 뿌리는 같지만 각자의 나라에서 취향에 맞게 발전했다. 이미 각 나라의 요리라고 해도 좋을 것이다.

퍼스널 스페이스

사람의 거리 두기 방법인 퍼스널 스페이스도 한국과 일본이 다르다. 친해지면 거리를 가까이하는 것은 같지만 그 간격이 한국인과 일본인이 다른 편이다. 한국인의 경우 친해지면 서로의 퍼스널 스페이스가 거의 제로에 가까운 것 같다. 어른도 동성끼리 팔짱을 끼거나 어깨동무를 하고 다니는 모습을 종종 발견한다. 자기 물건도 친한 사람과 공유하기도 하고 친한 지인 집에 가서도 냉장고를 열어 음료수를 마시는 일이 드물지 않다.

일본에서 친한 사이의 퍼스널 스페이스는 15~45센티미터 정도로 연인 사이 같은 친밀한 관계 외에는 제로가 되지 않는 편이다. 따라서 한국인과 일본인이 함께 술을 마시면 친한 사이라고 티 내기 위해 접근하는 한국인과, 적절한 거리를 유지하려는 일본인의 구도로 되어 마지막에는 일본인이 코너에 몰리게 된다. 친한 사이라도 자기 물건을 공유하지 않기 때문에 그 물건을 사용하고 싶을 때는 허락이 필요하고, 또 마음대로 친한 사람 집에 가서 냉장고를 열어서는 안 된다. 사적인 공간의 범위가 한국보다 넓은 편이다.

심리적 거리 두기 방법도 다르다. 한국은 일찍부터 상대방을 알려고 다양한 질문을 하는 편이다. 한국어는 나이의 상하에 따라 말하는 방법이 달라지기 때문에 빨리 나이를 묻는 것은 서로의 관계를 결정하기에 중요한 일이다. 한편 일본에서는 시간을 두고 조금씩 상대를 알아가는 편이다. 오래 알고 지내도 상대가 독신인지 결혼했는지 모르는 경우도 많다. 나이의 상하로 말하는 방법이 엄격하게 정해지지도 않았다. 학교 교실에서도 처음 만났을 때는 정중하게 말하고 친해짐에 따라 반말로 바뀐다. 정중한 말과 반말의 구별은 나이의 상하관계보다 친근함에 따라 정해진다.

이와 같이 한국과 일본에서는 말이 아닌 비언어 커뮤니케이션 비언어적 의사소통의 방법도 다르다. 이런 점을 알지 못하면 서로 오해를 낳는다.

한자의 사용법

현재 한국에서는 한자를 거의 사용하지 않는다. 반면에 일본에서는 한자가 섞인 문장이 일반적인데 이는 역사적인 배경의 차이로 설명할 수 있다.

한국에서는 한자가 들어오면서 이두, 향찰, 구결 같은 한자를 사용하여 한국어를 표현하는 연구가 행해졌다. 하지만 한자 자체가 어려웠기에 널리 보급되지 않았고 중국과의 관계가 밀접하여 한문은 관료에게 필요한 것이었다. 특히 과거제도 도입으로 응시자는 한문을 습득해야 했고, 평소 사용하는 한국어와 다른 외국어, 즉 중국어의 고전어를 사용할 수 있어야 했다. 지금의 감각으로 말하면 일상 회화는 한국어로, 문장체는 영어로 생활하는 것에 가까울지도 모른다. 게다가 백성들이 자국어를 표현할 목적으로 공포한 훈민정음이 존재했다. 훈민정음을 보급하기 위해 출간된 책의 대부분은 '한문은 이런 뜻이다 国之語 音 = 나랏말싸미'로 설명한 것이었다. 한문과 번역문의 대조로 외국어인 한문은 음의 나열로, 의미는 번역된 상태로 이해했다. 한자는 한문을 위한 것이었다. 반면에 조선 시대에 쓰인 한글 문장에는 한문이 거의 섞이지 않았다.

일본에는 한국과 중국을 통해 한자가 들어왔다. 처음에는 한자의 음을 이용하여 일본어를 나타냈지만 점차 한자를 변형한 히라가나, 가타카나를 사용하게 되었다. 그 과정에서 한자도 섞어 쓰게 된 것이다. 한자는 음만이 아니라 일본어의 훈으로도 읽혔다. 이 과정에는 이두, 향찰, 구결 등의 영향도 있었다고 보인다. 결국 한자로 일본어를 표현하게 된 것이다. 이제 한자는 외국어를 표현하기 위한 문자가 아닌 일본어를 표현하기 위한 문자로 사용되었다. 따라서 일본어를 표현하기 위해서 한자가 필요해졌다. 그뿐만이 아니다. 일본은 고대부터 신분사회로 과거제도가 도입되지 않았고, 시험을 위한 한문을 배우고 합격후 그것을 사용하기 위한 계층은 존재하지 않았다. 이렇게 한자와 한문의 관계는 멀어졌다. 한문을 읽을 때 구결口訣처럼 일본어로 읽을수 있게 연구하면서 이른바 한문이면서 한문이 아닌 상황이 되었다.

● 子曰、温故而知新

(한국) 자왈, 온고이지신

공자께서 말씀하셨다. 옛 것을 배워 충분히 이해하여 새로운 의미를 스스로 터득한다면

→ 의미로 받아들인다

(일본) 子曰、温レ故而知レ新

子曰ク、故キヲ温ネテ新シキヲ知ル

→ 일본어 그대로 읽는다

재해에 대한 관심

한국과 일본은 자연적 배경도 역사적 배경도 전혀 다르다.

한국은 안정육괴에 속해 있어 지진 등의 재해가 적고 기상 재해도 일본만큼 많지 않다. 당연히 자연 재해에 관한 관심은 낮고 오히려 극복할 수 있는 존재로 받아들여지고 있다. 한편으로 반도 지형이기 때문에 일본을 포함한 많은 외세의 침입을 겪었다. 외세는 한국인의 생활과 상관없이 일방적으로 쳐들어와 생활을 혼란스럽게 만들었다. 그런 침입이 없었다면 평온하게 지냈을 터이다. 따라서 외세에 의한 인적 재해에 관심이 많은 편이다. 그런 침입이 없었다면 지금의 생활은 달랐을 것이라는 생각 때문에 과거의 역사, 있어야 했던 사회에 관심이 높아졌다. 있어야 할 사회를 찾기 위해서라도 역사를 거울삼아 좋은 점과 잘못된 점을 안다는 발상이 강해졌다.

산은 그리 험하지 않고 쉽게 넘을 수 있는 존재이다. 좁은 공간에 얽매일 필요가 없기에 그 장소에 머무는 것이 적합하지 않으면 땅을 포기하고 다른 장소로 이동해도 상관없다. 생활이 위협받으면 그것을 바로잡기 위해 비판하는 것도 허용된다. 그런 관점에서 이상을 추구하고 잘못된 것은 바로잡으면 된다는 발상이 강해졌다고 한다.

일본은 환태평양 지진대에 속해 있으므로 지진이나 화산 폭발이 많고 장마 전선과 태풍 등으로 풍수해도 많은 나라이다. 자연 재해는 피할 수도 극복할 수도 없어서 자연 재해로부터 생활을 어떻게 회복할 것인가가 중요한 관심사이다. 극단적으로 말하면 과거가 어땠다더라 하는 것은 관심 밖으로 현재의 순간이 중요하다. 역사는 과거에 일어난 일인 것이다.

또한 험하고 좀처럼 넘을 수 없는 폐쇄적인 산간에서 생활하기 때문에 어떻게든 집단 안의 질서를 유지시킬 필요가 있다. 그 지역의 유력자가 정한 질서를 지키지 않으면 생활이 성립되지 않기 때문이다. 게다가 한국과 달리 일본은 13세기부터 봉건 시대에 접어들면서 사람들이 땅에 묶였다. 땅에서 도망칠 수 없기에 그곳에 살기 위해 더욱 질서를 지키는 것이 중요했다. 우선 질서와 규칙을 지킨다는 발상이 강해졌다. 이처럼 한국과 일본은 역사 자체를 파악하는 방법이나 따라야 하는 기준에 관한 생각이 다르다.

상하좌우 유일신과 다신교

한국도 일본도 각각의 환경 속에서 기층문화를 만들었다. 지금까지 살펴보았듯이 한일 간의 자연환경과 사회환경이 서로 다르다. 그 차이는 기층으로 되어 있는 신앙에 잘 나타나고 이 기층의 사고방식에 맞는 것이 받아들여져 일체화되었다.

한국은 동북아시아로 통하는 신앙의 영향을 강하게 받는 편이다. 동북아시아형의 신앙은 신이 동물의 모습으로 하늘에서 강림하여 왕이 되어 지상을 다스리며, 그로 인해 백성은 평화롭게 살았다는 것이다. 단군신화도 그 영향을 강하게 받았다. 신의 역할은 백성을 행복하게 하는 것이다. 여기서부터 천지와 같은 상하를 의식하는 사고가 강해졌다. 신라 시대의 화랑 사상은 도솔천에서 수행하고 있는 미륵이 강림하는 신앙을 바탕으로 한다. 또한 불교사상은 우주의 근원이라는 비로자나毘盧遮▽那와 사람들의 관계를 설파하는 화엄경의 영향을 강하게 받았다. 유교도 이치와 기의 관계로 설명하는 주자학이 받아들여졌다. 또한 기독교도 하늘의 신과 백성의 관계이다. 이렇게 위 유일, 절대 신와 아래 많은 백성를 의식하는 사상이 유입되어 정착했다.

일본은 자연 재해가 많아 온갖 자연 현상을 의식하지 않을 수 없다. 자연은 재해를 초래하는 한편, 은혜도 가져오는 존재이다. 이로써 자연의 온갖 것이 신이 된다는 신앙이 생겨났다. 자연은 사람들과 동거하는 것이기에 그 신은 주위에 무수히 많다 「やおよろずのかみ」 팔백만 신, 팔백만은 무수히 많다는 뜻. 그리고 바람 신, 지진 신은 재해≒재앙를 일으킨다. 신사神社는 재앙을 불러오지 못하게 신을 모시는 곳으로, 다신교 세계로 외국에서 온 신도 포함하여 다양한 것을 신으로 추가할 수 있다. 부처도 죽은 조상도 신이다. 많은 집에는 불단이 있고 죽은 이들을 모신다. 그리고 매일 불단에 음식이나 물건을 놓는다. 이것도 신=조상은 주변에 있으며 함께 생활하고 있다는 발상을 배경으로 한다.

한국과 같은 상하의 발상은 약하고 좌우, 즉 주의를 의식하는 발상이 강한 편이다. 신화도 상하를 느끼지 못하는 것이 많고, 불교도 개인의 노력을 중시하는 법화경이 강하게 영향을 끼치고 있다. 유교도 주자학뿐만 아니라 고학과 양명학도 퍼졌다. 기독교는 좀처럼 보급되지 않았다. 유일신처럼 유일하게 옳다고 하는 발상은 이해하기 힘든 존재이기도 하다.

한일 간의 차이를 몇 가지 살펴보았다. 모두 각각의 배경의 차이가 있고, 같은 것을 다르게 파악하고 있다고 볼 수 있다. 그리고 기층사상도 달랐는데 사물을 생각하는 방법이 다르다고 할 수 있겠다. 한국과 일본은 닮은 것이 많지만, 실은 같은 것을 보아도 똑같이 파악하고 있다고는 말할 수 없다. 배경의 차이를 의식하면서 똑같이 보이는 곳이나 다르게 보이는 것에 대해 생각하는 것이 중요하다.

일본의 지진과 쓰나미의 공포와 교훈

이중훈(인텍스 대표)

일본인이 가장 무서워하는 것은?

옛날부터 일본 사람들이 무서워하는 네 가지가 있다고 대학에서 교수님에게 배운 적이 있다. 그것은 바로 지진じしん, 천둥かみなり, 불かじ, 아버지おやじ라고 한다. 우리의 입장에서 보면 공감되는 것도 있고 별로 공감되지 않는 것도 있을 듯하다. 실제로 일본인은 지진에 대해 느끼는 공포심이 매우 크기 때문에 지진에 대한 대비는 물론 매뉴얼도 잘 준비되어 있는 나라로 알려져 있다. 사실 지진과 불 그리고 천둥은 서로 연결된 무서운 대상임이 틀림없다. 지진과 관련되어 엄청나게 커다란 자연 재해가 생겨 일본 사회를 패닉으로 만든 것이 관동대지진 1923년과 고베 대지진 1995년으로 알려져 있다. 그리고 동일본 대지진 2011년 3월 11일을 일본인이라면 누구라도 끔찍한 일로 기억할 것이다. 특히 동일본 대지진은 지금도 많은 사람들에게 무섭고 두려운 기억이다. 자연은 우리에게 많은 도움을 주기도 하지만 공포심을 안겨 주기도 한다. 시간이 많이 지났어도 우리와 지리적으로 가까운 일본에서 발생한 동일본 대지진은 많은 사람의 기억 속에 생생하게, 트라우마로 남아 있다.

일본에서 죽음을 생각한 경험

2011년 3월 11일, 일본 동북부 해안에서 발생한 대규모 지진과 거대한 지진해일이 일어난 날이다. 오다이바お台場에 있는 도시바 1층 대강당에서 하룻밤을 새우며 실제로 경험하고 느낀 점이다. 이날은 동경 오다이바에 있는 빅사이트 전시장에서 'JAPAN SHOP 전시회' 사흘째 되는 날로, 일본 업체와 공동으로 참가하여 전시하는 마지막 날이었다.

오후 3시 30분쯤 거래처 사장이 "이 상이 씨, 지진인 것 같지 않냐?"고 묻기에 나는 "모르겠다."라고 대답했다. 그리고 약 1분도 채 안 되어서 전시 제품들이 흔들리면서 떨어지기 시작했다. 그렇게 약 2분 정도 정신없는 상황에서 문득 '이렇게 죽는구나'라는 생각이 들자 온몸에 식은땀이 흘러내렸지만 막상 대피할 생각조차 할 수 없었다.

다행히 우리 부스는 비상구 옆에 위치해 있어서 1차 지진이 오고 난 후 2분 정도 되어서 다시 흔들리기 시작했을 때 방송에서 대피하라는 소리가 들려 왔다. 그래서 혼비백산으로 폭 1미터쯤 되는 비상구를 통해 밖으로 대피하는데, 옆에 있는 어느 한 건물에서 불이 나서 소방차소리와 함께 시꺼먼 연기가 하늘로 치솟고 있었다. 우선 건물이 무너져도 다치지 않을 장소로 피신해서 방송에 귀를 기울이고 있었는데 도저히 서 있을 수 없을 정도였다. 일본 사람들도 이구동성으로 60년 이상 살았는데도 이렇게 큰 지진은 처음 본다면서 서로 위안을 삼았다. 1차 지진 발생 후 안정이 되어 다시 전시장 안으로 들어가서 첫 번째 손님에게 상품 설명을 하는데 다시 흔들리기 시작했다.

다시 대피하라는 안내 방송을 듣고 밖으로 나가서 대피했다. 우리

부스 옆에는 화물차가 출입할 수 있는 큰 셔터가 있어서 관리인에게 "셔터를 올려놓아야 쉽게 대피할 수 있지 않겠습니까?"라고 물었다. 그러자 관리인은 "지진이 일어날 때 셔터를 올렸다가 지진으로 다시 셔터가 자동으로 내려가면 인명 피해가 생길 수 있어서 셔터를 올려서는 안 됩니다."라고 했다.

그 말을 듣는 순간에 매뉴얼대로 움직이는 일본이기에 따져 봐야 소용이 없다고 생각했다. 밖에서 약 10분 대피하고 난 후 전시장 안으로 들어가 전시회 마지막 날이기에 전시 제품을 정리하고 있는데 중앙 안내방송에서 전시회를 중지하며 철수를 준비하라는 내용이 나왔다. 우리는 높은 곳에 전시된 제품을 정리하려면 사다리를 이용할 수밖에 없었는데, 사다리 이용은 다시 지진으로 넘어질 염려가 있으니 금지하라는 것이었다.

물건을 대충 정리하고 택배 회사에 운송 의뢰를 하고 난 후 우리 세 명 본인, 거래처 직원 다케하라, 후지이 은 1층에서 2층으로 올라가 자리를 잡고 앉아 방송에 귀를 기울였다. 쓰나미 경보가 발령되어 1층에 있는 사람은 전원 2층 이상으로 대피하고, 전철과 버스 대중교통은 전부 운행이 정지되었다는 내용이었다. 핸드폰으로 전화하는데도 전화는 걸리지 않았다. 날씨는 한겨울과 같이 춥고 마음은 더욱 얼어붙기 시작했다. 한국에 있는 딸이 "아빠 아무 이상 없어요?"라는 안부 문자를 보내왔는데, 한국의 뉴스에서 일본 지진에 대한 방송으로 난리라는 것이었다. 문자는 되지만 전화 통화가 안 되었다. 무선 전화는 안 되어도 공중전화는 가능했다. 그런 유사시에는 공중전화가 필요하다는 점을 나의 마음에 새겼다. 전시회 마지막 날이어서 점심도 못 먹고 고객을 응대하느라 피곤함에 배고픔이 겹치고 몸은 피로로 만신창이가 되었지만, 피로를 느낄 마음의 여유가 없었다. 2층에서 대피하던 중에 목이 말라 물을 사러 갔는데 자동판매기에 몇 번이나 동전을 넣었는데도 동전이 그대로 흘러나와서 고장이 났거나 지진으로 판매 중지를 시켜놓은 줄 알았다. 몇 번이고 시도하는 바람에 돈이 떨어져 물 사는 것을 포기하고 가려는데 뒤에 줄을 서 있던 일본인 한 사람이 돈을 넣지 말고 그냥 버튼을 누르면 된다고 알려 주었다. 돈을 안 넣고 그냥 누르니 물이 나왔다. 처음에는 물을 한 개만 사려고 했다가 공짜면 농약이라도 마신다고 나중 사람은 생각도 하지 않고 물을 세 병이나 뽑아 버렸다. 그리고 물을 갖고 일행에게 가서 자판기에서 물을 공짜로 가져왔다고 이야기하니까 비상시에는 돈을 넣지 않고도 음료를 마실 수 있도록 해 준다고 말했다. 그 이야기를 듣는 순간 역시 일본은 방재 분야의 선진국이구나 하고 생각했다.

모포, 헬멧, 간식, 랜턴

오다이바는 바다를 매립해 만든 곳으로 지진이나 쓰나미에 아주 취약해서 우리의 일행은 걸어서 시나가와品川까지 걸어가기로 하고 편의점에서 도시락 세 개를 사서 우선 배고픔을 달랬다. 도시락을 먹고 나서 밖에 나가니 바람이 세차게 불어 너무 추워서 시나가와까지 약 10킬로미터 되는 거리를 도보로 가려던 마음을 접었고, 오다이바의 어느 빌딩 1층 강당에 사람들이 모여 있는 곳으로 가서 자리를 잡은 후 편의점에 가서 두 시간이나 줄을 서서 컵라면과 몇 가지의 음료를 겨우 살 수 있었다. 일본 사람들이 침착하게 줄을 서고 한 끼 먹을 만큼만 사는 것을 보면서 자판기에서 물을 세 병이나 뽑아 마셨던 몇 시간 이

전의 내 행동이 괜히 부끄럽다는 생각이 들었다. 역시 일본인의 시민 의식은 성숙하다는 생각에 일본을 더욱 긍정적으로 보게 되었다. 우리 일행 중 여자 한 사람이 있었는데, 거래처의 사장 부인이 먹을 것을 사고 우리 자리 오다이바 전철역 앞 광장로 돌아오니 어떤 남자 파나소닉 직원 가 와서 거래처 사장 부인에게 파나소닉 건물 1층 강당이 따뜻하고 하룻밤 지내기가 좋을 것이라고 거기로 오라고 했다.

우리는 다시 짐을 챙겨 파나소닉 강당 안으로 들어가려니 경비 직원이 못 들어가게 제재를 하는 것이었다. '좀 전에 파나소닉 직원이 우리에게 이곳으로 오라고 해서 왔다'라고 하니 '잠시 기다려 보라'고 하여 안으로 들어가서 확인 후에 우리를 들여보냈다.

150평 정도 규모의 1층 강당은 귀가하지 못한 파나소닉 직원들이 대피하는 곳이었다. 그리고 직원들이 각자 모포, 헬멧, 간식, 랜턴을 갖고 있는 것을 보고 놀랐다.

우리나라 같으면 어떻게 되었을까? 내가 회사에 다녀보았지만 재해에 대비한 비상 물품은 전혀 없었던 것 같았다. 우리는 파나소닉 1층 강당 안으로 들어가는 순간 여기는 "천국이다"라고 서로 소곤거렸고, 의자에 앉아 TV 방송을 보면서 밤을 보냈다.

잠 못 이룬 밤

2011년 3월 12일은 오성급 호텔 스위트룸에서 투숙한 기분이었다. 사람들은 시멘트 위에서 밤을 보냈겠지만 다행히 우리 일행은 카펫이 깔린 난방이 되는 곳에서 보내서 다른 사람들에게 미안하기도 했는데 그 생각도 잠시뿐이었다. 잠을 못 이루고 밤 열두 시가 넘었는데도 계

속 여진이 발생해서 긴장했다. '자라 보고 놀란 가슴 솥뚜껑 보고도 놀란다'는 말이 있듯이 조금만 흔들려도 천장이 무너지지 않을까 하는 염려로 꼬박 밤을 새웠다. 새벽 6시가 되었는데도 우리가 이용해야 하는 린카이센臨海線과 유리카모메센ユリカモメ線 전철이 운행 재개한다는 방송은 없고 다른 전철 노선만 일부 재개하는 방송만 나올 뿐이다. 전철이 개통될 때까지 마냥 기다릴 수 없다는 생각에 JR선이 있는 곳까지 걸어가려고 파나소닉 강당을 빠져나왔다. 밖을 나와 보니 국제전시장 역 안으로 사람들이 들어가고 있어서 우리도 역 안으로 들어갔다. 린카이센이 텔레콤센터역에서 신키바역까지 일부 구간만 운행하고 있었다. 우리는 신기바역까지 가서 JR을 타고, 나는 요코하마로, 일행 두 명은 오카야마로 가기 위하여 도쿄역으로 향하면서 우리 일행은 헤어졌다.

전철을 기다리는 중에도 여진이 지속되어 마음이 불안했다. 더군다나 전철역이 지하여서 불안이 가중되었다. 10분쯤 지난 후에야 린카이센 전철이 들어와서 너무 반가웠고 한 정거장을 지나 전철이 지하에서 지상으로 나오자 안도의 한숨을 내쉬었다. 바깥 풍경은 밝은 태양 아래 너무 조용하고 고요했지만 금방 무슨 일이라도 일어날 것 같은 불길한 생각만 머리에 맴돌았다. 어떻게든 우리 집까지만 빨리 갔으면 하는 생각밖에 없었다. 우리 집이 있는 요코하마로 가기 위해 신키바에서 유락조선을 타고, 다카타초에서 한조몬센으로 환승했다. 무사히 내가 사는 아파트에 도착하고 보니 전등이 떨어져 깨졌고 책꽂이는 바닥에 쓰러져 있었다. 한마디로 집은 난장판으로 변해 있었다. 배가 고파 라면을 끓여 먹으려고 가스를 켰는데 가스가 안 들어와서 지인에게 전화로 물어보니 "지진 시에는 가스가 자동으로 잠기므로 다시 비상

밸브를 켜면 된다."라고 해서 평소에 쳐다보지도 않았던 라면으로 진수성찬보다 더 맛있게 굶주린 배를 채웠다.

일본에서 경험한 재해 대비 태도

배를 채우고 집 안을 정리하고 난 후 다시 걱정이 몰려오기 시작했다. 이제는 하루빨리 한국으로 귀국해야겠다는 생각밖에 없었다. 비행기 표를 알아보니 일본에서는 도저히 구할 수 없어서 한국 항공사에 부탁해 통상 항공료의 몇 배를 지불해서 3월 13일에 한국으로 무사히 귀국했다.

지진을 경험하면서 일본에 대해 알게 된 몇 가지를 간추린다면, 차분하고 질서 있는 일본인과 자판기에서 무상으로 음료를 먹을 수 있는 서비스, 재해를 대비하여 비상용품을 비치하는 가정과 회사, 그리고 '지진이 일어났다'라는 공지를 핸드폰 비상 알림 소리와 사람이 뛰는 표시로 전달해 준다는 점이다. 그리고 사재기를 하지 않는다는 점과 휴대전화는 통화가 불가능하고 유선 전화만이 통화가 가능하다는 점이다. 평소에 등한시했던 유선 전화의 중요성을 새삼 깨달았으며, 일본인들의 재해에 침착하고 냉정을 유지하며 대처를 잘하는 모습을 보고 '역시 일본인이구나!'라고 생각했다. 나 혼자만 이런 생각을 했을까?

일본의 지진 대비 매뉴얼

만약 한국에서 지진이 일어난다면 어떻게 해야 할까? 일본에서 실시하고 있는 매뉴얼도 응용할 필요가 있다. 갑자기 지진이 일어나면 많은 사람이 동시에 움직이기 때문에 "밀지 않는다, 뛰지 않는다, 조용히 한다, 물건을 가지러 가기 위하여 원래 있던 장소로 되돌아가지 않는다." 일본인의 매뉴얼에 우리 상황에 적합한 내용을 추가해 적극 활용한다면 한국도 지진 대비의 모범국이 될 것이다. 이와 같은 슬로건은 아주 사소해 보여도 커다란 힘을 갖는다. 지진은 언젠가 가까운 시일 내에 우리나라에도 올지 모른다. 나와 남의 안전을 위하여 가장 중요한 것은 인내와 침착함이다.

일본 학교 생활을 통해 본 한국 학교와 입시

이서현(다이후쿠 코리아㈜)

초등학교 맞벌이 가정을 위한 돌봄과 예체능 학원

　일본에서는 초등학교에 입학하면 입학식과 동시에 한 사람당 하나씩 도구바코道具箱라는 개인 상자를 받는다. 이 상자는 한국에서 보지 못한 것으로 일종의 도구함이다. 한국에서 초등학교에 입학하는 조카를 보니, 유치원을 졸업할 때 초등학교에서 필요한 가위나 색연필 노트 등을 선물로 받아 왔다. 하지만 일본은 초등학교에 입학하면 나라에서 모든 학생에게 동일한 용품을 선물로 제공한다. 그리고 학교 수업에 필요한 물품이 들어 있는 도구함을 책상 안에 넣어서 서랍처럼 사용한다. 한쪽은 필기용품과 풀, 가위 등을 넣고 다른 한쪽에는 책과 노트를 넣는다. 개인 사물함을 대신해서 이 서랍장을 사용하는데 처음 봤을 때는 꽤 놀랐다.

　또한 이 도구함 안에는 보안 벨防犯ブザー, 방범 부저도 들어 있다. 보안 벨은 일본 초등학생들이 가방에 꼭 달고 다닌다. 재난과 지진이 많은 나라라서 등하교 때도 꼭 챙겨야 한다. 위기 시에 목소리를 대신해서 소리를 내는 기기이며, 선생님은 보안 벨이 학생들의 가방에 있는지 반드시 확인하는 편이다. 지진과 태풍 등 천재지변이 많은 나라 일본에서는 초등생용 가방인 란도셀ランドセル에 보안 벨을 다는 고리가

책상 아래 칸 선반에 들어가는 도구함

도구함 본체와 뚜껑을 나란히 넣어서 서랍처럼 사용할 수 있다.

학교에서 나눠 주는 도구함으로 1학년때 받아서 6학년 때까지 쓴다.

출처: (좌)라쿠텐, (우)히라키

있으며 1년 365일 달고 다닌다. 이 연장선으로 한 달에 한 번씩 1학년부터 6학년까지 집 방향이 같은 구역에 사는 학생들은 5~6명끼리 모여서 집에 가는 날도 있다. 나중에 지진 등 재난이 발생하여 보호자 없이 아이들만 집에 가야 하는 상황이 생겼을 때를 대비한 훈련이다. 이외에도 학교에서는 한 달에 한 번 화재 훈련, 지진 대비 훈련, 외부인 침입 대피 훈련不審者訓練 을 진행한다. 한국 친구들의 이야기를 들어보니 한국에서는 이런 훈련을 일본만큼 자주 하지는 않고 화재 훈련만 한다고 한다. 일본은 위험에 대비한 훈련을 자주 하고 실제 상황처럼 훈련에 임한다. 외부인 침입 대피 훈련은 실제 일본에서 초등학교에 외부인들이 들어와 학생 8명이 숨지고 선생님 15명이 다친 비극적인 사고 이후에 도입되었다.

이런 훈련 외에 학교 수업으로 수영과 방과 후 활동, 아침 책 읽기 활동이 있다. 수영을 수업 시간에 다루는 이유는 물속에서 살아남기 위한 훈련이 필요하기 때문이다. 수영은 매년 여름 수업 시간에 진행하며 모든 초등학교에 수영장이 있다. 아무리 학생 수가 적은 학교나 시골 학교도 수영장이 있으며, 주 2회 하루 2시간씩 수영 수업을 한다. 수영 수업은 10등급부터 1등급까지 10단계의 레벨로 나누어져 있다. 아이들은 자신의 등급에 맞춰 훈련하고 초등학교를 졸업하면 대부분 1등급을 딴다. 등급이 올라가면 수료증도 주고, 수영을 잘 못하는 친구들을 위해 방학 기간에 수영장을 무료로 개방해 학교 수영장에서 등급 올리기 훈련도 한다. 수영을 잘하지 못했던 나는 거의 매년 여름 수영 교실에 참가했고, 친구들과 방학 때도 같이 즐겁게 놀 수 있어서 여름 방학 수영 교실을 매우 좋아했다. 이는 일본의 교육 방식에서 좋은 것 중 하나였다.

학습을 잘 못하거나 경제적으로 학원에 다니지 못하는 학생들에게도 기회를 제공한다는 점에서 방과 후 공부시간은 매우 긍정적이다. 학교 수업이 끝나면 대학생들이 학교에 찾아와 공부를 가르쳐 주거나, 지난 학기 점수가 평균 이하였던 학생을 위해 방학 훈련 제도가 있다. 이것은 아이들이 누구나 공부를 잘할 수 있는 기회를 얻을 수 있는 활동이며 굉장히 평등한 제도라고 생각한다.

한국에서 중고등학교의 야간 자율학습은 선생님이 가르쳐 주는 것이 아니라 학생 스스로 공부하는 시간이지만, 일본의 자습 시간은 선생님이 모르는 부분을 더 자세히 알려주는 방법으로 학생들의 공부를 돕는다. 수업 시간에 놓친 부족한 부분에 대해 보충할 수 있어서 좋았고 개인적으로 많은 도움을 받았다.

공부뿐만이 아니라 운동과 학생들이 좋아하는 활동을 선택해서 실력을 키울 수 있는 활동도 실시한다. 초등학교 때는 4학년부터 6학년은 1주일에 한 번 수업이 끝나고 남은 1시간을 자신이 좋아하는 활동에 참여한다. 이때는 4~6학년이 함께 같은 공간에서 같은 활동을 즐긴다. 스포츠를 하거나 만들기나 요리를 할 수도 있고, 그림이나 음악 등 예술을 할 수도 있다. 여기서는 단지 이런 기술뿐만 아니라 여러 학년이 모여 활동하면서 선후배 간의 관계도 배운다. 수평적인 대인관계만 있었던 시기에서 고학년으로 가면서 위아래 학년들이 모여 협동하여 성과를 내는 활동을 하면서 눈에 보이지 않는 배려나 예의 등을 배우도록 하는 목적도 있다.

이와 같이 일본에서는 1년에 몇 번씩 전교생이 모여 함께 하는 활동을 진행한다. 학교 내에서 하는 축제는 운동회, 음악회, 학예회 등의 공연뿐만 아니라 전교생이 하나의 가게를 운영하는 축제도 있다. 이런 행사들은 중고등학생 때만이 아니라 초등학생 때부터 여러 행사나 축제 등을 치르면서 자연스럽게 익히는, 공부 이상의 중요한 교육이다. 이를 통해 전인적인 하나의 인간으로 성장해 간다고 생각한다. 학교 축제에는 학교에 자녀가 다니지 않는 동네 사람들과 부모님도 오시고, 저학년부터 고학년까지 함께 시간을 내서 만들어 가는 과정을 통해 대인 관계와 배려심, 협동심을 키운다.

이 외에도 학교에서는 자신이 사는 공간을 깨끗이 하자는 활동으로 쓰레기를 청소하는 날이 있다. 전교생이 지역 주민들과 함께 학교 주변 지역을 1시간 동안 청소한다. 학년별로 구역을 나눠 청소하면 평소 우리가 다니는 길에 쓰레기가 얼마나 있는지 알 수 있고 깨끗해진 주위를 보면서 성취감을 느낀다. 특히 청소와 더불어 일본 학교에서는 외부 활동 등 밖에서 개인적으로 발생시킨 쓰레기는 꼭 자기 집에 가져가서 버리라고 가르친다.

쓰레기 청소 못지않게 지금도 좋은 인상으로 남아 있는 일본 학교

행사로는 책 읽기를 습관화하는 '독서 운동'이다. 아침 등교 후에 20분 독서 시간이 주어지는 것은 물론이고 1주일에 한 번 도서관에 가서 자유롭게 책을 골라 읽는 시간이 있다. 또한 자신이 좋아하는 책을 남에게 소개하는 활동도 하고, 부모님들이 1주일에 한 번 수업 전 아침 시간에 학교에 와서 그림책을 읽어 주는 활동을 홍요미키카세本読み聞かせ, 책을 읽어 주는라고 하는데 저학년에게 매우 인기가 높다. 우리 어머니도 한두 달에 한 번 이상 참가했다. 이런 행사 때 시간적인 여유가 있는 부모님들이 자원봉사자로 참가하면서 학생, 선생님들과 함께한다. 독서 환경을 조성하기 위한 일환으로 학원이나 행사에서 상을 받을 때는 도서 카드를 자주 준다. 도서 카드로는 책을 살 수 있고, 동네 주변에는 크고 작은 도서관도 잘 마련되어 있다.

마지막으로 일본 학교는 가쿠도 클럽学童クラブ이 있는데, 방과 후 돌봄 교실과 유사하다. 돌봄 교실과 조금 다른 점은 거기서 간식도 주고 다양한 활동을 진행하며 주말에도 돌봐준다는 것이다. 부모님이 맞벌이하는 가정의 1학년부터 3학년이 주로 가쿠도 클럽에 다닌다. 그 이후에는 히로바広場가 있는데 이것은 있는 학교도 있지만 없는 학교도 있다. 히로바는 1학년부터 6학년까지 모두 이용할 수 있으며 간식 등 먹을 것을 제공하지는 않는다. 방과 후 바로 가쿠도 클럽에 가서 숙제도 하고 친구들과 장난감으로 놀거나 운동장이나 근처 공원에서 논다. 만화책도 있고 놀이기구도 없는 것이 없을 정도로 다양하며 만들기 재료도 많은 편이다. 오후 3시에는 영양을 고려해 과자뿐만 아니라 건강한 재료로 준비한 간식을 제공한다. 가끔 경제 공부를 삼아서 100엔이나 500엔을 나누어 주고 근처 다가시야駄菓子屋에서 좋아하는 과자를 사오는 교육도 한다. 여름에는 집에서 흰밥만 가져와서

다 같이 카레를 만들어 먹기도 하고, 꽃 꾸미기나 물건 만들기 같은 수업에 참여할 수도 있다. 가쿠도 클럽에서는 같이 공부하고 놀면서 자연스럽게 친구도 사귀고 언어 발달을 촉진시키는 역할도 한다. 혼자 집에 있는 것보다는 이런 곳에서 친구들과 지내면 아이들이 더 밝게 성장한다고 생각한다. 가쿠도 클럽과 달리 히로바는 동네 초등학생들이라면 누구나 자유롭게 이용할 수 있는 공공 시설로, 히로바에도 안전 및 사고 예방을 위해 관리자가 상주하며 아이들이 안전하게 놀 수 있도록 관리한다.

가쿠도 클럽을 다니지 않는 아이들은 주로 학원에 다닌다. 축구, 야구, 수영, 댄스, 첼로, 피아노 등 학원에 가장 많이 다니고, 인근 스포츠 센터에서 주로 활동한다. 좋은 환경의 스포츠 센터는 수강료도 저렴하여 아이들의 신체 능력도 향상시킬 수 있으며, 공부를 위한 학원도 구몬公文이나 레벨별로 나눠지는 곳 등으로 다양하다. 한국처럼 공부를 치열하게 시키는 가정도 있고, 초등학생까지는 놀아야 한다는 부모도 있어 전반적으로 다양한 편이다.

일본은 시험을 통해 입학하는 사립 유치원과 사립 초등학교가 있는데, 그런 곳은 대부분 사립 중고등학교가 연계되어 모찌아가리持上라는 제도로 대학까지 입시 없이 진학하기도 한다. 일반적으로는 구립초등학교를 졸업하면서 입시를 통해 사립중학교로 진학하는 친구들도 있고, 주로 공무원 가정의 아이들을 대부분 입시로 중고등학교를 진학하고 명문대를 향해 공부하는 경향이 있다. 입시에 치열한 것은 맞지만, 어떤 학생이 공부보다 예체능에 재능이 있으면 그 분야로 노력하도록 길을 열어 준다. 주변의 시선도 공부와 다른 길을 향한 아이들을 비판하기보다는 응원하고 존경의 눈으로 본다. 공부가 전부가 아니라 개성과 능력에 맞춰 자기 길을 가는 것을 응원한다.

중학교 공부와 동아리 그리고 고등학교 입시

나는 중학교 때 육상부였다. 초등학생 시절 6년간 릴레이 선수로 뽑혔고 뛰는 걸 가장 잘하고 좋아해서 육상부 동아리에 들어갔다. 동아리에 들어가는 것은 무료이고 거기서 필요한 장비에 대한 비용만 지불하면 된다. 단체 구매라 비용이 비싸지 않아 누구나 부담 없이 동아리 활동을 할 수 있다. 동아리는 아침 훈련과 저녁 훈련으로 나눠져 있으며 아침 훈련은 필참이 아니다. 대회가 가까워지면 아침 운동이 필참이어서 아침 7시 반까지 학교에 가서 30분 훈련하고 수업에 들어간다. 내가 졸업한 신주쿠구의 니시와세다 중학교는 스포츠에 강한 학교였다. 당시 개교한 지 겨우 10년밖에 되지 않았지만 1층 라운지에 수많은 상이 전시되어 있었다. 농구, 야구, 배구가 강했으며 우리 동기부터는 달리기도 포함되었다.

여름 방학과 겨울 방학에도 동아리 훈련을 한다. 이때는 아침부터 오전과 오후 훈련으로 나눠서 오전에는 다같이 뛰거나 합동 훈련을 하고 오후에는 각자의 주종목을 연습한다. 여름에는 앞으로 있을 마라톤도 대비하고, 가장 능력이 성장하는 시기이므로 평소보다 강도 높게 훈련한다. 동아리 대회가 있으면 학교 수업을 쉬고 참석한다. 운동을 잘한다면 공부보다 운동을 우선으로 여긴다. 중학교 때 쌓은 능력으로 고등학교 입시 때 공부가 아닌 스포츠 전형으로 고등학교를 진학할 수 있다.

대부분 친구들은 본인의 꿈에 가까운 고등학교로 진학한다. 예를 들어 야구를 좋아하는 친구는 야구 동아리가 활발한 학교로 가거나, 영어를 좋아하면 국제 학교나 영어 강화 학교에 가려고 한다. 음악을 잘하는 친구는 음악 관련 학과가 있는 고등학교를 가고, 아직 진로를 정하지 못한 학생은 자신의 성적에 맞춰 진학한다. 예체능 분야 엘리트가 아니더라도 동아리 활동을 통해 예체능을 살리는 방향으로 고등학교를 선택해 진학한다. 고등학교에 들어가면 동아리를 하는 사람과 아르바이트를 하는 사람으로 나뉜다. 동아리는 특히 야구가 유명하고 인기가 많다. 고등 전국야구 시합이 도쿄의 고시엔 구장에서 매년 여름 전국 야구 대회가 열리며, 텔레비전으로 중계될 정도로 일본 국민들의 사랑을 받는 시합이다. 고시엔 대회는 축제 같은 분위기이다. 우리 반 어떤 친구는 지역 축구팀 소속이어서 그 팀이 우승을 해서 자주 학교를 쉬고 축구 경기를 하러 갔다. 그 친구는 학교를 2/3 정도 출석하지 못했지만, 학교에서는 그의 축구 활동을 전폭적으로 지원했다. 성우가 되고 싶어하는 친구는 성우 학원을 다니면서 매번 쉬는 시간에 혼자 발성 연습도 했다. 어떤 친구는 역사를 좋아해서 친구들의 싸우는 모습을 역사의 한 장면과 대비해서 설명하고, 어떤 친구는 춤을 추는 것을 좋아해서 춤 동아리가 끝나고도 댄스 학원에 다닌다. 이들은 공부보다 본인이 좋아하는 활동을 더 열심히 더 많이 연습한다. 어떤 친구는 악기를 잘해서 악기 연습을 하고, 어떤 친구는 언어를 공부하기 위해 스피치 대회에 나가고, 어떤 친구는 요리를 좋아해서 자주 간식을 만들어 온다.

일본 고등학교는 점심 시간에 급식을 주지 않고 각자 도시락을 가져오거나 매점에서 빵을 사거나 카페테리아에서 밥을 사먹는다. 우리 학교는 카페테리아가 있었고 다른 친구들의 일반 학교에는 대부분 빵을 파는 매점이 있었다. 일본 애니메이션이나 만화에서 보는 것과 같이 매점에서 빵을 사 먹거나 등교 중에 편의점에서 점심을 사거나, 아기자기 귀엽게 도시락을 싸와서 교실이나 복도, 건물 중간에 있는 마당에서 먹는다. 먹는 곳은 딱히 지정되어 있지 않아서 어디서든 자유롭게 먹고 옥상이 있는 학교는 옥상에서도 밥을 먹을 수 있다. 우리 학교의 카페테리아에서는, 면류, 밥류, 고기류 메뉴가 있어서 그중 하나만 선택이 가능하다. 간식거리도 있으며 도시락을 먹는 친구들은 간식만 사 먹기도 있다. 가격은 5,000원 이하가 대부분이고 비싸도 6,000원으로 한 끼를 먹을 수 있었다. 한국은 밥심이 강해서 급식도 많이 주는 것으로 알고 있다. 일본은 그에 비해 양이 적다. 국, 밥, 반찬 두 개 그리고 디저트가 전부이다. 그래서인지 일본 아이들은 키가 작고 마른 사람이 대부분이다. 중학교까지는 학교에 먹을 걸 가져오면 안 되는 규칙이 있었다. 학교 밖에서 가져온 음식을 먹고 잘못되어 사고가 나면 학교가 책임지는 등 문제가 복잡해지기 때문이다.

고등학생 아르바이트는 맥도널드 같은 프렌차이즈, 슈퍼, 편의점 등이 대부분이다. 일본은 학교가 끝나면 바로 집으로 귀가하라고 방송한다. 교장 선생님도 5시에는 집에 가고 6시에는 대부분 학교에 선생님이 없다. 귀가 후에는 학원을 가거나 알바를 한다. 알바를 하는 학생의 목적은 부족한 용돈을 위해서나 학원비를 내기 위해서이다. 가장 큰 목적은 80% 이상이 친구들과 놀러 가는 비용으로 쓰거나 나머지는 취미 활동을 위해 소비하려는 것이다. 고등학생이 되면 친구들과 지하철을 타고 먼 곳에 놀러 가거나 디즈니랜드, 놀이동산, 콘서트에 가는 학생들이 많았다. 용돈만 받아서 가기에는 부족하기 때문에 친구들은 자신이 일한 돈을 사용한다. 부모가 자신이 원하는 만큼 돈을 주지 않거나 부모에게 부담을 주기 싫다는 아이들도 있고, 가족의 생계를 위해 알바를 하는 친구도 있고, 사립대 학비가 비싸서 진로를 위해 알바로 돈을 모으는 학생도 있다.

일본 대학교는 입학금과 등록금이 어마어마하다. 학교마다 다르겠지만 한국의 2~3배 정도는 되는 듯하다. 그래서 미리 고등학교 때 돈을 버는 친구도 있고 대학에 가서 돈을 버는 친구도 많다.

대학 입시와 사회 생활

일본은 고등학교별로 추천해서 대학을 진학하는 방식과 성적에 맞춰서 시험을 보는 방법이 있다. AO시험은 고등학교 3학년 재학 중에 원하는 대학에 자기를 추천하는 방식의 시험으로, 수시와는 조금 다른 일본에만 있는 입시 제도이다. 우리 학교는 학생이 모두 갈 수 있는 학교를 미리 마련해 둔다. 일종의 학교장 추천 입시로 대학에서 우리 학교 학생 몇 명이 오도록 미리 자리를 비워 두는 것이다. 그 대학에는 명문대도 포함되어 있으며, 명문대일수록 지원 경쟁률도 높다. 내 주변 친구들은 명문대에 절반, 전문대도 절반 정도 진학했다. 명문대는 그야말로 도쿄에서 높이 평가받는 학군이며 그들은 반에서 1등, 2등 하는 좋은 성적을 받아야 갈 수 있다. 다만 학원을 다니지 않는 게 특징이었고, 어떤 친구는 자신이 잘하는 것과 좋아하는 것을 잘 알기에 그 부분을 발전시켜 명문대 입시를 통과했다. 일본은 전문대라고 해서 비하하는 분위기가 아니다. 거기에 간 친구들은 꿈이 있기에 나중에 전문적으로 자격증을 따서 바로 일할 수 있으며 더 크게 발전하는 사람도 있다. 그래서 선생님과 진로 상담을 하면서 전문대를 갈지 일반 대학을 갈지 논의한다. 이런 상담 과정을 적어도 2학년 초에는 마치는 편이다. 그 후 방학 동안 자신이 가고자 하는 학교를 견학하며, 보고서를 제출하면서 입학할 대학을 정해 입시에 돌입한다. 대학 진학율도 거의 100%이며 입시에 떨어져서 재수하는 학생은 반에서 한 두명뿐이다. 대학에 들어가서도 휴학은 하지 않고 졸업해서 취업도 빨리 한다.

중고등학교 친구들의 대학 졸업 후의 근황을 들어보면 각자의 꿈을 향해 열심히 살고 있다는 것을 실감한다. 일본의 명문 와세다대학을 졸업한 친구는 QR코드 회사에서 개발자로 일하고 있고 전문대에 진학한 친구는 성우로 활동하고 있다. 취미로 기타를 치고 고등학교 때 밴드 동아리에서 활동했던 친구는 일본에서 꽤 유명한 '영 스키니' 밴드 멤버로 활동 중이다. 안정된 직장을 찾던 친구는 대학 졸업 후 지방에서 공무원 생활을 시작했다. 일본어가 모국어인 나도 일본 회사의 지사에 입사해서 내게 맞는 진로를 찾았다고 생각한다. 본인과 맞는 직업을 찾기가 쉽진 않지만 각 분야에서 활동하는 친구들의 이야기를 들으면서 우리 앞에는 정해진 삶이란 없다는 것을 배웠다.

일본 친구와 '사이좋게' 지내기

전소희(일본약과대학 객원교수)

풀뿌리 외교

'뉴커머'로서 일본 생활을 한 지도 벌써 20년이 지났다. 처음 일본에 왔던 2003년, 그때만 하더라도 한국에 대해 잘 아는 사람은 적었다. 일본 생활의 시작과 함께 구야쿠쇼^{구청}에서 실시하는 '외국인을 위한 일본어 강좌'에서 일본어를 배운 적이 있다. 수준이 맞는 사람 3~4명이 같은 테이블에 앉아 자원봉사 선생님의 지도를 받았다. 처음에 자리한 것이 초급 수준의 테이블이었다. 자기 소개를 하는데 맞은편에 캐나다 출신의 영어 강사가 앉아 있었다. 일본어로 간코쿠^{한국}에서 왔다고 하자, 거기가 어디에 있는 나라인지 물었다. 이에 코리아에서 왔다고 하자 바로 '오! 코리아!' 하더니 잠시 후 '노스 코리아!'라고 하는 것이다. 캐나다인의 이야기이기는 하나 '우리나라를 정말 모르는구나…' 생각했다. 그때의 충격은 아주 컸다.

다행이었던 것은 일본에서 '한류'를 견인한 한국 드라마 〈겨울연가〉의 '욘사마' 붐 덕분에 그나마 일본 사람들이 점점 한국에 관심을 갖게 된 것이었다. 대중매체에서 떠들썩하니 그 영향으로 욘사마 팬이 아닌 일본인에게도, 일본에 살고 있는 외국인들에게도 한국이라는 나라가 시나브로 알려졌다.

이런 일본에 적응하기 위해 일본어 학교 일본에서는 우리나라의 어학원에 해당하는 곳도 '학교'로 칭한다 에 등록했다. 일본 사회에서 소통이 안 되어 불편한 일이 없었으면 하는 바람과 동시에 소통의 즐거움도 만끽하고 싶었기 때문이다. 덤으로 일본 친구가 생기기를 바라면서 말이다. 일본어학교에 다니며 피트니스 클럽에도 등록해 다녔다. 일본 사회 속으로 들어가야 일본도 알 수 있고 일본 친구도 사귈 수 있겠다는 생각에서였다. 한국에서도 오랜 기간 스포츠센터에 다니며 여러 운동을 해 왔던 터라, 다소 알아듣지 못하는 부분도 있고 불편한 점이 있다 하더라도 피트니스 클럽이야말로 '일본 초심자'로서 일본 사회에 적응하기 가장 좋은 장소라고 판단했기 때문이다.

나의 예상은 적중했다. 강사의 지도에 맞추어 몸동작을 해야 하는 일종의 댄스 프로그램에서 내 생애 최초의 일본 친구를 만났다. 내 옆에서 예쁜 움직임을 하던 마리코가 나를 바라보며 미소를 지었다. 내가 일본말을 잘 못 알아듣는 모습에 외국인임을 눈치 채고 상냥하게 눈인사를 해 준 것이다. 그 날 이후로 우리는 친구가 되었다. 참으로 신기하고 기뻤다. 일본에 오기 전에 일본어 공부를 할 때 일본인 친구를 사귀는 게 쉽지는 않다는 이야기를 들었기 때문이다. 나는 꽤 운이 좋았던 것이다.

트레이닝을 마치면 우리는 늘 카페에 들렀다. 참새가 방앗간을 지나치니 못하듯 트레이닝의 피로도 풀 겸 서로의 문화와 언어를 알려 주기로 했다. 역시 먹는 즐거움은 빼 놓을 수 없는지라 자연스럽게 '식'에 대하여 이야기를 나누었다. 대부분이 그러하듯이 '맛있어요? 맛있어요. 맛있어요!'를 먼저 시작했다. 하루는 김치에 대하여 이야기했다. 나의 친구 마리코는 일본의 '기무치'를 좋아하는데 총각김치는 본 적이 없다며 나에게 물었다.

마리코: 총각김치 멋있어요?
나   : (???) 하하하하 (속닥속닥)
마리코: 나루호도(아 그렇구나)! 맛있어요?
나   : 네, 맛있어요!

'맛있다'와 '멋있다'는 일본인들이 자주 헷갈리는 단어이다. 기억에 남는 '아 다르고 어 다르다'의 순간이었다.

지금은 사는 동네가 서로 달라서 피트니스 클럽에서는 만날 수 없다. 자신이 사는 동네로 다니므로 물리적으로도 불가능해졌고 서로 바빠졌기 때문이기도 하다. 이제는 SNS를 통해 관계를 유지하고 있으나 대부분 내가 먼저 말을 걸면 대화를 한다. 마리코는 좀처럼 먼저 SNS의 '문'을 두드리지 않는다. 20년 전 피트니스 클럽에서 처음으로 말을 걸어 준 내 친구 마리코인데도 말이다. 참 '쿨'하다. 일본의 여러 문화가 외국인에게 '각코이이 모노カッコイイもの, 멋있는 것'로 받아들여지는데 이를 '쿨 재팬Cool Japan, 멋있는 일본'이라고도 한다. 역시 쿨하다.

한국인의 '정'

우리는 어떤가? 우리는 뜨겁다. '붉은 악마'이다. 강렬하며 정이 많다. 한국인의 인간 관계를 설명할 때 흔히 '정'을 말한다. '정 들다, 정답다, 정 없다, 박정하다, 무정하다, 정 들자 이별이다, 정 떨어진다' 등 '정'에 대한 표현이 많기도 하다. 그만큼 '정'은 역시 한국인의 정서를 대변하는, 떼려고 해도 뗄 수 없는 감성인 듯하다.

얼마 전에 서울에 갔을 때의 일이다. 가족과 식당에서 식사를 하는데, 식재 본연의 맛을 살린 '가공 없는 맛'의 요리들이 어머니 손맛 같다며, 강하지 않은 맛을 좋아하는 우리 가족은 이구동성으로 감탄의 말을 이어 가며 '행복' 그 자체인 음식을 먹고 있었다. 그런 우리들의 행복한 표정을 보셨는지, 이야기를 들으셨는지 식사를 안내하며 도와주시던 중년 여성 분이 주문하지 않은 메뉴도 한 점씩 자꾸 가져다 주시는 것이었다. 이에 감사하며 '꾸벅꾸벅' 감사의 마음을 전했다. 다음에 서울에 오면 또 오겠노라고 다짐했다. 재일 한국인이 서울에서 체험한 '정'이었다. 시대가 변하고 세대가 바뀌어 어느 정도의 차이는 있을지언정 '정'이 한국인의 디엔에이DNA에 숨어 있는 건 분명해 보인다.

나는 '한국의 사회와 문화' 강의 시간에 수강생들에게 "한국을 방문했을 때 한국인의 '정'을 느껴 본 적 있는가? 있다면 언제인가?"라고 질문했다. 이 질문에 소수가 그렇다고 답했으며 그중 대부분은 "길을 친절하게 안내해 주었다. 따뜻한 마음을 느낄 수 있었다."라고 했다.

한 일본인 수강생 부부는 가고 싶은 곳의 위치를 찾으려고 가이드북을 보고 있었다고 한다. 그런데 갑자기 옆에서 "어디 가세요?"당시는 대충 그렇게 들렸다고 한다라고 묻고는 자신은 모르지만 친구에게 전화를 걸어 물어보고 길을 안내해 주었다고 한다. '넓어서 좋은 오지랖'이다. '오지랖'은 여기에서 그치지 않았다. 또 다른 수강생은 지도를 보고도 가고 싶은 곳을 알 길이 없어서 손가락으로 목적지를 가리키며 건너가는 듯한 포물선을 손짓으로 그리며 "어떻게?"라고 했더니 오지랖이 넓은 친절한 한국 젊은이가 목적지까지 같이 가 주었다는 것이다.

일본에서는 혹시라도 상대방에게 '메이와쿠迷惑, 폐'가 될까 조심스러워서 도움 요청이 없으면 먼저 묻지 않는 편이라고 한다. 버스나 전철에서는 대체적으로 어르신에게 자리 양보를 안 한다. 아니 '못 한다.' 자리 양보를 함으로써 상대방 어르신이 "내가 그렇게 나이가 들었나?"라고 불편한 마음을 가질까 봐 대부분 자리 양보를 못 한다는 것이다. 상대방을 배려하는 마음이라고 한다.

우리의 '넓어서 좋은 오지랖'은 요청이 없어도 어디든 '달려 간다'. '무료 택배 오지랖'은 식당에서도 '달린다'. 한 여학생은 "비빔밥을 먹으려고 하는데 식당 아주머니가 어디에서 나타났는지 아무 말도 없이 와서 비벼 주었다. 처음에는 당황했지만 진짜 일본인이 좋아하는 표현 중 하나이다 맛있었고 따뜻한 마음을 느낄 수 있었다."라고 했다. 참으로 정겨운 우리의 '넓어서 좋은 오지랖'이다.

일본인의 '배려'

그렇다면 일본인의 인간관계를 나타내는 말로는 무엇이 있을까? 흔히 혼네와 다테마에 本音と建前를 말한다. 한번쯤 들어보았을 법한 말이다. 겉으로 표현하는 말과 속마음이 다르다고 이해할 수 있겠다. 겉과 속이 다르다? 그렇다고 이중적 성격이라는 것은 아니다. 좋은 인간관계를 유지하기 위해서 필요한 하나의 '장치'로 생각하면 좋을 것 같다. 상대방을 배려하는 마음에서 속마음과 달리 표현하는 것이다. 가장 가까운 예로, 백화점 옷 가게의 점원조차도 진실을 '왜곡'할 때가 있다. 고객인 내가 고른 것이 어울리지 않는다고 솔직하게 말하지 않는다. 아니, 못 한다. 또 다른 것을 선택하면 그게 좋다고 한다. 손님의 선택을 존중한다는 차원이다. 화법에서 예를 들어 보면, 무엇인가를

거절해야 할 때 상대방의 마음을 배려해 우선은 받아들인 후 나중에 정중히 거절하는 경우가 있다. 정중히 거절할 때는 "좋다고 생각한다", "하고 싶다고 생각한다", "생각해 보겠다", "고려해 보겠다" 등으로 에둘러 표현한다. 일본인에 비해 비교적 직접적으로 표현하는 한국인에게는 참으로 대응하기 어려운 화법이다. 받아들이겠다는 것인지 아닌지 분간하기 어려울 때도 종종 있다. 일본에서 생활한 지 20년이 지났는데도 말이다. 나 자신이 '정이 너무 많아서(?)'일지도 모르겠다.

한 일본 친구는 말한다. "좋은 인간관계를 위해서는 '적당한 거리감'이 필요하다. 그러므로 한국 사람들보다는 일본 사람들 간의 '개인 공간'이 더 넓다."라고 말이다. 이런 거리감 유지를 위한 표현으로 '기하쿠希薄, kihaku, 희박'라는 말이 있다. MZ 세대인 수강생의 표현을 빌자면 "그 사람과는 '기하쿠' 관계다." 등으로 말한다고 한다. 즉 혼네와 다테마에도 '기하쿠'도 좋은 인간관계 유지를 위해 거리감을 조절하기 위한 하나의 장치인 것이다. 기하쿠는 우리말에서는 '공기가 희박하다', 인구 밀도가 희박하다', '가능성이 희박하다'와 같이 쓰인다.

또한 일본을 나타낼 때 「和와」를 많이 사용한다. 이를테면, '일본의 ~'라는 뜻의 「和食와쇼쿠」, 「和菓子와가시」, 「和牛와규」, 「和裝와소」, 「和語와고」, 「和紙와시」 등이 그렇고 '일본적인'의 뜻인 「和風와후」가 그렇다. 또한 「和와」는 '평온한 것, 온화한 것'을 뜻하기도 한다. 이를 위해서는 '규칙과 질서를 중시하고 따르며 인내하고 배려하는 것을 제일의 미덕으로 생각한다. 즉, 「和와」를 유지하는 게 사회의 근간이라고 한다. 국제 사회에서도 '대체적으로 규칙을 잘 지키며 예의 바르고 매너가 좋다'라는 것이 일본인에 대한 평가이다. 서로의 충돌을 피하여

원만하며 균열이 없는 인간관계를 추구하므로 혹시라도 균열이 생기면 비난을 하기도 받기도 한다. 일본의 속담 「出る杭は打たれる 데루구이와 우타레루」는 한 그룹이나 사회에서 다른 사람보다 눈에 띄면 미움을 받는다는 의미이다. 우리나라 속담 '나온 못이 정 맞는다'와 유사하나 정도의 차이가 있다고 할 수 있겠다.

여럿이 식사를 할 때 음식이 한 개 남으면 어떻게 할까? 물론 개인별로 다르겠지만 지역별 차이도 있다. 도쿄에서는 먼저 상대에게 들도록 권하고 "먹을 사람이 없으면 제가 먹겠습니다."라고 말한 후에 먹는다고 한다. 한편 관서 지방의 경우, "엔료노 가타마리 이타다키마스遠慮のかたまり, いただきます", 라고 하고 먹거나 "엔료노 가타마리 도조遠慮のかたまりどうぞ" 라고 하며 권한다고 한다. 직역하면 "'사양 덩어리' 잘 먹겠습니다", "'사양 덩어리' 어서 먹어요!"가 된다. 어느 누구도 먼저 먹지 못하는 한 덩어리를 두고 해결사 역할을 자처하거나 상대에게 음식을 권하는 것이다. 이 또한 모두를 위한 배려심이라고 한다. 서로를 배려하는 것이다.

좋은 인간관계를 유지하기 위해서는 서로를 존중하고 배려하며 노력해야 하는데 일본 친구와 '사이좋게' 지내기 위해서는 노력과 배려가 몇 배는 더 필요하다. 내 친구들의 나라 일본에 대해서, 나의 친구들 일본 사람에 대해서 더 많이 알기 위해 노력해야겠다. 서로의 문화를 존중하고 배려하며 우리의 '정'을 발휘하고, 필요할 때는 '넓어서 좋은 오지랖'도 동원해 보자! 외국에 나와 살면 모두 애국자가 된다고 했던가. '가깝고도 먼 일본'을 '가장 가까운 이웃'이 되는 데 보탬이 되고 보람이 되는 '풀뿌리 외교'를 해 보고자 한다.

일본의 한류 현상과 K-드라마

이가현(가천대학교 아시아문화연구소 연구교수)

한류 드라마? K-드라마?

1990년대 후반부터 시작된 한류 열풍은 K-POP, 한국 영화, 한국 음식 등을 통해 지속적으로 확산되어 왔으며, 특히 K-드라마는 한류의 중심적인 요소로 자리 잡았다. 한편, 코로나19 팬데믹은 전 세계적으로 일상생활에 큰 변화를 가져왔고, 이는 미디어 소비 패턴에도 지대한 영향을 미쳤다. 특히 OTT Over-The-Top 서비스의 이용이 급증하면서 한국 드라마의 인기가 폭발적으로 증가했다. 팬데믹으로 인해 사람들이 집에서 보내는 시간이 늘어나면서 넷플릭스, 왓챠, 디즈니플러스와 같은 OTT 플랫폼은 다양한 콘텐츠를 제공하며 이용자들의 관심을 끌었고, 이 과정에서 K-드라마는 전 세계적으로 폭발적인 인기를 얻고 있다.

일본 넷플릭스에는 '한국 영화 & TV 프로그램' 카테고리가 있으며, 여기에는 〈사랑의 불시착〉2019~2020, 〈이태원 클라쓰〉2020, 〈이상한 변호사 우영우〉2022 등 다양한 한국 드라마가 올라와 있다. 미국 넷플릭스에도 〈외국 영화 & TV 프로그램〉 카테고리에 〈사랑의 불시착〉, 〈오징어 게임〉2021, 〈더 글로리〉2023 등 한국 드라마가 대부분을 차지하고 있다.

한국 드라마의 인기는 〈겨울연가〉2002를 비롯한 초기 한류의 일환으로 아시아 지역을 중심으로 시작되었지만, 이제는 K-드라마로서 전 세계적으로 확산되고 있다. 그렇다면 최근 K-콘텐츠로 인기를 끌고 있는 K-드라마는 한류 드라마와 다른 것인가. 한류 드라마? K-드라마? K-콘텐츠가 세계적 현상이 된 지금, 여전히 그 구분이 명확하지 않은 이 두 용어에 대한 이해가 필요한 시점이다.

한류란 무엇인가

한류에 대한 정의를 논하는 것은 이미 시대에 뒤떨어진 작업일 수 있지만, 한류의 발전 과정을 명확히 이해하기 위해 다시금 살펴볼 필요가 있다. 한류韓流, Korean Wave란 1990년대에 한국 문화의 영향력이 해외에서 급성장하면서 등장한 신조어로, 특성 또는 독특한 경향을 뜻하는 접미사 '~류流'에 한국을 뜻하는 '한韓'을 붙인 것이다. 이 용어는 일본에서 특정 국가의 문화가 해외에서 인기를 얻는 현상을 설명할 때 주로 사용하는 방식을 차용한 것이다.

초기 한류는 아시아 지역에서 드라마를 통해 발현되었으며, 2010년 이후에는 동아시아, 중동북아프리카, 라틴아메리카중남미, 동유럽, 러시아, 중앙아시아까지 확장되었다. 최근 한류는 북아메리카북미, 서유럽, 오세아니아 지역으로까지 확산되었다. 이런 한류의 역사는 'N차 한류'로 구분하는 것이 일반적인데, 문화체육관광부에서 2020년 7월에 발표한 '신한류 진흥정책 추진 계획'에서는 그 단계를 한류 1.01997~2000년대 중반, 한류 2.02000년대 중반~2010년대 초반, 한류 3.02010년대 초반~2019년, 그리고 신新한류2020년~로 구분한다. 마지막 신한류 단계가

문화체육관광부의 '신한류 진흥정책 추진 계획'

구분	한류 1.0	한류 2.0	한류 3.0	신한류(K-Culture)
시기	1997년 ~ 2000년대 중반	2000년대 중반 ~ 2010년대 초반	2010년대 초반 ~ 2019년	2020년 ~
특징	한류의 태동 영상 콘텐츠 중심	한류의 확산 아이돌스타 중심	한류의 세계화 세계적 스타 상품 등장	한류의 다양화 + 세계화(온라인 소통)
핵심 분야	드라마	대중음악	대중문화	한국문화 + 연관 산업
대상 국가	아시아	아시아, 중남미, 중동, 구미주 일부 등	전 세계	전 세계 (전략적 확산)
소비자	소수 마니아	10 ~ 20대	세계시민	세계시민 (맞춤형 접근)

'K-Culture'로 정의되는 현재의 한류 현상을 말한다.

문화체육관광부의 '신한류 진흥정책 추진 계획'

앞의 표에서 알 수 있듯이 'K-Culture'는 한류의 성공적인 전파로 전 세계적으로 인지도를 확대하며 성장해 왔다. 특히 한국 드라마와 K-POP은 해외에서 큰 인기를 얻으며 한국의 문화적 아이덴티티를 전파하고, 동시에 새로운 글로벌 문화적 요소를 선도하고 있다.

예를 들어, 2019년 넷플릭스를 통해 190개국에 공개된 한국 드라마 〈킹덤〉은 탄탄한 스토리 라인, 속도감 있는 전개, 아름다운 영상미로 전 세계적인 인기를 얻었다. 15~16세기 조선 시대를 배경으로 좀비를 역병 환자로 설정해 '좀비물'이라는 장르적 보편성에 한국적인 이야기를 녹여 외국 시청자들이 쉽게 접근할 수 있도록 한 것이 인기의 비결이었다. 더욱 흥미로운 점은 〈킹덤〉을 본 많은 외국인들이 조선의 의

넷플릭스의 〈킹덤〉 공식 사이트

복문화, 그중 특히 '갓Kingdom Hat'에 매료되었다는 것이다. 상황과 신분, 직책에 따른 등장 인물의 다양한 전통 모자인 '갓'에 많은 관심을 보이며, 이 전통 소품을 유행시키며 한류 바람을 일으켰다. 발음도 'God'과 비슷하여 '오 마이 갓Oh, My Gat'이라는 표현도 등장한다. 이렇듯 '신한류'는 전통과 현대, 동서양의 만남을 통해 한국만의 매력적인 콘텐츠를 제공하며, 다양한 국가와 문화 사이에서 상호 교류와 이해를 촉진하는 중요한 역할을 한다.

일본의 한류 붐

일본에서 한류 현상은 2003년 드라마 〈겨울연가〉의 인기와 함께 한국 대중문화가 일본 내에서 큰 인기를 얻으면서 발생한 문화적 현상이다. 욘사마 붐을 주축으로 시작된 이른바 1차 한류 붐은 주로 중장년층 여성들이 중심이었고, 그 결과 한국 여행이 인기를 끌었다. 주 소비층이 중장년층인 탓에 당시 한류는 특정 연령대에 국한된 문화 현상으로 치부되기도 했다. 이후 2010년 초에는 보아, 동방신기, 소녀시대와 같은 한국 아이돌 그룹이 일본의 젊은 세대에게 큰 인기를 얻으며 2차 한류 붐이 일어났다. 이들은 한국에서의 인기에 의존하지 않고, 일본 대형 음반사와의 협력을 통한 현지화 전략으로 성공을 거두었다.

그러나 2차 한류 붐 이후 일본 내에서 한류는 침체기를 맞았다. 2011년 동일본대지진으로 인한 어수선한 분위기와 2012년 이명박 대통령의 독도 방문으로 인한 한일관계 악화가 그 원인이었다. 이에 따라 일본의 주류 매체에서 한국 드라마는 사라졌고, 소수의 한국 아이돌 그룹만이 그 명맥을 유지했다.

한편, 한동안 침체되었던 일본의 한류는 2017년경부터 젊은 세대를 주 소비층으로 하여 다시 인기를 얻기 시작한다. 이른바 일본 3차 한류는 인스타그램, 유튜브 등 SNS를 통해 K-POP과 뷰티 콘텐츠 등이 확산되며 인기를 확장시켰다. 특히 방탄소년단BTS의 인기는 한류 열풍을 견인하며 K-POP이 일본에서 대중문화로 정착되는 중요한 요인이 되었다.

일본 4차 한류는 넷플릭스, 틱톡, V-Live 등 다양한 미디어 플랫폼을 통해 한국 드라마가 폭발적인 인기를 끌며 확산되고 있다. 이는 특히 2020년 코로나19 팬데믹으로 OTT 서비스가 일반화되면서 한국 드라마와 영화를 접하는 일본인이 많아졌기 때문이다. 이로 인해 한동안 침체기였던 일본의 한류가 일본 대중 사이에서 다시 불붙기 시작했다. 〈사랑의 불시착〉, 〈이태원 클라쓰〉 등 다수의 한국 드라마가 일본 넷플릭스에서 장기간 상위권을 차지했고, 〈사랑의 불시착〉은 2020년 유행어 대상 2위에 오르기도 했다. 이런 한류의 영향으로 일본에서 한국 문학도 큰 관심을 받고 있다. 《82년생 김지영》2016의 인기를 필두로 《나는 나로 살기로 했다》2022는 BTS의 정국이 읽었다는 사실이 알려지며 아마존 재팬 에세이 분야에서 베스트셀러 1위에 오르는 등 한국 문학이 한류의 일환으로서 큰 관심을 받았다.

K-드라마 〈사랑의 불시착〉

일본 내 한류 열풍을 다시 일으키며 4차 한류 붐을 촉발한 드라마 〈사랑의 불시착〉은 일본 넷플릭스에서 발표한 '2020년 일본에서 가장 화제가 된 작품 톱 10'에서 1위를 차지했다. 또한 이 작품은 미국《워싱턴포스트》와《포브스》에서 '반드시 봐야 할 국제적 시리즈 추천작'과 '2019년 최고의 한국 드라마'로 선정되었다.

손예진과 현빈이 주인공을 맡아, 패러글라이딩 사고로 북한에 불시착한 재벌 상속녀와 북한군 장교의 로맨스를 그린 이 작품은 일본 내에서 전례 없는 인기를 기록했다. 평소 한국에 대해 강경 발언을 해 온 모테기 도시미쓰茂木敏充 일본 외무상과 극우 성향의 하시모토 도루橋下徹 전 오사카부 지사 등 유명 정치인과 배우들이 〈사랑의 불시착〉을 시청했다고 공개적으로 밝히며 호평을 보냈으며, 이로 인해 대중들 사이에서 입소문을 타고 급격하게 인기가 확산된 것이다.

2020년 2월 말 처음 공개된 이후 2025년 현재까지도 넷플릭스 인기 순위에서 여전히 상위권을 유지하고 있다. 2024년 2월에는 이를 원작으로 한 뮤지컬 〈사랑의 불시착〉이 일본 신국립극장에서 공연되었는데, 아스트로의 멤버 윤산하, 진진 등 K-POP 아이돌 스타가 주요 캐스트를 맡아 큰 주목을 받았다. 이를 통해 드라마의 인기는 더욱 확대되었으며, 〈사랑의 불시착〉은 원작 드라마의 팬과 한류 스타의 팬, 그리고 뮤지컬 팬까지 더해져 팬층이 넓어지고 있다. 이처럼 〈사랑의 불시

뮤지컬 〈사랑의 불시착〉 장면

착〉은 일본에서 오랫동안 사랑받는 작품으로 자리 잡고 있다.

왜 일본인은 〈사랑의 불시착〉에 열광하는 것인가

〈사랑의 불시착〉은 인기 한류스타를 출연진으로 내세워 한국뿐 아니라 일본, 대만, 베트남 등 여러 아시아 국가에서 큰 인기를 끌었다. 특히 한류의 침체기 속에서도 일본에서 제2의 〈겨울연가〉로 불릴 정도로 큰 인기를 얻었는데 그 이유는 무엇일까. 더욱이 반한反韓 감정이 강한 중장년 남성 시청층에게도 인기를 끈 이유는 무엇일까.

일본에서 〈사랑의 불시착〉이 큰 인기를 얻은 이유는 여러 가지가 있겠지만, 첫째로 이 드라마가 방영된 시기가 코로나19 팬데믹으로 인해 많은 사람들이 집에 머물러야 했던 시기와 겹쳤다는 점이다. 집에서 즐길 수 있는 드라마로서 큰 인기를 끌었고, 일본 시청자들은 드라마를 통해 한국과 북한에 대한 새로운 이미지를 형성했다. 이를 계기로 다른 한국 드라마에도 관심을 갖게 되었다.

둘째, 한국의 재벌가 여성과 북한군 장교의 금지된 로맨스라는 독특한 설정이다. 〈겨울연가〉로 시작된 한류드라마의 인기는 〈갯마을 차차차〉2021, 〈서른, 아홉〉2022 등 로맨스가 큰 비중을 차지한다. 이런 한국 로맨스의 힘에 더해 〈사랑의 불시착〉은 한국만이 가능한 분단이라는 소재를 통해 북한의 모습을 사실적으로 그려 내어 시청자들의 호기심을 자극했다. 남자 주인공 리정혁의 따뜻하고 배려심 넘치는 모습과 평양의 현대적인 백화점, 장마당, 다양한 먹거리 등의 사실적인 묘사는 일본 시청자들에게 큰 매력을 느끼게 했다.

셋째, 북한을 소재로 했다는 점도 인기의 한 요소를 차지한다. 한국에서 북한을 소재로 한 드라마나 영화의 흐름을 보면, 1950년대에는 반공을, 1960년대에는 전쟁과 간첩이 주된 소재였다. 1970년대에는 미화된 전투담이나 영웅의 모습이 두드러지며, 2000년대에도 분단을 주요 소재로 다루었다. 하지만 오늘날에는 〈모가디슈〉2021, 〈사랑의 불시착〉 등에서 더 이상 북한을 통일의 대상으로 바라보지 않으며, 신파를 유도하지 않는다. 하나의 이문화로서 있는 그대로의 북한을 표현하며 전 세계적인 주목을 끌고 있다.

넷째, 주체적인 여성 캐릭터가 인기를 끌었다. 일본 아침 드라마에 주로 등장하는 여성의 성공은 남성의 도움을 받은 경우가 많지만, 손예진이 연기한 히로인 윤세리는 재벌가이지만 일찍부터 가족으로부터 독립하여 CEO로 성공한 인물이다. 리더십과 사업적 성과로 아버지의 신임을 얻어 후계자로 지명되고, 리정혁과의 관계에서도 남성을 리드하는 모습을 보여 준다. 일본에서는 '대등한 남녀관계'라는 젠더적 측면을 강조하여 〈사랑의 불시착〉을 홍보했다. 이는 전형적인 한국 드라마의 남녀관계와 상반되며, 이런 설정이 일본의 여성 시청자들에게 신선하게 다가가며 인기를 끌었다.

마지막으로, 남성 인물을 중심으로 하는 권선징악적인 서사 구조를 들 수 있다. 일본 대하드라마의 주된 소재는 권선징악과 남성의 실패, 성공담이라고 할 수 있다. 한국에서 그리는 드라마, 영화 속의 북한 남성은 〈사랑의 불시착〉의 리정혁과 마찬가지로 행복한 가족을 북한에 남겨 둔 채 임무를 위해 남한으로 향하고, 남한 남성과 협력 관계를 맺는다. 남한 측의 악역에 의해 위기를 맞지만, 권선징악의 서사 구조로 북한 남성은 임무를 완수하고 다시 북한으로 돌아가는 플롯이 많다. 이런 권선징악적 서사 구조는 테마와 소재가 다양해진 최근의 한국 드라마에서는 흔하지 않다고 할 수 있지만, 일본을 비롯한 전 세계적인 인기를 얻은 〈이태원 클라쓰〉, 〈사랑의 불시착〉, 〈킹덤〉 등에서 찾아볼 수 있다. 즉, 〈사랑의 불시착〉은 넷플릭스 등 OTT를 통해 한국 드라마를 접하는 일본인들에게는 익숙한 서사 구조인 것이다.

한류 드라마에서 K-드라마로

지금까지 살펴본 바와 같이 〈사랑의 불시착〉은 다양한 요인으로 세계적인 인기를 얻으며 한류 드라마를 넘어 K-드라마의 대표작으로 자리매김하고 있다. 한류 드라마가 그동안 아시아를 중심으로 인기를 끌어왔다면, 〈사랑의 불시착〉은 넷플릭스 등 글로벌 OTT 플랫폼을 통해 전 세계적인 인지도를 쌓으며 K-드라마의 위상을 높였다. 이 드라마는 단순히 한국 문화와 감성을 전파하는 것을 넘어 한국 드라마의 독창성과 높은 제작 수준을 전 세계에 알렸다. 특히 남북한이라는 독특한 소재와 뛰어난 스토리텔링, 그리고 K-POP 스타를 필두로 한 뮤지컬화는 다양한 팬덤을 형성하며 전 세계 시청자들에게 깊은 인상을 남겼다. 〈사랑의 불시착〉의 성공은 K-드라마가 단지 한류 열풍의 일환이 아닌, 글로벌 콘텐츠로서의 가능성을 입증한 사례로 평가된다. 이를 통해 K-드라마는 더 넓은 시청자층을 확보했고, K-Culture를 선도하는 데 기여하고 있다.

물고기의 국경

서경순(부경대학교 HK연구교수)

수산 이익, 곧 국가의 재원

한국과 일본은 지리적으로 가까운 이웃 나라이다. 그러나 '한일외교사' 이야기가 나오면 양국은 민감해진다. 올림픽을 비롯한 각종 국제 경기에서 한일전이 펼쳐지면 양국 국민들의 응원의 메아리가 하늘을 찌르고, 승리의 순간에는 선수들이 멋진 세레모니를 펼치고, 목이 터지라 질러대는 관중의 환호성은 우주까지 울려 퍼진다. 여기에서는 가깝고도 먼 나라 한일 양국을 오가는 물고기 이야기를 나누어 본다.

예로부터 인간들의 경제 중심은 농업이었다. 그러나 근대가 되면 경제 중심의 판도가 서서히 수산업으로 이동한다. 유럽은 대항해시대를 기점으로 중세와 근대를 구분하는 것이 통설이며, 대항해시대에 수산물의 유용성이 발견되면서 수산 가치의 중요성을 인식하게 되었다. 특히 유럽은 만국박람회를 통하여 다양한 분야에서 지식정보의 교류가 이루어졌으며, 수산 분야 또한 급진적인 변화가 일어났다.

동양권에서 수산의 중요성을 인식한 국가는 일본이다. 메이지 정부는 모든 체제를 서구화로 혁신하는 한편 국제 교류에도 적극적으로 대응했다. 1873년 오스트리아 빈 만국박람회에 처음 출품하여 참가하면서 유럽의 선진화에 적지 않은 문화적 충격을 받고 돌아왔다.

수산 분야는 '수산 이익은 곧 국가 재원이 된다'는 것을 알리며 국가 주도의 수산진흥사업을 도모했다. 그러나 당시 일본의 연안 사정은 수산생물의 고갈 상황에 봉착했기 때문에 이 문제부터 해결해야만 했다. 일본의 수산생물 고갈 현상은 하루아침에 생긴 것이 아니었다. 육식금지령이 내려지고 천년의 세월이 지나면서 육류를 대신하는 어패류, 즉 수산물이 중요 식자재가 되어 급기야 수산생물의 감소 또는 멸종 단계에 이르렀다.

이에 대한 방안으로 금어기禁漁期 등의 법적인 규제와 아울러 천연 번식을 보호하는 한편, 사람의 손을 이용하는 유럽식 인공부화법을 널리 알리면서 수산생물의 개체수 증가에 주력했다. 인공부화법은 1873년 빈 만국박람회에 참가했던 수산행정 사무관 세키자와 아케키요關澤明淸에 의해 보급되었으며, 인공부화사업은 실로 일본 수산진흥사업의 시작을 알리는 출발점이 되었다. 아케키요는 1876년 필라델피아 만국박람회에도 수산 분야 대표로 참가하여 인공부화법, 통조림 진공법, 포경법을 직접 익혔으며, 귀국할 때 포경기를 일본으로 들여왔다. 또한 농상무성의 수산국장, 수산전습소 소장, 대일본수산회 간사 등을 겸임하면서 수산진흥사업에 선구적인 역할을 했다.

1883년에는 조일통상장정朝日通商章程이 체결되어 일본 어부들의 한국해 조업이 합법화되자 일본 정부는 이 장정을 구실로 한국해 출어 시책을 마련하고 자국 어부들의 한국해 출어를 적극 지원하고 장려했다. 그리고 1892년 11월 말경에는 수산국장 아케키요를 비롯한 조사단이 한국으로 건너와 약 100일에 걸쳐서 연안 지역을 중심으로 수산 현황을 조사하고 돌아가서 그 해1893년 《조선통어사정》이라는 책을 간행했다. 이 책은 일본 정부에서 한국 수산업을 공식적으로 조사한 최초의 기록물로, 이후 농상무성 수산 기사들의 한국 연안 조사 시 견본이 되었으며, 일본 어부들에게는 한국 출어에 정보지 역할을 했다. 이렇게 근대의 우리나라 바다는 일본 어부들의 한국해 출어와 맞물려 있었다.

에너지 최고봉, 고래기름

고래는 유럽의 산업혁명과 불가분의 관계에 있다. 산업 기계에 윤활유가 필수적이었기 때문이다. 고래는 전신에서 기름이 나와 한꺼번에 많은 양의 경유鯨油를 추출할 수 있는 최고의 에너지원이었다. 또한 고래의 수염, 뼈, 힘줄, 껍질가죽 등 부산물도 솔칫솔 등, 코르셋, 우산살, 테니스 라켓 등의 고급 원료로 사용하고, 고기는 식용 또는 사료용으로 쓰여 버릴 것이 하나도 없었다. 이렇게 고래의 유용성과 높은 수익성이 알려지면서 바다는 유럽 포경선의 각축장이 되었으며, 점차 태평양을 건너 동해안까지 출몰하기 시작했다. 우리나라 동해안은 예로부터 경해鯨海라고 불렸을 정도로 여러 종류의 고래들이 떼를 지어서 회유했는데, 귀신고래의 경우는 우리나라 동해와 캘리포니아 해안에서만 볼 수 있다고 하며 일명 '한국귀신고래'라는 이름도 갖고 있다. 물론 이 명칭은 학계의 공식 학명은 아니지만 귀신고래가 우리나라 동해안에 월등히 많이 서식했다는 점을 시사해 준다.

유럽 포경선들이 우리나라 동해에서 불법 고래잡이를 했을 때, 우리 정부는 고래의 높은 경제 가치도 인지하지 못했고 외세의 무력 앞에 그 어떤 제재도 할 수 없었던 탓에 많고 많은 동해안 고래들이 무참하게 남획되었다. 게다가 1883년에 조일통상장정이 체결된 후에는 일본의 포경회사에서 한국 동해 연안 지역에 고래 해체장까지 설치하고 고래를 부위별로 해체해서 전량 일본으로 반출하기도 했다. 이렇게 우리나라 동해안에 회유하던 고래들은 외세에 의해 멸종 위기에 이르렀다.

고래의 무분별한 남획은 세계 문제로 떠올라 1946년 12월, 국제포경규제협약이 체결되었고 국제포경위원회 IWC 라는 국제기구가 설립되었다. 그러나 이 제도는 전면적 포경 금지가 아니었고, 생존을 위해 고래고기를 식용하는 원주민의 생존 포경과 과학 조사 목적인 조사 포경은 예외로 두었다. 이에 각국의 조사 포경으로 고래잡이는 줄어들지 않았으며, 어획된 고래들은 다양한 경로를 통하여 유통되었다.

선사시대부터 우리나라에 고래 고기 식문화가 있었던 점은 울산 반구대 암각화 유적에 생생하게 새겨진 고래 종류와 고래잡이 모습을 통해서 알 수 있다. 일본은 지역 축제와 제수 의례에서 예로부터 전승되었던 고래고기 식문화를 살펴볼 수 있다. 그런데 일본은 고래고기 식용에 대하여 정부가 개입한 적이 있다. 패전 후, 고래고기를 학교 급식용으로 대량 보급시켰으며 2023년에는 고래고기 자판기가 출시되었는데, 자판기가 출시된 것 또한 2019년 일본 정부가 국제포경위원회를 탈퇴하고 상업포경을 재개한 것과 무관하지 않을 것이다.

지금의 현대인들은 고래기름도, 고래고기도 관심이 없으므로 고래사냥하려고 바다로 나가는 것이 아니라 고래와 교감을 나누기 위해 바다를 찾는다고 한다.

조기는 좋게 하고, 민어와 도미는?

조기는 한국의 관혼상제에 필수적이며 한국인들이 가장 선호하는 물고기로 전국의 장터에 없는 곳이 없다. 조기 하면 영광굴비를 떠올리는 것처럼 영광은 조기의 대표 산지이다. 전라도 칠산탄에서 황해도 연평도까지 이어진 서해안의 갯벌 지역은 굴지의 조기 어장이며, 칠산탄은 조기 파시가 열릴 때 어선과 출매선이 폭주했다.

황해도 어부들은 주로 중선中船을, 전라도 어부들은 정선碇船으로 조기를 잡았는데, 1906년 일본 어부들이 이곳에서 안강망鮟鱇網으로 잡았다. 안강은 일본에서 아귀라는 물고기를 말하며, 안강망은 마치 아귀가 입을 벌리고 있는 모습과 닮아서 붙여진 이름이라고 한다. 차츰 한국 어부들도 안강망으로 교체하면서 안강망 어업은 서해안 일대의 중요 어업이 되었다.

민어는 서남해에서 많이 잡히는데 동해로 갈수록 드물며, 강원도·함경도 연안에는 거의 없다고 한다. 민어는 제사상에 올리는데, 재미있는 것은 민어가 특유의 소리를 낸다는 것이다. 그래서 어부들은 민어의 울음소리를 찾아서 그곳에 그물을 내려 잡았다고 한다.

도미는 역시 제사상에 올리는데 한국인보다 일본인이 선호하는 물고기이다. 우리나라에서 조기를 중요시하는 것처럼 일본은 도미가 으뜸이다. 신사의 제례용과 혼례용에 쓰며 일본에서는 모내기 철에도 도미가 매우 귀한 대접을 받았던 사실은 매우 흥미롭다. 도미 어업은 일본 어부의 한국 출어 효시였을 정도로 일본의 주요 어업 중 하나였다.

지금도 우리의 제사상에는 조기는 좋게 해 주고, 민어는 밀어 주고, 도미는 도와준다는 의미로 올린다고 한다. 믿거나 말거나이지만 그 염원만은 지극정성인 것이 분명하다.

명태는 세계 공통어

명태는 명천明川에 사는 어부 태太 씨가 잡아서 명태明太라는 이름
이 붙여졌다고 한다. 물론 기원설로 인정할 수 없지만, 명천이 함경북
도이고 명태의 주산지가 함경도였던 사실에서 함경도에서 명태라는
용어를 처음 사용한 것은 분명한 듯하다. 명태는 북어, 동태, 황태, 흑
태, 망태, 조태, 왜태, 간태, 선태, 강태, 노가리, 코다리 등 셀 수 없을
정도로 무수한 이름이 있는데 어획 장소, 시기, 도구, 제조법 등에 따
라 붙여진 이름이다.

또한 명태는 액운을 막아 주는 신성함의 상징성을 지닌 물고기로 신
분 여하를 막론하고 선호하는 물고기이다. 싸고 흔한 물고기라도 그
지위는 상당히 높으며 수요 또한 으뜸이었다.

일본에서 명태의 지위는 한국과는 사정이 다르다. 예로부터 맛없는
하품下品으로 취급해 왔는데, 한국에 출어했던 일본 어부들이 한국의
대규모 명태 어업을 목격한 후에 판매 수익성을 기대하며 명태 어업으
로 전환하여, 함경도와 기온이 비슷한 홋카이도에 명태 덕장을 설치하
고 한국인 기술자를 초빙하여 한국 전통 명태 건조 기술을 전수받는
자들이 생겼다.

일제 강점기 때, 부산에는 명태 고방으로 불리는 남선 창고가 있었
다. 1900년 함경도 객주와 부산 초량 객주가 세운 명태 저장고이며, 명
태 외에도 여러 수산물도 저장했다. 명태 고방이 있었던 곳은 지금의
부산역 맞은편인데 당시는 그 일대가 바닷가였다. 바닷가에 명태 고방

을 설치한 것은 창고 바닥에 수로를 만들어 바닷물이 드나들게 하여 서늘한 온도를 유지하기 위함이었다. 냉동고^{냉장고}가 없었던 당시 우리 민족의 지혜를 엿볼 수 있다. 명태 고방은 공동 운영 방식을 채택하고 주식을 균일하게 소유했으며, 한국인만으로 주주를 구성하여 강력한 일본 상인 단체와 맞서서 한국인의 자존심을 굳건하게 지켰다.

그러나 1920년대에 들어서면서 함경도에 명태가 자취를 감추기 시작하여 홋카이도산 명태가 원산, 부산, 인천으로 대량 유입되었는데, 명태 고방 역시 홋카이도산 명태가 압도적이었다.

명태는 머리부터 꼬리까지 버릴 것이 없는 물고기이며, 특히 명란젓은 비싼 가격으로 거래되었다. 현재 일본인의 입맛을 사로잡은 '멘타이코^{明太子}'가 바로 명란젓이다. 멘타이는 한국 명태의 일본식 발음이다. 이는 멘타이코의 원조가 한국의 명란젓이라는 사실을 확인시켜 준다.

명태는 한국인의 자존심을 지키고 한일 간의 수산물 교류에 도움이 주었으며, 일본인들의 입맛까지 사로잡은 국제적인 물고기이다.

겨울철 과메기

국가의 운명을 좌지우지한 물고기가 있다면 믿을까? 한국인들은 2002년 월드컵을 떠올리면 하나같이 행복한 표정을 감추지 못하고 감동의 기억을 소환한다. 거리 곳곳에 붉은악마 티셔츠를 입은 국민들이 태극기를 흔들었다. '대~한민국 짝짝짝짝짝!' 응원 소리에 맞추어 자동차도 '빵빵빵빵빵' 리듬을 맞추어 경적을 올리며 지나갔다. 이런 한국인의 응집력은 세계인들을 깜짝 놀라게 만들었다. 2002년 월드컵의 기억에서 잊을 수 없는 한 외국인의 신화가 뒤따른다. 축구 감독 히딩크의 고국이 바로 청어를 빼놓고 역사를 논할 수 없는 네덜란드이다. 네덜란드가 독립연방국이 되는 과정에는 청어라는 일등 공신인 물고기가 있다. 암스테르담에 몰려든 청어로 상인들은 부를 축적했고, 1602년에는 동인도회사라는 세계 최초의 주식회사를 탄생시켰다.

청어는 우리나라에서 흔하고 값싼 물고기여서 가난한 선비들이 즐겨 먹고 살찌운다고 하여 비유어肥儒魚라는 별명도 있다. 한국 연안 곳곳에 청어가 많지만, 포항 일대를 따라갈 수 없다. 청어는 한류성 어종으로 12월부터 이듬해 2월까지가 성어기이다. 조선왕조실록을 통하여 건청어乾靑魚는 진상품, 하사품, 제수품, 세수용품으로 그리고 외국과의 교역품, 하사품 등으로도 쓰였음을 알 수 있다. 더욱이 종묘정월와 천신제11월에도 건청어가 자리매김하고 있다. 건청어를 뜻하는 관목貫目이라는 한자가 오늘날 과메기의 원조가 아닐까?

포항의 대표적 향토 식품으로 겨울철 영양식품인 과메기를 들 수 있다. 2023년에 청어가 포항 시어市魚로 선정된 것도 포항 역사와 함께하는 까닭일 것이다.

일제 강점기로 돌아가 보자. 1923년 2월 경상북도에 조선총독부 수산시험장1922년 9월 기공, 1923년 1월 완공을 개장했다. 지방 수산시험장은 대부분 지역 특산품에 주력했으므로 청어는 당연히 주요 시험의 대상 품목이었다.《포항시사浦項市史》상권과《영일군사迎日郡史》의 기록에 따르면 청어를 많이 잡기 위하여 값싼 가격으로 고성능을 자랑하는 청어자망을 고안했다고 한다. 그리고 청어를 미카키니신身缺鰊이라는 제품을 만들어 일본으로 수출했으며, 한국 내에는 신흠청어身欠靑魚라는 제품을 만들어 유통했다. 미카키니신은 일본 교토의 전통 특산물을 말하며, 포항의 건청어에 간장 양념하여 말려서 만든 것이었다. 포항 과메기가 일본식 제품으로 탈바꿈한 것이다. 신흠청어는 청어의 머리를 자르고 몸통을 반으로 갈라 내장을 제거하고 염장 조미하여 말려서 만든다. 미카키니신과 신흠청어는 일제 강점기 일본인의 입맛에 맞춘 제품이다.

포항의 전통 과메기는 청어를 통째로 꿰어 덕장에 걸어서 차디찬 한겨울의 바닷바람에 얼리고 녹이는 과정을 여러 차례 반복하면서 완성한다. 그러나 지금은 청어를 반 갈라 내장을 제거한 과메기가 유통되는데 이는 일본 업자에게 납품하면서 시작된 신제조법이 한국의 전통 과메기 방법과 절충된 것이다.

멸치와 정어리

멸치는 밑반찬이나 국물용으로 인기 만점이다. 강원도를 비롯한 동해 연안에서는 몸체가 큰 성어 成魚가 많고, 경상남도의 동남해 연안에는 작은 유어 幼魚가 많다. 한국인은 요리해서 먹는데 건제품과 젓갈 소비가 더욱 많은 편이다. 우리나라는 멸치, 정어리, 보리멸, 눈통멸 등을 확실하게 구분했는데, 일본은 이 어종을 이와시 いわし로 통칭한다. 아마도 일본에서 이 물고기들을 식용하지 않고 비료용으로 사용했던 것과 관계가 있을 것이다. 그런데 하찮게 여겨 왔던 이와시가 유럽의 만국박람회를 통해 '이와시 착박제조법'이 알려지면서 효자 물고기로 재탄생했다. 이와시 착박제조 기계가 출시되기 전에는 솥에 푹 삶은 이와시를 사람의 손으로 짜서 기름과 찌꺼기를 분리하여 기름은 가정용·공업용으로, 찌꺼기는 비료로 사용했다. 전기가 보급되지 않

앉던 점을 감안하면 이와시유는 등잔불을 밝히는 중요 에너지였다. 찌꺼기를 농작물의 비료로 활용했으므로 일본 어부들에게는 일석이조의 경제적 가치를 안겨 주었다.

1890년경, 한국에 출어했던 한 일본 어부가 경상도에서 이와시 건조사업을 하여 한국 어부들에게도 이와시 어업이 소득이 된다는 사실을 알려졌으며, 한국 어부들의 멸치를 비롯한 정어리 어업은 대규모 지예망어업으로 발전했다.

정어리멸치 등 포함는 건조품 외에도 근대를 상징하는 양초와 비누의 주원료가 되었으며, 어유魚油와 통조림은 수출용으로, 특히 일제의 전시기에는 군수품으로 대량 보급했다.

1937년 조선총독부는 청진에 수산시험장 북선지장을 개장했다. 청진은 정어리의 주산지이며, 그 당시 세계 최고 수준급을 자랑하는 정어리 유비공장이 있었다고 한다. 조선총독부가 이곳에 수산시험장 북선지장을 세운 목적은 수출산업화 육성이었다. 그때 청진 정어리 어업은 일본 어부들이 독점했는데, 자본이 많이 드는 미국식 건착망 어업이었기 때문이라고 하지만 이보다는 조선총독부가 청진 어업허가권을 일본 어부들이 사용하는 건착망 어업으로 제한한 것이 더 분명한 사실이다. 조선총독부의 특혜를 받은 일본 어부들은 건착망으로 대량 어획해서 곧바로 첨단 기술을 갖춘 유비공장에 납품하여 청진 정어리의 유비油肥 수출은 단기간에 약진했다. 그러나 몇 년도 채 지나지 않은 1941년경에 정어리 어획량은 60%나 줄었고, 1943년에는 거의 잡히지 않았다. 정어리 개체수의 감소 원인은 일본 어부들의 무분별한 남획의 결과였다. 청진 정어리의 화려한 명성은 순식간에 사라졌으며, 조선총독부가 기대했던 '청진 정어리 산업 육성'도 쇠퇴하고 말았다.

구멍 난 울릉도 오징어

오징어 하면 울릉도가 생각난다. 건오징어는 우리나라의 관혼상제만이 아니라 일상에서도 남녀노소가 좋아하는 기호식품의 재료였다. 조선왕조실록에 따르면 진상품, 하사품, 선물용으로 쓰였으며, 세종 대에는 오징어 뼈를 약재로 쓴 기록도 있다.

오늘날 울릉도 오징어가 특화상품이 된 것이 전적으로 울릉도 주민 덕분이라고는 할 수 없다. 일제 강점기 울릉도에 이주했던 일본 어부들이 처음에는 강치, 전복, 해삼 등 고가품을 잡았는데, 울릉도 연해의 오징어가 최상품인 것을 알아채고 오징어 어업에 집중한 것이다. 울릉도 주민들은 당시 농업과 어업을 겸업하는 반농반어였지만 어업은 농한기에 자가自家 소비용으로 어채했다. 그런데 일본 어부들의 오징어 어업을 보고 주민들도 차츰 오징어어업에 주력했다.

일제 강점기 울릉도에 정주했던 일본인은 거의 시마네현 오키섬에서 온 어부들이었다. 오키섬은 일본 최고의 오징어 산지였다. 근대 일본 수산제품백과사전이라고 할 수 있는 《일본수산제품지日本水産製品誌》에도 오키섬의 건오징어를 표본으로 하여 수출품의 포장 형태와 수출 서류를 제시한 그림이 있다. 세 장의 서류는 수출품이 세 번의 검증 절차가 있었다는 것을 말해 주는데, 오늘날 원산지증명서, 인보이스,

오키 수루메 포장(隱岐鯣荷造)
출처:《일본수산제품지(日本水産製品誌)》

패킹리스트로 생각된다.

광복되자 울릉도에 정주했던 일본인들이 모두 떠나고 오징어어업은 울릉도 주민들의 손으로 돌아왔다. 울릉도 오징어는 오징어의 귀 중앙 부분에 가는 대나무 꼬챙이에 꿰고, 다리는 대나무 편으로 펴서 말리므로 오징어 귀 아래의 중앙에는 둥근 구멍이 생겨 다른 지역의 건오징어와 차별화된다. 이 방법은 일본 어부들이 하던 건조방법이다.

우리는 일제 강점기 울릉도에 정주했던 일본 어부들에 의해 울릉도산 오징어가 일본으로 대거 반출된 사실은 잘 알려져 있지 않다. 또한 울릉도 오징어 건조법이 일본식이라는 사실도 말이다. 오징어의 대명사, 울릉도 오징어에 역사적 어둠이 공존하고 있음을 기억해야 한다.

지금까지 한일 양국의 국경을 넘나드는 물고기를 살펴보았다. 양국의 바다는 서로 통하지만 어장 조건, 전통 식문화, 경제 인식에 따라서 양국의 물고기 선호도가 서로 다른 것은 매우 흥미롭다.

일본의 사회인 야구와 도시대항전

홍찬선(일본 야구사 전문가)

일본의 '사회인 야구'의 적절한 번역은?

내가 공부하고 있는 대학원의 한 선배가 어느 날 내게 이런 질문을 한 적이 있었다. 자신이 어떤 일본 문학 작품에서 본 '직업 야구職業野球'라는 단어를 한국어로 번역한다면 어떤 표현이 적합할까? 그리고 이 직업 야구는 과연 어떤 것일까? 나는 조금도 망설이지 않고 '사회인 야구社会人野球'라고 대답했다. 이런 용어는 1936년 일본 프로야구 출범을 위해 결성된 '일본직업야구연맹'에서 비롯되었으며, 또한 그 이전부터 있었던 세미프로, 보수를 받고 활동하던 기타 여러 팀, 학생야구와 구분하기 위한 목적으로 프로 출범 초창기에 잠시 사용된 적이 있었지만 지금은 거의 사라졌다고 볼 수 있다. 아마도 '직업팀'이라는 말을 잘못 전한 것이 아닌가 생각했고, 그 작품이 프로야구와는 확실히 다른 팀들의 이야기였기에 무엇으로 번역할지 판단하는 일은 어렵지 않았다. 하지만 나는 집에 돌아와 잠시 생각에 잠겼다. 바로 일본에서 이야기하는 사회인 야구와 우리나라의 사회인 야구는 매우 다른 개념으로 받아들여지기 때문이다.

우리나라에서 흔히 사회인 야구라고 하면 전문 선수들이 아닌 순수 동호인들이 즐기는 야구를 뜻하는 것이 일반적인데, 일본에서는 이와

만원 관중이 운집한 일본의 사회인 야구대회 결승전(좌)과 구사야구(草野球)에 가까운
우리나라 사회인 야구의 모습(우)

같은 야구는 대체로 구사야구^{草野球} 라고 부른다. 반면 사회인 야구^社
^{会人野球}라는 말을 일본어 사전에서 검색해 보면 '회사, 관청, 은행, 클
럽팀 등 학생 이외의 야구'라고 적혀 있다. 프로야구와 학생야구 외의
나머지를 통칭하는 개념이라고 볼 수 있지만, 좁은 의미의 실질적인
개념은 그중 독립리그와 구사야구를 제외한 대체로 기업과 단체에 소
속되어 그 지원으로 운영되는 팀을 뜻한다. 이들은 프로야구, 고교야
구에 이어 가장 규모가 크고 인기 있는 대회를 운영하고 있다. 어쩌면
'사회인 야구'보다는 '실업야구'라고 부르는 편이 더 나을 수도 있겠다
고 생각하기도 했지만, 우리나라에서 실업야구는 이미 오래전인
2002년에 모든 팀이 해체되면서 완전히 사라졌기에 젊은 세대들은 그
개념이 무엇인지를 이해하기가 어렵다는 문제점이 있다. 따라서 대부
분 일본에서 쓰이는 원어 그대로 사회인 야구라고 부르고 있지만, 이
것도 어찌 보면 적절한 번역이라고는 볼 수 없을 것 같다.

도하 참사와 국감 해프닝

우리나라에서 일본의 사회인 야구가 가장 크게 주목받은 사건은 아마도 2006년 아시안게임의 이른바 '도하 참사'일 것이다. 일본은 프로의 정예 멤버가 출전하는 우리나라와는 달리 올림픽은 2000년까지, 아시안게임은 언제나 사회인 선수들이 주축이 되는 대표팀을 구성해 국제대회에 출전해 왔다. 하지만 우리나라 사람들은 대부분 일본 대표팀이 어떤 선수들로 구성되었고 어느 정도의 레벨인지 잘 모르기에 으레 당연히 어렵지 않게 이길 수 있는 상대로 여겨 왔다.

2006년 카타르 도하에서 열린 아시안게임 준결승전에서 이대호, 류현진, 오승환 등 프로 호화 멤버로 구성된 대표팀이 사회인 선수 중심의 일본팀에게 준결승전에서 패하자, 언론들은 일제히 이를 '도하 참사'라고 보도했고, 한국 야구사의 최대 굴욕적인 사건이라고까지 하는 이들도 있었다. 심지어 인터넷에서는 결승 홈런을 친 일본 선수가 '오뎅 어묵 장수'이고, 팀원들의 직업이 인력거꾼, 트럭 운전사라는 소위 가짜뉴스가 많이 돌아다니기도 했지만, 이후에 이 일본 대표팀 선수 중 8명이 프로의 유니폼을 입었으며, 그 '오뎅 장수'가 최고 명문 요미우리 자이언츠에 입단해 그 해 신인왕을 거쳐 이듬해 리그 타격왕에 오른 사실을 아는 이들은 거의 없었다. 그 당시에는 대학생이었지만 이후 혼다本田 자동차 사회인 팀에서 3년간 맹활약했던 조노 히사요시長野久義, 2010~2024년 현재 15시즌 간 요미우리 자이언츠와 히로시마 도요카프에서 활약, 통산 1634경기 출장, 1509안타, 163홈런, 타율 .280 기록라는 선수였다.

2018년 자카르타·팔렘방 아시안게임에서는 대표팀이 우승을 이루어 냈음에도 불구하고, 멤버 선발 때 특정 팀과 선수의 병역 혜택을 위한 모종의 커넥션이 있었을 것이라는 네티즌들의 주장을 그대로 받아들인 일부 정치인들이 당시의 선동열 대표팀 감독을 국감에 소환하여 질타하는 일이 벌어지기도 했다. 당시 한 국회의원은 그 대회의 금메달이 그렇게 어려운 것이라고는 생각하지 않는다고 발언해 화제가 되기도 했는데, 이 또한 일본의 사회인 야구를 잘 알지 못하기 때문에 빚어진 해프닝으로 볼 수 있는 부분이다.

사회인 야구의 역사와 현황

일본 최초의 사회인 야구팀은 1878년 신바시 철도국의 철도관계자들이 모여 만든 신바시 스포츠클럽 新橋アスレチック倶楽部 이다. 그 후 1916년경 여러 기업에서 야구팀을 만들면서 각지에서 대회가 열렸고, 1920년에는 전국 실업단야구대회 全国実業団野球大会 가 창설되어 1926년까지 매년 개최되었다. 다음 해인 1927년에 오늘날의 도시대항야구대회 都市対抗野球大会 로 확대되기에 이른다. 1949년에는 전국 342개의 가맹 팀이 모여 일본 사회인야구협회를 발족하고, 이후 1985년에 명칭을 일본야구연맹으로 변경, 2013년에 공익 재단법인이 되어 현재에 이르렀다.

이런 사회인 야구팀은 기업팀, 지역밀착형 클럽팀 등 다양한 형태가 있지만 역시 기업에서 운영하는 팀이 각종 대회에서 좋은 성적을 내며 주목을 받는다. 이들 모기업의 규모는 오히려 프로야구 구단들을 압도한다. 주로 소비재 기업들이 프로야구팀을 운영해 왔던 것과 달리 도요타자동차, NTT, JR, 히타치, ENEOS, 도쿄가스 등 일본을 대표하는 굴지의 대기업들이 다수 포진되어 있다. 이런 경식 硬式 야구팀의 대부분은 일본야구연맹에 소속되어 활동하는데 사회인 야구의 최상위 연맹인 이곳의 등록 규약에 따르면, 팀의 구성원은 전원이 경기자로서 보수승리급, 계약금 등의 종류를 일절 받지 않는다. 기본적으로는 사원으로서 팀의 소속 기업, 단체 등과 정규직, 계약직 등의 형태로 고용계약을 맺고 있는 것이 대전제가 되며, 실제로 구성부원이 소속된 근무처에서 대부분을 야구 경기자로서 활동하는데 주로 오전에는 일반 사원들과 같이 담당 근무를 하고 오후에는 야구 연습을 한다. 따라서 대체로 관리직이나 연구직 같은 전문 분야가 아닌 생산직, 영업직, 사무보조 등의 업무를 하는데, JR의 경우에는 역무원이 많다고 한다.

드라마 〈루즈벨트 게임〉을 통해 보는 사회인 야구

2014년에 일본 TBS 방송의 9부작 일요 드라마로 큰 인기를 얻었던 〈루즈벨트 게임ルーズヴェルト・ゲーム〉은 우리나라의 일본 드라마 전문 케이블 방송 채널에서도 방영되어 잘 알려진 작품이다. 《한자와 나오키半沢直樹》로 유명한 이케이도 준池井戸 潤의 소설을 드라마화한 이 작품은 우리에게 다소 생소한 일본의 사회인 야구와 도시대항전을 가장 가까이에서 자세히 볼 수 있다는 점에서 큰 의미가 있다. 경영 악화로 도산 위기에 처한 '중견 정밀 기기 제조업체'와 그로 인한 구조조정의 대상이 된 야구팀이 각자의 분야에서 분투하며 회사와 팀을 모두 살려 내는 대역전 드라마라는 평을 받았다.

〈루즈벨트 게임〉이라는 말은 미국의 제32대 대통령이었던 프랭클린 D. 루즈벨트가 야구에서 가장 재미있는 스코어는 8:7이라고 말한 것에서 유래된다. 하지만 우리나라에서는 이것을 존 F. 케네디 대통령의 말이라고 오인한 이들이 많아 '케네디 스코어'라고 하는데 이는 잘못된 표현이다. 이런 제목이 붙은 것은 이 드라마의 대미를 장식하는 하이라이트를 통해 알 수 있는데, 주인공들의 회사를 무너뜨리려는 음모를 획책하고 있던 경쟁사와의 도시대항전 도쿄 지구 예선 최종전에서 8회까지 3:7로 뒤지던 경기를 연장 혈투 끝에 극적으로 8:7로 뒤집고, 이어 신기술 개발품의 납품 경합에서도 승리하는 스토리는 시청자들에게 최고의 감동을 선사한다. 또한 여기에서 야구팀은 위기의 회사를 살리기 위해 전 직원이 일치단결하는 하나의 구심점 역할을 하는데, 실제로 사회인 야구팀이 기업의 홍보 목적 외에도 사내 문화의 활성화, 사원의 일체감 조성을 위해 존재하는 측면을 잘 표현했다. 따라서 도시대항전을 비롯한 각종 대회에서 각 기업의 사원들로 구성된 특색 있는 응원전을 구경하는 것도 하나의 큰 흥미 요소이며, 마치 고교야구의 고시엔 대회를 보는 것 같은 열기를 느낄 수 있다.

2020년에 드라마 〈루즈벨트 게임〉 속의 이야기와 비슷한 일이 실제로 일어나 일본의 많은 매스컴에 보도되면서 국민적 관심을 받았다. 이자카야의 전국 체인망을 경영하는 기업인 제이 프로젝트J-project는 코로나19로 인한 사회적 거리 두기로 매출이 급감해 회사의 운명이

드라마 〈루즈벨트 게임〉과 J-project 야구단

기로에 봉착한 상황 속에서, 선수 전원이 이자카야의 종업원으로 구성된 팀이 도카이도東海道 지구의 예선 전 경기를 역전승하며 도시대항전 본선에 진출하는 쾌거를 이룬 것이다. 이런 야구팀의 선전은 회사의 직원들이 분발하여 함께 위기를 극복하는 동력이 되었다고 한다.

사회인 야구대회의 최고봉 - 도시대항 야구대회

현재 일본의 전국 규모 사회인 야구대회는 도시대항 야구대회, 사회인 야구 일본선수권대회, 전 일본클럽 야구선수권대회로 총 3개가 있는데, 그중 가장 규모가 크고 인기 있는 대회는 뭐니 뭐니 해도 도시대항 야구대회이다. 마이니치每日 신문사와 일본야구연맹이 공동 주최하는 이 대회는 매년 7월 중순에서 8월 초에 열리기 때문에 한여름의 야구축제真夏の野宴 또는 성인 고시엔大人の甲子園이라는 별칭이 있다. 2024년 기준 전국의 340여 개 팀이 출전하여 1차 예선은 47개 도도부현 중 한 지역이 한 지구를 구성하고, 여기에서 최소 1팀 많게는 여러 팀을 선발하며, 해당 지역의 팀 수가 적으면 다른 지역과 합쳐서 예선을 진행하기도 한다. 대부분 기업 팀들은 2차 예선으로 직행할 수 있는 특권이 있기에 1차 예선은 대개 클럽 팀들이 참가하며, 이를 통과하면 다수의 기업 팀들이 기다리는 치열한 2차 예선에 돌입한다. 2차 예선은 전국을 총 12개 지구로 나누어 지구당 최소 1팀홋카이도, 시코쿠, 호쿠신에쓰 지구, 최대 6팀도카이 지구을 선발하여 총 32개의 팀이 본선에 오른다. 그 팀들은 해당 도시를 대표하여 출전하는 것이므로 언론에서는 팀명 뒤에 도시명을 별도로 표기예: 일본통운, 사이타마시 / 야마하, 하마마쓰시한다. 본선 대회는 도쿄돔에서 거행되는데, 이곳을 홈구장으로 사용

도쿄돔에서 성대하게 열리는 도시대항 야구대회의 로고(좌), 전년도 우승팀(도요타 자동차) 선수들
이 표지를 장식한 2024년 대회 가이드북(우)

하는 프로야구팀 요미우리 자이언츠는 대회를 위해 자신들의 안방을
잠시 비워 주고 보조 구장으로 이동하거나 원정 경기만을 진행한다.
본선은 지역 예선과 달리 패자부활전이 없는 100% 토너먼트로 진행
되기에 모든 선수들이 전력을 다해 경기에 임하며, 헤드 퍼스트 슬라
이딩은 기본이고 잡을 수 없는 타구에도 거침없이 몸을 날리는 모습을
자주 볼 수 있다. 스포츠 전문 중계 채널인 J SPORTS에서 전 경기를
생중계하며 결승전은 NHK 지상파를 통해 중계되는데, 이 도시대항
전이 얼마나 중요하며 역사와 전통이 있는 인기 대회인지를 알 수 있
는 부분이다.

아직 프로의 꿈을 버리지 않은 사나이들의 도전 무대

전국에 약 4,000여 개의 고교야구부 2023년 기준 경식 일본고등학교야구연맹
가맹학교 수는 3,818교이고, 인구 감소로 인해 최근 해마다 줄고 있음가 있는 일본에서

한 해에 프로의 선택을 받는 선수는 과연 몇 명이나 될까? 최근 2023년의 프로 신인 지명 드래프트에서 정확히 50명의 학생만이 꿈에 그리던 프로의 유니폼을 입었다 신인 선수 122명 입단, 고교 50명, 대학 35명, 사회인 12명, 독립리그 23명. 이렇듯 사회인 야구는 프로의 꿈을 이루기가 하늘의 별 따기만큼 어려운 현실 속에서, 뛰어난 기량을 가지고 있음에도 불구하고 고교와 대학 무대에서 아쉽게 간발의 차로 프로 입단에 실패한 이들이 취업하여 직장생활을 하며 그 꿈을 향한 도전을 계속 이어 갈 수 있는 기회의 장을 제공한다는 점에서 큰 의미가 있다.

2023년 프로 신인 지명 드래프트에서 1라운드로 요코하마 DeNA 베이스타스의 유니폼을 입게 된 와타라이 류키度会隆輝는 2024년 시즌 사회인 야구가 배출한 최고의 화제 인물이다. 그는 전국 최강팀으로 평가받는 요코하마시 대표 ENEOS 소속으로 도시대항전에서 타격 3관왕에 오르며 맹활약했고, 입단 3년 만에 프로에 진출하는 쾌거를 이루었다. 이렇듯 프로의 높고 높은 벽을 넘지 못해 사회인 팀으로 유입되는 수준급의 선수들은 각종 대회에서 치열한 경쟁을 벌이며 재도전의 기회를 노리고, 고교와 대학 출신의 선수들과는 달리 육성이 필

프로 신인 드래프트에서 요코하마 베이스타스의 선택을 받은 와타라이 류키. 그가 소속되었던 곳은 일본을 대표하는 정유 회사 ENEOS로 도시대항대회 최다 우승(12회)에 빛나는 준프로급의 전국 최강팀이다.

요 없는 '1군 즉시 전력감'으로 평가받는다. 도시대항대회에는 이들을 위해 본선에 오른 팀 중 해당 지구의 예선에서 탈락한 다른 팀의 선수 3명을 임대 형식으로 선발할 수 있는 제도도 마련되어 있다.

사회인 야구를 거쳐 프로야구의 스타가 된 사례는 일일이 나열하기 어려울 정도로 매우 많지만, 그중 대표적인 선수를 꼽으라면 가장 먼저 노모 히데오 野茂英雄를 들 수 있다. 1995년에 야구의 본고장 미국 메이저리그의 명문 구단 LA 다저스에 입단하여 이른바 '토네이도 열풍'을 일으키며 데뷔 첫해부터 리그 최다 탈삼진을 기록하고 신인왕에 올라 그 해 《타임 Time》지의 올해의 인물에 선정되기도 했다. 양대 리그에서 모두 한 차례씩 노히트 노런을 기록하며 빅리그 통산 123승을 거둔 노모 히데오는 이후 동양인 선수들이 대거 미국 무대에서 맹활약하는 도화선의 역할을 했다. 그의 이름 히데오 英雄가 말해 주듯 아시아 야구의 영웅과 같은 존재이다. 이런 영웅도 한때는 프로의 선택을 받지 못해 '신일본제철 사카이 堺'라는 팀에서 작업복을 입고 공장에서 일하며 야구를 하던 시절이 있었고, 세계를 놀라게 한 마구 魔球와 같은 그의 포크볼이 바로 이 당시에 연마한 기술이었다는 사실을 아는 한국인들은 많지 않을 것이다.

안정된 직장을 다니며 야구의 꿈을 이어 갈 수 있는 곳

하지만 모든 선수들이 프로를 목표로 하는 것은 아니다. 야구의 꿈과 현실 사이에 놓인 벽이 너무나 두텁기에 그들은 생계를 위해 안정적인 직장을 찾아야만 하고, 또한 어렵게 프로의 유니폼을 입었다고 해도 그 안에서 또 새롭게 치열한 생존 경쟁을 겪어야 하며, 대다수의 선수들은 입단 후 몇 년 만에 방출되는 경우도 빈번하다. 2023년 항저우 아시안게임의 대표로 출전, 한국전에 선발 등판하여 호투했던 가요 슈이치로嘉陽宗一郎, 30세 선수는 도요타 자동차의 생산관리부 직원이다. 그는 당장 프로에 진출해도 한 시즌 10승이 가능하다는 평가를 받았지만, 자신은 이곳에서 오래 야구를 해서 사회인 야구의 레전드로 기록되고 싶다며 프로의 스카우트를 거절했다. 같은 대표팀의 내야수였던 도시바 소속의 가네코 도시후미金子聖史, 32세 또한 프로의 드래프트에 참여할 기량과 기회가 있었지만 결혼하고 아이가 생겨 가장이 되었기 때문에 안정된 직업팀을 선택했다고 밝힌 바가 있다.

이런 사회인 야구 선수들의 월급은 초봉 30만 엔 정도에 일반적인 대기업 사원과 마찬가지로 수당과 각종 보너스 등을 지급받으며, 대회에서 입상 시 상금을 받기도 한다. 프로를 목표로 하는 선수들은 급여가 그에 비해 다소 적더라도 야구에 전념할 수 있는 시간이 상대적으로 더 많은 계약직을 택하는 경우도 있지만, 정직원으로서 프로에 가지 않고 30대 중후반까지 꾸준히 야구를 하는 선수들은 일반적으로 35만~40만 엔까지 기본급이 인상되며 야구를 은퇴한 후에도 고용을 보장받는다. 따라서 직장 생활과 야구를 병행하면서 소박한 꿈을 이어나갈 수 있는 곳, 사회인 야구팀이 있는 기업에 입사하는 것 또한 프로 선수가 되는 것 못지않게 일본의 수많은 야구소년들이 꿈꾸는 이상의 실현이며 행복으로 통하는 문을 여는 성공의 열쇠이다.

한국과 일본의 공존과
서로 다른 시선

47인 사무라이의 복수극과 일본정신의 근대적 발명

오얏꽃과 사쿠라 사이, 우리 궁궐 다크투어

폭격에도 법은 있는가?

어느 근대화 후발주자의 명찰明察과 침묵

역사의 책임, 개인의 몫

쉽게 이해하는 일본의 파벌 정치

'나가사키 인권평화자료관'이 우리에게 말해 주는 것

동양평화론, 21세기에도 가능할까?

47인 사무라이의 복수극과 일본정신의 근대적 발명

강상규(한국방송통신대학교 일본학과 교수)

한국에서 대중적으로 가장 잘 알려진 고전 작품에는 어떤 것이 있을까? 《춘향전》, 《심청전》, 《흥부전》, 《홍길동전》 등이 거론될 수 있지 않을까? 그러면 일본 국민에게 가장 널리 사랑받는 고전에는 어떤 작품이 있을까? 각기 취향이 다를 수 있겠지만 《추신구라忠臣蔵》를 빼놓을 수는 없을 것이다.

다만 《추신구라》는 순수한 문예 창작물이 아니다. 일본에서 발생했던 이른바 겐로쿠 아코元禄赤穂 사건을 소재로 삼아 가공된 작품이다. 오늘날의 효고현兵庫県에 해당하는 아코赤穂번의 번주가 억울하게 죽임을 당하면서, 그를 모시던 사무라이 가운데 47인이 절치부심하면서 복수의 기회를 노리다 결국 주군의 복수를 감행하여 원수를 갚고 그들 모두 결국 할복하게 된 역사상 실재했던 사건을 각색한 것이다.

겐로쿠 시대 아코 낭인 47인의 복수극

겐로쿠元禄 14년, 즉 1701년이었다. 에도 시대1603~1868 일본 정치는 정신적 군주인 천황을 중심으로 한 '조정朝廷'과 실질적이고 세속적인 군주인 쇼군将軍을 중심으로 한 '바쿠후幕府'에 의한 이중적 권력

구조로 운영되었다. 당시 일본을 지배하던 존재는 5대 쇼군이던 도쿠가와 쓰나요시德川綱吉, 재위: 1680~1709였다. 현실 권력을 장악한 쇼군은 매년 정월을 맞이하여 천황이 거주하는 교토에 사절을 보냈고 교토의 조정에서는 쇼군이 머무는 에도江戸에 칙사를 파견함으로써 이에 화답했다. 겐로쿠 14년, 바쿠후는 천황 측의 칙사에 대한 접대 역을 담당할 다이묘大名로 아코번의 젊은 영주 아사노 다쿠미노가미浅野内匠頭를 선발한다. 아사노는 조정의 격식에 정통하면서 쇼군의 총애를 받던 거물급 영주인 기라 고즈케노스케吉良上野介에게 칙사의 접대 의례에 관한 지시를 받도록 되어 있었다. 그런데 무슨 이유에서였는지, 칙사를 접대하러 가던 아사노가 쇼군이 거처하는 에도성 내에서 분을 이기지 못하고 차고 있던 칼을 뽑아 기라를 내리치는 칼부림 사건이 발생한다. 기라는 이마에 약간의 상처를 입지만 목숨을 건졌다.

하지만 이 사실을 알게 된 쇼군 도쿠가와 쓰나요시는 칙사 접대를 담당한 자가 에도성 내에서 칼을 빼서는 안 되는 금기를 어겼다는 사실에 격노한다. 그래서 사건 당일에 아사노에게 즉시 할복切腹, 셋푸쿠으로 죗값을 치를 것과 함께 그의 영지를 전부 몰수하도록 하는 지시를 내린다. 반면 상대방인 기라에게는 대항하지 않았다는 이유로 어떤 처벌도 내리지 않았다. 이에 따라 아사노는 할복을 하고 아코번의 가신들은 하루아침에 갈 곳 없는 낭인浪人, 로닝의 신세로 전락한다. 무사 간의 사적인 싸움에 대해서는 양쪽을 동등하게 처벌해야 한다喧嘩両成敗, 겐카료세이바이는 무사들의 예법을 감안할 때 아사노 측으로서는 납득하기 어려운 조치였다. 겐로쿠 14년, 즉 1701년 3월 14일 하루 동안에 이 모든 일이 벌어진 것이다.

에도에서 아코까지 거리는 약 620킬로미터, 에도성의 칼부림 사건과 이에 따른 주군의 할복이라는 청천벽력 같은 비보를 아사노의 일등가신 오이시 구라노스케大石内蔵助가 접한 것은 1701년 3월 19일의 일이었다. 오이시는 긴급 회의를 개최하고 대책을 논의한다. 이에 영지를 몰수하려는 바쿠후의 조치에 응하지 말고 반란을 일으키자는 등 의견이 분분하자 그는 지금 당장 봉기하면 모두 목숨을 잃을 뿐이라면서 후일을 도모하자고 동료들을 설득한다. 이로써 300여 명의 아코번 가신들은 모두 주군 없는 사무라이浪士, 로시가 되어 전국 각지로 흩어졌다.

이후 오이시를 비롯한 사무라이들은 기라 측의 경계와 감시의 눈초리를 의식하여 주색에 빠진 난봉꾼 행세 등으로 속내를 감추고 살아간다. 하지만 아사노 가家의 재기를 도모하던 여러 노력이 사실상 수포로 돌아가자 교토의 마루야마円山 공원의 안요지安養寺에서 비밀 회합을 갖고 최후 행동에 들어가기로 결정한다. 1702년 7월 28일의 일이었다. 하지만 에도성 근처, 현재 도쿄 스미다구 료코쿠에 위치한 대저택에 거주하는 기라를 습격해 성공적으로 제거한다는 것은 사실상 불가능에 가까운 임무였다. 오이시 측 입장에서는 어떤 실수도 용납되지 않는 상황이었기 때문이다. 47인의 낭인들이 에도에 잠입하고 40여 개의 방이 있는 기라의 대저택 도면을 입수하는 등 정찰을 모두 끝낸 것은 1702년 10월의 일이었다.

와신상담하던 오이시 무리에게 마침내 기회가 찾아온다. 1702년 12월 14일, 기라가 주재하는 송년 모임 정보를 입수한 것이다. 칠흑 같은 어둠이 깔린 12월 15일 새벽 4시 무렵에 최후의 동지 47인은 오이시의 용의주도한 계획과 지휘 아래 기라의 대저택을 기습하여 주군의 원수인 기라의 목을 벤다. 복수가 끝난 후 오이시를 비롯한 아코 낭인들은 기라의 목을 창에 매달고 주군 아사노의 무덤이 자리한 에도의 센가쿠지泉岳寺로 행진해 가는 한편 바쿠후에 자신들의 행동을 보고한다. 그리고 센가쿠지의 우물에서 기라의 목을 씻어 주군의 무덤 앞에 바친다. 12월 15일 아침 8시가 막 넘어가고 있었다. 에도성에서 발생한 칼부림과 아사노의 할복 이후 1년 9개월 만의 일이었다.

아코 낭인들의 복수가 성공했다는 소식은 삽시간에 에도 전체로 퍼졌다. 사건이 벌어진 후 바쿠후는 오이시 일행에 대한 처분을 두고 고심하지 않을 수 없었다. 사적인 복수를 금지하던 바쿠후의 지시를 어겼음에도 불구하고 아코 낭인들을 칭찬하고 동정하는 의견이 많았기 때문이다. 아코 낭인들을 옹호하는 근거는 대체로 '이들이 도당을 결성한 것은 바쿠후에 저항하기 위해서가 아니라 자신들이 섬기던 주군의 원수를 갚기 위한 것이라는 점, 그리고 이들은 주군에 대해 충성해야 한다는 무사의 법도에 누구보다 충실했다는 점'으로 압축할 수 있다. 반면 현행법에 입각하여 이들의 행위를 엄격하게 다스려야 한다는 측에서는, 아코 낭인들의 충의는 인정할 수 있겠으나 바쿠후의 입장에서 복수 그 자체를 인정하는 것은 기존 질서를 문란케 하는 것으로 대의에 어긋난다는 논리를 내세웠다.

결국 논쟁을 거듭한 끝에 아코 낭인들에 대한 처벌은 전원 모두 할복하는 것으로 최종 결정되었다. 1703년 2월 4일의 일이다. 아코 낭인들은 순순히 할복을 받아들였고 이들은 센가쿠지에 묻힌 주군 곁에 매장되었다.

아코 낭인의 복수극이 문학 작품 《추신구라》로 거듭나다

에도성에서 아사노의 칼부림 사건과 그에 대한 처벌로 진행된 아사노의 할복과 영지 몰수, 그리고 아코 낭인들의 와신상담, 주군의 원수에 대한 복수 감행과 전원 할복으로 이어지는 일련의 드라마틱한 상황 사건 전개는 이후 한참 동안 공개적으로 거론되지 못했다. 하지만 이 사건은 입에서 입으로 수많은 사람에게 전해지면서 다양한 방식으로 각색되어 신성한 전설처럼 회자되어 갔다. 그러다 마침내 1748년 아코 낭인 47인의 복수극을 각색한 일련의 이야기가 《가나데혼仮名手本 추신구라》이하《추신구라》라는 이름으로 집대성되어 발표되었다. 당시 가나가 47자로 되어 있었다는 점에서 이 제목에는 '47인의 귀감이 되는 충신들의 이야기가 담긴 책'이라는 의미가 담겨 있었다. 아코 사건의 발단이 된 칼부림 사건이 발생한 지 47년 만의 일이다.

《추신구라》는 47인의 낭인들의 복수극을 모태로 하되, 그 내용이 '충성과 반역'이라는 현실정치적으로 매우 민감한 부분을 담고 있기에 주요 무대를 400여 년 전으로 거슬러 올라가 14세기 무로마치 시대의 쓰루가오카鶴岡궁 등으로 바꾸어 놓았다. 그리고 아코 사건의 아사노, 기라, 오이시 같은 인물들을 대신하여 할복하는 억울한 주군으로 엔야 한간塩冶判官, 욕심 많고 음흉한 악한으로 고노 모로나오高師直, 여러 어려움에도 불구하고 복수를 실행하는 용의주도한 사무라이로 오보시 유라노스케大星由良助를 비롯한 47인의 인물들과 가족, 연인의 가공된 이야기로 전개된다. 11개의 장으로 구성된 《추신구라》는 대중의 흥미와 공감을 자아내기 위한 다양한 갈등 구조, 흥미로운 에피소드와 볼거리를 극적으로 배치하여 전체적으로 탄탄한 서사 구조를

센가쿠지 정문

센가쿠지 정문 안내도

오이시 구라노스케 동상

절 내부 47인 묘소로 가는 계단

아사노 다쿠미노가미 묘소

아코 의사 기념관 알림판

갖고 있다.

　이후 《추신구라》는 가부키歌舞伎 나 인형극 조루리 浄瑠璃, 우키요에 浮世繪의 단골 소재가 되면서, 무사들의 충성에 대한 본보기로서 하나의 신화가 되어 에도 시대 중기 이후 일본인들에게 가장 사랑받는 작품이 되었다. 현실정치 공간에서 주군의 복수를 감행한 47인의 낭인들은 국법을 어긴 죄인이었으나, 일본인의 정서 속에서 이들은 이처럼 '의사義士, 기시'로 받아들여지면서 전설적인 존재로 자리매김한 것이다.

추신구라와 '무사도', 일본정신의 핵심으로 부상하다

일본 열도가 '서양의 충격' 앞에서 메이지유신을 성사시키고 강력한 근대국가를 형성 구축해 가는 과정에서 47인의 사무라이 이야기와 《추신구라》는 매우 특별한 의미를 가진다. 예컨대 1868년 메이지 천황은 47인의 낭인들이 잠들어 있는 센가쿠지에 칙사를 보내 아코 낭인들의 행동을 칭송했다. 천황의 이런 행위는 47인 낭인들의 충성을 다룬 신화화된 이야기가 일본 대중이 애호하는 문예물의 범위를 벗어나 이른바 '일본적인 것', 더 나아가서 '일본 정신'의 핵심으로 새롭게 부상할 것임을 예고하는 것이었다.

47인의 사무라이 스토리와 《추신구라》의 근대적 가치를 이해하는 데 도움이 되는 책이 있다. 서세동점의 상황이 한창 진행 중이던 1900년 뉴욕에서 출간된 니토베 이나조新渡戸稲造, 1862~1933의 저서인 《무사도武士道, Bushido: The Soul of Japan》라는 책이다. 니토베는 상이한 동서 문명의 대립과 갈등이 진행되는 위기와 혼돈의 와중에서 일본 정신 혹은 일본인의 정체성에 대한 고민을 거듭하면서 이 책을 영어로 출간한다.

그는 《무사도》 서문에서 "이 책을 쓰게 된 동기가 '종교가 없는 일본에서 어떻게 사회질서를 유지하는 것이 가능한가'라는 서양학자의 질문에 대한 답변을 찾아가는 과정에서 다름 아닌 '무사도'야말로 일본을 지탱하는 도덕적 기반이 된다는 것을 밝히고 싶었다."라고 설명한다. 니토베는 이 책에서 47인의 사무라이에 대해 다음과 같이 소개하고 있다.

"봉건 시대 말기의 일본은 태평세월이 이어져 무사들의 생활에 여유가 생기고 갖가지 취미활동이 가능했다. 하지만 그 시절에도 '의사義士'라는 칭호는 학문과 예술 분야의 명인에게 주어지는 그 어떤 칭호보다 자랑스러운 것이었다. 일본의 국민교육에 가장 많이 등장하는 인물도 유명한 의사이며 충신인 아코의 낭인 47인이다. 음모가 전술로 통하고 기만이 전략으로 통하던 시대에 의사의 칭호를 얻은 정직하고 솔직한 사나이들의 덕성은 보석처럼 찬란히 빛나며 모두의 아낌없는 칭찬을 얻었다."

- 니토베 이나조, 《일본의 무사도》, 2005, p.50.

그리고 이 책의 1장은 다음과 같이 시작한다.

"무사도는 일본을 상징하는 벚꽃과 함께 일본을 대표하는 고유의 정신이다. 그것은 일본 역사 속에 보존되어 있는 바싹 말라 버린 낡은 도덕의 표본이 아니다. 오늘날에도 변함없이 아름다움과 힘을 간직한 채 일본 국민의 가슴 속에 살아 숨 쉬고 있다. 무사도는 분명하지 않은 형태에도 불구하고 도덕적 분위기의 향기로써 여전히 일본인들을 크게 감화시키고 있다. 무사도가 탄생하고 성장한 시대는 이미 사라졌다. 그러나 먼 과거에 존재했지만 지금은 본체를 상실한 별이 아직 일본인들의 머리 위에서 빛나고 있듯이, 봉건제의 자식으로 태어난 무사도는 그 모태인 봉건제가 이미 붕괴되었음에도 여전히 살아남아 일본인들의 도덕성을 비추어 주고 있다."

- 니토베 이나조, 《일본의 무사도》, 2005, p.27.

그렇게 보면, "꽃은 사쿠라, 사람은 사무라이"라는 식의 일본식 미학과 가치 기준을 명확히 제시한 바 있는 《추신구라》를 근거로 하여, 니토베 이나조는 '일본정신의 정수精髓'를 서양의 기사도에 대비되는

'무사도'에서 새롭게 추출해 내고 있음을 알 수 있다.《추신구라》가 아코 낭인 47인의 복수극이라는 역사적 사실을 바탕으로 가공된 무사들의 정서를 드라마틱하게 함축하고 있는 하나의 이야기라고 한다면,《무사도》는 여기에 녹아 있는 구체적인 덕목을 추출하여, 이를 씨줄과 날줄로 삼아 일본의 보편적 정신 세계를 가공해 놓았다고 할 수 있다. 일본의 근대적 이미지를 동양도 아니고 서양도 아니면서 동서 문명의 정수를 구현해 낸 존재로서 새롭게 가공하여 만들어 내고 있음을 확인할 수 있다. 세계적인 역사학자 에릭 홉스봄Eric Hobsbawm, 1917~2012의 유명한 표현을 빌리면, 근대국가의 필요에 따라 '전통이 발명'되고 있는 것이다. 이후 47인의 사무라이 복수극은 '충군애국'이라는 근대적 이데올로기를 강화하는 자료로 평가받으면서 일본의 교육 현장에서《수신》,《국어》교재 등에 다양하게 활용되었다.

후일 루스 베네딕트Ruth Fulton Benedict, 1887~1948는 전후 출간한《국화와 칼》1946에서《추신구라》의 소재가 된 47인 사무라이의 복수극에 관해 다음과 같이 지적한 바 있다.

"《47인 추신구라 이야기》는 일본의 참다운 국민적 서사시라고 할 수 있다. 이것은 세계의 문학 속에서 높은 지위를 차지하는 이야기는 아니지만, 이만큼 일본인의 마음을 강하게 사로잡은 이야기는 없다. 일본의 소년이라면 누구나 이 이야기의 본 줄거리뿐 아니라, 곁들여지는 줄거리까지 잘 알고 있다. 그 이야기는 끊임없이 전해져서 문자로 인쇄되고 현대의 통속 영화로 되풀이해서 다루어진다. 47인의 낭인의 묘소는 예로부터 지금에 이르기까지 명소가 되었고, 몇 천만 명의 사람들이 참배했다. 이 참배객들이 놓고 간 명함들로 무덤 주위가 하얗게 되는 일도 자주 있었다.《47인 추신구라 이야기》의 주제는 주군에 대한 의리를 중심으로 하고 있다. (…) 47인의 낭인은 명성도, 아버지도, 아내도, 누이도, 정의도, 의리를 위해 모두 희생시켰다."

- 루스 베네딕트, 《국화와 칼》, 1991, pp.185~186.

이어서 루스 베네딕트는 메이지 유신 이후 과도하게 '충성'이 강조되면서 일본인들의 일상을 억압하고 구속하는 양상을 다음과 같이 설명한다.

"메이지 유신 이후 일본인은 충성을 지상 최고의 덕으로 가르쳐 왔다. 마치 정치가 천황을 정점에 두고, 쇼군 및 봉건 제후를 배제함으로써 계층제도를 단순화했던 것과 마찬가지로, 그들은 또 도덕의 영역에서도, 하위의 덕을 모두 충성의 범주 아래에 둠으로써, 의무의 체계를 단순화하려는 노력을 한 것이다. 그들은 충성을 다하는 것이 곧 다른 모든 의무를 수행하는 것과 같다고 가르치려 했다."

- 루스 베네딕트, 《국화와 칼》, 1991, p.194.

이런 베네딕트의 지적은 47인의 복수극에 담긴 정서, 나아가 보다 상위의 전체자에게 순종하고 헌신하는 봉공奉公의 도덕정신을 강조하는 사유방식이 현실정치 공간에서 자칫 맹목적으로 수용될 때 얼마나 위험할 수 있는지를 생각하게 만든다.

21세기에도 계속되는 국민서사극

고이즈미 준이치로小泉純一郎 전 총리는 취임 직후인 2001년 센가쿠지를 찾아 47인의 사무라이 이름을 하나하나 큰 소리로 부르며 분향

했다. 그는 아코 의사義士들이 주군을 위해 스스로를 버린 행위를 높이 평가하면서 그들이 주군의 무덤가에서 죽음을 택함으로써 오히려 모든 일본인의 가슴에 살아 있게 되었다고 찬사를 보냈다.

겐로쿠 아코 낭인 47인의 이야기와《추신구라》는 지금도 연극과 소설, 영화, 드라마로 끊임없이 제작되고 여전히 사람들의 열렬한 호응이 이어지고 있다. 일본에서 21세기에도《추신구라》열기가 식지 않았음을 의미한다. 새로 발표되는《추신구라》와 47인의 복수극도 픽션과 현실의 간극에서 끊임없이 재구성되고 가공되며 변주를 거듭한다. 47인의 사무라이들의 복수극은 픽션인《추신구라》라는 이름으로 가공되면서 사실상 혼용되어 이해되고 있다. 이처럼《추신구라》와 아코 사건은 21세기에도 가히 '일본의 국민서사극'이라고 할 수 있을 것이다.

여기서 문득 한국과 일본의 정서가 얼마나 서로 다른 곳을 향하고 있는지를 생각해 본다. 한국의《춘향전》,《심청전》,《흥부전》과 같은 고전에는 절개, 효성, 우애 등과 같은 윤리적 주제를 바탕으로 도리를 다하고 착하게 살면 복을 받는다는 소박하고도 긍정적인 정서가 작품 전반을 관통한다. 반면《추신구라》의 근간에는 주군을 향한 충성심과 집단적 복수, 의리, 할복과 같은 정서가 자리하고 있다. 이런 점을 고려하면서, 이제 독자 여러분의 눈으로 직접 이 고전을 접해 보고 일본의 무사 사회 정서의 심연으로 통하는 문을 두드려 보자.

오얏꽃과 사쿠라 사이, 우리 궁궐 다크투어

고성욱(궁 해설가, 아동문학가)

"저기 용마루에는 왜 사쿠라가 새겨져 있지요?"

얼마 전, 창덕궁에서 지인 몇 사람에게 해설을 하고 있었다. 정전인 인정전의 설명을 막 끝내고 다음 장소로 이동하려는데, 곁에서 설명을 듣던 초로의 신사가 그렇게 물었다. 인정전 용마루에는 꽃문양 장식 다섯 개가 달려 있다. 언뜻 보면 영락없는 벚꽃, 신사에 따르면 '사쿠라' 모양이다. 유네스코 세계유산 창덕궁, 그 자랑스러운 궁궐 정전의 용마루에 사쿠라라니….

이 질문, 물론 처음 받아본 것은 아니다. 하지만 오해이다. 용마루에 달린 이파리 다섯 장짜리 꽃장식은 사쿠라가 아니라 오얏꽃이다. 벚꽃과 오얏꽃은 꽃잎 모양이 너무 비슷해서 구별이 어려워 벌어진 해프닝이다.

'오얏나무 아래서 갓끈을 고쳐 매지 말라.'

이런 속담이 있다. 오해받을 만한 짓을 하지 말라는 뜻이다. 우리는 흔히 이 속담을 사용하기도 하지만 정작 오얏이 무엇인지 아는 사람은 많지 않다. 심지어 '오얏 李'라는 성씨를 가진 사람들 중에도 오얏을 모르는 사람이 있다. 오얏은 자두의 순우리말이다. 오얏꽃은 대한제국 시절의 조선 왕조 문장紋章이었다. 오얏이 이씨를 상징하는 꽃이기 때

인정전 이화문장

오얏꽃 무늬 은잔
출처: 국립고궁박물관

문이다. 그래서 오얏꽃 문장을 이화문李花紋이라고도 부른다. 참고로 이화여자대학교의 이화梨花는 '배꽃'을 가리킨다.

유럽과 일본 왕실의 문장

유럽의 왕실과 귀족 가문은 자신들을 상징하는 고유의 문장이 있다. 일본의 주요 가문도 「かもん家紋」이라는 문장으로 자신의 가문을 상징한다. 일본은 메이지 천황 때 국화꽃을 황실 문장으로 삼았다. 유럽의 귀족 가문도 문장으로 자신들의 정체성을 표현한다. 중세를 배경으로 하는 유럽 영화에는 가문의 상징인 문장을 새긴 깃발이 등장하는 경우가 많다. 하지만 강력한 중앙집권 체제의 조선 왕실은 문장을 사용하지 않았고 대한제국이 성립된 이후에야 오얏꽃을 문장으로 삼았다.

제국주의 일본은 대한제국 황실을 전주 이씨라는 일개 문중으로 격하시켜, 천황 밑의 친왕가親王家로 삼으려고 문장을 강요한 것으로 알려져 있다. 오얏꽃 문장은 대한제국 시기의 훈장이나 화폐, 졸업장, 집기 같은 물품이나 궁궐 전각 등의 건축물에도 사용되었다. 지금도 오얏꽃 문장이 창덕궁 인정문에 세 개, 인정전 용마루에 다섯 개가 달려 있다. 그래서 가끔 궁 해설을 할 때 일제의 상징인 벚꽃이 아직도 궁궐에 새겨져 있다는 항의를 받기도 한다.

나는 해설 도중에 이런 질문을 더러 받아본 적이 있어서 당황하지 않고 설명했다. 그런데 그 날, 이어진 해설 내내 이상하게 그 질문이 머리에서 사라지지 않았다. 질문 자체보다도 신사의 공격적 말투 때문에 그랬던 것 같다. '사쿠라'를 말하는 그의 목소리는 상당한 분노가 담겨 있었다. 그 분노가 바로 눈앞에 있는 나를 향해 달려들었다. 돌아보니 그동안 이 질문을 했던 사람들은 한결같이 인정전의 문장을 '사쿠라'라고 표현했던 것 같다. 그리고 대부분 말투에 약간의 노여움을 담고 있었다. 사람들은 왜 궁궐 용마루에 달린 이파리 다섯 장의 꽃을 벚꽃이라고 생각했을까, 그러면서 왜 굳이 '사쿠라'라고 표현했을까?

벚꽃 그리고 사쿠라

사쿠라さくら, 桜.

벚꽃을 가리키는 일본 낱말이다. 벚꽃은 봄날을 장식하는 화려한 꽃이다. 대부분 한국인도 이 아름다운 꽃을 아주 좋아한다. 하지만 이 눈부신 꽃은 가끔 한국인들에게 양가적 감정을 불러일으킨다. 그래서 마냥 그 아름다움을 예찬하는 게 조금 쑥스러울 때가 있다.

영국은 장미, 네덜란드는 튤립, 오스트리아의 에델바이스처럼 나라별로 국가를 상징하는 나라꽃 국화國花가 있다. 벚꽃은 일본의 국화가 아니다. 하지만 벚꽃을 생각하면 누구라도 자연스럽게 일본을 떠올린다. 임진왜란 이후 수백 년, 특히 근세 100여 년 동안 일본은 우리 민족에게 엄청난 고통을 주었다. 우리는 가끔 그 상처를 벚꽃에 투사하는데, 그럴 때 벚꽃은 갑자기 사쿠라가 된다.

대학에서 일본학을 전공한 나는 일본 문화에 관심이 많다. 문학, 애니메이션, 영화, 일본 음식 등을 즐긴다. 그리고 일본인의 미의식에 대한 호기심이 많다. 비교적 자주 일본 여행도 다닌다. 가끔 이런 호감을 표현하다가 주변의 눈총을 받는 일이 있을 정도이다.

그렇다고 맥락 없이 일본이 좋다는 것은 아니다. 특히 극우 정치인의 거듭되는 망언을 겪을 때마다 짜증이 난다. 군함도, 사도광산의 유네스코 세계유산 등재 과정에서도 일본 정부의 퇴행적인 역사 인식을 잘 느낄 수 있었다. 가끔 일본 정치지도자들은 자기들이 그동안 계속 사과했지만 한국이 끝없이 문제를 제기한다고 말한다. 전쟁 범죄의 가해자라는 인식을 가진 지도자라면 입에 담을 수 없는 표현이다. 어두운 역사는 '진심이 담긴 아름다운 반성'이 전제될 때 조금이나마 지워질 수 있는 것이다. 그래서 나치의 후예임을 부끄러워하며 무릎 꿇는 독일 총리, 야만적 원주민 정책에 대한 캐나다 정부의 사과는 지금도 여전히 현재진행형이다.

500년 조선 왕조, 우리 궁궐 '다크투어'

조선 왕조는 500여 년을 이어오면서 도성인 한양에 모두 다섯 개의 궁궐을 지었다. 경복궁, 창덕궁, 창경궁, 경희궁, 덕수궁이다. 궁궐 해설을 하면서 근세사를 공부하다 보면, 제국주의 일본의 만행과 관련된 많은 사료를 보게 된다. 일제강점기 35년, 식민의 기간 동안 우리나라 그 어느 곳도 다치지 않은 데가 없지만, 우리 궁궐들은 그중에서도 가장 상처가 깊었다. 궁궐에는 정말 가슴 아픈 사연을 담은 이야기들이 너무나 많다.

요즘 세계적 여행 트렌드의 하나가 '다크투어리즘'이다. 전쟁이나 학살 같은 비극적 역사의 현장이나 대규모 재난·재해가 일어난 곳을 찾아서 교훈을 얻는 여행을 말한다. 독일이라면 홀로코스트의 흔적을, 우리나라라면 일제 강점기의 아픔을 좇는 탐구 여행이 될 것이다. 여기서는 찬란했던 우리 다섯 궁궐에, 제국주의 일본이 할퀸 상처와 가슴 아픈 이야기를 살펴보려 한다.

이름하여 '우리 궁궐 다크투어'라고나 할까?

조선의 으뜸 궁궐, 경복궁

먼저 경복궁이다. 경복궁은 조선의 법궁이다. 1392년 조선을 창업한 태조 이성계는 3년 후 도읍을 한양으로 옮기며 경복궁을 지었다. 경복궁은 백악 북악산을 주산으로 하는 한양의 중심으로 상당히 너른 공간에 건물을 배치했다. 정문인 광화문 앞으로는 넓은 육조거리가 펼쳐졌다. 하지만 경복궁은 임진왜란 때 전부 소실된 후, 무려 270여 년간 거의 폐허로 있다가 고종 때인 1867년에야 대원군에 의해 중건되었다.

경복궁 다크투어에서 절대 놓쳐서 안 되는 곳은 단연 건청궁이다. 일제와 관련된 정말 비극적 이야기를 품고 있기 때문이다. 건청궁은 경복궁의 가장 깊숙한 곳, 북쪽 끝자락에 자리하고 있다. 특히 이름에

건천궁

민비가 시해된 곤녕합의 옥호루

'궁'이란 글자를 달고 있어서 '궁 안의 궁'이라고도 불린다. 궁궐 건축이지만 일반 사대부 주택 양식을 취했기에 건축사 측면에서도 주목받는 건물이다.

건천궁 내 고종의 집무실은 장안당이다. 고종은 여기서 신하를 만났고, 외국 사신을 접견하기도 했다. 중전 민씨의 처소는 곤녕합이었다. 장안당과 곤녕합은 복도로 연결되어 있다. 1895년 이 곤녕합의 옥호루에서 우리 근대사에서 가장 비극적인 장면이 펼쳐진다.

일본 공사 미우라의 지시를 받은 일본 낭인 여럿이 한밤중에 경복궁을 기습하여 중전 민 씨를 참혹하게 살해했다. 일제에 의한 명성황후 시해 사건, 바로 을미사변이다. 이 사건은 워낙 은밀히 진행되었고 일제가 자료를 철저히 인멸·왜곡했기 때문에 상세한 진상이 알려진 것은 아니다. 하지만 조선의 왕비가 일본 자객의 칼날에 45세의 짧고 한 많은 생을 참혹하게 마감했다는 것은 분명하다. 민 씨의 시신은 건천궁 동쪽 녹산 자락에서 바로 불태워지고, 남은 뼈는 그 자리에 묻은 것으로 전해진다.

우리 역사에서 민비에 대해서는 부정적인 평가가 없지 않지만, 그것과 관계없이 한밤중 일본 낭인들이 우리 궁궐에 들어와 벌인 참혹한 시해 사건은 도저히 용서할 수 없는 만행이다. 고종은 이 사건으로 신변에 위협을 느껴 이듬해 러시아 공사관으로 거처를 옮긴다. 이른바 아관파천이다. 일제는 1909년 건천궁을 모두 철거했고, 그 후 건천궁은 거의 100년이 지난 2007년에 대한민국 정부에 의해 복원되었다. 건청궁을 복원할 때, 뒤뜰에 특별히 '고종시高宗柿'라는 품종의 감나무 한 그루를 심었다. 우리나라 재래종 감나무인데, 고종 내외가 이 감을 특히 좋아했다는 기록이 남아 있어서이다. 혹시 건천궁을 찾는다면 꼭 이 감나무도 한번 살펴보면 좋을 것 같다.

가장 한국적인 궁궐, 창덕궁

다음은 창덕궁이다. 창덕궁은 조선이 지은 두 번째 궁궐이다. 1405년 조선 3대 국왕인 태종에 의해서 창건되었다. 1592년, 임진왜란으로 인해 장안의 모든 궁궐이 소실되었다. 선조는 일단 정릉동 행궁지금의 덕수궁을 임시 거처로 삼고 우선 경복궁을 중건하려고 했다. 하지만 경복궁 터가 풍수지리상 그리 길하지 않다는 말이 들렸고, 엄청난 예상 복구 비용 때문에 창덕궁 중건으로 방향을 틀었다. 그 뒤 창덕궁은 결국 아들 광해군 때 완성되었고 그 후 약 270여 년간 실질적인 법궁 노릇을 했다.

창덕궁은 자연환경이나 주변 지형과의 조화를 중요시한 건축이다. 그래서 가장 한국적인 궁궐이라는 평가를 받는다. 특히 아름다운 후원은 멋진 숲과 정자, 우아한 연못을 갖춘 우리나라의 대표적 정원이다.

창덕궁은 1997년 유네스코 세계유산으로 등재되었다.

창덕궁 역시 일제에 의해 상처를 입은 곳이 한두 군데가 아니다. 그 중에서도 어두운 역사를 살피는 다크투어라면 절대 놓쳐서 안 되는 장소가 있다. 바로 흥복헌이다. 흥복헌은 왕비의 침전인 대조전의 부속 전각으로 대조전에 딸린 자그마한 방이다. 창덕궁의 정문인 돈화문으로 들어선 뒤에도 몇 개의 문을 더 지나야 흥복헌에 이를 수 있다. 궁궐에서도 가장 깊숙한 곳이다. 그런 이 조그만 방에서 반만년 우리 민족사에서 가장 수치스러운 결정이 이루어졌다.

1910년 8월 22일, 월요일 오후. 흥복헌에서 대한제국의 마지막 어전회의가 열렸다. 회의가 시작되었지만 아무도 발언하지 않고 오래 정적만 이어졌다. 얼마 후, 내각총리대신 이완용이 입을 열었다. 이완용은 한일강제병합의 불가피성을 역설했다. 토론은 이어지지 않았다. 잠시 후, 순종이 나서서 이완용에게 전권을 위임하면서 일본 통감과 협정하라고 지시했다. 나라와 백성을 위해 국정을 논해야 하는 어전회의는 제국의 운명을 그렇게 결정해 버렸다. 이완용은 흥복헌을 나와 바로 마차에 올랐다. 통감관저에 도착한 그는 통감 데라우치에게 순종의 위임장을 보여 주었다. 조약문을 펼쳤다. 이완용과 데라우치 사이에서 병탄조약이 조인되었다.

(…) 이에 양국 간에 병합 조약을 체결하기로 결정한다.
이를 위하여 한국 황제 폐하는 내각총리대신 이완용을,
일본 황제 폐하는 통감 자작 데라우치 마사타케를
각각 그 전권위원에 임명한다.

-《순종실록》 4권, 순종 3년 8월 22일 양력 3번째 기사.

그로부터 한 주일 뒤인 8월 29일, 한일 강제병합이 공포되었다. 이로써 519년간 존속했던 조선 왕조는 공식적으로 역사 속으로 사라졌다. 대한제국 황제 순종은 왕으로 강등되어 '창덕궁 이 왕'으로, 태황제 고종은 '덕수궁 이 태왕'으로, 황태자는 왕세자로 지위가 강등되었다.

흥복헌興福軒은 '복을 일으키는 곳'이라는 의미를 지닌 이름이다. 하지만 결국 제국의 종말을 결정하는 장소가 되고 말았다. '이 왕'으로 신분이 격하된 순종은 창덕궁에서 쓸쓸한 말년을 보내다가 1926년 4월 25일 대조전에서 생을 마감했다.

조선 총독의 잠자리, 경희궁

우리 궁궐 다크투어, 세 번째 궁궐은 경희궁이다. 경희궁은 조선 15대 임금인 광해군 시절에 지어졌다. 처음에는 경덕궁이라는 이름으로 불렸으나 영조 때인 1760년에 경희궁으로 바뀌었다.

우리나라 궁궐 건축 용어에 '이건'이라는 표현이 있다. 이건이란 건물을 뜯어내서 다른 곳으로 옮겨 짓는 것을 말한다. 현대 건축으로는 이해하기 어렵지만 궁궐 건축에서는 비교적 흔히 있었던 일이다. 이건이 가능한 것은 우리 궁궐이 모두 목조 건축물이었기 때문이다. 우리 궁궐 건축에서는 부재를 결합할 때 거의 못을 쓰지 않고 대부분 짜맞춤을 했다. 그래서 건물을 해체해서 다른 곳으로 옮겨 짓는 게 그리 어려운 일은 아니었다. 대원군은 경복궁을 중건할 때 경희궁 건물 상당수를 경복궁으로 이건했다.

경희궁의 수난은 일제 강점기가 되면서 시작되었다. 1910년 경희궁

일제 강점기 때 흥화문	1901년 이전에 촬영한 경희궁 숭정전 엽서

출처: 국립중앙박물관

은 조선총독부의 소유가 되었고, 궁궐의 지위를 상실했다. 일제는 경희궁 자리에 조선에 살고 있던 일본인 자녀를 위하여 서대문 밖에 있던 경성중학교를 옮겨 지었다. 그때 조선을 지휘하는 총독부 관사도 함께 경희궁 자리에 들어섰다. 기품 넘치던 조선의 궁궐 자리가 일본 학생들 운동장으로, 또 조선 총독의 잠자리가 되면서 궁궐의 위상은 완전히 사라졌다.

대원군은 경복궁 중건을 위하여 경희궁의 많은 건물을 뜯어서 이건했지만, 숭정전과 흥화문만은 끝내 손대지 않았다. 숭정전은 정전이고, 흥화문은 정문이었기 때문이다. 하지만 이 중요한 건물들도 일제에 국권을 빼앗기고 나서, 어느 날 소리 소문 없이 그 자리에서 사라져 버렸다.

1932년 조선총독부는 중구 장충단공원 동쪽에 박문사라는 일본식 절을 지었다. 조선 침략의 우두머리 이토 히로부미를 추모하는 사찰이었다. 박문사博文寺라는 이름은 이토 히로부미에서 따온 것이다. 이때 이 절의 정문을 그럴듯하게 장식하려고 일제는 경희궁 정문인 흥화문을 뜯어다가 조선 침략의 원흉 이토를 추모하는 사찰의 정문으로 삼았다. 정말 기가 막힌 수모가 아닐 수 없다.

박문사는 대한민국 정부 수립 이후 철거되었다. 그 자리에 신라호텔 영빈관이 들어서는 바람에 흥화문은 신라호텔의 정문이 되었다. 1980년대에 들어서 경희궁 복원사업이 시작되었고 그제야 흥화문은 경희궁으로 돌아올 수 있었다. 하지만 원래 흥화문이 있던 자리에는 구세군회관이 들어서 있어서, 위치를 살짝 틀어 숭정문 앞쪽으로 배치되었다.

함께 사라졌던 정전 숭정전의 운명 역시 기구하기 짝이 없다. 정전은 궁궐에서 가장 격이 높은 건물이다. 그래서 대원군도 이 건물만은 건드리지 않았다. 그런데 1926년 조선총독부는 숭정전을 남산 기슭에 일제가 세운 사찰 조계사曹鷄寺에 팔아치웠다. 이 절은 지금 종로의 조계사와는 전혀 관계없는 일본 사찰이다. 국왕이 즉위하거나 대례 같은 국가의식을 행하던 궁궐의 정전이 한낱 일제 사찰의 법당으로 변해 버린 것이다.

해방 이후 남산 자락에 불교계의 동국대학교가 들어섰다. 숭정전은 이번에는 다시 동국대학교에 팔려 이건되었고, 거기서 정각원이란 이름을 달고 법당으로 쓰였다. 경희궁 복원이 결정되면서 숭정전 역시 다시 제자리로 옮기려고 계획했다. 하지만 오랜 세월에 따른 노후가 상당했고, 이미 몇 차례 이건을 통해 변형이 심해서 다시 이건한다는 것은 불가능하다는 결론이 나왔다. 그래서 현재 경희궁의 숭정전은 새로 복원하면서 이 건물을 그대로 본따 지은 건물이다. 지금도 동국대학교의 정각원 내부에는 '崇政殿숭정전'이라는 편액만이 여전히 붙어 있어서 보는 이들의 가슴을 아프게 한다.

이처럼 경희궁은 중요 전각들이 일제에 의해 매각되거나 옮겨지는 비운의 궁궐이 되었다. 그래서 경희궁 다크투어는 '동국대학교'와 '신라호텔'까지 돌아보아야만 하는 비운의 사연을 지니게 되었다.

망국으로 이어진 돌담길, 덕수궁

다음은 덕수궁이다. 덕수궁은 원래 조선 9대 성종의 형인 월산대군의 집이 있었던 자리이다. 임진왜란 뒤, 한양으로 돌아온 선조는 이 집을 임시 거처로 사용하면서 이곳은 정릉동 행궁이라 불렀다. 선조를 이어 즉위한 광해군은 창덕궁으로 거처를 옮기면서, 여기에 경운궁이라는 궁호를 붙여 주었다. 그 후 오랫동안 이 자리에 궁궐다운 건물은 거의 없었고, 왕실도 그다지 관심을 기울이지 않았다. 그러다 고종 말년, 조선 왕조가 열강의 정치적 소용돌이에 휘말려 고종이 거처를 경운궁으로 옮기면서 비로소 여러 전각을 갖추었다.

1896년 아관파천으로 러시아 영사관으로 피했던 고종은 이듬해 다시 경운궁으로 거처를 옮기면서 본격적으로 건물을 짓기 시작했다. 이때 일부 건물은 서양식으로 짓기도 했다. 대표적 서양 건물에는 석조전이 있다. 이 석조전 지붕 중앙부에도 대한제국 황실 문장인 오얏꽃이 장식되어 있다.

고종은 1905년에 체결된 을사늑약이 무효임을 주장하려고 제2차 세계만국평화회의에 세 명의 특사를 파견했다. 이를 빌미로 일본은 고종을 강제 퇴위시켰고, 이어서 황제가 된 순종은 창덕궁으로 이어하게 되었다. 순종은 이곳을 떠나면서 아버지가 덕과 장수를 누리시라는 뜻으로 '덕수'라는 궁호를 올렸고, 그때부터 경운궁은 덕수궁으로 불리

석조전   덕수궁 고종의 길

게 되었다. 1919년 비운의 황제 고종은 이곳에서 생을 마감했다. 그 후 일제는 덕수궁의 대부분 전각을 철거하고, 공원으로 조성하여 일반인에게 공개했다. 이런 덕수궁 다크투어에서는 '고종의 길'이 절대 빠져서는 안 된다.

고종은 500년 조선 왕조의 운명이 다해 갈 즈음 왕위에 올랐다. 조선이 역사에서 지워진 것은 아들 순종 때였지만 망국의 실질적인 책임은 그에게 있었다. 그는 비운의 황제였다. 1895년 경복궁 옥호루에서 왕비 민 씨가 시해되었다. 을미사변이었다. 이 사건으로 고종은 신변에 강한 위기감을 느끼고, 러시아 공사관으로 거처를 옮긴다.

고종의 길은 아관파천한 고종이 약 1년간 러시아 공사관에 머물 때 오가면서 이용한 길이다. 한 나라의 군주가 이웃 나라 세력에 신변 위협을 느껴 피신하면서 지나간 슬픈 길이다. 고종의 길은 덕수궁 선원전 터 출입문을 나가, 이어진 돌담길을 따라 구 러시아 공사관에 이르기까지 120미터의 길을 가리킨다. 이 길은 2016년부터 복원을 시작해서 2018년 10월에 정식 개방되었다. 고종의 길은 이렇게 망국으로 이어진 쓸쓸한 역사를 담은 다크투어 골목길이다.

사쿠라가 지천인 경성 최고 놀이공원, 창경궁

지금까지 조선의 궁궐 네 곳의 어두운 기억의 장소를 돌아보았다. 이제 다크투어의 마지막 발길을 창경궁으로 옮긴다. 창경궁은 지금까지의 궁궐과는 사뭇 다른 사연을 지니고 있다. 앞에서 살핀 네 궁궐은, 궁궐의 특별한 장소 하나만을 다크투어 대상으로 삼았다. 하지만 창경궁은 그럴 수 없다. 창경궁은 그 어느 한 건물이 아니다. 궁궐 전체, 모든 전각과 모든 시설이 제국주의 세력에 의해 이지러지고, 변형되었으며, 부서지고, 망가졌다.

창경궁이 제국주의 세력과 엮인 것은 1907년 순종이 대한제국 황제로 즉위하면서부터이다. 일제는 순종의 처소를 황태자 시절 머물던 경운궁에서 창덕궁으로 옮기게 했다. 그리고 얼마 되지 않아서부터 창경궁은 본격적으로 망가지기 시작한다. 1909년, 일제는 아버지와 떨어져 우울해하는 순종의 마음을 달랜다는 명목으로 창경궁을 유원지로 조성하기로 했다. 동물원과 식물원으로 만든다는 것이었다.

먼저 하나의 궁역을 이루던 창덕궁과 창경궁 사이를 구분하여 담장을 쌓았다. 이어서 본격적인 창경궁의 훼손이 시작되었다. 동물사 자리 확보 명목으로 궐내 각사를 비롯한 전각 대부분을 철거했다. 유원지 틀을 갖추기 위해서는 일부 건물을 새로 짓기도 했는데, 그 바람에 우리 궁궐에 일본식 건물이 들어서기 시작했다. 궁궐 중앙은 박물관, 북쪽은 식물원, 남쪽은 동물원 영역으로 구성했다. 식물원 지역에는 대온실과 식물 배양실을, 동물원 영역에는 각종 동물사와 동물 온실을 신축했다. 통명전 뒤쪽 언덕에는 박물관 본관이 되는 일본식 건물을 지었고, 남겨 둔 몇 개의 전각들은 모두 박물관 진열실로 삼았다. 그러면서 비어 있는 모든 공간과 궁궐 담장 곁에 수천 그루의 벚나무를 심었다. 그야말로 지천이 벚나무였다.

1911년, 일제는 창경궁의 명칭을 아예 '창경원'으로 바꿔 버렸다. 완벽한 놀이공원이 되었음을 선포한 것이다. 창경궁 북쪽에는 서양식 식물원인 대온실을 만들었다. 대온실은 건축 당시 동양 최대의 식물원이었고, 열대 관상식물을 비롯한 희귀한 식물을 전시했다. 그 앞에는 춘당지라는 일본식 연못을 조성했다. 연못 가장자리에는 수정 水亭 이라

창경궁 대온실

창경궁 춘당지

는 일본식 정자도 신축했다. 일본인의 취향을 반영한 완벽한 놀이동산이었다.

1909년 11월, 조선총독부는 창경원을 정식 개원하면서 일반인들에게 개방하여 입장료를 내면 누구나 이용할 수 있었다. 총독부는 조선 왕조의 상징인 궁궐을 대중에 공개함으로써 조선 왕조의 권위를 실추시키고 기존 질서를 부정하는 효과를 누렸다. 1924년부터는 야간 벚꽃놀이를 시작하면서, 조명 효과를 중심으로 '환상적인 밤 경관'을 연출했다. 여기에 음주와 각종 공연이 더해지면서 창경궁은 아주 선정적인 공간이 되었다.

그것으로 끝이 아니었다. 창경궁 남쪽에는 종묘가 있다. 종묘는 역대 왕과 왕비의 신주를 모시고 제사를 지내는 국가 사당으로 창경궁과 하나의 언덕으로 이어져 있었다. 그런데 조선총독부는 이 언덕을 잘라 가운데에 길을 내겠다고 했다. 풍수지리상으로 북한산의 주맥이 창경궁에서 종묘로 흐르는데, 중간에 도로를 만들어 끊어 버린다는 의도가 담긴 것이었다. 하지만 종묘 훼손만은 절대 안 된다는 순종의 강력한 반대에 부딪혔다. 하지만 1926년, 일제는 순종이 세상을 떠나자마자 바로 도로 공사를 시작했고 마침내 길을 뚫었다. 이 길이 바로 지금의 율곡로이다.

1945년 광복이 되면서 창경궁은 우리 정부에서 관리하게 되었지만 곧 6.25가 터졌다. 1953년 휴전 협정 체결 이후 창경원은 다시 동물원의 면모를 이어갔다. 하도 오랜 일제 치하를 겪은 탓인지, 해방 이후 앵무새들이 일본어를 곧잘 따라 했다는 웃지 못할 이야기도 전해 왔다.

하지만 창경원을 궁궐로 복원해야 한다는 움직임이 일어났고 곧 복원이 결정되었다. 1983년 12월 31일, 창경원 공개 관람이 폐지되고 먼저 창경궁이라는 이름을 되찾았다. 이듬해에는 동물원과 식물원을 과천 서울대공원으로 이관했다. 수천 그루의 벚나무들은 여의도 윤중로 등으로 옮겨 심었다. 그 빈 자리에는 우리나라 전통 수종의 나무들을 채웠다. 동시에 정전과 편전, 주변의 좌우 행각 등 궁궐의 기본 건물들을 복원했다. 춘당지 주변의 건물도 모두 헐고 우리나라 전통 연못으로 다시 꾸몄다.

춘당지 북쪽에 있는 대온실 역시 전통 궁궐 건물은 아니다. 하지만 우리나라 최초의 서양식 온실이라는 상징적 의미가 있어서 그것만은 철거하지 않고 그대로 존치하기로 했다. 목재와 철재 구조물인 대온실은 외피는 온통 유리로 덮여 있는데, 고즈넉한 연못 춘당지와도 비교적 잘 어울린다. 고풍스러우면서도 세련된 풍모가 인정되어 2004년 '등록문화재'로 지정되었다. 이 대온실의 지붕과 출입문에도 오얏꽃 문장이 장식되어 있는 것을 발견할 수 있다.

2022년 7월, 율곡로로 두 동강 났던 종묘와 창경궁 언덕도 다시 연결되었다. 율곡로를 지하에 넣고, 그 위를 흙으로 덮어 하나의 숲으로 연결한 것이다. 일제가 갈라놓았던 종묘와 창경궁이 다시 만난 것은 1932년 도로 개통 이후 90년 만이다. 담장과 북신문도 복원되면서 보행길도 만들어졌다. 이 길을 '궁궐담장길'이라고 한다. 이 역시 다크투어에서 빼놓아서는 안 되는 길이다.

조선 왕조가 역사의 뒤안길로 사라진 지 어느새 100년도 넘는 세월이 흘렀다. 우리 다섯 궁궐은 모두 파괴와 상처의 아픔을 겪었지만 이제 조금씩 본래의 모습을 찾아가고 있다. 창경궁도 큰 틀에서는 어느 정도 궁궐 외형을 갖추었으나 전체적인 복원 수준은 아직 걸음마 단계이다. 전각들로 즐비했던 공간은 지금 대부분 나무와 잔디로 뒤덮여 있다. 그 바람에 궁궐 고유의 건축물보다 생태 환경이 더 풍요로운 공간이 되었다. 그래서 다소 역설적이지만 창경궁은 지금 정말 아름다운 자연을 가득 품은 궁궐이 되었다. 홍화문을 들어서 옥천교를 지나면 금방이라도 조선의 시간이 다시 흐를 것만 같은 곳이다.

봄날, 온갖 꽃나무들은 환장할 만큼 아름다운 공간을 연출한다. 벚꽃도, 오얏꽃도 다투지 않고 화사한 꽃망울을 터뜨린다. 녹음 짙은 여름이면 정말 시원한 그늘이 사람들을 끌어모은다. 가을날, 장관을 이루는 단풍은 눈부신 감동을 선물하고, 하얀 눈으로 뒤덮인 겨울 정전 뜨락은 신선의 세계를 만든다. 이 아름다움을 아는 사람들은 늘 언제나 어디서나 '창경궁앓이'를 하게 된다.

이렇듯 창경궁은 찬란했던 조선의 영광을 되새기며 조금씩 옛 모습을 찾아가고 있다. 우리는 그 변화를 지켜보면서 아낌없는 응원을 보내야겠다.

극복의 대상에서, 마주 선 관계로

지금까지 궁궐 다크투어를 통해 우리 궁궐 곳곳에 감추어진 아픈 이야기들을 살펴보았다. 글을 마무리하면서 다시 생각한다. 지금 이 시대, 한국과 일본은 서로에게 어떤 존재일까? 우리 세대에게 일본이라는 나라는 그저 늘 극복의 대상이었다. 어쩐지 넘기 어려운 산이었다. 그래서 불편한 나라였다. 일본이 바라보는 한국은 어떨까? 한국과 일본의 위상은 이미 여러 부분에서 상당히 역전되었거나, 순서를 뒤바꾸고 있다. 하지만 일본의 기성세대들 역시 그런 현실을 쉽게 인정하고 싶지 않은 모양이다.

그런데 양국 신세대들은 다르다. 일본 젊은이들은 K-POP과 드라마, 한국 음식에 열광한다. '한류의 성지'라는 이름이 붙은 도쿄 신오쿠보는 일본 젊은이들로 들끓는다. 한국은 일본 Z세대 유행의 발신지가 되었다. 일본 여행 중에 길을 물으면, 아예 한국어로 대답하기도 한다. 한국행 비행기에는 흥분된 표정의 일본 젊은이들로 가득 찼다. 그런가 하면 신주쿠 뒷골목은 넘치는 한국 젊은이들로 마치 홍대 입구를 거니는 느낌을 받기도 한다. 우리 젊은이들은 일본 애니메이션을 즐기고, 시티팝의 감성을 소비한다. 청춘들은 허름한 노포 우동집을 순례한다. 여행을 하며 잠자리로 료칸을 선택하고 그것을 자랑한다.

Z세대는 양국의 역사와 정치, 외교 문제를 문화와 분리해서 받아들인다. 상대 문화의 고유한 매력을 있는 그대로 인정하며 즐긴다. 나는 이처럼 어떤 편견도 없이 자신이 좋아하는 문화를 즐기는 젊은이들이 부럽다. 우리가 사는 세상은 굉장히 복잡하고 중층적이어서 한일 관계를 친일 혹은 반일이라는 이분법으로 설명하는 것은 옳지 않다. 과거는 똑똑히 기억해야 하지만, 동시에 미래를 향한 생각도 빼놓지 않아야 한다.

하지만 그래도 절대 잊어서 안 되는 것이 있다. 80년 세월이 흘렀어도 가해자와 피해자가 뒤바뀌는 것은 아니다. 우리 궁궐 구석구석마다 서려 있는 아픔을 알면 더 절실하게 깨달을 수 있다. 더 나은 내일을 이루려면, 절대 어두웠던 시간의 기억을 잊어서는 안 된다. 혹시 나처럼 일본 문화를 즐기는 사람이라면 더더욱 그래야 한다. 그래서 아주 진부한 한마디로 글을 맺는다.

'용서하되, 잊지 않기를…'

폭격에도 법은 있는가?
– 전후보상재판으로 본 충칭대폭격과 도쿄대공습

박규훈(법무법인 광화문, 변호사)

폭격의 다른 이름, 섬멸殲滅

우리는 지금 두 개의 전쟁을 불안하게 지켜보고 있다. 하나는 2022년 2월에 시작된 러시아와 우크라이나 전쟁, 다른 하나는 2023년 10월에 시작된 이스라엘과 하마스 전쟁이다. 얼핏 대등한 국가 사이의 전쟁처럼 보이지만 실상은 한쪽의 일방적이고 압도적인 폭력의 행사에 가깝다. 폭력은 폭격으로 관철된다. 러시아와 이스라엘에서 하늘로 솟아오른 전투기는 제2차 세계대전 이후 국제법상 금지된 소이탄과 악마의 무기라고 불리는 백린탄을 우크라이나와 가자지구의 주택, 학교, 병원에 무차별적으로 투하한다. 정작 불바다가 된 폐허에서 목숨을 잃는 사람은 보호받아야 할 여성과 아이, 노인이다.

19세기 이후 눈부신 과학의 발전은 아이러니하게도 인류에게 전쟁을 없애기는커녕 대량살상 무기를 개발해 전쟁의 참혹함을 키워 나갔다. 인류가 20세기 전반에 겪은 두 차례의 세계대전은 근대가 잉태한 야만의 종착점이었다. 특히 제2차 세계대전이 보여 준 야만성 한가운데에 폭격, 더 구체적으로 말하면 전략 폭격 strategic bombing이 있었다. 전략 폭격이란 야간·저공 폭격을 통해 공포감을 극대화시키고, 결국에는 전의를 상실시켜 전쟁을 조기에 끝내는 전술을 일컫는다.

제2차 세계대전에서 폭격은 단순히 조속한 항복을 위협하는 정도로 그치지 않았다. 전쟁에 이기기 위해서는 비전투원인 민간인마저 무차별적으로 폭격해도 괜찮다는 생각으로 나아가면서, 국제사회가 전쟁에서 인간성을 회복하기 위해 19세기 말부터 쌓아 올린 국제인도법의 이상을 철저하게 무너뜨렸다. 마침내 1945년 8월 히로시마와 나가사키에 원자폭탄이 떨어지자 지상의 모든 생명체와 구조물이 증발되어 아무것도 남지 않은, 문자 그대로 '섬멸'의 상태가 현실화되었다. 무차별 폭격의 가장 극단적인 모습인 원폭 투하는 라다비노드 팔 판사가 극동국제군사재판소에 제출한 자신의 소수의견서에서 지적한 것처럼 또 다른 의미에서 홀로코스트 holocaust 나 다름없었다.

폭격과 섬멸 사상의 기원을 알기 위해서는 사실상 제2차 세계대전의 전초전이라고 평가받는 스페인 내전과 게르니카 폭격을 빼놓을 수 없다. 당시 스페인에서는 왕정이 무너지고 공화정이 수립되어 사회노동당, 공산당 등으로 구성된 인민전선 공화파이 선거에서 승리하여 토지개혁을 실시했다. 이에 불만을 품은 왕당파, 가톨릭교회, 지주, 자본가 세력의 지지를 등에 업은 프랑코 장군 국민파이 1936년에 쿠데타를 일으키면서 내전으로 돌입했다. 그러자 소련뿐만 아니라 사회민주주의, 공산주의, 자유주의, 무정부주의 등 다양한 이념적 스펙트럼을 가진 의용병이 뭉친 국제여단이 공화파 수호에 나섰고, 히틀러의 독일과 무솔리니의 이탈리아는 국민파에 병력과 무기를 제공하면서, 스페인 내전은 점차 국제전의 양상을 띠었다. 이윽고 1937년 4월 26일 나치 독일은 공화파 피난민들이 모여 있던 스페인 북부 바스크 지방의 도시 게르니카에 전투기로 소이탄을 퍼부었고, 이로 인해 게르니카 시민 1/3이 죽거나 부상을 입었다. 게르니카 폭격은 도시 무차별 폭격의 시작을 알리는 사건이었다. 얼마 후 열린 파리만국박람회에서 피카소는 스페인 전시관에 〈게르니카〉를 내걸어 폭격의 참상을 전 세계에 알리고, 프랑코 장군에 침묵으로 저항했다.

스페인 내전이 열어젖힌 폭격과 섬멸은 제2차 세계대전에서 더욱 빈번하고 격렬해졌다. 개전 초 유럽을 석권한 독일은 1940년부터 영국을 항복시키기 위해 런던을 폭격했다. 전쟁이 막바지에 이르면서 영국과 미국 또한 전략 폭격이라는 카드를 꺼내 들었고, 그로 인해 드레스덴은 폐허가 되었다. 하지만 제2차 세계대전에서 추축국과 연합국을 통틀어 가장 먼저 전략 폭격을 감행한 나라는 일본이었다. 중일전쟁 발발 후 승전을 거듭하던 일본은 1938년부터 중국의 항전 의지를 완전히 꺾기 위하여 장제스의 국민당 정부가 피난해 있던 충칭을 대대적으로 폭격했다. 1944년 7월 사이판섬을 탈환한 미국 또한 일본의 전술을 좇아 본토 폭격을 본격화했고, 1945년 3월 10일 도쿄대공습으로 절정을 이루었다.

비극의 교차, 충칭과 도쿄

중화민국의 임시수도 충칭과 일본 제국의 수도 도쿄의 풍경은 중일전쟁 초반만 하더라도 극명하게 대비되었다. 1937년 8월 상하이 전투로 시작된 중일전쟁에서 일본은 같은 해 12월 난징을 함락하는 등 파죽지세로 중국 대륙을 장악해 나갔다. 일본 본토가 전장이 아닌 데다가 연일 날아드는 황군의 승전보에 취한 도쿄는 전쟁을 피부로 느끼기 어려웠다. 오히려 1941년 12월 진주만 공격으로 미국과의 전쟁마저 시작되자, 중문학자 다케우치 요시미竹内好는 곧바로 다음과 같이 〈대

동아전쟁과 우리들의 결의〉라는 글을 남겨 태평양전쟁 개전의 환희로 중일전쟁의 떳떳하지 못함을 씻어 낼 정도였다.

> "우리 일본이 동아 건설의 미명에 숨어서 약자를 괴롭히는 것은 아닌가 하고 지금껏 의심해 왔다. (…) 이 장엄한 세계사의 변혁 앞에서 생각해 보면 지나 사변은 하나의 희생으로 견딜 수 있는 일이었다. (…) 대동아전쟁은 훌륭하게 지나 사변을 완수했고, 그 의의를 세계에 부활시켰다."

이에 반해 같은 시기 충칭은 지옥 그 자체였다. 장제스가 1938년 12월 군사위원회를 난징에서 옮긴 이후 국민당 및 중국군의 주요 기관, 외국 공관, 대학, 기업도 일본의 점령을 피해 이동하여 충칭은 명실상부한 항전수도로서 면모를 갖추었다. 당시 일본은 쓰촨四川으로 들어가는 관문인 이창宜昌을 점령했지만, 충칭까지 험준한 다바산맥大巴山脈과 장강長江이 막고 있어 지상군을 투입하는 것은 사실상 불가능했다. 이에 일본은 1943년 8월까지 충칭뿐만 아니라 청두 등 주변 도시를 200여 차례 이상 폭격하여 6만 명이 넘는 중국인 사상자가 발생했다. 1941년에는 일주일 동안 폭격이 이어지자 하루의 대부분을 방공호에서 보낸 당시 중국인들은 이를 피로폭격疲勞爆擊이라 불렀다고 한다. 특히 같은 해 6월 5일 폭격을 피해 방공호에 숨어 있던 1,000명이 넘는 사람들이 압사하거나 질식사한 이른바 '터널 대참사'는 충칭대폭격이 가져온 참혹함의 상징이 되었다. 그러나 영국대사관에서 무관으로 근무하던 공군 중령 페리가 폭격으로 증오감에 가득 찬 중국인들의 항전 의지가 오히려 강해졌다고 본국에 보고할 정도로 일본의 의도는 빗나갔다. 결국 정찰기로 충칭의 상황을 시찰한 제3비행단장 엔도 사부로遠藤三郎가 폭격무용론을 주장하여 1941년 9월 폭격은 일시적으로 중지되었다.

이제 다시 도쿄로 시선을 옮겨 보자. 진주만 기습을 되갚아 주기 위해 둘리틀James Harold Doolittle 중령이 지휘하는 B-25 폭격기 편대는 1942년 4월 18일 항공모함에서 발진해 도쿄, 나고야, 고베와 같은 대도시를 비롯해 가와사키, 요코스카, 요카이치와 같은 군사 도시를 폭격했다. '둘리틀 공습'으로 일본 국민들은 전쟁이 시작된 지 몇 년 만에 처음으로 전쟁을 체감하기 시작했다. 몽골 제국의 원정 이래 처음으로 본토가 외국 군대에 의해 유린되었을 뿐만 아니라 사상자가 590명에 달할 정도로 피해도 적지 않았기 때문이다. 그 때문에 일본 정부는 국민들의 동요를 막기 위해 피해가 경미하다고 발표하는 한편, 전시재해보호법戰時災害保護法을 서둘러 제정하여 폭격에 따른 피해보상에 나섰다.

얼마 동안 소강 상태에 접어들었던 폭격이 1944년부터 재개되면서 점차 도쿄의 풍경은 앞선 충칭의 그것과 겹쳐 보이기 시작했다. 미국은 이미 5,000킬로미터를 왕복할 수 있는 B-29 폭격기와 일본의 목조가옥을 불사를 수 있는 M69 네이팜 소이탄의 개발에 성공했고, 그 해 6월 마리아나 제도를 함락하면서 B-29가 이륙할 비행장을 건설했기 때문이다. 이런 성과에 힘입어 미국 공군은 같은 해 10월 도쿄, 요코하마, 가와사키, 나고야, 오사카, 고베에 대한 소이탄 폭격으로 가옥 70%의 소실, 58만 4,000명의 사망을 예상한 〈극동의 경제 목표에 관한 추가보고서〉를 채택했다.

드디어 1945년 3월 9일 밤, 사이판섬에서 출격한 B-29 폭격기는 다음 날 새벽까지 불과 2시간 반 남짓 동안 1,665톤의 소이탄을 투하해 도쿄는 그야말로 불바다가 되었다. 사망자는 약 9만 5,000명, 부상자는 약 10만 5,000명, 전소된 가옥이 약 26만 7,000채에 달했고 이재민이 100만 명을 넘었다. 불에 탄 시신이 도쿄의 거리와 강에 여기저기 널브러져 있었고, 살아남은 자는 자신의 가족을 지키지 못했다는 죄책감과 트라우마에 시달렸다. 무엇보다 일본은 1944년 8월부터 20만 명에 달하는 도쿄의 아동을 공습 가능성이 적은 이바라키현, 도치기현, 군마현 등으로 소개疎開하고 있었는데, 부모와 떨어져 지내던 많은 아이들은 하룻밤 사이에 고아가 되어 버리고 말았다.

이때 국민을 보호하기는커녕 대공습의 피해를 키운 것은 안타깝게도 법이었다. 일본은 중일전쟁이 개전한 후 얼마 되지 않은 1937년 10월 방공법防空法을 만들어 국민에게 등화관제灯火管制에 따라야 할 의무를 부과했다. 쉽게 말하면 국가가 적기의 야간 공습에 대비하여 민간 건물의 조명 사용까지 제한할 수 있었다. 태평양전쟁이 발발하기 직전인 1941년 11월 방공법은 더욱 엄격해졌다. 폭격에 대비한다는 명분으로 주거지에서 함부로 퇴거하지 못하게 하고, 공습으로 화재가 발생한 경우 소방의 의무까지 지웠다. 이 때문에 도쿄의 주민들은 대공습에도 도망가지 못하고 집에 붙은 불을 끄다가 결국 목숨까지 잃었던 것이다.

엄청난 인명 피해를 안긴 도쿄대공습이 과연 태평양전쟁의 종전을 앞당겼다고 할 수 있을까? 미국은 전쟁이 끝난 직후 일본에 전략 폭격 조사단을 파견하여 폭격과 원폭이 승리에 얼마나 기여했는지를 조사했다. 그들이 찾은 일본의 항복 원인은 도쿄와 히로시마의 머리 위로 떨어진 소이탄이나 원자폭탄 리틀보이Little Boy와 팻보이Fat Boy가 아니었다. 조사단의 일원이었던 토머스 비슨Thomas Bisson은 다음과 같이 해상 봉쇄를 통한 원료의 수입 차단을 결정적 계기로 보았다.

> "분석을 담당했던 사람들의 의견 중 거의 일치되었던 것은 수상함 또는 잠수함으로 일본의 수송을 파괴한 것이 가장 큰 효과를 거두었다는 점이다. 일본 본토에 대한 전략 폭격이 아니라 석유, 보크사이트, 철 및 기타 원료를 박탈당한 것이 일본이 패전한 주요 원인이었다."
>
> — 아라이 신이치, 《폭격의 역사》, 2015, pp.172~173.

결국 도쿄대공습은 전쟁의 조기 종식과 상관없는 사실상 학살에 가까웠고, 충칭대폭격의 본질 또한 크게 다르지 않았다.

잊혀진 피해자들 '판단'을 요구하다

학살은 있었지만 학살자는 없었다. 일본이 항복 문서에 조인하고 난 뒤 1946년 5월부터 열린 극동국제군사재판, 이른바 도쿄재판에서 도쿄대공습은 전쟁범죄로 다루어지지 않았다. 원폭 투하와 더불어 승전국의 전쟁범죄는 불문에 붙인 재판이었기 때문에 도쿄대공습이 심판 대상에서 벗어난 것은 부조리하지만 어느 정도 납득할 수 있다. 그러나 일본의 전쟁범죄인 충칭대폭격이 기소되지 않은 것은 이해하기 어렵다. 뉘른베르크재판 또한 독일의 런던 공습에 대해 침묵하기는 마찬가지였다. 이에 대해 국제법학자 후지타 히사카즈藤田久一는 양 전범재판이 무차별 폭격을 정당화한 것은 아니라고 평가했지만, 결과적으로 전략 폭격에 대한 책임의 추궁과 처벌은 역사 속에 묻히고 말았다.

전범재판이 채 끝나기도 전에 밀어닥친 냉전과 1960년대 말부터 시작된 데탕트 Détente 라는 정반대의 국제정세 속에서 국가는 국익이라는 이름으로 국민의 권리를 희생시켰다. 먼저 일본은 1951년 9월 미국 등과 샌프란시스코 강화조약을 체결하면서 극동국제군사재판소의 판결을 승인하고, 일본 국민이 연합국에 대해 갖는 청구권을 포기했다. 샌프란시스코 강화조약에서 배제된 중국 역시 1972년 일본과 국교를 정상화하면서 발표한 중일공동성명에서 전쟁배상금 청구의 포기를 선언했다.

이처럼 도쿄재판, 샌프란시스코 강화조약, 중일공동성명이 충칭대폭격과 도쿄대공습의 피해자들을 소외시킨 채 일단락됨에 따라, 이들에게 보상할 책임은 온전히 자국 정부에 맡겨졌다. 그렇지만 양국은 전쟁이 끝난 지 수십 년이 지나도록 폭격을 기억하려고 하지 않았다. 가해국과 피해국 어디에도 호소할 수 없었던 생존자들은 법 앞에 설 수밖에 없었다. 2006년부터 충칭대폭격과 도쿄대공습 피해자들은 일본 정부를 상대로 본격적으로 사죄와 위자료의 지급을 요구하는 소를 제기했다. 이런 전후보상재판이 가지는 의미는 비단 전략 폭격의 국제인도법 위반에 대한 책임을 추궁하는 것에 그치지 않는다. 철학자 다카하시 데쓰야 高橋哲哉 는 저서 《역사/수정주의》에서 일본 제국의 전쟁범죄에 대한 전후 일본 국민의 정치적 책임을 따질 때 '판단'이 가지는 의미에 관하여 다음과 같이 설명한 바가 있다.

"'대일본제국'이 저지른 전쟁범죄의 전후 처리에 전후 일본 국민이 정치적 책임을 진다고 하면, 무엇이 그 정치적 책임의 기초가 되어야 하는지 여기서 분명해진다. 그것은 일본군 '위안부' 제도가 전쟁범죄였는지 아닌지, 일본 정부가 법적 책임을 져야 하는 게 부당한지 아닌지에 대한 판단을 내리는 일이다. (…) 합법/불법의 판단 없이는 어떤 법적 책임도 있을 수 없고, 정/부정, 정당/부당의 판단 없이는 어떤 책임도 있을 수 없다. 사건, 배상 또는 보상, 책임자 처벌 등 모든 전후책임의 전제가 되어야 할 것은 '판단'이다. '판단'이야말로 모든 전후 책임의 기초인 것이다. (…) 각자가 스스로 판단하고 서로의 판단을 공적으로 대조하며 서로를 비판적으로 검토해 정부의 판단에 잘못이 있다고 생각될 때는 그것을 바꾸는 일이야말로 전후 일본 국민이 져야 할 가장 중요한 정치적 책임이라고 할 수 있을 것이다."

- 다카하시 데쓰야, 《역사/수정주의》, 2015, pp.104~105.

다카하시의 논의를 충칭대폭격과 도쿄대공습으로 확장해 보면, 양 재판에서 전략 폭격이 전쟁범죄인지 '판단'하는 것 또한 중일전쟁과 태평양전쟁에 대해 일본 국민이 가져야 할 무수한 전후 책임의 또 다른 기초를 이룰 것이라고 짐작할 수 있다. 더 나아가서 미국의 정신의학자 주디스 허먼Judith Herman이 저서 《트라우마와 회복Trauma and Recovery》에서 지적한 것처럼, 재판에서 생존자들이 피해를 증언하는 것은 폭격이라는 트라우마를 사회에 인지시키고 정당하게 평가받는다는 의미도 가진다. 이를 계기로 사회가 책임을 확정하고 상처를 회복할 수 있는 행동에 나서면 피해자들은 비로소 트라우마에서 벗어나 자기를 회복할 수 있다.

"국민은 수인受忍하지 않으면 안 된다"

그러나 일본의 사법부는 피해자들의 요구에 응답하지 않았다. 결은 약간 다르지만 충칭대폭격 판결과 도쿄대공습 판결 모두 충분한 '판단'을 내리지 않은 채 오히려 정부가 내린 '판단'에 정당성을 부여하거나 의회에 '판단'할 책임을 미루고 말았다.

먼저 도쿄지방재판소가 2009년 12월에 도쿄대공습에 관해 내놓은 판결을 살펴보자. 비록 판결은 피해자의 심정에 동조했지만, 피해자 실태조사 등에 대한 국가의 '도의적' 책임만을 인정했을 뿐 도쿄대공습을 명시적으로 전쟁범죄라고 선언하는 데 주저했다. 이는 같은 재판소가 이미 1963년 12월 히로시마와 나가사키 원폭피해자들이 제기한 국가배상소송에서 미국의 원폭 사용은 국제법상 불법이라고 판단한 것과 극명하게 대비된다. 투하된 폭탄의 종류만 다를 뿐, 도쿄대공습과 히로시마·나가사키 원폭 투하 모두 섬멸 사상을 근저에 둔 무차별 폭격이라는 점에서 법적 평가가 달라질 이유는 없을 것이다. 그렇지만 원폭 판결은 참치잡이 어선 제5후쿠류마루第5福龍丸가 비키니섬에서 이루어진 미국의 수소폭탄 실험에 피폭되면서 1955년부터 일본 사회에서 활발하게 전개된 '원수폭금지운동'의 예외적인 성과로 보는 것이 맞다. 오히려 일본의 사법부는 전후 수십 년간 이른바 '전쟁피해수인론戰爭被害受忍論'을 앞세워 유독 공습 피해에 대한 구제를 억눌러 왔다.

사실 도쿄대공습의 피해자가 법에 호소하기 훨씬 이전인 1976년부터 나고야공습의 피해자들은 샌프란시스코 강화조약에서 청구권을 포기한 일본 정부에 손해배상을 요구했다. '전쟁피해수인론'은 바로 일본 최고재판소가 1987년 6월 피해자들의 상고를 기각하면서 내놓은 대답이었다. 판결문의 일부를 읽어 보자.

"상고인들이 주장하는 바와 같은 전쟁 희생 내지 전쟁 피해는 국가의 존망이 걸린 비상사태하에서 국민이 똑같이 수인하지 않으면 안 되는 것이다. 여기에 대한 보상은 헌법이 전혀 예상하지 않은 점이다."

'전쟁피해수인론'이 담긴 판결문을 받아 든 1987년의 일본인은 여전히 일본국헌법의 국민이 아니라 대일본제국헌법의 신민에 머물러 있는 것처럼 보인다. 쇼와 천황昭和天皇은 1945년 8월 15일 라디오로 낭독한 종전조서, 이른바 옥음방송玉音放送에서 "견디기 어려움을 견디고 참기 어려움을 참아" 종전의 성단聖斷을 내렸다. 하물며 신민이 전쟁의 견디기 어려움을 견디고 참기 어려움을 참아야 하는 것은 당연하다고 최고재판소가 생각한 것은 아닐까? 따라서 최고재판소가 국가=천황와 사용자 관계에 있었던 군인·군속에 대한 보상과 달리, 일반국민=신민에 대한 보상은 국회의 재량에 맡겨져 있다고 본 것은 어찌 보면 당연한 결론이었다. 이는 곰곰이 생각해 보면 천황의 명으로 전쟁에 나가 죽음을 맞이한 군인·군속만 위령하고 똑같이 전쟁의 참화를 겪은 보통 사람들은 기억하지 않는 야스쿠니 신사의 논리와도 놀랄 만큼 닮아 있다.

이처럼 2009년 도쿄대공습 판결은 '전쟁피해수인론'의 족쇄에 묶여 20년 전 나고야공습 판결에서 한 발자국도 나아가지 못했다. 이 때문에 일본 사회가 아시아·태평양 전쟁에 대해 다카하시가 말한 전후 책임을 철저하게 짊어지고 있다고 말하기 어려운 것이다.

그나마 고무적인 것은 도쿄지방재판소가 2015년에 내놓은 충칭대폭격 판결에서 폭격이 국제관습법을 위반했다고 판단한 부분이다. 1922년 12월 네덜란드 헤이그에서 만들어진 '공전空戰에 관한 규칙안'은 무방수도시無防守都市에 대한 무차별폭격을 금지했지만 서명·비준되지 않아 '공전에 관한 규칙'이 되지는 못했는데, 판결은 이를 국제관

도쿄대공습 문제를 일본 사회에 환기시키고 있는 '도쿄대공습 전재자료센터'(도쿄 고토구 소재)

습법의 지위로 끌어올린 것이다. 하지만 판결은 특별한 국제법 규범이 없는 한 피해국 국민이 가해국에 직접 손해배상을 청구할 권리는 인정되지 않는다는 이유로 피해자들의 청구를 기각했다.

결국 충칭대폭격과 도쿄대공습에 대한 피해보상은 사법부의 의도에 따라 국회로 공이 넘어갔다. 그러나 충칭대폭격은 2019년 최고재판소에서 피해자들의 상고가 기각되자 일본 사회에서 점차 관심이 멀어졌고, 도쿄대공습의 피해자들은 '전국공습피해자연락협의회'를 결성해 힘겨운 투쟁을 지금도 이어 가고 있지만 여전히 미해결 상태로 남아 있다.

충칭과 도쿄에서 오늘의 폭격을 생각한다

제2차 세계대전이 막을 내린 지 80년을 향해 달려가지만, 최첨단 전투기와 미사일을 보유한 군사대국들은 폭격의 유혹에서 벗어나지 못하고 있다. 우크라이나와 가자지구에서 보듯 의도적인 오폭으로 지금 이 순간에도 무고한 사람들을 죽이고, 살아남은 자의 공포감과 절망감을 극대화시키고 있다. 이런 현실에서 무차별폭격을 금지하고 있지만 실제로 관철되지 않는 국제법을 탓하지 않을 수 없다. 그리고 폭격의 야만성을 제어하는 고삐가 될 수 있었던 충칭대폭격과 도쿄대공습 판결이 남긴 소극적이고 충분하지 못한 결과에 아쉬워하지 않을 수 없다. 하지만 더 두려운 것은 폭격에 무관심하고 둔감한 우리들이다. 문자로 박제된 법을 살아 움직이게 하는 것은 결국 사람이다. 이 짧은 글에서나마 독자들이 아시아·태평양전쟁 당시 평범한 중국인과 일본인이 겪었던 폭격을 추체험하면서 충칭대폭격과 도쿄대공습에서 분명 조선인 피해자도 있었을 터라 이는 타자의 경험이면서 동시에 우리의 경험이기도 하다 오늘의 폭격에 대해 조금 더 깊게 짚어 보길 희망한다.

어느 근대화 후발주자의 명찰^{明察}과 침묵

유불란(한국방송통신대학교 일본학과 교수)

그런데 어떤 책은 왜 '고전'이라고 일컬어지는 것일까요?

죽기 전에 이 한 권만은 꼭 읽어 봐야 한다는 식의 어마어마한 책 홍보 문구와 한 번쯤 맞닥뜨려 봤을 겁니다. 해서 홀리듯 해당 저작을 집어 들었건만, 대관절 왜 그렇게 대단하다는 건지 고개를 갸웃거린 경험 말입니다. 어쩌면 여기서 살펴볼 구메 구니타케久米邦武, 1839~1931의 《특명전권대사 미구회람실기》이하《실기》에서도 비슷한 느낌을 받게 될지 모르겠습니다. 1871년, 그러니까 메이지 유신으로부터 채 삼 년밖에 지나지 않은지라 정치적으로 심히 위태로웠을 텐데, 대체 얼마나 중한 사정이었기에 신정부 실세들이 태반이나 사행에 참가했던 것일까요. 게다가 사절단의 면면을 살펴보면 기도 다카요시木戸孝允, 1833~1877나 오쿠보 도시미치大久保利通, 1830~1878 같은 소위 유신 삼걸을 비롯해, 이토 히로부미와 같은 차세대 일본 정계의 거물들까지 망라하고 있으니, 또 얼마나 대단한 관찰을 해냈을까요. 하지만 이런 기대감은 저 "세계사적으로도 그 유례가 없는, 이異문명 종합연구를 위한 모험집단"이 그래서 무얼 보고 느꼈는지를 살펴보는 순간 당혹감으로 바뀝니다. 그도 그럴 것이, 해당 국가들이 더 이상 구만리 밖 별세계가 아니게 된 오늘날 우리로서는 서양 각국에 대한 '총설' 쪽 설명이든 '견문' 쪽 정보든 무엇 하나 새로울 게 없기 때문입니다.

확실히 '드러나 있는' 기술들만 보면 그렇습니다. 하지만 집필자인 구메가 '드러내지 않은' 바 쪽은 어떨까요? 일단 알기 쉬운 쪽부터, 드러낸 바부터 살펴보기로 하죠. 이 책은 미국과 유럽 여러 나라를 방문해 시찰하면서 보고 들은 바를 정리한 보고서입니다. 왜 이 나라들을 대상으로 삼았냐 하면, 저들이야말로 근대화의 후발주자로서 신생 국가 일본이 이제부터 경쟁해야 할 상대였기 때문입니다. 게다가 그냥 앞서기만 한 게 아니라, 경쟁이 채 시작되기 전부터 불평등 조약으로 신참자 일본을 철저히 견제하기까지 했습니다. 이에 기울어진 운동장을 바로잡는 데만도 해당 이와쿠라 사절단의 첫 번째 조약개정 시도 이래 무려 40여 년에 걸친 부단한 노력과 청일, 러일전쟁이라는 두 차례의 국가적 명운을 건 역사적 시험대를 거쳐야 했습니다.

그런 만큼《실기》의 관심사는 온통 저들이 대체 왜 저렇게나 앞서갈 수 있었는지, 그리고 우리와의 거리, 즉 근대화의 정도는 실제로 얼마만큼 차이가 나는지를 파악하는 데 쏠려 있었습니다. 그리고 이 점에서, 당시 서양 열강 중에서도 으뜸으로 꼽히던 영국은 최적의 분석 대상이었습니다. 물리적인 조건, 즉 "국토의 형태나 위치, 면적, 게다가 인구까지도 일본과 거의 비슷"했기 때문입니다. 하지만 곧이어 구메가 탄식했듯 그런 영국과 일본의 차이는 현격한 것이었습니다. 무려 다섯 대륙에 걸쳐 식민지를 거느린 저 '해가 지지 않는 나라'로의 발돋움은 대체 어떻게 가능했던 것일까? 그는 영국의 부가 광업에서 발생하는 이익에 기반으로 하고 있음에 주목합니다. 당시 영국의 광업이 어찌나 활발한지, 런던뿐 아니라 여타 도시에서 흰 돌로 된 오래된 지붕이나 기둥이 검게 변한 건 안개나 이슬에 공장 분진이 포함된 탓은 아닐까 싶다고 언급할 정도였습니다. 그리하여 이처럼 세계 최대 수준인 영국 국내에서의 철·석탄 생산을 활용해 증기기관과 증기선, 철도를 발명하고 화력으로 증기를 돌려서 방직과 항해에서 "독점권"을 쟁취해 낸 결과, 마침내 "세계로 웅비하는 나라"가 되었다는 것이지요.

하지만 곧이어 구메는 이런 영국의, 나아가 유럽의 번영이 저들만 가능하다고 여겨서는 안 된다고 강조합니다. 사실 유럽이 당시처럼 번영하기 시작한 것은 19세기에 접어들어서의 일로, 발전상이 확실하게 두드러지게 된 지는 불과 "40년 정도"밖에 되지 않았다는 겁니다. 심지어 정부 차원에서 공업 기술의 국가적인 발전을 기하고자 하는 명확한 목적을 갖고 교육에 관심을 보이기 시작한 것은 "불과" 34년 전이었다고 지적합니다. 그에 따르면 1851년에 하이드 파크에서 열린 만국박람회야말로 영국의, 나아가 유럽 전체의 발전이 본격화된 시점이었습니다. 당시 유럽 각국에서 출전한 공업제품 가운데 으뜸은 프랑스 제품으로, 영국의 물산은 아직 대량생산 초기의 조잡한 단계에서 벗어나지 못해 심지어 소국이라 무시당하던 벨기에나 스위스 제품보다 디자인과 아이디어 면에서 밀릴 지경이었습니다. 박람회를 통해 자국 제품의 결점이 무엇인지 깨닫게 된 영국은 이때로부터 프랑스 제품을 모방하던 "악폐"를 중단하고, 비로소 나름의 독자적 디자인을 연마하기 시작합니다. 그 결과 4년 뒤, 이번에는 프랑스에서 개최된 제2회 만국박람회부터는 프랑스 제품에 대해 어느 정도의 경쟁력을 확보할 수 있게 되었다는 것입니다.

그러자 이번에는 프랑스 쪽에서 그런 영국을 보며 "의욕"을 불태우게 됩니다. 나아가 이런 기술과 디자인 면에서의 경쟁이 조만간 유럽 전체로 퍼져 나갔고요. 구메가 볼 때 구미에서의 이 같은 '경쟁을 통한 발전'의 촉진은 불과 "최근 10년" 사이의 일이었습니다. 비단 공업 분야에서만이 아닙니다. 제일 발전이 더디다는 농업 분야에서조차 영국은 유럽은 물론이고 세계를 선도하고 있는데, 그런 변화 역시 1830년대 이후 가시화된바, 또한 "최근 20년"의 변화에 불과하다고 주장합니다.

> 우리는 유럽의 농업·농업·상업이 오늘날과 같이 융성하게 된 것이 이처럼 짧은 기간의 일이었다는 것을 알게 되었다. 지금의 유럽과 40년 전 유럽, 상황이 얼마나 달라졌는지를 상상해 보라. (…) 오만한 영국도, 프랑스 기술의 우수함에는 대적하지 못했던 시대가 지금으로부터 40년 전이다. (…) 하지만 영국이 솔선해서 자국의 특유한 기술과 디자인을 연구해 프랑스 제품과 다른 가치를 발휘하기 시작하자 차츰 다른 나라에서도 독자적인 색깔을 추구하게 되었다. (…) 지금까지 살펴본 내용을 참고로 삼아 우리 일본을 돌아봐야 할 것이다.
>
> ― 구메 구니타케, 《특명전권대사 미구회람실기 제2권 영국》, 2011, p.92.

지금도 신문 칼럼 같은 데서 지난날 조선의 쇄국을 비판하면서, 그에 비해 일본이 얼마나 빨리 서구 문물을 '받아들였는지' 강조하는 글들을 찾아볼 수 있습니다. 하지만 앞서와 같은 구메의 발언을 읽어 보면, 이는 너무나 섣부른 이해라고밖에 할 수 없겠지요. 오히려 그는 경고했습니다. 개화를 위해 물론 유럽 문물을 수용해야 마땅하다. 하지만 지난날 영국이나 유럽 각국이 그러했듯, 프랑스 루이 왕조의 화려한 문화에 심취하던 시절처럼 자국의 독자적인 문화적 가치를 소홀히 하고 그저 "모방"만을 일삼는다면, 개화는커녕 런던박람회 이전 단계에서처럼 "앞이 보이지 않는 안개" 속에서 헤매기만 할 것이라고.

구메를 비롯해 이와쿠라 사절단의 개화에 대한 비판적 검토는 여기에서 그치지 않습니다. 개화를 제대로 이루어 내기 위한 요건으로서 주체성 문제에 이어, 이번에는 그렇게 이루어진 개화가 마냥 좋기만 한 게 아니라 "득이 있는 만큼 실도 따르는—得—失", 요컨대 나름의 부작용 역시 따라붙는다는 것을 놓치지 않았습니다. 구메는 묻습니다. 확실히 영국 전체에 "황금이 넘쳐나고 모든 물자가 충만"한 상황임은 분명하지만, 그렇다고 안정되고 만족스러운 생활을 영위하고 있다고만 할 수 있을까, 라고. 얼핏 매우 이상하게 들리는 질문입니다. "간난신고를 거듭해서 얻어진 성과"이자 "근면노력의 결과"임을 인정했으니, 요컨대 스스로 수고해 벌어들인 정당한 과실이 아닙니까. 하지만 문제는, 이렇게 한시도 게으름을 피우지 않으며 한순간도 발을 쉬지 않는다는 근면함이 사회적으로 강요되다 못해 마침내 "영국인의 기질" 그 자체마저 바꿔 놓자 무슨 일이 벌어졌는지에 있습니다.

"영국에서는 도시 사람도 지방 사람도 모두 각고의 노력으로 생활하고 있으며, 집안일도 정확하게 계산해서 한다. 토요일 밤엔 부부가 일주일간의 장부를 확인하고 정산해서 한 푼의 오차도 없도록 하며, 매일매일 쓰는 장부는 모기만 하게 작은 글씨로 빼곡히 기재한다. (…) [돈을] 빌려준 이는 안경을 닦고 조목조목 검토해 자신의 장부와 대조한 뒤, 조금이라도 납득이 가지 않는 부분이 있으면 그걸 가차 없이 따진다."

    - 구메 구니타케, 《특명전권대사 미구회람실기 제2권 영국》, 2011, p.60.

이 같은 "극도로 엄격한 방식"의 노력이 끊임없이 강요될 때, 그런 무한경쟁 속에서 사회가 어떻게 비틀려 가는지는 오늘 대한민국을 사는 우리네로서는 굳이 구구한 설명이 필요치 않겠지요. 그런 근대 사회 특유의 문제가 산업사회로 접어들자마자 당시 영국에서 가시화되기 시작했던 겁니다.

그로 인해 분명 국가적으로 또 사회적으로는 그 어느 때보다 부유해졌건만, "일반 민중의 정력"은 쉴 새 없는 경쟁 속에서 쉬이 소진되어 버리는지라 결국 "다른 나라보다 훨씬 궁핍한 생활을 하는 사람"들이 늘어나는 모순을 구메는 정확하게 읽어 냅니다. 게다가 이런 사회적 양극화가 근면성의 차이 때문에서가 아니라는 점까지도 지적합니다. 런던에만 해도 10만 명에 달한다는 여성 성노동자들이나, 기차마다 그득한 사기꾼과 범죄자들 무리는 부지런하지 못해 그런 처지로 전락한 게 아니었습니다. 그렇지 않아도 이미 유리하건만 "부유한 자들을 보호하기 위한 법률"로 더한층 철저히 편들어 주는 기울어진 운동장에서, 보통의 "별다른 기술을 가지지 못한 사람"은 열심히 일한다 한들 하루 1~2실링 정도의 푼돈만 벌 수 있을 따름이니, "개미 떼처럼 모였다 벌 떼처럼 흩어지듯" 치열하게 전개되는 당시 영국의 일상화된 무한경쟁에서 버텨낼 재간이 없을 수밖에요.

구메에 따르면, 이렇게 경쟁에서 탈락해 구제 없이는 살 수 없는 이가 영국 내에 100만 명이 넘었습니다. 당시 영국의 전체 인구가 2,300만 명 정도였다 하니 대략 4.3% 정도라고 할 수 있는데, 이 정도 비율이면 많다 해야 할까요, 혹은 일반적인 정도일까요. 이에 대해 구메는 딱히 어떤 판단도 내놓지 않습니다. 다만, "마치 레몬을 짜듯이 힘껏 쥐어짜서 한 방울도 나오지 않을 때까지" 세계 각지의 식민지들로부터 "착취"해 낸 저 막대한 이득을 비롯해, 그 어느 때보다도 경제적 번영을 구가하고 있음에도 불구하고 오히려 양극화가 확대되어만 가는 현실을 그저 있는 그대로 언급할 따름입니다. 잉글랜드에서의 2만여 명에 의한 토지의 과점. 거의 30만 명에 달하는 미국이나 캐나다, 오스트레일리아로의 생활고로 인한 이주자들. "이것만 보더라도 영국에서는 부유한 자들은 나날이 더 부유해지고, 가난한 사람들은 평생 아등바등 일해도 겨우 하루 연명할 식량을 얻는 데서 그친다"는 것을 알 수 있습니다.

근대화 전에도 가난한 이들은 물론 존재했습니다. 가난의 대물림 현상 또한 마찬가지였고요. 하지만 《실기》에 묘사된 영국적 현실은 가난의 원인으로서 전통적으로 지목되어 온 나태 같은 개개인의 흠결 탓이 아니라, 구조적으로 발생한 문제라는 점에서 전혀 새로운 사태였습니다. 게다가 그런 양상이 날이 갈수록 속도를 더해 간다는 점에서도 역사상 유례를 찾아보기 힘들었습니다. 자, 그렇다면 논리적으로 볼 때 이 같은 근대적 전환이 일본에서도 시작된다면 무슨 일이 벌어질까요? 흥미롭게도 구메는 이에 대해서는 아무런 언급도 하지 않습니다. 저런 구조화된 가난이 근대화에 따른 사회적 변화로 인해 벌어지고 있음을 앞에서처럼 분명하게 지적했음에도 불구하고요.

구메가 영국 사회를 둘러본 지 약 20년쯤 지난 1893년, 일본에선 《도쿄의 가장 밑바닥》이라는 제목의 베스트셀러가 등장합니다. 마쓰바라 이와고로松原巖五郎, 1866~1935, 필명 겐콘 이치호이란 이가 도쿄의 빈민가에 잠입해 그들과 함께 일하고 생활해 가며 보고들은 바를 르포 형식으로 기술한 책이지요. 청일전쟁 직전의 당시 일본은 아직 열강으로의 발돋움도, 산업화도 본격화되기 전의 그런 과도기적 상황이었습니다. 하지만 《실기》 속 영국 도시 빈민들의 참상은 일본에서도 이미 낯선 풍경이 아니었습니다. 그즈음 각지에서 도쿄로 밀려들던 날

품팔이 노동자들은, 그가 볼 때 그저 먹고 살기 위해 상경한 온순한 시골 사람들이었습니다. 하지만 영국 빈민들처럼 별다른 기술이 없던 이들은 전쟁터에선 배식을, 군대에 가면 운송을, 시골에서는 경작을, 그리고 도시로 나오면 주방 일을, 말 그대로 그 어떤 일거리라도 마다치 않고 열심을 다 하건만 아무리 일해도 "밑바닥 인생살이"에서 벗어날 수 없었습니다.

왜일까요? 마쓰바라에 따르면, 이런 사태는 "위에서 이익을 농단하니 하층민에게는 돈이 유입되지 않[은 탓]"에서 비롯되었다고 합니다. 그렇다면 여기서 원흉으로 지목된 '위'란 구체적으로 누굴 지칭하는 걸까요. 얼핏 누군가 당시 국정을 농단하던 정치가라도 특정하려나 보다 싶은 대목에서, 그는 전혀 예상 밖의 사람들을 열거합니다.

> "16만 리 어디서도 채소밭은 구경조차 못 하는 도쿄 주민이 누구 덕에 염가로 풍족하게 채소를 얻는단 말인가? 청과물 시장의 도매상은 항상 저렴한 구전과 알량한 수수료 몇 푼을 쥐여주고 화물을 인수한다. 그런데도 날마다 그걸 운반하는 사람들 공으로 돌리는 법이 없다. (⋯) 그들 날품팔이꾼이 천대받으며 애쓴 노고는 온전히 값싼 과일과 채소로 탈바꿈해 우리 요리상에 오른다는 사실을 모른다. (⋯) [그들은] 무자비한 세상 탓에 허구한 날 소득의 4~5할을 [집주인과 도매상, 심지어 소비자에게] 뜯기면서도, 먹고살기 위해 날마다 부지런히 일한다."
>
> – 겐콘 이치호이, 《도쿄의 가장 밑바닥》, 2021, pp.117~118.

물론 악덕 정치인도 있었겠지요. 당시 일본은 급격한 사회적 변화 속에서 이익정치와 그로 인해 나라를 뒤흔들릴 정도의 심각한 부정부패로 몸살을 앓고 있었으니까요. 하지만 마쓰바라가 볼 때 일본 사회에 만연하기 시작한 저 새로운 가난을 초래한 주범은 사회적으로 도드라진 그런 몇몇 악당들이 아니었습니다. 범인은 오히려 집주인과 도매상, 소비자와 같은 당시 일본의 모두이자, 나아가 근대적인 소비 중심지로 급격히 거듭나고 있던 대도시 도쿄 그 자체였습니다. 심지어 막노동꾼 자신을 포함해 도쿄 사람 누구나가, 아니 비단 일본 내 대도시뿐 아니라 이후 도래할 근대 사회 그 자체가, 몸이라도 아파 하루쯤 쉴라치면 당장 끼니를 걱정해야 할 만큼 "값싼 임금"에 묶여 있던 저들 임금 노동자의 희생 없이는 유지되지 못할 터였으니까요.

이것이 곧 구메가 20여 년 전 영국 사회를 관찰하면서, 구조화된 가난의 원인이 무엇인지까지 다 분석해 두었건만 끝끝내 '드러내지 않은' 바입니다. 왜 그는 '직전에서' 침묵한 것일까요? 당사자가 아닌 이상 뭐라 단언하기는 어려울 터입니다. 하지만 구메의 '진짜 의도'가 무엇이었는지와는 별개로, 이런 침묵 그 자체는 일본은 말할 것도 없고, 선진국의 성공 요인을 모방하려 철저히 분석한 바 그에 수반되는 폐단 또한 잘 인지하고 있던 근대화의 후발주자들 모두에서 어렵지 않게 찾아볼 수 있습니다. 예를 들어, 구메의 침묵으로부터 딱 한 세기 뒤에 나온 다음과 같은 발언에서처럼요.

"당신이 이걸 만들었나? 돌대가리 같은 친구 같으니. 공해 문제가 중요한지는 나도 알아. 그러나 차관으로 경제 건설하는 마당에 공해방지 시설까지 하자면 빚을 더 내야 할 것이 아닌가. 지금은 경제 건설부터 먼저 할 때야. 공해방지 시설은 앞으로 공장들이 번 돈으로 하면 돼. 그러니까 공해 문제는 10년 후에나 가서 논의해도 돼."

- 한국공해문제연구소,《한국의 공해지도》, 1986, p.35.

해당 공해방지법 관련 경제장관회의가 열린 1971년은, 아시다시피 이제 우리나라가 막 산업화의 궤도에 오르던 시점이었습니다. 그에 따라 환경오염으로 인한 피해가 여기저기에서 눈에 띄기 시작했죠. 보사부_{오늘날 보건복지부} 담당관을 향해 돌대가리라 일갈한 김학렬 당시 부총리는, 본인 말마따나 이 문제가 얼마나 심각해질지 잘 알고 있었습니다. 하지만 '조국'의 경제성장을 위해 '국민'이 겪을 피해는 당분간 감수할 수밖에 없다며 침묵하라 종용하고 있죠. 확실히 이렇게 국가 편에 서서 보자면 김 부총리의 판단은 틀리지 않았을지 모르겠습니다. '일부'의 희생을 감수하고서라도 경제 발전을 서두른 덕분에, 오늘 '우리'는 그가 셈한 대로 공해 문제에 대처할 경제적 여유를 확보할 수 있게 되었으니까요. 하지만 그런 와중에 한국판 이따이이따이병에 희생된 이들, 원인도 모른 채 시름시름 앓다 때 이르게 생을 마감한 저 '일부'도 이 '조국'에, '우리'에 포함되는 걸까요. 이것이 근대화 후발주자들의 "선택과 집중" 전략이라는 무미건조한 표현으로 가려진, 구메가 침묵했던 피비린내 나는 물음입니다.

역사의 책임, 개인의 몫
-B·C급 전범이 된 한국 청년들

김나정(작가)

1945년 8월 15일, 한국은 해방되었다. 하지만 전범戰犯이 된 청년들은 돌아오지 못했다.

소설《먼 북으로 가는 좁은 길》[1]에는 사형 선고를 받은 한국인 최창민이 등장한다. '도마뱀'이라 불렸던 그는 연합군 포로들을 악랄하게 대했던 죄를 짊어지고 처형대 앞에 섰다. 죽음을 목전에 둔 그는 자신이 왜 죽어야 하는지에 자문한다.

일본인 장교는 '천황폐하 만세'를 외치고 사형대 아래로 떨어진다. 반면 그는 조국에게 해 준 일도 없고 받은 것도 없다. 외쳐 부를 조국이 없다. 자식의 죽음을 알게 될 부모를 생각하니 가슴이 매어진다. 그는 자신이 매달 50엔씩 들어오는 봉급 때문에 죽는 건지도 모른다고 생각한다. 일본인이 아닌 식민지 백성인 그는 왜 일본이 벌인 전쟁에서 전

---

1 리처드 플래너건,《먼 북으로 가는 좁은 길》, 김승욱 옮김, 문학동네, 2018. 아시아·태평양 전쟁 당시에 포로수용소에 수감되었던 호주인을 주인공으로 삼은 장편소설. 현재와 포로생활을 했던 과거를 엮어 지옥의 경험이 현재 삶에까지 어떤 영향을 미치고 있으며 그럼에도 불구하고 살아갈 힘을 어떻게 얻는지를 그려 낸 작품이다.

범으로 죽어야 했을까.

전후 재판에서 한국 청년 148명이 B·C급 전범 판결을 받았고, 그중 23명이 형장의 이슬로 사라졌다. 일본인 A급 전범 중 처형당한 자는 7명에 불과한데 'B·C급 전범'으로 처형을 당한 식민지 청년은 23명에 달한다.

전범을 구분하는 ABC가 죄의 경중이 아니라 죄의 성격에 따른 항목별 나열²이라 하더라도 전쟁을 주도한 일본 정부와 군 관련 고위 지도층 인사가 포함된 A급 전범보다 군속이었던 그들이 왜 더 가혹한 처벌을 받게 되었을까.

B·C급 전범으로 판결받은 조선인 대부분은 비전투원인 군속軍屬이었다. 총 148명 중 통역 16명, 필리핀 방면의 군인 3명을 제외하면 나머지 148명은 포로 감시원³으로, 연합군 포로에게 전쟁범죄나 비인도적인 범죄행위를 저질렀다는 이유로 B·C급 전범으로 판결받았다.

한국 청년들이 어떤 연유에서 동남아에서 포로 감시원으로 일하게 되었으며, 전쟁 포로에게 가혹 행위를 저질렀다는 죄를 왜 짊어지게 되

---

2 1946년 1월에 공표된 극동국제군사재판 헌장의 영어 원문에는 a, b, c 항목으로 다음과 같이 나열되었다. a.평화에 대한 죄(Crimes Against Peace), b.통상의 전쟁범죄(Conventional War Crimes), c.인도에 관한 죄(Crimes Against Humanity). B급 전범의 경우는 b 항목의 전시에 적국 국민(군인과 포로 포함)에 대한 전쟁범죄를 저지른 경우, C급 전범의 경우는 c 항목의, 적국 국민에 대한 평시의 비인도적 범죄행위 및 자국민에 대한 비인도적 범죄행위를 저지른 경우까지도 포함한다.

3 B·C급 전범 중, 유죄를 받은 이의 7.29%는 구 식민지 출신이다. 이들 중 대부분은 포로수용소 감시원이었다. 조선인의 경우, 148명 가운데 129명이 감시원이었다. 1명은 필리핀 포로수용소 소장이었다. 즉, 조선인 전범 중 130명(78%)이 포로관계자였다. ―우쓰미 아이코, 〈김은 왜 심판을 받았는가―식민지지배·전쟁재판·전후보상을 생각한다〉, 《제3회 동아시아 평화를 위한 한일공동기획 특별전: 전범이 된 조선청년들, 한국인 포로 감시원들의 기록》, 민족문제연구소, 2013, p.57.

었는가? 이 글은 한국인 포로 감시원의 동원 과정에서 시작하여 그들이 처했던 상황을 따라가고자 한다. 그들은 어쩌다 전범이 되었는가?

모집 – 지원인가, 강제인가

1941년 12월 8일 진주만 기습을 시작으로 일본은 남방_{동남아}으로 세력을 뻗쳐 나갔다. 말레이 상륙을 필두로 마닐라와 싱가포르, 자바, 필리핀까지 손에 넣었다. 점령 지역이 확대됨에 따라 연합군 포로의 수는 기하급수적으로 늘어났다. 전쟁을 수행할 군인도 부족한 상황이었다. 포로를 감시할 인력은 따로 충당해야 했다. 대만인과 조선인이 모집 대상으로 지목되었다. 부족한 인력을 보충하는 동시에, 백인 포로를 감시하는 데 식민지 청년을 충당함으로써 일제의 우월함을 보여주며 내선일체와 황민화의 효과를 거두고자 했다.

1941년 12월 일본 군부는 육군성에 포로정보국을 설치하고 이듬해 5월부터 포로 감시원을 모집했다.[4] 한반도에서는 한 달 동안 함경 남·북도, 평안 남·북도를 제외한 조선 전역에서 청년 3,000명을 모집했다.

임시 군속 모집 기사(매일신보, 1942년 5월 23일)

---

4   김도형, 〈해방 전후 자바지역 한국인의 동향과 귀환활동〉, 《한국근현대사연구》 24, 2003, p.155.

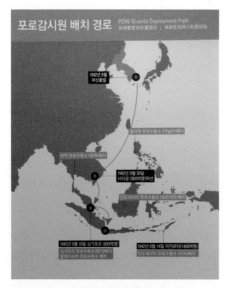

포로 감시원 배치 경로

출처: 부산시민공원역사관 전시 자료

모집 요강을 보면 식량은 관급, 피복은 무료 대여, 관사 제공에 월급은 전투 지역 노무자에게는 50원 지금의 4급 공무원 급료 수준, 비전투 지역은 30원을 제공한다는 조건이 명시되었다. 많은 한국 청년들이 군속에 지원했다. '자원' 했다는 사실은 군법재판에서 불리하게 작용했다.

싱가포르 쌩웅이 Saeng ngee 에서의 재판 내용을 살피자면, "호주군 포로들은 리 씨가 밥도 안 주고 약도 주지 않았으며 강제로 일만 시켜 환자인 포로들을 죽게 만들었다고 잔혹 행위를 폭로했다. 포츠담 선언 10조에 따르면, 전쟁 범죄자는 잔혹 행위를 할 경우 보다 무거운 형벌에 처해야 한다고 규정하고 있다. 그런데 리 씨는 자신은 일본의 식민지 사람이기 때문에 전범이 될 수 없다고 주장했다. 그러나 군법회의는 리 씨의 주장을 받아들이지 않았다. 한국 사람들 스스로 일본군에 지원했고 자발적으로 일본을 위해 충성스럽게 일했기 때문에 충분한 증거가 될 수 있다고 결론지었다."[5]

---

5 워라웃 쑤완다릿, 〈제2차 세계대전 당시 죽음의 철도 한인포로 감시원의 운명〉, 《한국근현대사 연구》 30, 2004, pp.220~221.

자발적 지원이란 점은 B·C급 재판에서 불리한 판결을 받는 데 일조했다. 그러나 조선 청년들의 지원에 얼마만큼 자의성이 있었는지를 판단하려면, 당시 조선 청년들이 놓인 상황을 살펴야 할 것이다.

일제 말기에 한반도는 '국가총동원체제' 아래에 놓였다. 조선의 전 민중은 인력 동원과 물자 동원의 대상이 되었다. 이 상황을 벗어날 수 있다고 생각한 사람은 극소수였다.[6] 당시에 식민지 청년에게 선택지가 많지 않았다. 총동원령하에서 먹고 살기는 팍팍했고, 탄광 등으로 징용되어 가는 경우도 비일비재했다. 더구나 전쟁이 격화되어 감에 따라 한국 청년들이 군인으로 끌려갈 가능성이 점점 높아졌다. 군인이 아니면 탄광으로 끌려갈 처지에 놓인 상황에서 이왕 갈 것이면 그나마 조금 나은 데로 가려는 분위기가 형성되었다. 군인보다는 생명의 위협이 덜하면서 막일꾼보다 대우가 좋고 안전하다고 알려진 '군속' 모집에 응하는 게 나을 것이라는 판단에 이르렀을 것이다.

더불어 군속 모집에 '지역별 할당'이라는 강권적 방법이 사용된 점도 가벼이 보기 어렵다. 총독부는 각 읍면에 인원수를 할당하여 면서기와 순사들을 앞세워 동원했다. "면사무소에서 시험을 보라고 권했어요. 군郡, 면面마다 인원이 할당되어 있었기 때문에 아닐까 해요. 당시는 관공서에서 말하면 거절하기 매우 어려운 형편이었어요. 사실은 강제 징용인 셈이었지요."[7] 당시 지역의 가장 큰 권력자인 부·읍·면장이나 면서기, 경찰에 의해 지목되면 상황은 출두명령서를 받은 것과 다를 바 없었다. 이들의 손아귀에서 벗어나는 것이 불가능했기 때문

---

6 정혜경, 〈일제 말기 조선인 군노무자의 실태 및 귀환〉, 《한국독립운동사연구》 제20집, 2003, pp.65~66.

7 이학래, 김종익 역, 《전범이 된 조선청년》, 민족문제연구소, 2017, pp.46~47.

이다. 가족들에게 닥칠 위험을 무시하면서 거부할 수 있는 사람들은 없었다.[8]

모집이나 관 알선이 아닌 강제 징용만이 강제 연행이라는 주장은 일본 당국이 편의적이고 위선적으로 설정한 단계_{모집, 관 알선, 징용}의 이면을 이해하지 못한 결과라고 할 수 있다. '강제'란 철사 줄로 꽁꽁 묶어 잡아가는 식의 '물리적 강제'에 한정되지 않는다. 독일을 비롯한 총동원체제 국가에서는 '의용'이나 '지원'이라는 용어로 국가 동원의 강제성을 포장한 경우가 비일비재했다. 2002년에 일본변호사협회는 '강제'란 육체적·정신적 강제를 포함하는 개념으로 보았는데, 이런 규정은 19세기 말에서 20세기 초반에는 일본 국내적으로 확립된 것이었다. 아울러 1993년에 일본 중의원 예산위원회에서도 전시체제기의 강제의 개념에 대해 '강제'란 단지 물리적으로 강제를 가한 것뿐만 아니라 본인의 자유로운 의사에 반한 모든 종류의 행위라고 규정한 바 있다.

이런 점을 살피면 청년들의 '자원'을 단지 '선택'의 결과로만 보는 것이 온당한지 의문이 든다. 군무원으로 '지원'한 조선 사람들에게는 각자 저마다의 동기가 있었을 것이다. 하지만 그들의 선택은 개인의 의사가 존중되는 자유로운 상태에서 이루어진 것이 아니었다. 일본 제국주의 치하의 가난, 탄압, 억압, 전쟁터에 끌려갈지도 모른다는 위기감, 황민화 교육 등 내몰린 상황에서 '대일본제국 육군 조선인 군무원'이 만들어졌다.

---

8   정혜경, 상게서, p.67.

훈련 - 제네바 협약 대신 전진훈을 암송

1942년 동원된 3,223명은 부산의 '노구치 부대'[9]로 향했다. 여기서 약 2개월 동안 훈련을 받았는데 정작 포로 감시에 필요한 내용은 전달받지 못했다. 재판 과정에서 제네바 조약이나 포로를 다루는 지침을 근거로 추궁당하면, 한국인 포로 감시원들은 그런 것들을 배운 적이 없다고 답했다. "제네바 조약에 포로의 인도적 대우에 관한 규정이 있다는 사실은 교육조차 받은 적이 없었어요."[10] 포로 감시원으로 복무해야 하는데 포로를 어떻게 대해야 하는지는 알지 못했다. 제네바 협약 대신, 매를 맞아 가며 '군인칙유'나 '전진훈戰陣訓'을 암송했다. 전진훈은 1941년 육군 대신 도조 히데키가 시달한 육군 훈령 제1호를 이른다. 전진훈 중에는 "살아서 포로가 되는 치욕을 당하지 말고, 포로가 되는 오명을 남기기 전에 죽을지어다."라는 내용이 들어 있다. 일본군은 포로가 된다는 것은 군인 정신과 사내다움을 포기하는 굴욕적인 일로 간주했다. 포로가 되기보다는 차라리 자결을 해야 한다는 생각에 내몰렸다.

매일 전진훈을 반복적으로 암송하는 과정은, 포로에 대한 인식에 영향을 미쳤다. "'살아서 포로가 되는 치욕을 당하지 말 것'이라는 표현처럼, 포로가 되는 일 자체를 부정적으로 인식하고 그럴 바에는 차라리 죽음을 택하라고 철저히 가르쳤기 때문에 적국의 포로를 인도적으로 대우할 리는 더더욱 없었어요."[11] 포로를 감시해야 하는 군속에게

---

9 이 교육대는 대장이 노구치 육군 대좌였기에 속칭 '노구치 부대'라고 불렸다.
10 이학래, 전게서, p.28.
11 이학래, 전게서, p.28.

전진훈 암송은 포로에 대한 부정적인 인식을 심어 주었다. 연합국 군인들에게 적의 손에 잡힌 포로는 전력을 다해 싸운 명예로운 존재였으나, '전진훈'에 세뇌되어 '살아서 포로의 수치를 받는' 것을 최대의 치욕이라고 생각한 일본군에게 포로는 경멸스러운 존재였다. 하여 포로가 된 주제에 휘파람을 불거나 당당한 태도를 보이는 연합군 포로는 일본군을 비롯한 조선인 포로 감시원에게는 이해 불가능한 존재였고, 부족한 물자를 동원해 무리한 전쟁을 일으킨 일본 제국주의의 입장에서는 밥이나 축내는 존재에 불과했다. 이런 세뇌는 포로 감시원인 조선 청년들이 포로를 인도적으로 처우하지 않는 데 일조했다고 할 수 있다.

무엇보다 조선 청년들은 가혹한 훈련 과정을 통해 억압적인 군대 문화를 내재화하게 되었다. "맞는 것이 훈련"이라고 할 정도로 비인간적인 대우마주 보고 뺨 때리기, 구두 밑창 핥기 등를 받으며 조선인 군무원들은 폭력적인 군대 문화에 젖어들었다. "교육할 때는 때린다, 높은 사람은 낮은 사람을 때려도 좋다, 규율을 위반했을 때는 군법회의에 회부하는 따위의 귀찮은 절차 없이 때려서 끝내는 것이 위반자를 배려해 주는 것이다."[12] 폭력은 통제의 수단이며 '배려'라는 말로 포장되기까지 했다.

이를테면 구타가 일상이었던 일본 군대에서 뺨 때리기는 일종의 '배려'로 간주되었다. 일본 군대에서는 무언가 실수가 있으면 바로잡는다는 의미로 뺨을 두세 차례 때려 공적으로 문제를 확대하지 않고 끝내는 관습이 있었다. 일본군은 이를 '온정주의'로 간주했으나 연합군 포

---

12 우쓰미 아이코, 전게서, p.158.

로는 사소한 잘못으로 뺨을 맞는 것을 치욕으로 받아들였다.

조선인 포로 감시원들은 포로들을 두려워했다. 당시 평균 신장이 170센티미터 정도였던 조선인 청년들에게 키가 크고 체구가 큰 백인들은 공포의 대상이었다. 의사소통도 되지 않았다. 게다가 수천 명이나 되는 백인 장병을 소수의 일본인과 조선인이 통솔해야 했으므로 수적으로도 열세였다. 구타와 엄벌로 통제할 필요성을 느꼈을 것이다. 폭력으로 길들여진 피해자는 폭력을 휘두르는 가해자가 된다. 억압적인 군대 문화를 받아들인 조선인 청년은 폭력을 포로를 관리하는 수단으로 삼았다.

《먼 북으로 가는 좁은 길》의 최상민은 자신이 "구호와 방송, 연설, 군대 규율집 등이 가르쳐준 생각"만 머릿속에 집어넣었을 뿐 스스로 아무 생각도 하지 않았다는 것을 깨닫는다. 또한 어릴 적에 일본인에게 받은 억압을 개를 때려죽여 풀었듯, 자신을 억누른 공포몸집이 큰 서양인 포로에 대한 두려움, 일본인 상관에게 받은 멸시를 해소하려고 포로들을 학대했다는 것을 깨닫는다.

일본군의 최하층, 포로 감시원

억압은 보다 낮은 사람, 약자를 향해 전가된다. 일본 군대에서 조선 군속은 그 억압 기구의 말단에 있었다. 그 밑에 '황군이 목숨을 걸고 포획한 포로'가 있었다. 포로 감시원은 일본인 상관이 내린 명령에 따라 연합군 포로를 관리했다. 일본군 조직 내 맨 밑바닥에서 포로들을 가장 가까이서 많이 접한 사람이 포로 감시원이었다. 손가락으로 전범을 지목하는 과정에서 얼굴이 많이 알려진 조선인 포로 감시원이 다수 지명된 것은, 그들이 포로들과 날마다 직접 부딪치는 일을 도맡았기 때문이었다. 포로들은 포로 관리인들에게 적대감을 가질 수밖에 없었고 이는 조선인 '전범'이 무거운 처벌을 받은 가장 중요한 이유가 되었다.

포로 감시원은 일본군 내에서 이등병 다음 맨 아래쪽에 위치했다. 조선인 군속은 그 명령을 실행하는 사람에 불과하다. 항명권이 보장되지 않는 일본 군대에서는 어떤 불합리한 일이 있든 상관의 명령을 거스르는 일은 천황의 명령을 거스르는 것과 같았다. 그것은 반역죄로 때로는 죽음을 의미했다. 조선인 군속이 명령을 위반하는 것은 실질적으로 불가능했다.[13]

도쿄전범재판에서 '개인의 책임'을 명시했다고는 하지만 이런 군의 체제 특성을 고려하여 명령 체계를 올라가 처벌이 이루어지는 것이 합당할 것이다. 식량 부족이나 노역에서 혹사시켰다는 죄목은 명령의 이행자인 포로 감시원이 아니라 식량 지급량을 결정하고 노역에 나가도록 강요한 육군 대신과 정보국장관, 포로수용소의 상관 등에게 엄혹하게 적용되었어야 마땅할 것이다.

가혹한 노동력 징발이나 물자 부족으로 인한 참혹한 상황은 포로 감시원이 관여할 수 없는 부분이었다. 물자 보급의 부족으로 발생한 사상자는 생산력의 차이를 무시하고 무리한 전쟁을 일으킨 일본 제국주의의 책임이 크다. "일본군은 굶어 죽었다." 식량 사정이 극도로 나빠서 일본군조차 굶주리던 시절이라 포로들에게도 넉넉한 식량을 보급할 수 없었다. 많은 포로들이 가혹한 노동에 시달리다가 영양실조로 사망했고 병에 걸려도 체력을 회복하지 못했다. 또한 약품의 공급도

---

13 우쓰미 아이코, 전게서, p.96.

연합군 포로의 모습

출처: tvN 〈벌거벗은 세계사〉 86화 화면 캡처

원활하지 않고 의료진도 부족하여 사망한 포로도 적지 않았다. 식량이며 의복, 물자가 보급되지 않는 상황에서 포로 감시원이 할 수 있는 일은 무엇이었을까. 연합군 포로의 사망 원인이 폭행이나 구타보다는 식량 부족에 의한 영양실조나 의약품 부족인 경우가 많았다는 점에서, 포로를 이런 궁지에 몰아넣은 일본군 상층부에게 책임을 물어야 할 것이다.

재판

극동국제군사재판소의 주요 재판은 1946년 5월 3일 도쿄에서 개정하여 '특정 지역을 불문하고 공동 결정에 따라 처벌해야 할 중대 범죄인' A급 전범을 심판했다. 전쟁법과 전쟁 관습법을 위반하고 살인·포로 학대·약탈을 저지른 B급 전범, 상급자의 명령에 따라 고문과 살인을 직접 행한 C급 전범은 일본을 포함해 아시아 49개소에서 열린 전쟁

범죄 재판 법정에서 형을 받았다.[14] 이런 후속 재판은 국제 재판소가 아니라 국내 법원이나 군사위원회와 같은 단일 연합국가에 의해 운영되는 재판소에서 진행되었다. 국내 전범재판에서 피해국은 자체적으로 법규를 만들고 개별적으로 재판을 진행했다.

손가락으로 가리키는 것만으로 전범을 가려 '손가락 재판'이라 불렸던 B·C급 전범 재판은 '뺨 한 대에 징역 1년'이라는 말이 나돌 정도였다. 증거도 증인도 무시되었고, 변호인도 없이 재판은 속성으로 진행되었다. '저 사람에게 맞았다'는 신고와 고발만 있으면 피고가 아무리 부인해도 기소되었고, 재판장은 기소장을 근거로 사형과 10~20년 징역을 찍어내듯 양산했다.

싱가포르 호주 법정에서 재판을 받았던 이학래는 "힌독 수용소장이자 관리장교로 수용소 내 설비 부실과 급양, 의복, 의약품 부실의 죄, 부하의 폭행을 저지하지 않은 죄, 환자에게 노동을 시킨 죄"로 기소되었다. 이학래는 수용소장도 관리장교도 아니었다. 게다가 이학래의 기소에 결정적 원인을 제공했던 9명의 고소인 중 단 한 명도 증인으로 출석하지 않았다.[15]

영국 싱가포르 전범재판을 통해 조선인 군무원들은 포로 대우 불량, 강제노동, 폭행, 학대 등의 죄명으로 총 61명이 유죄 판결을 받았다. 여기에는 사형 10명, 종신형 10명, 유기형이 41명이다. 판결은 유죄 인정과 형량만을 통고하는 것에 그쳤고 유죄 이유를 고지하거나 판결문을 교부하지 않았다. 심지어는 죄명조차 고지되지 않고 처벌된 사례들

---

14 김흥식 엮음, 《도쿄 전범재판정 참관기》, 서해문집, 2020, p.27.

15 김용희, 〈B·C급 전범재판과 조선인〉, 《법학연구》 제27집, 2007, p.520.

도 있었다. 또한 많은 전범피의자들이 영장 없이 체포되어 오랜 미결 생활을 거쳐 실형을 선고받고 수감 생활을 했으나 체포 일시를 입증하는 서류가 없어 1년 반이나 미결수로 복역한 것은 형기에 포함되지도 않았다.[16]

인도네시아 자바 법정에서 사형 판결을 받고 형이 집행된 박성근의 기소장을 보면 피해자의 이름도 범죄 행위의 때와 장소, 구체적인 범죄 행위도 적시되지 않았으나 막연하게 "육체적 고통을 주어 죽음을 앞당기게 할 수 있는 원인을 조성했다."고 추측된 기소장을 근거로 사형 선고가 내려졌다.[17]

피고의 입장과 피고의 방어권을 보장해 줄 수 있는 변론 활동도 보장되지 않았다. 초기에는 영국인 변호사만으로 개정을 하다가 그 후 각 사건에 일본인 변호사가 선임되었다. 하지만 일본인 변호사들 역시 포로의 신분에서 변론을 행했기에 피고를 위한 활동에는 제약이 뒤따랐다. 또한 영국식 소송 제도를 이해하지 못하는 일본 변호사는 변론 수행에 많은 어려움을 겪었다. 공소장의 언어도 영어인 데다 재판 진행도 영어로 진행됨으로 통역에 의존해야 했다. 변론에는 언어상의 한계도 뒤따랐다.[18]

연극 〈적도 아래 맥베스〉에서 조선인 청년 춘길은 우리에게 묻는다. '조국은 해방되어 다들 기뻐하는데 왜 나만 일본인이 되어 재판을 받아야 되느냐'고. 재판 과정에서 조선인은 '일본인'으로 취급되었다. 1945년 12월 11일과 13일에 싱가포르에서 열린 네덜란드령 인도네시

16 김용희, 전게서, p.521.
17 문창재, 《나는 전범이 아니다》, 일진사, 2005, pp.66~67.
18 김용희, 전게서, pp.519~520.

아지구 검사총장과 영국 당국과의 회담에서 "전쟁 범죄에 관한 한, 조선인은 일본인으로서 취급한다."[19]라고 결정되었다. 남방에서는 조선인이나 대만인 모두 식민지인이라는 특수성을 인정받지 못했다.

1945년 9월 17일자 "일본 육군 훈령"[20]에는 장교들에게 포로 학대 범죄를 조선인과 대만인 경비병들에게 뒤집어씌우라는 지시 내용이 등장한다. 일본인이 행하거나 조선인 군무원에게 강제로 시킨 전시범죄까지 부당하게 감수해야만 했다.

전후 前後 원호 배상에서 배제

일제 강점기에 일본 국적으로 전쟁에 참여하여 전범의 멍에를 안게 된 조선인들은 1945년 8월 15일 일본 국민으로 잔여 형기를 채우기 위해 스가모 형무소에 이감되었다. 1952년 4월 28일 샌프란시스코 평화조약이 발효되었다. 스가모 교도소에 수용된 927명의 전범 가운데는 조선인 29명과 대만인 1명은 "조약 발효와 동시에 일본 국적을 상실했기 때문에, 동 11조에서 말하는 '일본 국민'에 해당되지 않아 구속받을 만한 법률상의 근거가 없다"며 인신보호법에 의한 석방 청구소송을 도쿄 지방법원에 제기했다.[21] 그러나 일본은 1952년 대일평화조약 발효까지는 일본 국적을 소유하고 있었기 때문에 평화조약 제11조에 의거하여 형 집행 의무가 있으므로 형 집행을 계속해야 한다는 것이다. '전범자로서 형이 부과되었을 당시 일본 국민이었고, 또 이후 조약 발

---

19 우쓰미 아이코, 전게서, p.18.
20 우쓰미 아이코, 전게서, p.813.
21 다나카 히로시 외,《기억과 망각》, 이규수 옮김, 삼인, 2000, pp.79~80.

효 직전까지 구금된 자에 대해서 일본은 조약 제11조에 따라 형 집행의 임무를 가지며, 조약 발효 후의 국적 상실 또는 변경은 위 의무에 영향을 미칠 수 없다'는 것이었다. 그렇게 한국 청년들은 '일본인'으로 죗값은 치러야 했다. 그러나 1952년 4월 30일 제정된 '전상병자전몰자유족등원호법'에 따른 보상 문제에서는 그들은 일본인이 아니라고 배제되었다. 부칙 2항의 "호적법의 적용을 받지 않는 자는 당분간 이 법률을 적용하지 않는다."[22]가 적용된 것이다. 일본 국적의 상실은 형의 집행에는 영향을 미치지 않았지만 전후 보상에는 영향을 미친다는 이중적인 면모를 보인다. 일제 아래서 조선인이라고 비국민_{외지인}으로 차별받았다. 재판 과정에서는 일본인으로 취급받아 전범이 되고, 해방 후에는 일본 국민이 아니라며 각종 원호 대상에서는 배제된 것이다. 그리고 자발적 지원이란 굴레에 묶여, 포로 감시원들이 반민족적인 행위자로 낙인찍혀 조국에서도 환영받지 못했다. 그들은 일본에서도, 한국에서도 버림받았다.

강제 동원된 조선인들
출처: 부산시민공원역사관 전시 자료

---

22 김용희, 전게서, p.530.

역사의 책임, 개인의 몫

전후 전쟁 범죄자 처리를 위해 도쿄에서 열린 국제 극동군사재판 판결문에는 일본군의 포로가 된 연합군 중 27%가 사망했다고 기술하고 있다. 독일 나치에 붙잡힌 연합군 포로의 사망률 3.6%와는 비교가 안 된다.

뉘른베르크 재판과 도쿄 재판을 통해 "개인의 전쟁범죄 책임"은 본격적으로 추궁되기 시작했고 이는 국제법상 개인의 불법 행위와 범죄 행위에 대해 수동적 주체성을 인정한 것이다.[23]

일제는 한국인 청년들을 내몰았다. 역사는 가혹했다. 하지만 연합군 포로가 겪어야 했던 참상에 대해 각자가 짊어져야 할 몫은 분명히 존재한다. 의지와는 무관하게 아시아·태평양 전쟁에 동원되었을 뿐이라는 논리로 무작정 윤리적 면죄부를 부여할 수는 없다. 식민지 백성이었다는 이유로 포로 감시원으로 행했던 죄가 완전히 사라지지는 않는다.

싱가포르 쌩웅이 재판에서 사형 판결을 받은 조 씨는 집행당하기 2분 전 화장지에 유서를 써서 일본인 신부에게 건넸다. "내가 누구를 위해서 죽어야 하는가? 나는 일본인인지 한국인인지 혼란스럽다. 다른 한편 우리는 모두 포로들에게 큰 죄를 저질렀다. 우리는 포로들에게 밥 먹듯이 잔혹한 행위를 했고 부산에서 훈련받을 때 전쟁 포로들이 공포에 떨도록 하라는 지시를 받았다. 그렇게 하지 않으면 우리가 바보 같은 사람이라고 생각했다. 이제야 그것이 잘못이라는 것을 깨닫

---

23 이장희, 전게서, p.198.

스가모형무소 이송 작전의 점범들

출처: 부산시민공원역사관 전시 자료

게 되었다. 따라서 우리의 모든 잘못을 인정했다."[24]

하지만 조선인 포로 감시원의 동원 과정에서의 자발성 여부와 훈련 과정의 문제점, 일본 제국주의가 저지른 터무니없는 전쟁에 휘말려 그들이 어쩔 수 없이 수행해야 했던 역할이나 재판 과정의 문제점, 전후에 보상에서 배제되었던 일들에 대해서는 짚어 보아야 할 것이다.

정의의 여신 디케는 저울을 들고 있다. 전범이 된 한국 청년들은 역사가 책임져야 할 무게와 개인이 치러야 할 몫이 무엇인지 우리에게 묻고 있다.

---

24 워라웃 쑤완다릿, 전게서, pp.220~221.

쉽게 이해하는 일본의 파벌 정치

유민영(교토대학 박사, 성균관대학교 서베이리서치센터 박사후연구원)

일본 정치를 논할 때 '파벌'에 관련된 이야기를 빼놓을 수 없다. 같은 자민당 내부에서도 아베파 安倍派, 기시다파 岸田派와 같은 파벌이 공공연히 존재했고, 이 파벌은 전후 대부분의 기간에 일본의 집권 여당의 자리를 차지하는 자민당에서 매우 중요한 의미를 갖고 있었다. 파벌이라는 말 자체는 우리에게도 익숙하지만, 우리가 흔히 이해하는 파벌의 의미 그대로 일본 정치의 파벌을 바라보면 일본 정치를 깊숙이 파악하기 어렵다. 일본의 파벌은 단순히 개인적으로 혹은 정치적으로 가까운 정치인들의 모임을 뜻하는 용어가 아니기 때문이다. 2024년에는 자민당 파벌들의 정치자금법 위반 혐의 여파로 '주요 파벌의 해산'이라는 초유의 사건이 생기기도 했는데, 파벌을 단순히 정치인들의 모임으로만 바라본다면 이 사건이 일본 정치에 얼마나 큰 사건인지 이해하기 어려울 것이다. 여기서는 자민당의 파벌 정치가 어떤 성격을 지니며, 일본 정치에 어떤 영향을 끼치고 있는지 쉽게 알아본다.

어느 나라나 정치인들 사이에 무리가 생기고 파벌이 형성되는 것은 쉽게 찾아볼 수 있는 현상이지만, 일본 자민당의 파벌이 특이한 점은 단순히 비공식적인 의원들의 모임이 아니라 법적으로 인정된 단체라는 것이다. 우리나라에서 흔히 어떤 유력 정치인과 가까운지에 따라 대략적으로 분류되는 '친이계', '친박계' 등과는 차이가 있다. 실제로 자민당의 각 파벌은 법률상 '기타정치단체'로 등록되어 있고, 각 파벌에 어떤 의원들이 소속되어 있는지 공식적으로 확인할 수 있다. 파벌 가입과 탈퇴도 공식적인 절차이다. 한편 이 파벌을 둘러싼 정치 스캔들도 끊이지 않았기에 구시대의 유물, 금권정치 등 부작용을 낳는 온상이라는 부정적인 꼬리표가 달려 있기도 하다. 실제로 일본 정치를 움직여 온 파벌에 대해 더 다양한 각도에서 이해한다면, 일본 정치가 작동하는 방식을 더욱 잘 이해할 수 있다.

파벌의 탄생과 현재

자민당 파벌의 역사는 자민당의 탄생과 함께 시작한다. 보수계와 혁신계의 대립이 극심하던 1950년대, 좌우합작을 이룬 일본공산당에 대항하기 위해 보수계 정당인 자유당과 일본민주당이 1955년 합당하면서 자유민주당 自由民主党, 통칭 자민당이 창당된다. 일본민주당은 1년 전 개진당과 통합되었기에 초기의 자민당은 자유당계, 일본민주당계, 개진당계의 세 계파의 합작 형태였다고 볼 수 있다. 여기서 자유당 총재였던 요시다 시게루 吉田茂, 일본민주당 총재였던 하토야마 이치로 鳩山一郎, 개진당 총재였던 시게미쓰 마모루 重光葵가 각각의 리더 역할을 맡았다. 이후 요시다 시게루의 후계자 격인 이케다 하야토 池田勇人와 사토 에이사쿠 佐藤栄作가 각각 굉지회 宏池会와 목요연구회 木曜研究会를 만들고, 하토야마 이치로의 후계자인 기시 노부스케 岸信介와 고노 이치로 河野一郎가 각각 십일회 十日会와 춘추회 春秋会를, 시게미쓰 마모루의 후계자인 미키 다케오 三木武夫가 정책연구회 政策研究会를 만든 것이 초기 자민당의 다섯 파벌의 형태이다.

앞서 소개한 굉지회, 목요연구회 등 파벌의 공식 명칭이 존재하지만 흔히 파벌을 지칭할 때는 당시의 수장 이름을 붙여 아베파, 기시다파 등으로 부르는 경우가 더욱 흔하다. 은퇴 등으로 수장이 바뀌면 그에 따라 통칭명도 바뀌는 것이 일반적이다. 자민당 수립 초기 다섯 개의 파벌로 이루어졌던 파벌 구도는 여러 변천을 거쳐 2024년 1월 기준으로 이케다 하야토의 굉지회를 계승한 기시다파와 아소파^{麻生派}, 사토 에이사쿠의 목요연구회를 계승한 모테기파^{茂木派}, 기시 노부스케의 십일회를 계승한 아베파^{安倍派}, 고노 이치로의 춘추회에서 파생된 니카이파^{二階派}와 모리야마파^{森山派}의 여섯 파벌이 존재했다. 그중 기시다파, 모테기파, 아베파, 니카이파, 모리야마파가 정치자금법 위반 혐의 여파로 파벌 해체를 선언했고, 2024년 10월 기준으로 아소파만 남은 상황이다.

자민당 파벌의 계보

파벌의 당내 역할

 파벌은 여러 정치인들의 연합이었던 자민당을 운영하는 중요한 역할을 해 왔다. 시간이 지날수록 1955년 자민당 탄생 당시의 파벌의 성격은 옅어졌지만, 본질적으로 당내에서 균형을 맞추고 타협을 만들어 내는 역할은 꾸준히 지속되어 왔다.

 자민당 조직은 여당일 경우 총리가 되는 총재를 정점으로 하며, 주요 보직인 당 4역으로 간사장, 총무회장, 정무조사회장, 선거대책위원장이 있다. 당의 핵심적인 의사결정을 하는 주요 인물들이 이 자리를 맡는데, 각 파벌들은 각각의 자리를 오랫동안 분배해 차지하면서 파벌 간의 균형을 맞춰 왔다. 일반적으로 총재와 부총재는 다른 파벌에서 선출되고, 총재를 배출한 파벌은 당 4역 중 가장 중요한 자리인 간사장 자리는 차지하지 않는다. 그 밖의 자리도 각각의 파벌에게 분배되고 있다.

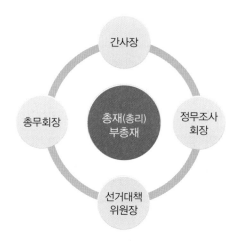

자민당의 주요 포스트

예를 들어 기시다 정권 후반기를 살펴보면, 기시다 후미오岸田文雄 총리가 총재 자리를 맡고 있는 가운데, 부총재는 아소파의 아소 다로麻生太郎, 간사장은 모테기파의 모테기 도시미쓰茂木敏充, 총무회장은 모리야마파의 모리야마 히로시森山裕, 정무조사회장은 무파벌의 도카이 기사부로渡海紀三朗, 선거대책위원장은 모테기파의 오부치 유코小渕優子가 맡았다. 여러 파벌이 당의 주요 포스트를 나눠 맡은 형태였다.

자민당에는 줄곧 5~6개의 파벌이 존재했고, 이 파벌들이 총재와 당 4역의 역할을 나누어 맡으면서 자민당의 의사 결정은 각각의 파벌이 서로의 존재를 인정하고 타협하는 형태를 이루어 왔다. 정책 결정 과정에서는 각 파벌 간의 조정과 타협이 이루어졌고, 선거를 앞두고 자민당 후보를 공천하거나 선거 운동을 할 때는 통일된 당 조직보다는 각각의 파벌이 가진 자금력과 조직이 중요한 역할을 했다. 각 파벌들은 상대 파벌의 후보 공천과 선거 운동을 존중했고, 당의 리더인 총재도 파벌 안에서 이루어지는 일에 크게 관여하지 않고 각 파벌의 결정을 인정해 왔다.

그렇다면 왜 일본 자민당은 리더 중심의 집권적인 조직이 되지 않고 5~6개의 파벌로 권력이 분배된 조직으로 오랫동안 운영되었을까? 자민당이 세 그룹의 정치인들이 연합해 수립된 정당인 점, 관습과 타협을 중시하는 일본의 정치문화, 주요 정치인들의 영향 등 다양한 원인이 있겠지만 우리나라와 매우 다른 일본의 선거 제도에 주목해 그 이유를 찾아볼 수 있다.

파벌과 선거 제도

한 선거구에서 한 명의 당선자를 뽑는 선거 제도를 '소선거구제'라고 부른다. 우리나라에서 국회의원을 선출하는 제도이자 일반적으로 선거 하면 흔히 떠오르는 제도이다. 반면 한 선거구에서 많은 수의 당선자를 뽑는 선거 제도는 '대선거구제'라고 부르는데, 그중 당선자 수가 2~5명 정도로 그리 많지 않은 경우에는 흔히 '중선거구제'라고 부르기도 한다.

일본은 1925년부터 1993년까지 우리나라의 국회의원 선거에 해당하는 중의원 선거에 한 선거구에서 2~6명을 뽑는 중선거구제를 채택해 왔다. 1950년대 자민당이 형성되던 시기와 그 이후 자민당이 일본 정치에서 여당의 지위를 굳히고 영향력을 키워 나가며 당 조직을 안정시키던 시기에 모두 중선거구제의 영향을 받았던 것이다. 의원들에게 선거에서 당선되는 것은 다른 어떤 것보다 중요한 일이고, 각각의 파벌과 정당에게도 소속 후보들을 당선시키는 것이 지상 제일의 과제이다. 이런 상황에서 자민당이 수립되고 안정되던 시기, 중선거구제라는 규칙으로 치러지는 선거가 자민당 조직에 큰 영향을 끼쳐 왔다고 추론할 수 있다.

정치학에는 '뒤베르제 법칙'이라는 유명한 법칙이 있다. 프랑스 학자인 모리스 뒤베르제 Maurice Duverger 가 주창한 법칙으로, 소선거구제로 치러지는 단순다수대표제 다른 규칙 없이 가장 많은 표를 얻은 후보자 한 명이 당선되는 제도 에서는 유력 정당으로 두 정당만이 남아 양당제를 가져오고, 한 번에 여러 후보를 뽑는 비례대표제에서는 여러 정당이 살아남아 다당제를 가져온다는 내용이다. 한 명만이 당선되는 소선거구제에서는

2위 이하는 순위가 의미가 없기 때문에, 후보자들도 자신이 3위 이하의 성적일 것으로 예상한다면 1, 2위를 다투는 후보와 연합하고, 유권자들도 3위가 예상되는 후보보다는 1, 2위가 예상되는 후보 중 더 마음에 드는 쪽에 전략적 투표를 하기 때문에 결국 두 후보, 두 정당만이 살아남는다는 것이다. 그렇다면 일본처럼 2~6명을 뽑는 중선거구제에서는 어떤 결과가 나올까?

뒤베르제 법칙을 한 단계 확대시킨 이론으로 스티븐 리드Steven Reed의 'M+1 룰'이 있다. 한 선거구에서 선출되는 당선자의 수정수, Magnitude보다 하나 많은 수의 후보자, 혹은 정당이 살아남는다는 것이다. 소선거구제에서는 한 명을 선출하니 두 개의 정당이 살아남고, 두 명을 선출하는 선거구제를 채택한다면 세 개의 정당이 살아남을 것이라는 이론이다. 그렇다면 각 선거구에서 2~5명을 선출하는 일본의 중선거구제에서는 많게는 6개 정도의 정당이 살아남을 것이라고 생각할 수 있다. 하지만 전후 대부분의 기간에 일본 정치는 자민당 일당우위 체제가 이어져 왔다. 자민당이 과반 이상을 차지하고, 나머지 다른 정당들이 소수 의석을 차지하는 식이었다.

이 결과를 어떻게 해석할 수 있을까? 정치학자들은 자민당의 파벌이 사실상의 정당 내 정당 역할을 해 왔다고 평가하기도 한다. 오랜 자민당 일당우위 체제하에서 자민당 파벌이 각각의 정당 역할을 하면서, 정당 간의 정권 교체 대신 파벌 간 권력 역학이 변하는 것으로 균형을 유지해 왔다는 것이다. 이렇게 해석한다면 한 선거구에서 2~5명의 후보자가 당선되는 중선거구제가 자민당에 5~6개의 파벌을 만들어냈다는 설명이 가능하다. 중선거구제에서는 같은 선거구에서 같은 자민당 소속 후보들이 경쟁해야 한다. 같은 자민당이라고 해서 함께하는 것이 아니라 각자의 지역 기반, 각자의 정책 기반을 가지고 같은 당 후보끼리도 경쟁해야 하는 것이다. 이런 정치 구조에서 각자의 경쟁을 위해, 자민당은 중앙 집권적인 당 조직 대신 분권적인 파벌이 발전했다고 볼 수 있다.

파벌의 미래

1955년 자민당 창립 때부터 지속되어 오던 자민당 일당우위 체제는 1993년 자민당이 과반수 의석 획득에 실패하면서 40여 년 만에 변곡점을 맞았다. 이후 1996년에는 중의원 선거에 오랫동안 채택되어 왔던 중선거구제가 폐지되고, 한 선거구에서 한 명의 당선자만 선출되는 소선거구제로 선거 제도 개편이 이루어지면서 자민당 파벌의 성격 변화, 나아가서 뒤베르제 법칙에 따른 자민당에 대항할 만한 강력한 제2의 정당 탄생이 기대되기도 했다. 하지만 아직까지 자민당 일당우위 체제에는 큰 변화가 없고, 파벌도 예전만큼의 영향력을 기대하긴 어렵지만 계속해서 자민당 정치의 중추적 역할을 해 왔다.

물론 이후 2005년 고이즈미 준이치로小泉純一郎 총리가 민영화를 강력하게 몰아붙이면서 반대하는 자민당 의원들을 견제하기 위해 파벌을 무시한 공천을 한 사건, 2009년 민주당으로의 정권 교체 등을 거치면서 파벌의 의미가 예전에 비해 많이 옅어지기는 했다. 하지만 앞서 살펴봤던 총리 선출과 당 주요 보직의 분배, 후보 공천과 정책 협력 등의 분야에서는 여전히 파벌이 의미를 지니고 있었다.

그러다 2024년 일본 정치에서 대부분의 파벌 해산이라는 초유의 사태가 발생했다. 아소파를 제외한 모든 파벌이 공식적으로 해체를 선언했다. 각 파벌이 정치 자금을 모으는 행사인 '파티'에서 불법 비자금을 조성했다는 검찰 조사 결과가 나왔고, 이에 따라 정치적 책임을 지는 형태로 각 파벌들이 해산을 결정한 것이다. 록히드 사건, 리쿠르트 사건 등 때때로 일본 정치를 뒤흔든 스캔들이 발생해 왔지만, 자민당의 중추였던 주요 파벌 자체가 해산되는 것은 이번이 처음이다.

하지만 파벌이 공식적으로만 해체되었을 뿐 실질적인 영향력은 여전하다는 관측도 나온다. 2024년 9월, 대다수의 파벌 해체 후 처음으로 치러진 자민당 총재 선거에서 비주류 정치인이었던 이시바 시게루 石破茂가 당선된 것은 옛 기시다파의 후원이 있었다는 해석이 나오고, 이에 대항하는 후보였던 다카이시 사나에高市早苗 후보는 옛 아베파와 아소파가 지원했다는 분석이 지배적이다. 파벌 해체가 공식 선언되었음에도 불구하고 당 총재를 뽑는 선거에서 파벌의 영향력이 잔존했다는 것이다. 하지만 파벌이 공식 해체된 지 불과 1년도 되지 않은 시점의 선거이기 때문에 자민당 파벌의 미래를 예측하기에는 아직 성급하다.

뒤베르제 법칙은 소선거구제가 양당제를 가져올 것이라고 이론적으로 예측했지만, 현실에서는 오랫동안 지속되어 온 파벌 중심의 자민당 일당우위 체제가 쉽게 변하지 않았다. 그렇다면 커다란 정치적 스캔들을 겪고 난 이후, 과연 일본의 파벌정치와 정당정치는 소선거구제의 영향을 받아 변화할 것인가. 정치학 이론과 실제를 비교해 가며 관찰한다면 일본 정치를 다각적으로 이해할 수 있을 것이다.

'나가사키 인권평화자료관'이
우리에게 말해 주는 것

김경옥(한국교원대학교 인문사회과학교육연구소)

특정 비영리 활동법인 '나가사키 인권평화자료관'은 2024년 4월 1일에 재개관했다. 사실 이 자료관은 1995년 10월 1일 '오카 마사하루 岡まさはる 기념 나가사키 평화자료관'이라는 명칭으로 설립되었다. 그런데 설립자라 할 수 있는 오카 마사하루가 생전에 불미스러운 일에 연루된 사실이 뒤늦게 밝혀지며 지난 2023년 10월부터 잠시 휴관에 들어갔다. 이후 사회적 책임으로써 오카 마사하루의 잘못을 공표하고 '나가사키 인권평화자료관'으로 새로이 정비하여 재개관한 것이다. '인권'이라는 단어가 새롭게 들어간 것에서도 알 수 있듯이 이 자료관은 아시아·태평양 전쟁기 1937~1945 때 전쟁과 원폭으로 희생된 수많

나가사키 인권평화자료관

출처: NBC 나가사키 방송

은 사람을 기억하면서 전쟁의 원인과 비참한 결과를 초래한 일본의 아시아 침략도 함께 마음에 새기고, 현대 문제인 성차별과 성폭력에 대한 피해자의 인권도 돌아보는 것을 지향하고 있다.

나가사키 인권평화자료관은 나가사키역에서 도보로 5분 거리에 있다. 사실 나가사키는 히로시마와 함께 세계 유일의 피폭지로 잔인한 전쟁의 참화를 떠올리게 하는 곳이다. 히로시마에서는 시에서 출자한 히로시마 평화문화센터에서 '히로시마 평화기념자료관'을 운영하고 있고, 나가사키에서는 시가 직접 사업 주체가 되어 '나가사키 원폭자료관평화공원'을 운영한다. 그만큼 안정적인 재원을 바탕으로 넓은 부지에 전문가의 손길이 더해져 원폭의 참상을 전시하고 있다. 불에 탄 옷가지, 녹아내린 시가지와 뼈대만 남은 앙상한 건물, 흑백 사진 속의 울부짖는 피폭자의 얼굴 등 원폭의 참상은 보는 이의 가슴을 먹먹하게 한다. 2016년, 오바마 전 미국 대통령이 다녀간 이후 히로시마 평화기념자료관은 2017년 당시 방문자가 7,000만 명을 넘어섰다고 한다. 이렇게 안정적인 재원하에 전 세계적으로 유명한 히로시마나 나가사키의 자료관과는 달리, 나가사키 인권평화자료관은 민간이 운영하는 소규모의 자료관이다.

나가사키 인권평화자료관의 세 가지 특색

나가사키 인권평화자료관에는 일본의 다른 자료관과 구별되는 세 가지 특색이 있다.

첫째는 순수하게 시민의 힘만으로 만들어 낸 자료관이라는 점이다. 이 자료관은 설립 구상부터 토지·건물의 확보, 자금 조달, 전시 계획,

전시물 작성 등 어느 것 하나 행정기관이나 기업의 힘을 빌리지 않고 오직 시민의 힘만으로 운영하고 있다. 또한 접수를 비롯해 모든 자료관의 운영에 주부·교원·직장인·연금 생활자 등 일반 시민이 자원봉사로 참여하고 있다.

둘째는 일본의 가해 책임과 전후보상 문제에 초점을 둔 자료관이라는 점이다. 히로시마나 나가사키의 자료관을 비롯해 많은 자료관이 전쟁의 비참함을 피해자의 입장에서 호소하고 있는 것에 반해, 이 자료관의 그 설립 목적은 오카 마사하루가 생전에 언급한 내용에서도 찾아볼 수 있다.

"원폭자료관의 견학만으로는 아이들이 역사를 착각해, 일본이 원폭의 피해국이라고 생각하는 피해자 의식에 매몰되어 버린다. 원폭 투하가 결코 정당화될 수는 없다는 의미에서 원폭 자료관의 견학이 중요하지만, 그 배경이 되었다고도 할 수 있는 일본의 조선 식민지 지배, 중국·아시아·태평양에 대한 침략전쟁 사실을 부정할 수 없다. 그러므로 아이들이 일본의 가해 역사를 배울 필요가 있다."

아시아·태평양 전쟁은 근린 아시아 국가에 대한 침략전쟁이었고, 이에 따라 조선·중국·동남아시아 등 여러 국가에서 약 2,000만 명의 희생자가 나왔다. 그런 의미에서 일본은 '가해자'이고, 이 자료관은 일본의 '가해성'을 외면하지 않고 시민들에게 마주할 것을 호소하고 있다.

셋째는 배우기, 모임, 행동하는 장으로서의 자료관이라는 점이다. 이 자료관은 단순히 자료를 전시만 하는 것이 아니라 보고 생각하고 행동하는 장소로 기능한다. 그런 예는 시민의 힘만으로 운영되는 자원봉사자들의 활동에서도 알 수 있다. 나가사키 인권평화자료관은 전후 보상 문제 해결을 위해 재판에서 함께 싸우는 등 같은 '생각'을 가진 사람들이 만나고 행동하는 장소이다.

오카 마사하루는 누구인가?

앞에서도 설명했지만, 나가사키 인권평화자료관의 전신은 '오카 마사하루 기념 나가사키 평화자료관'이다. 오카 마사하루1918~1994는 나가사키 평화자료관을 구상한 사람이다. 그의 생몰연대에서도 알 수 있듯이 제1차 세계대전이 끝나고 일본이 제국으로 확장일로를 걷고 있던 1918년 오사카에서 출생했다. 그는 15세가 되던 1933년 해군전신병 시험에 합격하여 히로시마의 구래吳 해병단에 입단하고 20세가 되던 1938년 해군무선전신소에서 근무하던 중 일본기독교의 일본 복음루터교회에서 세례를 받았다. 이후 25세1943년에 히로시마 에다지마江田島의 해군병학교의 교관이 되고, 27세1945년에 히로시마에 원폭이 투하된 사실과, 일본의 패전 당시까지 나가사키현에 강제노동으로 혹사당하며 학대와 차별 등의 노예 생활을 강요받고 있던 약 7만 명의 조선인이 있다는 사실, 그리고 나가사키 원폭으로 피폭을 당한 조선인이 있다는 사실을 알게 된다. 이후 그는 천황에게 전쟁 종결을 직소할 것을 교원과 생도에게 호소하다 상관으로부터 처벌을 받았다.

패전 이후 그는 전쟁 중 해군으로 전쟁에 직접 관여했고 전쟁을 부정하지 못한 채 보냈던 시절을 회개하고 일본의 가해 책임을 묻는 활동 등을 하며 분주한 일상을 보냈다. 일본 복음루터신학교에서 공부한

명칭이 변경되기 전의 '오카 마사하루 기념 나가사키 평화자료관' 간판

후, 38세1956년에 도쿄에서 나가사키의 일본 복음루터교회의 전도사로 착임했다. 이때부터 그는 강제노동으로 시달린 약 7만 명의 조선인과 "조선인 피폭자의 실태를 조사하고 일본 제국주의의 범죄성을 분명히 밝혀 완전한 국가보상에 대한 길을 열고 싶다."라는 염원으로 오랜 기간 오무라 입국자수용소현 오무라 입국관리센터의 조선인을 구출하고, 조선인 피폭자 실태 조사, 조선인 전시 강제동원 조사 및 문제해결을 위한 활동에 전념했다.

오카 마사하루와 조선인 피폭자

오카 마사하루의 나이 40세1958년, 그는 '나가사키 원수폭금지협의회'의 상임이사에 취임했다. 매달 열리는 상임이사회에서 '피폭자 완전원호법 제정운동'과 '핵무기 폐절廢絶운동'을 주장했을 뿐만 아니라, '조선인 피폭자 실태 조사와 원호에 대한 대처'도 주장했다. 그러나 상임이사회에서는 1964년 7월 그가 이사를 퇴임할 때까지 이 문제를 단 한 번도 정식 의제로 다루지 않았다고 한다. 그가 나가사키 시내의 조선인 피폭자의 실태 조사를 비록 혼자서라도 하겠다고 결의하고 실행에 착수한 것은 그의 나이 47세였던 1965년 5월경이었다. 이 무렵 한일기본조약 체결을 계기로 일본 전국 각지에 '재일조선인의 인권을 지키는 모임'이 결성되었고, 이에 호응하여 나가사키에서도 '나가사키 재일조선인의 인권을 지키는 모임'이 결성되었다.

1971년 나가사키시의회 시의원에 당선된 오카 마사하루는 시의회 본회의나 상임위원회에서 모로타니 요시타케諸谷義武 시장에게 '조선인 피폭자의 실태 조사를 실시'할 것을 계속 요구했다. 그러나 모로타니 시장은 1979년 4월 시장을 퇴진할 때까지 조선인 피폭자 실태를 조사하지 않았다. 오카를 중심으로 한 '나가사키 재일조선인 인권을 지키는 모임'은 계속 실태 조사를 요구하는 한편 스스로 꾸준히 조사활동을 이어 나갔다.

'나가사키 재일조선인의 인권을 지키는 모임'이 최초로 조선인 피폭자의 실태 보고를 발표한 것은 1979년 10월 나가사키시에서 개최된 '제6회 재일조선인의 인권을 지키는 모임 전국 활동자 회의'에서 진행된 오카 마사하루의 강연에서였다. 한편, 오카를 비롯한 '나가사키 재일조선인 인권을 지키는 모임'은 나가사키시에 끊임없이 실태 조사를 요구했고, 이에 1981년 6월, 나가사키시는 '조사 보고·조선인의 피폭'을 공표했다. 그러나 나가사키시의 공표 결과는 오카와 '나가사키 재일조선인의 인권을 지키는 모임'이 실시한 조사에 비해 조사 방법이나 결론 등 모든 면에 걸쳐 신뢰하기 어려웠다. 특히 조선인 피폭자와 희생자의 수는 오카의 조사 결과보다 너무도 낮은 수치였다. 오카와 '나가사키 재일조선인의 인권을 지키는 모임'이 조사한 바에 따르면 나가사키시와 인근 정촌에 거주한 조선인은 약 3만 명, 피폭자는 약 2만

명, 사망자는 약 1만 명 _{1945년 8월 15일 기준}이었다. 그러나 나가사키는 "나가사키시에 거주했던 조선인은 1만 2,000~1만 3,000명으로 그중 사망자 수는 최소 1,400명으로 보인다."라고 공표했다. 오카와 '나가사키 재일조선인의 인권을 지키는 모임'은 자신들이 더욱 철저히 조사할 것을 다짐했고 그것이 바로 《원폭과 조선인》 제1집~제7집 간행이라는 결실을 맺었다.

다나카 마사타카田中 正敬에 따르면 이런 결실을 맺을 수 있었던 데는 일본 내에서 1960년대 후반부터 1970년대 '가해자' 의식이 싹트면서 이에 따라 전후보상운동이 진전된 배경이 있었다고 한다. 1980년대에는 세계적인 반핵운동과 평화교육이 활발히 진행되어 각 지역에서 전쟁이나 공습에 대한 기록과 기억을 발굴하는 운동이 일어났고, 이 시기부터 지역의 '피해 체험'뿐만 아니라 '가해 체험' 발굴도 시작되었다. 무엇보다 1989년 히로히토 천황의 죽음으로 '쇼와'가 종말을 맞이하고 아시아에 대한 전쟁 책임, 전후 책임, 식민지 지배 책임의 재검토가 시작되면서 공간적·방법적으로 전후보상운동이나 평화교육이 확산되었고, 그런 분위기에서 오카와 '나가사키 재일조선인의 인권을 지키는 모임'이 활발하게 활동할 수 있었다.

오카 마사하루와 나가사키 평화자료관의 설립

나가사키 인권평화자료관의 전신인 '오카 마사하루 기념 나가사키 평화자료관'은 오카의 구상에서 비롯되었다. 1971년부터 1983년까지, 12년간 나가사키 시의원을 역임한 오카는 나가사키 원폭자료관에 조선인 피폭자 코너를 만들라고 끊임없이 요구했다. 그러나 나가사키시는 이에 대응하지 않았고 결국 오카 자신이 자료관을 만들기로 결정하고 그 구상과 자금 모금 등 개관 준비를 하던 중 1994년에 사망했다. 그의 유지를 이어 1995년 10월 1일에 개관2003년 5월 1일 NPO 법인화한 것이 '오카 마사하루 기념 나가사키 평화자료관'이다.

나가사키 인권평화자료관에는 무엇이 전시되고 있나?

자료관 1층 정면에 외국인 피폭자 코너와 방문자들로부터 받은 기증품 등이 전시되고 있다. 계단 안쪽은 '함바'로 연결된다. 함바 출구에는 탄갱의 갱구를 본뜬 '모의 탄갱'이 있다.

이 자료관의 특징 중 하나는 계단부도 전시 장소로 활용하고 있다는 것이다. 1층에서 2층으로 오르는 계단 부분에는 '사진으로 보는 일본의 아시아 침략'이라는 제목의 전시가 있다. 전반이 조선에 대한 침략, 후반이 중국에 대한 침략으로 '일본은 아시아에서 무엇을 했는가'라는 동아시아와 동남아시아 지역에 대한 일본 침략의 실태를 보여 주는 사

1층 전시장

함바(강제노동자를 위한 숙소) 코너

출처: 나가사키 인권평화자료관 홈페이지

계단부 전시

출처: 나가사키 인권평화자료관 홈페이지

진이 전시되어 있다. 일본이 아시아에 대한 침략전쟁 수행을 위한 조선인의 강제 연행, 그리고 강제 연행된 조선인들이 탄갱과 광산, 토목 현장 등에서 열악한 의식주 아래 가혹한 차별과 학대 속에서 노동과 생활을 강요당한 그 실태에 주목한다.

2층의 전시는 크게 네 개로 구분할 수 있다. 우선 2층 입구 부근에 '황민화'와 일본 국내의 사상 통제의 코너가 있고, 조선인 강제 연행과 중국인 강제 연행을 다룬 코너가 있다. 두 번째 코너는 일본군 위안부 문제, 세 번째는 난징대학살, 731부대를 포함한 '일본은 왜 계속 무책임한 것일까'의 코너, 그리고 마지막 네 번째는 전후보상문제, 차별과 인권 침해 및 탄압에 맞서 전쟁에 반대한 사람들에 관한 전시 코너가 있다. 여기에는 견학한 후의 감상을 적거나 포스트잇을 붙여 자신의 의견을 표현할 수도 있다.

나가사키 인권평화자료관은 그동안 일본의 침략과 전쟁으로 희생된 조선인과 중국인에 대한 가해의 역사를 마주할 것을 호소한다. 이 자료관을 방문하는 사람들이 가해의 진실을 알고 동시에 피해자의 아픔을 느낄 수 있도록, 이를 통해 전후보상을 실현하고 앞으로의 반핵·반전·반차별·평화·인권의 실현을 목표로 상호의 연대를 강고히 할 것을 지향하고 있다.

　자료관의 운영법인에 따르면 오카 마사하루에게 성폭력을 입은 전 여성 기자가 2020년에 인터넷의 투고 사이트를 통해 피해 사실을 밝혔고, 자료관 측은 2023년 8월에 중개인을 통해 피해자에게 피해 상황을 듣고 전 여성 기자의 증언을 사실로 받아들여 9월에 대응이 늦어진 점에 대해 사죄했다고 한다. 이후 자료관은 10월부터 휴관을 했으나 오카의 활동에 관한 전시를 철거하고 성차별과 성폭력에 관한 코너를 새로이 신설해 2024년 4월 1일부터 재개관하게 되었다.

동양평화론, 21세기에도 가능할까?

조주호(예비역 육군 대령)

청소년기에 만난 일본

의병장이었던 중봉 조헌 선생은 나의 13대 할아버지이다. 선생은 문중의 자랑이었다. 그래서인지는 몰라도 자라면서 아버지에게 귀에 못이 박히도록 많이 들었던 말이 있다.

"우리는 조헌 선생의 후손으로서 비록 가난하게 살더라도 반드시 행동거지를 바르게 해야 한다."

아버지는 근대식 정규교육을 받지는 않았지만 서당에서 사서삼경 등을 공부했던 유생 출신이었다. 그래서 시골 마을인 충청도 금산에서, 출생아들에게 이름을 지어 주거나 제사 지방을 써주기도 하면서 양반 체통을 유지하셨다. 그래서 자식들이 당신의 체면을 구기는 일만은 절대 없기를 바라셨다.

중학교 2학년 때, '칠백의총'으로 봄 소풍을 갔다. 칠백의총은 임진 왜란 당시 참전했다가 순국한 의병들의 유골을 안장한 곳이다. 의총이란 의로운 사람들이 잠들어 있는 곳이라는 뜻이다. 이제껏 보아 왔던 일반 무덤과는 도무지 비교조차 안 되는 커다란 묘역에서, 국사를 가르치시던 담임 선생님은 의병장 조헌과 칠백의사의 애국충절에 대해 말씀하셨다.

칠백의총 전경

출처: 충청남도 금산군청

"만일 임진왜란 때 의병이 없었다면 이미 우리나라는 그때 일본에게 점령당했을 것이다. 특히 조헌 선생과 칠백의사가 전라도 지역으로 진출하려는 왜군을 막았기에 그나마 나라를 지킬 수 있었다."

ROTC 장교 출신인 선생님은 약간 상기된 표정으로 말을 이어 갔다.

"제대로 된 군사훈련조차 받지 못한 700명의 의병들이 '최후의 1인까지, 최후의 일각까지'라는 각오로 싸우다 순절한 금산전투는 전쟁사에서 그 유래를 찾기 어려울 정도로 대단한 전투였다."

그러면서 선생님은 우리가 지금 이렇게 어렵게 사는 것도 모두 일본의 식민 지배 때문이라는 말을 덧붙였다. 내 마음에서는 의병장 조헌의 후손이라는 자긍심으로 뿌듯함을 느낌과 동시에 일본에 대한 막연한 적대감이 꿈틀거렸다.

십 대의 교육 경험은 한 사람의 성장 과정에 커다란 영향을 미친다. 그래서 이렇게 형성된 일본의 이미지는, 나에게 그저 반감과 적대감뿐이었다. 더구나 그 시절의 나는 아버지나 선생님의 가르침을 어떤 비판도 없이 무조건 그대로 수용하는 범생(?)이었다. 하지만 세월이 흘러 어른이 되었고, 또 군인이 되어 나라를 지키면서 청소년기에 형성된 이런 세계관에 조금씩 변화가 생기기 시작했다. 일본의 침략과 수탈, 식민 지배는 그들의 무모한 제국주의 야욕에서 비롯된 것이 분명한 사실이지만 우리 역시 평화를 지키기 위한 대비가 부족했고 힘의 논리가 적용되는 국제정치에 어두웠던 문제가 있었다는 것을 알게 되었다.

대일청구권 자금과 금오공고

필자는 구미에 있는 금오공업고등학교 이하 금오공고를 졸업했다. 금오공고는 박정희 전 대통령이 세운 학교이다. 모두 어렵던 시절, 가난했지만 우수한 학생들이 고등학교 졸업 후 바로 산업 전선에 뛰어들었는데 특히 부산공고와 금오공고가 유명했다. 그래서 우리 학교는 인문고가 아니었지만 지역사회에서 명문 학교로 통했다. 내가 이 학교에 진학한 이유도 가난 때문이었다.

중학교 3학년 9월 어느 날, 우리 집안 형편을 잘 알고 계셨던 담임 선생님이 나를 부르셨다. 그러면서 이 학교 입학 요강을 주면서 말씀하셨다.

"내용을 잘 읽어 보고, 부모님과 상의하여 응시 여부를 알려 주렴."

거기에는 입학 지원 자격, 장학 내용, 그리고 졸업 후의 옵션 같은 게 적혀 있었다. 중학교 석차 5% 이내인 학생만 지원할 수 있고, 합격자에게는 학비, 식비, 학용품비 등을 국가에서 지원한다는 혜택, 그리고 졸업 후 기술병과 하사로 임용하여 5년간 군 복무를 해야 한다는 옵션도 포함되어 있었다. 집에 돌아가 아버지와 상의한 후, 나는 이 학교에 원서를 냈고 입학했다.

금오공고 정문, 저 멀리 '조국근대화 탑'이 보인다

입학하고 나서도 아주 한참 뒤, 나는 금오공고가 대일청구권 자금으로 지어졌다는 사실을 알았다. 1970년대 초 조국 근대화의 기치를 내세운 박정희 정부에서 일본 정부를 상대로 기술고등학교의 설립에 대한 협력을 요청했고, 양국 정부의 합의에 따라 학교가 지어졌다는 것이다. 이 학교는 일본과의 협력으로 지었기에 당시 일본의 최신 기술과 물자가 많이 들어왔다. 그때 전공 실습을 담당하던 선생님이 했던 말이 지금도 생생하게 기억이 난다.

"이 실습장의 모든 것은 공기를 제외하면, 전부 일본에서 들어온 것이다."

우리 학교가 일본어를 제2 외국어로 택한 것은 아마도 당연한 일이었는지도 모른다.

대일 청구권자금이란 무엇인가? 일본이 우리나라를 식민 지배를 하면서 수탈했던 인적, 물적 피해에 대해 배상을 요구하여 받아낸 자금이다. 그런데 가만히 역사를 반추하면 일본이 우리를 수탈한 게 어찌 일제 강점기뿐일까? 임진왜란 때도 의병장 조헌은 일제의 침략으로부터 나라를 구하기 위해 여러 의병들과 목숨을 바쳤다. 혹시 이 청구권 자금 협상 과정에서 우리 대표단은 고려 말부터 끝없이 이어진 왜구의 침략, 임진왜란 때 조선 백성들을 짓밟은 피해 같은 것에 대한 보상 이야기도 꺼내 들었을까?

일본의 자금으로 만들어진 꽤 괜찮은 학교를 다녔던 빡빡머리 고등학생에게 이런 의문이 들었다. 그러면서 이런 일본에 대해 좀 더 자세히 알고 싶다는 지적 호기심도 함께 생겼다.

일본 방위연구소를 방문했던 추억

나는 대학을 졸업하고 육군 소위로 임관되어 평생 직업군인의 삶을 살았다. 주로 야전부대에 근무했던 나에게 국방대학원 안전보장과정 교육을 받을 기회가 생겼다. 이 교육은 육해공군 대령급 이상 장교와 정부 고위공무원들이 우리나라 안보 정책에 대해서 공부하는 과정이다. 이 과정 중에 안보 정책에 대한 안목을 키우고, 군사 교류도 한다는 취지로 우방국의 군사기관을 방문하는 프로그램이 있었다.

대부분은 그 당시 일반적으로 방문하기 어려웠던 호주, 러시아, 우간다 같은 국가의 기관을 선택해 다녀왔지만 나는 일본을 택했다. 그때 나는 일본의 평화헌법과 주일미군의 한반도 전개 조건에 관심이 있어서 일본 방위연구소를 신청한 것이다. 아마도 고등학교 시절, 일본에 대해 가졌던 의문과 호기심의 기억이 여전히 잔상으로 남아 있던 탓도 있었을지 모른다.

일본 헌법 제9조는 '전쟁의 포기 1항, 군대의 포기 제2항 전단, 교전권

부인 제2항 후단' 등을 명기하고 있다. 일본은 이를 '평화헌법'이라고도 부른다. 하지만 일본은 '육상 및 해상, 항공자위대'가 분명히 존재하고, 정치권에서는 '자위대의 군대화와 헌법 9조의 개정' 움직임이 계속되는 것도 사실이다. 물론 이에 반대하는 목소리도 당연히 존재한다.

주일 미군의 신속한 한반도 전개 문제는 우리나라 군사 전략에 매우 중요한 요소이다. 하지만 여기에 아주 민감한 문제가 있는데, 그것은 유사시 주일미군이 한국에 출동하려면 일본 정부의 사전 양해가 있어야 한다는 사실이다. 나는 방위연구소의 연구원들에게 이 문제를 발전적으로 검토할 필요성을 토의해 보자고 제안했다. 하지만 사안의 민감성 때문일까? 일본 측 인사들은 자신은 잘 모르는 일이라고 하면서 얼버무렸다. 그 밖의 우리 동료들이나 인솔 교수도 크게 호응하지 않았고, 동행했던 주일대사관의 무관만 작은 관심을 보일 뿐이었다.

일본 방위연구소

출처: 일본 방위연구소 홈페이지

나는 일본 방위연구소 방문을 통해 일본의 안보 전략에 깔린 일본의 본심ほんね을 알 수 있었으면 좋겠다고 내심 기대했다. 하지만 그것은 그냥 기대였을 뿐이었다. 6시간에 불과한 짧은 시간의 방문이라는 한계도 있었지만 한일관계, 그리고 아마도 일본인 특유의 본심 숨기기たてまえ의 탓도 있었을 것이다. 그렇지만 민감한 군사 문제가 아닌 재난 상황 같은 비군사적 교류와 협력을 강화하는 문제는 서로 크게 공감하기도 했다. 그때도 나는 일본을 협력의 대상으로 생각했고, 어떻게 하면 서로 민주주의라는 가치를 공유하면서 평화롭게 교류하는 좋은 이웃이 될 수 있을까를 고민했다.

안중근과 동양평화론

그 후 오랜 군 생활을 마치고 전역했다. 하지만 일본을 탐구하고 싶다는 욕구는 계속되어 전역 직후, 한국어 교원 자격증을 취득하고 일본인 유학생에게 한국어를 가르치는 봉사 활동을 시작했다. 일본 생활을 실제로 겪어 보고 싶다는 생각이 들어서 2017년 1월에는 '미야자키 한 달 살기'에도 도전했다.

2022년, 뒤늦게 방송대 일본학과에 입학하여 본격적으로 일본어와 일본 문화를 공부하기 시작했다. 그러면서 '동아시아 사랑방 포럼'에 가입했는데 여기서 안중근 의사와 그가 쓴 동양평화론을 접하게 되었다. 안중근 의사를 주제로 수많은 토의를 통해, 동일한 역사적 사건이라고 해도 바라보는 입장에 따라 얼마나 다른 평가가 가능한지 다시 한번 절실하게 깨달았다. 안 의사는 우리 국민에게는 무한한 존경을 받는 '애국지사'이지만, 일본인에게는 그저 '테러리스트'에 불과할 수도 있다는 표현을 들었을 때는 가슴이 섬뜩했다.

　동양평화론은 안중근 의사가 순국 직전 뤼순 감옥에서 쓴 미완의 저술이다. 원래 한문으로 쓰였는데, 1979년 〈동아일보〉에서 원문을 번역해 게재했다. 이 글에서 안 의사는 한·중·일 3국을 '대등한 국가 관계'로 보면서, 이웃 국가에 대한 침략이나 영토 확장 시도를 비판한 후 평화적 공존을 주장하고 있다. 그 당시 국가 간 관계와 정치적 상황을 고려한다면 정말 혁명적 제안이라고 할 수 있다. 하지만 불행하게도 그 시기는 배타적 주권 행사와 전쟁, 극심한 경쟁으로 점철된 제국주의 시대라는 한계가 있었다.

　안 의사는 공동은행 설립과 집단안보체제라는 파격적인 주장을 내세웠는데 오늘날의 유럽연합EU 모델과 비슷한 동아시아의 연합 모델을 제시한 것이라는 평가를 받기도 한다. 이런 구상은 유엔이나 유럽공동체보다 70년이나 앞선 것으로, 최근 군주제를 수립하면서도 국민의 권리와 자유를 보장하려 했던 칸트의 '평화연맹'과도 비교되면서 재조명되고 있다.

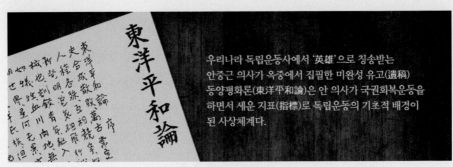

우리나라 독립운동사에서 '英雄'으로 칭송받는 안중근 의사가 옥중에서 집필한 미완성 유고(遺稿) 동양평화론(東洋平和論)은 안 의사가 국권회복운동을 하면서 세운 지표(指標)로 독립운동의 기초적 배경이 된 사상체계다.

안중근 의사의 동양평화론 서문

출처: 안중근의사 기념관

여기서 잠깐 생각해 본다. 안중근 의사의 동양평화론은 과연 실현 가능한 것일까? 주제 넘은 생각일지 모르지만 한중일 사이에서 잠재되어 있는 '적대감의 유효 기간'을 설정하면 가능할 수도 있다고 생각한다. 어느 누군가가 '몇백 년, 몇천 년에 걸친 역사적 앙금'을 들먹이기 시작하면 동양평화론은 물론 실현 불가능하다. '주도권을 누가 가질 것인가'라는 문제로 실랑이를 해도 역시 백년하청일 것이다. 그러자면 조금 엉뚱하지만 누군가는 먼저 손을 내밀어 화해를 청하고, 용서의 발걸음을 내딛기 시작해야 진정한 평화의 길로 이어질 수도 있다는 생각을 해본다. 유럽연합EU이 역사적 감정과 대립을 극복하고 연합공동체를 이루었듯, 한중일 3국도 평화로운 공동체를 이룬다면 동북아의 평화는 물론 세계평화에도 크게 기여하리라고 본다. 이것이 안 의사가 '동양평화론'을 통해 이루고자 했던 염원이라고 생각한다. 하지만 이 글을 쓰고 있는 나 자신도 이런 생각이 빠른 시기에 실제 이루어질 것이라고 확신하기 어렵다.

가까운 이웃으로 나아가는 길

"먼 친척보다 가까운 이웃이 낫다."라는 속담이 있다. 일본도 이와 비슷한 표현遠くの親戚より近くの他人을 통해서 이웃의 중요성을 강조해 왔다. 하지만 사실 '가까운 이웃' 되기가 말처럼 쉬운 것은 절대 아니다. 정말 가까운 이웃이 되기 위해서는 양국 국민들이 서로 관심을 가지고 알아 가며 이해하는 기회를 만드는 것이 무엇보다도 중요하다. 이를 위해서는 우선 이런 부족함을 인정하고 민간 차원의 교류부터 확대하는 것이 중요하다.

최근 다양한 민간 교류를 통하여 서로를 알고 이해하려는 시도가 분명 늘어나고 있다. 이것은 서로가 가까운 이웃이 되기 위한 좋은 징표이다. 생활 속의 한일 교류, 불과 얼마 전에만 해도 정말 상상조차 어렵던 일이 지금 눈앞에서 벌어지고 있다. 일본에서는 우리나라 드라마와 K-POP이 대유행이고, 일본 가수가 우리나라 방송에 등장하여 일본어로 엔카를 부르기도 한다. 평생을 윤동주 연구에 매진하며 윤동주 관련 논문과 책을 10여 권 이상 펴낸 일본인 교수 '오무라 마스오' 이야기, 서울 성수동 팝업 스토어 '무라카미 하루키 스테이션'에 방문한 수많은 우리 젊은이들 이야기도 아주 상징적인 사례이다. 특히 무라카미 하루키 스테이션이 개장된 시기가 후쿠시마 오염수 방류로 일본에 대한 감정이 좋지 않았던 2023년 9월이었다는 것은 점은 더욱 시사하는 바가 크다.

독일-프랑스의 영구 화해를 다짐하는 엘리제 조약 체결식(1963년)

하지만 이런 민간 교류 확대만으로 가깝고 진정한 이웃이 되는 것은 아니다. 아픈 과거사로 인해 양국 국민들에게 내재된 상반되는 감정은 언제라도 다시 돌출될 가능성이 있다. 이런 문제를 확실하게 해결하기 위해서는 결국 양국 정치 지도자들의 리더십이 필요하다. 한일관계 이상으로 상대방을 증오하던 프랑스와 독일도 1963년 엘리제 조약 체결을 통해 외교·국방·청소년 교육 분야 협력을 제도화하고, 양국 간의 오랜 역사적 대립을 종식시켰다. 이런 사례를 참고하는 것도 좋을 것 같다.

그러자면 양국 정치 지도자들은, 혹시 정권이 바뀌어도 영구적 우호 협력 관계가 유지될 수 있도록 불가역적이면서 확실한 조약협약을 체결해야 한다. 독일과 프랑스의 양국처럼 정권이 바뀌어도, 또 통일 독일 이후에도 유지되고 지켜 오는 엘리제 조약처럼 말이다. 그런 우호 협력 정신이 바탕이 되어 유럽연합을 탄생시킨 것처럼, 한일 양국도 이런 협약을 체결하여 양국의 영구적인 우호 협력이 보장된다면 안중근 의사가 구상했던 동양평화론과 동아시아 연합국의 성립 또한 불가능한 일은 아닐 것 같다는 다소 꿈 같은 생각을 해 본다.

3

일본 감성을 찾아가는 여행

일생에 한 번은 타 보고 싶은 크루즈 열차 여행

안테나숍, 도쿄에서 즐기는 미니어처 일본 여행 놀이

신화와 사구 그리고 아지사이와 함께하는 돗토리 여행

작은 마을에서 만나는 아름다움과 즐거움

또 다른 신의 나라, 오키나와

야마나시현의 매력

역사와 풍경이 어우러진 여행

일본이 걸어온 관광과 여행의 발자취

일생에 한 번은 타 보고 싶은 크루즈 열차 여행

야마기시 아키코(포항대학교 교수)

일본 여행에서 빼놓을 수 없는 것이 기차 여행이다. 1872년 10월 14일 신바시 - 요코하마 간에 일본 최초의 철도가 개통된 것을 계기로 1994년에 그 탄생과 발전을 기념하기 위해 매년 10월 14일을 '철도의 날鉄道の日'로 정했다. 철도가 국민에게 널리 사랑받고 그 역할에 대한 이해와 관심이 더욱 깊어지기를 바라며 철도 사업자, 관련 단체, 국가 등이 '철도의 날' 실행위원회를 구성해 매년 전국 각지에서 다채로운 행사를 진행하고 있다.

일본 열차의 총연장은 30,625킬로미터로 연간 총 이용객은 2020년 에는 코로나19 사태에도 불구하고 177억 명에 달했다. 매일 출퇴근과 통학으로 이용하는 일상에서 벗어나고 싶을 때 바로 떠날 수 있는 것 이 열차 여행이다.

일본에는 약 10년 전부터 크루즈 트레인이라는 호화로운 열차 여행 이 시작되었다. 크루즈 트레인은 관광 목적에 특화된 순환형 호화 침 대 열차의 총칭이다. 달리는 호텔이라고도 불리는 열차에는 한 칸이 스위트룸인 열차도 있고, 차내 고급 레스토랑에서는 일류 레스토랑의 요리를 즐길 수 있다. 문제는 가격인데, 최저 1박 2일 코스로 30만 엔 대부터 최고 3박 4일 코스에 170만 엔이 넘는 투어도 있다. 기차를 타

는 것 자체가 여행인 셈이다. 몇 달 전에 예약하지 않으면 매진될 정도로 성황을 이루고 있으며, 해외에서 먼 길을 달려와 기차를 타고 여행하는 해외 팬들도 적지 않다. 해외 여행 전문지 작가나 여행을 좋아하는 유튜버들이 일본을 방문해 마치 고급 호텔과 착각할 정도로 특별한 경험에 놀라기도 한다. 여기서는 그중 일본 3대 호화 크루즈 열차 여행을 소개하고자 한다. 바로 나나쓰보시 in 규슈ななつ星 in 九州, 트레인 스위트 시키시마四季島, 트와일라이트 익스프레스 미즈카제トワイライトエクスプレス瑞風이다.

나나쓰보시 in 규슈 - 일본 규슈

'나나쓰보시 in 규슈'는 하카타역을 기점으로 한 일본 최초의 크루즈 열차로 탄생해 2023년 10주년을 맞이했다. 규슈 7개 현을 7량 편성 객차로 돌아다니며 자연, 음식, 온천 등 일곱 가지 관광 소재를 즐긴다는 의미에서 '나나쓰보시일곱 개 별'라는 이름이 붙여졌다. 해외에서도

나나쓰보시 in 규슈

여행을 좋아하는 사람들 사이에서 인지도가 높아 미국 《콘데나스트 트래블러》지 독자 투표에서 2023년 '세계 최고의 기차 여행' 1위에 선정되기도 했다. 침대부터 도자기까지 하나하나가 일본 장인의 수작업으로 만들어졌다는 품질 추구도 인기의 비결로, JR 하카타역 3층에는 전용 라운지 '금성金星'이 마련되어 있고 그곳에서 출발 세리머니가 진행된다.

세련된 디자인을 자랑하는 열차 공간에는 바 카운터와 다실 등이 있으며, 차내에서 제공되는 음식과 승무원의 서비스, 그리고 지역 주민들과의 만남이 열차 여행에 새로운 가치를 더한다. 다다미로 장식된 다실에서는 편하게 의자에 앉아 차를 즐길 수 있다. 객실 수가 10개에 불과하고 정원이 20명인 호화로운 열차는 환대의 마음을 새로운 차원으로 올려 준다. 차내 공용 공간과 열차를 내려서 각지에서 점심과 저녁 식사를 할 때 복장 규정이 있다. 남성은 셔츠에 넥타이를 매고 저녁에만 겉옷을 입는다, 여성은 원피스 또는 옷깃이 달린 셔츠, 재킷, 정장 등을 입는 것이다. 하지만 관광 시에는 움직이기 편한 복장, 운동화 등으로 참가할 수 있다.

1박 2일 코스에서는 히사쓰오렌지 철도 肥薩おれんじ鉄道의 가고시마현 아구네시에 있는 우시노하마역을 방문한다. 거친 파도에 씻긴 바위와 기복이 심한 역동적인 바다가 보이는 바닷가의 작은 역으로, 일대가 가고시마 현립 자연공원으로 지정된 '우시노하마 경승지'가 펼쳐지는 명승지이다. 열차는 가장 아름다운 해 질 녘 시간대에 정차한다. 방문하는 계절과 시간, 날씨에 따라 그때만 볼 수 있는 석양의 풍경을 즐길 수 있다. 차내를 장식하는 구미코자이쿠 組子細工는 못을 전혀 사용하지 않고 작고 얇은 나뭇조각을 하나하나 수작업으로 조합하여 엮어

내는 전통 기법으로 만든 것이다. 후쿠오카현 오카와시 福岡県大川市 에 전해 내려오는 전통 기술과 '나 나쓰보시 in 규슈'의 제작 비화 등 구미코자이쿠 장인만의 이야기를 들을 수 있다. 겨울 코스에서는 운젠 지옥 雲仙地獄 주변의 지열을 느낄 수 있는 장소인 광대한 국립공원 안에 누워 지구의 온기를 온몸으로 느끼며 별이 가득한 밤하늘을 바라볼 수 있다. 겨

우시노하마 석양

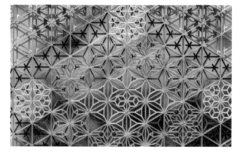

구미코자이쿠(組子細工)

울 운젠에서만 경험할 수 있는 귀중한 체험이다.

3박 4일 코스는 기리시마 霧島 코스와 운젠 雲仙 코스가 있다. 기리시마 코스에서는 규슈의 도자기와 역사를 접하고 100년의 철도 낭만을 느끼며 규슈를 기차로 한 바퀴 돌면서 도자기와 지역 술, 웅장한 자연을 체험하는 여행이다. 조선에서 사쓰마로 건너와 400년 이상 이어져 온 온타 도자기 마을, 심수관 가마 沈壽官窯, 기리시마 산맥 기슭에 펼쳐진 자연이 풍부한 미야자키현 서부 지역, 유네스코 에코파크인 오이타현 분고오노·분고타케다 지역으로 간다. 그리움과 새로움이 공존하는 가슴 설레는 여행이 될 것이다.

운젠 코스는 북부 규슈를 둘러보는 여행이다. 예로부터 휴양지로 사

랑받아 온 유후인과 운젠, 구마모토 시내에 조용히 자리 잡은 호소카와번의 보리사 다이쇼지泰勝寺, 시마바라 반도의 풍요로운 대지에서 씨앗부터 소중히 키운 채소, 해외 교류의 관문으로 번영한 나가사키의 와카란 문화和華蘭文化, 오이타현 구니사키 지역에 계승되고 있는 세계농업유산 등 미래에 소중히 전하고 싶은 규슈를 체험하는 여행이다.

트레인 스위트 시키시마 - 일본 동일본

시간과 공간의 변화를 즐기는 '트레인 스위트 시키시마'는 일본의 크루즈 열차에서만 만날 수 있는, 화려하게 변화하는 사계절을 만끽할 수 있는 고품격 체험이다. 탑승객의 기억에 영원히 남을 여행을 위해 황금빛으로 빛나는 열차가 조용히 달린다. 샴페인 골드 차량은 10량으로 구성되는데, 객차는 6량으로 최대 34명을 수용할 수 있다.

다음에 살펴볼 미즈카제보다 약 1개월 먼저 운행을 시작한 시키시마 열차는 우에노역을 발착역으로 하여 간토 고신에쓰, 도호쿠, 홋카

트레인 스위트 시키시마

이도까지 다양한 코스를 시기에 따라 운행하고 있다. 일정도 1박 2일에서 3박 4일까지 다양하며, 차 밖에서의 식사나 버스 이동도 포함되는 등 아이디어가 풍부한 여행 플랜이 준비되어 있다.

내·외부 모두 현대 미술을 연상시키는 모던한 분위기이지만, 객실은 일본의 정취를 느낄 수 있는 공간으로 꾸며져 있다. 나무와 같은 디자인이 인상적인 5호차 라운지는 열차의 유일한 출입구를 갖춘 현관이다. 피아노와 바 카운터도 있어 마치 호텔 로비처럼 느껴진다. 모던한 샹들리에와 와인 셀러가 장식된 다이닝에서는 동일본 각지의 제철 음식을 맛볼 수 있다. 맨 앞과 맨 뒤에 배치된 전망차는 삼면이 창으로 둘러싸여 있어 밝은 햇살이 쏟아져 들어온다.

총 17개의 객실은 전통 공예품을 도입한 일본식 모던 공간이다. 최상급 타입인 '시키시마 스위트'는 1층이 침실, 2층이 거실인 복층^{메조넷}으로 히노키 목욕탕이 있다.

우에노역을 출발해 니가타현, 야마나시현을 돌아 우에노로 돌아오는 1박 2일 코스에서는 에도 시대 중반부터 메이지 시대 중기에 걸쳐 기타마에부네北前船의 기항지가 되어 항구 도시로 크게 발전한 니가타의 3대 재벌 중 하나인 사이토 가문의 유적지를 방문한다. 사이토 가문이 1918년에 지은 별장 '구 사이토 가문 별장'에서는 뛰어난 장인의 기술과 아름다운 정원에 남아 있는 그 번영의 모습을 견학할 수 있다. 사이토 가문의 본 저택 일부를 하쿠산 공원 내로 옮겨 재건한 '엔기칸 燕喜館'은 곳곳에 명목이 사용되어 있으며, 다다미방의 난간과 미닫이문 그림 등에서도 일본풍의 멋을 느낄 수 있다. 엔기칸에서는 교토의 기온, 도쿄의 신바시와 함께 일컬어지는 하나마치花街, 유곽이 모여 있는 지역인 니가타 후루마치의 게이샤들이 펼치는 예능을 즐길 수 있다.

또한 예로부터 포도의 고장인 야마나시는 생식용 외에도 메이지 문명 개화기에 와인 양조용 포도 재배가 장려되어 일본 와인 산업의 발상지이기도 하다. 그런 야마나시는 현재 국내산 포도를 100% 사용하여 일본 국내에서 양조한 '일본 와인'의 일대 산지로서 세계 유명 양조지와 어깨를 나란히 할 만큼 성장을 거듭하고 있으며, 최근에는 국내외 와인 콩쿠르에서도 입상하는 등 높은 품질을 평가받고 있다. 명문 와이너리에서 고슈 와인甲州ワイン에 관한 세미나도 진행된다.

이 외에도 2박 3일의 겨울 코스도 있다. 우에노역을 출발해 도호쿠 지방을 거쳐 아오모리까지 가서 우에노로 돌아오는 코스로, 문호 다자이 오사무의 생가인 메이지 시대의 저택인 다자이 오사무 기념관 '샤요칸斜陽館'을 견학한다. 지역 유수 대지주의 여섯째 아들로 태어나 어린 시절을 보낸 이곳에서 다자이 문학의 원점을 느낄 수 있다.

그 밖에도 쓰가루 철도 가나기역에서 쓰가루고쇼가와라역까지 '달마 스토브'가 설치된 쓰가루의 겨울 풍물시 '스토브 열차ストーブ列車'를 타고 향수를 불러일으키는 로컬선 여행도 귀중한 체험이 될 것이다. 또한 과거에 시드르 공장 등으로 사용되었던 요시노초 벽돌 창고吉野町煉瓦倉庫의 벽돌의 일부를 그대로 살려 2020년에 오픈한 히로사키 벽돌창고 미술관弘前れんが倉庫美術館에서 쓰가루의 공예품 만들기 체험을 즐길 수 있다. 수제 체험으로 히로사키 고긴 연구소의 '쓰가루 고긴 자수津軽こぎん刺し', 아오모리현의 풍부한 목재를 소재로 한 핸드메이드 목공 공예 '와니못코わにもっこ' 중 하나를 선택해 직접 만들어 보는 것도 재미있을 것이다.

트와일라이트 익스프레스 미즈카제 - 일본 서일본

미즈카제瑞風는 '싱그러운 바람'이라는 뜻과 '길조를 나타내는 경사스러운 바람'이라는 의미를 담고 있다. 벼 이삭이 풍성하게 열리는 일본의 호칭으로 '미즈호노쿠니瑞穂の国'라는 것이 있는데, 여기에 새로운 '트와일라이트 익스프레스'라는 바람이 행복을 가져다주는 풍경을 이미지화했다.

2017년 6월에 탄생한 특별한 침대 열차로 교토역과 시모노세키역을 발착역으로 하여 1박 2일로 세토내해 쪽을 도는 산요山陽 코스상행, 하행와 동해 쪽을 도는 산인山陰 코스상행, 하행, 2박 3일로 두 코스를 모두 둘러보는 산요·산인 코스가 있다. 각 코스 모두 하루에 한 번씩 하차해서 관광을 즐길 수 있는 점도 매력적이다.

10량으로 구성된 열차는 최대 34명을 수용할 수 있으며 객차 6량과 식당차, 라운지, 전망차로 구성되어 있다. 인테리어는 아르데코풍을 바탕으로 향수를 불러일으키는 시크한 분위기로 꾸며져 있다. 1호차와 10호차는 전망차로, 머리 위까지 이어지는 창가 소파석에서 휴식을 취할 수 있다. 제일 후방 차량에서는 전망 데크로 나갈 수 있어 바람

트와일라이트 익스프레스 열차와 객실 내부

을 맞으며 경치를 감상할 수 있다. 식당차에는 일류 식당의 장인이 감수한 요리를 제공한다. 오픈형 키친으로 되어 있어서 요리하는 모습도 볼 수 있다. 객실은 로열 싱글, 로열 트윈, 더 스위트의 세 가지 타입이 있고 더 스위트는 7호차를 통째로 사용한 한 개실만 있으며, 편백나무 욕조가 있는 욕실과 발코니가 있다. '미즈카제' 여행의 시작인 교토역에서는 역과 직결된 호텔 그란비아 교토 내의 미즈카제 라운지에서, 시모노세키역에서는 미즈카제 기념비가 있는 홈과 미즈카제 객실에서 웰컴 세레모니가 진행된다.

산요 코스^{상행}는 옛 초슈의 번주인 모리 가문과 관련된 문화재를 소장하고 있는 모리박물관을 방문한다. 또한 국가 지정 명승지 모리시 정원毛利氏庭園을 산책할 수 있다. 고베와 아와지시마를 잇는 총길이 3,911미터의 세계 최장 현수교인 아카시 해협 대교를 바라본다. 바다와 하늘의 대비, 그리고 아와지시마의 녹색에 비치는 웅장한 다리의 모습은 이곳에서만 볼 수 있는 풍경이다.

아카시 해협 대교(明石海峡大橋)

산요 코스하행에서는 흰 벽의 저택 등 전통 건물이 늘어선 운치 있는 구라시키 미관 지구倉敷美観地区를 자유롭게 산책할 수 있다.

산인 코스상행는 에도 시대에 번영했던 은광의 마을 오모리大森를 방문한다. 역사적인 건축물이 많이 남아있으며, 그중에서도 가장 유력한 상가의 하나로 번영한 국가 중요문화재 '구마가야 가문 주택熊谷家住宅'을 견학하고 오모리 거리 산책을 할 수 있다. 반짝반짝 빛나는 세토내해의 바다에 크고 작은 섬들이 떠 있는 경관이 아름답다.

산인 코스하행에서는 3~9월에는 약 1,300년의 역사를 가진 명탕 '기노사키 온천'과 도지 상인이 마을의 역사를 지켜온 고찰 '온센지'의 야쿠시안을 방문하고, 10~12월, 1~2월에는 교토 화단의 거장 마루야마 오쿄円山応挙와 그 제자의 작품 165점중요문화재을 보유한 다이조지大乗寺를 방문해, 치밀하게 계산된 후스마에襖絵에 의한 입체 만다라의 공간을 체험한다. 또한 평소에는 비공개인 '오쿄레이호오코應舉霊寶庫'에 들어가 오쿄의 친필로 그려진 '후스마에'도 볼 수 있다.

산요-산인 코스주유는 먼저 오카야마번의 2대 번주 이케다 쓰나마사공이 조성한 에도 시대의 모습을 간직한 정원 오카야마 고라쿠엔岡山後楽園을 방문한다. '일본의 석양 백선'에도 선정된 신지호수宍道湖의 석양을 감상할 수 있다. 시간이 지남에 따라 표정을 바꾸며 호수 표면이 붉게 물드는 모습은 숨이 멎을 듯이 아름답다.

크루즈 열차 여행은 출발 전부터 시작된다. 먼저 전용 라운지로 안내받고 웰컴 세레머니가 진행되고, 승차 시 가방은 승무원이 모두 운반해 준다. 차내에서는 일류 레스토랑의 요리를 즐길 수 있다. 여행의 즐거움 중 하나가 바로 식사이다. 크루즈 트레인에서는 매끼 일류 레스토랑의 셰프가 정성껏 준비한 요리를 맛볼 수 있다. 또한 객실을 비

롯한 내부 가구와 인테리어는 명장이라고 불리는 사람들이 정성을 다
해 만든 것이다. 그 하나하나의 솜씨를 보는 것도 흥미로운 경험이 될
것이다. 이런 세심한 배려가 여행의 피로를 풀어 줄 것이다. 특별한 날
을 기념하거나 인생의 중요한 순간에 이용하고 싶은 여행이고, 언젠가
는 떠나고 싶은 여행이다.

안테나숍, 도쿄에서 즐기는
미니어처 일본 여행 놀이

이주영(번역가, 자포니즘 연구가)

도쿄를 일본 전국 여행의 명소로 만든 '안테나숍'

2024년 6월도 도쿄 하네다 공항은 외국인 관광객들로 북적였다. 공항에서 근무하는 외국인 직원들도 분주했다. 여기저기서 한국어, 중국어, 영어, 프랑스어, 독일어, 이탈리아어 등이 들렸다. 일본은 한국인뿐만 아니라 동서양 외국인들 모두에게 인기가 많은 관광 대국이다. 실제로 일본정부관광국 日本政府観光局·JNTO[1]에 따르면 2024년 4월에 일본을 찾은 외국인 여행자 수는 304만 2,900명으로 집계되었다. 그중 한국인은 66만 1,200명으로 전체 외국인 관광객 중 1위를 차지했다. 한국인들의 일본 여행 인기는 여전히 지속되고 있다.

한국인들이 일본 여행을 선호하는 이유에는 여러 가지가 있겠지만 그중 하나가 '다양성'이다. 수도 도쿄뿐만 아니라 홋카이도에서 오키나와에 이르기까지 지역마다 기후, 문화, 축제, 볼거리와 음식이 각각 다른 다채로움이 일본 여행의 커다란 매력인 것이다.《지금은, 일본 소도시 여행》,《한 달의 홋카이도》,《우리가 교토를 사랑하는 이유》,《함께 걷는 건축 여행, 일본 간사이로 가자》 등 국내에 출간된 일본 여행

---

1 일본정부관광국 홈페이지, https://www.jnto.go.jp/statistics/data/visitors‒statistics/

에세이만 봐도 한국에서 일본의 인기 여행지가 테마와 지역별로 다양하다는 것을 알 수 있다.

일본의 다채로운 매력을 즐기려면 일본 전국 여행을 하는 것이 가장 이상적이기는 하다. 하지만 여행 작가나 직업 여행가가 아닌 일반 사람에게 일본 전국 여행은 그림의 떡일지도 모르겠다. 그렇다고 방법이 전혀 없는 것은 아니다. 바로 도쿄에 일본의 다양한 지역을 여행할 수 있는 안테나숍이 있기 때문이다.

안테나숍アンテナショップ은 지방자치단체나 기업이 현지 제품이나 자사 제품을 소비자가 될 사람들에게 소개하기 위해 세운 점포를 말한다. 서울에도 안테나숍이 있다. 2024년 4월에 서울시에서는 명동에 지역관광 안테나숍 '트립집 Tripzip'을 열어 서울을 찾은 외국인 관광객들에게 충청북도, 전라남도, 경상북도, 강원도, 안동시의 매력을 소개하는 서비스를 선보였다.

서울의 지자체 안테나숍이 서울에서 다섯 곳의 지역관광을 종합적으로 알리는 역할을 한다면, 도쿄의 지자체 안테나숍은 여러 곳에 독립 점포 형태로 존재하며 각 지역의 매력을 세분화된 방식으로 알리는 역할을 한다. '일본의 각 지역을 즐기자'라는 콘셉트로 신주쿠와 시부야, 이케부쿠로, 니혼바시 등에 지역별 안테나숍이 있는 것이다. 야후 재팬에서 검색하면 '도쿄 안테나숍 투어', '도쿄 안테나숍 인기 순위', '도쿄 안테나숍 지도' 등 흥미로운 정보와 만날 수 있다.

일본 지자체의 홍보 전략과 일본 각지의 특징을 도쿄 한 곳에서 경험할 수 있는 안테나숍의 세계로 떠나 본다.

도쿄에서 부르는 노래, '히로시마 내 사랑'

2024년 6월, 도쿄 메트로 유라쿠초선을 타고 긴자잇초메역에서 내려 7번 출구로 나갔다. 히로시마 여행을 하기 위해서이다. '바다 위에 떠 있는 신사'처럼 보이며 1996년 유네스코 세계유산에 등재된 이쓰쿠시마 신사^{嚴島神社}의 사진이 한눈에 들어오는 건물은 '히로시마로 들어가는 관문'에 제대로 왔음을 알려 준다.

간판에서 이쓰쿠시마 신사를 위아래로 받쳐 주는 하늘과 바다의 파란색을 한참 동안 바라보았다. 역시 히로시마는 파란색과 잘 어울리는 도시다.

히로시마가 파란 도시라는 인상을 갖게 된 또 다른 이유도 있다. 2023년에 한국방송통신대학교 대학원 일본언어문화학과 석사 과정을 마치고 작성한 졸업 논문 〈시부사와 에이이치의 미일인형교류에 관한 연구〉_{심사위원장 이경수 교수님, 지도 교수 강상규 교수님}에도 히로시마를 살짝 언급했다.

히로시마 안테나숍. 도쿄에서 히로시마로 순간 이동을 할 수 있는 관문.

2024년 7월 3일부터 새로운 1만 엔권 지폐의 초상 인물이 된 시부사와는 일본 근대 경제의 아버지로 유명하지만 사회공헌사업과 국민외교에 몰두한 것으로도 잘 알려져 있다. 국민외교 중에서는 시부사와에게 노벨 평화상 후보라는 타이틀을 안겨 준 업적에 속하는 미일 인형 교류로 유명하다. 시부사와는 일본인 이민자를 배척하는 미국의 이민법으로 험악해진 미일관계를 개선하기 위해 1927년에는 두 나라의 미래 세대인 아이들이 평화의 흐름을 만들어 갔으면 좋겠다는 마음에 미일 인형 교류에 적극 관여했다. 먼저 미국에서 일본으로 약 1만 2,000체의 파란 눈의 인형들이 '우정 인형'이라는 타이틀로 건너왔다. 그리고 '답례 인형'이라는 타이틀로 일본에서 미국으로 건너간 것이 기모노 차림에 단발머리를 한 여자아이 모습의 이치마쓰 인형 市松人形 58체였다. 이 58체의 이치마쓰 인형에게는 '미스'라는 호칭 뒤에 각 도도부현의 이름, 대도시의 이름 등이 붙여졌다. '미스 히로시마'도 그중

대표적인 명물과 특징으로 일본 각 지역의 매력을 재미있게 알리는 지도에서 히로시마를 상징하는 것은 '단풍'이다. 1927년에 미일 인형 교류를 위해 미국으로 건너간 58체의 이치마쓰 인형 중 하나인 '미스 히로시마'는 현재 미국 메릴랜드 주에 있는 '볼티모어 미술관'에 보관되어 있다.

하나였다. 미일 인형 교류를 다룬 일본 학술서 《인형대사 人形大使》[2]에 소개된 미스 히로시마가 입은 기모노도 파란색이었다.

1927년에 답례 인형이자 인형 대사 자격으로 미국으로 건너간 58체의 이치마쓰 인형은 이후 미국 현대 문학에 '작은 자포니즘'을 일으킨다. 아동문학계의 노벨상으로 통하는 '뉴베리상'의 2007년 수상자인 커비 라슨 Kirby Larson 은 '미스 가나가와'라는 이름의 이치마쓰 인형을 내레이터로 등장시킨 소설 《우정의 인형 The Friendship Doll》을 2012년 5월에 출간해 미국인 독자들에게 좋은 반응을 얻기도 했다.

지나가던 일본 사람들과 서구권 외국인 관광객들도 잠시 멈춰서 바라보다가 이내 들어가는 도쿄 속 히로시마. 히로시마 안테나숍의 슬로건은 '진짜 히로시마를 긴자에서 만끽 本物の広島を、銀座で堪能 '[3] 이다.

히로시마 안테나숍의 정식 이름은 '히로시마 브랜드숍 TAU ひろしまブランドショップTAU '이다. 일본어 '타우 たう'는 '어떤 곳에 닿다, 어떤 곳에 이르다'라는 뜻을 가진 히로시마의 방언이라고 한다.[4] 이날, 마침내 작은 히로시마에 '타우'하게 되었다.

자, 이제 히로시마 안테나숍 안으로 들어가 본격적으로 여행을 해본다. 들어가자마자 진짜 히로시마를 만끽할 수 있다는 슬로건이 과장이 아님을 알게 되었다. 정말로 안테나숍만 구경해도 히로시마가 무엇으로 유명한지, 어떤 특징을 지니고 있는지를 제품과 캐릭터로 한번에 각인할 수 있다. 도쿄에서 히로시마의 전통과 일상을 구체적인 '물건'

2　高岡美知子, 『人形大使—もうひとつの日米現代史』, 日経BP出版センター, 2004.

3　히로시마 안테나숍 홈페이지 https://www.tau-hiroshima.jp/store

4　히로시마 안테나숍 홈페이지 https://www.tau-hiroshima.jp/store

으로 보고 경험할 수 있는 공간인 것이다.

지하 1층부터 3층까지 사용하는 히로시마 안테나숍은 히로시마 사람들이 평소에 즐기는 식재료와 간식, 히로시마 현지의 재료를 사용한 음식을 맛볼 수 있는 작은 카페, 히로시마가 자랑하고 싶은 공예품과 상품, 히로시마의 매력을 알리는 이벤트 자료와 연결시켜 준다. 여기에 몇 시간이고 있다 보면 도쿄에서 히로시마로 이동해 알차게 여행한 기분이 들 수밖에 없다.

히로시마 안테나숍 안에서 포스터 하나가 눈에 들어왔다. 히로시마풍 오코노미야키! 한국에서 '일본식 부침개'로 유명한 음식 오코노미야키お好み焼き 하면 오사카를 떠올리는 사람들이 많은 것 같다. 나 역시 그랬다. 모든 재료를 반죽처럼 섞어서 구운 오사카풍 오코노미야키가 익숙한 이미지이다. 그런

데 기시다 후미오 전 총리의 지역구인 히로시마도 오코노미야키로 유명한 곳이었다. 볶음 우동과 여러 재료를 햄버거처럼 차곡차곡 쌓아 구워 내는 히로시마풍 오코노미야키는 2023년 5월 히로시마에서 열린 G7 정상회담에서 각국 정상의 배우자들에게 히로시마의 식문화를 알리는 '외교관' 역할을 톡톡히 하면서 주목을 받았다.

히로시마의 소울푸드로 통하는
'히로시마풍 오코노미야키'를 소개하는 포스터.

히로시마풍 오코노미야키에 대한 관심이 깊어진 또 하나의 계기가 있다. 2023년 8월에《알면 다르게 보이는 일본 문화》시리즈의 기획자 중 한 분이신 이경수 교수님이 NHK 국제라디오의 인기 한국어 방송 〈하나 카페〉에 출연해 히로시마에서의 유학 생활 이야기를 자세히 전하며, 히로시마풍 오코노미야키가 얼마나 맛있는지 재미있게 소개해 주신 것이다. 히로시마를 여행하면 히로시마풍 오코노미를 꼭 먹어 보겠다고 결심했다. 히로시마 안테나숍에서 히로시마풍 오코노미야키를 만나기는 했다. 둥글넙적한 일본 전통과자 센베煎餅의 형태로 말이다. 소스에 발라먹는 오코노미야키 센베를 통해 히로시마풍 오코노미야키에 대한 호기심을 조금은 달랠 수 있었다. 소스 맛은 된장 맛과 마찬가지로 각 지역이 맛있다고 생각하는 미식의 기준을 보여 주는 바로미터가 된다.

경험은 지식을 살아 있는 것으로 만들고 연결해 준다. 안테나숍에서 진짜 히로시마를 경험하면서 히로시마에 관한 지식도 확장된 것이다. 많은 사람들에게 히로시마는 나가사키와 함께 원폭이 투하된 비극의 도시라는 이미지가 강하다. 제2차 세계대전에서 원자폭탄의 피폭을 경험한 히로시마가 일상에서 '평화'를 강조하는 이유이다. 히로시마 현민 대부분이 응원하는 야구 구단 히로시마 카프도 "원폭 투하 5년 후에 창단되어 히로시마 부흥의 상징으로 탄생해 세계로 평화 메시지를 전하는 매개"[5]가 되었다. 히로시마를 상징하는 '단풍'도 평화의 메시지를 전하는 역할을 한다. 단풍나무가 많은 히로시마는 일본 언론에서도 단풍의 명소로 자주 소개된다. 그중 히로시마의 평화대로인 '헤

---

5 이경수·강상규 동아시아 사랑방 포럼,《알면 다르게 보이는 일본 문화》, 2021, p.405.

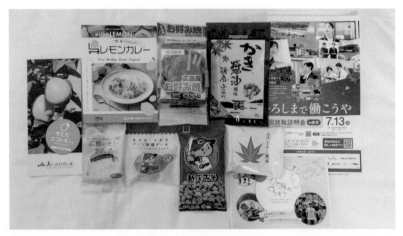

히로시마 안테나숍에서 구입한 명물들. 히로시마가 단풍, 레몬, 오코노미야키, 굴, 야구단 히로시마 카프(広島カープ)로 유명한 지역임을 보여 준다.

이와오도오리平和大通'에 핀 단풍나무를 사진으로 조명하던 NHK 기사[6]가 인상적이었다. 그런데 우연의 일치인지는 몰라도 단풍 모양의 만주 '모미지 만주もみじ饅頭'로 유명하고 평화의 메시지를 과자에 담아 전하는 기업으로 알려진 히로시마의 '니키시도にしき堂'의 매장 한 곳도 헤이와오도오리에 있다. 히로시마 안테나숍이 우리가 일상에서 쉽게 접할 수 있는 식품과 물건을 통해 평화의 소중함을 전달하는 작은 평화관처럼 생각되었다.

사실 히로시마는 우선적으로 가 보고 싶은 일본 지방 여행지에 속한다. 그러나 현실적으로는 도쿄에서 아직 해야 할 일과 배워야 할 것이 적지 않기에 어쩌다 보니 매년 도쿄에만 가는 외국인 관광객이 되

---

6   2023년 11월 29일자 NHK 기사, https://www.nhk.or.jp/hiroshima/lreport/article/006/43/

어 버렸다. 하지만 언젠가 히로시마로 직접 여행을 떠나보기 전에 도쿄의 히로시마 안테나숍부터 체험하는 것은 히로시마에 대한 거리감은 줄이는 데 어느 정도 도움이 된다.

그 많은 일본의 지방 중에서 히로시마에 강한 호기심이 생긴 데는 나름의 이유가 있다. '히로시마'라는 단어가 처음으로 특별하게 다가온 것은 불어불문학을 전공하던 대학생 때였다. 중학생 때부터 존 휴스턴 감독의 미국 영화 〈바바리언과 게이샤The Barbarian And The Geisha〉와 이탈리아 오페라 〈나비 부인〉 속에 등장하는 기모노와 일본풍을 보고 첫눈에 반한 이후로 일본의 미의식을 좋아하던 나에게 아버지는 친할아버지를 통해 경험했던 일본 문화 이야기를 해 주시곤 했던 것이다. 그리고 대학생이 되자 아버지는 내가 태어나기 전에 이미 돌아가신 친할아버지가 인생에서 중요한 순간을 보낸 곳이 히로시마라는 이야기를 들려 주셨다. 얼굴 한 번 보지 못하고 이야기도 나눠 보지 못한 친할아버지에 대한 아련한 그리움 때문일까? 히로시마는 꿈속에 있는 어떤 장소처럼 막연하지만 친근하게 다가오는 도시가 되었다.

또한 당시 나에게 최고의 관심사는 프랑스어로 된 콘텐츠 속에서 탐미적으로 묘사된 일본의 문화와 미의식이었다. 나중에 프랑스어 통번역 일을 하면서 알게 된 사실이지만 19세기 서구권에서 불어닥친 '일본 열풍'인 '자포니즘'이 탄생한 나라가 프랑스였다. 불문학도 시절에 프랑스의 유명한 문학 중에서 가장 좋아하는 작품은 마르그리트 뒤라스의 시나리오 《히로시마 내 사랑 Hiroshima, mon amour》이었다. 1959년 일본과 프랑스의 합작 영화로도 만들어진 이 작품은 '평화'를 촬영하고자 히로시마에 온 프랑스인 여배우와 일본인 건축가가 우연히 만나이틀간 사랑하게 되는 이야기를 다룬다. 남녀의 사랑, 비극적인 전쟁의 역사, 조국의 의미를 인상적으로 연결한 《히로시마 내 사랑》은 도쿄의 히로시마 안테나숍을 다녀오기 전과 후에 다시 한번 읽으면서 히로시마의 의미에 대해 많은 생각을 했다.

언젠가는 히로시마를 직접 여행하겠지만 당장에 히로시마 여행을 계획할 수 없는 나 같은 사람에게 히로시마 안테나숍은 현실적으로 유익하고 만족스러운 대안이 된다. 진짜 히로시마의 일부를 직접 경험해 본 안테나숍의 추억은 나중에 히로시마를 여행할 때 좋은 자양분이 될 것이다.

수도와 다양한 지역이 상생하는 안테나숍의 과거와 현재

안테나숍은 단순히 쇼핑만 하고 끝나는 가게가 아니다. 지자체가 지역을 홍보하기 위해 구체적으로 실천하는 비즈니스이자 대도시와 지역이 상생을 고민하는 정책을 상징하는 것이 안테나숍이기 때문이다. 안테나숍은 일본의 정치, 경제, 사회, 문화의 축소판이 아닐까?

그렇다면 이러한 안테나숍은 어떤 과거를 걸어왔고 어떤 현재와 마주하고 있을까? 이에 대해 NHK 기사에 흥미로운 내용이 실렸다. 안테나숍이 증가하기 시작한 것은 1990년대부터다. 당시 일본은 버블 붕괴로 임대료가 저렴해졌다. 이에 힘입어 1994년에는 오키나와가 긴자에, 1995년에는 가고시마가 유라쿠초에 안테나숍을 열었다. 이후에도 안테나숍은 계속 늘어났다. '지역 활성화 센터'에 따르면 2020년도에는 도쿄에 안테나숍이 81개까지 생겨났다. 하지만 코로나19 팬데믹 등의 영향으로 2022년 4월 1일 기준으로 안테나숍이 67개로 줄어들었다. 안테나숍이 다른 곳으로 이전하거나 통합되는 등의 변화도 생기고 있다. 도쿄에서는 이처럼 안테나숍이 줄어들고 있지만 오사카가 지자체 안테나숍의 새로운 둥지로 주목을 받고 있다고 한다. 그 배경에는 2025년에 열리는 오사카 간사이 엑스포가 있다. 역 주변이 재개발되고 있고 국내외의 수많은 관광객이 오사카를 찾을 것으로 기대하고 있는 것이다. 하지만 전문가들에 따르면 안테나숍은 계속 살아남기 위해 변화가 필요하다. 입지가 좋은 곳에 있다고 해서 안테나숍이 오래간다는 것은 옛말이라는 뜻이다. 새로운 시대에 발맞춰 미야자키현의 안테나숍은 2023년 2월에 홍콩에 문을 열면서 일본의 안테나숍이 해외로 처음으로 진출한 사례를 만들었다.[7]

모든 일본을 여행할 수 있는 곳, 도쿄

도쿄의 지자체 안테나숍은 1990년대 전성기에 비해 수가 줄어들었다고는 하지만 여전히 국내외 관광객들에게 일본 지역의 다양한 매력을 경험하게 해 주는 특별한 관광지이다.

미쓰코시 백화점 본점과 미쓰이 기념 미술관이 있는 미쓰코시마에와, 여기서 아주 가까우며 일본은행 본점과 도쿄 증권거래소가 있는 니혼바시는 도쿄의 지자체 안테나숍이 모여 있는 곳이기도 하다. 직접 가 보고 경험한 안테나숍 두 곳을 사진으로 소개한다.

도쿄의 지자체 안테나숍은 아직도 가보지 못한 곳이 더 많다. 도쿄 속 안테나숍만 모두 다녀 봐도 일본 전국 여행 맛보기의 기본은 쌓일

---

7   2023년 5월 24일자 NHK 기사, https://www3.nhk.or.jp/news/html/20230524/k100
    14076791000.html

2023년 11월. 미쓰코시마에의 미에현 안테나숍 '미에 테라스'.
미에현은 귤과 강아지 모양의 사브레가 유명한 곳이다.

2023년 11월. 니혼바시의 아와지시마 안테나숍 '스모토
관'. 양파 캐릭터로 알 수 있듯이 양파가 유명한 곳이어
서 양파 카레 등 양파를 활용한 식품이 다양하다. 아와지
시마는 500년 이상의 역사를 가진 인형극으로도 유명하
다. 인형극이 유명한 것은 아와지시마와 오사카의 공통
점이다. 일본의 인형극 '닝교조루리'는 프랑스의 언어학
자로 유명한 롤랑 바르트(Roland Barthes)의 《기호의 제
국(L'Empire des signes)》에서도 비중 있게 등장한다.

Tourism of ALL JAPAN X TOKYO 홈페이지

것이다. 'Tourism of ALL JAPAN × TOKYO'는 도쿄에 있는 안테나숍을 한눈에 편하게 볼 수 있게 정리해 놓은 사이트이다. 각 안테나숍의 정보와 홈페이지도 나와 있으니 일본에서 각 지역을 여행하기에 앞서 부담 없이 도쿄의 지자체 안테나숍부터 다녀보는 것은 어떨까? 나름 일본을 여행하는 특별한 방법일 것이다.

도쿄 이외의 일본 지역을 여행할 엄두가 아직은 나지 않는 사람, 도쿄 안에서 모든 일본을 경험하고 싶은 사람, 몸은 도쿄에 있지만 일본의 어느 특정 지역에 마음과 추억을 두고 온 사람이라면 다양한 지자체 안테나숍 탐방을 추천한다. 디테일한 안테나숍은 완구의 강국 일본이 시간과 마음의 여유가 부족한 어른들을 위해 거대한 도쿄 안에 각 지역을 미니어처처럼 만들어 여행 놀이를 즐길 수 있게 배려한 것일지도 모른다는 생각이 들었다.

신화와 사구 그리고 아지사이와 함께하는 돗토리 여행

김영희(前 돗토리현 국제교류원)

돗토리鳥取는 어디에 있나요?

낯선 외국에 여행을 갔는데 그곳에서 우연히 한국에서도 있을 법한 비슷한 신화를 들으면 어떤 느낌일까? 아마도 대부분의 사람들은 매우 친숙한 이야기에 반가움과 신기함을 감추지 못할 것이다. 그 신기한 체험을 할 수 있는 곳이 바로 일본 돗토리현이 아닐까 싶다.

돗토리현 하면 일본 사람들이 먼저 떠올리는 이미지는 47개의 도도부현 중 인구가 가장 적기로 유명한 곳, 그리고 지금은 다행히 스타벅스가 들어와 이제는 이런 말을 들을 수는 없지만 2015년 스타벅스가 돗토리현에 입점하기 전에는 「鳥取にはスタバはないですけれども、日本一のスナバ(砂場)があります。」돗토리현에는 스타벅스는 없지만 일본 제일의 모래사장은 있다는 뜻. 히라이 돗토리현 지사가 말해서 유명해진 표현으로 사구로 유명한 돗토리현과 스타벅스의 발음이 비슷한 점을 빗댄 것라는 말이 있을 정도로 시골 이미지가 강한 곳이다.

필자가 심지어 돗토리현에서 도쿄로 출장 갔을 때의 일인데, 돗토리현에서 왔다고 하면 "돗토리? 돗토리가 어디 있더라?"라는 말을 일본인들에게 종종 들어 괜히 자존심이 상하기도 했다. 더 충격적인 것은 「鳥取県」인데 「取鳥県」으로 한자까지 틀리게 적는 일본인도 많았다

돗토리현의 위치
출처: 돗토리현 관광여행정보 사이트

는 점이다.

지금 생각해 보면 일본인이라면 당연히 한자로 지명을 다 알고 있을 것이라는 필자의 지나친 선입관이 문제라는 생각이 들지만, 그 당시에 나는 내가 정말 굉장한 시골에 살고 있구나 하고 새삼 깨달았다.

이나바의 흰 토끼 因幡の白兎 신화

같은 바다를 보더라도 신화를 알고 바라보는 풍경의 느낌은 아마도 다르지 않을까? 돗토리현을 여행한다면 오키노시마 隠岐ノ島 가 보이는 해안가를 꼭 가 보기를 추천한다. 신화를 모르고 바다를 본다면 그저 어디에나 있는 평범한 바다로 보일 수 있다. 하지만 파도가 휘몰아치는 바다 저 너머를 보면서 이나바의 흰 토끼 신화를 떠올린다면 먼 옛날 신화 속으로 풍덩 빠지는 느낌을 받을 수 있다.

돗토리 지역의 옛 지명은 '이나바因幡'로, 이나바 지역에 전해 내려오는 흰 토끼에 관한 신화가 있다.《고지기古事記》에 기록되어 있는 이나바 흰 토끼 신화는 이렇게 시작한다.

옛날 옛날에, 오키隱岐 섬에 사는 흰 토끼 한 마리가 신을 만나러 이나바로 가고 싶었지만 오키섬과 이나바 사이에 바다가 가로막고 있어서 혼자 힘으로는 갈 수 없었다. 이에 꽤 많은 흰 토끼는 바닷속 상어를 속여 건너가기로 결심한다. "상어야, 우리 둘 중 누가 더 친구가 많은지 비교해 볼까?" 이렇게 흰 토끼는 상어를 꼬드겨 이나바까지 상어를 줄지어 세운 다음 상어 머리를 가볍게 밟으며 그 위를 폴짝폴짝 뛰어 손쉽게 건너편 해안가로 가려는데, 도착하기 직전에 너무 기쁜 나머지 흰 토끼는 그만 "상어들아, 너희는 모두 나한테 속았네."라고 말한다. 이 말을 듣고 화가 머리끝까지 난 상어들은 흰 토끼의 털을 모조리 뽑아 살갗만 남은 벌거숭이로 만든 다음 해안가에 던져 버린다.

털이 뽑힌 흰 토끼가 상처 때문에 아파서 모래사장 위에서 울고 있을 때, 오쿠니누시大国主 형제들이 마침 그 길을 지나가고 있었다. 오쿠니누시 형제들은 이나바에 아름다운 야가미 공주八上姫가 있다는 소문을 듣고 청혼을 하러 가는 길이었다. 하지만 오쿠니누시 형제들은 흰 토끼에게 도움을 주지 않고 오히려 짓궂게도 "바닷물에 몸을 씻고 바람에 잘 말린 다음 높은 산꼭대기에서 자면 나을 거야."라고 잘못된 치료 방법을 알려 준다. 이 말을 철석같이 믿었던 흰 토끼는 오쿠니누시 형제들의 말을 믿고 따라 했는데 상처가 낫기는커녕 바닷물이 마를수록 피부가 더욱 따가워서 점점 더 상태가 안 좋아졌다.

흰 토끼가 너무 아파서 울고 있을 때 형들의 무거운 짐을 모두 떠안고 뒤쫓아가고 있던 막내 오쿠니누시가 흰 토끼를 발견하고 이번에는 제대로 된 치료법을 알려 준다. "흰 토끼야, 강가에서 깨끗한 물로 몸을 씻고 부들 꽃의 이삭을 몸에 붙여 보렴."

과연 막내 우쿠니누시의 말대로 하자 흰 토끼의 털이 원래대로 돌아왔다. 너무 기쁜 흰 토끼는 막내 오쿠니누시에게 "야가미 공주는 당신의 형제들이 아니라 당신을 선택할 것이며, 저렇게 못된 형제들은 공주와 결코 결혼할 수 없을 것이다."라고 말한 뒤, 스스로가 전령의 신이 되어 공주에게 이 사실을 전달한다. 이런 사실을 알 리가 없는 형들은 앞다투어 공주에게 청혼하지만 공주는 "저는 당신들이 아닌 막내 오쿠니누시와 결혼하겠다."라며 냉정하게 거절했고 형제들을 내쫓았다고 한다. 이것이 돗토리현에 전해 오는 이나바의 흰 토끼 신화이다.

흰 토끼는 신화 속에서 공주와 오쿠니누시를 이어 주는 전령으로 활약했기에 오늘날에는 돗토리현에 있는 하쿠토 신사白兎神社의 신으로 자리 잡았다고 한다. 간절히 이루어지기를 원하는 사람이 있다면 꼭 한번 들러서 소원을 빌어 보면 어떨까? 이나바의 흰 토끼가 소중한 인연을 전달해 줄 것을 믿으면서 말이다.

하쿠토 신사(白兎神社)

바람의 언덕 '사구'

돗토리 여행에서 가장 인기가 많은 곳 중 하나는 단연 '사구'일 것이다. 필자는 돗토리현에서 4년을 생활하면서 정말 셀 수 없이 많이 가 본 곳인데, 사실 갈 때마다 여기가 일본이 맞나 하는 생각이 절로 들 정도로 사구에 대한 강렬한 인상을 받았다.

발이 푹푹 빠지는 약간의 고생을 감수하고 모래 언덕을 끝까지 올라간다면, 한없이 펼쳐지는 동해를 바라다보며 자유를 느끼는 것은 물론이고 때로는 사색에 잠길 수 있는 곳이 돗토리현의 사구이다.

돗토리현의 사구는 남북으로는 2.4킬로미터, 동서로는 16킬로미터에 달하며 이 규모는 일본 최대인데 일본에 있으면서 잠깐이나마 외국에 온 듯한 기분을 맛볼 수 있고, 낙타 체험도 가능하다. 그러나 뭐니 뭐니 해도 어른부터 어린이까지 가장 신나게 즐길 수 있는 것은 모래 언덕에서 썰매처럼 내려오는 샌드보드 체험이다. 우리가 중동 지역에 가지 않는 이상 언제 이렇게 넓게 펼쳐진 모래사장에서 뛰어도 보고

돗토리현의 사구
출처: 돗토리현청 홈페이지

마치 동심으로 돌아간 듯 소리 지르며 모래 언덕을 질주해 볼 수 있겠는가?

사구를 걷고 온몸으로 체험하는 액티비티 활동도 좋지만 만약 1박을 한다면 새벽에 사구를 보러 가는 것을 추천한다. 눈 내린 후의 겨울이라면 더할 나위 없이 좋겠지만 장마가 오는 계절만 제외한다면 언제든 좋다고 생각한다.

아무도 밟지 않은 사구. 그래서 더욱 또렷하게 남아 있는 사구 위의 모래 물결風紋. 그저 아무것도 하지 않고 보고만 있어도 내가 마치 사구에 부는 바람이 된 듯한 느낌이 드는, 신비하고도 몽환적인 체험을 여러분도 꼭 해 보기를 추천한다. 그러니 나만의 사구를 온전히 사치스럽게 독차지하고 싶은 사람은 새벽 무렵에 찾아가 보기를 바란다.

이 아름다운 광경을 만나려면 모래 물결이 생기는 조건에 부합해야 하는데, 일반적으로 모래 물결이 형성되려면 네 가지 조건이 필요하다. 첫 번째는 모래를 움직이는 바람인데, 이 적절한 바람의 풍속은 매초 5~10미터라고 한다. 바람이 너무 세게 불면 모래 물결이 지워질 것이고 바람이 안 불면 안 생길 것이어서 순전히 바람의 마음일지도 모른다. 두 번째는 건조한 모래이다. 비가 많이 오는 장마철에는 안타깝게도 모래 물결을 볼 수 없다. 세 번째는 모래가 딱딱하게 굳어 있으면 안 된다는 점이다. 모래 알맹이가 보슬보슬 바람에 흩날려야 아름다운 물결무늬를 만들어 낼 수 있기 때문이다. 마지막으로 네 번째는 모래 알맹이의 크기가 골고루 잘 갖춰져 있어야 한다고 하니, 아름다운 모래 물결을 볼 수 있는 행운은 이른 아침부터 움직이는 사람의 부지런함과 모래 물결을 자아내는 자연의 절묘한 조화가 이루어져야만 비로소 만끽할 수 있나 보다.

아지사이 속으로 추억을 싣고

시마네현과 더불어 산인山陰 지역인 돗토리현에는 유명한 속담이 있는데 바로 '도시락은 잊어버려도 우산은 잊어버리지 마라お弁当は忘れても傘忘れるな'라는 말이다.

처음에는 그냥 가볍게 듣고 넘겼던 속담이었는데 정말 살아 보니까 비가 정말 자주 내려서 항상 우산을 자전거 바구니 안에 넣어 두었던 기억이 난다. 비가 많이 오면 외출하기 불편하고 우울할 것 같지만 막상 날씨에 적응하고 나면 꼭 그렇지만은 않다.

비가 오면 우산을 쓰면 되고 우산으로 안 될 정도로 많이 오는 날에는 집에서 혹은 카페에서 비 오는 거리를 내려다보며 빗소리와 함께 낭만을 즐길 수 있다. 그 낭만을 더욱 낭만스럽게 느끼게 해 주는 것이 아지사이수국이다.

돗토리현을 여행하면 어디서든 볼 수 있는 꽃 아지사이. 길가에 무심하게 무리 지어 피어 있는 아지사이는 돗토리현의 날씨와 아주 천생연분이다. 특히나 여름의 긴 장마에는 우산을 쓰고 하염없이 빗방울을 머금고 있는 아지사이를 자주 감상하곤 했는데 지금도 아지사이를 보면 그때 그 순간들이 새록새록 추억이 되어 다가온다.

길가에 흐드러지게 피어 있는 아지사이도 좋지만 제대로 된 아지사이를 만끽하고 싶을 때는 돗토리시에 있는 아지사이 공원을 추천한다. 수백 수천 송이의 아지사이 속으로 산책하고 있노라면 여행으로 지친 이에게 진정한 힐링을 가져다 줄 것이 분명하다.

이렇듯 돗토리의 매력은 파도 파도 푹푹 빠지게 되는 '사구'처럼 끝이 없다. '정들면 고향이다住めば都.'라는 말이 있듯이 확실히 나도 돗

아지사이 공원
출처: 돗토리시 관광사이트

토리에 살면서 스며들 듯 돗토리의 매력에 빠져 든 사람 중 한 명이다. 추수가 끝난 겨울 들녘에 백조 떼가 내려와 너무나 자연스럽게 이삭을 주워 먹는 모습을 보고 있노라면 마치 동화 속에 있는 듯한 환상에 사로잡히는 곳이니까 말이다.

　이뿐만이 아니다. 한국과의 인연 역시 깊은 곳이 돗토리이다. 1819년 돗토리에 표류한 조선인 12명이 무사히 조선으로 돌아가게 해 준 돗토리번사鳥取藩士에게 전달한 감사장과 그 당시 표류했던 조선인의 초상화가 돗토리현립박물관에 소장되어 있다. 또한 일본 정부에서 최초로 한국어 지도 조수ALT를 채용해서 일본 고등학교에서 한국어를 가르치게 한 현이기도 하다. 많이 쑥스럽지만 그 당사자가 바로 필자이다.

돗토리에 표류했다가 무사히 조선
으로 돌아간 조선인 12명의 초상화

출처: 돗토리현립도서관 소장

요나고현립고등학교를 필두로 미나미상
업고등학교, 사카이미나토고등학교 등 다
양한 곳에서 한국어 수업을 진행했고 한
국어를 배우기 원하는 곳에는 언제든 주
저하지 않고 달려가 한국어 교실을 열
었다.

이처럼 한국어를 배우고자 하는 일본인
이 많은 곳이 돗토리현이며 한국과의 국
제 교류 또한 활발한 곳이어서 요나고 기
타로 국제공항에는 한국 직항편도 운행되
고 있다. 공항에서는 물론이거니와 돗토
리현 곳곳에 너무나 당연히 보이는 한국
어 표지판을 볼 때마다 한국어를 가르쳤
던 사람으로서 큰 보람을 느낀다.

돗토리현은 일본 속에서는 작은 현일
수 있으나 한국과의 인연과 교류로 살펴
본다면 결코 작지 않은 곳일 것이다. 소소
한 행복을 찾아 여행하기를 원한다면 돗토리를 잊지 마시라. 사구의
바람이 여러분들을 언제나 기다리고 있음을.

작은 마을에서 만나는 아름다움과 즐거움

김정옥(前 고등학교 교사)

나가노현의 예술과 겨울에만 볼 수 있는 온천 여행

　매년 9월 중순쯤이면 가을 한정 판매 음식을 먹기 위해 전국에서 몰려오는 장소가 있다. 그래서 일본인 친구들과 새벽 6시, 집에서 출발해서 약 1시간 30분을 달려 레스토랑에 도착해 줄을 섰다. 하지만 새벽 4시에 줄을 선 사람들에게는 이기지 못하는 법, 우리 몇 명 앞에서 매진되었다. 이렇게 인기 있는 것이 무엇 때문일까.

　바로 가을에 수확한 밤으로 만든 몽블랑朱雀 케이크인데, 일본풍 몽블랑이 제일 인기가 있어 새벽부터 달려 갔지만 유감스럽게 매진된 것이다. 그렇다고 포기할 수 없으니 서양풍 몽블랑 케이크로 선착순 번호표를 받은 것이 8시 30분. 그런데 바로 먹을 수 없었다. 먹을 수 있는 시간은 12시였기 때문이다. 너무나 많은 사람이 와 있다 보니 순서가 그렇게 되는 것 같다. 고즈넉한 일본식 옛 저택의 청마루에서 일본식 차와 함께 먹는 것은 일 년을 기다려 온 하나의 즐거움이 된다. 또 다른 레스토랑에서 밤을 넣어 만든 밤 정식 세트를 점심으로 먹는 즐거움 역시 있는 마을이다.

　이렇게 인기 있는 마을은 어떤 매력이 있는지 한번 같이 가 보자. 나가노현 북부에 있는 오부세마치小布施町 이다. 아름다운 자연과 역사적

밤 몽블랑 케이크와 밤 정식, 오부세마치의 거리 풍경

인 건축물이 많이 남아 있는 관광지이다.

인구는 2023년 12월 기준 11,014명이며, 면적은 19.12제곱킬로미터인 작은 마을이지만 방문자가 연간 100만 명이 넘는다. 오부세마치의 역사는 약 1만 년 전의 구석기 시대로 거슬러 올라간다. 마을의 동쪽, 간다산雁田山에서 발견된 나무가 없는 대머리 산 유적에서 오부세 최고의 유물이라고 할 수 있는 석기가 출토되어, 수렵 중심의 시대부터 이 지역에서 인간이 생활했다는 것이 전해지고 있다. 또 조몬 시대의 토기와 석기도 여러 점이 출토되어 구석기 시대뿐만 아니라 그 후의 시대에도 이 지역에 사람들이 계속 살았다는 것을 말해 준다. 중세에는 간다산 주위에 가리다성苅田城, 다키노이리성滝ノ入城, 니주단성二十端城 등의 산성이 만들어져 이 지역의 중요한 전략 거점이 되었음을 알 수 있다.

특산물로는 밤이 유명하다. 오부세마치 중심부에는 약 400미터의 밤나무 오솔길이 있다. 또 1805년에 창업한 오부세 와이너리 양조원에서 청주 엔기緣喜, 시가고원志賀高原 맥주 등 한랭 기후와 양질의 물을 살려 맛있는 술을 양조해 판매하고 있다. 병설된 양조 미술관 갤러리 다마무라 본점에서는 일본화를 중심으로 한 당주 대대의 아트 컬렉

선이 전시되어 있고 유리컵과 상품도 판매한다. 또한 이 작은 마을에는 세계적으로 유명한 예술가들의 흔적도 남아 있다.

호쿠사이관

우키요에 浮世絵 화가 가쓰시카 호쿠사이 葛飾北斎 의 전용미술관 호쿠사이관이 있다. 호쿠사이의 대표적 작품 〈후가쿠삼십육경 冨嶽三十六景〉이 전시되어 있고, 호쿠사이는 만년에 부호상인 다카이 고우잔 高井鴻山 과의 인연으로 일시적으로 오부세에 머물면서 작품을 제작했다. 이때 호쿠사이의 나이가 83세였다고 한다.

이 미술관은 호쿠사이의 초기부터 마지막까지 작품들을 소장하여 계절에 따라 전시 작품이 바뀌어 그때마다 다른 작품을 즐길 수 있다. 호쿠사이의 만년의 걸작이라고 할 수 있는, 축제 때 사용하는 야다이 屋台 에 그려진 천장 그림이 있다. 이것은 나가노현 국보로 지정되었고, 2대는 히가시초 東町 와 우에초 上町 축제 야다이의 그림을 말한다.

히가시초 축제 야다이에 그려져 있는 용과 봉황

우에초 축제 야다이의 여자 파도(좌)와 남자 파도(우)

이 2대는 호쿠사이가 자필로 천장 그림을 제작하여 호쿠사이관 1층에 전시되어 있다.

히가시초 축제 야다이 천장 그림은 용과 봉황이 그려져 있고, 우에초 축제 야다이 그림에는 남자 파도와 여자 파도가 그려져 있다. 파도에도 남녀가 있다는 것이 재미있다. 직접 눈으로 보아야 구별할 수 있으니 꼭 들러 보길 바란다. 이들 작품은 호쿠사이가 80대에 화가로서 집대성한 걸작이라고 평가받고 있다.

다카이 고우잔 기념관

다카이 고우잔 기념관高井鴻山은 부호 상인이면서 화가, 서예가, 사상가, 문인으로 에도 말기에 일급의 문화인이었던 다카이 고우잔에 관한 자료가 전시되어 있는 기념관이다. 이 기념관은 전시품도 대단하지만 일본 전통의 건축물이 그대로 남아 있어 내부를 둘러볼 수 있다. 안에 들어가면 호쿠사이와 집주인인 다카이가 함께한 공간이 나온다. 직

다카이 고우잔 기념관 입구와 2층 창문 난간에서 본 풍경

접 가 보면 안내 책자에서 느끼지 못하는 그 당시의 향기가 느껴진다. 바쁜 일정의 여행 중이라도 이곳에 들어가 2층 방 창문 난간에 앉아 정원을 보며 조용한 공간과 고즈넉한 순간을 느껴 보면 좋을 듯하다.

간쇼인

간쇼인岩松院은 1472년에 건립된 소토종曹洞宗의 절이다. 가쓰시카 호쿠사이, 하이쿠 시인 고바야시 잇사俳人 小林一茶, 전국 시대의 후쿠시마 마사노리福島正則 장군과 인연이 있는 오래된 절이다. 이런 인연으로 본당의 천장에는 호쿠사이의 대천장 그림이 있고, 경내에는 후쿠시마의 묘지, 그리고 잇사의 하이쿠 한 구절「やせ蛙まけるな一茶これにあり」이 적혀 있다. 개구리들이 싸우고 있는 연못 옆에서 보고 있던 잇사가 적은 것으로 "작고 연약한 개구리야 지지 말아라, 잇사가 여기서 응원하고 있다."라는 뜻이다. 이 하이쿠를 생각하며 잠깐 휴식하는 것도 괜찮다.

본당에는 다다미 21개 사이즈의 천장 그림이 있는데 호쿠사이가

89세 때 만년에 그린 팔방으로 노
려보는 〈대봉황도八方睨み大鳳凰
図〉가 그려져 있다. 이 그림은 봉
황이 날개를 크게 펴고 우리들을
곁눈짓하며 내려보고 있는 모습
인데 어느 쪽에서 보아도 눈이 흘
겨 보듯이 같은 방향으로 따라

간쇼인 정원과 연못

온다. 1848년 당시에 그렸을 때의
색채를 한 번도 수리하지 않았지
만 지금도 선명하게 남아 있어 보는 이를 압도한다. 한 번 눈을 맞추어
볼 가치가 있다. 천장에 직접 그림을 그린 것이 아니라 12분할로 그려
서 천장에 못을 사용하지 않는 기법으로 부착한 것이다.

호쿠사이 하면 먼저 후지산이 떠오른다. 이 그림에도 후지산이 숨어
있다. 재미로 한 번 찾아 보시길. 그리고 절에서 몇 분 간격으로 친절하
게 해설을 진행해 주니 꼭 들어 보는 것을 추천한다.

간쇼인 본당의 천장 대봉황도

나카지마 치나미 미술관

나카지마 치나미 미술관中島
千波館은 건물 입구부터 사계절
을 느끼게 하는 정원에 둘러쌓
여 있다. 오부세마치 출신의 일
본 화가 나카지마 치나미의 기
증 작품을 중심으로 전시되어
있다. 또 에도 시대에서부터 메
이지 시대에 걸쳐 축제 야다이

나카지마 치나미 미술관

5대가 보존 전시되어 있다. 축제에 대한 오부세마치 사람들의 열정이
전해진다.

이 미술관 전시품의 메인은 벚꽃과 목단 그림이다. 특히 쓰보이의
시다레자쿠라枝垂れ桜, 스자쿠라 신사의 진다이자쿠라神代桜는 폭이
3미터나 되는 큰 작품이다. 이 작품 앞에 서면 나 자신이 뒷걸음질을
치게 된다. 너무나 거대한 벚꽃에 압도되어 입을 다물 수 없을 정도
이다. 갈 때마다 먼 거리에 앉아 천천히 감상하며 혼자만의 봄을 만끽
할 수 있는 좋은 장소이다.

나가노현의 북부 지방 온천

나가노현에는 온천이 엄청 많다. 그중에서도 북부 지방은 더 많아
앞서 소개한 오부세마치를 갔다가 북쪽으로 올라가는 발길은 즐거움
이 더 해진다.

먼저 유다나카 온천, 신유다나카 온천, 시부 온천, 안다이 온천, 지고쿠다니 온천, 호나미 온천, 호시가와 온천, 가쿠마 온천, 간바야시 온천이 있다. 이 중에서 내가 경험한 재미있는 온천을 소개하겠다.

시부 온천에는 이 지역주민들이 사용하는 소토유外湯, 공동목욕탕가 9곳이 있다. 옛날부터 소중하게 보전해 온 소토유를 시부 온천에 숙박하는 손님들도 이용할 수 있다. 먼저 숙박시설에 체크인을 하고 나서 주인에게 키를 받는데 소토유 9곳을 모두 들어갈 수 있다. 소토유를 이용하기 전에 숙박시설의 온천에서 정갈하게 몸을 씻고, 속옷만 입고 간편한 유카타로 갈아 입고 타월 하나를 가지고 간다. 소토유에는 비누, 타월 등 목욕용품이 없는데 각 온천의 성분만 즐기기 위한 것이다. 목욕탕 9곳의 서로 다른 성분과 효능을 즐기는 것도 재미있다. 내가 갔을 때는 한 군데가 수리 중이어서 8곳만 들어가 보았다. 그리고 얇은 타월에 자기가 기원하는 것을 적어 목욕탕 입구에 있는 스탬프를 찍는 재미도 있다. 9九는 일본어로 「苦」인데 어려움을 씻어 낸다는 뜻도 있고, 그해 삼재인 사람의 무탈과 임신한 사람의 순산을 기원하고, 불로장생에 좋다고 한다. 목욕탕 9곳을 돌고 마지막으로 시부고약사절渋高薬師에 들러 참배하면 소원 성취를 해 올해의 모든 재앙은 씻어 버리게 된다.

야마노우치의 지고쿠다니 원숭이

시부 온천에서 하룻밤을 보내고 집으로 돌아가기에는 먼 길을 왔으니 조금 더 북쪽으로 가 보기로 한다. 사실 나가노현은 남북이 길어 남쪽 끝에서 북쪽 끝까지 자동차로 약 3시간 거리이기 때문에 한 번 움직

야마노우치 원숭이 공원

일 때 일정을 잘 생각해야 한다.

이 지역에는 일본 내에서도 보기 힘든 야생 원숭이가 살고 있는 공원이 있다. 공원은 지고쿠다니 地獄谷 온천 가까이에 있고 겨울에는 온천지에서 산속으로 이동하는 원숭이들이 온천욕을 하는 모습을 볼 수 있다. 또 공원 안에는 원숭이의 생태를 배울 수 있는 박물관도 있다.

세계에서 유일하게 온천에 들어가는 원숭이 마을을 만날 수 있다고 알려져 최근 외국인 관광객이 많이 방문하는 곳이다. 2023년 연말부터 2024년 초까지만 해도 20만 명의 관광객이 방문했다고 한다. 야외 온천탕에 들어가 있는 원숭이 사진을 찍기 위해 몰려온다고 표현하는 것이 맞는지도 모르겠다. 나도 네 번 정도 다녀 왔다. 처음 갈 때는 그다지 알려지지 않아 자연 그대로의 지역이었는데, 관광객이 늘어나다 보니 점점 주차장 시설 등을 갖추고 입장료도 생겼다. 주의할 점은 원숭이를 만나러 갈 때는 겨울 산속이고 눈길이다 보니 미끄럽지 않은 신발을 신어야 한다는 것이다. 그리고 원숭이들도 사람들에 익숙해 있어 사진 포즈를 잡아 주고 사람 옆을 자연스럽게 지나가지만, 손으로 만지거나 너무 가까이 가면 난폭해지므로 조심해야 한다. 특히 음식물을 주어서는 안 된다. 또 날씨와도 인연이 있어야 한다. 춥지 않으면 온천에 들어가지 않으니 온천욕을 하는 원숭이는 볼 수 없다.

이 주위에는 온천 여관도 많고 보통 가는 길에 온천 물줄기가 나오는 모습도 볼 수 있다. 그리고 노천탕에서 목욕하는 사람들도 만나는데 당사자들은 부끄러워하지 않는다. 관광객이 원숭이와 같은 느낌으로 그 모습을 보며 즐기는 것도 이 지역의 재미 중 하나라고 생각한다.

또 다른 신의 나라, 오키나와

진길자(사랑의 교회, 성경 공부 리더)

일본인의 종교 생활

일본 정부는 종교의 자유를 인정하며 존중한다. 기본적으로는 신토 神道, 불교, 기독교 등 다양한 신흥 종교 등이 존재한다. 일본 역시 종교의 자유를 보장하는 나라로 누구나 종교의 자유가 있다. 일본은 오히려 다양한 종교와 문화가 혼재한 나라라고 할 수 있다. 따라서 일본의 종교 생활은 유일신의 신앙생활이 아닌 생활 습관처럼 여겨진다. 사람이 태어나면 신토 神道 건강과 축하를 위하여 신사에 간다. 결혼식은 교회에서 하는 경우도 있고 죽으면 절인 오테라 お寺에서 절차를 행하기도 한다. 신토는 일본 지역에서 발생한 애니미즘 신앙으로, 일본 어디서나 볼 수 있는 것이 신사이다. 신사에서 신토 의식을 치르고 신에게 소원을 빈다. 일본의 불교는 융성하기도 했다가 쇠락하기도 했다가 하는 여러 성쇠의 시기를 거쳤다. 일본의 기독교는 16세기에 들어와 왕성한 시기도 있었지만 에도 막부의 탄압으로 외국인 선교사가 추방되거나 금지되기도 했으나 메이지 시대에 다시 선교사들이 들어와 현재에 이르렀다. 신토와 불교가 중추적이지만 기독교는 한국에 비해 매우 열세하다고 할 수 있다.

오키나와 수호신 시사가 지키고 있는 류큐 선교 여행

　일본학에서는 일본과 선교라는 주제는 생소할지도 모르겠지만 잘 다루지 않기에 흥미롭기도 하다. 실제로 단기 선교 여행을 통해 일본 본토에서 떨어진 오키나와를 세 번 다녀왔다. 필자가 소속되어 있는 교회는 매년 전 세계를 대상으로 선교를 통해 복음을 전하고 예수 그리스도와 만나게 하는 것을 목표로 한다. 처음으로 선교 여행을 떠났을 때는 마음이 설렜고 이후에 선교 여행을 떠났을 때는 감사한 마음과 기쁨이 설렘을 대신했다. 첫 번째 선교 여행은 호기심과 기대감으로 나섰던 것 같다. 경험 많은 팀원들이 합작했던 선교였고, 개인적으로는 씨를 뿌리는 농부의 마음으로 참여했다. 특별히 인상 깊었던 것이 있다. 나라마다 그들만의 수호신이 있듯이 일본 본토는 전국 곳곳마다 빨간 도리 또는 신사가 있다. 하지만 본토에서 볼 수 없는 '시사シーサー'라는 사자 모양의 조각 동물을 어디서나 볼 수 있다. 그래서 오키나와 하면 떠오르는 이미지처럼 자리를 잡았다. 실제로 일반인들은 그 동물 모양을 한 장식을 여기저기 하면서 다니기 때문에 실생활에서 쉽게 보이기도 한다. 시사는 쌍으로 되어 있고 입을 다물고 있는 왼쪽이 암컷이고 입을 벌리고 있는 오른쪽이 수컷이다. 입을 벌리고 있는 시사는 복이 들어오게 하며, 입을 다문 시사는 재앙이 들어오지 못하게 하거나 이미 들어온 복이 나가지 못하게 한다고 한다. 특히 거리의 집들 지붕 위에는 시사가 쌍으로 있는 모습을 볼 수 있다. 날씨는 사계절이 뚜렷하게 구분되지는 않는다. 여름은 더운 반면에 겨울은 한기가 있는 정도의 쌀쌀한 날씨이다. 현지인들의 피부색은 황색으로 약간은 태운 듯한 피부 톤과 생김새 때문인지 몰라도 본토인과는 조금 다르게 보였다.

두 번째 선교 때의 일이다. 오키나와 현지인들과 함께 하는 행사에서 일본 문화와 정서를 확인할 수 있는 사례였다. 주민들을 초청해서 교회의 공간에서 요리 교실을 열기 위해 필요한 모든 비용을 선교팀에서 준비해 갔다. 그래서 포스터 역시 "그냥 회비 없이 요리 교실에 오시면 됩니다."라는 내용으로 내보냈다. 그런데 그곳 주민의 반응 사뭇 뜻밖이었다. "왜 내가 공짜로 참석해도 되는가"라는 주민들의 사고방식이 있었음을 발견한 것이다. 그만큼 일본인의 의식에는 상대에게 뭔가 부담을 주기 싫어하는 면들이 자라 잡고 있었다. 그래서 참석비로 1,000엔을 받았다. 또한 요리 교실에서의 가장 인기가 있는 음식은 단연 김치였다. 김치는 약방의 감초였고 필수 아이템이었다. 시식 전에 김치를 담그는 과정을 시연했더니 무척 흥미로워했다. 불고기가 들어간 궁중떡볶이 등을 함께 맛있게 식사한 후에 함께한 음식을 포장해 주었는데 새로운 경험이라도 되는 듯이 아주 좋아했다. 여기서 언급하고 싶은 것은 한국 교회와 오키나와 교회의 차이점이다. 한국에서는 전도의 목적으로 상대방을 초대하면 개인적인 큰 준비나 참가 비용 없이 진행된다. 일본에서 전도 진행 시에는 상대방들이 행사에 필요한 비용이나 준비물을 생각하고 온다는 점이 한국과 일본의 문화 차이라고 느꼈다.

본격적인 선교의 경작을 하는 단계가 되다 보니 예상치 못한 문제들도 있었지만, 힘들었던 만큼 기쁨의 단을 높이 쌓았던 감사가 넘치는 성공적인 선교 여행이 되었다. 동역자들의 후원이 있었기에 가능했다고 생각한다. 부채춤과 암송 그리고 요리의 레시피 준비 과정 등을 잘 숙지하여 요리 교실을 준비하는 단계에서부터 현지인들에게 시연하는 일들마다 몸 전체가 경직될 것 같은 긴장감이 들었지만, 놀랍게도

다카하라 교회   요리 교실

실제 요리 시연에서는 긴장된 마음이 어디론가 사라지고 자신감과 용기가 생겼다. 이런 순간이야말로 동역자들과 함께 팀워크를 이루어 준비하는 것이 큰 힘이 되었음을 실감하는 계기가 되었다. 긴장감이 사라지는 순간부터 평안하게 소통하는 요리 시간은 감사하게 교제를 마치는 원동력이 되었다. 그야말로 선교지인 다카하라 교회 성도들뿐만 아니라 함께 참석한 현지인들도 모두 다 한마음으로 집중했던 메인 프로그램으로 기억된다.

한국 음식을 통한 교류, 100명의 식사를 준비하며 얻은 아름다운 추억

사람은 살아가면서 힘든 일이 있기도 하고 보람된 일도 있기도 하다. 필자는 오키나와에서 기쁨을 느꼈다. 다카하라 교회를 세 번째 방문한 일은 체력적으로 힘은 들었어도 보람을 느꼈기에 특히 기억에 남는다. 성경의 빌립보서의 한 구절인 "내게 능력 주시는 자 안에서 내가 모든 것을 할 수 있느니라."가 일본 선교 여행에서 나를 다잡기 위해 되뇌는 말씀이 되리라고는 처음에는 미처 상상하지 못했다. 일본 선교도 봉사가 기본이었다. 어쩌다 보니 요리팀의 리더가 되어 100인분의 한식을 준비하고 접대해야 한다는 책임감과 부담감이 꽤 무겁게 다가왔다. 하지만 빌립보서 4장 13절을 기록했던 바울의 신앙고백을 체험하는 현장이 되었으며 함께했던 팀원들 역시 비슷한 입장이었다고 생각했다. 메뉴를 만들고 필요한 식재료를 현지에서 대량으로 준비한 후에 맛있는 음식을 만드는 모든 과정이 말처럼 쉬운 것이 아니었다. 평상시 가족을 위한 식사를 준비하는 일과 100인분의 식사를 준비하는 일은 너무나도 달랐다. 하지만 선교를 위한 봉사라는 생각 때문에 그런 일들을 잘 이겨낼 수 있었다. 즐거운 마음으로 하다 보니 힘든 노동도 보람 있는 봉사가 되었고 가슴 벅찬 선교 활동이 되었다. 처음으로 해보는 경험에 나도 모르게 속으로 이런 말을 하고 있었다. '그래, 할 수 있을 거야. 지금까지 잘했으니 힘내자!' 마침내 메뉴로 구상한 요리 100인분이 그림 같이 완성되었다. 한국 음식을 통해 다카하라 교회 성도들과 교제하는 기쁨이 매우 컸다는 사실이 가장 중요했다. 함께한 일본인 신도가 한식을 맛있게 즐기는 모습에 감사했고, 팀원들의 손맛 덕분에 음식을 성공적으로 완성해서 기뻤다. 체력이 허락되는 한 음식을 통해 마음을 나누는 시간이 주어진다면 감사할 따름이다. 무엇보다도 많은 양의 음식을 요리할 때의 어려웠던 문제들 앞에서 이렇게 즐겁게 요리를 할 수 있었던 것은 묵묵히 도와준 팀원들과 한 호흡으로 움직였던 덕분이었다. 요리 외에도 어린이 파티도 열렸는데, 천국 같은 기쁨의 연회가 눈앞에서 펼쳐지는 것 같아 깊은 마음속에서 크나큰 감동이 밀려왔다.

100년을 넘게 이어온 다카하라 교회로 세 번씩이나 가게 된 것은 단순한 우연이 아닐 것이라는 생각이 들었다. 지금 생각해 보면 다카하라 교회가 지역에서 구심점 역할을 다하도록 하는 데 나의 작은 힘이나마 일조하는 기회를 주신 것이라 생각한다. 바울은 성공적인 선교여행을 세 차례 했다고 하는데, 100년 전에 설립된 다카하라 교회가 굳건하게 뿌리 내릴 수 있는 마중물이 될 수 있기를 바란다.

일본은 개신교가 뿌리 내리기 쉽지 않은 곳이라고 생각한다. 그럼에도 오키나와의 기독교인 인구는 28,000명 정도로, 100명 중 2명이 기독교인이다. 일본에서 네 번째로 많다고 한다. 교회 수는 213개의 교회가 있고 인구 10만 명에 대해서 15개의 교회가 있으니 비율로 일본 전국에서 가장 많다고 한다. 하지만 교회의 규모가 작기 때문에 신도 수는 많지 않다고 느끼며 생활하고 있다고 다카하라 교회의 다카다 목사님에게 들었다. 다카하라 교회는 필자가 다니는 교회와 비교할 때 교회의 예배 양식이나 신앙생활이 비슷했다. 하지만 성도들의 세대별 분포도의 차이에서 크게 차이가 있다. 필자가 다니는 한국 교회는 세대의 연령이 어린아이부터 노년에 이르기까지 골고루 분포되어 있는 반면에, 다카하라 교회의 세대별 분포도는 주로 청소년이나 청년이 거의 없는 중·장년층이거나 노년층이 예배를 드리는 상태였다. 그러다 보니 예배의 활력이 조금은 떨어지는 느낌을 받았다. 더욱이 어린아이부터 노인층 모두가 한 공간에서 동시에 예배를 드리고 있었다. 다카하라 교회에도 많은 젊은이들이 충원되어서 활력이 넘치는 예배가 되었으면 하고 생각했다.

매번 느끼는 감정이지만, 사랑을 전하러 갔다가 오히려 많은 사랑을 받고 돌아온다. 언어도 다르고 모습도 다르지만 문화적·종교적·언어적인 교류를 통해서 지리적으로 가까운 이웃에서 정서적으로 가까운 이웃이 되는 소중한 시간은 세상의 무엇과도 바꿀 수 없는 값진 경험이었다. 지금도 성도들뿐 아니라 '센토錢湯'에서 만난 같은 연배의 친구 미야자토 나미코 씨는 선교 때 초청해 요리 교실에 왔던 분으로 한국의 드라마 등 적극적으로 많은 관심을 보였다. 서로에게 친구가 된 것은 행운의 만남이 되었다.

오키나와 탐방

4박 5일의 일정 중 마지막 날은 비전 트립으로 선교지를 탐방하는 일정이 있었다. 류큐무라 마을, 슈리성, 국제거리, 주라우미 수족관, 오키나와 미야기섬의 광활한 절경은 한 폭의 그림 같았다. 나하 고코쿠지의 베델하임 선교사 기념관과 해안가 명소들을 둘러보았는데 아름다운 휴양지 뒷면에는 아픔의 역사도 있었다. 그중 하나는 평화 기념공원과 한국인 위령탑이 있는 곳의 최대 격전지인 마부니 언덕이다. 미군의 공격에 몰려 일본군과 주민들은 태평양의 거센 파도가 이는 절벽으로 뛰어내렸다고 하는데, 막상 보니 처절했던 순간이 눈앞에 스쳐지나가며 전쟁의 아픔을 실감하여 마음이 숙연해졌다.

다른 또 하나는 오키나와 본섬 남부의 이토카즈糸数에 있는 석회동굴인 아부치라가마アブチラガマ인데 오키나와 방언으로 일본어로 '가마'는 '동굴'이라는 뜻이다. 지금도 수많은 방문자들의 발길이 끊이지 않는 곳이다. 길이는 270미터이며 1944년 당시 다마스쿠촌 내에 주둔하고 있던 일본군 제9사단이 가마를 측량하여 공병대가 정비했다. 입구, 통로, 병사, 위안소를 만들었고 우물과 취사장, 발전시설도 만들어

전투지휘소가 된 가마에 식량, 의류 등을 옮겼다. 전투가 격렬해지자 인근 주민 204명이 식량을 가지고 이곳으로 피난하고 미군 상륙 후에는 천여 명의 부상병도 옮겨왔다. 가마에 찾아오는 주민을 스파이 혐의로 사살하고 종전이 다가올 무렵 일본군은 죽에 청산가리를 타서 집단 학살도 자행했다. 1,300여 명의 일본군과 주민 중에서 살아서 돌아온 사람은 주민 100여 명과 일본군 7명뿐이었다고 한다. 빛 하나 들어오지 않는 가마 속에서 60여 일을 죽음의 두려움 속에서 살았다니 지금 생각해도 믿기지 않았다. 동굴은 사방이 나무숲으로 둘러싸여 있어 외부에서 전혀 보이지 않는, 인적 드문 곳에 위치해 있었다. 아주 음산한 나무숲을 따라가니 돌계단 아래에 전혀 찾을 수도 없는 곳으로 기억이 된다.

차를 타고 도로를 달리다 보면 렌터카를 대여하는 곳과 중고차 판매하는 곳을 볼 수 있었다. 이는 나하시를 벗어난 지역은 버스도 뜸하게 운행하기 때문에 각 가정에서 자동차는 필수라고 한다. 곳곳의 거리에는 미군 기지가 많아서 햄버거, 스테이크 가게들도 많이 보였다. 또한 미군 기지에서 세탁이나 청소 등으로 종사하는 현지인들이 많다고 한다. 오키나와 사람들의 직업의 84%는 관광, 상업, 정보통신업 등의 3차 산업이다. 다음은 건설업이나 제조업 등의 2차 산업이 15%이고 농업이나 어업 등의 1차 산업은 1.3%에 지나지 않는다. 젊은이들은 오키나와현을 벗어나는 사람도 많지만 건설업, 관광업, 음식점, 도·소매점, 제조업 등이 많은 것 같다. 고등학교 졸업과 함께 취업하는 사람이 많기 때문에 17~18세쯤 되면 생업을 찾아 본토 등으로 떠나는 젊은이들이 많다고 한다. 이런 이유에서인지 교회 안에서 젊은이들이 적은 것 같았다. 일본 본토 여행은 수없이 다녀 보았지만 본토와 떨어진 오키나와를 세 번이나 자유여행도 아닌 선교로 다녀오면서, 아는 만큼 보인다는 말대로 일본을 향한 작은 관심이 더 커진 느낌이다. 선교를 통해 현지인들의 삶을 보면서 서로 소통하며 관계를 이어간다는 것은 필자에게는 세상의 무엇과도 바꿀 수 없는 값진 것이었다. 언제든 건강이 허락하는 한 보람된 일들을 통하여 기쁨과 즐거움을 주는 삶을 살고 싶다고 다짐해 본다.

야마나시현의 매력

안인숙(야마나시 현립대학 / 현립고등학교 강사)

2022년 5월에 세계경제포럼 WEF 은 '2021년 여행·관광개발 순위'에서 '일본'이 세계 1위라고 발표했다. 일본은 한국인뿐만 아니라 세계여러 나라 사람들이 한 번은 가고 싶은 나라에 손꼽는 모양이다. 실제로 일본에 가장 많이 입국하는 나라 중에 한국은 2위다. 그리고 외국인이 가장 많이 찾은 일본 국내의 도시는 도쿄, 오사카, 지바, 교토, 나라 순이고, 그 12위에 야마나시 山梨県 도 올라 있다. 그런데 야마나시현 山梨県 에 실제로 살고 있는 입장에서 보면 야마나시가 12위라는 점은 조금 아쉽다. 그리고 한국인들에게 야마나시는 어느 정도 알려져 있는지도 궁금하다. 그래서 야마나시란 어떤 곳인지 후지산을 비롯한 현 내의 특징을 중심으로 안내해 보겠다.

야마나시현은 어떤 곳인가?

도쿄에서 야마나시현까지는 JR 중앙선 특급으로 90분 정도 걸린다. 일본에 와서 처음으로 '특급 열차'를 탄 것은 니이가타에서 일본어능력시험을 보기 위해서 도쿄에 갔을 때였다. 전철 역사 안의 자동판매기에서 종이컵 커피를 한 잔 들고 타서 열차의 창가에 놓고 달리는 차창 밖 풍경과 커피를 주시하다가 한 가지를 알아차렸다. 창가에 놓은 종이컵이 전혀 흔들리지 않는다는 것이었다. 소소하지만 새로운 문명에 접한 듯한 환희랄까. 진짜 일본에 왔다는 것이 실감 나기 시작했다.

야마나시는 뭐니 뭐니 해도 수도권과 인접해 있다는 편리한 교통망이 자랑이다. 도쿄로 출퇴근이 가능한 특급 열차 아즈사あずさ 와 가이지かいじ 가 있고, 현재 주행 실험 중인 '리니아 중앙 신간센 りにあ中央新幹線'도 야마나시현에 역을 설치하고 통과할 예정이다.

'리니아 중앙 신간센'이란 일본의 3대 대도시인 도쿄, 나고야, 오사카를 1시간대에 연결하는 일본의 대규모 국가적 프로젝트이다. JR동해의 당초 계획으로는 도쿄 - 나고야는 2027년에, 오사카 - 나고야는 2045년에 개통하여 18년이 소요될 예정이었는데, 재정 투자와 융자 등을 활용해서 전 노선 개통까지 기간을 당초 예정보다 8년 앞당기기로 결정되었다. JR 동해는 전 노선 개통까지 기간 중, 특히 2025년에 오사카 국제박람회大阪 関西万博会, 2025.4.13 ~ 10.13가 열리는 오사카, 간사이의 지역 성장에도 도움이 되기 위해서 적극적으로 사업을 추진하여 조기 개통을 실현하겠다고 발표했다.

리니아가 개통되면 일본의 수도권과 일본 전국 3대 대도시를 연결

주행 실험 중인 리니아 중앙 신간센

하는 세계 최대 규모의 거대도시권 탄생이 실현된다. 일본의 대동맥 3중화를 해소하고, 교통의 요충지인 도쿄, 나고야, 오사카 사이를 현재의 2시간 15분 소요에서 단 67분으로 단축시킨다. 야마나시현은 이런 리니아 중앙 신간센의 통과 지점에 위치하고, 리니아 실험 선로와 실험 센터를 갖추고 주행 시험도 실시하고 있어서 개통 전부터 일본 국내외의 기대와 주목을 받고 있다.

　야마나시는 일본 열도의 거의 중앙에 위치하고 있고, 인구는 약 82만 명, 국내 42위^{47개 지역 중}, 도쿄도, 가나가와현, 시즈오카현, 나가노현, 사이타마현에 둘러 싸여 바다가 없는 분지이고 한국의 대구와 같은 기후의 내륙 지방이다.

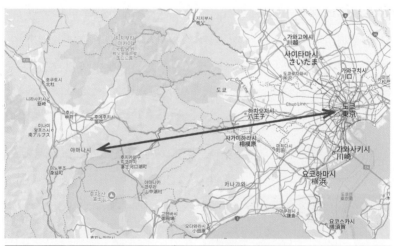

총면적(2023.10)	총인구(2024.4)
전국: 377,974.71제곱킬로미터 야마나시: 4,465.27제곱킬로미터 (전국 제32위)	전국: 124,001,809명 야마나시: 790,368명 (전국 대비 0.6%)

※ 전국: 47도도부현(都道府県), 1,724시초손(市町村)

면적으로는 47개 일본내 도도부현 중에서 32위, 일본 전국의 1/100 정도에 해당한다. 자연의 특징으로는 무려 78%가 삼림이고, 일본을 대표하는 후지산 이외에도 일본의 명산으로 꼽히는 야쓰가다케八ヶ 岳, 남알프스南アルプス산으로 둘러 싸여 있다. 특히 국내에서 높이로 5위에 꼽히는 산 중에서 무려 3개의 산, 후지산3,776미터, 기타다케 3,193미터, 아이노다케3,190미터가 야마나시에 전부 다 위치하고 있어서 국내외 산악인들에게도 인기 있는 산악지이다.

또한 후지하코네이즈富士箱根伊豆 국립공원과 치치부 다마가이秩父 多摩甲斐 국립공원을 비롯한 6개 국립공원에 둘러싸여 있어서 계절별 로 아름다운 풍경을 자랑하는 관광지이다.

앞서 언급한 것처럼 일본인의 상징이자 마음의 심벌이기도 한 후지 산이 위치하고 있어서, 후지산 산록의 화강암 속에서 2년 정도를 정화 시킨 뒤 안정된 맛과 품질로 생산, 출시되는 용암수가 바로 산토리 하쿠슈サントリー白州 의 미네랄 워터이다. 야마나시의 미네랄 워터의 전국 출하량은 전체의 38.8%로 전국 1위를 차지한다.

야마나시는 일조량 또한 전국 1위이다. 그래서 야마나시의 과수 재 배는 타 지역과 비교가 되지 않을 만큼 엄격한 기준의 당도 12~16도 이상을 유지한다. 왕성한 농산물 재배와 각종 과수의 국내 톱 생산량 으로 '후르츠 왕국'이라고 알려져 있다.

그리고 1898년에 이들 수확물을 수도권 내로 운반하기 위해 일본의 유통 역사가 바뀌었다. 바로 '야마나시 교통 철도선'의 개통이다. 1898년에 야마나시 마차철도가 운행을 개시했고 1948년 1월 야마나 시현 고후역 내에서 영업을 개시했다.

그 밖에도 야마나시현은 과일 재배뿐만 아니라 '일본 국내에서 1~

야마나시현이 일본 국내에서 1위인 분야	
포도, 복숭아, 자두의 수확량	회집, 생선회 소비량 (바다가 없는 내륙 지방)
미네럴 워터 출하액(후지산록 용암수)	크레송 수확량(전국의 38%)
귀금속 장신구 제조사업체 수 (전국의 36.9%)	한국 요리 중 찌개 요리 선호율
세계유산 등록 후지산 (3,776미터, 2013년)	1일 평균 식사 시간 최장(1시간 45분)
와인 제조량과 와이너리 수 (현 내에 85개사)	거주 인구 최소 마을 (하야가와초, 2021년 994명)
수치제어 로봇 출하액(전국의 74.3%)	자원봉사 활동 (장애인을 대상으로 한 활동 활발)

2위'로 손꼽히는 것이 의외로 많다. 위의 표는 야마나시현의 특징을 아는 데 도움이 될 만한 내용이다. 특히 한국 요리 찌개를 좋아하는 현민으로 야마나시가 1위에 꼽힌 점은 흥미롭다. 바다가 없는 내륙지방인데도 불구하고 횟집이 많으며, 생선회 소비량이 전국에서 제일 많다는 것은 의외이면서도 조금 재미있는 통계이다.

일본의 심볼, 야마나시의 후지산은 세계유산

일본의 심볼인 후지산은 야마나시와 시즈오카에 걸쳐져 있다. 해발 3,766미터의 성층화산이자 활화산이며 2013년에 유네스코 세계유산에 등재된 일본의 '문화유산'이다. 그런데 왜 '산'이 자연유산이 아닌 문화유산이 될 수 있었을까? 유네스코에서 밝힌 세계유산 등재 기준에는 '현존하거나 이미 사라진 문화적 전통이나 문명의 독보적 또는 적어도 특출한 증거일 것'이라는 조항이 있다고 한다.

세계유네스코협회는 후지산을 '문화유산'으로 등록한 데 다음과 같은 이유가 있다고 밝혔다. 후지산과 그 주변에는 역사 깊은 신사 神社 들이 남아 있다. 실제로 예로부터 신성시되어 온 후지산은 등산로와 순례길을 찾는 사람들로 가득했고, 이들이 머물 수 있는 전용 숙소 御師の家, 오시노이에 가 자연스럽게 발

후지산

달했다. 또한 일본 예술의 원천이 된 주변의 아름답고도 신비스러운 호수와 폭포, 해변에 이르기까지 유무형의 문화유산군이 후지산 주변에 많이 존재한다. 이런 이유로 후지산 그 자체뿐만 아니라 후지산을 둘러싼 각종 주변의 구성 요소와 숭배 의식을 함께 묶어서 문화유산으로 등재받은 것이다. 즉, 후지산은 일본의 대표적인 문화재들과 예술 작품들의 배경으로 군림해 오면서 오늘날까지도 지속적인 영향력을 미치고 있으며, 산이 마치 하나의 신앙의 대상처럼 사람들이 산을 향해 기도를 올리고 숭배하는 등 일본 특유의 풍토와 관습이 생겨나는 데 큰 영향을 끼쳐 왔다고 할 수 있다. 일본인들에게 후지산은 그저 산이 아니라 심적으로도 특별한 대상이다. 집을 지을 때도 후지산이 잘 보이게 설계할 정도라고 한다.

후지산에는 연평균 약 20만 명의 등산객들이 찾아온다. 후지산 등산자는 코로나19 시기인 2019년에는 236,000명, 코로나19 이후인 2023년에는 221,000명으로 집계되었다. 2024년에는 작년과 비교해서

16,684명 줄어서 204,316명 코로나19 대비 87%, 전년 2023년 대비 92% 으로 집계되었다. 2024년에는 환경보전 차원에서 등산 사전예약제로 변경했고 온라인 예약 사전결제를 권장하고 등산자 수 규제와 입산 제한을 실시했다. 또한 야마나시현 쪽에서는 2024년에 처음으로, 5합목에서 정상으로 향하는 등산자에게 1인당 통행료 2,000엔의 사전 납부를 실시했고, 종전에도 실시했던 후지산 보전협력금 1,000엔임의과 합쳐서 1인당 최대 3,000엔 부담제를 시험적으로 실시했다. 입산자도 하루 4,000명으로 제한했다.

야마나시 현민들은 후지산 덕분에 역사적으로 비교적 타 지역에 비해 '자연 재해'가 적었다고 생각한다. 실제로 일본 내의 많은 태풍과 집중 호우 등이 거대한 후지산을 넘지 못하고 진로를 변경한 경우가 많았다. 그때마다 큰 재해의 영향을 받지 않고 위기를 넘긴 것이 바로 후지산神의 덕이라고 해석한다. 그래서 후지산의 은혜와 역할에 감사하는 마음이 자연스럽게 시작된 이곳에 예로부터 일본의 '후지산 신앙'이 형성되었고, 후지산이 유네스코 세계유산으로 인정받는 데 기여한 하나의 요소가 되었다.

후지산은 일본의 예술가들에게도 많은 영감을 주었다. 예로부터 일본인들은 후지산에 깃들어 있다고 믿는 신의 영적능력을 얻기를 열망해 왔다. 이처럼 후지산을 흠모하던 수많은 예술가들은 후지산의 영적인 영감을 얻기 위해 오르고 숭배함으로써 실제로 후지산과 관련된 수많은 예술 작품을 탄생시켜 왔다. 후지산 신앙으로 탄생한 예술 작품 중에는 19세기 초반 가쓰시카 호쿠사이葛飾北斎와 우타가와 히로시게歌川広重의 우키요에浮世絵, 일본 채색 목판화가 있다. 호쿠사이와 히로시게의 우키요에가 들어간 상품은 일본 전국의 관광지와 공항 등에서 가장 많이 팔리는 아이템에 속한다. 후지산이 세계에 알려지는 과정에서 동양 미술과 일본 미술 외에 '서양 미술의 발달'에도 크게 영향을 미쳤다는 점에서 세계유산으로서 높은 평가를 받는다.

후지산과 함께 즐기는 유원지, 후지큐富士急 하이랜드

후지큐 하이랜드Fuji-Q Highland, Fuji-Q는 야마나시현 후지요시다시에 위치한 후지큐富士急 그룹에서 운영하는 유원지이다. 1961년에 개원한 후지 5호 국제 스케이트센터가 그 전신으로, 1969년에 지금의 명칭을 얻었다. 후지큐 하이랜드에는 후지야마フジヤマ, 도동파ドドンパ, 에에자나이카ええじゃないか, 다카비샤高飛車라는 4대 놀이기구를 비롯해서 기네스북에 등재된 '절규 머신'이 많아서 해외에서도 유명하다. 2019년경에는 가족 방문객을 타깃으로 애니메이션이나 게임의 캐릭터를 소재로 한 '토머스 랜드', '햄햄 도키도키! 왕국' 등의 시설도 등장했다. 또한 겨울철의 수도권에서는 가장 빠르게 오픈하는 아이스 스케이트장도 인기 있다.

그리고 일본 국내뿐만 아니라 해외 드라마와 영화 촬영지, 그리고 TV방송국 오락 프로그램 등의 촬영지로도 자주 등장하기도 한다. 또한 원내 방송과 놀이기구의 출발과 도착을 알리는 안내 방송도 일본 국내에서 유명한 성우와 아나운서가 담당하는 등 서비스의 품질이 높다고 평가받는 유원지이다.

2018년 7월부터는 파격적인 입장료 무료화를 실시한 대신에 각 어트랙션의 요금이 인상되었다. 입장 시에는 얼굴 인식 시스템을 사용해서, 프리패스 손님은 놀이기구를 승차할 때마다 일일이 티켓을 제시하지 않아도 되는 등 더욱 편리해졌다는 평판이다. 한편, 2001년 12월 개업 후 930만 명이 이용해 왔던 도동파는 역주 정지 등의 사고로 부상자가 발생하여 아쉽게도 2022년 3월에 운행 정지가 결정되었다. 그 대신 2023년 7월에는 대형 롤러코스터 족콩ZOKKON이 개통되었다. 급가속으로 시작해서 급회전, 좌우 흔들림, 급상승, 암흑 속 주행, 순간광, 고음량, 백 주행 등을 동반한 매우 스릴 넘치고 격렬한 롤러코스터가 탄생했다.

후지산록의 손꼽는 특별한 관광지 – 후지 5호

후지산록에 펼쳐지는 호반의 고장 '후지 5호富士五湖' 지역은 야마나시현 내에서도 가장 아름답기로 손꼽히는 관광 명소이다.

후지큐코富士急行의 창설자인 호리우치 료헤이堀内良平 씨가 이름을

후지 5호

지은 5개의 호수는 후지산의 분화로 인해 생긴 것으로, 후지하코네이즈 국립공원으로 지정되어 있다. 그리고 2013년에 '후지산 신앙의 대상과 예술의 원천의 구성자산'의 하나로 등록된 세계 문화유산이다. 이들 후지 5호의 특징을 살펴보려고 한다.

● 야마나카코(山中湖, 6.80제곱킬로미터)

후지 5호 중 가장 면적이 넓은 호수로, 조석의 아름다운 풍경과 인기

있는 후지산 관망 지점이 다수 있어서 연간 400만 명이 찾는 유명 관광지이다. 봄과 여름에는 후지산과 함께 호반에 비치는 일출과 일몰 사진을 촬영하기 위한 방문객 수도 적지 않다.

호반에 거꾸로 비친 후지산인 '역후지'를 촬영할 수 있는 호수로도 유명하다. 호텔, 여관, 민숙 등 숙박시설이 가장 풍부하고, 일본의 각 기업이나 대학 등에서 마련한 휴양소와 별장도 많이 위치한다. 예술 분야의 문학관, 미술관뿐만 아니라 테니스 코트, 온천 등이 다양하게 완비된 곳으로 관광은 물론 레저와 스포츠를 즐기기에도 최적이다. 특히 2020년 도쿄올림픽 자전거 경기 로드레스 코스로도 사용되었던 사이클링 로드도 있어 수많은 사이클링 동호자들이 1년 내내 쉬지 않고 찾는 호수지이다.

● 가와구치코(河口湖, 5.70제곱킬로미터)

후지 5호 중에서 두 번째로 큰 호수이고, 가장 북쪽에 위치하며 제일 먼저 관광지로 개발되었다. 가장 긴 호반의 선상에는 오르골 숲과 허브관, 파노라마 로프웨이, 유람선, 원숭이 극장, 낚시 시설, 캠프장, 숙박시설 등 다양한 레저시설을 골고루 갖추고 있어 인기가 많다.

● 모토스코(本栖湖, 4.70제곱킬로미터)

후지 5호 중에서 수심이 가장 깊고, 일본의 1,000엔 지폐와 5,000엔 지폐 뒷면의 역후지산에 그려진 적이 있는 호수이다(2024년 7월 3일자로 1,000엔·5,000엔·1만엔은 신 지폐가 발행됨). 윈드서핑의 성지이고, 풍광명월이 아름다운 곳이라 호텔은 물론 각 기업들의 연수원이 즐비하고 레저 시설도 많은 지역이다. 송어의 낚시장으로 유명하고, 전국

모터보드 경주연합회에서 운영하는 모터보드육성센터2001년 이후 후쿠
오카현으로 이전함도 위치하고 있었다.

● 사이코(西湖, 2.10제곱킬로미터)

후지 5호 중에서 네 번째로 큰 호수로, 사이코 호수의 남단에는 아
오키가하라 수해가 펼쳐진다. 이 수해는 삼림이 무성하여 영화의 한
장면과 같은 멋진 자연이 펼쳐지지만, 인적이 드물어 일본 전국에서
자살 희망자가 가장 많이 찾는 곳으로도 알려져 있다.

하지만 실제로는 끝없이 늘어선 수목이 아름다워서 수해植海라고
부른다. 여유롭고 한적한 캠프장과 초중학교의 합숙시설, 초가집 촌
락을 복원한 사이코 이야시노 사 넨바西湖癒し里根의 합숙시설, 음악
서클 등의 합숙소가 있으며, 주변에는 민박집도 즐비하다.

● 쇼지코(精進湖, 0.50제곱킬로미터)

원래는 하나의 호수였으나 후지산의 화산 활동 때문에 세 개로 나누
어져 생긴 것으로 알려져 있다. 후지 5호 중 사이코, 모토스코와 수맥
이 동일한 것이 특징이고, 세 개의 호수는 수면의 표고가 같아서 호수
의 수위가 연동되어 움직인다고 한다.

쇼지코精進湖라는 호수 이름은 후지산 참배자들이 산에 오르기 전
에 이 호수에서 목간을 하며 목욕재개한 것에서 비롯된 것으로, 쇼지
코정진하는 호수로 불리운다는 설이 있다. 또한 플랑크톤이 가장 많아 영
양호榮養湖로도 하며, 풍부한 플랑크톤의 영향으로 물의 빛깔이 신비
스러운 녹색 산호와 같은 색을 띠는 것이 특징이다.

야마나시현은 세계유산에 등록된 후지산은 물론 야쓰가다케, 남알 프스 산맥 등 산천이 아름다워서 등산객뿐만 아니라 온천, 유원지, 자연을 체험하고 즐길 수 있는 환경을 갈구하는 사람에게 추천한다. 또한 일조 시간이 일본에서 가장 길기 때문에 꽃과 후르츠, 농산물 재배에도 적합한 전원 환경을 자랑하는 곳이다. 끝으로 이 책을 계기로 언젠가 한번쯤 후르츠 왕국 야마나시현에 방문하는 사람들이 많아졌으면 하고 기대해 본다.

역사와 풍경이 어우러진 여행
- 시모노세키, 기타큐슈, 하기, 히로시마

조용자(문화예술인), **박승규**(세무사)

시모노세키에서의 청일전쟁, 조선통신사를 만나다

여행의 시작은 2024년 2월 하순이었다. 대학에서 함께 떠나는 나흘간의 일본 역사문화탐방이라니 다소 짧은 일정이기는 했다. 아침 일찍 인천국제공항에서 출발해 후쿠오카 국제공항에 도착하면서부터 설레이는 탐방 일정이 시작되었다.

후쿠오카 공항을 벗어나 시모노세키로 이동해 첫 번째 목적지인 가라토 시장을 찾았다. 이름부터 가라토唐戸 시장이라 뭔가 그럴듯해 보이는 시장이다. 시모노세키 하면 뭐니 뭐니 해도 유명한 복어河豚 스시를 비롯하여 다양한 종류의 싱싱한 먹거리가 펼쳐지는 곳이다.

전통 수산물을 파는 가라토 시장은 복어로 유명하며 해변 데크에서 간몬교를 바라보며 점심을 즐길 수 있다. 특히 주말에만 이용할 수 있는 직판장이 있어 신선한 스시, 복어 튀김, 꼬치 요리 등을 즉석에서 맛볼 수 있어 시장 특유의 활기와 바다의 매력을 동시에 느낄 수 있는 장소였다. 신선하고 풍미 넘치는 해산물 요리가 우리의 미각을 사로잡으며 첫 여행의 기대를 한층 높여 주었다. 새우 튀김과 복어 튀김을 사서 간몬교가 잘 보이는 바닷가 데크에 자리 잡았다. 주변 경치와 어우러진 복어 튀김의 맛은 여행의 시작을 맛있게 꾸며 주었다.

가라토 시장을 나와서 인근에 있는 청일강화기념관으로 걸어갔다. 청일강화기념관은 1895년 청일전쟁이 끝난 후 일본과 청나라가 청일강화조약을 체결한 장소이다. 일본 측은 이토 히로부미와 무쓰 무네미쓰陸奥宗光, 청나라 측은 이홍장이 전권대신으로 참여했다. 당시 회의장의 실제 비품과 자료가 잘 재현되어 있어서 청일강화조약이 체결된 역사의 현장을 생생하게 느낄 수 있다. 이곳에는 청일전쟁의 진행과 종전 상황에 대한 다양한 자료가 전시되어 있다. 아쉽지만 실제로 조약을 체결한 춘풍루는 일반인이 들어갈 수 없었다.

춘풍루 앞에서 강상규 교수님은 청일강화조약이 근대 동아시아 역사에서 중대한 전환점을 의미하고, 한국, 중국, 일본 세 나라에게 깊은 영향을 미쳤다는 설명과 함께 전쟁 전후의 상황과 역사 전개에 대하여 깊이 있는 강의를 해 주셨다. 일본이 청일전쟁에서 승리를 거두면서 청나라는 조선에 대한 전통적인 영향력을 이전만큼 행사할 수 없었고, 반대로 일본은 조선, 대만, 요동 반도 등에 대한 영향력을 확대할 수 있었다. 이에 따라 일본은 아시아에서의 지위를 강화하고 국제적인 입지를 넓히는 기회를 잡았다. 청일강화기념관이 일본에서 근대화와 제국주의의 성공적인 실현을 상징하는 장소로 인식되는 이유이다.

중국의 입장에서 보면 청일강화조약은 국가적인 수치와 굴욕의 상징이다. 청일강화조약에 따라 중국은 대만과 요동 반도를 일본에 할양해야 했으며, 거액의 전쟁 배상금까지 지불해야 했기 때문이다. 이 사건은 청나라의 쇠퇴와 서구 열강의 침략을 더욱 가속화하는 계기가 되었고, 중국 내부의 개혁과 근대화 운동에 대한 요구를 촉발시켰다.

한국에서는 청일강화조약이 조선의 국운에 중대한 영향을 미친 사건이라는 평가가 있다. 일본은 조선을 침탈하려는 계획을 진행하는 수

순의 하나로 이 조약을 통해 조선을 국제적으로는 독립국으로 인정했지만, 주된 이유는 조선에 대한 중국의 영향을 배제하기 위해서였다. 이후 일본은 조선의 외교권을 통제하고 강제 병합으로 이어지는 일련의 과정을 추진했다. 따라서 한국인에게 청일강화기념관은 근대 시기에 일본 제국과 조선의 불편한 만남이 시작되는 역사적 사건의 상징으로 일본의 침략과 국권 침해의 아픈 역사를 상기시키는 장소이다. 조선 땅에서 일본과 중국이 전쟁을 벌여 우리 국민들이 가장 피해를 보았고, 그 후 계속된 일본의 폭압이 있었기 때문에 이곳에서 마음이 유쾌하지 않았지만 과거를 배우고 미래를 위한 교훈을 얻을 수 있었다.

청일강화기념관은 각국의 역사적 맥락에서 보았을 때 상반된 의미와 중요성을 지닌다. 그리고 이는 각국의 역사적 경험과 국가적 정체성에 깊이 뿌리내린 인식과 관련이 있다. 이런 이유로 청일강화기념관은 한중일 세 국가에게 각기 다른 역사적 해석과 감정을 자아내는 장소이다.

청일강화기념관 바로 앞에 우리에게 의미 있는 장소가 있다. 일본과의 교류를 위해 조선 시대의 통신사가 상륙했던 곳이다. 한일 교류의 상징인 조선통신사 선박이 대한해협을 건너 일본 본토의 관문인 시모노세키에 입항했다. 이 장소에 2001년 한일의원연맹에서 '조선통신사 상륙 기념비 조선통신사상륙엄류지지'를 세웠다. 이경수 교수님은 "조선 시대 조선통신사는 일본과의 문화교류에 지대한 역할을 했고 지금은 우리가 다양한 방식으로 일본인들과 교류하며 서로의 문화를 이해하고 받아들이고 있다."라고 설명했다.

그다음으로 방문한 마에다 다이바터는 세토내해 해안을 따라 저지대와 고지대에 수십 개의 포대가 설치되어 있다. 에도 시대 말기에 조슈번이 간몬해협을 통과하는 미국, 프랑스, 네덜란드의 상선이나 군함을 포격하기 위해 설치한 포대 군사시설로 당시의 격렬한 전투 흔적을 잘 보여 준다. 이곳에서는 전투에 사용된 탄약 외에 외국 함대에서 발사된 것으로 알려진 포탄 등이 발굴되고 있다고 한다.

이어서 방문한 고잔지는 가마쿠라 시대에 창건된 사찰로 국보로 지정된 불전과 메이지 유신을 이끈 다카스키 신사쿠의 동상이 있다. 국보로 지정된 불전의 화려한 장식과 신사쿠 동상의 디테일한 조각들은 역사와 예술을 동시에 보여 주며 시대적 흐름을 되새기게 했다.

초후 모리 저택은 모리 가문의 14대 당주였던 모리 모토토시가 지은 건축물로 당시 가문의 위상을 여실히 보여 준다. 저택의 세련된 건축 양식과 정교한 장식들은 모리 가문의 전성기를 떠올리게 했다.

노기 신사는 타이완 초대 통감이자 러일 전쟁 당시 일본 육군 사령관이었던 노기 마레스케를 기리는 신사이다. 일본의 군국주의 전쟁으로 인한 동아시아 피해자들의 고통과 일본의 역사를 생각하는 하루였다.

다음 날의 일정은 호텔에서 아침을 먹은 후 히로시마로 이동하며 시작되었다. 미야지마구치항에서 페리를 타고 신들의 섬으로 알려진 미야지마에 들어섰다. 오도리이가 만조의 바다 위에 떠 있는 광경은 환상적이었다. 일본 3경 중 하나로 꼽히는 곳으로 독특하게 바다 위에 건축된 이쓰쿠시마 신사는 신덴쓰쿠리 神殿造 양식의 예술미를 보여 준다. 바다를 배경으로 하는 전통 건물의 조화는 그야말로 마법과도 같았다. 이 신사는 1996년에 유네스코 세계유산으로 등록되었다. 에도 시대의 모습이 남아 있는 전통 상가 거리에서는 지역 특산품과 다양한 기념품을 볼 수 있었다. 오모테산도 상점가에서 미야지마 특산물인 모미지 만주를 사먹었다.

비극의 상징인 원폭 돔에 고통과 슬픔의 비가 내리고

히로시마 시내로 이동하여 군사적·정치적 요충지인 오타강 하구에 모리 데루모토가 축성한 히로시마성에 올랐다. 견고한 천수각과 대본영 터, 호국신사 등 성곽 주변의 도랑과 높은 성벽은 과거 성의 위용을 떠올리게 했다. 성 내부의 전시 자료들을 통해 당시 모리 가문의 정치적 중요성을 볼 수 있었지만 한국인의 입장에서 보면 무조건 박수 칠 일은 아닌 것 같아 쓸쓸했다.

히로시마 시당국의 불허로 1970년에 공원 외곽에 설치되었던 한국인 원폭희생자 위령비는 재일한인단체와 일본인 시민단체의 공원 내 이전 운동으로 1995년 7월에 공원 내로 옮겼다니 그나마 다행이다 싶었다. 한국인 원폭희생자 위령비에서 당시 일본으로 강제징용 등으로 와서 원폭으로 참혹한 고통을 겪고 희생당하신 분들에 대한 묵념을 하는데 눈물이 흘렀다.

부슬부슬 내리는 봄비를 맞으며 상생교를 건너 원폭 돔으로 향하면서 이 많은 한국인과 일본인에게 죽음과 피폭의 고통을 안겨 준 일본의 전범들은 전쟁이 끝난 후에도 제대로 단죄받지 않고 그 전범 후손들은 자기들이 피해자라고 한다. 이런 상황에서 한국과 일본이 생각하는 상생은 무엇일지를 생각하며 걸었다. 원폭 돔은 그 자체로 전쟁의 공포와 인류의 재앙을 경험하는 상징이 되어 전쟁과 원자폭탄의 끔찍한 고통을 벗어나기 위해 어떻게 해야 할 것인지 강한 메시지를 전달하고 있었다.

미국은 '맨하탄 프로젝트'로 원자폭탄을 만들어 1945년 8월 6일 아침 8시 15분에 '리틀보이'란 이름을 붙인 최초의 핵폭탄을 히로시마 상공에서 터뜨렸다. 이어서 8월 9일 나가사키에 '팻 맨'을 투하하여 '제국 일본의 동아시아 50년 전쟁'의 막이 내렸다. 영화 〈오펜하이머〉바테크 싱 감독, 크리스토퍼 월켄 주연의 원자폭탄 발명가 로버트 오펜하이머는 원자 폭탄의 피해를 고민하지만 정치가들은 이를 크게 고려하지 않았다.

그날 수많은 사망자와 희생자들은 선과 악 어느 쪽 사람이었을까? 봄비 내리는 다리 위에서 방사능 낙진이 쏟아진 강으로 몸에 불이 붙은 사람들이 떨어지는 장면은 상상만 해도 참혹하고 몸이 떨리게 아프다.

이어서 히로시마 평화기념공원 안에 위치한 평화기념자료관으로 이동하는데 폐관 시간에 맞춰서 빨리 오라고 손짓까지 해 주는 친절한 경비 아저씨 덕분에 가까스로 입장했다. 평화기념자료관에는 원폭의 참상을 되풀이하지 않겠다는 강한 의지가 담긴 원폭 피해의 다양한 자료들이 전시되어 있어 당시의 비극을 생생하게 느낄 수 있었다. 히로시마는 현대사에서 가장 큰 비극 중 하나를 경험한 도시로, 평화기념공원과 자료관은 희생자들을 기리고 평화의 소중함을 일깨워 그 비극을 기억하고 미래를 위해 우리가 해야 할 것이 무엇인지를 알려 주는 곳이다. 전시된 사진만 봐도 마음이 아파서 그랬을까? 담담한 마음으로 끝까지 기념관을 제대로 볼 수 없었다.

일본 제국은 히로시마와 나가사키에서 원자폭탄에 피폭당하고 항복했다. 그 후에 일본은 원자력에 대한 공포를 원자력 에너지에 대한 선망으로 탈바꿈시켜 1956년 도카이에 최초로 상업용 원자력발전소를 지었고 2011년 동일본대지진 직전까지 54기의 원자력발전소를 운용하다가 현재는 11기만 운용하고 있다고 한다.

이와쿠니와 하기로 떠난 메이지 유신 여행

　답사 여행 삼일째 날에는 이와쿠니로 이동하여 일본 3대 명교 중 하나인 긴타이쿄를 방문했다. 이 다리는 5개의 연속 아치 구조로 되어 있어 독특하고 우아한 목조다리로 유명하다. 주변의 산과 강 풍경을 함께 감상하며 목조 구조의 미학을 느낄 수 있었다. 이 목조 다리의 아치 구조는 그대로 예술 작품이다. 다리에 올라 한가운데에 다다르면 두둥실 하늘과 맞닿은 것같이 보인다. 긴타이쿄를 건너가 가게 앞 좁은 도랑에서 비단잉어를 보는 재미도 있었다. 사계절이 제각각 아름다운 명소 같았다.

　핑크 도기로 유명한 하기로 이동하여 메이지 유신의 지도자인 요시다 쇼인의 살아생전 업적과 그의 제자들의 이야기를 보여 주는 쇼인 신사와 쇼카손주쿠松下村塾를 방문했다. 그의 사상과 철학을 기리는 자료들이 전시되어 있는 쇼카손주쿠는 그가 제자들을 가르친 소박한 교실로 쇼인이 남긴 영향력을 짐작할 수 있었다. 요시다 쇼인의 역사관에서는 그의 짧지만 강렬한 삶이 일본 역사를 어떻게 바꾸었는지 확인할 수 있었다. 요시다 쇼인은 아편전쟁을 기점으로 한 서세동점의 격동기에 일본이 처한 위기를 극복할 방안으로 일군만민사상에 입각하여 존황양이론을 주창하면서 이토 히로부미, 야마가타 아리토모, 기도 다카요시 등의 제자들을 키웠다. 그러나 요시다 쇼인은 일본의 강한 국가 건설을 꿈꾸기만 한 것이 아니라 조선 침략 구상을 제시하여 후일 그의 제자들이 메이지 유신의 주역이 되어 조선 침략을 실행하고 계속 동아시아 다른 국가들을 침략했다. 그 결과 조선을 포함한 동아시아 국민의 고통을 배가시켰고 현재까지도 그 어두운 그림자가 남아 있다.

쇼인의 제자들인 이토 히로부미, 야마가타 아리토모의 구택에 전시된 자료들에서는 이들이 쇼카손주쿠에서 배운 지침을 어떻게 실천했는지 볼 수 있었다. 다카스기 신사쿠와 구사카 겐즈이의 구택도 방문해 쇼카손주쿠의 동문들이 메이지 유신의 핵심 인물로 활동한 과정의 자료들을 보았다.

그리고 번교 메이린칸 터로 이동했다. 기타큐슈의 다카토야마 전망대는 주변 풍경을 한눈에 볼 수 있는 장소로, 특히 밤의 화려한 야경으로 유명하다. 전망대에서 기타큐슈의 환상적인 풍경을 감상하며 문화유산이라고 할 정도로 아름다운 야경을 느낄 수 있었다.

마지막 날은 시모노세키로 이동하여 규슈와 혼슈 사이의 간몬해협을 잇는 웅장한 간몬대교를 전망대에서 다리의 규모를 직접 눈으로 확인했다. 간몬해협과 간몬대교를 한눈에 내려다볼 수 있는 히노야마공원 전망대에서는 해협의 파노라마 풍경을 즐겼다. 해협의 교량은 바다의 아름다운 풍경과 어우러져 감탄을 자아냈다. 이 전망대는 평화로운 분위기 속에서 관광객들이 해협의 경치를 충분히 감상할 수 있도록 구성되어 있다.

모지코 레트로에서는 하야시 후미코 기념실, 규슈 철도본사, 모지세관, 전기통신 레트로관, 개폐식 다리 등 다양한 건축물을 둘러보며 바다의 낭만이 넘치는 항구 도시의 매력을 느끼며 자유롭게 돌아다녔다. 이 오래된 항구 도시는 역사와 현대적인 감성이 함께 어우러져 독특한 분위기를 자아냈다. 고풍스러운 건축물과 아름다운 항구의 풍경은 많은 사람들이 사진으로 남기느라 바쁜 시간을 보낸 곳이기도 하다. 모지코는 일본의 과거와 현재가 교차하는 특별한 장소로, 시간을 초월한 매력을 느끼게 했다. 나는 재학 중에 하야시 후미코의 상상 여행기를 과제물로 제출했던 장소와 연관이 있어서 좀 더 친숙한 느낌이 들었다.

이번 답사 여행 중 우아한 경내와 백색 천수각이 돋보이는 고쿠라성을 들르지 못한 것이 많이 아쉬웠다. 고쿠라는 여러 번 갔는데도 성을 갈 기회가 없었다. 400년 역사의 제곽식 평성으로 알려진 이 성은 미야모토 무사시가 머물렀던 곳으로도 유명하다는데 하필 발목을 삐었다. 이번에도 성 주변의 오래된 골목길에서 56년의 역사를 가진 '카페 팡팡'의 커피 맛을 즐기며, 다시 올 여행지로 남겨 놓고 이번 여행을 마무리했다.

이번 답사 여행 내내 방송대 이경수, 강상규 교수님이 버스와 현장에서 강연과 현장 설명을 해 주셔서 알차고도 알찬 역사문화탐방이었다. 특별한 강의 덕분에 19세기와 20세기의 동아시아의 격변기 근현대사를 아픔으로만 보아 왔던 시각에서 동아시아 3국이 동등하게 상생할 수 있는 의제를 생각하게 되었다. 사제동행 여행이었기에 두 분의 가르침으로 일본의 다양한 문화와 메이지 유신부터 현대까지의 역사를 통해 일본의 과거와 현재를 체험할 수 있어 특별했고, 아름다운 풍경까지 보고 배워 감동이 넘치는 여정이었다. 틈틈이 일본의 언어와 문화, 교통, 생활습관, 에티켓 등을 재치 있게 알려 주는 교수님의 설명도 좋았고 다양한 학생들의 학구열과 열정에 감동했던 귀한 시간이었다.

일본이 걸어온 관광과 여행의 발자취

홍유선(번역작가)

얼마 전에 하네다 공항과 김포 공항을 거쳐 한국에 다녀왔다. 서울에서 일을 마치고 김포 공항 출국장에서 탑승을 기다리는데 출국하려는 많은 사람들로 북적였다. 1980년도 후반에 일본으로 출장을 다녔던 때와 비교하면 많이 달라졌다. 그 당시에는 도쿄를 경유하는 미국행 유나이티드와 노스웨스트 항공편이 저렴해서 도쿄에 갈 때는 미국 비행기를 많이 탔다. 지금은 직항 노선의 선택지가 무척 다양해졌고 관광객의 비중이 압도적으로 높다. 일본을 방문하는 한국인, 한국을 찾아가는 일본인 관광객들이다. 언젠가부터 일본은 세계적인 관광 대국으로 손꼽히고 한국인들이 가장 선호하는 해외 여행지가 되었다. 일본에 살아 보면 일본이 왜 관광 대국인지 감각적으로 충분히 알 수 있다.

일본 국토는 동서로 길고 남북으로 긴 모양이다. 동서로 길고 남북으로 길다는 것은 지정학적으로 기후가 달라서 자연 환경이 다르다는 것을 의미한다. 자연 환경의 차이로 그만큼의 다양성을 확보하고 있어서 어딜 가도 다른 무엇인가가 있다는 것을 보여 주기에 충분하다. 그만큼 일본은 전 국토가 관광 자원으로 활용되고 있다.

생존과 신앙으로 시작된 다비

일본이 세계 곳곳에서 관광객이 찾아오는 관광 대국이 된 역사적인 배경을 살펴보고자 한다. 아주 아주 옛날에는 어느 나라나 그랬듯이 일본 역시 관광의 시작인 여행, 즉 일본어로 다비旅는 필요에 의해서였다. 여행이란 현재 있는 장소에서 다른 곳으로 '이동'한다는 관점에서 볼 수 있다. 고대 시대에는 생존을 위해 먹을 것을 찾아 이동했는데 대표적으로 유목민을 들 수 있다. 일본의 경우는 세쓰몬 시대 후기에 대륙에서 벼농사가 전래되면서 어느 정도 정주화가 진행되었지만 농경만으로는 생존할 수 없어서 사냥과 수렵을 위한 여행인 다비는 그리 간단히 끝나지 않고 계속 되었다.

그렇게 생존을 위한 다비에서 야요이 시대를 거치면서 각 지역간의 전쟁으로 인해서 병사들의 이동이 시작되었다. 이때까지만 해도 지금 같은 여행의 개념은 아니었다. 생존과 전쟁 등 필요에 의한 이동에서 한 단계 진보한 이동은 종교와의 관계에서 뚜렷히 나타난다. 우리나라 신라 시대에도 원효 대사가 불교의 깨달음을 위해 당나라를 가던 중에 깨달음을 얻고 신라로 되돌아왔다는 기록이 있다. 일본에서도 가마쿠라 막부 시대부터 전국 시대에 걸쳐서 신사와 절을 찾아가는 신년 인사를 비롯하여 종교적인 수험자와 승려 등의 수행 등 신앙을 동기로 한 여행이 시작되었다. 당시 천황도 종교적인 의미로 절을 찾아가는 구마노 참배에 열심이었다는 기록이 남아 있다. 구마노는 옛날부터 사람들이 신앙을 위해 열심히 찾아가던 지역으로 '이세에 7번 구마노에 3번'이라는 말이 있을 정도로 이세신궁과 더불어 성역지로 유명하다. 또한 일본 전역의 각지를 방랑하는 불교 승려인 히지리聖도 출현하면서 종교적인 여행에 붐을 일으켰다. 그 당시에 서민에게 다비, 즉 여행은 없었고 많은 사람들은 태어난 곳에서 일생을 마감했다.

헤이안 시대와 가마쿠라 시대에는 수행과 포교 즉 종교를 전파하기 위해 전국을 돌아다니는 승려들의 여행이 본격화되었다. 그중에서도 일생 동안 다비를 통해 불교를 전파하는 승려도 있었다. 승려 이요는 10세에 고향인 에히메현에서 출가한 이래 51세로 죽을 때까지 안갸行脚, 승려가 수행이나 포교를 위해서 각지를 방문하는 것를 계속하면서 지금의 동북 지방부터 규슈까지 일본 각지를 돌아다녔다. 이 밖에도 여러 승려들이 가마쿠라, 교토, 하카다 등 전국을 다니는 종교 여행을 했다.

에도 시대에 꽃피운 서민들의 관광 여행

에도 시대부터 다비에 커다란 변화가 일어났다. 도쿠가와 이에야스가 에도에 자리를 잡으면서 에도 막부의 정권 강화를 위해 실시한 산킨코다이와 에도마이리는, 교토에 사는 다이묘와 사무라이 등의 무사들에게는 에도에 정기적으로 올라가야 하는 중요한 일이었다. 이들의 왕래가 잦아지면서 천황이 살던 서쪽의 교토와 에도 막부가 자리한 동쪽의 에도 사이에 고카이도와 와키카이도 등의 길이 정비되고 숙박업과 항구가 발달하면서 드디어 서민들의 레저로서 다비가 시작되었다. 260년 동안 평화롭게 유지된 에도 막부가 존속하는 동안 계속되었던 산킨코타이와 에도마이리는 길을 개척하는 데 공헌했고 숙소가 번성하는 데 중요한 역할을 하면서 자연스럽게 여행의 기반을 형성했다. 길이 좋아지면서 숙소가 생겼고 항구가 발달하면서 여행하기 쉬운 환경이 조성되었기 때문이다. 특히 항구의 발달로 배를 통해 화물과 사람의 이동이 훨씬 용이해졌다.

에도 시대 사람들이 선망했던 이세신궁 참배와 후지산 등반을 위해 전국 각지에서는 고우講가 조직되었고 260년간의 에도 시대에 서민들 사이에서 이세신궁 참배가 몇 번이나 붐을 일으켰다. 여기서 고우란 우리말로 보면 계 조직과 비슷한데, 여러 명이 돈을 모아 제비뽑기로 한 명을 선출해서 그 사람이 대표로 이세신궁이나 후지산에 다녀오면서 선물을 사오고 여행하면서 직접 겪은 경험을 이야기하는 모임이었다. 그리고 몇 년에 한 번씩 고우 전원이 이세신궁을 참배하러 가면 고우의 대표로 먼저 여행을 갔던 경험자가 가이드 역할을 하기도 했다. 또한 각각의 신사에는 길 안내와 숙소의 편의를 봐주는 가이드 역의 '오시'이세신궁은 온시라고 불렀다라는 신직이 있었다. 이는 곧 현재의 단체 여행이나 패키지 여행의 원형이라고 할 수 있다. 당시에는 이런 각 지역의 유적지를 돌아보는 여행도 상당히 유행해서 각지에서는 여행객들에게 필요한 정보를 제공하는 명소 도해와 각 지역의 특산물 가이드도 발행했다. 이런 과정을 거치면서 에도 시대에는 서민들도 본격적인 관광을 위한 여행이 시작되었다. 따라서 일본의 역사적인 배경을 보면 지금과 같은 관광은 에도 시대부터 시작되었다고 할 수 있다.

에도 시대에는 각 구니의 사람들 중에 항상 이동하면서 살아가는 쇼쿠노민기술을 가진 장인, 게노민예술가이 있었다. 각지를 돌아다니며 생계를 잇던 우리나라의 박물 장사와 보부상처럼 쇼쿠노민과 게노민들은 기술이나 예술적인 재능을 갖고 각지를 돌면서 제품을 만들거나 수리하거나 물건을 파는 등 재능을 보여 주면서 일본 전역의 고객을 찾아다녔다. 이들처럼 에도 시대에는 여행하면서 일을 했던 생계형 여행자들도 있었는데 대표적인 사례로 구스리야상돌아다니며 약을 파는 사람이다. 이는 가정용 상비약이 들어 있는 약품 상자를 필요로 하는 집집마다 맡겨 두고 다음에 왔을 때 맡겨 둔 약품 상자에서 꺼내 쓴 약품 값만 정산하는 판매 제도이다. 지금도 구스리야상이 있는데 에도 시대에 만들어진 것이다.

온천 관광은 일본의 대표적인 여행 상품으로 온천이 여행의 목적지로서 일반화된 것 역시 에도 시대이다. 구사즈 온천을 예로 든 자료에 따르면, 온천은 온천지의 전승과 신앙적인 요소와 더불어 같이 발전했다. 이세신궁을 비롯한 오야마나 후지산 등의 참배도 에도 시대의 대표적인 여행 상품이었다. 에도 시대의 유명한 하이쿠 시인 마쓰오 바쇼는 현재 아오모리현 등의 동북 지역을 시작으로 후지현, 이시카와현, 후쿠이현을 거쳐 기후현의 오가키시까지 1,768킬로미터의 여정을 기록한 〈오쿠노호소미치 おくのほそ道〉라는 기행문을 썼다. 약 2,000킬로미터를 도보로 여행하면서 글까지 남긴 대장정의 여행이 어떻게 가능했지는지 가늠조차 안 된다.

교통의 발달과 궤를 같이 하는 여행

메이지 말기에 철도의 개통으로 여행의 새로운 시대를 맞이했다. 걷지 않고 앉아서 여행할 수 있는 철도, 자동차의 보급과 더불어 비행기 등 교통 수단의 발달은 여행의 중요한 수단이 되는 동시에 일본의 경제적인 소득 증가와 맞물리면서 여행과 관광에 폭발적인 기폭제가 되었고 일상으로 스며들었다. 당시 철도는 이동 수단을 넘어 그 시대 사람들의 생활에서 새로운 즐거움의 대상이었다. 철도가 주요 이동 수단이었을 때는 목적지를 가기 위해서가 아니라 철도를 타는 즐거움을 누리기 위한 여행도 유행했다. 여기에 에키벤과 오미야케 등으로 여행 속에서 작은 행복과 기쁨을 나누는 풍습도 정착했다.

교통 수단이 여행 패턴을 바꾼 몇 가지 대표적인 사례가 있다. 첫 번째가 자동차 시대를 맞아 기차역 대신에 고속도로가 뚫리면서였다. 고속도로가 생기면서 기차역을 대신했고 인터체인지가 만들어지며 교통의 편의성이 급격히 발달했다. 두 번째가 기차역을 중심으로 세워졌던 호텔이 자동차 시대를 맞이해 기차역이 아닌 국도에 세워지면서 '루트 인 호텔'이 전성기를 맞이한 것이었다. 세 번째가 가마메시^{작은 솥 밥}를 팔아서 유명했던 요코카와역이 신간센이 통과하면서 없어지는 비극을 맞이한 것이다. 이처럼 고속도로와 마이카 붐의 시대를 맞이하면서 일본 여행은 새로운 전환점을 맞이했다.

세계 최초의 여행사는 영국의 토머스 쿡이 만들었다. 지금의 여행업과는 비교할 수 없지만, 영국 중부의 교회에 다녔던 그는 '금주 대회' 참가자들을 위해 레스터 Leicester 와 러프버러 Loughborough 사이의 18킬로미터를 1명당 1실링으로 단체 여행을 시작했다. 미들랜드철도와 교섭해서 왕복 철도편의 단체 할인을 이끌어 냈다. 이것이 세계 최초로 영리를 목적으로 한 단체 여행의 시작이었고 그 후에 '토마스 쿡' 사가 탄생했다.

일본 최초의 여행사는 JTB로 전세계 각국에 지사를 두고 일본 여행의 전성기를 맞이했으며 현재도 일본인들의 여행을 주도하고 있다. 메이지 말기인 1905년에 현재의 시가현에 사는 미나미신스케가 당시의 국철에 도움을 받았던 것에 대한 고마움으로 단체로 젠코지^절 참배를 기획했다. 시가현에서 젠코지까지 여정의 단체 여행이었고, 같은 해 미나미신스케는 일본 여행의 전신에 해당하는 '일본 여행회'를 창업했다. 1912년에는 현재 단체 여행에서 인바운드의 선두 주자인 100년된 기업 JTB의 전신인 재팬 투어리스트 뷰로가 설립되어 일본을 방문하는 외국인의 안내역을 담당했다.

일본은 메이지 시대에 행정, 교육, 경제, 금융 등 전체적인 변화를 겪었는데 당시 경제 교육 등의 다방면에서 활약한 시부자와 에이이치는 데이코쿠호텔을 건립하면서 외국인의 인바운드 유치를 위해 민간 조직도 설립했다. 메이지 시대에 미래를 내다보고 인바운드 외교를 주장하고 실현한 그의 행보는 그 당시보다 현재에 와서 일본이 관광 대국이 되는 초석이 되었다고 평가받고 있다. 시부사와 에이이치는 올해 바뀐 1만 엔권 새 지폐의 초상화 인물로 일본의 관광에 크게 기여했다고 새롭게 조명받기도 했다.

그 후 1964년 도쿄올림픽의 개최로 해외 여행이 자유화될 때까지 일본 국내의 여행업자는 50여 개사로 시민들에게 폭넓게 침투되는 데 50여 년의 시간이 걸렸다. 일본에 신칸센이 생긴 1965년에 일본항공이 패키지 투어인 '잘 팩'을 발표하고, 1968년 일본교통공사가 일본통운과 공동으로 해외 패키지 투어 '룩크'을 선보였다. 1970년에는 일본교통공사가 국내 패키지 투어 '에이스'를 발매한 이후, 패키지 투어는 빠르게 보급·확장되었고 패키지 여행은 부동의 여행 상품으로 자리잡았다. 이때 일본은 경제 성장의 붐을 맞아 금전적인 여유가 생기고 외국에 대한 관심이 맞물리면서 해외 여행의 전성기를 꽃피웠다. 1965년에는 하와이가 가장 인기 있는 여행지였다. 당시 1달러당 380엔으로 달러가 비쌌기 때문에 하와이에 못 가는 사람들을 대상으로 가짜 하와이인 하와이안즈가 생겨났다. 하와이안즈는 영화로도 제작되어 선풍적인 인기를 끌었지만 시대의 흐름과 여행에 대한 니즈를 만족시키지 못하자 역사의 뒤안길로 사라졌고, 현재는 수퍼 리조트 하와이안즈의 테마 파크로 영업 중이다.

일본만의 개성을 입히는 리메이크의 성공

한국에서 친척이나 지인이 도쿄에 놀러 오면 우리는 덤으로 도쿄를 관광한다. 2024년에도 도쿄로 놀러온 그들과 같이 다녔는데 도쿄가 관광에서 리메이크의 성공을 이루었다는 문구가 눈에 들어왔다. 신주쿠의 랜드마크 중 하나인 도코모 시계탑이 밤에는 파란색과 분홍색으로 반짝이며 존재감을 보여 준다. 도코모 시계탑은 미국 맨하탄의 시계탑을 본따서 만들어졌다. 신주쿠에서 오다이바를 향해 수도고속도로를 타고 가다 보면 밤에는 빨갛게 빛나는 도쿄 타워가 선명한 자태를 드러내는데, 도쿄 타워는 파리의 에펠탑을 보고 만들었다고 한다. 수도고속도로를 타고 오다이바로 가려면 레인보우 브릿지를 지나가는데 미국의 금문교와 똑같이 만든 다리이다. 오다이바 해안가 공원을 따라 쇼핑몰 쪽으로 걸어 올라가면 자유의 여신상이 있다. 자유의 여신상을 배경으로 사진을 찍으면, 자유의 여신상 뒤에는 레인보우 브릿지가, 그 뒤 멀리는 도쿄 타워가 보인다. 전부 다른 나라 것을 모방했지만 도쿄에서 멋진 관광 자원으로 거듭나고 있다. 단순한 모방이 아닌 훌륭한 랜드마크로 모방의 부정적인 이미지를 멋고 진품으로 재탄생했다.

일본의 힘은 여기에 있다. 레인보우 브릿지는 원래의 오다이바에 매립지로 더 커진 바다를 즐길 수 있는 오다이바 해상 공원으로 빠르게 갈 수 있는 훌륭한 교통 인프라로서만 아니라 해마다 관광 상품으로 가치를 더한다. 도쿄 타워는 일본 전국에서 구경오는 관광지가 아니라 세계적인 도쿄의 상징이 되었다. 작은 사이즈지만 쇼핑몰과 해안가 공원을 잇는 다리의 명물이 된 자유의 여신상은 오다이바의 볼거리를 제공하면서 포토 존으로 인기가 많아 관광지 역할에 한몫하고 있다. 도코모 시계탑은 신주쿠역의 명물이다. 찾아보면 도쿄와 일본 전국에는 모방했거나 제2의 무엇이란 이름을 가진 게 많다. 도쿄 디즈니랜드, 오사카의 유니버설 스튜디오와 얼마 전에 개장한 해리 포터 테마 파크도 오리지널이 아닌 일본판 테마 파크들이다. 그런데 이들은 모두 일본에서 전 세계인이 몰려드는 관광지로 유명하고 인기도 많다.

한때 일본을 모방의 나라라고 불렀던 적이 있다. 그러면서 그 당시 작게 만든 일본의 트랜지스터 라디오는 미국 제품을 흉내 낸 것이라며 조롱거리였지만 엄청 팔리는 히트 상품이었다. 외국 상품을 그대로 베껴서 만든 일본 상품들이 전 세계적으로 특히 미국에서 불티나게 팔렸기 때문이다. 모방으로 시작된 일본 제품의 브랜드들은 이제 더 이상 모방이 아닌 오리지널로 부상한 지 오래되었다.

이처럼 어떤 제품을 자기만의 것으로 재해석하고 소화해서 상품화하는 능력이 뛰어난 나라가 일본이다. 대놓고 가짜가 진짜인 척하는 그런 가품이 아니라 아이디어를 빌려다 나만의 오리지널리티를 입힌 제2의 오리지널은 가품과는 질과 격이 다르다. 그렇기 때문에 단순한 베끼기가 아니라 일본에 맞는 일본다운 개성을 입히는 과정을 추가하는 리메이크를 통해서 일본만의 특징을 만들어 낸다. 현재 일본을 대표하는 관광 상품은 오리지널 그대로 갖다 쓰는 게 아니라 일본에 맞게 일본판으로 리메이크해 성공한 사례가 많다.

과거 시간에 현재라는 트렌드를 반영한 성공

일본에서 도쿄, 오사카 등 대도시만이 관광지는 아니다. 교토, 나라 등을 포함하여, 일본의 전통적인 모습과 독특한 개성이 듬뿍 묻어나는 에도 시대의 문화 유산이 남아 있는 지방에도 관광객이 몰려들고 있다. 에도 시대에 경제적인 번영을 누렸던 지방의 지역들이다. 일본 전국 각지에서 당시의 행정 구역에 해당하는 구니國들이 경제적인 번영을 누리게 된 배경에는 지방 분권이 있다고 본다. 우리나라는 통일 신라 시대를 시작으로 중앙 집권 정치의 역사를 가진 데 비해, 일본은 메이지 시대를 맞이하기 전까지 각 지역의 구니마다 독자적으로 화폐를 발행해서 구니끼리 교역을 했을 만큼 각 지역의 구니가 독자적으로 경제 체제를 바탕으로 번성했던 강력한 지방 분권 체제였다.

그 당시의 번영을 이루었던 지역들의 모습이 고스란히 남아 있는 문화 유산들에 현재의 트렌드를 반영하여 관광지를 조성함으로써 신구가 어우러져 전 세계에서 몰려드는 관광객들을 매료시키고 있다. 시대의 흐름에 맞춰 그때 그때 트렌드를 반영하면서 옛 것에 새로움을 덧입혀 새로운 상품으로 재창조하는 힘, 다른 나라의 오리지널을 가져다 일본의 환경에 맞춰 적재 적소에 갖다 놓으면서 일본다움의 색을 가미하는 리메이크로 일본만의 오리지널을 만들어 내는 창의적인 아이디어는 어디서 오는지 궁금하다.

사회와 더불어 진화하는 여행

이제 여행은 아주 오래전 생존을 위한 여행에서, 종교적인 의미를 갖는 여행에서, 혹은 국가가 부여한 의무적인 여행에서 벗어났다. 비즈니스 출장이나 연수 등에 관광이 더해지는 여행도 있지만, 우리에게 여행은 자유롭게 가고 싶은 곳에 가서 즐거운 시간을 만끽하고 돌아오는 체험형 소비 행위이다. 여행에서 가장 중요한 것은 이동 수단으로 교통이 발달하면서 과거에는 상상조차 못했던 현재의 여행 패턴이 정착되었다는 것이다. 마음만 먹으면 전 세계 어디든 갈 수 있는 여행이 일상화되었다. 초밥과 우동을 먹으러 당일치기로 일본 여행을 간다는 이야기를 들은 지도 퍽 오래전이다. 금요일 퇴근 후에 출발해 이틀의 주말을 이용해 한국을 가는 1박 3일 여행도 일본 직장인들 사이에서 인기이다. 앞으로도 이동 수단인 교통의 발달은 지금과는 또 다른 여행 패턴을 만들어 낼 것으로 기대된다.

교통 수단만이 아니라 사회의 변화와 더불어 여행은 날로 진화한다. 사회상을 반영하고 생활 속에서 여행은 새로운 스타일로 거듭난다. 이런 관점에서 본다면 여행은 살아 움직이는 생물이다. 관광 산업도 그 자리에 머물러 있다면 도태되고 가치와 수명을 다한다. 기존의 것에 늘 새로움을 담아내야 생명력을 발휘한다. 디즈니랜드를 만든 월트 디즈니는 "디즈니랜드는 영원히 완성하지 않는다. 이 세계에 상상력이 남아 있는 한 계속 성장할 것이다."라고 말했다. 그의 말대로 일본의 관광 산업은 시대의 변화에 발맞춰 변화하며 성장하고 있다.

4

일본 비즈니스의 현재

도요타가 하이브리드차를 선택한 이유

박오영(아성무역 대표)

도요타의 하이브리드차 개발 과정

독일의 기계공학자이자 폭스바겐과 포르셰의 창업자 페르디난트 포르쉐는 1901년에 하이브리드차를 최초로 개발했다. 전기차의 무거운 축전지의 결함을 보완하고 문제점이 많은 발진 클러치를 피할 수 있는 해결책으로서 내연기관과 발전기의 결합을 고안하여 하이브리드차를 발표했다.[1]

그 후 일본의 도요타가 하이브리드차의 기술을 대중화시켜 최초의 하이브리드차인 프리우스를 개발하고 기술 특허를 취득하고 상용화했다. 그러나 테슬라에서 전기차가 출시될 때까지 하이브리드 자동차는 인기를 끌지 못했는데, 하이브리드 자동차의 주된 특허 기술을 일본이 보유하고 있었기 때문이다. 일본인 특유의 기술 보편화를 거부하고 독점화를 추구하는 성향 때문에 하이브리드 자동차 기술은 일본만의 전유물이 되어 왔다. 글로벌 자동차회사들은 굳이 하이브리드차의 개발을 서두를 필요가 없었고 개발할 수 있는 기술도 부족했다. 이에 하이브리드 자동차는 보편화되지 못했고 판매량도 저조할 수밖에 없었다.

---

1 김재휘,《하이브리드 전기자동차》, 골든벨, 2019, pp.14~18.

이와 같이 하이브리드차의 특허와 기술력이 빛을 발하지 못한 상태에서 오히려 전기차는 전 세계 얼리어답터들 사이에서 인기를 끌며 전성기를 구가하게 되었다. 기대와 흥분으로 전기자동차의 시대가 도래했다는 서막을 알린 지난 20년간 전기자동차는 괄목할 만한 성장을 거듭해 왔다. 전기차 판매량이 신장한 반면 하이브리드 자동차의 판매량은 전기자동차의 단점이 부각되기 전까지 저조한 실적에 그치고 있었다.

하이브리드차의 특허를 가장 많이 보유하고 있는 일본의 도요타는 전기자동차의 급격한 인기에 편승하지 못했고 하이브리드차의 우수한 기술력과 특허를 보유하고도 시장에서 활약하지 못했다. 전기차에 뒤처진 채 전기차로 이전해 가기 위한 전 단계로 소비자가 하이브리드차를 선택해 주기만을 기다리고 있었다. 그런 이유로 도요타의 주력기술로 알려진 하이브리드차의 기술과 특허는 전 세계로 확장될 수 없었고, 글로벌 자동차회사들 역시 도요타만이 보유하고 있는 하이브리드차 특허 기술에 접근할 수 없었다. 결국 하이브리드차는 도요타를 비롯한 일본 기업만이 개발하고 생산할 수 있는 차로 인식되었고 하이브리드차는 한때 전기차 상승세에서 뒤처졌다.

그러나 일본은 비로소 하이브리드차의 기술력과 특허를 전 세계로 확장시켜 공용으로 개발하고 전 세계인이 하이브리드 자동차를 소유할 수 있도록 특허를 개방했다. 물론 일본 고유의 특허 기술은 일부 도요타의 기술로 남겨 놓았지만 그 외에는 일반에게 공개하도록 함으로써 하이브리드차 기술력을 전 세계로 확산시키고 있다.

이로써 글로벌 자동차회사들도 일본의 하이브리드차 기술을 활용할 수 있게 되었고 기존의 하이브리드차 특허 기술에 추가하여 글로벌 자동차기업들의 기술에 추가하여 변용하고 있다. 하지만 이런 상황에서도 한동안 하이브리드차는 그다지 각광받지 못했다.

일본은 하이브리드차와 내연기관차의 엔진을 설명하면서 하이브리드차의 우수성을 알리는 한편 지속적으로 탄소 저감 엔진을 개발하고자 노력하고 있다. 도요타 아키오 회장은 일본 자동차 산업에는 550만 명이 종사하고 있으며 그중에는 오랫동안 엔진 관련 작업을 해 온 기술자들도 있으므로 전기차가 유일한 선택이 된다면 수많은 근로자의 일자리가 사라질 것이므로 이들과 함께 가야 한다는 주장을 펼치고 있다. 더구나 하이브리드차는 내연기관차의 기술을 그대로 존속시킬 수 있으며 여전히 탄소 중립을 달성하는 실질적인 수단으로서 역할을 하고 있다. 또한 도요타 내에서 친환경 엔진을 개발하는 새로운 프로젝트가 시작되고 있다고 밝혔다. 도요타는 미래에도 엔진을 개발할 의향을 내비치고 있으며 순수 전기차BEV의 점유율은 최대 30%를 넘지 못할 것이며 그 외에 하이브리드차, 수소전기차, 내연기관차가 점유율을 메울 수 있을 것으로 보고 있다.

전기차를 제외한 하이브리드차, 수소전기차, 내연기관차는 자동차의 엔진으로 구동하는 자동차이며 도요타가 전동화에 늦었다는 비판을 받고 있지만 도요타는 여전히 부분적으로 전기차를 개발하고 있다. 즉 도요타는 전기차 위주로 개발하기보다 도요타가 추구하는 하이브리드차를 포함한 '멀티 패스웨이Multi-pathway' 전략에 부합해 가는 방식으로 핵심 사업을 진행할 것으로 전망된다.

여기서 멀티 패스웨이 전략은 고객이 자신에게 맞는 드라이브트레인drivetrain을 선택할 수 있도록 차량을 개발하는 것이 핵심이다. 전 세계 10억 명의 사람들이 여전히 전기 없이 살아가고 있는 상황에서 값

비싼 전기차를 만들어 그들의 선택지와 여행 능력을 제한하는 것은 답이 아니며, 규제나 정치적 이슈가 아닌 고객이 스스로 차량을 선택할 수 있도록 할 필요가 있다. 친환경을 위한 정치적인 규제나 결정을 우선시하기보다 경제성과 편리성 측면에서 고객의 니즈에 부합하는 친환경차를 개발하는 것이 바람직하며 차량 결정권은 소비자의 몫이다.

도요타가 생각하는 하이브리드차의 장점

한국에너지공단[2]에 따르면, 2040년 전기차 점유율은 신차의 54%, 전 세계 자동차의 33%를 차지할 것으로 전망하고 있으나 최근 전기차가 판매량이 둔화하는 가운데 도요타는 하이브리드차의 호조로 역대 최대 매출과 이익을 달성했다. 전기차를 만드는 중에도 도요타는 하이브리드차 위주로 판매하고 있다는 것이다.

그러나 전기차는 배터리에 충전하는 전기를 만들 때도 탄소를 배출하고 있으므로 이를 감안하면 하이브리드차가 전기차보다 탄소 배출량이 적다는 것을 알 수 있다. 하이브리드차는 배터리 용량이 전기차보다 훨씬 적게 소요되기 때문에 전기차보다 더 친환경차라고 볼 수 있다. 특히 도요타는 하이브리드차를 친환경차 전략 중심으로 가져가겠다는 전략을 고수하고 있다. 하이브리드차는 엔진과 전기모터를 함께 사용하는 차로 전기차와 내연기관차를 결합한 것이다. 도요타는 탄소중립전략 발표에서 2030년 친환경차 판매 목표량 800만 대 가운데 600만 대는 하이브리드차, 200만 대는 전기차, 수소차가 될 것이라

---

2 김진성, 〈2040년, 신차의 절반이 전기차〉, 한국에너지공단, 2017.

고 밝혔으며, 이는 GM·벤츠·볼보 등 주요 글로벌 완성차업체들이 하이브리드차를 포함한 내연기관차를 포기하겠다고 선언한 모습과 대조된다. 특히 하이브리드차는 내연기관차보다 주행 중 배출가스가 30~40% 적지만 배출가스가 '0'인 전기차보다 높다. 그럼에도 도요타가 하이브리드차를 친환경차 주력 상품으로 선정한 데는 분명한 이유가 있다. 현재의 기술 수준에서 전기 생산부터 배터리 제조까지 전체 차량 제조 과정에서 배출하는 탄소량을 평가하는 전 주기적 평가인 'LCA 지수Life Cycle Assessment'의 기준으로 보면 하이브리드차가 전기차보다 더 친환경적이라는 것이 도요타의 판단이다. 또한 미국에서도 하이브리드차를 친환경차 범주에 포함시키고 있다.[3]

도요타는 2021년 9월까지 1,810만 대의 하이브리드차를 판매했고 전기차 550만 대를 판매한 것과 같은 탄소 절감 효과를 냈으나 1,810만 대의 배터리 양은 전기차의 26만 대에 소요되는 양에 불과했다. 배터리는 적게 사용하면서 탄소배출은 줄였다는 것을 의미한다. 석탄 발전으로 일으킨 전력, 즉 화석연료로 발생시킨 전기로 전기차가 주행하므로 이것을 탄소절감이라고 하는 것도 의미가 없을 것이다. 그러나 문제는 2035년부터 EU에서 하이브리드차를 포함한 내연기관차 판매를 금지한다는 것이다. 그리고 2035년경 도요타가 배터리 충전 시간을 줄이고 1회 충전으로 주행 거리를 획기적으로 늘릴 수 있는 전고체 배터리를 상용화해서 전기차로 전환해 갈 가능성도 있을 것이다. 전고체 배터리 특허를 가장 많이 보유하고 있는 도요타는 전

---

3 표민지, 〈미래차 전망한 도요타 아키오회장 "내연기관차는 살아남는다. 전기차 전환은 신중히〉, 데일리카, 2024.01.25.

기차의 기술 개발 역시 지속적으로 추진해 갈 것이다.

　그러나 도요타는 과도기에 하이브리드차로 최대한의 수익을 내겠다는 전략을 세우고 있으며, 현재 전 세계는 우크라이나 전쟁으로 인하여 전력공급이 어려워지고 전기에너지원의 수요가 폭증하고 있다. 이런 상황에서 전 세계 국가들이 전기에너지가 절대적으로 필요한 전기차 개발에만 전력을 다해도 되는 것인가에 대한 의문도 존재하고 있음을 간과할 수 없다.

　추가적으로 전기차의 생산이 확대될수록 전기는 부족해지고 배터리를 구성하는 광물의 채굴도 어려워질 것이다. 배터리 광물은 무한정 채굴할 수 있는 것도 아니며 광물 부족은 전기차 보급에 앞서 선제적으로 해결해야 할 문제이다. 이 외에도 충전 인프라 등 해결해야 할 과제가 산재해 있다는 것을 간과해서는 안 될 것이다.

도요타의 하이브리드차 판매 전략

　도요타의 하이브리드차 판매량이 증가한 이유는 다양하게 분석할 수 있다. 중국은 전기차에 대한 보조금 지급을 중단했고 한국을 비롯한 각국 정부는 전기차의 보조금을 축소하거나 폐지할 움직임을 보이고 있다. 전기차가 소비자에게 외면받고 하이브리드차는 각광받고 있는 상황에서 내연기관차 대비 전기차 가격은 여전히 비싼 상황이다. 특히 배터리를 구성하는 광물 가격이 급등하면서 전기차 가격이 인상되고 있고, 소비자는 수리와 서비스 관리 면에서 내연기관차와 대비해 전혀 손색이 없는 하이브리드차를 선호한다.

　반면 전기차는 충전을 위한 충전소 및 A/S 센터가 부족하고, 화재 등 안전성에 대한 우려와 불안감이 해소되지 않고 있으며, 충전하는 데 드는 시간이 내연기관차보다 훨씬 길다. 이런 불편함 때문에 전기차를 구입하겠다는 의욕이 저하되고 있으며 소비자는 충전 불편함이 없는 하이브리드차에 관심을 보이는 것으로 파악된다.

하이브리드차의 장점을 부각하는 전략도 있다. 예를 들어 하이브리드차는 자체 내에서 충전이 가능해 편리하다. 차량의 수리 유지비 등과 관련한 총 소유 비용에서도 전기차 대비 하이브리드차가 유리하며 가성비가 우월하다는 것으로 북미와 유럽 시장을 적극적으로 공략한 것이다. 그 결과 도요타는 하이브리드차의 강점을 부각시켜 사상 최고의 실적을 달성하고 있다고 분석할 수 있다. 그러나 전기자동차의 최대 판매 생산 공장인 중국에서는 전기차로 전환하는 속도가 가장 빠르다. 하지만 중국 시장에서도 전기차의 충전과 충전소 등 인프라가 부족한 상황에 있으며 전력이 충분하지도 않고 인프라 구축에 상당한 시간이 소요될 것이 예상되므로 이 부분을 고려할 필요가 있다.

그동안 전기차 확대 정책을 펼친 중국은 전기차 보조금에 엄청나게 투자해 왔으므로 더 이상 전기자동차 보조금을 지급할 수 없으며, 보조금 지급 중단 등으로 인해 하이브리드차를 선택할 가능성을 배제할 수 없다. 향후에도 전기자동차의 불편함과 안전성을 고려한다면 세계 최대 전기자동차 시장인 중국에서도 하이브리드차의 확대 판매는 계속될 것으로 전망된다. 결국 미래를 장담할 수 없는 상황에서 소비자는 친환경이며 편리성과 저렴한 가격 성능이 우수한 자동차 안전성이 고려된 자동차를 선호할 것이며, 시장은 소비자가 선택해 갈 것으로 보인다. 물론 내연기관차와 하이브리드차를 전기자동차가 대체할 시점이 언제인지는 누구도 장담할 수 없을 것이나 하이브리드차의 시장 선호도는 지속적으로 유지될 것이다.

자동차를 통한 일본 경험

　일반적으로 전기차를 최초로 개발하고 출시했다고 알려진 테슬라 로더스타는 2008년에 출시되었으나, 한국의 기아자동차를 비롯한 전 세계 글로벌 자동차사는 그 이전에 전기차와 태양광 전기차에 대한 관심이 많았으며 친환경을 위하여 대응 방안을 심도 있게 구상하고 있었다. 특히 한국의 기아자동차는 1986년, 테슬라가 전기차인 로더스타를 최초 출시하기 22년 전에 전기차를 개발했다. 필자가 근무했던 기아자동차는 1986년 봉고차의 후속 차량인 베스타 차량에 배터리를 탑제한 '베스타 전기차EV'를 개발했고, 1988년 올림픽을 한국에서 개최했을 때 자동차 업계 최초로 개발한 순수 전기차를 올림픽에 참가한 마라톤 선수들을 위해서 올림픽 위원회에 제공했다. 그러나 1회 충전에 8시간이 소요되었고 2025년 현재는 전기차의 완충 시에 평균 7~8시간을 충전해야 하는 상황이다.

1986년에 개발한 베스타 전기차

기아자동차의 태양광 전기차 콘솔레

1986년 당시에는 기술적으로 미비했던 어려움도 있었지만, 전기차는 배터리 제작과 공급 문제로 양산을 지속하기에는 어려움이 있었을 것이다. 그 후에도 기아자동차는 1993년 실제 운행이 가능한 태양광 전기차를 개발했고 대전 엑스포에 출품할 목적으로 태양광 전기차 '콘솔레'를 개발하여 같은 해 호주에서 열린 '월드 솔라카 랠리World Solarcar Rally'에 참가했다. 그러나 태양광은 기후변화에 의존해야 하는 간헐적 에너지였고 일반인들이 주행하기에는 부족한 점이 많았다. 특히 태양광 전기차는 태양광으로 에너지를 얻을 수 있으며 에너지에 대한 비용이 소요되지 않아서 경제성이 탁월했다.

그러나 태양광 전기차는 태양광 판넬과 배터리가 필요했기에 양산용 차량에는 탑재하기가 어려웠고 차체 지붕에는 태양광 판넬을 탑재하고 주행해야 했다. 1회 충전으로 정속 주행 100킬로미터를 주행하고 최고 속도 140킬로미터를 주행했으나, 고속으로 달려야 하는 차량의 지붕에 태양광 판넬을 탑재하고 주행하는 것도 장애가 되었고 차체 하부에 배터리를 탑재함으로써 차량의 중량과 불편함이 있었을 것이다. 물론 일반인에게는 판매되지 않았다.

그리고 몇 년 후, 일본의 기아자동차 히로시마와 오사카 지점장으로 주재하고 있었을 때인 1993년쯤이었다. 일본의 오사카 지역에 전기차 충전소가 상당수 생겨나기 시작했고 충전소를 홍보하는 카탈로그와 책자가 발간되어, 필자가 오사카 전기차 충전소를 취재해 한국의 기아 자동차 본부로 보고한 적이 있었다. 이제 전기차 시대가 서서히 시작 되는 것으로 생각되었지만 오사카의 전기차 충전소는 개점한 지 얼마 지나지 않아 순식간에 사라지고 말았다.

모든 일에는 때가 있는데 1992년도 당시에는 전기차를 생산할 배 터리도 변변치 못했고 기술력도 떨어졌다고 생각된다. 더욱이 내연기 관차는 안전하고 최고의 기술력을 보유하고 있었고 A/S에서도 문제 가 없었으므로 운송 수단으로서 조금도 손색이 없었다. 이런 상황에서 전기차는 배터리와 충전소 설치, A/S 센터 확충 등의 해결해야 할 문 제가 많았으며 반드시 필요한 차량은 아니었을 것이다. 한국의 자동 차 제조사와 일본 자동차회사들은 전기차가 시기상조라는 것을 이때 이미 경험했을 것이다. 도요타가 전기차를 선호하지 않고 현재에도 하 이브리드차를 위주로 영업 전략을 펼치는 이면에는 수십 년 전인 1992년쯤에 전기차 개발과 판매가 시대를 너무 앞서가는 차량이라는 것을 파악하고 있었기 때문일 것이다. 더욱이 전기차는 필연적으로 배 터리가 차지하는 비중이 40% 이상이 넘는데 배터리를 구성하는 광물 은 전 세계적으로 제한되어 있으며 무한도로 광물을 채굴할 수도 없다 는 것을 관련된 자동차사의 모든 엔지니어들은 당시에 이미 간파하고 있었다.

한국의 자동차기업들을 비롯한 일본의 자동차기업들은 이미 1992년 도에 친환경 전기차에 대하여 기술적 관심을 가지고 있었고 이후 전기차의 인프라 제약을 배제하기 위하여 전기차와 내연기관차를 바탕으로 하면서도 전기차와 내연기관차의 기능을 상당 부분 양립시킬 수 있는 하이브리드차 기술을 개발했을 것이다. 따라서 하이브리드차는 전기차로 이전해 가는 전 단계 차량이 아닌 전기차와는 완전히 별개의 친환경 차량으로 인식될 필요가 있다. 전기차는 전기로만 구동하는 차량이며 이와는 다른 기술력으로 개발된 하이브리드차는 내연기관차와 전기차의 장점만으로 구성한 완전한 신개념 차량이라고 말이다.

현실로 다가온 전기차 시대, 한국과 일본의 대응

전기차의 최대 단점은 전기차 배터리를 구성하는 광물을 채굴하는 데 한계성이 존재하고, 산유국들의 OPEC과 같은 카르텔을 형성하여 광물 가격을 높이기 위해 단합하고 있다는 것이다. 배터리 광물 가격은 점차 상승할 것이며 이에 따라 전기차의 40% 이상을 차지하는 배터리의 가격도 오를 것이며 전기차의 가격도 지속적으로 상승할 것이다. 따라서 내연기관차 대비 고가로 판매해야 할 것이다.

2025년 현재 전기차 가격은 보조금을 제외하면 내연기관차 대비 평균 1,000만~2,000만 원 이상의 고가이므로 보조금이 사라지면 전기차 판매가 지속될 수 있을지에 대한 심각한 검토가 필요하다. 전기차 가격이 내연기관차보다 고가이면 하이브리드차를 선호하게 될 것은 당연한 이치이다. 더욱이 내연기관차의 경우 주유에 소요되는 시간이 대략 3~4분 정도로 단시간에 충전이 되는 데 반하여 전기차는 7~8시간이 필요하다. 또한 전기차 제조사에 따라 전기 충전을 위한 충전 콘센트가 별도로 필요하므로 충전기 일원화를 도모할 필요가 있다. 더욱이 소비자가 장시간 소요되는 충전 시간에 따른 불편함을 호소하고 있는 상황에서 전기차의 우위성을 내세우기에는 분명 부족한 면이 있을 것이다. 더욱이 전기를 사용하는 전기차의 특성상 전기 누전과 열폭주 현상에 따른 안전성 결여 문제도 간과할 수 없다. 여기에 석탄화력 발전으로 주행하는 전기차가 친환경이라는 것도 재검토의 여지가 충분할 것이다.

이제는 일상화된 고도의 기술력의 집합체인 스마트폰도 배터리를 사용하고 있어 외부 충격에 취약하며 고온에서는 폭발하는 위험성을 내포한다. 이에 배터리를 탑재한 전기차는 '달리는 스마트폰'이라는 단어가 전혀 어색하지 않은 상황이며 전기 누전과 폭발의 위험성을 배제할 수 없으므로 안전성이 치명적으로 결여되어 있다고 볼 수 있다.

전 세계의 어떤 학자와 엔지니어도 전기차가 언제쯤 내연기관차를 대체할지는 단언할 수 없다. 어쩌면 완전한 전기차와는 다른 하이브리드차가 별개의 존재감을 가진 채 사라지지 않고 지속적으로 소비자에게 전기차 이상의 관심을 받게 될지도 모르는 일이다.

전기차가 얼리어답터뿐만 아니라 일반 대중에게 소구력을 가지려면 해결해야 하는 과제가 너무 많다. 그 과제들이 해소된 후에야 전기차가 대중의 인기를 끌며 주행하게 될 것이다. 현재의 내연기관차와 하이브리드차 판매 이상의 실적을 구가할 때까지는 훨씬 더 오랜 시간이 소요될지도 모른다.

현재 전기에너지는 전반적으로 부족하며 친환경 재생에너지인 태양광, 풍력, 수력 에너지와 원전 에너지가 개발되어 있는 2025년 현재에도 전기에너지는 절대적으로 부족하다. 이처럼 전기가 부족한 상황에서 전기차 출현이 시대에 걸맞은 친환경 차량으로 내연기관차를 대체할 수 있을지는 두고 볼 일이다.

세계 최고의 전기차 전문 제조업체인 테슬라의 일론 머스크도 2025년에는 4차원 산업의 대두로 인하여 전력 부족 현상이 가시화될 것이라고 했다. 4차원 산업의 고대역폭메모리HBM, 반도체, 전기차 등의 산업은 전기에너지가 절대적으로 필요한 산업이며 시기여서 전력 부족에 대한 준비가 어느 때보다도 절실하다. 이런 상황에서 기름도 절약할 수 있고 내연기관차 기술을 그대로 활용할 수 있으며 내연기관차의 협력업체와 수많은 근로자들을 그대로 존속시킬 수 있는 하이브리드차의 활용성을 부각시키는 것은 전력 부족 시대에 탁월한 선택일 것이다.

전기차가 대세이기는 하지만 전력이 부족한 상황에서 에너지원이 고갈된다면 무용지물이 될 것이다. 반도체, 인공지능AI, 고대역폭메모리HBM, 데이터전력, 가상화폐 등에 전기차까지 가세해서 전력 부족의 현상이 더욱더 심화되고 있어 전기차의 주행보다도 전력의 확보가 더 시급한 상황이다. 우리나라는 반도체 디스플레이 철강을 수출해서 원유와 생활필수품을 사 와서 나라를 부강하게 하는 수출주도형 국가이다. 그러나 전기가 부족해서 전기료가 인상되면 반도체 디스플레이, 철강, 자동차, 자주포를 생산해서 수출할 수 없을 것이다. 전기료가 오르면 부품 생산단가가 올라가서 수출 경쟁력이 없어질 수 있기 때문이다. 그런데 전력을 가장 저렴하게 얻을 수 있고 이산화탄소 발생량이 가장 적은 원전을 전력 에너지원으로 적용할 필요가 있을 것이다.

온실가스 배출계수

구분	석탄	바이오메스	LNG	태양광	원전
1Kwh	820g	230~740g	490g	27~48g	12g

위의 표에서 온실가스 배출계수를 보면 1Kwh당 태양광이 48g인 데 반하여 원전은 12g이다. 태양광보다 원전이 온실가스를 배출하지 않는 신재생에너지 RE-100 Renewable Energy 100 중에서 최고의 친환경 전력이므로 원전을 지속적으로 보급할 필요가 있다. 전력 부족의 대안으로 원전의 확보는 가장 합리적이고 친환경적인 전기를 얻는 방법일 것이다.

우리나라는 원전 분야에서 세계 최첨단의 기술력과 시공 능력을 보유한 원전 국가이다. 세계 최강의 원전 선진국이었던 프랑스보다 시공 기간을 절반으로 줄이고 원전 건설 단가도 반값으로 시공할 수 있을 정도이다. 이렇게 최강의 원전 기술력으로 프랑스와 경쟁하여 체코의 원전을 수주했던 우리나라의 원전 기술을 살려 갈 필요가 있다.

설혹 재생에너지를 추진한다고 해도 우리나라는 지리적 특성상 해수면이 높아서 풍력 발전에 적합하지 않고, 태양광 역시 좁은 국토에 산지를 깎아서 중국산 태양광 판넬을 설치해서는 우리나라에 이익이 없다. 더욱이 풍력 발전과 태양광 발전을 한다면 해안과 산지 등 도심에서 멀리 떨어진 곳에서 전력을 가져와야 하는데, 송전로를 구축하기 어렵고 먼 거리에서 전기를 이송하는 동안에 전기효율이 저하되어 버리는 문제도 있다.

소형 원전SMR은 서울 당인리 화력 발전소와 같은 시내 화력 발전소를 폐기한 좁은 지역에도 발전소를 건설할 수 있다. 또한 용융점이 높이서 대형 원전과 같이 원전을 식혀야 하는 어려움도 없고 용융염을 사용하여 상온에서 고체로 변하기 때문에 방사능 유출 문제를 해결할 수 있는 장점도 있다. 그야말로 기후변화 탄소 중립을 실천할 수 있는 가장 안전하고 친환경적인 전력 에너지원이 원전 기술이라고 할 수 있다. 전력이 절대적으로 필요한 시기에 전기차까지 가세하여 전력을 필요로 한다. 이런 시기에 우리나라는 최첨단 기술력으로 세계 최고의 소형 원전과 대형 원전을 시공하는 능력을 보유하고 있으므로 전기차의 주행을 위한 전력 부족에 대한 대응 방안으로 원전의 구축이 필요하다.

일본 반도체 산업의 흥망성쇠

오일 쇼크로 인한 미국 반도체의 위축과 일본 반도체의 부상

일본의 반도체 산업은 1953년부터 게르마늄 트랜지스터 생산으로 시작되었다. 웨스턴 일렉트릭 Western Electric Co. 으로부터 특허를 취득한 소니는 1955년 세계 최초의 트랜지스터 라디오인 TR-55를 출시했고, 1957년부터 TR-63으로 미국 시장에서 돌풍을 일으킨다. 이미 1960년대 들어서면서 일본은 트랜지스터 생산량에서 미국을 앞서가기 시작했다. 1970년대 들어 연이은 오일 쇼크에서 휘청거린 미국과 달리 일본의 전자 산업은 약진을 이어 갔다. 샤프는 세계 최초의 LCD 전자계산기 EL-805를 개발했고, 세이코는 세계 최초의 전자식 쿼츠 손목시계인 아스트론을 출시하며 일본의 위용을 한껏 펼쳤다. 초기에는 이런 전자 제품에 필요한 반도체를 주로 미국에서 조달받았으나, 이내 일본 반도체들이 이를 대체해 나가기 시작했다.

1960년에 OPEC이 결성되며 석유의 경제 무기화 시대가 열렸다. 이란, 이라크, 쿠웨이트, 사우디, 베네수엘라 등 다섯 개 산유국이 이를 통해 석유 가격과 생산을 통제하기 시작했고, 그 결과 세계는 1970년대에 두 번의 오일 쇼크를 겪었다.

1차 오일 쇼크는 1973년 10월 OPEC의 아랍 회원국들이 4차 중동전

4. 일본 비즈니스의 현재   343

쟁인 욤 키푸르 전쟁에서 이스라엘을 지원한 미국과 영국 등에 석유 금수 조치를 취하면서 발생했다. 이 기간 동안 석유 가격은 배럴당 2.9달러에서 한 달 만에 12달러로 4배 이상 상승했다. 2차 오일 쇼크는 1979년 이란 혁명에서 비롯되었다. 팔레비 왕조가 무너지고 호메이니의 이슬람 시아파 신정 체제가 들어섰다. 이란은 일순간에 반미 국가로 돌아섰고, 중동 전역은 원리주의 시아파의 준동으로 곳곳에서 갈등이 벌어졌다. 이에 위기를 느낀 소련은 이슬람의 확산을 막기 위해 아프가니스탄을 침공했고, 이듬해에는 사담 후세인이 이란 – 이라크 전쟁을 일으키는 등 중동 지역의 정세가 불안해졌다. 결국 중동의 석유 생산 감소로 5개월 사이에 15달러에서 39달러로 2.6배나 상승했다.

두 번에 걸친 오일 쇼크는 세계 경제와 반도체 산업에도 큰 충격을 안겼고, 에너지 비용 부담으로 미국 반도체 기업들도 움츠러들 수밖에 없었다. 반면 1차 오일 쇼크에서 중동 편에 섰던 일본은 상대적으로 타격을 덜 입을 수 있었다. 특히 1970년대에 세계 전자산업을 제패하며 미국 기업들을 앞서나갔던 일본은 미국 기업들과 달리 자신감을 갖고 과감한 투자에 나서며 영향력을 키워 나갔다. 일본 정부의 적극적인 테크놀로지 지원 정책도 일본 반도체 산업에 큰 도움이 되었다. 미국은 1974년에 일본에게 IC 시장 자유화를 요구하며 시장을 강제로 개방시켰지만 일본 반도체의 기세는 도무지 꺾일 기미가 보이지 않았다. 1980년대는 그야말로 일본의 시대였다. 세계 10대 반도체 업체 리스트에는 NEC, 도시바, 히타치, 후지쯔, 미쓰비시, 마쓰시타 등 일본 반도체 업체가 여섯 자리를 차지할 정도였다. 일본 반도체의 부상으로 미국은 위기감을 넘어 공포심을 느끼기 시작했다.

1977년에 설립된 미국반도체협회 SIA 는 이대로 가면 미국 반도체

기업은 전부 망할 것이라며 정부에 강력한 대책을 요구하고 나섰다. 그러나 가전제품에서 일본의 VCR, CD, 비디오 게임기는 점점 더 인기를 얻었고 일본산 반도체의 명성은 더욱 높아졌다. 1980년대에 들어 PC 시장이 성장하면서 DRAM 수요가 급증했다. DRAM 개발은 인텔에 의해 이루어졌지만 DRAM에서도 미국은 일본의 상대가 되지 못했다. 미국의 컴퓨터 제조업체들은 일본산 DRAM 비중을 늘려 나갔다. 품질, 납품, 가격 면에서 일본 DRAM은 미국 제품에 비해 압도적인 수준이었기 때문이다. DRAM 시장에서 일본은 이미 1981년에 미국을 추월했고, 1987년에는 점유율이 무려 80%까지 높아졌다.

일본에 대한 공포심과 잠수함 스캔들, 그리고 역대급의 다운턴

리들리 스콧 감독의 1982년도 영화 〈블레이드 러너〉는 2019년 LA를 배경으로 한 디스토피아를 그리고 있다. 영화 초반에 등장하는 스모그와 산성비로 가득 찬 어둡고 암담한 도시의 모습, 그리고 건물 전체를 감싼 전광판에 등장하는 기모노를 입은 일본 여인의 모습은 관객들에게 강렬한 시각적 충격을 던져 주었다. 1980년대 일본의 경제는 멈출 줄 모르는 증기기관차 같았다. 세계 시가총액 상위 50위에서도 일본 기업이 절반 이상을 차지했으며, 당시 도쿄의 땅을 다 팔면 미국 대륙 전체를 살 수 있을 정도였다. 〈블레이드 러너〉에 비춰진 미래의 모습은 결국 일본이 미국을 점령할 것이라는 공포심이 반영된 것이었다. 하지만 가장 잘나갈 때가 가장 위험하다는 말이 있듯 일본에 대한 미국의 두려움이 커지던 1980년대 초 '도시바-콩스베르그Toshiba-Kongsberg Våpenfabrikk 스캔들'이 터지면서 국면은 변곡점을 맞이한다.

영화 〈블레이드 러너〉의 초반 장면

출처: Warner Bros.

제2차 세계대전 당시 독일의 잠수함들이 미국 동해안에 침투해 미국에 엄청난 타격을 준 적이 있다. 그 때문에 소련의 핵잠수함을 조기에 탐지해 내는 것은 미국의 안보를 위한 디폴트 옵션이었다. 반대로 만일 소련의 잠수함이 미국에 탐지되지 않는다면 소련으로서는 미국에 대해 전략적인 우위를 가질 가능성이 높아진다. 하지만 소련 잠수함의 거친 프로펠러 소리와 거기서 터져 나오는 공기 방울은 미국의 대잠 초계망에 쉽게 발견되었다.

1970년대 말에 소련은 미국이 소련의 잠수함을 거의 24시간 감시하고 있다는 사실을 확인하고, 잠수함의 소음을 줄일 대책을 마련하는 비밀 작전에 돌입한다. 잠수함의 소음을 줄이기 위해서는 블레이드의 표면을 CNC 다축머신으로 정밀가공을 해야 했다. 하지만 CNC 다축머신은 COCOM의 통제 물품이었고 소련은 관련 기술을 확보하지 못했다. 이에 KGB는 비밀 작전을 펼쳐 1983~1984년 사이 일본 도시바의 CNC 다축 머신 8대를 몰래 들여오고, 노르웨이의 콩스베르그사社를 통해 제어용 컴퓨터와 장비의 세팅을 완료했다. 이런 극비 스파이 활동을 통해 소련은 마침내 저소음의 신형 잠수함을 건조하는 데 성공한다. 어느 순간부터 갑자기 소련 잠수함의 소음이 확 줄어들자 미 해군은 처음에는 소련이 잠수함 훈련의 빈도를 줄인 것으로 여겼다고 한다. 하지만 이 같은 기간이 길어지면서 의심하던 중 제보를 받고 전격적인 조사에 착수한다.

한편, 삼성의 이병철 회장은 오랜 고민 끝에 1983년 2월 '도쿄선언'을 발표해 삼성의 DRAM 산업 진출을 공식화했다. 그리고 불과 1년도 되지 않은 1983년 12월 한국은 미국과 일본에 이어 세계 세 번째로 64Kb DRAM을 개발해 세상을 놀라게 했다. 그러나 한국 반도체의 싹을 자르기 위해 일본 업체들은 64Kb DRAM의 가격을 고의로 떨어뜨리는 파상공세를 퍼부었다. 일본의 64Kb DRAM 생산 시설은 감가상각이 끝났기 때문에 원가에서 여유가 있다고 판단했다. 그 대신 일본 업체들은 차세대 제품인 256Kb DRAM에 집중한다는 계산이었다. 하지만 세상은 뜻대로 움직이지 않는 법이다. 64Kb부터 시작된 가격 하락은 얼마 지나지 않아 256Kb DRAM으로 확산되었다. 그 결과 1985년 DRAM 시장은 전년비 -58%라는 기록적 역성장에 빠졌고 미국의 반도체 업체들마저 큰 어려움에 처했다. 결국 DRAM을 발명했던 인텔과 일본에 기술을 전수했던 RCA가 DRAM 사업을 접는 사태가 발생했던 것이다. 신생 DRAM 업체인 마이크론은 1985년 6월 일본 DRAM 업체 7곳을 반덤핑 혐의로 제소하며 생존을 위한 극한 모드에 들어갔다.

일본의 미국 반도체 시장 장악은 제2의 진주만 습격으로 비유되었다. 미국의 충격도 이만저만이 아니었다. 일본 NEC는 1970년부터 1984년까지 15년간 반도체 매출 1위를 유지해 왔던 텍사스 인스트루먼트를 끌어내리고 1985년 반도체의 왕좌를 차지했다. 1985년을 기점으로 세계 반도체의 중심은 확실히 일본으로 넘어가고 말았다. 미국에서는 반일 감정이 득세할 수밖에 없었다. 이런 상황에서 터진 '도시바-콩스베르그 스캔들'은 기름을 부은 격이 되었다. 미국 국민들의 대일 감정은 급격히 악화되었다. 하원 의원들은 망치로 도시바의 라디오를 때려 부수며 항의했고, 레이건은 일제 전자제품의 전면적 금수 조치 가능성을 언급했다.

사태가 일본에 대한 전면적 반감으로 확대되자 도시바-콩스베르그 스캔들 조사에 비협조적이었던 일본은 나카소네 수상의 지시로 수사에 열을 올리며 관련 증거들을 모두 미국에 자진해서 제출한다. 그리고 1987년 말 미국은 도시바-콩스베르그 사건의 결과를 발표하고 앞으로 3년간 두 회사 제품의 수입을 금지하는 결정을 내렸다. 도시바의 경영진은 전원 사임하고, 핵심 간부들은 모두 구속되고 말았다. 콩스베르그는 방위산업 부문만 남기고 나머지는 노르웨이 정부에 의해 청산되는 절차를 밟았다.

플라자 합의와 미일 반도체 협정, 그리고 잃어버린 40년

하지만 일본에 대한 미국의 압박은 무역과 기술 측면에만 한정된 것은 아니었다. 레이건 행정부는 미국의 막대한 대일 무역적자를 줄이고 경제적으로 급부상하는 일본을 견제하기 위해 환율이라는 카드를 만지작거리고 있었다. 1985년 9월 22일, 미국, 영국, 프랑스, 서독, 일본은 맨해튼 플라자 호텔에 모여 달러 평가절하를 위한 역사적인 합의에 서명한다. 이후 엔화는 2년간에 걸쳐 두 배나 절상이 이루어졌다. 이 결과 일본 제품, 특히 반도체는 가격 경쟁력을 급격히 잃어 갔다. 이어 1986년 8월에는 비대칭 조약인 '미일 반도체 협정'이 체결되었다. 당시 일본의 협상 책임자는 아베 신조 전 총리의 부친인 아베 신타로 외무상이었다. 협정의 핵심은 일본 내 미국산 반도체의 점유율을 20% 이상으로 유지하고, 미국의 지적재산권 침해에 대한 배상을 보증해야 하며, 분기별 반도체 수출 가격 자료를 미 상무부에 제공해야 한다는 굴욕적인 내용이었다. 하지만 도시바 – 콩스베르그 스캔들로 발목이 잡힌 일본은 찍소리도 못하고 합의안에 도장을 찍을 수밖에 없었다.

일본은 막다른 골목에 처했다는 것을 인지했다. 하지만 미국 정부는 고삐를 늦추지 않았다. 이듬해인 1987년 일본이 제3국에서 덤핑 문제를 일으키자 반도체 협정을 위반했다며 통상무역법 301조를 앞세워

미국과 일본의 전체 반도체 시장 점유율 비교

출처: Semiconductor History Museum of Japan, 유진투자증권.

3억 달러의 손해 배상과 보복 관세를 발표했다. 미국은 이를 기회로 삼아 1996년까지 이어지는 2차와 3차 미일 반도체 협정을 추가로 체결하며, 마침내 일본 반도체 산업의 숨통을 끊어 버렸다. 1980년대에 세계를 제패했던 일본 반도체는 이후 급속한 몰락의 길로 접어들었다. 어찌 보면 한국 반도체의 급격한 성장의 이면에는 소련 잠수함 스크류의 공기 방울에서 시작된 도시바-콩스베르그 스캔들과 플라자 합의, 그리고 미일 반도체 협정이라는 사건이 배경이 되었던 것이다.

현재 일본의 반도체 산업 현황과 우리의 대응 전략

하지만 여전히 반도체 소부장 부문에서 일본은 무시할 수 없는 강자로서 입지를 유지하고 있다. 도쿄일렉트론, 디스코, 어드반테스트, 레이저텍, 스크린 등 반도체 장비 분야에서 일본은 세계 최고 수준의 기술력을 증명하고 있으며, 포토레지스트, 불산과 주요 전구체 분야에서도 중요한 자리를 차지하고 있다.

이처럼 반도체 소부장의 강점을 발판으로 일본 정부는 미래 전략 산업인 반도체 산업을 부흥시키기 위해 대규모 투자를 진행 중이다. 우선 IBM과 협력하여 2나노미터 반도체 개발을 목표로 삼고 있다. 이를 위해 라피더스라는 컨소시엄을 구성하여 홋카이도에 새로운 공장을 건설 중에 있다. 그리고 대만 TSMC와 소니의 합작으로 구마모토현에 새로운 반도체 공장을 건설했다. 이 공장은 2024년 말부터 22나노와 28나노 칩을 생산하고 있다. 덴소도 이 프로젝트에 참여해 12나노, 16나노 생산 라인을 추가로 구축했다. 이를 위해 일본 정부는 국내외 반도체 제조업체의 자본 비용의 1/3을 보조하는 등 대규모 지원을 통해 국내 반도체 투자를 장려하고 있다. 또한 첨단 반도체 기술 연구를 위한 정부 지원 R&D 센터인 LSTC를 설립했다.

일본으로서는 1980년대와 같은 화려한 시대의 부활을 꾀하고 있을 것이다. 하지만 일본이 과연 반도체 제조 분야에서 과거의 영광을 재현할 수 있을지는 의문이다. 지금까지 반도체 산업의 역사를 돌아볼 때 정부 주도의 산업 부흥 전략이 의미 있는 성과를 낸 적은 거의 없었기 때문이다. 그런 측면에서 한국과 일본은 반도체 부문에서 좋은 파트너가 될 가능성이 있어 보인다. 서로가 갖지 못한 것을 갖고 있기 때문이다. 일본과의 관계에서 역사적 감정을 앞세우기보다는 실질적인 윈-윈의 방법을 모색할 수 있는 전략적 접근이 필요해 보인다. 마치 40년 전 일본의 전성기에 등장했던 아이돌 마쓰다 세이코의 〈푸른 산호초 青い珊瑚礁〉라는 노래를 뉴진스 하니가 다시 히트시킨 것처럼 말이다.

일본의 스타트업 생태계와 한일 스타트업 협력

윤원주(한국외국어대학교 경영대학 교수)

한국은 2017년 이후 스타트업 분야에서 눈부신 성장이 있었다. 중소벤처기업부에 따르면 2017년 당시 3개였던 한국의 유니콘[1] 기업 수는 2022년에는 22개로 증가하여 7배 이상의 성장을 보였다. 2022년 기준으로 전체 창업 기업 수는 약 131만 7,000여 개에 이르렀고, 기술 기반 창업 기업 수도 약 23만 개로 확대되었다. 이런 성장은 정부 지원의

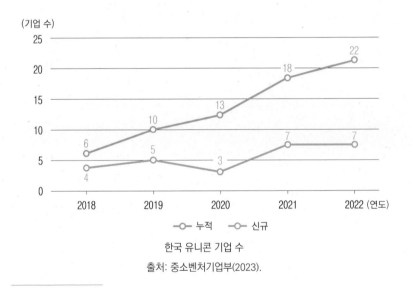

한국 유니콘 기업 수
출처: 중소벤처기업부(2023).

---

1   기업 가치 10억 달러(혹은 1조 원) 이상, 창업한 지 10년 이하의 비상장 스타트업을 말한다.

꾸준한 증가와 더불어 벤처캐피털VC의 신규 투자, 액셀러레이터 수의 증가, M&A 및 IPO 건수의 상승 등 스타트업 투자 환경의 개선에 힘입은 바가 크다.

일본은 이와 대조적인 모습을 보인다. 2016년 중고거래 전자상거래 회사 메루카리 メルカリ, Mercari가 유니콘 기업이 되기 전까지 일본에는 유니콘 기업이 없었으며, 이후 6년 동안 10개의 유니콘 기업만이 탄생했다. 일본 정부의 스타트업에 대한 지원은 다른 선진국에 비해 매우 낮은 수준이다. 2016년 국내총생산GDP 대비 스타트업 지원 규모는 단 0.03%에 불과하며, 이는 기술 강국의 이미지와는 상반된다. 세계적인 벤처캐피털[2] 회사인 소프트뱅크 그룹의 비전 펀드조차 자국 스타트업보다는 한국, 중국, 인도, 미국 등 해외 스타트업에 투자를 집중하고 있는 것이 현 상황을 잘 나타낸다. 그러다 보니 일본의 창업율은 약 4.6%에 그치며, 이는 미국의 9.3%에 비해 절반 수준이다.

왜 일본에는 한국보다 성공한 스타트업이 적을까? 일본의 스타트업 생태계는 미국이나 한국과는 다른 특징을 가진다. 먼저 일본 창업가들의 IPO기업공개 전략은 다른 나라들과 차이가 있다. 일본에서는 사업 초기 성공을 바탕으로 IPO를 통한 주식시장 상장이 다른 나라에 비해 더 빠른 경향이 있다. 한국의 코스닥 시장에 해당하는 일본의 구로스 グロース, Growth 시장의 경우 상장요건이 상대적으로 완화되어 있는 편이다. 즉, 사업 초기시리즈 A 혹은 시리즈 B VC로부터 자금을 조달하기보다는 상장을 통해 시장에서 자금을 조달하는 방식을 선호한다. 이는 잠재 유니콘 기업이 시리즈 C나 시리즈 D 레벨의 투자 없이도 상장이

---

2   벤처기업을 발굴하여 투자하는 사모펀드사를 말한다.

가능하게 하여, 유니콘으로 분류될 기회를 줄이는 결과를 낳는다.

글로벌 기업가정신 모니터 Global Entrepreneurship Monitor, GEM 가 매년 발행하는 스타트업 하기 좋은 환경을 가진 국가 랭킹에서도 일본은 국가 경제 수준에 비해 낮은 평가를 받고 있다 2021년 기준, 일본 23위 vs 한국 10위. 이런 현상의 원인에 대한 몇 가지 실마리를 일본 특유의 문화와 경영 환경에서 찾을 수 있다.

일본의 불확실성 기피 문화

홉스테드의 문화 차원 이론 중 '불확실성 회피 Uncertainty Avoidance' 경향은 일본 사회에서 특히 강하게 나타난다. 세계적으로 불확실성 회피 경향이 높은 일본은 안정성과 확실성을 강조하며, 계획적이고 규범과 규칙을 준수하는 사회적 행태를 보인다. 예로부터 지진, 쓰나미와 같은 자연 재해가 많았기 때문에 불확실한 상황의 대비에서 비롯되었다고 볼 수 있다. 결과적으로 이런 문화적 특성은 스타트업 환경에서 요구하는 신속한 의사결정과 변화에 대한 적응력을 저하시킨다.

일본이 항상 변화에 대한 적응력이 떨어졌던 것일까? 메이지 유신 때만 하더라도 일본은 아시아에서 가장 먼저 서구의 근대화를 수용하며 강대국의 대열에 합류했다. 당시 일본은 '화혼양재 和魂洋才'라는 정신 아래, 서양의 근대 과학 기술과 제도를 적극적으로 그리고 실용적으로 수용하고 정치, 경제, 사회적 혁신을 이루어 냈다. 동시에 서양의 물질주의와는 일정한 거리를 둔 독자적인 도덕관을 유지하며, 집단주의적 국가정체성을 형성하고 이를 통해 국력을 향상시켰다.

일본의 가업 승계 정신

　일본에 장수 기업이 많은 이유는 예로부터 가업을 승계하고 대를 이어 가는 것을 중요시하는 전통적인 관행이 있기 때문이다. 중세 시대 이전에는 주로 절이나 귀족과 같은 상류 계층에서 이 관행을 볼 수 있었으나, 현대에는 기업 승계에도 적용된다. 이는 혈연에만 국한되지 않고, 양자나 데릴사위를 통한 계승도 포함한다. 성년 입양이 유아 입양보다 훨씬 많은 일본의 입양 통계를 보면 이런 관행이 여전히 활발함을 알 수 있다. 예를 들어, 오사카 센바 상인들은 '아들은 선택할 수 없지만 사위는 선택할 수 있다.'라는 말로 아들, 딸 구분 없이 가업을 승계하는 것을 선호했다. 스즈키 자동차의 최고경영자가 2대부터 4대까지 데릴사위였던 사실은 이를 잘 보여 주는 사례이다.

　최근에는 이런 전통 위에 창업한 일본의 스타트업도 등장했다. M&A 종합연구소 M&A 総合研究所, M&A Research Institute Holdings Inc. 는 AI 알고리즘을 활용해 기업 간 M&A를 주선하는 서비스를 제공한다. 일본 기업의 99%가 중소기업인 상황에서, 후계자 부재로 폐업 위기에 처한 기업들이 65%를 넘는다. 이들 기업에 후계자 혹은 M&A를 추천해 주는 M&A 종합연구소의 서비스는 그 필요성을 증명했다. 1932년에 창업된 세계적 분필 브랜드인 일본의 하고로모 문구[3] Hagoromo Bungu Co. 도 후계자를 구하지 못해 생산 중단의 위기에 처했으며, 이로 인해 세계적인 수학자들이 하고로모의 분필을 사재기하는 일이 발생했다.

3　하고로모는 분필계의 롤스로이스라 불리는 최고급 분필이다. 2015년에 한국 수입 총판이었던 세종몰에 의해 인수되었다.

일본 경영 환경의 특수성

 1938년 국가 총동원법 이후, 일본에서는 임금통제를 통해 연공서열식 임금 구조가 확산되었고, 제2차 세계대전 이후에는 '연공임금제'와 '종신고용제'가 공동체 조직의 특성으로 정착했다. 그 결과, 일본 기업은 주주 중심보다는 종업원 중심으로 운영되며, 조직과 인사 관리를 중시하는 경향이 있다. 특히 종신고용제는 일본 대졸자와 고급 인재가 창업보다는 대기업 공채를 통해 입사하여, 연공서열에 따라 승진하고 높은 연금을 받는 것을 이상적으로 여기도록 했다. 이런 인식은 대기업과 중소기업을 막론하고 임금과 인센티브 시스템이 학력, 능력, 연령, 근속 연수에 따라 정기적이고 표준적인 승급을 지향하도록 만들었다.

 일본의 경직된 채용 시스템은 창업을 망설이게 한다는 구조적인 문제점을 안고 있다. 많은 일본의 대기업 및 중견기업들은 '신졸채용新卒採用'을 통해 신입사원을 채용한다. 대부분 대학교 4학년 졸업 예정자가 대상이며, 내정을 받은 학생은 졸업 후 바로 입사해 장기 근무가 가능하다. 이 시스템은 직업 안정성 면에서는 큰 장점이 있지만, 직무의 유연성을 강조하는 스타트업 환경에는 적합하지 않다는 평가를 받는다. 그 때문에 내정을 받지 못한 학생들은 사회적으로 실패자로 낙인찍히며, 취업 시장에서 어려움을 겪는다. 또한 종신고용제는 경력직의 이직에 대한 부정적인 시각을 강화하며, 이로 인해 경험을 쌓고 창업하는 청년의 비율을 낮아진 것이다. 잃어버린 30년 동안 경제가 저성장을 하면서 일본에는 비정규직 아르바이트, 임시직, 파견직 등이 급격히 양산되었다. 이는 결국 정규직과 대기업 직원에 대한 선망을 더욱 강화하는 요인으로 작용했다. 이런 경제적 상황 속에서도 기업 집단 및 복합기업 체제의 현대 일본 기업들은 규모를 막론하고 비즈니스 절차와 조직 문화를 중시하는 전통적인 관행을 유지하고 있다.

일본의 연금 구조는 창업 활성화를 저해하는 대표적인 요인으로 지적된다. 고령화 사회의 진행으로 세계적인 장수 국가인 일본에서 연금의 중요성은 점점 더 커지고 있다. 일본의 연금 시스템은 공적연금 국민연금＋후생연금과 사적연금 퇴직연금＋개인연금으로 구성된 다층 구조이며, 저출산, 고령화, 저성장 등의 사회적·경제적 변화에 따른 제도 개혁이 지속되어 왔다. 그러나 2022년 이전만 하더라도 500명 이하 사업장에서는 후생연금의 혜택을 받지 못했다. 게다가 일본의 대졸자 초봉의 경우 종신고용을 미리 가정하여 초반에는 적게 받고 근속 연수가 길어질수록 연금 혜택이 커지도록 설계되어 있기 때문에 중도에 회사를 옮기거나 창업을 하려고 하는 사람들의 인센티브가 떨어진다.

일본의 내수 중심 산업 구조 또한 창업에 제약이 된다. 한일 경제규모 대비 수출 비중 추이를 보면, 일본의 수출 비중은 2022년 기준 GDP 대비 약 19.8%로 혁신과 글로벌 기업 경쟁력이 중요한 한국의 48.3%

한일 경제규모 대비 수출 비중 추이
출처: 조선일보(2023).

에 비해 상대적으로 낮다. 이는 소비 진작이 더 중요한 경제 구조임을 반영한다. 그러다 보니 연구 개발에 치중하면서도 시장에서 경쟁력 있는 제품은 부족해졌다. 또한 기술 혁신보다는 기존 제품의 호환스러운 기능 추가에 치중하는 경향이 있었다. 자국 기술에 대한 자부심과 고집이 새로운 기술 수용을 주저하게 만들며, 이는 일본이 세계 시장에서 고립되거나 산업을 선도하는 데 실패하는 결과를 초래했다. 2005년 이후 일본 전자산업의 몰락이 대표적인 예이다.

모노즈쿠리 정신과 낙후된 디지털 문화

일본은 장인정신, 즉 모노즈쿠리 정신으로 잘 알려져 있다. 장인들이 기술에 대한 고집과 자신이 만든 제품에 혼을 불어넣는 태도를 의미하며, 전통적인 가치와 방법의 지속적 유지를 중시한다. 제품 제작의 핵심 역량은 시스템에 내재화되기보다는 가업을 통한 비전 전수를 통해 발전해 왔다. 그러다 보니 물건 잘 만드는 일 모노즈쿠리만 지나치게 중시하는 경향이 있었다. 이 때문에 기업의 민첩성이 줄어들어 4차 산업 혁명과 관련된 기술을 받아들이는 것을 주저하게 되었다. 스타트업은 애자일Agile 방식으로 최소기능제품Minimum Viable Product, MVP을 신속하게 시장에 출시하고 고객 반응을 토대로 지속적으로 제품이나 서비스를 개선하지만, 장인정신을 중시하는 일본 기업들은 완벽한 품질의 제품을 만드는 것을 우선시했다.

앞서 언급한 일본 내수시장의 규모와 그 중요성에도 불구하고 왜 내수 지향적 일본 스타트업이 등장하지 않을까? 많은 사람들이 꼽는 첫 번째 이유는 바로 정부와 기업의 디지털 전환Digital Transformation, DX

능력 부족이다. 매년 스위스 국제경영개발대학원IMD이 발표하는 '세계 디지털 경쟁력 순위'에서 2023년에 한국은 6위를 차지한 반면 일본은 32위에 그쳤다. 일본 사회는 여전히 아날로그 방식을 고수하며, 관공서와 기업에서 도장 결재와 팩스 사용과 같은 관행이 빈번하다. 또다른 예로 세계 최초의 인터넷 접속 및 이메일 송수신 가능 핸드폰인 NTT Docomo의 i-mode 서비스는 1999년에 시작되었음에도 코로나19 발생 직전까지도 약 760만 명이 넘는 사람들이 3G 휴대폰을 사용했으며, 서비스 종료는 2026년 3월로 예정되어 있다. 이처럼 일본 기업의 낮은 디지털 전환 때문에 기술을 활용한 스타트업의 발전이 다른 선진국에 비해 늦은 편이다.

일본의 스타트업 관련 정책

아베 정부 시기에 시행된 아베노믹스의 성장 전략 중 하나였던 창업 지원은 큰 성과를 거두지 못했다. 노동시장의 유연성을 높이려는 '고도 프로페셔널 제도'와 같은 법안이 성립되지 못한 것이 대표적인 사례다. 또한 2019년 일본 총무성 자료에 따르면 일본의 실질 ICT정보통신기술 관련 투자액은 1995년 대비 하드웨어와 소프트웨어 부문 모두 두 배 증가하는 데 그쳤다. 글로벌 기술 혁신 속도를 고려할 때 저조한 증가율로, 일본의 디지털 경쟁력 강화에 한계가 있었음을 시사한다.

기시다 정부가 들어선 후, 일본 정부는 스타트업 생태계 지원을 강화하며 기술 혁신, 인적 투자, 디지털 전환DX에 대한 지원과 투자를 확대하는 데 주력하고 있다. 2022년을 '스타트업 창출 원년'으로 선언하고, 5년 내 스타트업 수를 10배로 늘리겠다는 목표를 세웠다. 실제로 2022년 일본 스타트업의 자금 조달 규모는 역대 최고치를 기록했으며, 투자 규모 또한 2022년 1조 엔에서 2027년까지 10조 엔으로 확대할 계획이다. 특히 일본 국민연금인 일본 공적연금GPIF을 스타트업 투자에 활용하는 계획이 주목된다. 또한 2023년 4월에는 일본 내수 경제와 산업 성장을 촉진하기 위해 Web 3.0 백서를 승인했으며, 블록체인 기술을 활용한 암호화폐, 대체불가능토큰NFT, 탈중앙화자율조직DAO 등 새로운 금융 가치 창출 산업도 적극 추진하고 있다.

이시바 정부 또한 스타트업을 경제 성장의 핵심 동력으로 인식하고 적극적인 지원 정책을 이어가고 있다. 기존 10조 엔 규모였던 투자 계획을 확대하여, 10년간 50조 엔 이상의 공공 및 민간 투자 유치를 목표로 설정했다. 특히 AI와 반도체 산업을 중심으로 한 지역 기반 스타트업 육성을 통해 지역 경제를 활성화하는 전략을 추진하고 있다.

한국 스타트업의 일본 진출

2023년 양국 정상회담이 재개된 이후, 한국과 일본 간 민관학 교류와 협력이 더욱 확대되고 있다. 미국 스탠퍼드대학교에서 열린 한일 스타트업 간담회에서 양국 대통령과 총리는 첨단 기술 협력 방안을 논의했다. 이를 바탕으로 중소벤처기업부, 중소벤처기업진흥공단, 문화체육관광부, 한국관광공사, KOTRA, 스타트업얼라이언스, 디캠프 등 여러 기관이 한국 스타트업의 일본 진출을 적극 지원하고 있다. 올해 초, 중소벤처기업부는 도쿄에서 '한일 스타트업 투자 서밋 2025'를 개최하며, 현지 진출 한국 스타트업과의 간담회와 글로벌 펀드 체결식을 진행했다. 현재 일본의 금리 인하 정책과 낮은 IPO 요건이 유동성이 풍부한 시장을 조성하며, 자금 조달이 어려운 한국 스타트업의 일본 진출을 더욱 가속화하고 있다.

양국은 기술 혁신을 중시하며, 전자 및 자동차 산업에서 강한 경쟁력을 보유하고 있다. 또한 높은 교육 수준과 우수한 인재 양성을 바탕으로 기업 혁신과 성장을 촉진하는 환경을 갖추고 있다. 양국은 상호 보완적인 비교우위를 지니고 있으며, 일본은 풍부한 자본과 제조 역량, 한국은 ICT 기술과 혁신 인재에서 강점을 보유해 협력을 통한 시너지 효과를 기대할 수 있다.

그러나 일본 시장의 보수적인 특성을 고려할 때, 한국 스타트업이 성공적으로 안착하려면 현지화 전략이 필수적이다. 예를 들어, 모바일 헬스케어 스타트업 힐링페이퍼가 운영하는 미용의료 플랫폼 '강남언니'는 일본 소비자 대상 시장 조사와 현지 업체 M&A를 통해 성공적으로 일본 시장에 진출했다. 또한 카카오웹툰의 '픽코마 Piccoma'는 일본 소비자 맞춤형 서비스 전략을 통해 일본 모바일 만화 앱 시장 1위를 차지했으며, 2024년에는 일본 소비자가 가장 많은 지출을 한 앱으로 선정되었다.

양국 모두 저출산과 고령화로 인한 생산성 저하와 대기업의 글로벌 경쟁력 감소라는 경제적 도전에 직면해 있다. 이에 양국은 스타트업 육성과 지원을 통해 새로운 성장 돌파구를 모색하고 있다. 한국은 높은 규제, VC 및 CVC 투자 기반 부족, 제한적인 내수 시장이 한계로 작용하며, 일본은 혁신 인재 부족, 낮은 창업률, 느린 디지털 전환이 주요 과제로 지적된다. 앞으로 양국이 각자의 약점을 보완하고 강점을 극대화하는 협력을 추진한다면, 한일 스타트업 생태계의 발전을 통해 더욱 큰 가치를 창출할 것으로 기대된다.

2020년대 일본 대표 기업과 기업인들, 그들은 누구인가?

최인한(시사일본연구소장, 前 한국경제신문 도쿄특파원)

일본과 선의의 경쟁을 하는 시대

우리나라와 일본은 지구상에서 지리적으로 가장 가까운 이웃 나라이다. 겉으로 비슷해 보이지만 자연 지형, 정치, 경제, 사회 구조적으로 다른 점이 적지 않다. 최근 150여 년 사이 근대화와 산업화 역사도 크게 다르다. 근대화와 산업화에서 일본이 우리보다 100여 년 앞섰다는 인식도 있었다. 그러나 2000년대 이후 한국의 경제, 문화 부문 성장에 힘입어 양국간 격차가 많이 좁혀졌다. 반도체, IT정보통신 등 기술과 문화 산업에서 우리가 앞서가는 분야도 나타나기 시작했다.

아날로그와 디지털 시대가 공존하는 2020년대, 일본의 글로벌 위상은 20~30년 전의 전성기에 비해 떨어지긴 했다. 그럼에도 일본에는 세계 최고의 기술력과 시장 점유율을 가진 기업이 적지 않다. 일본은 국내총생산GDP 기준으로 세계 3위의 경제 대국이다. 저출산, 고령화, 인구 감소 시대를 맞은 우리나라 입장에서 일본 기업과 경제의 변화상을 잘 관찰할 필요가 있다. 사회 구조에서 10~20년 먼저 전환기를 겪고 있는 일본의 움직임은 여러 면에서 우리에게 참고가 된다.

일본 기업은 전통적으로 외형 성장보다 수익성 등 내실 경영을 중시한다. 세계 최고 기술과 품질을 바탕으로 오랜 기간 대를 이어 유지하는 '기업 영속'에 높은 가치를 두고 있다. 직원들의 고용 안정을 최우선 경영 목표로 두는 것도 이런 배경에서이다. 물론, 기업 환경이 급변하는 디지털 시대를 맞아 '일본식 경영'에 대한 국내외 비판이 적지 않다. 그럼에도 일본 기업들이 강점은 그 나름대로 평가받을 점이 있다. 제조업이 강한 일본형 기업 가운데 일본적 전통이 강한 대표 기업 4개사와 그 조직을 이끄는 경영인을 소개한다.

2037년 자동차 사업 100주년 맞는 도요타의 미래

"조국 일본과 마찬가지로 지구는 하나의 소중한 '고향 별'이다. 다음 세대에 지구를 아름답게 남겨 주는 것이 우리 역할이고 책임이다." 도요다 아키오 도요타 사장은 2021년 일본자동차공업협회 회장 자격으로 업계와 언론, 소비자에게 이런 내용의 신년 메시지를 보냈다. 일본 최대 제조업체 도요타가 자동차산업을 혁신시켜 탈탄소 사회를 이끌겠다는 비전을 담았다. 37만 명의 직원을 가진 도요타TOYOTA는 시가 총액 일본 1위 기업이다.

1937년 도요타자동차공업을 설립한 지 85주년을 맞은 도요타가 100년 기업을 향해 모빌리티이동 중심 업체로 탈바꿈하고 있다. 그 선두에 선 인물이 2009년 사장에 취임한 창업 3세대 경영자 도요다 아키오이다. 그는 2018년 새해 벽두 '자동차 회사'에서 '모빌리티 회사'로의 전환을 공식 선언했다. 아키오 사장은 2020년대에 들어 전기차와 수소차 개발에 승부를 걸고 있다. 일본의 탈탄소 목표 연도는 2050년이다.

글로벌 자동차 시장이 가솔린에서 전기차 중심으로 빠르게 바뀌는 것도 도요타의 사업구조 재편을 재촉하는 배경이다. 자동차 산업에서 업종 경계는 이미 무너졌다. 미국 구글, 아마존, 애플과 중국 바이두, 알리바바 등 이업종 업체들이 잇따라 자동차 시장에 뛰어들었다. 새로운 기술 트렌드 'CASE^{연결, 자율주행, 차량 공유, 전동화}' 파고를 넘어야 살아남을 수 있기 때문이다. 실제로 2020년 7월 1일 신생 전기차업체 테슬라의 시가총액이 2,065억 달러를 기록하며 자동차업계 1위 도요타^{2,020억달러}를 사상 처음으로 제쳤다. 2022년에 들어 테슬라와 도요타의 시가총액 격차는 더 벌어졌다. 회사 임직원들이 긴장하는 것처럼 도요타가 "사느냐, 죽느냐"의 갈림길에 섰다.

2020년대에 들어 도요타의 변신 속도에 가속이 붙고 있다. 경기 침체에다 코로나19 사태까지 터졌기 때문이다. 직기^{織機} 업체에서 출발하여 자동차 산업에 진출한 도요타가 80여 년 만에 '모빌리티' 중심으로 회사 구조를 완전히 바꾸는 중이다.

아키오는 2018년 초에 '모빌리티 회사'로의 장기 비전을 처음 공개했다. 이후 미래 자동차와 모빌리티^{이동} 업체 지분을 사들이고, 관련 업체와 제휴에 나섰다. 보유 중이던 굴뚝 산업 관련 주식을 처분하고, 미래 자동차 주식을 잇따라 사들였다. 일본제철, 절삭공구 기업 OSG, 차량 전구회사 이시미쓰공업, 산업용 벨트 제작업체 미쓰보시벨트 등 4개 협력사 주식을 전량 매각했다. 대신 NTT, 스즈키, 미국 우버 등 CASE로 불리는 미래차 주식을 매입했다. CASE 업체인 미국 MS, 중국 CATL, 일본 소프트뱅크, 파나소닉 등과 전략적 제휴도 숨가쁘게 진행하고 있다.

2020년에 도요타는 미쓰비시UFJ은행, 미쓰이스미토모은행, 미즈호은행과 함께 800억 엔 규모의 '우주개발 투자펀드'를 만들었다. 이

펀드로 로켓, 인공위성 등 우주 개발에 참여하는 신흥 기업에 집중 투자하고 있다. 일본우주항공연구개발기구JAXA와 유인 달 탐사 차량도 공동 개발하고 있다.

도요타의 미래 자동차 기술 경쟁력은 모빌리티 회사로의 비전 발표 이후 높아졌다. 자율 주행 기술은 세계 2위 수준이다. 특허 조사 회사 패턴트리절트가 2021년 상반기에 발표한 주율 주행의 경쟁력 순위에서 미국 포드 자동차와 도요타 자동차가 1, 2위를 기록했다. 3년 전 조사에서 1위였던 구글은 3위로 떨어졌다. 미래차 시장을 놓고 구글, 테슬라 등 신흥업체와의 경쟁이 더 치열해지는 양상이다.

일본인들의 도요타 사랑은 대단하다. '도요타 자동차＝일본'으로 생각하는 소비자들이 많다. 제2차 세계대전에서 패한 일본의 경제 회복 과정에서 도요타가 크게 기여했기 때문이다. '가이젠改善'으로 대표되는 도요타의 품질 개선 방식은 글로벌 제조업계에서 성공 방정식으로 통한다. 1980~1990년대에 '세계 최고 일본Japan as NO.1'의 명성을 쌓은 주역이 바로 도요타 자동차이다. 창업 이후 오너 가문과 전문 경영인이 잡음 없이 경영권을 번갈아 물려주고 있는 전통도 일본 업계에서 귀감이 된다.

80여 년 만에 업태를 바꾸는 도요타 그룹의 대변혁을 이끌고 있는 아키오 사장은 1956년생이다. '도요다' 가문 이름은 도요다, 자동차 브랜드명은 도요타 가문의 사키치1867~1930가 방직기로 첫 사업을 시작했다. 그의 아들 기이치로가 1937년에 자동차 사업에 뛰어들었다. 아키오는 기이치로의 손자이다. 아키오가 도요타 자동차의 11대 사장에 취임한 것은 글로벌 금융 위기 당시인 2009년 6월. 그해 도요타는 71년 만에 영업 적자를 냈다. 당시 도요타는 미국에서 1,000만 대 대량 리콜 문제가 터지면서 큰 위기를 만났다. 회사 내에서 반대 의견이 강했지만, 그는 2010년 2월 미국 의회 청문회에 참가해 리콜 문제에 대해 사과하고 책임지는 리더십을 보였다. 아키오 사장은 "모든 차에 나의 이름이 붙어 있다."라고 품질을 강조하며 세계 소비자를 호의적으로 돌려놨다.

사장 취임 이후 아키오의 메시지는 분명했다. 리콜, 동일본대지진, 태국 홍수로 인한 글로벌 부품 조달 피해, 코로나19 등 큰 시련이 닥쳐올 때마다 "더욱 좋은 자동차를 만들자", "일본의 모노즈쿠리를 지키자"라고 강조했다. 그는 코로나19 발생 이후 "예측 불가능한 정답이 없는 시대를 맞고 있다. 전 사원이 스스로 생각해서 필사적으로 도전하지 않으면 자동차시장에서 살아남지 못한다."라며 "경영자는 회사 구성원을 바른 방향으로 인도할 책임이 있다."라고 밝혔다. "80여 년 전 자동차산업에 신규 진출할 당시 '기존 사업에만 매달리는 회사는 오래 생존할 수 없다'는 조부의 말씀을 늘 가슴에 새기고 있다."라고 자주 말한다.

아키오 사장은 일본 경제의 중심인 자동차업계가 탈탄소 사회를 선도하자는 주장을 입에 달고 다닌다. 일본에서 일하는 10명 중 1명이 자동차산업과 연관되어 있다. 납부하는 세금은 매년 15조 엔을 넘는다. 도요타는 2050년 탈탄소 사회를 위한 기술과 제품 개발을 서두르고 있다. 전기 자동차 생산을 확대하는 차원이 아니라 자동차 생산에 사용되는 전기, 그 전기를 생산할 때 배출되는 이산화탄소의 양을 줄이는 등 생산 시스템을 완전 개조하겠다는 것이다.

아키오는 "탈탄소화의 중심에 자동차를 둬야 한다."라고 말한다. 오는 2037년 100주년을 맞는 도요타가 미래 자동차 시장에서 세계 1위의 위상을 지킬 수 있을지 주목된다.

이나모리 가즈오가 경영자들에게 남긴 메시지

　일본 재계 '거목巨木'이 2022년 여름에 세상을 떠났다. 교세라 그룹 창업주인 이나모리 가즈오稲盛和夫 명예회장이 8월 24일 교토 자택에서 노환으로 별세했다. 향년 90세. 이나모리 회장의 장례는 가족장으로 조용히 치러졌다. 회사 측은 가족장을 마치고, 일주일 후인 30일에야 그의 죽음을 외부에 공표했다.

　2002년부터 10여 년에 걸쳐 인터뷰와 강연 취재로 이나모리 회장을 세 차례 만난 적이 있다. 교세라 교토 본사, 도쿄 세이와주쿠 모임, 그리고 한국 방문 특강 자리에서다. 그는 늘 인자한 표정과 자상한 말투여서 이웃집 할아버지 같은 인상을 받곤 했다. 코로나19 사태와 저성장으로 양극화가 심각해진 시대를 맞아 사회 구성원의 공존과 공생을 중시하는 그의 경영 철학이 새삼 주목을 받고 있다.

　이나모리 회장의 별세 소식이 전해진 이후 그의 죽음을 안타까워하는 사람들이 많다. 당대에 대기업을 일군 창업가로서 뛰어난 경영 능력을 보여 주었기 때문만은 아니다. 세상을 떠나기 1년 전까지도 사무실로 출근하며 체력이 허락하는 마지막 순간까지 일했다. 그가 평소 주창했던 '이타적 자본주의'는 일본 사회가 가야 할 길을 제시했다는 평가이다.

　이나모리 회장의 좌우명은 '경천애인敬天愛人'. 타인을 배려하는 마음의 중요함을 늘 강조했다. 그는 "인간으로서 무엇이 옳은 것인지를 '좌표 축'으로 두고, 거기서부터 모든 경영 판단을 하는 것이 중요하다. 성공한 경영자가 '나는 사장이다. 전무다'라고 뽐내는 것을 종종 본다. 그래선 안 된다. 지위가 올라갈수록 책임이 무거워진다. '이 정도면 괜찮지'를 항상 경계하는 진지한 경영자가 되었으면 좋겠다."라고 말했다.

일본 경영인을 대상으로 하는 각종 조사에서 이나모리는 늘 존경받는 경영자로 꼽힌다. 인재육성 기업 러닝에이전시에서 경영자 100인을 조사한 결과에서도 이나모리는 정상을 차지했다. 전설적인 경영자로 손꼽히는 마쓰시타전기 창업자인 마쓰시타 고노스케는 6위였다. 이나모리는 일반인 대상 '존경하는 사람'에서도 압도적 1위이다. 그의 인생 철학이 보통 사람들에게 희망을 주기 때문일 것이다.

이나모리의 인생 철학과 경영 철학을 배우기 위해 교토의 젊은 경영자들이 세운 '세이와주쿠盛和塾'는 일본을 벗어나 해외까지 확대되었다. 이 모임에 참가하는 국내외 회원 수가 1만 5,000명에 이를 정도로 경영인들 사이에 인기가 높다. 새 책을 낼 때마다 베스트셀러에 오르는 것도 이런 배경에서이다. 경영 비법과 어록을 담은 책들은 1989년 첫 발행 이후 누적 판매 2,000만 부를 넘는다. 우리나라에서도 2006년 《아메바 경영》을 시작으로 《왜 일하는가》, 《생각의 힘》, 《사장의 그릇》 등이 꾸준히 팔린다.

이나모리 가즈오는 1932년 1월생이다. 규슈 남쪽 끝 자락에 있는 가고시마대학 공학부를 졸업했다. TV 브라운관 소재를 만드는 교세라를 1959년 설립했다. 자본금 300만 엔으로 임대 건물에서 출발한 영세업체였다. 1984년 제2電電현 KDDI을 설립한 후 사세가 급팽창했다. 교세라 그룹은 종업원 8만여 명, 매출 1조 8,400억 엔약 17조 9,000억 원 규모의 전자·정보기기 대기업으로 성장했다2021년 기준.

지난 2010년, 일본항공JAL은 방만한 경영과 미국발 금융위기 여파 등으로 파산 직전에 몰렸다. 당시 팔순을 앞둔 이나모리는 무보수로 회장직을 맡아 3년 만인 2012년에 도쿄증시에 재상장시켰다. 일본항공 정상화 이후 그는 '경영의 신'으로 불렸다. 이나모리는 경영자로서 '3대 경영 목표'를 늘 강조했다.

첫째, 사원의 물질적·정신적 행복의 실현과 인류 사회 발전 공헌, 둘째, 경영자 의식을 가진 인재 양성, 셋째, 전원 참가형 경영 실행이다. 일본 경영학자들은 그의 경영 방식을 '실력 종신 고용제도'라고 부른다. 전통적인 일본식 종신 고용을 유지해 기업의 안정을 높이는 한편, 실력 중심으로 인재를 발탁해 경영 효율을 높이자는 취지이다. '일본식 경영'과 '서구식 경영'의 장점을 함께 적용한 형태이다.

이나모리의 경영 철학을 알려면, '일본식 경영'에 대한 약간의 이해가 필요하다. 일본식 경영은 사원들의 '고용 안정'을 매우 중시한다. '주주 자본주의'로 불리는 서구식 자본주의의 경우 경영자들의 우선 목표는 주주 가치를 높이는 것이다. 주가를 올리기 위해 이익을 늘리고 비용을 최대한 줄인다. 경영 우선 순위는 주주-소비자-종업원 순이다. 이에 비해 일본식 경영은 종업원-소비자-주주 순으로 보면 된다.

그는 10여 년 전 서울 강연에서도 서구식 신자유주적 경제 성장 방식의 대안을 제시했다. 당시 현장에서 그를 지켜봤던 기억이 새롭다. 이나모리는 "경영자의 목적이 현재는 물론 미래까지 종업원과 가족의 생활을 지켜 주고 믿음을 주는 데 있음을 깨닫게 되었다."라고 밝혔다. 그는 '보편적인 경영 원칙이 기업을 성장으로 이끈다'를 주제로 경영 원칙을 소개했다.

이나모리 회장의 타계를 계기로 많은 사람들에게 공감을 준 경영 어록을 다시 떠올린다. 그는 인생에서 가장 중요한 두 가지를 꼽았다. 첫째, 어떤 환경에서도 성실하게 최선을 다해 살아야 한다. 둘째, '인간은 항상 자신이 더 잘 되어야 한다'는 본능을 갖고 있지만, '모두를 행복하게 하겠다'는 마음으로 살아야 한다.

이나모리는 노환으로 거동이 불편해진 2021년에도 교토 시내 공익 재단 빌딩인 '이나모리 재단'에 출근했다. 그가 끝까지 관심을 두었던 분야는 인류 평화 연구를 지원하는 재단 사업이다. 이나모리 회장은 경영자를 넘어서 일본인의 '정신적 스승'이 되었다.

가장 일본적인 기술 기업, 일본전산

자동차 산업이 100년 만에 대전환기를 맞았다. 가솔린에서 전기자동차EV로 주력 제품이 바뀌고 있기 때문이다. 전기차의 3대 핵심 부품은 신소재 차체, 배터리, 구동 모터이다. 정밀모터 업계 1위인 일본전산日本電産, Nidec은 전기차 시대에 뜨고 있는 제조업체이다. 글로벌 자동차 메이커로부터 러브콜이 쏟아진다. 일본전산은 코로나19 사태 기간에도 매출과 순이익에서 사상 최고를 기록했다. 이 회사는 어떻게 반세기 동안 '정밀 모터' 시장에서 정상 자리를 지키며 지속 성장할 수 있었을까. 그 비결은 무엇일까.

일본전산은 1973년 창업 후 초정밀 모터로 세계 시장을 석권한 기술 기업이다. 노트북, 스마트폰에서부터 전기차, 로봇 등 거의 모든 구동 제품에 들어가는 정밀 모터를 만든다. 교토의 시골 창고에서 전체 직원 4명으로 시작한 일본전산은 50년 만에 계열사 330여 개, 임직원 11만 2,500여 명, 매출 1조 6,181억 엔2020년 기준 기업으로 성장했다. 회사 설립 이후 대기업과의 경쟁에서 이기기 위해 '밥 빨리 먹는 순, 빨리 달리기 선착순 신입직원 채용'과 같은 독특한 인재 선발로 화제를 모으기도 했다. 직원을 강하게 몰아붙이는 사훈 즉시 한다. 반드시 한다. 될 때까지 한다 으로 알려져 있다.

일본전산은 컴퓨터 시장 확대에 맞춰 1982년부터 2010년까지 PC시장에 집중했다. 하드디스크 드라이브 HDD 에 들어가는 스핀 모터에서 글로벌 시장 점유율 80%로 압도적 1위였다. PC시장의 성장세가 둔화하자, 2010년부터 가전 및 산업용 모터로 제품군을 다양화했다. 현재 휴대폰용 소형 정밀 모터에서도 세계 1위 자리를 지킨다. 매출 비중은 가전제품 및 산업용 모터 37%, 소형 정밀 모터 27%, 자동차용 모터 22%, 기기·장치용 모터 9%, 전자 및 광학 부품 4% 등이다.

창업자인 나가모리 시게노부 永守重信, 77세 회장은 뚝심이 강한 기업가이다. 이 회사는 부침이 심한 제조업계에서 '선택과 집중'을 잘해 온 업체로 손꼽는다. 나가모리 회장은 창업 아이템으로 '모터'를 선택하여 반세기 만에 글로벌 기업으로 키웠다. 그가 회사를 창업한 1970년대 초반, 이미 세계적인 모터업체들이 100여 개를 넘었다. 일본 내에 마쓰시타, 히타치, 도시바 등이 있었고, 해외에도 GE, 필립스 등 글로벌 대기업이 수두룩했다.

당시 중소업체의 모터사업부에 근무하던 6년차 샐러리맨 나가모리는 '모터' 하나에만 집중하면 대기업을 이길 수 있다고 판단했고 창업동지 3명과 함께 도전에 나섰다. 그는 "대기업 선발 업체들이 모터시장을 장악하고 있었지만, 누구도 따라올 수 없는 최고 기술과 품질로 정밀 모터를 개발하면 세계 시장을 평정할 수 있을 것으로 판단했다."라고 회고한다. 창업 초기 목표했던 "돌아가고 움직이는 모든 분야에서 No.1 업체"가 지금도 회사의 장기 비전이다. EV용 구동 모터를 차

세대 주력 제품으로 키우는 것도 이런 배경에서이다.

일본전산의 매출과 순익 증가는 글로벌 시장에서 전기차용 구동 모터 등 신제품 수요가 급증한 덕분이다. 나가모리 회장은 시장 전망과 관련, "앞으로 100만 엔 이하 전기차 경쟁이 가장 치열해지고, 연간 5, 6억 대로 늘어나는 EV 시장에서 80%가 저가 자동차가 될 것"이라며 "일본전산은 소형 EV용 제품에 주력할 것"이라고 밝혔다. 또 "EV차가 대중화 단계에 들어서는 2025년에 전기차용 구동 모터 판매대수 목표를 기존 280만 대에서 350만 대로 높였다."라고 말했다.

일본전산 입장에서는 코로나19 사태가 오히려 사업 성장 기회가 되었다. 2022년 이후 가전, 상업, 산업용 모터의 매출이 고르게 증가하는 추세이기 때문이다. 특히 가전용 콤프레서와 공조기용 모터 등 에너지 절약형 고부가 가치 제품 수요가 늘어났다.

일본전산은 2025년 매출 4조 엔, 2030년에 매출 10조 엔 회사를 중장기 비전으로 삼고 있다. 오는 2030년에 EV용 구동 모터 시장에서 점유율 45%를 목표로 한다. 자동차 산업을 배터리와 모터가 책임지는 시대가 열려 매출 달성이 가능하다는 게 회사 측 설명이다. 이를 위해 자동차용 모터 생산을 대폭 늘리고 있다. 오는 2027년까지 1,500억 엔 이상을 설비 증대에 투자할 계획이다. 이 회사의 전기차용 구동 모터 시스템 'E-Axle'은 모터, 인버터, 감속기 등을 조합한 방식이다. 지난 2019년 5월부터 150kW 출력의 구동 모터 시스템 Ni150Ex를 중국 광저우자동차에 공급하고 있다. 현재 Ni100Ex, Ni150Ex, Ni200Ex까지 제품 라인업을 확장해 광저우 자동차, 지리 자동차 등 중국 완성차 업체에 납품 중이다.

전기차가 자동차 시장의 주력 제품으로 바뀌는 덕분에 일본전산의 움직임 하나하나가 자동차 업계에서 주목받고 있다. 대만 폭스콘과 전기차용 구동 모터 생산을 위한 조인트벤처JV를 추진하고 있다. 미국 테슬러와의 협력도 확대하고 있다.

2020년대에 나가모리 회장만큼 주목받는 일본인 기업가는 드물다. 그의 사업 성공 방식은 '나가모리류 경영'으로 불린다. 나가모리는 쟁쟁한 선발 전기전자업체를 제치고 일본전산을 당대에 세계 1위 모터 업체로 키웠다. 그 자신 역시 일본인 부호 랭킹 5위에 오를 만큼 큰 부를 쌓았다. 제조업체 경영자로서 제품 개발, 제조, 판매는 물론 능숙한 M&A로 회사를 키우는 수완도 뛰어나다.

업계와 학계에선 일본전산의 성공 비결로 첫째, 경영자의 일관된 경영 방침을 꼽는다. 나가모리 회장은 모터의 가능성을 끊임없이 찾았다. 30여 년간 이어진 경기 침체 상황에도 첨단 기술 개발과 많은 투자비가 필요한 하드웨어 산업을 고수했다. 둘째는 사람 교육, 즉 인재 양성이다. 그는 "1류 기업과 3류 기업의 차이는 제품의 품질이 아니라 직원들의 질質에 달려 있다."라고 인재 육성을 항상 강조한다. 일본전산의 독특한 인재 전략은 '3Q'로 요약된다. 3Q는 우수한 노동자Quality Worker, 우량 기업Quality Company, 고품질 제품Quality Products 이다.

나가모리 회장은 미래 시장을 읽는 혜안을 갖고 있다. 전기차 시장의 성장 가능성을 미리 읽고 10여 년 전부터 EV용 모터 개발과 설비 투자에 집중했다. 그럼에도 역설적으로 일본전산의 최대 '리스크'는 '나가모리 회장'이다. 창업자의 존재감이 워낙 크다 보니, 그의 뒤를 이을 최고 경영자가 나오기 어려워 '후계자 리스크'가 부각되었기 때문이다. 실제로 2000년대에 들어서 두 차례 시도되었던 외부 출신 CEO 영입은 실패로 돌아갔다. 일본전산은 2024년 4월 소니 출신인 기시다

미쓰야 사장을 CEO로 임명하고, 나가모리는 글로벌 사업 담당 회장으로 일선에서 한발 물러났다. 일본전산이 후계자 승계 작업을 매끄럽게 마무리하고, 젊은 경영자 아래서 지속 성장이 가능할지 귀추가 주목된다.

개성이 강한 일본식 경영자, 다쓰노 몽벨 회장

일본 아웃도어 시장은 꾸준히 성장하고 있다. 디지털 시대를 맞아 등산, 캠핑 등 야외 활동으로 스트레스를 풀려는 인구가 늘고 있는 덕분이다. 아웃도어 업체 '몽벨mont-bell'은 산악인들 사이에서 충성도가 매우 높다. 몽벨을 유럽 아웃도어 브랜드로 알고 있는 소비자들이 적지 않다.

몽벨은 프랑스어 '산mont'과 '아름다움bell'의 합성어로 '아름다운 산'을 뜻한다. 2025년에 창업 50주년을 맞이한 이 회사는 가성비, 톡톡 튀는 판촉 전략, 독특한 회원제로 강력한 '브랜드' 구축에 성공했다. 산악인에서 기업인으로 변신한 다쓰노 이사무辰野勇 몽벨 회장의 성공 스토리를 소개한다.

코로나19 사태와 글로벌 인플레이션 여파로 일본 내수시장은 전반적으로 위축되었다. 그런데 등산, 캠핑 등 아웃도어 용품은 잘 팔렸다. 젊은층의 아웃도어 용품 소비가 크게 늘어난 덕분이다. 유투브와 소셜 네트워크서비스SNS 이용자 증가도 아웃도어 시장 확대에 기여했다. 마케팅 기관의 조사에 따르면 아웃도어 시장은 최근 10년 새 50% 커졌다. 아웃도어 시장 규모8대 업체, 2020년 매출 합계는 2053억 엔 정도이다.

몽벨은 1975년 창업 이후 버블 경제 붕괴와 장기 침체 등 불황 파고를 넘어왔다. 다쓰노 이사무 회장은 기존 업계의 트렌드를 추종하지 않고 고품질로 정면 승부를 걸었다. 일본 아웃도어 브랜드 순위에서 몽벨은 2위를 달린다. 마케팅 전문기관 클로즈 마케팅 2022년 조사에 따르면 '선호하는 아웃도어 브랜드'의 의류 부문 순위는 1위 노스페이스 42%, 2위 몽벨 33%, 3위 파타고니아 30% 였다. 아웃도어 용품 부분에서는 콜맨 31%, 몽벨 23%, 스노피크 21% 순이다.

1947년생 다쓰노 이사무 회장은 '일본식 경영'을 고수한다. '겁쟁이 경영자'로 불릴 만큼 재무적 안정성을 우선한다. 기업 경영에서 '안전'을 중시하는 것은 어린 시절부터 몸에 배어온 위험한 산행 경험 덕분이다.

다쓰노 회장은 소년 시절 하인리히 하러의 아이거 북벽 등정기 《하얀 거미》를 읽고 깊은 감명을 받았다. 등산에 빠져든 그는 1969년에 아이거 북벽 등정에 성공한 두 번째 일본인이 되었다. 세계 최연소 기록이다. 일본 최초 '클라이밍 등산 스쿨'을 1970년에 열었다. 그는 스포츠 마니아이다. 등산 외에 카누와 카약에도 심취해 국내 대회에서 여러 차례 우승했다. 산악인이던 다쓰노는 28세가 되던 1975년 생일날, 새로운 도전에 나섰다. 세계에서 가장 사랑받는 등산 도구와 아웃도어 용품 개발을 목표로 몽벨을 창업한 것이다. 다쓰노 회장은 '산의 미학 美學'을 기업 경영에 접목했다. 그는 "겁 많은 산악인이 경영에 적합하다."라고 강조한다. "산에서는 한 순간의 방심과 결단이 생사를 가른다. 등산 경험을 바탕으로 항상 최악을 상정해 만반의 준비를 하는 리스크 관리를 경영에 활용하고 있다."라고 설명한다. 창업 이후 '겁쟁이 경영'을 실천하고 있다. 사업 확대를 위한 투자는 최소로 억제하고, 이익은 최대로 쌓고 있다. 그는 "눈 앞의 매출에 사로잡히지 않고, 저축을 늘려 비즈니스 수명을 늘려 가는 게 중요하다.

　이런 겁쟁이 경영의 결과 몽벨의 자기자본비율은 80%를 넘는다. 일본 최대 기업인 도요타 자동차나 대표적인 우량 기업 캐논보다 재무 안전성에서 앞선다. 회사 내부 유보를 많이 하고, 신규 사업에 소극적인 '일본식 경영'에 대한 국내외 일부 투자자들의 비판도 있다. 하지만 세계적인 불황이 우려되는 요즘 풍부한 자본이 몽벨의 큰 강점이다. 다쓰노 회장의 사업 목표는 "사람들의 삶을 건강하고 아름답게 유지하고, 쾌적한 활동을 보장해 주는 아웃도어 명품을 만드는 것"이다. 그는 상품 개발에서 두 가지 모노즈쿠리제조 원칙을 항상 강조한다. 첫째, 자신이 가지고 싶은 제품을 만든다. 둘째, 좋아하는 것을 상품화한다. 등산용품의 경우 '품질'을 최우선으로 한다. 19세에 겨울철 등산을 할 때 품질이 나쁜 아크릴 장갑을 끼고 갔다가 동상에 걸려 지금도 후유증을 앓고 있다. 그 당시 안전하고 쾌적한 등산 용품이 얼마나 중요한지를 깨달았다.

　몽벨 홈페이지에는 다쓰노 회장이 평소 강조하는 회사의 7대 미션이 실려 있다. ① 자연 환경 보전 의식 향상, ② 야외 활동을 통해 어린이들이 평생 살아가는 힘 양성, ③ 건강 수명 증진, ④ 자연 재해에 대한 대응력 육성, ⑤ 에코 투어리즘을 통한 지역 경제 활성화, ⑥ 1차 산업농림수산업 지원, ⑦ 고령화와 장애인의 장벽 제거이다.

　아웃도어 애호가들은 몽벨 제품을 선택하는 가장 큰 이유로 양심적인 가격을 꼽는다. 가성비가격 대비 성능가 좋다는 것이다. 이 회사의 모토는 "좋은 것을 만들어 싸고 친절하게 파는 것"이다. 전문가들이 쓸 수 있는 고품질 제품을 경제적 여유가 없는 젊은 학생들이 살 수 있는 '브랜드'를 추구한다. 비용 절감을 위해 생산 제품은 직영점을 통해서만 판매한다. 다쓰노 회장은 "고품질 제품을 소비자에게 최대한 저렴하게 공급하는 게 중요하다."라며 "결과적으로 가성비 좋은 고품질 브랜드로 자리잡았다."라고 설명한다. 이 회사의 독특한 고객 관리 방식도 성공 요인이다. 연회비 1,500엔인 몽벨 포인트 카드 '몽벨클럽' 회원은 100만 명을 돌파했다. 많은 고객들이 돈을 내고 가입하는 이유는 다양한 혜택이 있기 때문이다. 제품을 구매할 때 주는 포인트뿐만 아니라 회보지 'OUTWARD' 배달, 전국 제휴 시설 우대 서비스, 회원 한정 행사, 다쓰노 회장과의 등산 투어 등의 특전을 제공한다. 연 4회 발행하는 OUTWARD는 세계에서 가장 발행 부수가 많은 아웃도어 정보지이다. 몽벨의 제품이나 행사 관련 정보 외에 저명 인사와 지역 소식, 환경과 교육 문제까지 다룬다. 고객과 직원의 소통 역할을 맡아 상당한 성과를 내고 있다.

철저한 A/S도 회사의 경쟁력이다. 고장이 났거나 망가진 몽벨 상품을 매장으로 가져가면 저렴한 가격에 바로 수선해 준다. 대고객 서비스의 밑바닥에는 '3R 문화'가 자리잡고 있다. 다쓰노 회장은 창업 이후 늘 보수Repair, 재사용Reuse, 재활용Recycle을 강조한다. 회사 제품이 최종적으로 어떻게 되는지까지 책임감을 가져야 한다는 주문이다. 기업은 지구 환경 보전에 기여해야 지속 성장이 가능하다는 인식에서이다.

다쓰노 회장은 3개 관점에서 미래를 준비하고 있다. 첫째, 상품력이다. 고객들이 '구입을 잘 했다', '도움이 되었다'고 하는 제품을 계속 만들면 소비자들이 더 많이 찾는다. 둘째, 사회에서 회사의 존재 의의이다. 제품 판매 외에 사회에 필요한 회사가 되어야 한다고 늘 강조한다. 지속 가능한 성장을 위해 '3R'을 매우 중시한다. 눈 앞의 고객 확대를 위해 무료 회원을 늘리지 않고, 고객과 긴 소통이 가능한 유료 회원제도를 고집하는 것도 이런 이유에서이다. 셋째, 가장 중요한 것은 회사가 '이익'을 내는 것이다. 사회 공헌도가 아무리 높다 해도 이익이 없으면 기업이 존속할 수 없다. 이 세 가지가 균형을 유지한다면, 30년 뒤에도 몽벨이 사랑받는 '브랜드'로 건재할 것이라고 다쓰노 회장은 자신한다.

비즈니스로 떠나는 일본 여행

지계문(한일 비즈니스 컨설팅 회사 대표)

일본 출장

　코로나19 팬데믹 이후 우리나라의 해외 여행자는 2023년 1월부터 11월까지 집계로 2,030만 명으로 회복되는 중이고, 그중 일본을 방문한 사람은 617만 명이라는 최근 발표가 있었다. 해외 여행객 중에서 업무 출장자는 어느 정도인지 알아보다가 인천국제공항공사의 설문 조사 결과를 찾게 되었다. 일본 출장자의 비율은 전체 일본 여행자의 13.1%^{2023년 5월 24일 발표}라고 한다. 2023년 11월까지를 기준으로 추산하니 약 81만 명이 된다. 거기에는 내가 다녀온 9번의 출장도 포함될 것이다. 모처럼 나의 일본 출장 횟수를 헤아려 보니 지난 30여 년간 대략 200번 정도였다.

　출장과 여행이 다른 점을 몇 가지 꼽으면 방문해야 하는 회사가 있고, 상담을 하며, 그에 따른 보고서 작성이 따른다는 점이다. 그 외에도 출장 자료 준비, 출장 복장 등 준비물, 일정 수립, 방문하는 회사 담당자와의 사전 약속 등도 필요하지만, 좋은 성과를 바란다면 방문하는 회사와 상담 주제와 관련된 정보를 사전에 파악할 필요가 있다. 그 밖에 추천하고 싶은 것은 일정 계획을 세울 때 출장 업무에 방해가 없는 범위에서 틈새 시간을 활용해 관광을 시도해 보는 것이다. 나의 경우,

사원 시절 출장에서도 가끔은 스케줄의 틈새 시간이나 방문 지역을 이동하는 도중 또는 조금 일찍 미팅을 마치고 거래처 담당자의 안내로 주변 관광을 한 기억이 있다. 그러다가 독립하여 한일 비즈니스 컨설팅을 시작한 후에는 점차 일정을 여유 있게 잡아 주변의 관심 지역은 꼭 다녀오는 습관이 생겼다. 가끔은 거래처 담당자가 기꺼이 주변을 안내해 준 덕분에 혼자라면 몰랐을 일본을 경험하기도 한다.

지난 추억을 소환해 본다. 샐러리맨 시절에는 일본 제품을 구매하는 바이어로 다녀온 출장이었다. 출장을 가면 항상 일본 현지 직원이나 거래처에서 마중을 나와 주었기에 마치 가이드가 있는 패키지 투어와 비슷했다. 그러다가 10여 년 전에 독립한 이후 스스로 찾아다니는 출장을 통해 진정한 비즈니스 여행을 경험했다. 많은 출장 중에서도 기억에 남는 출장 여행을 떠올려 본다. 설렘과 실수 연발의 첫 출장, 피곤해서 잠들어 버린 바람에 내릴 역을 지나쳐 비행기를 놓친 사건, 김포 - 하네다 노선 증편 덕분에 당일치기とんぼ返り 출장을 다닌 바빴던 시간들, 어려운 안건을 해결하고 포상 휴가로 이어진 출장 중의 자유여행, 현금 없이 거래처와 식사하고 겪은 황당 사건, 일이 안 풀려 무턱대고 결행한 여행에서의 힐링 등 비즈니스로 떠났던 많은 여행이 기억을 스친다. 여기서는 몇 가지 비즈니스 여행 경험과 그 과정에서 맺은 인연을 중심으로 이야기하고자 하는데, 그에 앞서 우리나라 역사에 기록된 일본 출장에 대해 잠깐 살펴보고자 한다.

조선 시대의 출장

조선 중기의 고승이었던 사명대사는 의승병義僧兵 활동으로 유명하지만 전쟁이 끝나고 강화 교섭을 위한 외교관 역할도 했다. 당시 조선은 정치역학상 관직에 있는 외교관을 일본에 보내기 불편한 상황에서 사명대사를 왜란 종결을 위한 사절로 파견했다고 한다. 사명대사는 왜란 이후 조선 최초의 일본 출장에서 도쿠가와 이에야스와 만나, 조선 포로 송환과 통신사 파견이라는 합의 도달로 양국의 200년 평화 시대가 열렸다고 할 수 있다. 이때 쓰시마를 거쳐 교토 후시미성까지 방문했는데, 이에 관한 일본 측 기록이 부족한 이유는 두 사람의 협상에서 사명대사의 뱃심과 논리로 조선에 유리한 외교적 성과를 거두었기 때문이라는 설도 있다.

조선통신사 파견을 시작으로 본격적인 양국 간의 출장 교류가 다시 시작되었다. 1607년부터 1811년까지 조선통신사는 일본을 12번 방문했다. 조선통신사라는 출장의 성과로 소개하고 싶은 것은, 신유한申維翰의 해유록海遊錄이라는 1719년경의 출장 보고서와 조선 말 전래된 고구마이다. 해유록은 중국에 대해 기록한 연암 박지원의 열하일기에 버금가는 작품으로 평가된다. 가뭄 등으로 배고픈 백성을 위한 구황작물로 쓰시마의 고구마가 조선 말 제12회 조선통신사 문익공 조엄에 의해 도입된 것도 조선통신사 출장의 성과물이다. 굶주림을 해결할 농작물 고구마의 확보는, 고려 시대 문익점의 목화씨를 연상시킨다.

나의 일본 출장

긴장과 흥분의 첫 출장은 오사카 지역의 회사를 방문하여 가격 협상과 제품 성능 확인을 하는 임무였다. 상담 포인트와 제품 체크 리스트 등 한국에서 철저히 준비한 덕분에 순조로웠던 덕분인지 업무 관련 기억은 흐릿한 반면, 또렷하게 떠오르는 여타의 것들이 있다. 당시 비즈니스 출장에서는 넥타이까지 매는 양복 정장을 했다. 그런데 저녁에 보니 와이셔츠 목과 소매 부분이 아주 깨끗했던 것이다. 서울에서는 매일 빨아야 했던 흰 와이셔츠가 다음날 다시 입어도 될 정도였다. 이 차이가 자동차 배기가스 환경 문제라는 것은 나중에 알게 되었다. 그리고 처음 묵은 일본 비즈니스 호텔의 아기자기함과 비용 정산 자동화 시스템이 기억난다. 규격화된 실내는 작지만 침대와 책상 TV 등 요모조모 알찼고, 욕실에는 각종 어메니티 용품과 타월, 가운이 반듯하게 비치되어 있었다. 룸 서비스 냉장고에는 미니 위스키와 맥주 등이 있어 호기심에 비싼 술을 한번 빼 보았다가, 다음날 저절로 계산이 되는 시스템이라는 것을 알고 아까운 마음에 울며 겨자 먹기 식으로 결제했던 해프닝도 잊을 수 없는 부분이다.

출장에서 소중한 인연도 만났다. 오사카 지사의 무역부 L 과장님은 재일 교포였다. 당시 나는 영어가 섞인 엉성한 일본어를 간신히 하는 입장이었는데, 보충 통역은 물론 중간중간 일본의 상관습을 알려 주시며 윤활유 역할을 해 주셨다. 몇 번의 출장을 통해 가까워진 이후에 재일 교포로 산다는 것이 쉽지만은 않다는 이야기를 들었다. 재일 교포들의 삶이 경계인이자 주변인으로 빈민이 많다는 것을 알게 되었다. 몇 년 후 L 과장님은 내가 창업을 한다고 하자 본인도 기꺼이 합류하겠다며 퇴사하고 우리 회사의 일본 지사장 역할을 맡아 주셨다. 일본과 거래가 많은 우리 회사의 일본 현지 업무를 맡아서 많은 도움을 주시다가 수년 전 연로하신 부모님의 돌봄 문제로 퇴직하셨다. 지금도 L 과장님의 고향 삿포로에 가면 반갑게 만나고 있다.

한편 가장 기억에 남는 출장은 큰 규모의 프로젝트 파이낸싱을 성공시킨 출장이었다. 1997년 당시 우리나라가 금융위기로 국내 은행은 대출이 불가능했고, 해외에서도 우리나라에게 외화 공급을 하지 않아 달러 환율이 초강세가 되어 외채 상환이 어려운 시기였다. 하필이면 우리 회사는 미국에 공장을 건설하던 중이었고, 해외에 발주된 생산 장비 회사들에게 설비 대금을 지급해야 하는 시점이 겹쳐, 소요 자금이 부족해 전전긍긍하며 백방으로 달러 차입을 알아 보던 시기였다. 사내 태스크포스팀에 차출되어 회의하던 중, 일본 종합상사를 통해 설비 대금을 대신 지급하게 하고, 우리는 1년 정도 지급 유예를 받는 무역금융으로 해결하면 어떨까라는 아이디어가 나왔다. 다년간 일본 종합상사와 거래를 해 온 나에게 시선이 집중되었다. 나는 재빨리 그간의 일본 상사들의 업무 스타일과 담당자의 인품을 떠올려 보았다. 제안해 볼 만한 회사가 몇 군데 떠올랐다. M 상사, I 상사, M 물산, MB 상사로 압축하여 연락을 시작했고, 얼마 후 우리 TF 팀원 세 명은 일본으로 출장을 떠났다. 항상 물건을 사던 갑 입장에서 이번에는 을이 되어 절체절명의 회사를 구하는 과업이었다.

선물로 준비한 것은 평소의 김, 인삼차가 아닌 작은 하회탈에 매듭 공예가 있는 액자였고, 오프닝 멘트로 일본 스모 相撲를 생각해 두었다. 당시 일본 최고의 힘으로 알려진 스모 선수인 아케보노, 무사시마루와 기술 스모를 보여 주는 와카노하나 선수에 대해 사전 조사도

했다. 사실 어제까지 만난 회사들에게서는 검토해 보겠다는 수준의 응답만 받았는데 이것은 거의 거절이다. 오늘 만나는 상사는 한국에서 미리 상담했을 때 그런대로 긍정적이었고, 마침 서울에서 상담했던 MB 상사 서울지점 E 영업부장도 일부러 본국으로 출장을 왔는지 배석해 주었다. 한국 전통 문화가 있는 선물을 건네며 스모 이야기부터 꺼냈다. 힘으로 이기는 스모 선수보다 기술 스모 선수가 멋지다고 이야기하니, 금세 분위기가 무르익었다. 한국의 씨름도 멋지다는 본사 부장의 화답으로 더욱 분위기가 좋아질 즈음, 무역금융 제공이라는 본론으로 들어갔다. 도중에 코리아 리스크가 잠시 거론될 때는 조금 힘이 빠졌으나 양사의 신뢰를 바탕으로 다시 상세 검토가 이어졌고, 마침내 여신 제공에 동의는 하지만 담보 제공이 필요하다는 이야기로 귀결되었다. 그런데 사실 당시 서울 본사 빌딩은 이미 한국 금융권에 담보 제공되어 유효한 담보 여력이 없었다. 잠시 휴식을 요청하고 본사 재무팀, 기획팀과 통화를 했으나 좋은 대안이 나오지 않았다. 출장자 세 명은 오직 회사만을 생각하며 몸바쳐 일하던 열혈 사원들이었기에, 우리끼리 논의한 결과 본사 빌딩 담보 대신 적지만 각자 자기집을 담보로 제안해 보자는 의견을 모았다.

회의가 재개되어 우리가 가진 마지막 카드 출장 간 세 명의 아파트 담보를 제시하자, 잠시 기다려 달라고 하더니 총괄본부장 부사장급이라고 했다 을 모시고 들어왔다. 회사를 위해 사원들이 자신의 집을 담보로 제공하겠다는 이런 분들을 만났다는 것에 감동받았다고, 그 열정이면 어떤 위험도 이겨 낼 것으로 믿는다고 하면서 부동산 담보 없이 무역 금융을 제공하겠다는 기대 이상의 회답을 주셨다. 우리는 환호하며 바로 본사에 보고했고, 담당 임원 분이 정말 수고했다는 말씀과 함께 즉석에서 포상 휴가를 주셨다. 그리하여 떠나게 된 출장 속 여행에서 함께 일한 팀원들과 아타미熱海의 바다가 바라보이는 온천에서 찐하게 마신 술이 떠오른다. 아무튼 당시 금융위기의 상황에서 신뢰와 용기를 가지고 함께 문제를 풀어낸 E 부장님은 계속 승진하여 대표이사가 되셨고, 지금도 출장을 가면 한국식 선술집에서 그때를 안주 삼아 정겨운 교분을 나누고 있다.

출장이 보통의 자유여행과 다른 점으로 초대 문화가 있다. 나는 바이어 업무 당시도 그랬지만 지금도 가끔 상담을 마치고 식사에 초대되는 경험을 한다. 일반적인 식당으로 가는 경우도 있지만 가끔은 그 회사가 운영하는 게스트 하우스 식당인 경우도 있었는데, 대체로 분위기가 아주 차분하고 작지만 아름다운 일본식 정원이 딸려 있었다. 식사에 초대된 전원이 모일 때까지 유명한 인상파 화가의 작품이 걸려 있는 응접실에서 웰컴 드링크로 샴페인을 마셨다. 한번은 식당으로 안내되어 들어가니 한자 고사성어 액자가 눈에 들어 왔다. "先義後利선의후리" 내가 이 글이 공자公子의 말씀이자 일본 자본주의 아버지인 시부사와 에이이치渋沢栄一도 강조한 말로 알고 있다고 하자 초대자 일동은 깜짝 놀라며 아주 좋아했다. 음식은 가이세키 요리懐石料理인 경우가 많다. 보통은 그날의 음식을 소개하는 献立こんだて, 요리 내용을 써둔 일종의 코스 메뉴 설명서. 재료와 요리법도 간단히 적혀 있다 쪽지가 놓여 있다. 나는 음식 이름과 재료까지 알지는 못하는 일본어 수준이어서 궁금할 경우도 있었는데, 그것을 배려한 것인지 식사가 시작되고 음식이 하나씩 나오면 그 요리의 내용을 설명해 주고, 때로는 먹는 법도 알려 주면서 편안하게 식사하도록 배려해 주었다. 대체로 우리나라 궁중요리나 한정식과 같은 분위기인데 음식이 차례대로 한 가지씩 나오는 점이 다르다.

술도 여러 종류를 비치해 두고 손님이 원하는 술이나 음식과 궁합이 좋은 술을 추천하며 권한다. 일본의 가이세키 요리는 프랑스 코스요리와 비슷한 느낌이 들었다. 마지막 디저트까지 먹고 담소를 나누다가 호텔로 돌아가야 하는 때쯤에 묵고 있는 호텔을 묻는 경우가 있다. 택시를 대절해 두었다며 회사에서 지불하는 택시 쿠폰을 건네주었다. 호텔까지 극진한 배웅 서비스를 받고 생각한 것은, 비즈니스 출장에서는 호텔의 그레이드도 회사의 위상과 연결될 수 있다는 점이었다.

　당황한 경험도 있다. "지 상池さん은 무슨 음식 좋아하느냐?"라는 증권회사 임원의 말에, "일본에 오면 꼭 먹는 음식으로 생선초밥, 튀김, 라멘입니다."라고 하니, 쓰키지 시장의 100년 넘은 스시 식당을 소개하겠다며, 내일 아침 7시에 거기서 만나자고 했다. 우리 일행이 시장 한쪽 에도풍江戸風 건물의 식당에 도착하니 이미 대기 줄이 길었지만 예약 덕분에 바로 들어갈 수 있었다. 안으로 들어가자 모두 카운터석만 있는 그 식당에는 메뉴판도 가격표도 없이 생선 이름으로 보이는 나무팻말만 걸려 있었다. 성게, 전복 등 신선한 생선초밥을 맛있게 먹고 나가려는데 황당한 사건이 일어났다. 우리를 초대한 분이 그 메뉴가 5,000엔이고 현금만 받는다고 설명하며 자기 메뉴 값만 내고 나가는 것이 아닌가? 우리 일행 세 명은 당황하여 각자 지갑을 열어 보았지만 합쳐야 6,000엔 정도였다. 신용카드로 계산하면 된다고 여겼던 것이 문제였다. 결국 초대한 분에게 우리가 현금이 부족하다고 얘기하자 본인도 당황하며 계산을 마친다. 문화의 차이인가? 한국에서 초대란 단순한 장소와 음식의 소개가 아니라 내가 계산하겠다는 의미인데, 일본의 초대는 다를 수도 있다는 점을 깨달은 그날 이후부터는 반드시 현금 지참, 각자 계산을 각오하고 교제하고 있다.

비즈니스 출장을 떠나는 분들에게

최근 기업들이 임직원 해외 출장에 있어서 출장과 연계하여 주변을 여행하는 옵션을 제공하는 경향이 늘고 있다. 이를 블레저Bleisure라고 하는데 비즈니스Business와 레저Leisure를 합성한 신조어이다. 이미 의사, 교수 등 전문 직업인들의 해외 학술 세미나 프로그램에는 주최 측이 제공하는 관광이 포함되기도 한다. 이처럼 직장인의 업무 출장에 레저를 결합하는 블레저는 워라벨의 일환으로 종업원의 복지 시스템의 일부가 될 것으로 여행업계는 전망한다. 앞서 소개한 출장 경험담 중에는 잠시 짬을 내어 즐긴 관광도 있었는데, 이제는 그런 것이 공식화된다는 이야기여서 반갑다. 자유여행에는 못 미치겠지만 업무 처리후 힐링이나 사원의 역량 강화를 위한 여행 옵션은 바람직한 것 같다.

대신 강조하고 싶은 것이 있다. 비즈니스 출장 기간과 자유여행 시간의 확실한 구분이다. 대체로 외국으로 출장을 간다는 것은 중요한 일이고, 현지에서 상담이나 협상을 통해 중요한 결정이 이루어진다. 물론 비교적 부담이 적은 출장으로 새로운 상품이나 시장 조사를 위해 해외 전시회를 가는 경우도 있을 수 있다. 시장 조사 출장이든 협상 출장이든 해당 출장 테마에 대한 주변 지식을 공부할 것을 권한다. 이런때 도움이 되는 것은 일본 야후 재팬 검색과 함께《회사사계보 업계지도 会社四季報 業界地図》라는 책이다. 내가 상담할 회사의 업계 위상, 경쟁사 조사, 해당 업종의 SCM공급망까지 포괄하여 요약 정리된 책이다. 그리고 업계의 동향이나 최신 정보에 대해서는 경제신문 등을 통해 조사하고 출장에 임하는 것이 좋다고 생각한다. 마지막으로는 권하는 것은 정보 교환을 위한 언어 능력의 배양이다. 출장은 일반 여행과는 달리 사람을 만나 상담하는 것이 필수이고 풍부한 정보 교환을 위해 소통 능력은 필수이다. 그리고 가능하다면 가벼운 선물을 준비하면 더욱 좋겠다. 식당을 함께 가거나 그들의 사원 휴양소를 소개받는 경우도 있을 수 있다. 그런 기회가 주어진다면, 더 좋은 인연을 만들 기회로 여기고 매너 좋게 즐기시기를 바란다. 그리고 출장 중의 틈새 시간에는 기왕이면 업무 관련 기념관이나 인문학 소양을 키울 박물관을 둘러 보실 것을 권하고 싶다. 도요타, 도시바, 브리지스톤, 시세이도 등 유명 회사는 기업 박물관이나 전문 전시관을 운영한다. 바쁜 시간이지만 행선지 주변에 무엇이 있는지를 미리 알아보고, 시간을 쪼개서 많은 경험을 하는 출장 여행이 되시기를 바란다.

해외여행은 민간 외교이기도 하다. 특히 비즈니스 출장은 더욱 그렇다. 얼마 전 우리나라 S 그룹 회장은 한일, 나아가 한중일은 유럽의 EU와 같은 공동체가 되어야 한다는 주장을 했다. 큰 틀이야 이 사회의 리더들이 결정하겠지만 정책의 밑바탕이나 분위기를 만드는 것은 우리 같은 보통 사람이다. 더 좋은 한일 관계를 위해 곳곳에서 자기 방식으로 노력하는 것이 필요하겠다.

일본과의 비즈니스의 필수 요건, 완벽한 직업정신

김정숙(YE기업 전략기획실 고문)

일본은 국제 무역의 대국이며 세계를 선도해 가는 나라로 알려져 있다. 현재도 유효한 것일까? 다른 건 몰라도 일본이 일에서만큼은 '완벽한 직업정신お仕事ぶり'을 추구하는 선진국임이 틀림없다. 오랜 기간 일본 사람들과 무역을 하면서 겪은 다양한 사례를 통해 이를 알아보고자 한다. 일본의 무역 역사는 고대 농경사회 전부터 시작되어 야요이 시대 기원전 3세기~기원후 3세기의 후반에 한반도 남부에 위치한 가야국에서 철, 청동을 수입하여 은으로 대금을 치르는 물물교환의 수입무역이 활발했고, 에도 시대 1615~1867년, 조선 광해군~고종에 본격적인 국제 무역이 이루어졌다고 볼 수 있다. 일본은 역사 속에서 실전 경험으로 축적되어 오늘날의 경제 대국으로 성장했으며, 국제 무역이야말로 일본의 부를 이룩하는 기반이 되었다. 그 배경에는 세계가 인정해 주는 메이드 인 재팬 Made in Japan 을 만들어 낸 '일본인의 완벽한 직업정신'이 존재한다.

한국 업체들이 일본과의 무역을 시작하거나 확장하려고 할 때 공통적으로 하는 고민이 있다. 어떻게 하면 클레임 배상 청구 없이 완벽한 상품을 전달할 수 있을 것인가이다. 대량생산 시스템에 따라 컨테이너로 상품이 이동하면서 자의이든 타의이든 리스크가 곳곳에 존재할 수

밖에 없다. 따라서 이를 어떻게 극복할 것인지가 중요하다. 사실 국제 무역에서는 일을 대하는 자세부터 중요하다. 수출품 생산과 상품 관리 등 각자 자신의 자리에서 수출 업무를 진행하는 과정에서 '이 정도면 괜찮아. 그냥 통과시켜, 아무도 몰라'와 같은 안일한 자세를 지니거나 틈이 있을 때 리스크가 발생한다. 여전히 일어나는 한일 무역 갈등을 풀기 위해서는 완벽함을 추구하는 일본인의 직업정신이 무엇인지 연구하고 스스로 '일본통日本通'이 되어야 한다. 한일 무역의 성공을 향해 한 걸음 나아가려면 무엇을 해야 할지 함께 고민해 보자.

'일본통'이 되어야 한다

국제 무역의 매매계약은 배와 비행기로 이루어지며 가까운 일본은 주로 배를 이용한다. 그러나 항해 중에 대한해협의 거친 파도와 만나기도 하고, 사계절과 강수량의 변화 등의 직간접적인 영향으로 완벽한 품질 보증에는 항상 리스크가 따른다. 리스크가 발생했을 때 원활한 해결과 소통을 담당하는 사람은 우선 일본통이라는 자격을 갖춰야 한다. 일본통의 자격을 갖추려면 대화 상대인 일본인과 일본어로 능숙하게 소통할 수 있어야 하고 적극적으로 업무를 이끌어 갈 수 있도록 일본의 역사, 전통, 문화, 정치, 경제를 자기 생각과 의지에 녹여 낼 수 있어야 한다. 일본은 지형적·문화적으로 섬나라 특유의 폐쇄적인 생각이 여전히 존재하지만, 이렇게 준비된 사람만이 선진국 일본을 상대로 발생하는 국제 무역의 각종 리스크를 해결할 수 있다. 그뿐만 아니라 경험과 열정도 갖추고 있어야 일을 올바른 방향으로 이끌어 갈 수 있다. 필자의 경우는 2006년에 일본 수출이 전무하던 한 기업에 일본

어를 하는 유일한 직원으로 입사하여 일본 영업 총책임자로서 2019년 대일 조미김味付けのり 수출액 141억 원 달성에 힘을 보탰으며, 2024년 190억 원의 일본 조미김 수출 실적을 올린 우리 팀의 각오는 남달 랐다. 20년간 현해탄을 200번 넘게 건너며 최근까지 일본에 사무소 없이 대일영업을 진행하여 일본에서 동종 업계의 지인들에게 '짧은 시간에 달성한, 무너뜨릴 수 없는 경이로운 숫자'라는 평을 듣기도 했지만, 아직 많이 부족하고 아쉬운 점도 많다. 이런 성과를 낼 수 있었던 것은 필자를 일본통으로 인정하고 전적으로 신임해 준 회사 K 대표의 배려 덕분이었다.

일본 출장은 출국 전에 미팅 날짜를 조율하고 미팅에서 거래처 대표와 담당 직원과 미리 정한 의제로 진행된다. 짧은 출장 시간을 보다 효율적으로 활용하기 위하여 대부분 거래처와의 식사도 겸한다. 30분~3시간 전후로 주어지는 한정된 시간과 장소이지만 양사의 비즈니스 성립과 지속을 위한 골든 타임이 주어졌을 때 먼저 기존 입점 상품과 관련하여 일본 측의 애로사항과 개선점, 바람을 듣고 신제품 소개까지 이어지면 성공적인 비즈니스가 된다. 그런데 이때 무엇보다도 품격과 예의를 갖춘 일본어를 구사하며 일본과 관련된 정통한 지식과 정보를 갖추고 있어야 일본인과 신뢰 관계를 맺을 수 있다. 필요에 따라 영어를 사용하기도 하지만, 일본과 비즈니스를 하려면 특히 일본 관련 지식 없이는 상대에게 공감共感과 감동感動을 줄 수 없다. 이때 일본통으로 거래처와의 관계에서 신뢰와 감동을 쌓아 둔다면 어떤 상황에서도 서로의 협력으로 이어지며 비즈니스를 지속할 수 있다.

우리는 모두 전 세계를 꼼짝 못 하게 묶어 놓았던 코로나19 기간을 기억한다. 일본으로 가는 하늘길이 막혀서 한일 왕래가 불가능한 상황에서도, 일본통이 존재하며 그 몫을 다한 회사는 신뢰와 감동을 주어 어떤 악조건 아래에서도 바다와 산을 넘어 지속적인 수출이 가능한 굳건한 기업으로 남는다.

일본 방문 시의 중요 업무 중 하나는 시장조사이다. 입점 상품을 취급하는 영업점과 쇼핑몰을 방문하여 우리 제품의 가격과 위치를 점검하고, 타사 제품의 입점 여부 등의 파악도 필요하며, 일본 시장의 새로운 경향은 무엇인지를 분석하여 다음 신제품에 적용해야 한다. 대부분의 일본 기업은 신년 인사를 중요히 여긴다. 한국 수출기업의 일본 방문 신년 인사는 일본 기업 간의 신년 인사가 끝난 후인 1월 말경이 가장 적절하다. 또한, 기업의 일본 현지 박람회 참가도 아주 중요하다. 일본 전국의 거래처와의 인사가 박람회장 안에서 신제품의 소개와 함께 이루어지기 때문이다. 이때 기억해야 할 중요한 사항은 출국 전에 각 거래처 간의 방문 시간을 미리 조절해야 한다는 것이다. 이는 일본의 예약문화에도 적절하며 서로가 경쟁 상대가 되는 거래처 간의 배려이기도 하다.

상대에게 공감共感과 감동感動을 주어야 한다

예를 들어, D 기업의 점포 오프닝 리셉션의 초대받는 것은 특별한 일이다. 따라서 꼭 참석해야 한다. 본사 대표와 D 기업 관련자가 참석하므로 축하 인사를 건네고 기업 이미지의 각인과 일본에 사무소가 없는 기업으로서는 비록 1분이라는 짧은 시간 동안이라고 해도 신제품을 영업하기도 하고 바이어와 새로운 미팅을 잡을 수 있는 절호의 기회이다. 그런 D 기업의 새로운 점포의 오프닝 리셉션이 있었던 13년 전이었다. 출국하기 전날 저녁, 리셉션이 예정되어 있는 지역에 진도 6이 넘는 지진이 발생했다. 방송에 주의를 기울이니 다음 날도 여진이 계속된다고 했다. 출국 전날에 갑자기 발생한 자연재해 때문에 우리 가족은 물론이거니와 동행하는 직원에게서도 전화가 왔다. 가족이 출장을 가지 않으면 안 되느냐고 한다고 한다. 그래서 동행하는 직원에게는 나만 가겠다고 했는데 다음 날 고맙게도 공항에 함께 가기로 한 직원이 나와 있었다. 우리는 용감하게도 비장한 각오로 일본에 갔지만 호텔에서 짐도 못 풀고 머리맡에다 짐을 놓고 거의 뜬눈으로 밤을 지냈다. 다음 날 D 기업의 오프닝 리셉션에 참석하니 만나는 모든 분들마다 일본인도 이번 지진으로 못 오는 사람이 많은데 한국에서 와 주었다며 진심으로 반겨 주었다.

때로는 천재지변을 겪으며 서로의 소중함을 느낀 사례도 있었다. 2011년 3월 11일의 태평양 연안 동북부 지역을 휩쓴 쓰나미는 전 세계를 놀라게 한 엄청난 사건이었다. 그 당시 D 기업의 우리 회사 협력업체인 Z 기업이 쓰나미의 진원지에 있었다. 그때 연락이 두절되어 생사를 알 수 없는 Z 기업 사장님에게 애타는 마음으로 제발 살아만 있어 달라는 간절한 기도문을 메일로 보냈다. 그리고 나는 Z 기업에게 부탁하고 있었던 일본 측의 수입 업무까지 한국에서 전력을 다해 처리했고, 일본 통관업자와 이메일·전화를 통해 우리 거래업체인 D 기업에 무사히 한 건의 결품 없이 납품을 진행했다. 쓰나미 발생 한 달 후인 4월 중순에 다행히 살아남은 Z 기업의 대표가 도보로 삼 일을 걸어 나와서 나에게 연락을 주었다. 그때 내가 보낸 이메일을 본 Z 기업 대표는 감동했고, 이제 우리는 형제가 되어 함께 일하고 있다. 이런 두려움과 아픔도 서로에게는 깊은 감동으로 전달되며 사람의 마음을 변화시

키고 상대를 신뢰하게 만든다는 사실을 비즈니스 중의 다양한 경험을
통해 다시 한번 확인했다.

한국과 일본이 서로를 향해 하는 생각^{考え}

한국인은 일본을 생각하면, 과거 3~4세기에 일본에 문화를 활발히
전달하며 정치적 망명지로 선택되기도 했던 일본, 그 당시 한류의 시
조로 일본인의 스승으로 남은 백제의 '왕인' 박사^{천자문을 전달함}와 '아직
기' 학자^{일본 유학 발전의 기초를 이룸} 시절의 일본을 떠올린다. 반면에 일본
인은 한국을 생각하면 100년 전 일제 강점기의 한국을 떠올린다. 일본
은 시기적으로 1543년에 이미 다이묘^{大名, 봉건 영주}에 의해 총과 화약의
기술 도입과 유럽의 스페인, 포르투갈 상인과 국제 무역을 하며 한국
보다 빨리 나라의 문호를 개방하며 무역으로 인한 부를 쌓을 수 있었
고 그 결과 이미 오래전에 한국을 경제적·군사적으로 추월하게 되
었다고 할 수 있다. 일본은 교과과정의 역사 시간에 젊은 세대들에게
고대의 한일 관계를 정확히 가르치지 않고 근현대사만을 중점적으로
가르치고 있다. 그래도 긍정적인 것은 미래의 주역인 젊은 세대들 중
에는 1988년 서울 올림픽과 K-POP 등의 영향으로 한국에 대한 오픈
마인드^{open mind}를 갖는 사람이 더 많다는 것이다. 그러나 아직도 한
국과 일본이 서로를 바라보는 관점이 여전히 매우 크다. 이런 큰 차이
를 극복하며 일본과의 상거래를 성사시키는 올바른 해법은 일본통의
자격을 갖춘 사람이 핵심 역할을 하며 리더십을 발휘하는 것이다. 이
들이 양국의 역사와 문화의 차이를 흡수하면서 이해를 좁혀 가는 관계
를 형성하면 기업 간의 상거래를 굳건하게 오래 지속시킬 수 있다.

일본 기업의 완벽한 직업정신이란

　일본 기업과 무역 비즈니스를 하다 보면 다양한 일에 직면한다. 하나의 좋은 예를 들어보자. 일본에서 한국 '○○파이'가 인기를 끌었던 15년 전에 L 기업의 당시 S 부회장님 지시로 일본의 I 대형 유통회사에서 ○○파이 특별행사를 기획했다. 그 준비를 위해 2박 3일 일정으로 L 기업 담당 전문인 5명이 방한했다. 먼저 가평에 있는 한국의 L 기업의 하청 공장으로 이동하여 공장에서 생산하는 과정을 둘러보고 공장 일지를 확인했다. 특히 매뉴얼대로 생산을 진행하는지 확인하고 부산에서 도착한 트레일러를 점검하는 과정은 너무나 엄격했다.

　L 기업 담당자는 우선 트레일러에 올라가 컨테이너 안의 냄새 여부를 확인하고, 구석구석 손전등을 비춰서 빈틈이 없는지 살펴보았으며, 상품 운송 과정에서 컨테이너의 상태가 수출상품에 영향이 없는지 아주 꼼꼼히 살폈다. 그리고 ○○파이에 적당한 온도를 운전 기사에게 맞추게 한 후에 적정 온도에 도달했음을 확인한 후에 비로소 컨테이너에 상차 지시를 했다. 또 상차 시에도 담당자가 끝까지 함께하며 일을 마쳤다. 다음 날은 양산에 있는 L 그룹 공장의 생산에 참여하면서 포장 실링 기계에서 이상이 감지되었는데, 그 즉시 생산 가동을 멈추게 하고 완전한 상품이 생산될 때까지 5명의 전문가가 회의를 밤새 거듭하며 바이어와 약속된 날짜를 지키기 위해 노력했다. 그다음 날의 부산항 출항을 목표로 늦은 시간까지 함께 협력하며 제품 생산을 완성시켰다. 새벽에 호텔로 돌아간 4명은 아침에 일본으로 출국했지만, 나머지 한 사람이 부산항 출항까지 마지막 작업을 확인하고 나서야 비로소 전체 작업이 마무리되었다. 이처럼 완벽한 직업정신은 작업의 시작과

끝에 완벽함의 정석을 보여 주었다. 작업의 진행 과정에 적용되는 매뉴얼의 엄격함과 세밀함이 국제 무역의 클레임을 원천 봉쇄하려는 일본 기업이 일에 임하는 자세라고 생각한다. 한일 수출 무역이란 이런 직업정신으로 일하고 있는 기업에게 우리 상품의 가치를 수출하는 것이다. 우리는 클레임의 원천 봉쇄를 위하여 일본인의 주도면밀함과 완벽함을 추구하는 일 처리의 정신을 배워야 한다.

식품과 관련해서 특히 완벽을 요구하는 기업과 소비자의 컴플레인이 생활화되어 있는 나라가 일본이다. 그래서 일본에 식품을 수출하고 있는 경험치를 나름 축적한 한국 기업이 지경을 넓혀 미국과 유럽으로 진출을 도모할 때 세계 시장의 벽은 이미 존재하지 않는다. 한국 기업이 일본의 식품시장을 중요시해야 하는 이유이기도 하다.

클레임을 발생시키는 안일한 일 처리

몇 해 전 일본에서 영양성분 표기의 법률이 변경되어 포장지 뒷면의 일부 표기 변경이 있었다. 한국에 P 회사와 일본에 G 회사의 양사 담당 직원들이 이와 관련된 업무를 진행하는 과정에서, 일본에서는 일본 디자이너의 부주의로 JAN - code 바코드가 바뀌었고, 잘못된 JAN - code 바코드를 받은 한국 담당 직원 역시 미국의 경우를 일본에도 적용하여 디자인 일부가 변경되었으니 새로운 상품으로 JAN - code의 변경이 당연하다고 생각하고 상황에 관한 의심이나 확인도 없이 인쇄를 그대로 진행한 일이 있었다. 이런 안일한 일 처리甘えるお仕事ぶり의 결과, 시간과 자원과 거래처와 소비자의 신용을 잃었고 이는 양사의 큰 혼란으로 이어졌다. 포장지에 잘못 표기된 JAN - code로 인해 일본

의 판매대에서 큰 혼란이 발생하여 수입자인 일본 측 회사에서는 일본 전역에 배송 완료된 상품을 전부 회수해야 했고, 영업사원들은 거래처에 사과하느라 진땀을 흘렸으며, 잘못 인쇄된 인쇄지를 폐기 처분하고 재인쇄를 하느라 상품의 재입고가 늦어져서 판매대에서는 상품이 품절되는 심각한 사태가 발생했다. 그리하여 양사의 신뢰도 하락은 물론이고 그에 따른 처리비용으로 상당한 손실까지 생겼다.

일본이 본사이지만 한국에도 기업이 있는 일본의 L 그룹을 통해 일본의 직업정신과 클레임 사전 방지의 의식을 배울 수 있다. L 기업의 신상품 도입은 상품 인쇄의 동판 과정에서부터 시작한다. 일본의 담당 직원이 한국의 인쇄소를 직접 방문하여 JAN - code의 문양까지 일일이 확인한 후 최종 컨펌을 주고 인쇄를 진행하기 때문에 양사는 오랫동안 거래하는 동안 한 번도 포장지 관련 실수가 발생하지 않았다.

포장지 클레임 외의 다른 클레임도 일을 진행하면서 언제든지 발생할 수 있다. 수출의 단계별 여러 경로 중 자의든 타의든 겪게 되는 클레임을 미연에 방지하려면 증명과 기록이 필수임을 꼭 기억해야 한다. 그 기록은 한일무역의 쌍방 간의 마찰과 갈등이 생겼을 때 합리적인 협조와 조화로운 해결의 수단이 된다.

일본은 주도면밀함과 완전함을 추구한다. 그래서 우리는 일본에 수출하는 상품에는 각별한 주의가 필요하다. 먼저 상품 인도전까지 클레임 없는 작업을 진행했음을 증명하는 기록을 상시 습관화하며, 클레임이 발생했을 때는 해당 클레임과 관련하여 공인기관의 성분 분석 등 자료를 증거로 문제가 무엇이며 언제, 왜 일어났는지를 증명할 수 있는 전문가의 도움도 필요하다.

여기서 필자가 한일 수출 업무를 제일선에서 진행하면서 발생했던 클레임들을 분석하며 전하고 싶은 내용은 다음과 같다. 클레임이 발생한다는 것은 완벽한 직업정신의 결여이거나 문화적 차이로 어쩔 수 없다는 안일한 생각에서 오는 프로정신의 결여로 인한 실수가 대부분이었다는 것이다. 대일 수출을 담당하는 모든 분야의 관련 생산 담당자, 선박서류 담당자, 품질관리를 담당하는 QC팀을 비롯한 각각의 담당 구역에서 본인의 역할을 다해야 하며, 클레임이 발생했을 때 안타까운 마음을 가지고 해결하기 위해 연구하는 자세가 필요하다.

대일 수출 컴플레인 해결을 위한 제안

클레임이 발생했을 때 회사의 사활이 걸려 있는 문제이므로 일본과의 상거래에서 불필요하게 시간이 지체되면 해결이 더욱 어려워진다. 혹시라도 해당 생산 작업과 관리 중에 컴플레인과 관련되는 이상 징후가 발견되면, 즉시 일본 담당 바이어에게 정확한 사전 보고와 관련 협의를 진행하고 현지에서 발생할 수 있는 클레임 대처가 가능하도록 선조치를 취해야 한다. 그런 사전 협력과 조치는 대일 수출 컴플레인을 해결하는 가장 좋은 방법이다. 또한 클레임의 원천 봉쇄를 위해 일본 기업의 완벽한 일 처리 직업정신을 배워서 대일 수출 작업 현장과 관리 장소에 적용해야 한다. 또한 품질관리 연구도 꾸준히 수반되어야 하며 상대를 리드할 수 있는 적극적인 도전 자세와 그에 따르는 본인의 실력 배가 역시 필요하다. 이런 요소를 갖춘다면 급변하는 세계 시장의 무역에서 생존할 수 있다. 배움의 세계는 끝이 없다. 시간을 쪼개고 또 쪼개서 배우고 충전하며, 자기에게 주어진 일을 완벽한 프로정신을 발휘하여 해내면서 거래 상대방에게 감동을 주어야 한다.

소프트웨어를 활용한 도시재생 성공 사례
– 일본 나가하마의 마을 만들기 '구로카베'

안채정(체험견학연구소 대표)

'사람 네 명과 개 한 마리' 이 말은 1970년의 시가현에 있는 나가하마 長浜의 일요일 중심 시가지를 1시간 동안 관찰하여 표현한 것이다. 얼마나 거리가 한산하면 1시간 동안 사람 네 명과 개 한 마리만 다닐 정도로 도시가 쇠퇴했을까? 한때는 이런 말이 나올 정도로 한산하던 나가하마가 도시재생의 성공 사례로 꼽히는 지역이 되어 많은 타 도시와 해외에서도 벤치마킹을 하러 올 정도라고 하니 놀라운 일이 아닐 수 없다. 도대체 나가하마에서 어떤 변화가 생겼기에 연간 200만 명이 찾는 도시로 탄생하게 되었을까?

먼저 나가하마의 마을이 도시재생을 통해 어떻게 변하게 되었는지 알아보기 전에 우리나라의 도시재생에 대해서 간단히 알아본다. 우리나라는 1960년 이후 산업혁명으로 근대화가 이루어지면서 도시는 기술의 발달로 인해 사회, 경제, 문화가 빠른 속도로 성장을 거듭하며 첨단산업 IT와 같은 산업 구조로 변화했다. 도시는 신도시, 신시가지로 확대되어 감에 따라 반대 급부인 도시 쇠퇴화는 원도심, 구도심을 이루었고 결국 쇠퇴화된 도시 문제를 '도시재생'으로 해결하려고 했다. 정부가 「도시재생활성화 및 지원에 관한 특별법」을 제정하여 도시정책을 추진하는 과정에서 도시재생은 잘 열리진 것처럼 구도심의 전면

철거 방식의 주택 재개발, 재건축과 같은 하드웨어를 중심으로 관에서 진행되었다.

그럼 일본의 도시재생은 어떻게 진행되었을까? 일본은 고도성장을 통해 경제발전을 이루면서 도시가 빠르게 발전하며 재개발에 대한 중요성이 대두되어 왔다. 또한 2000년대에 들어서는 현재 우리나라도 겪고 있는 문제인 도시의 인구 감소와 고령화 등에 따른 해결 방안으로 도시재생 정책을 진행하고 있다. 여기에서 중요한 것은 민간이 중심이 되어 낙후되거나 노후된 지역을 재개발하거나 고령화에 대한 대응으로 편의시설 확충 등과 같은 하드웨어와 더불어 박물관, 미술관과 같은 커뮤니티 공간으로 재탄생하는 다양한 콘텐츠를 활용한 소프트웨어도 같이 진행된다는 점이라 할 수 있다. 이런 도시재생의 성공 사례로 시가현의 나가하마를 꼽을 수 있다.

나가하마는 일본 내에서도 알아주는 도시재생 마을 만들기^{마치즈쿠리}를 성공적으로 추진한 마을이다. 시가현 북동부에 위치한 중소도시로 전국시대 도요토미 히데요시가 세운 나가하마성을 비롯하여 옛성터, 건물 등 역사유적이 많아서 관광객들이 많이 찾는 곳이기도 하다. 2010년 인근의 1개 시와 6개의 마을이 합병되어 8만 5,000여 명이던 인구가 12만 4,000여 명으로 늘어나고 가구수도 약 4만 가구에 다다랐으며 일본 중앙부에 위치해 교통의 요충지로서도 중요한 역할을 한 도시이다. 기후 또한 대체적으로 온화한 쪽에 속하지만 겨울에는 눈이 많이 내리고 계절풍이 부는 등 계절의 변화를 뚜렷이 느낄 수 있는 곳이다. 나가하마시의 총 면적은 540제곱킬로미터로 전체 면적의 31%인 164제곱킬로미터가 사람이 거주할 수 있는 비교적 평탄한 지형이다. 2006년과 2010년 두 차례에 걸쳐 주변의 마을을 합병하여 현재

교통 상업의 요충지 시가현의 나가하마시의 위치

나가하마시의 면적은 681제곱킬로미터에 달하고 있다.

중부 지방 교통의 요충지로서 전국시대에는 그 당시 수도인 교토로 가는 길목이었으며, 각종 물산의 집결지로 도요토미 히데요시는 나가하마를 자릿세만 내면 누구나 장사할 수 있는 '라쿠이치 라쿠자'로 지정할 만큼 전국의 상인들이 몰려들어 1960년대 나가하마 중심의 상점가에는 약 700여 개의 점포가 있을 정도로 400여 년간 시가현에서 가장 활기찬 도시 중 하나였다. 이렇게 교통의 요지요, 물산의 중심지로서의 나가하마가 도시재생의 성공 사례의 대표 주자로 이름을 알렸다. 많은 관광객을 불러 모으는 나가하마시의 마을 만들기 '구로카베〈ろ壁'는 어떻게 시작되었을까?

교통과 상업의 요충지로서 잘 나가던 나가하마는 1975년부터 상업화와 자동차시대가 도래하면서 결국 사람들이 장거리로 이동이 가능해지자 나가하마 교외에 규모가 크고 물건도 한꺼번에 구매할 수 있는 나가하마 구이치, 헤이와도와 같은 체인업체인 대형 쇼핑센터가 생기기 시작하면서 쇠퇴의 길로 들어섰다. 쇼핑센터가 들어섬에 따라 나가하마 중심가의 700개의 상점 중 약 100~150개의 점포만 명맥을 유지하고 모두 문을 닫았으며, 나가하마 중심가는 점차 인적이 드문 공간으로 변해 갔다. 상점의 쇠퇴는 결국 인구 감소로 이어져 1970년 1만 7,000여 명에서 1985년 1만 2,000여 명으로 15년간 약 27%가 감소했다. 젊은이들은 일거리가 있는 외지로 빠져나가고 인구는 점점 고령화로 치닫고 있는 상황에서 나가하마는 도시의 활력을 잃어 갔다.

생명력을 잃어 가는 도시를 살릴 수 있는 해결 방법을 찾기 위해 자발적으로 주민들이 모여서 조직체를 구성했다. 관이 주도하는 우리나라와는 달리 민간이 주도적으로 만들어 가는 자발적인 도시재생 마을 만들기가 시작된 것이었다. 나가하마의 도시재생은 시민들의 기부로 나가하마성의 재건을 통해 중심 시가지의 활성화부터 시작하는 ① 태동기 1979~1987년, ② 추진기 1988~1997년 ③ 성숙기 1998~현재 의 3단계로 구분되어 진행되었다. '나가하마 21 시민회의'라는 청년회의소와 지역인사 400~600여 명의 주민조직체가 구성되면서 나가하마시를 '개성있고 아름다운 살기 좋은 박물관' 같은 도시로 만든다는 '박물관 도시구상'이라는 콘셉트로 정책을 수립하고 도시에 젊은이들을 유입하기 위해 대학을 유치하는 등의 활동을 진행했다. 여기에서 '박물관 도시구상'이라는 콘셉트에 대해서 다시 한번 생각해 보면 만약 한국의 상황이라면 어떠했을까? 1980년의 한국이라면 아마도 역할을 잃어 가는 주택, 상가 건물 등이 있다면 전부 없애고 새로운 건축물을 세우는 건축, 도시계획, 토목과 같은 하드웨어에 치중하지 않았을까. 하지만 나가하마는 역사, 예술, 축제와 같은 소프트웨어 방식을 선택하여

'박물관'이라는 소프트웨어 콘텐츠를 삽입했다는 점이 중요하다. 소프트웨어의 중요성을 인지하고 건물에 '박물관'이라는 새로운 콘텐츠를 활용하여 관광객을 끌어들이는 참신한 생각의 전환을 한 것이다.

나가하마의 도시재생 마을 만들기의 대표적인 소프트웨어 콘텐츠라 불리우는 '구로카베くろ壁'는 검은 벽이라는 뜻으로 나가하마의 대표적인 건물인 제130은행 나가하마 지점 일명 구로카베 은행으로 검은색 건축물을 가리킨다. 이 은행이 철거될 위기에서 주민들과 민간기업 8개사이 은행 건물 보전을 위해 ㈜구로카베를 설립하고 총 1억 3,000만 엔을 출자하여 건물을 사들인 후 이곳을 유리 오르골, 유리 시계와 같이 유리 관련 제품을 판매하거나 체험할 수 있는 유리공예관으로 탈바꿈시킨 것이다. 이후 ㈜구로카베는 비어 있는 상가나 창고 등을 유리 공예품을 만드는 공방, 체험관, 박물관, 미술관 등으로 벽을 검게 칠하고 지붕을 검은 기와를 사용하여 올려 특색 있는 29개의 상가를 만들었다. 이를 통해 나가하마의 새로운 중심인 구로가베 스퀘어의 거리가 조성되었고 나가하마는 연간 2만 명의 관광객이 방문하는 활기찬 도

유리공예 소프트웨어를 활용한 마을 만들기

출처: Revitalization of Nagahaa by Kurokave Square. p.9, 연구자 직접 촬영.

유리공예관 외부와 내부 모습

시로 다시 태어났다.

　나가하마에서 보존과 재생 활용을 통해 도시 쇠퇴의 길에서 벗어나기 위해 선택한 콘텐츠가 바로 새로운 문화 '유리제품'이라는 소프트웨어였다. '유리'라는 콘텐츠를 선택한 것은 그 당시 유럽에서 유리 제품을 만들 때 많은 사람들을 유치할 수 있었기 때문이다. 그런 이유로 나가하마는 유럽의 인기 아이템인 유리 제품을 선택하여 도시를 다시 재생하고자 했다.

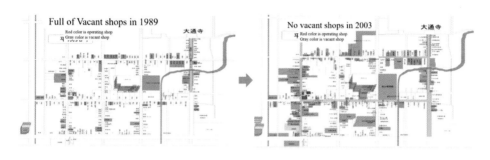

유리공예 마을 만들기 이후 나가하마 중심 시가지의 상점가 수의 변화
출처: まちづくり役長(NPO法人).

　위의 그림을 보면 1989년 나가하마 중심 시가지가 온통 빈집으로 표시된 회색의 상가들로 주를 이루었으나 문화를 보존하고 활용과 재생을 통해 역사성, 문화성, 국제성을 포괄하는 유리산업을 선정하여 마을 만들기에 성공하여, 2003년 지도의 회색 부분이 점포가 운영되는 빨간색 상가들로 꽉찬 도시로 변한 것을 알 수 있다. 이런 변화는 외지인의 방문을 유도하고 상가들을 활성화시켜 결국엔 지역의 경제를 살리는 데 중요한 역할을 한 것이다. 나가하마 도시재생 마을 만들기는 3단계에 걸친 재생사업과 ㈜구로카베, 마치즈쿠리 사무소, 나가하마 마치즈쿠리㈜, 중심시가지 활성화협의회 등 단계별 시기별에 따라 다른 형태의 지역주민이 자발적으로 참여한 주민조직체의 민간 단체가 소프트웨어 담당자를 두는 등 적극적이고 주도적으로 역할을 수행했다. 그 결과 역사적·문화적 가치를 가진 자원을 보존하고 박물관, 미술관, 공방 등 다양한 콘텐츠를 활용하여 도시재생 사업을 성공적으로 이끌어 갔다. 물리적으로 환경을 정비하는 건축, 토목과 같은 하드웨어에 유리를 접목한 상점가 활성화라는 소프트웨어를 활용하여 추

진한 나가하마 마을 만들기는 지역의 주민이 주인이 된 민간업체가 추진했으며 중앙 및 지방자치체의 협력과 지원의 구성으로 민관협력체제를 구성한 소프트웨어를 활용한 도시재생의 성공 사례라고 할 수 있다.

일본의 나가하마의 도시재생의 성공 사례를 보며 앞으로 우리나라의 도시재생 활성화 전략과 향후 과제로 다음과 같은 사항을 들 수 있다. 첫째, 소프트웨어^{축제, 예술, 문화}가 도심을 재생시킨다는 새로운 시각이 필요하고 정부의 과감한 반영이 요구되며, 둘째, 지역주민이 주체가 되는 지역공동체 활성화와 효과적인 추진조직이 필요하며, 셋째, 문화 재활용 전략으로 전통이 느껴지는 도시공간으로 재생할 필요가 있다. 넷째, 지역개발형 축제를 도시재생에 활용해야 하며, 다섯째, 예술에 대한 창조적인 접근이 필요하다. 우리나라도 지역마다 도시재생 사업이 진행되고 있지만 소프트웨어를 활용한 도시재생은 제대로 이루어지지 못하고 있다. 이런 상황에서 구도심, 원도심, 노후화된 도시 지역의 활성화를 위한 새로운 시각이 필요하며, 역사, 문화재, 예술, 축제 등 다양한 자원을 이용하여 선진국의 성공 사례처럼 소프트웨어 콘텐츠의 접근을 통한 도시재생이 필요하다.

일본의 저임금 타개책의 향방

김명중(닛세이기초연구소 상석연구원, 아지아대학 도시창조학부 특임준교수)

  상대적으로 낮은 일본의 임금과 임금 인상률이 국내외에서 주목받고 있다. 물가수준을 고려한 구매력 평가 기준 연평균임금 미국달러 기준은 2015년에 한국이 일본을 뛰어넘어, 2020년에는 일본이 3만 8,515달러인 데 비해, 한국은 4만 1,960달러로 양국 간의 격차가 확대되고 있는 경향이다.

한국과 일본의 구매력 평가 기준 연평균임금의 추이

출처: OECD Dataset: Average annual wages를 이용하여 필자 작성.

일본의 임금 동향

　일본 국세청이 2022년 9월에 발표한 민간급여에 대한 통계조사결과에 따르면 2021년 현재 1년간 계속해서 근무한 급여소득자의 연간 평균급여 기본급, 수당, 상여금의 합계 는 443.3만 엔으로 2020년의 433.1만 엔에 비해 2.4% 증가한 것으로 밝혀졌다 명목. 남녀별로는 남성이 545.3만 엔으로 전년의 532.2만 엔에 비해 2.5% 증가했고, 여성은 302.0만 엔으로 전년의 292.6만 엔에 비해 3.2% 증가했다. 한편 정규 직의 연간평균급여는 508.4만 엔으로 전년 대비 2.6% 증가한 데 비해, 비정규직은 197.6만 엔으로 전년 대비 12.1%나 증가했다.

　1989년 이후의 일본 급여소득자의 연간평균급여의 전년대비 인상 률을 보면 버블 경제가 붕괴되기 전인 1990년과 버블 경제가 붕괴된

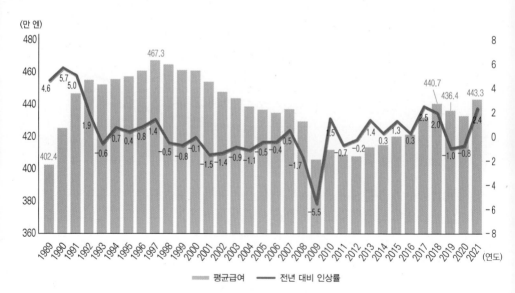

1년간 계속해서 근무한 급여소득자의 연간평균급여와 전년 대비 인상률

출처: 国税庁,「令和3年分民間給与実態統計調査結果」, 2022.를 이용하여 필자 작성.

1991년에는 각각 전년대비 5.7%와 5.0%로 상대적으로 높은 인상률을 보였지만, 이후에는 인상률이 크게 저하하여 1% 전후에 머물거나 오히려 급여가 감소하는 경향이 두드러지게 나타난다.

한편 후생노동성이 2023년 8월 8일에 발표한 6월 매월근로통계속보에 따르면, 실질임금은 전년동월대비 1.6% 감소해 15개월 연속 마이너스를 기록했다. 일본 최대 노동조합 조직인 렌고連合. 일본노동조합총연합회가 2023년 6월말의 평균 임금 인상률이 3.58%로 지난해보다 1.51% 포인트 상승했다고 발표했지만 여전히 물가인상분을 따라잡지 못하는 상황이 계속되고 있다.

최저임금은 한국이 일본을 역전

최저임금은 환율의 영향도 있어 한국이 일본의 최저임금을 상회하고 있다. 한국의 2025년 최저임금은 10,030원으로 2024년에 비해 1.7% 인상되었다. 한편 일본의 최저임금은 2024년의 1,004엔에서 2025년에는 1,055엔으로 증가했는데인상률 5.1% 이는 과거 최대 인상 폭이다.

2024년의 일본의 최저임금 인상률이 한국을 상회했지만 이제까지 한국의 최저임금 인상률이 계속해서 일본을 상회한 결과 2023년 이후 한국의 최저임금은 일본보다 높게 나타났다. 즉 한국의 2025년 최저임금은 10,030원으로 원화로 환산한 일본의 최저임금 9,499원을 상회했다. 더욱이 일본과 달리 한국에서는 최저임금에 주휴수당도 포함되어 지급되고 있어 주휴수당을 포함할 경우 일본과 한국의 최저임금 격차는 더욱 벌어진다.

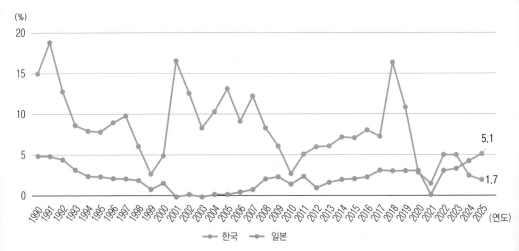

(%)

한국과 일본의 전년 대비 최저임금 인상률 추이

출처: 일본-후생노동성 「地域別最低賃金改定状況」 각 년, 한국-최저임금위원회 '연도별 최저
임금결정 현황'을 이용해 필자 작성.

대졸 초임도 한국이 일본을 상회

다음은 대졸 초임을 살펴보자. 한국경영자총협회는 2021년 10월에
한일 양국의 대졸 초임을 비교 분석한 조사 결과를 발표했다. 조사 대
상은 대졸 이상 29세 이하 정규직 근로자이며, 초임에는 소정근로수
당과 상여금이 포함된다. 또한 조사에서는 대졸 초임을 구매력평가에
의한 달러 환산 대졸 초임과, 한일 양국의 연도별 명목평균임금을 연
도별 평균 환율을 이용해 달러로 환산한 대졸 초임으로 구분하고
있다.

먼저, 구매력평가에 의한 달러 환산 대졸 초임의 경우, 한국의 대기
업 종업원수 500명 이상의 대졸 초임은 2019년 기준 47,808달러로 일본 대
기업 종업원수 1,000명 이상의 29,941달러를 크게 상회하는 것으로 나타

한일 기업규모별 대졸 초임

(구매력 평가에 의한 달러 환산 대졸 초임, 2019년)

종업원수 국가	전체 (10명 이상)	10~99명	한국: 100~499명 일본: 100~999명	한국: 500명 이상 일본: 1000명 이상
한국	36,743	31,522	36,177	47,808
한국	종업원수 10~99명과 비교한 임금수준		1.15배	1.52배
일본	28,973	26,398	28,286	29,941
일본	종업원수 10~99명과 비교한 임금수준		1.07배	1.13배

출처: 한국경영자총협회, 〈우리나라 대졸초임 분석 및 한·일 대졸 초임 비교와 시사점〉, 2021.
한국은 고용노동부의 2019년 '임금구조기본통계조사'를, 일본은 후생노동성의 「令和元年
賃金構造基本統計調査」를 사용해 비교.

났다. 또한 종업원수 10명 이상 기업의 대졸 초임도 한국이 36,743달러로 일본의 28,973달러를 웃돌았다.

한일 양국의 연도별 명목평균임금을 연도별 평균 환율을 이용해 달러로 환산한 대졸 초임의 경우에도 한국이 일본을 상회하는 것으로 확인되었다. 즉 한국 대기업종업원수 500명 이상의 대졸 초임은 2019년 기준 35,623달러로 일본 대기업종업원수 1,000명 이상의 28,460달러보다 25.2% 높은 것으로 나타났다. 하지만 종업원수 10명 이상 기업의 대졸 초임은 한국이 27,379달러로 일본의 27,540달러보다 0.6% 낮아 일본에 비해 기업 규모별 대졸초임 차이가 큰 것으로 조사되었다. 즉, 종업원수 10~99명 기업과 비교한 대기업의 대졸 초임은 한국이 1.52배로 일본의 1.13배보다 높게 나타났다.

한일 기업규모별 대졸 초임

(연도별 명목평균임금을 연도별 평균 환율을 이용해 달러로 환산한 대졸 초임, 2019년)

국가＼종업원수	전체 (10명 이상)	10~99명	한국: 100~499명 일본: 100~999명	한국: 500명 이상 일본: 1000명 이상
한국	27,379	23,488	26,957	35,623
한국	종업원수 10~99명과 비교한 임금수준		1.15배	1.52배
일본	27,540	25,093	26,887	28,460
일본	종업원수 10~99명과 비교한 임금수준		1.07배	1.13배

출처: 한국경영자총협회, 〈우리나라 대졸초임 분석 및 한·일 대졸 초임 비교와 시사점〉, 2021.
한국은 고용노동부의 2019년 '임금구조기본통계조사'를, 일본은 후생노동성의 「令和元年
賃金構造基本統計調查」를 사용해 비교.

임금 인상률이 낮은 이유

버블 경제 붕괴 이후 최근 30년간 일본의 임금 인상률이 낮은 수준을 유지하고 있는 이유는 무엇일까? 먼저 첫 번째로 실업률과 임금 인상률의 상충관계가 강하게 나타나고 있는 점을 들 수 있다. 2023년 6월 기준 일본의 실업률은 2.5%로 다른 선진국에 비해 크게 낮은 상태로, 기업이 고용안정을 보장하는 대신에 노동자는 낮은 임금 인상률을 수용한다. 여기에는 노동조합의 조직률 하락과 조합원의 고령화도 영향을 미치고 있다. 일본의 노동조합의 조직률은 1949년의 55.8%를 정점으로 계속해서 하락해 2022년에는 16.5%까지 떨어졌다. 그 결과 근로자의 임금 인상을 주장하거나 근로자의 입장을 대변하는 영향력이 약해졌다. 또한 조합원이 고령화되면서 노동조합이 임금 인상을 강하게 주장하기보다는 고용 유지를 우선시하는 경향이 강해지면서 낮은 임금 인상률이 유지되었다고 할 수 있다.

두 번째로 생산성이 향상되지 않은 점을 들 수 있다. 일본 생산성본부는 매년 OECD 국가의 노동생산성을 발표하는데 2021년의 일본의 취업자 1인당 노동생산성은 81,510달러로 OECD 38개국 중에서 29위로 G7 국가 중 가장 낮게 나타났고, 한국[24위]보다도 낮은 순위를 기록했다. 일본의 취업자 1인당 노동생산성은 1997년에 순위가 20위로 떨어진 이후 25년째 20위권대에서 벗어나지 못하고 있는 상황이다. 2021년의 시간당 생산성도 27위로 G7 국가 중 가장 낮게 나타났다[한국 30위].

일본의 생산성이 향상되지 않는 주된 이유로는 정규직을 중심으로 서비스 잔업을 포함한 장시간 근무가 잔존하고 있는 점, 임금체계에 연공서열임금이 많이 반영되어 기업에 대한 기여도만큼 임금이 증가하지 않는 젊은 층의 근로 의욕이 저하하고 있는 점, 상대적으로 투자를 많이 하지 못하고 그로 인해 생산성 향상을 실현하지 못한 중소기업의 비율[전 기업의 약 99.7%]이 높은 점 등을 들 수 있다. 생산성을 향상시키지 못한 기업들은 경쟁 기업에 비해 이익률이 낮아져 이로 인해 임금을 인상하지 못하거나 조금이라도 이익을 남기기 위해 임금이 낮고 사회보험에 대한 부담이 작은 비정규직근로자를 고용했고, 그 결과 거시적인 평균임금에 마이너스 영향을 주었다고 생각된다.

세 번째로는 불경기가 장기화하면서 수요가 위축되어 상품이 팔리지 않자 기업이 매출이 줄 것을 염려하여 가격 인상에 소극적이었던 점이 물가와 임금을 내리는 현상으로 이어졌다고 할 수 있다. 일본 기업이 충분한 이익을 올리지 못하는 상황이 장기화된 것이 저임금과 소비 침체로 연결되었다. 기업은 수익이 낮아졌기 때문에 높은 임금을 지불하지 못하고 소비자는 임금이 증가하지 않으니 소비를 늘리지 못한 결과 기업의 수익이 저하하는 악순환 이른바 '디플레이션 스파이럴 deflation spiral'이 발생했다고 할 수 있다.

네 번째로는 일본 기업의 경쟁력 저하를 들 수 있다. 예를 들어 한때 세계 최고를 자랑했던 일본의 반도체 산업은 개인용 컴퓨터가 보급되며 저가형 제품에 대한 수요가 확대되었음에도 불구하고 고급 사양의 메모리 반도체 생산에 집착하는 등 시대의 흐름을 제대로 읽지 못하면서 한국과 대만 등 후발 주자에게 주도권을 빼앗겨 글로벌 시장에서의 점유율이 크게 저하했다. 매출이 늘지 못하자 단가를 인하했고 그 결과 수익률이 저하하여 임금 인상을 주저하게 되었다고 할 수 있다.

다섯 번째로 대기업과 중소기업의 지배·예속적 관계의 잔존을 들 수 있다. 대기업의 무리한 납품단가 인하 등 무리한 요구가 중소기업의 수익을 감소시켜 기업의 임금 인상을 어렵게 하고 있다. 가야(2022)[1]는 "일본의 사회시스템은 대기업 경영자를 크게 우대하는 한편, 중소기업 및 영세기업 경영자에게는 사실상 무한 책임을 지게 하는 등 중소기업의 행동을 크게 억제하고 있다. (…) 상장기업에 대한 거버넌스를 외국처럼 강화하고 중소기업의 자립을 촉진하는 금융시스템개혁을 진행하면 일본 기업의 수익이 크게 개선될 것이다."라고 주장했다.

마지막으로 거시적인 측면에서 상대적으로 임금 수준이 낮은 비정규직, 여성, 고령자, 서비스업종에 종사하는 근로자가 증가한 점이 근

---

1 加谷珪一, 「日本だけ給料が上がらない謎…「内部留保」でも「デフレ」でもない本当の元凶」, 뉴스위크 일본판, 2022.04.01.

로자 전체의 평균임금에 마이너스 영향을 미쳐 전체 근로자의 평균 임금 인상률을 낮추었다고 볼 수 있다.

임금 격차의 확대가 염려

기시다 정권은 기업의 임금 인상을 촉진하기 위해 2022년 4월 1일부터 일정 요건을 충족하고 전년도보다 급여 등의 지급액을 늘린 기업에 대해 그 증가액의 일부를 법인세에서 공제하는 '임금인상촉진세제'를 실시했다.

이에 따라 대기업의 경우 계속고용자의 급여 등에 대한 지급액이 전년도 대비 4% 이상 증가한 경우 25%의 세액공제가 적용되며 여기에 추가적으로 교육훈련비가 전년도 대비 20% 이상 증가한 기업에 대해서는 5%를 추가해 30%의 세액공제가 적용된다. 계속고용자의 급여 등 지급액이 전년도대비 3% 이상 증가했을 경우에는 15%의 세액공제를 적용. 한편 중소기업의 경우에는 계속고용자의 급여 등 지급액이 전년도에 비해 2.5% 이상 증가했을 경우 30%의 세액공제가 적용되며, 여기에 추가적으로 교육훈련비가 전년도 대비 10% 이상 증가한 경우 10%를 추가해 35%의 세액공제를 적용하도록 설정했다. 계속고용자의 급여 등 지급액이 전년도대비 1.5% 이상 증가했을 경우에는 15%의 세액공제를 적용.

임금인상촉진세제의 실시로 법인세를 납부하는 기업의 경우 적게는 1.5%에서 많게는 4% 이상 임금을 인상할 것으로 예상된다. 문제는 이 제도가 이익이 발생하여 법인세를 납부하는 기업에만 적용된다는 점이다. 국세청이 2021년 6월에 발표한 자료에 따르면 2019년 기준으로 61.6%의 기업이 결손기업, 즉 이익이 발생하지 않거나 적자로 법인세를 납부하지 않는 기업인 것으로 밝혀졌다. 따라서 이들 기업의 임금 인상률은 법인세를 납부하여 임금인상촉진세제가 적용되는 기업의 임금 인상률을 크게 밑돌아 임금 격차가 더 벌어질 것으로 예상된다.

나쁜 물가 상승에 대한 대책에 주목

현재 일본은 엔화의 가치가 가파르게 하락하면서 원와 원자재 등의 수입물가 상승으로 근래 보기 드문 물가 상승을 경험하고 있다. 전기·가스요금이 크게 인상되었고 외식 체인점과 식용유, 라면, 밀가루 등 생활필수품의 가격 인상이 끊이지 않고 있다. 문제는 이런 물가 상승이 임금 인상에 따른 소비 활성화로 인한 물가 상승이 아니라 엔화 가치 하락에 따른 원자재 등의 수입 가격 상승에 의한 '나쁜 물가 상승'이라는 점이다. 일본은행은 최근 들어 급격한 엔저에 따른 미국 측의 불안을 잠재우고, 물가 상승에 대처하기 위해 정책금리를 인상하는 조치를 단행했다. 이와 같은 일본 정부의 조치가 향후 일본 경제와 일본 국민의 생활에 어떤 영향을 미칠지 관심을 가지고 지켜볼 필요가 있다.

5

언어와 역사로 연결된
한국과 일본

조선통신사, 평화의 길

이철민(로컬 크리에이터)

평화와 우호의 상징 조선통신사

'통신 通信'이라는 말은 한국방송통신대학교 학우나 교직원들에게는 하루에도 여러 번 사용하는 익숙한 말이다. 하지만 정보통신 혁명 시대를 거치면서 휴대전화와 관련된 기업이나 서비스가 생기기 전에는 '통신'과 관련된 일을 하는 사람을 제외하고 '통신'이란 말을 거의 쓰지 않았다. 그만큼 평소에 익숙하지 않은 말이다. 조선은 임진왜란과 정유재란으로 엄청난 피해와 상처를 입었지만 아픔을 감내하고 서로에 대한 믿음을 바탕으로 일본과 우호를 나누고자 '통신사'를 파견했다. 세계사에서 이웃 나라와 전쟁을 하고 난 후 200년이 넘도록 사신을 보내며 교류를 한 경우를 알지 못한다. 아시아에서 유일하게 근대화에 성공한 일본은 조선을 식민지로 병합하고 '통신사'를 일본에 대한 '조공사절'로 부르기도 했지만 남한과 북한, 일본 어디에서도 자신들의 존재를 인정받지 못했던 재일 조선인들의 노력으로 '통신사'가 부활했다. 그리고 2017년 유네스코는 '조선통신사'와 관련된 유산의 역사적·문화적 가치를 인정해 세계기록유산으로 등재했다.

알면 다르게 보이는 일본 문화 5

조선 시대의 통신사

세키가하라 전투에서 도요토미 히데요시 세력을 제압하고 에도 막부를 연 도쿠가와 이에야스는 조선과 국교 회복을 원했다. 조선은 전쟁의 상처로 강화할 수 없다는 정서와 함께, 북쪽에서 후금淸의 세력 확장으로 인해 일본과 강화해야 하는 현실적 고민을 갖고 1604년 8월 탐적사探敵使로 승려 유정과 손문욱을 파견했다. 탐적사는 이에야스를 만난 후 피로인 1,390명을 데리고 귀국했으나, 유정 일행의 파견으로도 막부의 정세를 파악하지 못한 조선은 국교 재개의 조건으로 다음을 제시했다. 첫째, 이에야스의 국서를 보내고, 둘째, 왜란 때 왕릉을 파헤친 범인犯陵敵을 잡아 보내는 것이다. 1606년 11월 다치바나 도모마사橘智正가 이에야스의 국서를 가지고 범인을 데려왔다. 조선은 둘 다 가짜인 것을 알고 있었으나 명분상 요구가 관철되었고 강화 교섭의 주도권을 갖게 되어 강화를 성립시키기로 하고 사절단을 파견하기로 결정했다. 사절단의 명칭을 국서에 대한 회답回答과 납치된 피로인의 쇄환刷還을 목적으로 한 '회답 겸 쇄환사回答兼刷還使'로 했다.

1607년 1월 한성을 출발한 사행단은 선조의 회답 국서를 전달한 후, 7월 피로인 1,240명과 함께 한성으로 돌아왔다. 이후 1609년 5월에는 기유약조가 체결되어 개항장은 부산포 한 곳으로 제한되었고, 사절의 상경은 금지되었고 한성의 동평관이 폐쇄되었다. 사절의 왕래에 따른 정탐 행위를 막아 재침을 예방하려는 대책이었다. 이후 회답 겸 쇄환사는 1617년광해군 12년과 1624년인조 2년에 두 차례 더 파견되었다. 국교가 회복된 후 일본에 파견된 사절은 통신사행通信使行과 문위행問慰行

이었다. 통신사는 막부의 쇼군에게 보내는 외교사절이며, 문위행은 대마도주에게 보내는 외교사절이다. 통신사는 1636년^{인조 14년}부터 1811년^{순조 11년}까지 총 9회에 걸쳐 파견되었는데, 일반적으로 통신사는 1607년부터 1811년까지 회답 겸 쇄환사 3회와 통신사 9회를 합해서 총 12차례 파견된 것으로 알려져 있다.

통신사는 남대문을 나와 동래부에 도착해 해신제를 올리고 일본으로 출발했다. 쓰시마, 이키를 경유해 오사카에 도착해서, 조선 배에서 일본 배로 갈아타고 요도가와를 거슬러 올라가, 교토 부근에서 본격적으로 육지에 올라 나고야를 거쳐 에도江戸에 도착했다. 왕복 8개월 이상이 걸리는 대장정으로 경유지마다 많은 시와 기행문을 남겼다. 통신사가 일본에 머무는 동안 유학, 문학, 의학, 미술 등에서 활발히 교류했다. 긴 사행길에 잦은 해난 사고로 바다에서 사투를 벌인 경우도 많았다. 1763~1764년 사행은 유난히 사건·사고가 많았는데, 귀국하는 중에 오사카에서 군관 최천종이 피살되는 사건이 일어났다. 외국인이 피살된 사건이라 일본인 사이에 회자되면서 가부키와 조루리 같은 연극은 물론 소설의 단골 소재가 되었다. 이 사행의 정사였던 조엄은 대마도에서 고구마 종자와 함께 재배법을 배워 와서 고구마가 조선 후기의 중요한 구황작물이 되었다.

1980년대 이후 조선통신사의 부활과 신기수

조선을 병합한 일본은 식민지 통치정책의 일환으로 조선사 연구를 진행했다. 내조內朝 유화정책에 맞춰 일본과 한반도의 역사적·지리적 근접성·문화적 공통성을 보여 주면서 통신사를 에도 시대 선진 일본에 조공을 하기 위해 파견된 조공사절로 다루면서 그 태도나 의례를 부정적으로 기술했다. 이렇듯 부정적이고 교과서에도 실리지 않았던 비주류의 역사 '통신사'를 부활시키고 본격적으로 사회적 관심에 불을 지핀 것은 무엇일까.

1965년 양국은 국교를 회복했지만 1970년대까지 군사 독재 정권이 계속된 한국에서는 일반 국민들의 해외 여행이나 해외 사정에 대한 정보 교환이 현저하게 제한되었다. 일본에서도 한국에 대한 이미지는 식민지나 군사 독재의 부정적인 편견과 무관심이 일반적인 경향이었다. 한편, 재일 조선인들은 남한이냐 북한이냐, 조선민족으로 살 것이냐 일본인으로 동화될 것인가 하는 번민을 품고, 세 국가의 국경선에서 줄타기를 하며 귀속의 모호함 때문에 정체성의 혼란과 불이익을 겪으며 살아왔다. '김희로 사건'1968년은 일본 사회에서 민족 차별에 대한 현실을 직접 고발하는 큰 계기가 되어 전후 태생의 2세를 중심으로 하는 재일 조선인의 권리운동이 활발해졌다. 이와 더불어 1970년대 재일 조선인 역사가들이 '황국사관'으로 상징되는 일본의 근대 역사관에 이의를 제기하며 조국의 역사를 적극적으로 다루기 시작했다. 재일 조선인이 스스로 조국의 역사를 기록해 그 의미를 부여한다는 자체가 자신의 정체성과 민족 주체성을 회복하는 것이며, 자신들을 바라보는 편견과 억압적인 사회 상황을 변혁하기 위한 운동이었다.

이런 움직임 속에 재일 조선인 역사가들의 통신사 연구가 축적되고 있었고, 재일 역사학자 신기수는 영화 〈에도 시대의 조선통신사江戸の朝鮮通信使〉1979를 제작했다. 영화가 개봉됨과 동시에 선린우호의 메신저로서 통신사의 인지도를 단숨에 끌어올리는 효과를 가져왔다. 1972년 발굴된 다카마쓰 고분高松塚으로 한일 고대사 교류에 관심이 일어났고, 신기수의 영화로 인해 한반도와 일본 열도 간 교류사의 존재를 재차 확인하기에 이른다. 신기수의 영화는 시민들을 통해 전국적인 상영운동이 전개되고, 영화 개봉 후 신기수가 기획한 답사여행인 '통신사의 역사를 찾아가는 여행 모임'에서 여행 경험과 학습을 통해 국경을 초월한 연대의 가능성을 모색하려는 움직임이 나타났다. 신기수는 대마도를 비롯한 각 지역의 향토사가와 행정관계자들과 협력해 쓰시마의 통신사 재현 행렬 등을 적극적으로 지원했다. 이와 더불어 일본의 시민운동과 협력하면서 메이지 시대의 역사관을 폐기하고 새로운 역사관을 창출했다. 신기수에게 통신사의 역사란 재일 조선인을 둘러싼 차별의 기원에 질문을 던지는 것이었다. 상호 대등한 한일 교류사의 존재를 발굴함으로써 재일 조선인이 현실 생활에서 차별을 극복하고 그들에게 정체성과 조국의 역사에 긍지를 갖게 하려고 한 것이다.

유네스코 세계기록유산 등재와 양국의 조선통신사 사업

1990년에 방일한 노태우 전 대통령은 기념 연설에서 조선통신사의 접대를 담당한 대마도의 유학자 아메노모리 호슈雨森芳洲를 예로 들며 상호신뢰를 기반으로 하는 새로운 한일관계의 중요성을 강조했다. 이후 이 연설에 자극을 받은 대마도에서 '쓰시마호슈카이対馬芳洲会'를 설립하고, 1995년 조선통신사와 연고가 있는 지자체를 중심으로 하는 네트워크를 만들어 민관공동으로 '조선통신사연지연락협의회朝鮮通信使縁地連絡協議會, 이하 연지련'를 설립했다.

국내에서 잊힌 역사였던 조선통신사 부활에 기폭제 역할은 한 것은 먼저 일본에서 1980년부터 대마도에서 열린 조선통신사의 재현이다. 1994년 강남주 교수 당시 부경대학교 교수 가 대마도에서 조선통신사의 재현을 보고 돌아와서 '조선통신사행렬재현추진위원회'를 발족시켰다. 월드컵 한일 공동 개최를 기념하여 부산에서도 조선통신사 행렬 재현이 실현된 후 '조선통신사문화사업회'가 발족되고 '조선통신사학회'가 창립되었다. 2012년 '조선통신사문화사업회'의 사업 내용을 흡수한 부산문화재단이 유네스코 세계기록유산 공동 등재 추진을 일본 측에 제안하기에 이른다. 당초 양국 정부 차원에서 등재를 추진했으나 외교 관계 악화로 정부 차원의 등재 추진이 어려워졌다. 하지만 양국의 민간단체인 '부산문화재단'과 '연지련'이 '유네스코 기록유산 한일공동추진위원회'를 결성하여 10차례 이상 한일공동학술위원회를 거치면서 용어 통일, 등재 범위, 사행 연도 표기, 등재 대상 자료선정 기준, 등재 목록 등을 정해 2016년 3월 31일 등재 신청을 하여 2017년 10월 31일 외교기록, 여정기록, 문화교류기록 등 총 111건 333점이 유네스코 세계기록유산으로 등재가 결정되었다. 이로써 조선통신사의 역사는 세계인이 보존해야 할 소중하고 가치 있는 유산으로 인정받은 것이다. 양국의 두 단체가 조선통신사의 역사적 가치를 공유했기에 많은 난관을 넘어 유네스코 세계기록유산에 등재할 수 있었다. 2022년 10월에 유네스코 세계기록유산 등재 5주년을 맞아 부산문화재단과 각각 조선통신사사업을 하던 단체들이 힘을 모아 '조선통신사 문화교류협의회'를 출범시켜 조선통신사 관련 세계기록유산의 활용과 국제교류 등의 사업을 펼치고 있다.

21세기 조선통신사 길 위에서 만난 아름다운 이야기

필자는 한국체육진흥회에서 주최한 2019년 제7차 21세기 조선통신사 서울-도쿄 한일우정 WALK _{이하 조선통신사 우정 WALK}에 참가한 적이 있다. 조선통신사 우정 WALK는 서울을 출발해서 도쿄까지 1,158킬로미터를 약 50일 동안 조선통신사가 지나간 발자취를 따라 걸어가는 프로그램이다. 조선통신사 400주년인 2007년부터 시작해 격년으로 진행되고 2021년에는 코로나19로 불가피하게 취소되었다. 필자가 이 행사에 참가하는 동안 주최 측인 한국체육진흥회 선상규 회장님에게 참가자들의 후일담을 들을 수 있었다.

제4차 조선통신사 우정 WALK에는 1607년_{선조 40년} 통신사의 정사를 맡았던 여우길의 후손 여운준 씨가 참가하여 시즈오카의 세이켄지 淸見寺에서 400여 년 전 선조가 남긴 시서를 보고 회한과 감동에 젖었다고 했다. 일본 측 참가자 중에는 재일 조선인이 여럿 있었는데, 조선통신사를 부활시킨 신기수와 같이 재일 조선인으로 경계인의 삶을 살면서 힘든 세월을 보냈던 이혜미자 씨는 1차부터 최근 9차까지 한번도 빠지지 않고 모두 참가한 분으로, 조선통신사 우정 WALK를 통해 고국의 아름다움과 친절한 환대에 자신의 뿌리를 찾고 삶의 활기를 얻었다고 했다. 1, 2차에 참석한 강정춘 씨는 조선통신사 우정 WALK를 마치고 난 후, 한국에 다시 와서 한복 만드는 법을 배워 일본의 수의에 접목시키는 등 한국의 복식과 한국의 음식문화를 일본에 보급하면서 자신의 정체성에 자긍심을 갖기 시작했다고 한다. 또한 3차에 참석한 안정일 씨는 조국의 발전과 성대한 환영에 감동했고, 고향인 경남 진주시 곤명에서 자신의 호적등본을 발급받고 기쁨에 겨워 눈물 바다를 이루었다고 했으며, 4차에 참석한 이광길 씨는 유네스코 세계기록유산을 소장하고 있는 교토의 고려박물관 설립자인 정조문의 사위로, 고향 경북 군위에서 본인의 호적등본을 발급받아 감격의 눈물을 흘렸다고 했다. 6차와 7차에 참석한 최고령의 김승남 씨당시 90세는 행사 참가 중 안동에서 6.25 참전용사로 함께 참전했던 전우를 만나는 기적 같은 일도 있었다고 했다. 이들은 모두 이구동성으로 재일 조선인 2, 3, 4세들이 한국에 와서 뿌리를 찾고 조국을 배우기 위해 '조선통신사 우정 WALK'와 같은 조선통신사 관련 사업이 활성화되어야 한다고 말했다. 9차 조선통신사 우정 WALK는 2023년 4월 1일부터 2023년 5월 23일까지 한국 측 참가자 29명과 일본 측 참가자 33명으로 진행되었고, 10차 조선통신사 우정 WALK는 한일 국교정상화 60년인 2025년 3월 9일부터 진행될 예정이다.

21세기 조선통신사를 K-문화 콘텐츠로

패전국 일본은 1952년 4월 평화조약의 발효로 국제사회의 일원으로 복귀했다. 이에 앞서 1951년 11월 연합군 최고사령관 총사령부 GHQ의 지시에 따라 남한 정부와 국교정상화 교섭을 시작해 13년간 7차례 회의를 거쳐 1965년 6월 한일 기본조약이 조인되어 양국은 국교를 회복했다. 그리고 60년이 지난 2025년, 올해는 한일 국교정상화 60주년이다. 하지만 한일 양국은 여러 분야에서 갈등을 품고 있고 양국의 일부 집단은 혐한과 반일정서로 이를 부추기고 있다.

이를 극복하기 위해서 전란의 아픔을 슬기롭게 극복한 조선통신사를 지금보다 더 많이 알려야 한다. 조국은 물론이고 일본에서도 환영

받지 못한 경계인의 삶을 살면서 조선통신사의 역사를 발굴한 재일 조선인 역사가들의 노고와, 조선통신사를 유네스코 세계기록유산에 등재시킨 양국 민간단체의 노력의 결실이 양국 국민들 사이에 더 많이 알려져야 한다. 학자와 일반인, 전문가와 비전문가의 경계를 넘어 조선통신사를 보다 쉽게 접할 수 있도록 보다 적극적이고 다양한 노력이 필요하다. 한국의 《왕의 밀사》와 일본의 《마상재이문馬上才異聞》 등과 같이 조선통신사를 소재로 한 소설이 양국에서 이미 출간되어 있지만 널리 알려지지 않아 안타깝다. '조선통신사 우정 WALK'와 같이 양국의 시민이 함께 참여할 수 있는 프로그램과 콘텐츠가 더욱 필요하다. 이를 넘어서 전 세계인이 함께 즐길 수 있는 K-문화 콘텐츠가 나오기를 희망한다.

가톨릭 신자들 사이에서만 알려져 있던 산티아고 순례길도 파울로 코엘료의 《순례자》가 출간된 이후 더 유명해져 세계 각지에서 산티아고 순례길을 찾고 있다. 조선통신사가 걸어간 길을 산티아고 순례길 못지않게 세계인이 함께 걷도록 하자. 동아시아 평화의 길을 넘어 세계 평화의 길을 만들자. '조선통신사, 평화의 길'을 내자. 역사의 어둠을 탓하기보다 횃불을 들어 조선통신사의 역사에 빛을 밝힌 신기수의 발자취를 따라가면서 소설 《파친코》의 첫 문장을 인용한다. "역사가 우리를 망쳐놨지만 그래도 상관없다."

짬뽕말은 왜 생겨나는가?
– 한국어와 일본어의 혼합에 대하여

곽은심(중앙대학교 교수)

 '짬뽕말'이라는 단어를 들어본 적이 있는가? 우리가 즐겨 먹는 짬뽕은 빨간 국물에 면이 들어간 중국 요리인데 여기에는 각종 해물이나 채소가 한데 어우러져 얼큰하게 속을 달래 준다. 짬뽕의 또 다른 사전적 의미는 '서로 다른 것을 뒤섞음'이다. 우리가 먹는 짬뽕은 여러 재료를 함께 볶아 뒤섞은 요리인 것이다.

 그러면 짬뽕말은 무엇일까? 말 그대로 서로 다른 언어가 뒤섞인 말을 뜻한다. 우리가 흔히 쓰는 말 중에 '왔다리 갔다리'가 있다. 이는 올바른 우리말이 아니라고 한다. 2015년에 중앙일보에 실린 기사에 따르면 "'왔다리 갔다리 하다'는 우리말과 일본어가 결합한 국적 불명의 표현이다. 동사의 '오다'와 '가다'의 과거형인 '왔다'와 '갔다' 뒤에 일본어의 접속조사인 'たり'가 붙은 형태이다. 일본에서 이 접속조사는 잇따라 일어나는 비슷한 종류의 동작을 나열할 때 쓰는데 이를 우리말 동사와 기형적으로 조합한 것이다."라고 설명하고 있다. 이 기사에서는 올바른 우리말인 '왔다 갔다 하다'를 쓰도록 강조하며 '왔다리 갔다리'를 기형적 조합이라 평하고 있다. 이처럼 짬뽕말이 기형적이고 국적 불명의 이상한 말인 것은 사실이다. 또한 순수한 우리말을 지키기 위해서는 일본어 잔재나 기형적 표현은 사용하지 않는 것이 바람직하다.

그러나 언어를 연구하고 공부하는 나로서는 새로운 말이 들어와서 뒤섞이는 현상에 매력을 느끼지 않을 수 없다. 여기서는 '짬뽕말이 왜 생겨나는가?'에 대해 잠시 이야기해 보고자 한다.

나는 짬뽕말 사용자

나는 유년 시절을 일본에서 보낸 덕분에 일본어를 노력하지 않고 습득한 한일 바이링구얼bilingual, 2개 언어 상용자이다. 초등학교와 중학교 때는 도쿄에 있는 한국 학교에 다니다 보니 학교에서는 한국어와 일본어를 섞어 쓰는 것이 일상이었다. 하지만 나름대로 규칙이 있어서 주로 한국어만 사용하는 친구에게는 한국어로, 일본어를 사용하는 친구에게는 일본어로, 한국어와 일본어 양쪽 모두 사용하는 친구끼리는 짬뽕말로 커뮤니케이션을 했다. 이 규칙에는 상대에게 익숙하지 않은 언어를 사용하지 않는다는 배려도 있었지만 또 다른 이유가 있었다. 그것은 나 자신의 편리함과 재미였다. 짬뽕말을 쓰는 친구끼리는 언어 선택의 고민에서 자유로웠고 우리만의 연대감이 있어 재미 또한 더해졌다. 이런 언어 사용은 일어일문학과로 진학한 후 대학 생활에서도 이어졌고 점차 나 스스로가 왜 짬뽕말을 사용하는지 궁금해지기 시작했다.

나는 이 궁금증을 대학원에 진학해서 풀어 보기로 했다. 석박사 학위 논문의 테마를 짬뽕말로 정하고 궁금증 해소에 나섰다. 짬뽕말은 왜 생겨나고 왜 사용하는지, 그 이유는 다음과 같이 설명할 수 있다.

바이링구얼과 코드 스위칭

언어학에서는 짬뽕말을 '코드 스위칭 code-switching'이라는 용어로 부른다. 언어를 하나의 코드로 본다면 서로 다른 코드를 바꿔치기하는 형태이다.

어렸을 때 일본에 있었다고 勝手に 생각한 거야.

이것은 한국어 문장 안에 일본어 '勝手に 마음대로'가 들어감으로써 짬뽕말 문장이 만들어진 예이다.

A: 여자 친구 사진 보여 줘.
B: えっ、見てないの？(어, 안 봤어?)
A: 너랑 언제 봤니, 내가.
B: あ、そうか。もう二年ぐらいかな？(아, 그렇구나. 벌써 2년 정도 됐나?)

두 번째 예를 보면 A는 한국어로, B는 일본어로 대화를 하고 있다. 이런 경우는 서로 한국어와 일본어를 양쪽 모두 이해하고 있다는 것을 전제로 하고, A와 B는 자신이 원하는 코드를 선택할 수 있다. 이런 코드 스위칭은 바이링구얼의 언어 사용에서 흔히 볼 수 있는 현상이다.

그럼 한일 바이링구얼에는 어떤 사람들이 있을까? 그룹으로 나누어 보면 재일 코리안, 일본에서 학교를 다닌 한국인 자녀들, 한일 국제결혼가정의 자녀들, 일본에서 공부하는 한국인 유학생, 한국에서 일본어를 공부하는 대학생 등 다양하다. 이들의 언어 사용을 관찰해 보면 실로 재미있는 형태의 코드 스위칭을 볼 수가 있다.

코드 스위칭의 형태

가장 단순하게는 단어만을 섞는 형태가 있다.

그게 발리를 가는 거였는데, 사이판에서 **乗り換え**였어.
학교 선생님들이랑 **ぶどう狩り** 두 번 갔었어.

「乗り換え」는 '환승'인데 이 경우는 일부러 일본어를 사용한 예라
고 할 수 있고 화자의 언어사용 습관에 의한 것이라고도 볼 수 있다. 그
러나 「ぶどう狩り」는 한국어로 하면 '포도 따기'라는 의미인데 실제
로는 '포도 따기 체험을 가다'라는 뜻으로 쓰였기 때문에 이 의미에 딱
들어맞는 일본어 「ぶどう狩り」를 사용할 수밖에 없었던 것 같다. 이
와 같은 형태는 '차용借用'이라 부른다. 다음으로 더 복잡하게 섞어 쓰
는 형태도 있다.

あのタコスは 진짜 맛있었어. **俺、一個残して** 여자친구 갖다 줬다니
까. **感動してたわ。**"너 장사해도 되겠다."**だって。**
(그 타코스는 진짜 맛있었어. 나 하나 남겨서 여자 친구 갖다 줬다니까. 감동하
더라. "너 장사해도 되겠다." 그러던데.)

앞의 발화는 한 사람이 말한 것인데, 한국어와 일본어가 뒤섞여 있
어 베이스가 되는 언어가 어느 것인지 분간하기가 어렵다. 이처럼 복
잡한 코드 스위칭은 주로 유년 시절부터 한국어와 일본어 양쪽을 사용
하던 사람에게 나타난다.

나는 조금 **気になる**했었는데(신경이 쓰였는데) 그래도 상관없어.

그런 내용으로는 **つまらない**하다는(재미가 없다는) 거야.

앞의 두 예는 언뜻 보면 한국어 문장에 일본어 어휘 하나가 섞여 있는 단순한 형태이다. 하지만 자세히 들여다보면 '일본어 + ~하다'가 결합되어 있음을 알 수 있다. 「気になる하다」신경이 쓰이다 「つまらない하다」재미가 없다는 일본어 동사와 형용사에 한국어 '~하다'가 붙어서 한국어 문장에 자연스럽게 일본어가 들어가 있는 느낌을 준다.

한국 가서 **공부して**きた？(한국 가서 공부하고 왔어?)

こんなことすると　みんな　**웃어する**ね。(이런 짓을 하면 모두 웃어.)

나는 장사하니까 **바빠する**から(안 돼. 나는 장사하니까 바빠서 안 돼.)

'일본어 + ~하다'의 결합이 있으면 반대로 '한국어 + ~する'의 형태도 있다.「~する」는 '~하다'와 유사한 문법적 기능을 갖는데,「~する」 앞에는 명사, 형용사, 동사가 모두 붙을 수 있다. 이처럼 '일본어 + ~하다'와 '한국어 + ~する'는 쉽게 만들 수 있는 형태이기 때문에 생산성이 높은 '하이브리드형 짬뽕말'이라고 할 수 있겠다. 그러나 상세하게 조사해 보면, '일본어 + ~하다'의 형태는 한일 바이링구얼에게 거의 공통적으로 나타나는 것이지만 '한국어 + ~する'는 재일 코리안에게만 나타난다는 특징이 있다.

그런데 짬뽕말은 입에서 나온 말이 아닌 문자 언어에서도 발견할 수 있다.

오늘은 **민나**(みんな, 모두) 일찍 푹 쉬어요...
핸드폰 번호 개인 카톡으로 **구다사이**(ください, 주세요)
지금 설마 **집데스카**(ですか, 입니까)?

    이것은 내가 가르치던 일본어 전공 학생들과 주고받은 문자 메시지에 나타난 짬뽕말이다. 언뜻 보면 한글로 적혀 있어서 한국어처럼 보이지만 실제로 문장 안에는 한글로 표기된 일본어가 섞여 있다. 이와 같은 SNS상의 짬뽕말 사용은 향후 새로운 미디어의 출현과 발달로 인해 더욱 늘어날 것으로 예상된다.

    그럼 한일 바이링구얼은 왜 짬뽕말을 사용하는 것일까? 첫 번째 이유로는 부족한 어휘를 메꾸기 위해서이다. 일본에서 오랫동안 거주한 재일 코리안 1세대의 경우 모르는 일본어 단어를 한국어로 대체하거나 세월이 지나 기억이 나지 않는 한국어 단어를 일본어로 대신하기도 한다. 또한 한국과 일본의 문화적 차이로 인해서 마땅한 단어가 없을 때 어느 한쪽의 단어를 빌려 사용하기도 한다. 두 번째로는 생생하고 효과적인 표현을 하기 위해서이다. 누군가가 한 말을 인용할 때 그 사람이 사용한 언어를 그대로 가지고 오면 보다 드라마틱하게 전달할 수 있다. 세 번째로는 말을 주고받을 때의 재미를 위해서이다. 특히 문자 언어의 짬뽕말은 같은 그룹에 속한 사람끼리의 언어유희이자 서로의 연대 의식을 나타내는 수단이기도 하다.

    여기까지 짬뽕말에는 다양한 형태가 있고 짬뽕말을 왜 사용하는지에 대해 살펴보았다. 이처럼 짬뽕말은 한일 바이링구얼의 언어 사용에 일상적으로 나타나는 것이고 짬뽕말의 사용은 다른 언어 간의 바이링구얼에게도 쉽게 볼 수 있는 현상이다.

그런데 한일 바이링구얼이 아닌 사람들 사이에서도 짬뽕말의 사용을 볼 수 있다. 한국인 대학생의 짬뽕말 중에 '한국어 + ~데스'가 있었는데, 실제로 일본어를 배우지 않거나 능숙하지 않는 사람들도 이 형태를 사용하기도 한다.

팔꿈치 조심**데스까**(팔꿈치 조심해야 합니까)

이것은 한 예능 프로그램에서 출연자가 일본어를 흉내 내어 말한 것이다. 이 외에도 인터넷 커뮤니티 사이트의 게시글에서 '한국어 + ~데스'의 사용을 볼 수 있다.

우리 아파트 눈나라**데스**. (우리 아파트 눈나라입니다.)
카톡하자**데쓰**! (카톡 합시다!)
니혼고 어렵**데스**.. (일본어 어렵습니다..)

일본어 '~데스です'는 '~입니다'의 뜻으로 판단이나 단정을 나타내는 조동사이다. '~데스'가 붙은 예를 보면 '~입니다'를 대체하는 것도 있지만, 문법적 기능을 무시한 채 그냥 쓰인 경우도 있다. 도대체 '~데스'를 왜 붙이는 것일까? 아마도 문장 마지막에 '~데스'를 붙이면 왠지 일본어다운 느낌이 들고 그것이 커뮤니케이션 상의 재미를 더해 주기 때문이라 생각된다.

확산되는 짬뽕말, 한본어

현재 한류 붐이 세계를 강타하고 있다. 일본에서는 2000년대에 드라마 〈겨울연가〉를 시작으로 한류 붐이 일어났고, 지금은 K-POP이나 K-드라마 등의 콘텐츠를 넘어 한국의 다양한 제품을 적극적으로 소비하는 '4차 한류' 열풍이 불고 있다. 한류를 좋아하는 일본 젊은이들 사이에서는 한국어와 일본어를 짬뽕한 말이 유행하는데 그것을 한본어 또는 일한믹스어라고 부른다고 한다. 대표적인 예로는 다음과 같은 것이 있다.

アラッソです(알았어 + です, 이해했습니다)
まじコマウォ(まじ + 고마워, 정말 고마워)
チンチャそれな(진짜 + それな, 진짜 그래)
デバい(대박 + い, 대박이다)

이것은 '진짜', '대박' 등 K-드라마에서 자주 듣는 단어를 일본어와 혼합한 형태이며, 알아들을 수 있는 사람들 사이에서만 쓰이는 일종의 언어유희라고 할 수 있다.

'한본어'는 일본뿐만 아니라 한국 젊은이들의 언어 사용에서도 볼 수 있다.

닝겐노 유리와 튼튼데스네. (인간의 유리는 튼튼하군요.)

젊은이들 사이에서는 명사 '닝겐人間', 조사 '~노の'와 '~와は', 문장을 일본어답게 만드는 '~데스です', '~네ね'와 같은 어휘는 일본어를

학습하지 않더라도 이미 익숙한 것이라고 한다. 한국어와 일본어는 어순이 같기 때문에 적당히 일본어 어휘를 섞어 표현하면 엉터리이지만 마치 일본어를 말하는 것 같은 재미를 준다.

'한본어'의 유행은 한일 간의 교류가 약진적으로 증대한 것에 기인한다. 기존의 짬뽕말이 한일 바이링구얼 사이에 나타나는 개인적 언어 사용이라고 한다면, '한본어'의 등장은 개인을 넘어선 짬뽕말의 사회적인 확산이라 볼 수 있다. 향후 양국 간의 교류 증대로 인해 한국어와 일본어가 접촉하는 현상은 더욱 많아질 것이다. 언어를 연구하고 공부하는 나로서는 어떤 새로운 짬뽕말이 생겨날지 무척 기대된다.

일본에서 느끼는 교사의 보람

후지이 노부키(다마가와세이가쿠인 고등학교 교사)

번역: **신재관**(前 무역회사 CEO)

일본에서 학교 교사로 생활하면서 느끼는 보람은 역시 학생의 성장을 실제로 가깝게 목격하는 것이다. 일반 민간기업 회사원과는 달리, 학교 교사는 매출 실적이나 어떤 기준 할당이라는 것이 없기에 교사가 보람을 느끼지 못하면 언제라도 그만둘 수 있는 직업이기도 하다. 그리고 일본의 교육은 바로 '교사의 보람'에 의지하는 측면이 많다. 잔업수당, 휴일수당 등 민간 기업에서 당연하게 지급되는 각종 수당에 관해서도 상당수 학교는 충분히 지급되지 못하는 상황이다. 일본 교사의 특징은 다른 외국 교사에 비해 학생과 접하는 시간이 많은 편이다. 교과지도뿐만 아니라 생활지도, 동아리 활동지도 등 그 내용은 다양하다. 학교 교사에게 요구되는 것은 한 가지에 그치지 않는다. 일본에서도 맞벌이 가정이 증가하고 있어서 가정 교육에서 필요한 매너나 상식 등도 학교에서 가르쳐 줄 것을 요구받는다. 미국이나 유럽 등에서는 직무가 교과지도 중심으로 구성되어 있고, 근무 시간도 엄격하게 정해진 경우가 많다.

학교라는 사회 속에서 상대에 대한 배려, 생활 속 심리적인 지원 등 과거에는 가정에서 해 왔던 내용도 교사의 업무 내용에 포함되었다. 교사라는 일은 학생과 관계되는 것만으로 끝나는 것이 아닌, 그 학생을 둘러싼 가정이나 보호자와의 상호관계, 그리고 경찰과 행정기관과도 제휴하면서 각각의 문제에 맞게 대응해야 한다. 사람을 상대한다는 일은 기계적으로 효율을 개선하여 바로 숫자로 나타낼 수 있는 것이 아니다. 그렇기 때문에 때로는 기다림이 필요하다. 조언이나 지도를 통해 약처럼 금방 극적으로 변화하는 경우는 거의 없다. 그러나 한 달 혹은 1년이라는 기간에 학생이 사소하게나마 변화할 때, 교사로서 보람을 느낀다. 학생과 함께하는 시간이 길면 부담감이나 피로감이 크지만 학생의 사소한 변화나 특징을 세세하게 파악할 수 있다. 특히 사춘기의 학생은 '미숙한 사람'이다. 아침나절에 보인 표정과 오후에 보이는 표정이 전혀 다를 수도 있고, 어두운 표정을 지었던 학생이 어떤 일을 계기로 극적으로 밝게 변화할 수도 있다. 그들은 성장 단계이기에 주위의 어른들을 가만히 관찰하고 있다.

학생의 성장에서 느끼는 보람

내가 가장 보람을 실감할 수 있는 것은 졸업 때와 졸업 후 학생들을 만났을 때이다. 학교라는 조직은 그 시기마다 시간의 흐름이 명확하게 정해져 있다. 4월이 되면 개학식이 있고, 8월에는 방학에 들어가며, 3월이 되면 졸업식을 맞이한다. 사람의 성장이란 각각에게 차이가 있고, 그 성장의 정도도 각각 다르다. 그러나 정해진 시기에 특정 행사를 함으로써 학생들은 자신을 돌아볼 기회를 얻고, 교사도 학생과 연관하여 정기적으로 학생의 성장을 확인할 수 있다. 학생들이 학교를 떠날 3월 졸업식에서는 입학했을 당시의 모습과 비교하며 그 성장을 실감할 수 있다. 그러나 그 이상으로 성장을 실감할 수 있는 것이 바로 졸업 후에 학생이 취직, 결혼 등을 계기로 학교에 방문할 때이다. 예전에는 그렇게 미숙하고 위험선을 넘나들었던 학생들이 성숙한 모습으로 돌아오면 교사로서 큰 보람을 느낀다. 특히 필자가 근무하는 학교는 중고등학교가 함께 있어 길게는 6년간 학생들을 볼 수 있다. 학생 입장에서 보면 긴 인생 중 6년이란 기간은 결코 길지 않다. 그러나 교사로서 학생과 함께 보내는 6년이라는 세월은 하나의 점点이 아닌 선線으로 볼 수 있다. 교사의 입장에서도 학생을 점의 시선으로 보면 눈앞의 사건에 휘둘리고 학생에게 성과를 요구하게 되지만, 선의 시선으로 학생을 보면 느긋한 마음으로 학생의 성장을 기다릴 수 있다.

일본 문화를 가르치는 일

또한 학교 생활 중에서도 일본 문화를 의식시키는 것은 중요한 역할이다. 섬나라인 일본은 그 문화의 근원으로 '자연을 거스르지 않고 자연의 흐름을 중시한다.'라는 생각이 있다. 일본은 나름의 봄, 여름, 가을, 겨울 사계절이 있고, 주변에 계절의 변화를 느낄 수 있는 행사가 이루어지고 있다. 마주하는 상대에 대해 예절을 중시한다. 다도茶道나 꽃꽂이 등을 통해 다른 사람을 공경한다는 교육 내용이 준비되어 있다. 또한 남에게 폐가 되지 않도록 하는 생각이 일본의 문화에는 자리 잡고 있다. 그렇기 때문에 자신뿐만이 아닌 항상 다른 사람을 보면서 곤란할 때나 문제가 있을 때는 도움을 주는 것을 학교생활 속에서도 익혀 간다. 'けはのためならず 남에게 인정을 베풀면 반드시 그 인정이 내게 돌아온다'는 속담이 말해 주듯이 좋든 싫든 자신만이 아닌 다른 사람의 존재를 의식하는 것이 일본 특유의 문화로 느껴진다.

최근의 학생 지도

한국에도 명동이나 홍대라는 지역이 있듯이, 일본에도 시부야나 지유가오카 등 젊은이들이 모이는 '젊은이의 거리'가 있다. 필자가 근무하는 학교는 지유가오카에 위치하고 있어, 거리를 걷는 사람들의 복장이나, 새롭게 가게를 열고 빈번하게 변화해 가는 특징을 잘 알 수 있다. 특히 인스타그램이나 트위터^{현 X} 등 SNS를 통해 보다 새로운 정보를 주고받는 젊은이들을 많이 볼 수 있다. 거리에는 다양한 사람들이 찾아오고, 새로 문을 연 가게나 상품에 대한 정보를 SNS로 주고받곤 한다. 젊은 층이 모여드는 핫한 장소이기에 그들을 둘러싼 환경에 대해서도 주의가 필요하다. 특히 필자가 근무하는 학교에서는 등하교 중에 사고에 휘말리지 않도록 매일 등하교 지도를 한다. 구체적으로는 교사가 인적이 많은 장소에 정기적으로 순회하며 학생 복장에 위반이 없는지, 금지된 점포에 출입하는지 등을 확인하면서 동시에 범죄에 연루되지 않도록 주의시킨다. 일본뿐만 아니라 요즘 젊은이들 사이에서 SNS에 관련되는 사건·사고가 많이 발생하고 있다. 학생과 관련되는 교사들도 악플과 새로운 앱 사용 관련한 문제 등이 많이 발생하는 상황에서 유행이나 10대의 학생들이 어떤 것에 관심을 가지고 있는지를 파악하는 것은 매우 중요하다.

교육과 문화를 사랑한 어느 재일 교포

김경호(메지로대학 외국어학부 교수)

10년이면 강산도 변한다는 말이 있다. 일본에서 한국어와 한국 문화를 가르치는 교수로 지낸 지가 20여 년이 지났으니, 강산이 두 번 바뀐 세월이 흘렀다. 처음 유학으로 일본에 온 것은 1980년대 말이었으니, 따지고 보면 4반세기 조금 모자란 긴 세월이 흐른 것이다. 지나고 보니 세월이 참 쏜살같다.

당시 경제력에서 미국 다음으로 세계 2위를 차지하며 선진국 대열에 합류해 잘 나가던 일본이 부러웠고 또 알고 싶었다. 그러나 마음속으로는 일제 강점기로 인한 거부 의식이 강했다.

처음에는 반일 감정 때문에 유학을 제대로 할 수 있을지 걱정도 많이 했다. 그러나 부정적인 생각을 떨쳐 버리고 '지피지기知彼知己면 백전불태百戰不殆'라는 신념하에 일본행 비행기에 몸을 실었다. 그렇게 필자의 일본 유학이 시작되었다.

원래 대학에서는 영어영문학을 전공했다. 입학 당시에는 영어영문학과에서 무엇을 공부하는지도 몰랐다. 같은 과 급우들끼리 "영문도 모르고 영문과에 들어왔다."라고 농담도 했을 정도였으니 말이다.

여기까지 읽으면 영문학도가 왜 일본으로 유학을 가게 되었는지 의문이 있을 수 있겠다. 솔직히 말해 필자의 일본 유학은 스스로의 의지가 아닌 우연으로 이루어졌다고 해도 과언이 아니다.

일본말 '도조'와 '도모'의 차이도 모르고 시작한 일본 유학

필자의 모교는 중앙대학교이다. 4학년 때 재단의 재정이 어려워져서 이사장이 바뀌었다는 소식을 들었다. 당시 필자에게 들린 소문은 '일본에서 성공한 재일 교포가 재단을 인수하여 이사장으로 취임했다'라는 것과 '모교를 명문 사학으로 육성한다는 의지를 갖고 있다.'라는 내용이었다. 그분이 바로 김희수 이사장이었고, 졸업식 때 연단에서 축사를 하는 모습을 멀리서 뵌 적이 있을 뿐이었다.

영문학을 전공하면서 영어 교원 자격증을 취득해서 졸업 후에는 잠시 고등학교에서 영어를 가르치기도 했다. 그러다 공부를 더 해야겠다는 욕심이 생겨 대학원 진학을 생각했고, 자연스레 미국 유학을 꿈꿨다. 그런데 알아보니 미국 대학은 비용이 생각보다 비쌌다. 게다가 면학을 목적으로 하는 유학생에게는 아르바이트도 금지되어 있었다.

가족에게 지원을 기대할 수 없는 상황이었던지라 전전긍긍하고 있었는데, 때마침 같은 과를 졸업한 동창에게 일본으로 같이 유학 가자는 제안을 받았다. '웬 일본?' 동창의 갑작스러운 제안에 당황스러웠으나, 동창의 말에 따르면 모교의 김희수 이사장님이 도쿄에 전문학교를 설립했는데, 중앙대학교 졸업생들에게 장학금의 혜택을 준다는 것이었다. 더구나 일본에서 유학생은 허가를 받으면 주 20시간 한도로 아르바이트가 가능하다는 이야기도 들었다. 그래서 미국 유학에 대한 미련을 버리고 과감하게 일본으로 유학을 결심했다. 그리고 랭귀지코스에 해당하는 수림외어전문학교에 입학했다. 후일담이지만 일본 유학을 먼저 권유했던 그 동창은 다니던 회사에 사표 의향을 밝혔으나, 회사에서 대신 중동의 두바이 파견을 제시하여 일본 유학을 포기하고 중동으로 갔다. 동창은 그 후 독립해 자신의 회사를 설립했고, 꽤 성공하여 현재 두바이에 살고 있다. 아무튼 동창의 권유 덕분에 필자는 유학에 성공하여 박사 학위를 취득했고, 현재 대학 교수로 근무하고 있다.

유학 초기에는 일본어 권유 표현인 '도조'와 감사 표현인 '도모'를 구별하지 못해서 그에 따른 실수와 에피소드도 참 많았다. 유학 초기 한글의 '가나다라'에 해당하는 '아이우에오'도 제대로 쓰지 못했는데, 지금은 일본 대학에서 일본어를 사용해 학생들을 가르치고 있으니, 스스로 괄목상대할 정도이고 또한 감개무량하다. 김희수 이사장님의 투자로 설립된 수림외어전문학교에서 훌륭한 선생님들의 성실한 지도를 통해 일본어 기초를 제대로 습득한 덕분이라고 여긴다.

김희수 이사장님과의 인연

세상을 살면서 불가해한 일이 일어났을 때, 운명으로 치부하는 경향이 있다. 원인과 결과의 인과관계를 정확히 짚어내지 못할 때 '운명인가?'하고 여기기 쉽다는 말이다. 필자는 운명론자는 아니지만 김희수 이사장님과의 인연은 우연보다는 운명이라고 말할 수밖에 없다.

1989년에 일본으로 유학을 간 필자는 수림외어전문학교에 입학하여, 1991년에 졸업 후 대학원에 진학했다. 그후 대학원에서 박사 학위를 취득해, 한국의 대학에서 약 7년을 근무했다. 그러다가 현재 재직 중인 일본 메지로대학으로부터 제의를 받아 일본 대학으로 옮겨 근무해 오고 있다.

대학 재학 중인 4학년 때, 김희수 이사장님이 모교의 이사장을 맡게 된 일, 졸업 후 김희수 이사장님이 인재양성에 뜻을 두고 손수 설립한 수림외어전문학교에 들어간 일, 그리고 필자가 일본으로 유학을 오게 된 일, 박사 학위 취득 후 한국에 왔다가 다시 일본 대학으로 이직하게 된 일 등은 모두 김희수 이사장님과의 인연으로 이루어진 일로밖에 볼 수 없다.

일상화된 민족적 차별을 극복하기 위한 노력

모교의 이사장이 재일 교포이다 보니, 일본에 온 초기부터 자연스럽게 재일 교포에 대한 관심이 컸다. 지금이야 한류 붐으로 인해 일본에서 대한민국에 대한 이미지가 크게 향상되어 있지만, 유학 당시인 1980년대 말만 해도 일본 사람들이 말하는 한국간코쿠은 경제력이 뒤떨어진 나라일 뿐 아니라 정치는 군사독재정권, 문화적으로는 복사판의 짜가가짜가 판치는 모든 시스템이 매우 뒤떨어진 후진국의 이미지였다.

그런 상황에서 한국 유학생이나 재일 교포들은 모두 차별의 대상이었다. 실제 일자리를 구하거나, 월세방을 구할 때도 일본인 보증인이 없으면 계약은 꿈도 못 꿀 일이었다. 그러니 식민지 조선 출신의 재일 교포들이 일본에서 자리 잡기가 매우 힘들었다는 것은 쉽게 짐작할 수 있다. 조국이 식민지에서 해방된 이후에도 고향으로 돌아가지 못하고 일본에 남은 재일 교포들은 오랫동안 차별의 대상이었다. 민족적 차별 속에서 그들이 일본에서 할 수 있는 일이라고는 운동선수, 허드렛일, 막노동, 무명 가수, 파친코 등이었다. 지금도 가끔 매스컴에서 '일본에서 성공한 재일 교포'라며 소개하는 기사나 성공담의 주인공을 보면 대개가 이런 분야에서 차별을 이겨 내며 성공한 경우이다.

현재 필자는 메지로대학 한국어학과와 대학원에서 한국어와 한국 문화 등을 가르치고 있다. 메지로대학 한국어학과는 수년간 최고의 입시 경쟁률과 더불어 취업률이 매우 높은 학과로 잘 알려져 있다. 그러나 과거 유학 당시만 해도 한국어는 마이너리티소수 언어로서 관심을 가진 일본 사람은 극히 적었다. 과거의 그런 무시와 차별적 분위기와 현재의 일본 분위기를 비교해 보면 그야말로 만감이 교차한다. 참으로 격세지감이란 말이 절로 나온다.

혹자는 왜 재일 교포들이 해방된 조국으로 돌아오지 않고 타지에 머물러 차별을 받는가 하고 반문하는데, 일본으로 건너가 그곳에서 생활 기반을 구축한 사람들이 해방이 되었다고 곧바로 고국으로 돌아오긴 어려웠을 것이다. 당시엔 해방된 조국에 돌아와도 뾰족한 생활 수단이 없는 사람들이 매우 많았기 때문이다.

이렇게 민족적 차별이 심한 일본에서 그들은 삶을 유지하기 위해 피눈물 흘리며 최선을 다했고, 남들보다 수십 배로 노력했다. 혹자는 재일 교포들이 일본에서 성공한 것을 운이 좋았다는 말로 폄하하기도 하는데, 절대 그렇지 않다고 생각한다. 민족적 차별이 일상화되어 있는 상황에서 '재일 조선인'이란 낙인을 안고, 법적으로 신분이 불리한 객지에서 아니 타국에서 이룩해 낸 그들의 성공은 다름 아닌 피와 땀의 결정체이다. 알면 알수록 재일 교포들이 차별 속에서 불리함을 극복하고 노력해 온 삶의 자세는 우리의 상상을 초월하기 때문이다.

재일 교포들의 애국심과 적극적 지원

그럼에도 민족과 조국을 사랑하는 애국심은 오히려 본국에 남아 있는 사람들보다 더욱 뜨거웠다. '소도 비빌 언덕이 있어야 비빌 수 있다.'라는 속담이 있듯이 정든 고향을 떠나 의지할 친지도 없이, 게다가 해방 후1965년까지 국교마저도 끊어진 일본에서 그들은 일상적 차별을 견디면서도 결코 조국을 버리지 않았다. 실향의 애환을 가슴에 품고 살아가는 그들에게 조국에 대한 동경과 애정은 너무도 애틋했다. 그리고 그들의 조국에 대한 사랑은 조국이 힘들 때마다 행동으로 나타났다.

일례로 서울 올림픽대회1988 때의 재일한국민단은 후원회를 결성하여 모금운동을 벌였고 당시 한화로 약 525억 원을 모았다. 주요 재일 교포 기업가들이 1억 엔 이상의 금액을 기부했다는 후문이다. 그리고 IMF국제통화기금 위기 때 당시 김대중 정부는 엔화 베이스 국채를 발행했는데, 많은 국채를 매입했고 확인된 재일 교포들의 송금액은 약 800억 엔에 가깝다. 확인되지 않은 금액 또한 상당하여 그 이상이 넘을 것으로 추측된다. 그들이 일본에서 많은 민족적 차별과 어려움에 처했을 때도 본국의 지원은 받을 수 없었다. 그럼에도 재일 교포들은 조국이 어려운 상황에 처할 때마다 적극적으로 지원에 나섰다.

재일 교포 1세들은 어린 시절에 나라 잃은 설움과 차별, 경제적인 궁핍으로 교육을 제대로 받을 수 없었다. 그것이 마음속에 한으로 쌓여 있던 그들은 조국의 미래를 생각하며, 조국의 발전을 위해 인재양성이 중요하다고 여겨서 육영사업에 앞장섰다. 그중 한 분이 김희수 이사장님이다.

2024년 8월 23일, 일본에서 열린 고시엔 고교야구대회에서 교토국제고가 우승해서 한국어로 된 교가가 고시엔 야구장에서 울려 퍼져 매스컴의 화제가 된 일이 있었다. 교토국제고는 1947년 재일 교포 단체에서 만든 학교이다.

수수함과 겸손함의 미덕을 갖춘 휴머니스트

필자는 2024년 6월, 김희수 선생의 탄생 100주년 기념식의 포럼에서 졸업생으로서 축사를 할 기회가 있었다. 포럼의 주제는 '도래인과 신도래인 재일 교포 김희수 선생에 대하여'였다.

도래인이란 표현은 일본에서 고대에 중국 대륙이나 한반도에서 일본으로 건너와 학문이나 기술 등 대륙의 선진문화를 전파하고 살았던 사람들을 일컫는 말이다. 그리고 신도래인은 근현대에 일본으로 건너온 사람들을 가리키는 말이다. 그런데 한반도와 일본 열도의 관계는 지정학적 위치와 역사적 사건에 따라 도일의 배경이 다양하다. 왕인 박사와 같이 천자문과 논어 등 인문학적 입장에서 선진 문명을 전달하기 위한 자발적 도일이 있는가 하면, 임진왜란 때 포로로 잡혀 끌려간 강제적 도일, 그리고 식민지 시절의 징용 등도 있어서 단순하게 이등분할 수 없다. 한반도에서 일본으로 건너간 도일은 역사적 배경 속에서 민족적 분산을 겪을 수밖에 없었던 이른바 디아스포라의 관점으로도 살펴봐야 한다.

우리가 흔히 알고 있는 성공한 재일 교포라면 소프트뱅크의 창업자 손정의 회장이나 롯데 그룹의 창업자 신격호 회장, 파친코의 마루한 한창우 회장을 떠올릴 것이다. 그에 비해 김희수 이사장은 상대적으로 덜 알려진 재일 교포이다. 앞에서도 언급했듯이 김희수 이사장이 알려진 것은 1987년에 한국의 중앙대학교를 인수하면서부터이다.

김희수 이사장은 중앙대학교에 많은 투자를 했을 뿐 아니라 일본에서 학교법인 가나이학원을 설립했고, 1988년에 수림외어전문학교를 개교했다. 필자는 이 학교에 1989년에 입학했다.

학교를 다니면서 학생 위원회의 위원장을 맡아 김희수 이사장님을 세 번 정도 뵈었다. 이사장이면서도 항상 겸손하고 친절해 이웃집 아저씨처럼 친근하게 느껴졌다. 실제로 김희수 이사장님은 수수한 옷차림에 항상 지하철이나 버스 등 대중교통을 이용했다. 재산이 많았음에도 검소와 절약이 몸에 배어 있는 분이었다.

나중에 알게 된 일이지만 이사장님은 13세 때 1938 일본으로 건너왔다. 당시 일본 제국은 중일전쟁을 일으켜 전시체제로 접어들었고, 경제적으로 매우 어려운 시기였다. 그러므로 당시 일본에 있던 조선인들의 생활은 이루 말할 수 없을 정도였을 것이다. 일례로 김희수 이사장님은 스물아홉 때 도쿄전기대학을 졸업했는데, 남들보다 대학 졸업이 많이 늦은 것은 경제적 상황 때문이었다.

평소에 "무지로 나라를 잃은 역사에서 망국의 한, 가난의 한, 무학의 한을 품었다."라고 하셨다. 아무리 어려워도 배움의 길을 포기하지 않았으며 생전에 교육, 평화, 인재 양성의 중요성을 입버릇처럼 말씀하셨다.

'말하기는 쉽고, 행하기는 어렵다.'라는 말이 있다. 입으로 말하기는 쉽지만 행동하는 것이 얼마나 어려운가를 상징하는 말이다. 김희수 이사장님은 개인의 사리사욕보다 공적인 사회와의 관계를 매우 중요시한 분이다. 스스로는 맛난 것을 먹고 좋은 옷을 입는 것을 참아 가며 자신의 고생과 노력을 통해 힘들게 개척하고 쌓아온 거액의 재산을 조국의 교육시설과 문화 육성에 기꺼이 투자했다. 이른바 힘든 시절의 경험을 통해 깨달은 귀중한 가치를 조국의 젊은이들에게 전해 준 것이다.

1987년 중앙대학교 이사장으로 취임한 당시에 중앙대학교를 한국에서 손꼽히는 뛰어난 대학으로 발전시키겠다는 뜻을 밝혔다. 그리고 당시에는 엄청난 금액인 335억 원의 예산을 투자하는 대학 마스터플랜 1차 5개년 계획을 발표했고 이를 실천했다. 게다가 지역 의료를 위해 대학부속병원을 확대하여 2004년에 메디컬 센터를 완공했다. 교육 분야뿐만 아니라 사람의 생명과 건강에 관련된 의료 분야까지 깊은 관심을 기울였다. 그리고 중앙대학교 이사장직을 퇴임한 후에는 수림문화재단을 설립해 인생의 마지막 순간까지 문화예술 분야 육성에 심혈을 기울였다. 우리 인간에게 문화가 얼마나 소중한가를 미리 깨달아 사재를 들여 행동으로 옮긴 휴머니스트이다.

일생 동안 축적해 온 사재를 투입하여 교육 발전, 의료 확대, 문화재단을 설립한 것은 인간의 삶은 동물과 다르다는 인식이 바탕이 된 것으로 추측한다. 인간의 삶이 짐승들과 마찬가지로 오로지 먹고 사는 것에 치중해, 약육강식의 삶을 살아간다면 이는 스스로 인간의 존엄성을 훼손하는 일일 것이다. 문화란 생활양식과 사고방식의 결합체이다. 삶을 통해 사유를 통해 축적하고 발전시켜 온 인간의 창조물인 문화를 소중히 여기고 발전·유지시켜야 우리가 풍요롭고 인간다운 삶을 영위할 수 있는 것이다.

김희수 이사장님은 "후손에게 재산을 남기는 것은 인생의 '하'이며, 사업을 양도하는 것은 '중'이며, 사람을 남기는 것이야말로 '상'이며 최고의 인생이다. 그러므로 교육에 미래가 있다."라고 생전에 말씀하셨다고 한다. 교육기관을 설립하여 인재 양성의 뜻을 몸소 실천하신 덕분에 필자를 포함한 많은 청년들이 당시에 좋은 교육을 받았고, 각자 꿈을 실현시킬 수 있었다.

조국의 교육과 문화의 소중함을 후세에 전하기 위해 학교법인과 문화재단을 설립한 것은 평화를 바라는 김희수 이사장의 선견지명이 있었기에 가능했다. 필자가 김희수 이사장에게 배운 것은 교육의 소중함, 평화의 고귀함, 더 나아가 훌륭한 문화를 보존하고 발전시켜 인간의 존엄성을 유지한다는 사람 중심의 삶의 태도였다.

김희수 이사장은 생전 노벨상을 수상하는 인재를 배출하는 것이 꿈이라는 말씀을 자주 하셨다고 한다. 한 알의 밀알이 땅에 떨어져 후에 커다란 밀밭을 이루듯, 김희수 이사장이 투자하고 설립한 교육기관과 문화재단을 통해 언젠가 반드시 훌륭한 노벨상 수상자가 나올 것이라고 믿어 의심치 않는다.

생활 속의 일본어, 어디까지 순화해 사용해야 할까?

이정연(강남대학교 교수)

35년간 지속된 일제 강점기는 우리 사회와 민족의 가슴에 깊은 상흔을 남겼다. 정치, 경제, 문화 등 사회의 다양한 분야에는 그 시기에 사용하던 언어 표현들이 아직도 많이 남아 있고, 우리가 일상생활에서 흔히 사용하는 말 속에도 존재한다. 이런 잔재는 일제 강점기 시절 일본어에서 받아들여진 여러 어휘들이 지금까지도 계속 이어지고 있기 때문이다. 한국어 순화운동 등 여러 캠페인을 통해 노력해 왔지만, 여전히 잔재 일본어는 단번에 없애기는 무리가 있고 이미 입에 붙어서 서로 소통하기 편하게 사용되고 있다. 어떤 면에서는 너무 익숙하고 자연스러워서 어디를 어떻게 순화해서 사용해야 할지 모르겠다. 하지만 이런 잔재 일본어는 우리 언어와 문화를 왜곡하고 역사적 기억을 흐리게 만들 수 있으며, 외국어로 의사소통하는 데 어려움을 초래하기도 한다. 그런데 이미 많은 상황과 우리 주변에서 자연스럽게 사용되는 것을 보거나 들을 수 있다. 이번 기회에 큰 틀에서 살펴보고 순화 가능한 것은 자연스럽게 우리말로 순화해 사용하면 좋겠다.

아직도 일식집에 가면 처음 나오는 쓰키다시부터 사시미, 지리 등 자연스럽게 종업원 등이 사용하는 것을 경험할 수 있다. 얼마 전에 친구들과 일식집에 갔을 때의 종업원이 식사를 다 마칠 쯤에 이렇게 말했다.

종업원: 지리로 하실까요? 매운탕으로 하실까요?
필자　: 맵지 않은 맑은탕으로 주세요.

자연스럽게 우리는 알아듣고 선택하고 그 맛을 상상하고 음미한다. 익숙하고도 친숙한 단어들이기 때문이다. 필자는 순화하려고 노력했지만 느낌이 좀 안 나는 것은 기분 탓일까.

이처럼 우리의 일상에 알게 모르게 쓰고 있었던 수많은 잔재 일본어를 알아보고 그에 맞는 순화어 또한 살펴보겠다.

음식 분야

우리 삶에서 의식주는 그 어떤 분야보다도 중요하다. 그런데 이 분야에 가장 많은 잔재 일본어들이 사용되고 있는 것은 그만큼 이미 생활 속에서 자연스럽게 스며들어 있어서 의식조차 못하는 단어들이 많다는 것을 의미한다. 돈가스라는 음식을 돼지고기 튀김이란 이름으로 메뉴판을 적어 놓은 곳도 없지만 그렇게 주문하는 사람 또한 없을 것이다. 돼지고기 튀김으로 돈가스의 맛을 연상시키기엔 많은 시간이 필요할 것으로 보인다. 반면 닭도리탕과 닭볶음탕은 이미 혼재되어 사용되고 있고 와사비와 고추냉이도 마찬가지이다. 오히려 마호병보다는 보온병으로 사용하는 사람들이 이제는 더 많은 것 같고 모찌보다는 찹쌀떡으로 많이 쓰인다. 그러나 가게의 이름이나 특이한 메뉴를 돋보이게 하고 싶어서 일부러 잔재 일본어로 쓰거나 그 언어의 맛을 살리기 위해 알면서도 외국어로 쓰이는 경우도 종종 있다. 그럼 잔재 일본어와 그에 맞는 순화어에는 어떤 것들이 있는지 살펴보자.

잔재 일본어	순화어	잔재 일본어	순화어
와사비	고추냉이	노리마키	김밥
소보로빵	곰보빵	다시	맛국물
돈가스	돼지고기 튀김	덴부라	튀김
다데기	다진양념	마호병	보온병
오뎅	어묵	사라	그릇
모찌	찹쌀떡	스키야키	전골
간식	새참	아부라게	유부
닭도리탕	닭볶음탕	야키만두	군만두
도너츠	도넛	오도리	산새우
고로케	크로켓	오꼬시	밥풀과자
앙꼬	팥소	센베이	전병과자
낑깡	금귤	~당(빵집 이름)	~빵집
나마비루	생맥주		

유명한 빵집은 '~ 당'으로 끝나는 곳이 아직 많이 있는데 잔재어
였다는 사실은 좀 놀랍다. 간식이란 단어를 새참으로 바꿔서 사용하기
에는 이미 새참을 농업 현장에서 주로 쓰는 단어라고 인식하는 사람들
이 많아서 바꿔 사용하는 데는 시간이 꽤 걸릴 듯하다.

패션 분야

패션은 용어를 순화되는 데 가장 시간이 많이 걸리는 분야일 수 있
다. 특히 의복을 생산하는 현장이나 디자인하는 곳 그리고 그 옷들을

판매하는 곳에서 이미 너무 깊게 통용되고 있어서 빠른 소통과 이해도는 오히려 잔재 일본어 쪽이 원활할 수 있다. 어쩌면 그 느낌이 나지 않는다고 할지도 모르겠다. 그러나 '나시'라는 잔재어 대신 '민소매'로 자리 잡힌 지는 꽤 된 것 같고 '미싱'보다는 '재봉틀'로 이미 많이들 말하고 있으니 서서히 바뀔 수 있을 것으로 기대한다. 일부 단어는 옷의 메이커가 된 것도 있다. 마치 음식 분야에서 일부 메뉴를 음식점 이름으로 사용하는 것처럼 말이다. 이제는 혼용을 넘어 외래어로 자리 잡고 외국 상표의 느낌을 살리는 역할을 하는 단어도 있다.

잔재 일본어	순화어	잔재 일본어	순화어
메리야스	속옷	꼬바지	무릎 아래가 좁아지는 바지
명찰	이름표	돕빠	반코트
땡땡이 무늬	물방울 무늬	빵꾸	구멍
미싱	재봉틀	소데	소매
나시	민소매	쓰레빠	실내화
옷에리	옷깃	쓰봉	양복바지
소데나시	맨팔	아이롱	다리미
빤스	팬티	오시핀	압정
몸빼	일바지	우라	안, 안감
마이	양복	추리닝	운동복
난닝구	러닝셔츠	하리핀	바늘못
기지	천 / 옷감	하바	폭, 너비
기모	표면에 보풀이 있는 옷감	후끄	겉단추
니꾸사꾸	배낭당	세라복	해군복

많은 일본어들이 아직까지 패션 분야에서 빠른 소통 언어로 사용되고 있음을 알 수 있다. 그 분야에서 일하는 분들이 세대 교체가 되면 어느 정도 분위기가 바뀌지 않을까?

일상 분야

'간지'라는 단어는 일본어인 줄 알면서도 그 느낌을 가지고 매스컴에서조차 가끔 개그 주제로 쓰이고 있으니 단칼에 어디부터 잘라 내야 할지 참으로 그 경계선이 모호하다. '시말서'라는 단어는 많은 직장에서 아직도 그대로 쓰고 있는 곳도 많고 '삽화'라는 단어 또한 잔재어라는 것을 몰랐던 사람들도 많았으리라 생각이 든다.

하지만 억지로 순한글로 바꾸려다가 부자연스러워 오히려 역효과를 얻을 수도 있을 것 같다.

잔재 일본어	순화어	잔재 일본어	순화어
명찰	이름표	뿐빠이	분배
가보	가장 높은 끗발	소라색	하늘색
가오	얼굴, 체면	쇼부	흥정, 결판
간지	느낌	시다바리	보조원
담합	짬짜미	시마이	끝냄
구사리	면박, 핀잔	신삥	새것, 신품
기스	상처, 흠집	아다리	적중, 성공, 맞음
꼬붕	부하	오타쿠	덕후
노가다	노동자, 막일꾼	오케바리	결정

호치케스	스테이플러	입빠이	가득, 한껏, 많이
덧빵	대장, 두목	엑기스	진액
따까리	모임	구라	거짓말
뚠뚠	엇비슷함	고객	손님
삽화	곁 그림	갑상선	갑상샘
잔업	시간 외 일	백미러	뒷거울
만땅	가득	시말서	경위서
삐까삐까	번쩍번쩍		

'고객'과 '손님'은 아마도 같이 쓰이고 있지 않을까? 고객이란 단어는 약간 비즈니스 용어의 느낌이 있고 손님이란 단어는 광범위하게 모든 산업 현장에서 쓰이는 단어로 보인다. 그러나 요즘은 손님이라는 표현을 더 많이 듣는 것 같다. 백미러란 단어는 이미 대부분의 운전자들이 쉽게 쓰는 단어라서 뒷거울로 바꾸려면 시간이 좀 많이 걸릴 것 같다.

학교에서 쓰는 말들

우리의 학창 시절에 늘 쓰던 단어들이 많다. 교장선생님의 훈화 말씀이 아침마다 있었고 반장, 부반장 선거를 학기초에 실시하고 고등학교 2학년이 올라가면 수학여행을 다녀왔다. 그런데 그런 추억 어린 단어들이 잔재 일본어였다는 사실은 조금 놀랍다.

잔재 일본어	순화어	잔재 일본어	순화어
수학여행	문화탐방	반장	회장
경례	공수	부반장	부회장
결석계	결석신고	간담회	정담회
훈화	덕담		

　그 외에 애국조회라는 단어가 있었다. 일왕이 이끄는 신민을 쉽게 통제하기 위해 일제 강점기에 유래한 것으로 군국주의를 주입시키기 위한 용어이다. 아마도 요즘은 애국조회라는 표현은 지양하고 있는 것으로 안다. '경례' 대신 '공수'라고 하는 학교들이 얼마나 있을까. 대부분의 단어들을 지금도 그대로 쓰고 있어서 교육부 차원에서 사용 금지라고 하지 않는 이상 바로 수정하여 쓰기는 쉽지 않아 보인다.

군대 용어

　대한민국에서 대부분의 남성들이 20대에 다녀온 군 생활은 잔재 일본어를 매일 접했던 시기라고 볼 수 있다. 군대만큼 보수적인 곳이 또 있을까. 그만큼 수많은 잔재 일본어가 아직까지도 사용되고 있는 곳이기도 하다. 그중 몇 가지 예를 들면 다음과 같다.

잔재 일본어	순화어	잔재 일본어	순화어
고참	선임자	관물대	개인 보관함
구보	달리기	총기 수입	병기 손질
복창	되풀이하여 외움	3-3-7 박수	월드컵 응원 박수
환복	옷을 갈아입음		

사실 고참이란 단어는 군대뿐만 아니라 일반 직장에서도 많이 쓰고 있는 말이고 3-3-7 박수는 어릴 적 학교에서도 많이 쳤던 기억이 난다. 일본 직장인들이 회식 1차를 마쳤을 때 다 같이 박수를 치는 것 또한 비슷한 문화가 아닐까 싶다.

히라가나, 재플리시

영어의 일본어화는 참으로 커스터마이징이 잘 되어 있다. 부족한 받침 때문에 모든 것을 다 표현할 수 없으니 그들의 발음 구조에 맞게 어떤 경우에는 앞에만 다른 경우에는 뒤에만 띄어서 편하게 변형되어 있다. 다음의 단어들의 예를 보면 아마 독자분들도 충분히 아는 단어들일 것이다.

마이 - 블레이저, 겉옷 (片前 かたまえ 에서 유래. 가다마이→마이 순으로 변형)

가챠 - 랜덤 뽑기 (ガチャポン에서 유래)

쌈마이 - B급, 삼류 (三枚目 さんまいめ 에서 유래)

데모 - 시위 (영단어 emonstration에서 demo를 따온 デモ에서 유래)

슈퍼 - 대형 할인점 (영단어 supermarket에서 super를 따온 スーパー에서 유래)

미싱 - 재봉 (영단어 sewing machine에서 machine을 따온 ミシン에서 유래)

빠루 - 쇠지레 (영단어 crowbar에서 bar를 따온 バール에서 유래)

슈퍼와 같은 단어는 이제 마트라는 단어로 많이 대체되고 있는 듯하다. 동네 슈퍼마켓을 많이 가지 않고 대형 마트를 주로 가다 보니 그런 분위기가 형성된 것일까? 그리고 데모라는 단어 또한 순화가 많이 되었음을 느낄 수 있다.

일본식 한자어

한자의 음과 뜻을 이용하여 일본에서 만든 독자적인 한자 어휘를 뜻하며 군대나 관료 조직 안에서 일반인들은 잘 쓰지 않는 일본식 한자어를 쓰는 경우가 많다.

견적 - 어림, 추산 (見積みつもり 에서 유래)

낙서 - 끄적임 (落書らくがき 에서 유래)

내역 - 명세, 기록, 내용 (内訳うちわけ 에서 유래)

시합 - 경기, 대회 (試合しあい 에서 유래)

그 외에 방송放送이란 단어는 원래 '죄인을 풀어 주다'라는 뜻으로 사용되었다고 한다. 1927년 일제 강점기 시절 우리나라에 경성방송국이 생기면서 예전의 의미보다는 방송Broadcasting의 의미로 쓰이게 되었다고 한다. 그러나 매우 복잡한 과정 속에서 중국과의 상호작용 등에 의해 정착된 일본식 한자어들이 많기 때문에 과연 어느 부분까지 잘라 내고 바꿔야 하는지에 대해서는 더 깊은 연구가 필요할 것 같다.

이런 표현을 모두 당장 순화하려면 쉽지 않겠지만 상당 부분 수정해서 사용해야 하고 조금만 주의 깊게 말하고 순화한다면 아름다운 우리말이 더욱 소중하게 느껴질 것이다. 이렇게 우리가 애국할 수 있는 길은 실생활에서부터 다양한 방법으로 가능하다.

어디서 어디까지 순화해서 사용해야 하나

우리나라 언어의 순화어 찾기 노력은 우리 언어의 정체성을 확립하고 자주성을 강화하는 데 기여한다. 잔재 일본어 표현을 순화하여 사용하면, 고유한 우리나라 언어의 표현 방식을 되찾고 우리 언어의 아름다움을 드러낼 수 있다. 또한 현재 우리나라에서 살고 있는 외국인과의 국제적 교류를 올바르게 증진시키는 데도 도움을 줄 수 있다.

일상 속에서 사용하는 잔재 일본어들을 살펴보면서 잔재 일본어 표현의 문제점에 대한 이해를 높이고 순화어 사용의 중요성을 인식하고, 또한 교육 현장에서 잔재 일본어 표현을 제대로 알리고 순화어 사용을 장려하는 방안을 제시할 수 있는 계기가 되기를 바란다.

몇몇 젊은 세대들을 인터뷰해 보니 오래전부터 교육기관과 일상생활에서 사용해 오던 여러 잔재 일본어를 이제는 그들만의 문화적 일본어 표현으로 정정하여 잔재 일본어가 아닌 새로운 언어와 문화로 받아

들이고, 무조건 배척하기보다는 긍정적인 시선으로 바라보려는 젊은
세대들이 많다는 것을 알 수 있었다. 물론 그렇지 않은 사람들도 많겠
지만 적대적인 감정보다는 흥미로운 재미와 문화로 즐기고 싶은 부분
도 인정해 주었으면 좋겠다는 의견들도 적지 않았고 그 또한 변해 가
는 문화의 흐름이라고 생각했다.

　본인도 모르게 사용해 왔던 많은 언어들 중 잔재 일본어 표현들이
많았고 그 언어로부터 파생되어 문화 속에서 이미 스며들어 사용되는
언어들 또한 상당했다. 올바른 역사의식을 가지고 사용하지만 문화의
자유 역시 인정되어야 한다는 점도 고려해야 할 것이다.

우리말 속 익숙한 일본어 표현 바로 알기

오채현(동국대학교 일본학과 강사)

어렸을 때 할머니, 어머니를 통해 듣고 무심코 자주 써왔던 어휘들이 일본어였다는 것을 알게 된 것은 일본어를 공부하고 나서부터이다. 그전에는 우리말 혹은 내가 어려서 살았던 부산 지역 방언이라고 생각했던 어휘들이 일본어가 어원이었던 것도 있었고, 일본어 그 자체인 것도 있었다. 순화어에 관심을 갖게 된 것은 그 무렵이었다. 대학원에서 순화어에 대해 전문적으로 자료를 찾아보면서 그동안 내가 알고 있던 말들보다 훨씬 많은 말들이 여러 분야에서 다양하게 사용되고 있다는 것도 알게 되었다. 이는 외래어로서 일본어가 아닌 마치 우리말인 것처럼 사용되는데, 한편으로 원래의 의미와는 다른 뜻으로 사용되는 말들을 듣다 보면 꼭 그런 표현을 써야만 하나 하는 아쉬운 마음이 들었다.

일상생활의 일본어 표현

많은 사람들이 일본어를 우리말로 착각하고 사용하는 대표적인 예로는 간지, 단도리, 유도리, 기스, 뽀록나다 등이 있다.

'간지'는 흔히 '멋지다' 라든가 '잘 어울린다'는 의미로 사용하는데,

이는 일본어의 「感かんじ」간지에서 비롯된 말로써 일본어에서는 어떤 자극에 의한 반응이나 느낌, 또는 분위기나 사람의 인상 '등을 나타내는 의미이다.

일본어의 「段取だんどり」단도리는 어떤 일을 진행하는 순서 또는 준비를 뜻하는 말인데 이를 우리는 "내일 태풍이 온다니까 '단도리' 잘하도록 해."라고 하여, '미리 대비, 채비를 잘하라'는 의미로 잘못 사용하고 있다.

'유도리'는 어떤 상황에서 적절하게 융통성 있게 지혜 또는 재주를 발휘해 보라는 뜻을 담아 '유도리 있게 생각하고 일을 처리하라'라는 등의 의미로 사용하지만, 일본어의 「ゆとり」유토리는 마음의 '여유'라든가 경제적인 '여유' 등의 뜻이기 때문에 이 말 또한 의미가 다르다.

'기스'는 일본어의 「傷きず」에서 온 말로 우리말의 흠이나 흠집, 결점, 티 등으로 표현하면 될 것이다.

'뽀록나다'는 현재 '표준국어대사전'에는 속된 말로 '숨기던 사실이 드러나다'의 의미로 등재되어 있지만, 일본어투 생활 용어 순화 고시 자료 문화체육부 고시 제1995-32호, 1995년 8월 31일에 '드러나다', '들통나다'로 쓰라고 되어 있다. '뽀록'은 일본어의 「襤褸ぼろ」보로에서 온 말로써 「ぼろがでる」보로가 데루라고 하면 '결점 또는 약점이 드러나다'라는 의미이다.

그 외에도 나와바리, 시다바리, 뗑깡, 나가리, 야메, 가오 등의 표현들도 여전히 지상파 방송은 물론 매일 조회 수가 이백만을 훌쩍 넘는 인지도 있는 유튜브 콘텐츠에서도 자주 들을 수 있다.

일본식 외래어 표기와 음식 이름

수업 중 학생들에게 「週末は家でテレビを見ました。」를 한국어로 해석하라고 하면 '주말에는 집에서 테레비를 봤습니다.'라고 한다. '텔레비전'이라는 단어가 한국어와 일본어의 외래어 발음이 같다는 것을 학생들이 인식하지 못하는 것은 아닐 것이다. 그래서 왜 '테레비'라고 해석하냐고 질문하면 모두의 대답이 한결같다. "그냥 무의식에 익숙해져 있으니까, 또는 다들 그렇게 말하니까."라고 한다. '테레비'라는 발음이 일본식 외래어라는 것을 알고 있는 학생도 있지만 일본어를 배우면서 알게 되는 학생들 또한 많다.

'테레비テレビ'는 'television'의 일본어 외래어 발음이다. '표준국어대사전'에서 검색해 보면 'television'의 한글 표기법은 '텔레비전' 또는 '티브이'이다. 하지만 내가 만난 수많은 학생들 중 '텔레비전'이나 '티브이'라고 말하는 학생은 거의 없었다. 심지어 초등학생까지도 자연스럽게 '테레비'라고 한다.

이처럼 기성세대에서 무의식적으로 사용하고 있는 일본식 외래어들이 부모에게서 들었거나, 학교 혹은 사회에 나와서 영향을 받아 젊은 세대에게 아직도 그대로 전승되고 있는 어휘들이 남아 있다. 리모콘リモコン → 리모컨, 밧데리バッテリ → 건전지, 센타センター → 센터, 스피카 → 스피커, 프로プロ → 프로그램 등 우리의 외래어 표기법이 있는데도 일본식으로 발음하는 외래어는 이제는 그 익숙함에서 벗어나 정확한 표현으로 사용해야 하지 않을까 생각한다.

일본의 오마카세 코스おまかせコース 요리는 정해진 메뉴 없이 주방장에게 일임하는 일본 식당의 메뉴 이름을 말하는데, 최근에 우리의

한식당에서 오마카세를 메뉴로 사용하고, 거기에 더해 이모카세_{주인 이}
_{모한테 맡긴다는 의미}라는 메뉴도 있다. 하물며 TV 예능 프로그램에서 '섬
마카세_{섬에 가서 바다에서 잡은 해산물로 여러 가지 초밥을 만들었다}'라는 말도 만들
어 낸다. 또한 맥주집에서 생맥주를 나마비루로 주문하는 것도 흔히
들을 수 있다. 이렇게 특정 식당에서 손님을 끌기 위한 상술로, 또는 방
송에서 단순한 재미를 위해 무분별하게 만들어지는 용어에 대해 무조
건적인 순화가 아닌 무분별한 용어의 사용을 막기 위한 노력은 해야
한다고 생각한다.

영화·연극·매스컴에서 전문용어로 사용하고 있는 '입봉'

얼마 전 우연히 M 방송국 예능 프로그램을 보던 중 생소한 용어를
들었다. 어떤 여자 연기자가 처음으로 연극으로 데뷔_{우리말의 첫 출연}를
한다고 소개하는 대화 중 '입봉'해서 '입봉떡'을 돌렸다고 자랑하고, 그
말을 듣는 다른 연극계 동료도, 그날 출연한 예능인들 모두 입봉 축하
인사를 건네며 자연스럽게 '입봉'이라는 말을 쓰고 있었다. 그들 중 누
구도 '입봉'이라는 단어를 모르는 이가 없었다.

최근에는 다양한 OTT 서비스를 통해 인기 있는 예능 프로그램이
국내뿐만 아니라 전 세계에 실시간으로도 방영되고 언제든지 클릭해
서 볼 수 있는 시스템이 되었다. 그렇기 때문에 비록 예능 프로그램이
라 할지라도 언어 표현은 신중해야 한다. 물론 방송이라고 해서 한국
어만 써야 한다는 의미도 아니고 '입봉'이 일본어이기 때문에 사용하
면 안 된다는 의미도 아니다. 21세기를 살고 있는 지금 우리말에는 일
본식 표현뿐만 아니라 각 나라별 외래어가 섞여 있고 앞으로도 계속

신조어는 나올 것이다. 때로는 우리말 표현이 적당하지 않아서 영어로 통용되는 말도 있고 콩글리시가 만들어지기도 한다.

'입봉いっぽん'은 일본어에서 타인의 도움을 받지 않고 스스로 독립하게 되었다는 뜻에서「一本立ち」혼자 힘으로 독립하게 됨로, 혹은「一人前になった芸者」능력을 인정받게 된 게이샤를 뜻하여 의미 면에서도 맞지 않다. 따라서 이런 일본식 용어를 대신할 적절한 우리말 표현에 대해서도 고민해 봐야 할 것이다.

우동과 가락국수는 같은 음식일까?

가마보꼬, 우동, 미소시루, 스키야키 일본 전골찌개 와 같은 일본의 음식 이름이 순화어에 들어가 있는 경우도 있다. '표준국어대사전'에는 '가락국수'가 '우동'의 순화어로 등록되어 있다. 원래는 일본의 우동이 한국에 들어오고 나서 한국식 우동이 만들어졌고, 그것 또한 우동이라고 부르다가 가락국수라는 이름이 붙은 것이라고 한다. 그래서 예전에 기차역 근처에서 주로 팔던 우동은 가락국수로 순화되었고, 1990년대 이후 다시 들여온 일본식 우동은 원어대로 그냥 우동이라는 이름으로 정착되었다. 일본의 우동과 우리의 국수는 재료나 만드는 방법이 비슷한 것도 있지만 요리법이나 맛이 다르므로 굳이 순화어로 할 필요는 없을 것 같다.

'가마보코蒲鉾, かまぼこ'나 '미소시루味噌汁, みそしる'도 마찬가지이다. 가마보코는 일본의 오뎅おでん 재료 중 하나이며, 미소시루와 우리의 된장국은 들어가는 재료와 만드는 법도 다르다. 우리의 된장국은 수저로 떠먹는 것이지만 일본의 미소시루는 젓가락으로 저어서 마

신다. 요즘은 일본뿐만 아니라 세계의 다양한 나라의 음식들을 국내에서도 흔히 접할 수 있다. 베트남의 '분짜', 중국의 '훠궈', 태국의 '똠양꿍' 등을 우리말로 바꿔 부르지는 않는다. 우리의 김치나 불고기를 '기무치'나 '야키니쿠'로 불러서는 안 되는 것과 같은 맥락이다.

개그로 시작된 '한본어'는 재미의 소재로만..

'한본어韓本語, 한국어와 일본어가 결합한 문장 구조'는 주로 영상물 따위에서 유머를 위해 사용된 것이 시초이다. 최근에는 방송에서도 일본어 단어의 사용이 시청자들의 거부감이 많이 없어져서인지 한국인으로 일본어를, 일본인으로 한국어를 조금 알고 있거나 인터넷 정보를 잘 알고 있는 젊은 층을 중심으로 유행하고 있다. 최근 다나카라는 이름으로 방송에서 많은 인기를 끌고 있는 개그맨 K 씨가 지상파 방송 프로그램 등에 초대 손님으로 출연하며 더욱 큰 관심을 얻고 있기도 하다. 유튜브를 자주 보고 있는 젊은 층이라면 '혼또니 배고파ホントニ ペゴパ' 또는 '혼또입니다'라는 한국어와 일본어가 섞인 표현은 흔히 들을 수 있는 말이다. 이런 한본어는 순화어와는 별개로 역사적·문화적으로 전혀 다른 한국어와 일본어가 일본어 학습자나 일본 문화를 접하는 젊은이들 사이에서 자발적으로 생겨나 유행하고 있다. 한편 일본에서도 한류의 영향 또는 한국어 학습자 등에 의해 생겨난 「日韓ピジン」 또는 「日韓ミクス言語」라는 말이 있다. 일본의 인기 개그맨에 의해 유행된 「チンチャそれな진짜 그래」이라든가 젊은이들 사이에서 「アラッソです 알겠습니다」, 「まじコマウォ 정말 고마워」라는 등도 유행한다. 이런 언어문화의 일종인 한본어에 대해 기발하고 흥미로운 언어융합 현

상으로 보는 긍정적인 시각도 있지만, 집단어의 성격이 강한 것으로 의미가 불분명하여 불쾌감을 나타내거나 비판하는 사람도 있다.

　서로 다른 문화와 언어에 관심을 가지는 것은 현재의 시대 흐름 속에서 자연스러운 현상이라고 할 수 있다. 복잡한 역사적 배경과 더불어 다양한 형태로 우리 생활 속에 여전히 남아 습관적으로 사용하는 일본식 표현은 이제 시대의 흐름에 맞춰 우리말의 올바른 사용과 함께 외래어의 바람직한 수용 방법을 고민하고 다른 표현으로 대체하는 데 노력해야 하지 않을까. 우리말에 대한 품격을 지키며 정확한 의사전달 차원에서 외래어를 사용하는 성숙함을 보여 주어야 할 것이다.

고등학생들을 통해 다시 듣는 일본 문화 이야기

이우진(과천외국어고등학교 일본어과 교사)

일본 문화 수업에는 교과서뿐만이 아니라 학생들이 읽었으면 하는 책을 추천해 주기도 한다. 기존의 책들은 일본 관련 도서라고 해도 학술적인 관점에서 일본 문화를 다루고 있어 청소년들이 읽기에는 용어나 내용도 어렵고 분야도 제한적이었다. 그러나 2021년 첫 책이 나온 《알면 다르게 보이는 일본 문화》 시리즈는 주제도 다양하고 쉽게 풀어 써서 문화적 이해나 공감이 쉬웠다. 그래서 학생들에게 추천하는 데 부담이 없었던 것 같다.

마침 일본 문화에 대한 발표 수업 내용 중에《알면 다르게 보이는 일본 문화》에 나온 소재와 관련하여 흥미로운 내용이 있어 소개하고자 한다. 필자는 4권에서 '일본인의 상'이라는 제목으로 참여했다.

외국어고등학교의 학생들이지만 전공어학과의 대학생들 못지않게 내용을 잘 요약해 발표하고 자기의 의견이나 견해를 솔직하게 제시하는 모습을 보고 많이 놀랐다. 이렇게 다양한 관심거리를 가지고 대학에 진학하거나 사회에 나간다면 일본을 편협한 시각이 아니라 넓은 관점으로 보는 힘을 기를 수 있겠다는 생각에 매우 흡족했다. 학생들의 발표를 들으며 '아는 만큼 보이고 보는 만큼 느낀다.'라는 말이 어떤 뜻인지 실감할 수 있었다. 그중에 두 가지 주제만 뽑아 정리해 보았다. 이

책을 통해 다양한 분야의 지식을 함께 공유한 저자분들의 노력은 분명 청소년들에게 올바른 가치관을 기르는 자양분이 될 것이라고 생각한다. 이번에 소개하는 박정후, 박유미 학생의 발표 외에 흥미로운 내용도 많았지만 지면의 제약으로 두 학생의 내용만 실어서 아쉬움이 남는다. 다음에 기회가 있기를 기대한다.

태평양전쟁의 축소판 노몬한 전쟁 – 일본어과 박정후

박정후 학생은 육군사관학교 진학을 목표로 하고 있어 전쟁사에 관심을 갖고 노몬한 전쟁에서 나타난 일본군의 문제점을 다음과 같이 제시했다. 요약하면 적에 취약한 일본의 무기 체계와 전투 방식, 정보 경시 적의 전투 능력에 대한 과소 평가, 병참 경시 등을 꼽았다.

강제규 감독의 영화 〈마이웨이〉 2011에 등장하는 전쟁터가 노몬한으로, 주인공 장동건이 소속된 일본군이 패배했던 노몬한 전쟁은 태평양전쟁 패전의 서곡이라고 알려져 있다. 노몬한 전쟁의 패배 원인과 문제점 등을 바로 잡지 못했다는 점이다. 패배로부터 아무것도 배우지 못했고 깨닫지 못했으며 전투가 사건으로 축소되었고 이 문제들이 해결되지 않은 채 태평양전쟁에서 그대로 반복되어 나타난 것이다.

전쟁은 인간이 가장 혐오하는 것만큼이나 해당 국가와 국민에게 한맺힌 역사적 사실로 남을 것이 분명하다. 따라서 싸워야만 한다면 이겨야 하는 것이 국가와 국민을 대표한 군인의 소명일 것이다. 따라서 이런 전쟁사 연구를 통해 얻을 수 있는 교훈은 반드시 존재한다. 이에 대해 학생은 첫째로 군대라면 지휘 체계의 명확성이 절대적으로 필요할 것이다. 당시 일본군 장병 간의 하극상 문제의 발생에서 볼 수 있듯이, 상급 지휘관의 권한과 책임이 명확히 규정되어야 하며 독단적인 행동이나 임기응변적 작전 수행이 허용되지 않도록 체계적인 지휘 체계가 확립되어야 한다고 강조했다. 둘째로 현대전 대비 훈련 강화가 필요하다는 것이다. 노몬한 전쟁 당시 소련의 기갑부대와 개량된 전차에 맞서 정신력과 백병전을 강조했던 일본군의 모습을 통해, 우리 한국군은 현대전에서 필요한 첨단 기술과 화력 중심의 전투력을 강화해야 할 필요가 있다고 했다. 근래 벌어진 우크라이나와 러시아의 전쟁에서 대학생 동아리에서 탄생한 드론이 현대전 신형 무기로 병사를 대신하여 전쟁에 사용되고 있으며, 또한 이스라엘이 일명 아이언 돔Iron Dome을 이용해 하마스의 로켓 공격에 대응하는 것처럼 현대전에서 최신의 군사 기술과 장비의 꾸준한 개발, 지속적인 훈련과 장비 보급은 필수 불가결한 것임을 알 수 있었다.

인형의 나라 일본 - 일본어과 박유미

다른 여러 나라의 문화를 배우면 사람들이 세상을 바라보는 시각을 알 수 있다고 말하던 박유미 학생은 그중 일본인이 세상을 바라보는 시각을 가장 잘 나타내는 것이 신도 문화라고 생각했다. 특히 일본의 민속 신앙인 신도는 만물에 영혼이 깃들어 있다는 믿음에서 시작된 것으로 현재 일본에서 어떻게 드러나는지 궁금했는데 마침 일본 문화 수업의 프로젝트 활동으로 《알면 다르게 보이는 일본 문화》를 읽고 '이주영 작가의 인형 문화'에 대해 소개하기로 했다고 한다. 과거뿐만 아니라 현대에도 일본 사람들은 인형에 영혼이 담겨 있다고 믿으며 인형 공양을 행하는 등 신도가 현대에도 영향을 미치고 있다는 사실이 AI

시대를 살아가는 우리에게 가능한 일인가라는 질문을 던져 주었다. 일본이 인형의 나라인 이유는 인형을 '영혼'이 담긴 신성한 존재로 보기 때문이다. 다른 나라에도 인형은 많지만, 단순히 장난감이나 장식품 정도로 인식한다.

반면, 일본은 로봇조차도 인형의 일부로 여겨 로봇에도 영혼이 있다고 믿으며 친숙하게 대한다. 로봇을 그저 기계로 바라보는 서양과는 다른 모습이다. 이처럼 로봇에 대한 친근한 태도가 일본의 로봇 산업의 발전을 가져왔다고 해도 과언이 아니라고 했다.

이처럼 일본의 민속 신앙은 과거에만 머무르는 것이 아니라 현대의 국가 산업에도 영향을 미치고 있다는 생각에 놀랐고, 인형을 비롯한 사물에 보다 큰 관심을 갖는 계기가 되었다는 의견을 제시했다.

이 외에도 많은 학생들이 《알면 다르게 보이는 일본 문화》 시리즈를 읽고 다양한 주제로 발표했다. 고등학생이지만 일본 문화를 정확하게 이해하고 발표하며 토론하는 모습을 보니 담당 교사로서 보람을 느꼈고 우리 학생들이 대견하기도 했다.

《알면 다르게 보이는 일본 문화》의 영향력

한일 관계가 급속하게 냉각되었고 코로나19 팬데믹 사태로 한일 양국의 물리적인 왕래마저 끊겼던 2021년. 정말로 가깝고도 먼 나라가 되어 버린 한국과 일본이었으나 한일 민간 교류의 의지까지 없어지지는 않았다. 한국방송통신대학교의 일본학과 이경수 교수님과 강상규 교수님이 주축이 된 '동아시아 사랑방 포럼'과 인연을 맺은 집필진이 《알면 다르게 보이는 일본 문화》의 첫 도서를 출간한 것이 좋은 예이다. 일본을 주제로 한 도서들은 많았지만 이렇게 다양한 분야의 덕후들이 모여 책을 낸 것은 이 시리즈만의 강점이라고 생각한다.

한일 관계가 좋지 않은 상황에서 한일 민간 교류는 계속되어야 한다는 생각에 동의하던 한국 언론과 일본 언론에서 큰 관심을 받았고, 한국과 일본의 독자들 사이에서도 화제가 되면서 지금은 스테디셀러가 되어 많은 독자에게 일본 문화 신드롬으로 다가가고 있다.

끝으로 고등학교에서 일본 문화 수업을 하는 입장에서 학생들에게 영상 자료가 아니어도 다양한 직업군의 일본 전문가들이 모여 생생한 일본 문화를 들려주는 《알면 다르게 보이는 일본 문화》 시리즈의 많은 저자분들에게 감사의 말씀을 드린다. 청소년들의 교육 현장에서 근무하는 교사의 입장에서 저자들의 생각과 경험이 청소년들에게 이처럼 잘 전달되고 있음에 무척 기쁘고 필자 역시 함께할 수 있어서 영광이다. 다음에는 고등학생들에게도 고등학생이 본 일본 문화에 대해서도 집필의 기회가 주어지면 더 좋겠다는 바람을 전해 본다.

6

여전히 신기한 일본 문화

미학에 대하여
– 미학이란 아름다움을 고찰하는 학문

번역: **장미숙**(광호상사 이사)

아름다움을 고찰하는 학문

미학이라는 말을 들어 본 적이 있는가. 미학은 아름다움을 고찰하는 학문이다. 흔히 미학을 미술사학처럼 생각하는 경우가 있는데 둘은 엄연히 다른 학문이다. 미술사학은 '미술'이라는 시각 예술을 주로 역사적 관점에서 고찰하는 학문이다. 이에 비해 미학은 미술이라는 시각 예술로 한정되지 않고 음악, 연극, 문학, 영화 등 모든 예술 분야를 다룬다. 그리고 미학이 대상으로 하는 아름다움은 예술로만 한정되지 않는다. 자연미, 인격미, 수학 구조의 아름다움도 미학의 대상이 된다. 다시 말하면 미학은 만물에 깃든 있는 그대로의 아름다움을 탐구하는 학문이다.

세계 최초로 미학 강좌를 개설한 도쿄대학

이런 미학을 학문적으로 고찰하는 미학 강좌를 세계 최초로 개설한 학교는 일본의 도쿄대학이다. 물론 개인이 아름다움을 고찰한 행동은 먼 옛날 고대 그리스 이전부터 있었지만, 대학이라는 조직에서 하나의 독립된 학과로 미학 강좌를 세계 최초로 개설한 것은 1900년 도쿄대

474   알면 다르게 보이는 일본 문화 5

학에서 오쓰카 야스지를 전임교수로 임명하면서부터였다.

　유럽과 미국에서 미학이 강좌로 도입된 역사를 보면, 파리 대학에서 버쉬를 미학 초대 교수로 임명한 1920년이 가장 빠르고, 그 후 1955년에 이탈리아의 토리노 대학, 1964년에 네덜란드 암스테르담 대학에서 미학 강좌를 열었다. 이처럼 의외로 '미학'이라는 학문은 유럽이나 미국이 아니라 아시아의 일본이 세계 최초로 제도적인 관점에서 미학을 중요한 학문으로 생각하여 대학에 개설했던 것이다.

'심미학'에서 '미학'으로 번역

　그런데 '미학'이라는 학술 명칭은 메이지 시대에 일본인이 서양의 용어를 번역해서 새롭게 만든 말이다. 미학이란 명칭은 루소의 번역으로 유명한 나카에 조민이 1883년부터 1884년에 걸쳐 문부성 편집국에서 간행한 《미학 L'Esthetique》을 일본어로 번역한 《유씨미학》에서 처음 사용한 말로 조민이 만든 용어이다. 《유씨미학》에서 '유'는 이 책의 저자인 프랑스 학자이자 저널리스트인 외젠 베론 Eugene Veron 의 '베'를 음으로 번역한 것으로, '유씨미학'은 '베론 씨의 미학'이라는 뜻이다.

　그때까지는 철학자인 니시 아마네와 이노우에 데쓰지로가 '미묘학'이라고 번역하고, 고명한 작가이자 제실박물관 지금의 도쿄국립박물관 총장이었던 모리 오가이가 '심미학'이라고 번역했으나 《유씨미학》이 간행된 후 유럽 근대어 esthetique, aesthetics, Asthetik의 번역어는 '미학'이라고 통일되었다. 참고로 모리 오가이가 symphonie, Sinfonie, symphony 등의 서양어를 번역해서 만든 말인 '교향곡'은 이후에 일본어로 정착되어 지금도 일반적으로 사용되고 있다.

메이지 시대에 서양어를 일본어로 번역하는 과정

이처럼 메이지 시대의 일본인은 한창 서양어를 일본어로 번역하는 과정에서 완전히 새로운 말로 만들었다. 흔히 중국 사람들이 한자는 중국이 만든 것이고 그 한자를 사용하는 문화권은 중국이 중심을 이루고 있어서 중국이 문화적 지배권을 갖는 것은 당연하다고 말하기도 하지만 이런 중화사상은 정말로 문제가 많은 편이라고 생각한다. 현대의 과학 기술이나 현대 문명의 여러 말들은 메이지 시대의 일본인이 서양어를 일본어로 공들여 번역한 조어가 극히 많고, 이렇게 일본인들이 만든 조어가 현대 중국의 말에 그대로 유입되어 일반적인 중국말로 중국인들이 사용하고 있기 때문이다. 이런 점에서는 일본 문화야말로 역사적으로 주체_{중심}이고 중국인들은 메이지 시대의 일본인들의 덕을 본 것이라고 생각한다.

그런데 원래 미학을 가리키던 유럽 근대어 esthetique, aestheics, Asthetik은 어떻게 생겨난 것일까? 이들 단어는 '미학'을 뜻하는 라틴어 aesthetica를 프랑스어, 영어, 독일어로 번역한 것이다. 그리고 라틴어 aesthetica는 고대부터 존재했던 라틴어가 아니고 18세기 1735년에 독일인 철학자인 바움 가르텐이 만든 것이다. 바움 가르텐은 1735년 간행한 첫 작품 《시에 관한 몇 가지 주제에 대한 철학적 성찰》에서 '감각과 관계되다'라는 의미의 그리스어 '아이스테티코스'를 토대로 새로운 학술 용어 'aesthetica'를 만들었다.

여기서 중요한 점이 있다. 분명히 바움 가르텐이 '미학'을 뜻하는 라틴어 aesthetica를 학술 용어로 새롭게 만든 것은 맞지만, 애석하게도 미학이라는 학문의 창시자는 바움 가르텐이 아니라는 것이다. 지금도 이에 대해서는 종종 이야기되고 있다. 정리하자면, 미학은 18세기에 독일인 바움 가르텐에 의해 창시된 것이 아니다. 아름다움을 나타내는 '미'의 철학이고 '미'의 학문인 미학은 고대 그리스의 플라톤이 창시했다. 바움 카르텐은 미학으로 번역되는 학술 라틴어 aesthetica를 만들어서 자신의 독자적인 철학 체계 안에 미학을 위치시키고 체계화했다는 점에서 주목할 만한 학자이지만 미학의 창시자는 아닌 것이다.

미학은 플라톤에서 시작해서 아리스토텔레스를 통해서 계승된 이후에 플로티노스, 알베르투스 마그누스, 토마스 아퀴나스, 나아가 마르실리오 피치노를 통해 계승된 '미의 학'이다.

미학은 미의 학이고 미를 이론적으로 깊은 심도로 고찰하는 학문이기 때문에 미학의 중심에는 미의 철학이 존재한다. 플라톤에서 시작하는 미의 철학, 형이상학이 미학의 기초가 되었다. 물론 미는 형이상학적이기만 하거나 철학적이기만 한 것은 아니다. 당연히 여러 가지 미의 본연의 모습, 미의 여러 가지 양상이 존재한다는 것은 당연하다. 예를 들어 미술 작품에도 여러 가지 아름다움이 존재한다. 그런데 미술 작품을 역사적으로 고찰한다면 그것은 미술사학이 된다.

'미술사학'의 대상이자 '미의 철학'의 대상

미술사학이 대상으로 하는 '미'는 당연히 미의 철학에서 다루는 대상이기도 하다. 이렇게 본다면 미의 철학은 미술사학에 비해 미를 철학적인 관점에서 보다 깊고 근본적으로 다루는 학문이다.

이처럼 미학은 미의 철학을 기반으로 한다. 그리고 철학적인 것은 만물을 대상으로 하면서 보편성을 지닌다. 따라서 미학의 대상은 미술 작품으로 한정되지 않는다. 앞서 소개했지만 미학은 삼라만상의 모든 것을 대상으로 하며 그 본연에 있는 미를 고찰하는 학문이다.

한일의 우정이 만들어 낸 학문적 용어 미학의 탄생

끝으로 필자의 미학 스승인 이마미치 도모노부 선생님과 한국과의 관계에 대해서 조금 언급해 보려고 한다. 이마미치 선생님은 미학은 고대 그리스의 플라톤이 창시했다는 내용의 논문을 쓰셨다. 선생님의 저서 《미에 대해서 美について》, 《사랑에 대해서 愛について》를 한국어로 번역한 것은 서울대학교의 미학 교수였던 백기수 선생님이다. 백기수 선생님은 비화호 근처에서 딱 한 번 뵈었는데 온후하고 존경받는 미학 교수였다. 이마미치 선생님은 서울대학교 총장을 역임하신 고병익 교수의 소개로 백기수 교수를 알게 되었다. 이마미치 선생님은 고병익 교수의 인맥으로 많은 뛰어난 한국인 교수와 친구가 되었고 일본인 보다도 군자의 이름에 걸맞은 훌륭한 인격자들이 한국에 있다고 회상록에 썼다.

이마미치 선생님의 저서 《미에 대하여》는 프랑스의 유명한 미학 관련 출판사로부터 의뢰를 받아 집필한 것으로 프랑스의 미학 총서 중 한 권으로 프랑스어로 번역되어 출간될 계획이었다. 그러다가 여러 경위로 일본어로 출판되었는데 일본어판을 서울대학교 미학 교수였던 백기수 선생님이 한국어로 번역한 것이다.

일본의 원풍경을 찾아서
– 그 깊고 높은 곳, 이야의 비밀

도이 미호(한성대학교 교수)

　일본의 3대 비경을 아는 사람은 얼마나 될까? 일본 3경은 들어 봤어도 3대 비경은 또 무엇인지 고개를 갸웃할 것이다. 심지어 일본인에게 물어도 바로 대답할 수 있는 사람은 많지 않다. 먼저 정답부터 말하자면, 일본의 3대 비경이란 기후현의 시라카와고 白川鄉, 미야자키현의 시이바손 椎葉村, 그리고 도쿠시마현의 이야 祖谷를 말한다.

　'비경'이란 잘 알려지지 않아 신비스러운 곳을 의미한다. 그중 갓쇼즈쿠리 양식 가옥으로 워낙 유명해진 시라카와고는 엄밀히 말하면 '예전에 비경이라고 일컬어진 곳'이라고 표현하는 게 맞을지도 모르지만, 어쨌든 일본의 3대 비경이라 하면 이 세 곳을 말한다. 나머지 두 곳은 지금도 사람의 손이 닿지 않는 대자연 그대로의 모습이 남아 있고, 아직 잘 모르는 사람이 많다는 점에서는 진정한 비경이라 할 수 있다. 여기서는 3대 비경 중 하나이자 나의 고향이기도 한 도쿠시마현 이야 지역의 매력을 소개하고자 한다.

이야는 어디에?

　이야는 시코쿠의 중심 산악 지대에 위치하며, 행정적으로는 도쿠시마현의 서부, 미요시시三好市에 속하는 지역이다. 16세기 후반에 한시적이긴 하나 무로마치 막부를 지배한 미요시 일족이 이 지역을 본거지로 삼았고, 전국의 미요시 성씨의 시조로 여겨지고 있다.

시코쿠의 기후는 대체로 온난하지만 산간부는 사정이 다르다. 서일본에 속하는 시코쿠에는 눈이 거의 내리지 않을 것이라고 생각할 수도 있지만, 국토의 3/4이 산악 지대인 일본에서는 북쪽이 아니어도 산간에는 꽤 많은 눈이 내린다. 이야에도 겨울에 20센티미터 넘게 눈이 쌓일 때가 많고 근처에는 스키장도 있다.

행정적으로는 같은 시에 속한다 해도 미요시시의 시내에서 이야의 입구까지는 차로 1시간 정도 걸린다. 이야에는 지금도 130명 정도가 살고 있는 오치아이落合라는 거주 구역이 있는데, 이곳은 마치 비밀의 은신처와 같은 마을이다. 마을 내의 최고 높이와 최저 높이의 차이가 무려 390미터나 되고, 심지어 국도에서는 이 마을이 보이지도 않는다.

시코쿠의 중심에 위치해 '시코쿠의 배꼽'이라
불리는 미요시시

오치아이 마을에는 에도 시대 중기에 세워진
민가도 남아 있다.

일본에서 가장 가파른 경사에 있는 마을이며, '하늘로 이어지는 마을', '천공天空의 마을'이라고도 일컬어진다. 이 지리적 설명만으로도 이야가 왜 비경이라고 불리는지 알 수 있을 것이다.

이야의 가즈라바시

이야의 지리적 특징을 살폈으니 이제 본격적으로 이야의 볼거리를 소개하려고 한다. 이야 하면 바로 떠오르는 것이 있는데 바로 '가즈라바시かずら橋'이다. 가즈라바시는 이야 계곡에 걸려 있는 길이 45미터, 폭 2미터의 다리이지만 이 다리가 특별한 이유는 식물로 만들어졌기 때문이다. 가즈라덩굴 식물을 한데 엮는 전통적인 방법으로 만들어진 현수교이다. 가즈라바시는 직접 걸어서 건널 수는 있으나 식물로 엮은 다리라서 바람이 없어도 사람이 움직일 때면 심하게 흔들거린다. 다리의 나무 발판 사이사이로 강물이 보여 오감으로 자연을 느낄 수 있지만, 수면부터의 높이가 14미터나 되기 때문에 고소 공포증이 있는 사람은 다리를 건너기 시작한 것을 후회하기 일쑤이다. 아름다운 경치를 만끽하기는커녕 앞으로도 뒤로도 가지 못하고 주저앉아 버릴 수도 있다. 무서운 놀이기구를 즐기지 않는 사람이라면 강가에서 대자연 속의 특별한 다리를 눈으로만 감상하는 것을 추천한다. 재질이 식물이라고 하니 다른 의미로 걱정할 수도 있지만 안전을 위해 3년에 한 번씩 교체하고 있으니 안심해도 좋다.

그런데 왜 떨어지면 안 되는 다리를 견고한 소재가 아닌 식물로 만들었을까? 이야는 '미스테리와 로망의 마을'이라고도 불리는데, 가즈라바시의 유래에 바로 그 비밀을 밝히는 키워드가 숨어 있다.

헤이케의 오치우도 전설

  그 키워드는 바로 헤이케의 오치우도 平家の落人 전설이다. 헤이안 시대 말기, 절대적인 권력을 장악하여 더없는 부귀영화를 누리던 일족 '헤이케'와 그를 무너뜨리기 위해 뭉친 '겐지' 세력이 있었다. 두 세력은 자기 가문의 운명을 걸고 수년간 전쟁을 벌였고, 1185년의 마지막 전투에서 헤이케가 패배하여 멸망했다. 이때 달아난 헤이케 측 사람들을 '헤이케의 오치우도'라 한다. 병사만이 아니라 여성과 아이들도 있었기 때문에 패잔병이 아니라 오치우도 落人 라고 부른다. 승자가 된 겐지는 헤이케의 잔당을 소탕할 것을 명했기 때문에 오치우도는 사람들의 눈을 피해 외진 산골짜기로 뿔뿔이 흩어져 숨어 살게 되었다고 한다.

  다리를 덩굴로 엮은 이유는 겐지의 군사들이 자신들을 뒤쫓아왔을 때 쉽게 다리를 끊어 버리기 위함이었던 것이다. 쫓아오는 적으로부터 목숨을 지키기 위해서는 건널 수 있을 만큼 튼튼해야 하지만 언제든 순식간에 없앨 수 있어야 하는 다리라니, 참으로 아이러니하다.

  물론 이것은 어디까지나 전설이다. 그리고 일본에서는 도호쿠 지방부터 오키나와까지 전국에 130개를 넘는 헤이케의 오치우도 전설이 존재한다. 전설의 수가 너무 많기 때문에 그중에는 신빙성이 떨어지는 것도 있지만, 이야의 경우 헤이케의 깃발이나 후예가 살았다는 민가 등 전설을 뒷받침하는 유물이 많이 남아 있어 학계에서도 주목받고 있다. 전설의 설득력이 질적으로나 양적으로나 타 지역을 압도하는 것은 사실이어서 '미스테리와 로망의 마을'이라고 불린다. 가즈라바시 외에도 헤이케 일족과 관련이 있는 묘와 신사도 특별한 형태로 남아 있고, 매년 가을에는 무사 행렬을 재현한 '이야 헤이케 마쓰리'도 개최된다.

교통이 발달한 지금도 이야로 가는 길은 험하고 좁은데, 천 년 전에는 얼마나 힘들었을까? 일부러 그런 힘든 곳을 찾아서 정착한다는 것은 그만큼 절실한 어떤 사정이 있었을 것이다. 참고로 바깥세상과 단절된 듯한 오지에는 이런 전설이 있기 마련인데, 3대 비경 중 나머지 시라카와고와 시이바손도 예외는 아니다. 일본의 중세 역사에 관심이 있다면 '헤이케의 오치우도'를 키워드로 역사 속 수수께끼 풀이 여행을 떠나 보는 것도 재미있을 것이다.

이야의 가즈라바시

보라색 등나무와 대비되어
아름다운 가즈라바시

헤이케의 어의가 지낸 곳으로
알려진 민가

오보케 고보케

이야가 '미스테리와 로망의 마을'이라 불리는 이유에 대해 소개했지만 이야 지역의 매력은 이뿐이 아니다. 이야까지 오면 근교에 꼭 들러야 하는 곳이 있다. 바로 오보케 고보케이다. 이곳은 시코쿠산맥을 가로지르듯이 흐르는 요시노가와吉野川강 유역의 계곡이다. 약 8킬로미터에 달하는 계곡이며 2억 년의 세월을 거쳐 만들어졌다. 오보케 계곡의 하류 3킬로미터를 고보케라고 하는데, 이 두 곳을 합쳐서 '오보케 고보케'라고 부르는 게 일반적이다. 재미있는 어감인데, 보케步危는 산 중턱에 있는 언덕을 의미하는 고어古語가 어원이라고 한다. 양쪽 바위는 마치 대리석 조각 같기도 하고 다른 계곡에서는 볼 수 없는 특색이 있는 경치를 자랑한다. 유람선을 타면 계곡의 아름다움을 더 가까이에서 느낄 수 있다. 뱃사공의 가이드를 들으면서 봄에는 벚꽃, 가을에는 단풍 속을 지나가면 마치 한 폭의 그림 속에 들어온 것만 같은 경험을 할 수 있다. 또 래프팅 명소로도 유명해 세계선수권대회가 열린 적도 있는 등 계절마다 다른 표정을 보여 주는 장소이다.

오보케의 도롯가에 휴게소가 있는데 여기에는 '요괴 박물관'과 '돌 박물관'이 있다. 이 지역에는 특히나 많은 요괴 전설이 전해 내려와서 세계 요괴협회로부터 후대로 남겨야 하는 괴유산怪遺産으로 인정받기도 했다. '돌 박물관'에는 세계의 귀한 돌들이 전시되어 있을 뿐만 아니라 천연기념물로 지정된 오보케의 지질이나 형성 과정을 볼 수도 있다.

이런 휴게소를 일본에서는 '미치노에키'라고 한다. 고속도로가 아닌 일반도로에 설치된 휴게소를 말하며, 철도의 역에키에 빗대어 도로의 역, 미치노에키道の駅라 부른다. 고속도로 휴게소에 비해 규모가 작지

만 미치노에키의 중요 콘셉트 중 하나가 지역의 정보를 전하는 것이어서 그 지역의 역사와 문화를 소개하는 자료관, 특산품 판매 코너 등을 포함한다는 점이 특징이다.

일본 여행을 많이 다녀왔다는 사람들도 미치노에키를 잘 모르는 경우가 많다. 일반도로에 설치된 지역 밀착형 시설이라서 대도시보다 지방에 많기 때문이다. 참고로 도쿄에는 한 군데밖에 없고, 홋카이도에는 127곳, 시코쿠에는 90곳 등 전국에 1,200곳이 넘는 미치노에키가 있다. 만약 차로 여유롭게 지방 소도시를 여행할 기회가 생긴다면 미치노에키에 들러 잠시 휴식을 취하며 그 지역의 향기를 느껴 보는 것을 추천한다.

마음을 따뜻하게 해 주는 이야의 소박한 맛

이야에는 또 다른 볼거리도 있지만 아무리 경치 좋은 곳이 많다 해도 금강산도 식후경. 그래서 이번에는 이야의 소박한 먹거리 세 가지를 소개한다.

우선 이야의 소울 푸드라고 할 수 있는 이야소바. 이 소바메밀도 앞에서 언급한 '헤이케의 오치우도'가 메밀 재배를 시작한 것이 계기라고 한다. 경사진 땅이 많은 이야에서는 벼농사가 어려웠고, 메마른 땅에서도 싹이 잘 트고 생육 기간이 짧으며 보관이 쉬운 메밀이 사람들의 주식이 되었다. 본래의 이야소바는 밀가루를 전혀 넣지 않아 굵고 끊어지기 쉬운 게 특징이고, 면으로 먹지 않고 소바고메そば米로 먹기도 한다. 소바고메란 메밀 열매를 삶아서 껍질을 벗겨 건조한 것이다. 간장으로 맛을 낸 국에 닭고기나 산나물 등과 함께 조리한 요리인데

메밀을 가루로 만들지 않고 열매 그대로 먹는 문화는 전국적으로도 흔치 않다고 한다. 소바고메는 톡톡 터지는 식감이 중독성이 있다.

두 번째는 '데코마와시'. 감자, 곤약, 두부 등을 꼬치에 꽂고 특채 미소를 발라 구운 요리이다. 비슷한 꼬치 요리는 '미소 덴가쿠'라 불리며 일본 각지에 있지만, 데코마와시는 한입에 들어가는 작은 감자, 끈으로 묶어도 안 부서질 정도로 탄탄한 이시도후石豆腐, 돌두부 등 이야 지역만의 특색 있는 식재료를 사용한다.

그리고 세 번째는 꽤나 귀한 향토 요리 '히라라야키'이다. 평평한 돌을 달군 후, 돌 위에 미소된장로 담을 만들고 그 안에 생선이나 야채를 넣어 조리한다. 팽팽한 돌을 '히라라'라고 불러 이런 이름이 붙여졌다고 한다. 생선은 물이 깨끗한 요시노가와강에서 잡은 산천어와 은어를 사용한다. 물론 철판이나 냄비에서도 만들 수 있고 실은 그게 더 쉽지만 야외에서 돌 위에서 조리해야 제맛이다.

(좌) 오보케 계곡 유람선_왕복 30분 동안 대자연을 만끽할 수 있다.
(중) '고나키 지지이(子泣き爺)'_아기 울음소리를 내는 노인 모습을 한 요괴. 인기 애니메이션 〈게게게의 기타로〉에도 등장하는 유명 요괴이다. JR 오보케역 역장으로 손님을 맞이하고 있다.
(우) 히라라야키_평평한 돌 위에 미소로 만든 담 안에서 조리한다.

이야의 원풍경을 지켜 온 외국인

지금껏 이야의 원풍경을 지키기 위해 노력해 온 사람은 현지 주민만이 아니었다. 오히려 지금부터 설명하는 두 미국인의 공이 크다고 할 수 있다.

동양문화 연구자 겸 작가인 알렉스 커Alex Kerr는 1971년에 처음으로 이야를 찾았고, 고도 경제 성장기의 일본에서 바깥세상과는 전혀 다른 풍경그의 말을 빌리면 천 년 전에 중국에서 그린 수묵화와 같은 환상적인 세계을 목격하고 충격을 받았다. 그리고 그 신비스러운 풍경에 매료되어 이야의 모습을 후대에 남기기 위해 다양한 활동을 펼쳐 왔다. 그는 지어진 지 300년 된 당시 폐가 상태였던 민가를 구입해 '지이오리簸庵'라고 이름을 붙였다. 마을 주민의 도움을 받아 직접 초가 지붕을 수리하면서 누구보다도 이야를 사랑하는 '마을 사람'으로 살았다. 외국인이 드물었던 1970년대에 파란 눈의 청년이 지게를 지고 산길을 다니는 모습을 본 사람들은 얼마나 놀랐을까? 그는 지금은 교토에 살고 있지만 여전히 이 민가의 소유자이다. 지이오리는 리모델링을 거듭해 현재는 누구나 견학하고 숙박할 수 있는 게스트하우스로 운영 중이다. 알렉스 커가 이야에 발을 들인 1970년대만 해도 이야의 많은 집에서 전통적인 난방 시설인 이로리로 불을 피웠지만, 지금 이로리를 써서 불을 피우는 집은 지이오리가 유일하다.

그는 일본의 시골이 과소화와 공공 토목 공사로 인해 역사적 유산이 사라져 가는 상황을 우려해 옛것의 보존을 위해 노력하면서 '지속 가능한 관광'의 가능성과 사람이 닿지 않는 자연의 가치를 알리고 있다. 이런 옛날 집 보존과 지역 풍습을 중요시한 마을 만들기 등에 대한 기

알렉스 커   지게를 지고 집 수리 작업에   메이슨 플로렌스
                  나선 알렉스 커(1970년대)

여를 인정받아 2024년에 일본 건축학회상 문화상을 수상했다.

　그리고 또 한 사람, 이야를 너무나 사랑하는 미국인 메이슨 플로렌스Mason Florence가 있다. 여행 작가인 그는 여행 가이드북의 끝판왕인 '론리플래닛Lonely Planet'에서 이야를 세계로 알렸다. 그는 이야를 제2의 고향이라고 말하기를 주저하지 않는다. 그는 지이오리의 소유자인 알렉스 커와 만나 의기투합했고, 두 사람은 옛날 집 재생을 위한 프로젝트를 시작했다. 그들은 옛날 집을 보존하는 것이 전통적인 생활양식을 보존하고 후대에 전하는 일이라고 생각했다. 이벤트 프로모터이기도 한 메이슨 플로렌스는 이야 관광을 발전시키고 주민 수를 늘리는 홍보 방법을 늘 고민 중이라고 한다.

　일본인에게서 잊혀 가는 일본의 변두리에 대한 관심을 불러일으켜 원풍경을 지키기 위해 행동에 나선 사람이 외국인이었다는 사실이 재미있지 않은가.

레이와 시대를 달리는 66년생 버스

이야의 매력과 가치를 일본인에게 깨닫게 한 사람은 두 미국인이었지만, 사람은 누구나 추억으로 가득한 그리운 풍경, 아름다운 자연을 언제까지나 보고 싶고 남기고 싶어 한다. 그런 마음이 하나가 되어 한 '유물'을 되살아나게 한 에피소드로 이야기를 마무리하고자 한다.

여러분 중에 보닛 버스를 아는 사람은 얼마나 될까? 엔진이 운전석보다 앞으로 나와 있는 구조의 버스이다. 미국의 스쿨버스 같은 형태라고 하면 상상하기 쉬울 것이다. 1950년대 일본에서는 이 보닛 버스가 주류였다. 그러나 보닛의 길이만큼 좌석 수가 적어지기 때문에 보다 운송 효율을 높이기 위해 현재와 같은 형태의 버스로 교체되면서 1970년대 일본에서 보닛 버스는 서서히 모습을 감추었다. 그래서 일본에서는 이 보닛 버스를 쇼와 시대의 풍경으로 기억하고 그리워하는 이들이 많다. 영화 〈이웃집 토토로〉에 나온 버스라고 하면 아마 '고양이 버스'를 떠올리겠지만 〈이웃집 토토로〉에서 인간이 타는 버스로 몇 번 등장하는 게 보닛 버스이다. 그런 쇼와 시대의 버스가 이야에는 몇 대 남아 있다.

그중 시코쿠 교통사에서 보유한 보닛 버스는 1966년에 제조되어 노선버스로 운행하면서 마을 사람들의 발이 되어 주었다. 이후 관광버스로 역할을 바꾼 뒤에도 사람들에게 많은 추억을 선물해 왔지만, 차량으로서 한계를 한참 넘긴 보닛 버스는 고장과 수리를 반복하다가 2021년에 은퇴를 맞이했다.

만신창이였던 보닛 버스는 은퇴 후에 폐차될 위기에 놓여 있었지만 너무나 아쉬워하는 사람들이 많다는 소식을 들은 회사에서 크라우드

영화 〈이웃집 토토로〉의 한 장면

크라우드 펀딩에 성공해 부활한 1966년생 보닛 버스

펀딩에 명운을 걸었고, 과연 뜻을 함께해 줄 사람이 얼마나 있을까 하는 걱정이 무색하게 성공했다. 목표 금액 715만 엔을 웃도는 977만 엔의 기부를 받아 보닛 버스는 다시 달릴 수 있게 되었다. '내가 어릴 적 보닛 버스가 동네를 달리고 있었는데 너무 그리워요. 조금이나마 보탬이 되었으면…', '옛날에 보닛 버스 운전수였습니다. 지금도 보닛 버스가 현역으로 활약하고 있다니! 부디 더 달릴 수 있게 해 주세요.'라며 그 시절의 풍경을 그리워하고 보고 싶어 하는 마음이 전국에서 모인 것이다.

장기간에 걸쳐 수리를 무사히 마친 보닛 버스는 또다시 노선버스로서 승객을 태울 수 있게 되었다. 하지만 현재는 정기 운행 편은 아니다. 운행 회사의 홈페이지를 보면 보닛 버스에는 에어컨이 없고 당일의 '건강 상태'에 따라 예고 없이 운행이 중단될 수도 있다고 크게 쓰여 있다. 노선버스의 안내 사항으로는 있을 수 없는 내용이지만, 이것은 단순한 운송 수단이 아닌 추억을 태워 달리는 특별한 차량이기 때문에 보닛 버스의 '나이'를 생각하면 누구나 이해할 것이다. 크라우드 펀딩에 뜻을 함께한 사람들은 모두 보닛 버스가 무리하지 않고 언제까지나 '건강하게', 가끔이라도 좋으니 거리에서 그 모습을 보여 주었으면 하는 바람일 것이다.

레이와 시대가 된 현대의 거리에서 쇼와의 추억이 살아 숨 쉬고 있는 풍경은 매우 특별하다. 이야는 쇼와의 전원 풍경과 향기를 느낄 수 있는 '일본의 원풍경'의 하나라고 할 수 있다. 언제까지나 이 아름다운 자연이, 전통이 남아 있기를 바란다. 하지만 나의 추억을 위해 누군가에게 불편을 강요할 수는 없는 노릇이다. 지속 가능한 공존, 지속 가능한 관광, 그린 투어리즘의 성공은 쉬운 일이 아니지만 그 가능성을 함께 찾아볼 수 있을 것이다. 앞서 소개한 알렉스 커는 이야의 에피소드를 비롯해 본인이 매료된 일본 문화에 관한 책을 썼다. 우리에게 시사하는 바가 큰 그 책의 제목은 《아름다운 잔상 美しき殘像》. 영어로는 'Lost Japan'으로 번역되어 있다. 이야뿐만 아니라 일본에는 아직은 그리운 원풍경이 남아 있다. 완전히 사라지기 전에, 실제로 '아름다운 잔상'이 되어 버리기 전에 빛나는 원풍경을 마음에 담는 여행을 떠나 보는 것은 어떨까?

지바 토박이가 안내하는
나리타 공항 출발 전 3시간 나들이

오구라 스미요(한국방송통신대학교 강사)

나리타 공항에서 비행기를 갈아탈 때 3시간이 남는다면, 그 짧은 시간에 무엇을 할까?

'나리타'라는 지명을 들으면 대다수의 한국인은 나리타 공항을 먼저 떠올릴 것 같다. 한편, 많은 일본인들은 연말연시에 나리타에 간다고 하면 나리타산 신쇼지新勝寺에서 하는 첫 참배를 생각한다. 나리타산 신쇼지는 연간 1,000만 명 이상이 참배하는 절이고 연말연시에는 새해 첫 참배를 하려고 사람들이 몰려오는 곳이다. 헤이안 시대인 940년부터 참배가 시작되어 일본인에게는 아주 친근한 장소이다. 일본에서 중요한 역사적인 장소가 국제공항 근처 곳곳에 있으나 이를 알고 있는 한국 사람은 별로 없다.

나리타 공항 근처에는 외국인에게 알려지지 않은 사적이나 관광명소가 많으며 3시간 이내에 다녀올 수 있다. 지바 토박이 입장에서 소개해 보려고 한다.

밤하늘을 즐기는 천연 온천 '하늘 온천'

피곤한 몸을 치유하면서 비행기가 다니는 하늘을 마음껏 즐길 수 있

노천 온천   항아리탕

는 온천 시설부터 소개하려고 한다. 공항 제2빌딩 앞에서 출발하는 무료 셔틀버스를 타면 약 10분 걸린다. 큰 도로에서 내려오면 바로 나타나는 일본 여관식 건물이 바로 하늘 온천空の湯, 소라노유이다.

평일 저녁에도 퇴근하고 셔틀버스를 기다리는 여성들, 가족과 함께 오신 동네 사람들, 근처 숙박시설을 예약하고 밤늦게까지 온천, 식사, 휴게시설을 즐기려는 사람들로 가득 차 활기찬 분위기이다.

이 온천은 국제공항 개항에 따라 농업이 중심이었던 지역산업이 바뀌고 있는 때, 나리타에 소재한 회사가 나리타의 땅에서 나오는 천연 온천수를 이용해 새로운 산업을 창출하려고 만든 시설이다. 주변에 높은 건물이 별로 없기 때문에 밤하늘에 빛나는 별도 잘 보일 정도로 탁 트였다.

온천 종류도 다양해서 여러 스타일을 즐길 수 있다. 옥상에 있는 노천온천은 온천수가 계속 흘러넘치는 사치스러운 온천과 여과한 온천수를 재가열한 온천의 두 종류로 즐길 수 있다. 또 재미있는 스타일의 욕조도 있다. 어깨까지 충분히 몸을 담글 수 있는 항아리탕이 있고, 편하게 누울 수 있는 1인용 욕조도 있다. 실내에는 사우나도 있고 청결하다. 각지 유명한 온천지를 재현한 욕조도 있고 노송나무 향을 즐길 수 있다.

목욕 준비물을 가지고 오지 않아도 괜찮다. 수건 하나가 천원대부터 판매되고 있고 샴푸, 클렌징까지 목욕탕 안에 비치되어 있다. 큰 여행 가방은 접수처 옆에 와이어로 고정해서 보관이 가능하여 안심이다. 로비에서 일본 술이나 지바의 명산인 땅콩, 장아찌 등 나리타의 특산품을 구입할 수 있다. 전철역에서 걸어올 수도 있다. 일본 최단 철도노선인 시바야마철도선芝山鉄道線. 전선 2.2킬로미터밖에 되지 않는 짧은 노선이다. 게이세이京成 나리타역에서 갈아타고 두 번째 정거장까지 가면 벌써 종착역이다. 하차하고 걸어서 3분이면 도착이다.

시간이 되면 나리타에서 비행기 여행의 피로를 해소하고 지바 산책을 시작하는 것은 어떨까?

'나리타산 신쇼지' 사람들의 소원이 가득 담긴 조용한 푸른 공원

일본에서는 메이지진구明治神宮 도쿄, 시부야, 센소지浅草寺 도쿄, 아사쿠사 만큼 많은 참배객이 찾는 절이 나리타산 신쇼지成田山 新勝寺이다. 매년 12월 31일이 되면 많은 사람들이 새해 기원을 하려고 게이세이 또는 JR을 타고 참배하러 온다. 전철이 철야운행을 하는 날, 새벽이 되면 나리타산 신쇼지의 인파는 최고로 많아진다.

잠깐, 나리타산은 등산하는 '산'이 아니다. 산호山号라는 불교에서 절에 붙이는 이름이다. 나리타산의 불교 종파는 진언종真言宗 지산파

나리타산 신쇼지의 니오문(仁王門)

나리타산 신쇼지 대본당

智山派이고, 나리타산 신쇼지는 나리타산의 이름을 가지는 일본 각지 절들을 총괄하는 절이다.

나리타산에서 가장 중요한 부동명왕상不動明王像은 대문에서 좀 더 올라가야 볼 수 있다. 그런데 외국인 관광객은 입구 주변에 있는 큰 등불이 눈에 띄기 때문인지 거기서 사진만 찍고 가는 경우가 많은 것 같다. 나리타산은 한 바퀴 돌면 한 40~50분 정도 걸리지만 꼭 안쪽 건물까지 보라고 권하고 싶다.

본존불상 말고도 연애 기원에 공덕을 입을 수 있는 애염명왕愛染明王이 있다. 그리고 액막이로 유명한 석가당, 승진을 기원하는 출세이나리出世稲荷도 있다.

나리타산에 오는 사람들은 빌고 싶은 소원이 많다. 원래 나리타산은 무사 시대 초기에 혼란 속에서 평안이 이루어지길 원해서 창립되었다. 헤이안 시대 후반, 귀족 대신 무사들이 사회를 지배하려고 세력이 커지고 있던 939년에 다이라노 마사카도平将門의 난이 발생했다. 이 난의 원인은 복합적인데 마사카도가 귀족 지배 때문에 출세를 포기한 것과 친족간의 배신으로 시작되었다. 마사카도는 2년여 만에 간토 지역

나리타산 신쇼지 연애기원 에마(絵馬)
기원하는 내용을 적은 후 걸고 온다.

출세이나리

의 8개국을 모두 점령했고, 스스로 신황이라고 칭하며 독립 왕국을 건설했다. 이 난은 지방무사가 귀족들이 이끌어 온 조정에 대해 사상 처음으로 일으킨 반란으로 알려져 있다. 그 혼란을 잠재우기 위해 간조 큰스님은 나리타 땅에 어존상을 봉안하고 호마를 피워 기원했다. 기원의 마지막 날에 다이라노 마사카도가 패배하고 다시 평화가 찾아왔다고 한다.

또한 나리타산은 일본의 전통 연극 가부키로 유명한 가문 이치카와 市川 일문과의 에피소드가 잘 알려져 있다. 에도 시대의 초대 이치카와 단주로 市川團十郎, 현재 13대 이치카와 단주로가 대를 잇고 있다 가 자식을 얻지 못해서 기도했더니 무사히 태어났다고 한다. 감사의 표시로 나리타산의 본존 불상인 부동명왕이 등장하는 연극을 상영했다는 기록이 남아 있다. 이것이 계기가 되어 일문의 칭호가 나리타야 成田屋 가 되었다. 그 가문은 현재 13대째가 되어도 인기가 많아 무대를 올릴 때 팬들이 큰 소리로 '나리타야!'라고 부른다.

신쇼지 주변은 나리타산 공원이다. 크기는 4만 명을 수용하는 도쿄

돔 면적의 3.5배로 천천히 산책길을 걷기에 좋은 공원이다. 게다가 입장료가 무료이다. 연못과 인공 폭포, 계절마다 아름다운 모습을 보여주는 나무와 꽃들이 아름다운 추억을 선사해 준다. 계단이나 경사가 급한 구간은 별로 없으니 편하게 돌아다닐 수 있을 것이다.

안쪽에 차실과 서예미술관이 있는데, 나리타산 축제 때는 무료로 특별 개방을 실시하고 있다. 단풍 축제 기간의 주말에는 중요문화제인 차실이 개방되어 녹차를 마실 수 있다. 기다리기만 하면 맛있는 다도 녹차를 맛볼 수 있고, 공원 내에 있는 식물에 대한 이야기도 들을 수 있다. 기모노를 입은 다도 스승과 제자들이 정성 가득 대접해 줄 터이니 손님은 다도 예절을 어렵게 생각하지 않아도 괜찮다. 다리가 저리는 것도 재미있는 경험이다. 단, 일어날 때 넘어지지 않도록 조심해야 한다.

말차抹茶는 풍미가 가득하여 마음까지 편하게 해 준다. 차와 함께 나오는 다과는 나리타산 가문이 각인되어 있어 그날의 추억이 될 것이다.

주의 사항으로는 차실 안에 들어가는 순간, 문화재 보호로 인해 사진 촬영이 금지된다. 큰 소리를 내고 대화하는 것도 피하는 것이 좋다. 혼자 가더라도 조용한 공간에서 사람들과 함께 아늑한 공간에서 손님을 접대하고 배려하는 마음가짐을 배우면 어느새 편안함을 느끼게 될 것이다.

나리타산 참배길 - 나리타의 장어, 양갱 맛보기

나리타역에서 나리타산 대문까지 약 20분. 나리타의 명물을 찾으면

참배길 명물 장어덮밥

요네야 밤 양갱

서 참배길을 걸어다니는 것도 재미있다. 길가의 풍경도 레트로 느낌이 물씬 난다. 목조 건물의 가게들이 많아 에도 시대의 분위기를 느낄 수 있다.

나리타의 명물은 장어구이다. 인바누마印旛沼라는 큰 늪과 도네가 와利根川라는 긴 하천에 둘러싸인 나라타는 민물장어가 많이 수확되었다. 현재는 양식 장어가 많지만 나라타산에 참배하면 장어를 먹는다는 사람들의 행동 양식은 아직까지 변하지 않는다. 여기저기에 장어구이 식당이 있고 가게 앞에서 직접 조리하는 모습도 볼 수 있다.

단, 최근에는 장어가 많이 안 잡혀서 물가 상승 영향도 있기 때문에 좀 부담스러운 가격인 것이 사실이다. 저렴한 집이라도 장어덮밥 1인분이 3만 원을 넘는다. 그래도 줄을 서서 장어를 먹으려는 사람은 여전히 많다.

참배객들이 두 번째로 많이 찾는 명물은 양갱이다. 지바에서는 요네야米屋과 야나기야柳屋가 가장 많이 알려져 있다. 양쪽 다 메이지 시대1890년대에 개업하고 현재까지 국산 원료를 엄선하여 제조하고 있다. 요네야는 나리타산 신쇼지에서 스님들이 먹는 요리에 힌트를 얻어서 일본국내 처음으로 밤을 넣는 양갱을 만들고 판매했다. 둘 다 양갱이 대표 상품이지만, 요네야는 선물용으로 적합하고 야나기야는 가정에서 먹기 좋은 소박한 맛이 특징이다. 점포는 지바에만 있다.

나리타산 신쇼지를 둘러싸고 처마가 이어진 가게들은 지바현의 명산품을 파는 '후사노에키房の駅'는 물론, 소박하고 맛으로 승부하는 카페도 있고 장어를 낀 오리지널 빵을 판매하는 곳도 있어 구경만 해도 재미있다. 군것질을 즐기면서 걸으면 나리타역까지 가는 길도 짧게 느껴질 것이다.

사쿠라 - 무사가 살았던 문화도시

나리타에서 게이세이 전철을 타고 약 12분. 사쿠라佐倉는 지금도 지바에서 유수한 문화도시로 알려져 있다. 넓은 정원을 자랑하는 DIC가와무라 기념 미술관, 국내 최대 규모의 국립박물관이자 박사과정 교육도 실시하는 역사민족박물관이 유명하다.

사쿠라시의 관광 캐치프레이즈는 "십일만석의 조카마치十一万石の城下町"이다. 에도 시대1600~1868에는 사쿠라성이 있었고 지바에서 최대 면적인 번藩이었다. 1석은 어른 한 명이 1년 동안 소비하는 쌀의 양에 상당하며, 따라서 무사가 많이 모여 사는 곳이었음을 알 수 있다. 사쿠라성은 도쿠가와 이에야스의 명령으로 1610년부터 세우기 시작했으며 250년 이상 번창했다. 사쿠라는 에도에서 비교적 가깝기 때문에 수비에 적합한 요소로서 위치했다. 사쿠라성에는 막부에 요직을 역임하는 노중老中, 에도 막부에서 장군에 직속하여 정무를 총찰한 직책이 많았다. 하지만 유감스럽게도 사쿠라성은 현재 유구遺構만 남아 있을 뿐이고 성곽은 제2차 세계대전으로 모습을 잃었다. 그러나 에도 시대에 번창했던 조카마치城下町에서의 무사 생활을 느낄 수 있는 사적이 곳곳에 남아 있다.

게이세이 사쿠라역에서 주택지를 지나서 히요도리 비탈길ひよどり坂이라는 죽림이 보이면 에도 시대의 무사가 된 기분이 된다. 죽림을 지나면 보이는 곳이 무가 저택武家屋敷이다. 에도 시대 말기에 건축된 건물로 내부도 공개되어 있다. 전형적인 무가 저택 세 곳이 나란히 있어 지위마다 다른 주택 구조를 비교할 수 있다. 막부에서 지시된 주택 규제를 지켜서 면적, 문, 현관, 다다미 등이 지위에 따라 다르게 비치되어 있는 것을 바로 알아볼 수 있을 것이다.

번주의 교체가 가장 심했던 사쿠라번佐倉藩, 1746년부터 에도시대 말기까지의 번주藩主는 홋다가堀田家이었다. 마지막 번주의 자식인 홋다 마사토모堀田正倫는 메이지 시대에 사쿠라의 농업과 교육의 근대화에 주력했다. 그의 저택인 구 홋다가 저택旧堀田邸은 국가의 중요문화제로서 보존되어 있다.

홋다가 저택은 연속극 촬영지로 TV를 통해 자주 볼 수 있다. 최근에는 시대극〈오오쿠大奥〉시즌 2 2023, 야마자키 도요코山崎豊子 원작으로 잘 알려진〈화려한 일족〉2021 등에서 아름다운 정원이 나오기도 했다.

저택 내부는 안내를 받으면서 1층만 구경해도 30분이 넘게 걸린다. 내부는 아주 화려하지 않지만 재료를 엄선해 골라 격식이 있는 인테리어로 되어 있다. 특별 공개날인 공휴일에 찾아가면 평소에는 비공개인 2층과 서재가 공개된다. 가이드는 주말에만 가능하므로 주의하기를 바란다.

매년 11월 16일에는 사쿠라시 교육의 날로 무가 저택, 홋다가 저택, 근대 의학에 역사를 알 수 있는 사쿠라순천당기념관佐倉順天堂記念館이 무료 입장이고, 사쿠라시립미술관 등 사쿠라시의 관련 문화시설 입장도 무료이다.

하지만 역사는 어두운 면도 있는 법이다. 에도 시대 초기에 홋다가 2대 번주 홋다 마사노부가 과도한 세금을 부과해서 수많은 농민들이 고통을 받았다. 그 상황에서 농민들을 구하려고 부유한 농민이었던 사쿠라 소고로佐倉 惣五郎가 막부에 직접 청원하여 결국 청원 내용은 이루어졌다. 하지만 당시 직접 대면하여 호소하는 행위가 금지되어 있어서 그와 가족은 비극적인 운명을 맞이했다. 사쿠라 소고로와 그의 처는 처형되고 어린 자식들도 희생되었다.

그때부터 100년 후 사쿠라번은 홋다 마사노부의 실정을 뉘우치고 사쿠라 소고로의 명예를 회복시켰다. 사쿠라에서 멀지 않은 게이세이 소고산도宗吾参道 역에 그를 의민으로 모시는 절이 있다. 소고영당宗吾霊堂은 사쿠라 소고로의 설화, 그리고 수국이 아름다운 명소로 알려져 있다. 수국이 피는 6월에는 수국 축제도 열린다.

역사와 문화 향이 나는 사쿠라 거리 걸어가기

사쿠라시에는 역사가 있는 건물을 리모델링해서 이용하는 곳이 많다. 사쿠라시립미술관 입구 로비는 지바현 지정문화제인 구 가와사키은행 사쿠라지점 건물의 일부이다.

미술관 내부도 멋지지만 바로 옆에 있는 차고가 열려 있어 들어가 봤더니 그곳은 미술관이 운영하는 무인 도서관이었다. 관리자는 상주

| 시립미술관 외관 | 문화제를 살린 미술관 내부 | 무인 차고 도서관 |

하지 않아 책을 놓든 가져가든 마음대로였다. 아주 깔끔한 공간이라서 처음으로 오는 사람들도 안내문을 보고 조용히 책을 보고 간다. 사람들 왕래가 그다지 많지 않은 곳이기도 하지만 문화공간이 질서 있게 유지되는 곳, 역시 문화도시 사쿠라이다.

사쿠라 길가를 걸어가면 오래된 기와집을 쉽게 찾을 수 있다. 가치가 있는 건물이라고 해도 벽으로 둘러 싸서 보관하는 것이 아니라 일상적인 풍경의 일부분이 되어 있는 것이 사쿠라의 장점이다. 그중 하나인 1890년 전후에 새워진 '이마이가 저택今井家住宅'. 큰 도로변에 있고 공개하는 날 외에는 안쪽을 볼 수 없다. 그런데 주말이 되면 공용 매장으로 탈바꿈하기도 한다.

오하야시관에서는 주변 가게를 추천해 주기도 한다. 오하야시관에서 나가면 바로 앞에 있는 목검 같은 무도구武道具를 취급하는 역사가 있는 전문점이 있다. 배가 고프다면 사쿠라의 맛집, 메밀로 유명한 보슈야房州屋 본점을 추천한다. 주말 점심에는 줄을 서서 기다려야 하는 메밀집이며, 쇼와 시대 초기에 창업해서 100년 넘게 영업하고 있다.

조로쿠모치 본점 기무라야 입구 　　십일만석 모나카 　　조로쿠모치 본점 소장 골동품

명물 삼색메밀은 국물이 세 종류나 나와서 여러 맛을 즐길 수 있다.

　자원봉사자가 추천해 준 전통과자점이 조로쿠모찌 본점 기무라야木村屋이다. 앙금빵으로 유명한 긴자 기무라야 2호점으로 1882년에 사쿠라에서 개업했는데 1960년대부터는 빵은 취급하지 않고 모나카를 대표 상품으로 내보여 인기를 얻고 있다. 앙금 맛은 물론 바삭한 모나카는 맛이 좋고 가성비도 좋다. 사쿠라 십일만석 모나카佐倉十一万石最中는 사쿠라성 재건을 꿈꾸며 만들어진 제품이다.

　가게 뒤쪽은 다도와 꽃꽂이를 하는 현재 사장님이 모은 골동품을 장식하는 공간이 있어서 구경도 가능하다. 모나카를 즐기면서 가게의 역사나 골동품 설명을 듣는 것도 오후를 즐겁게 보내는 방법이 될 것이다.

나리타 공항 근처 나들이로 체험한 도시 방문의 묘미

　공항에서 자동차나 택시를 타지 않고 돌아다닐 수 있는 아주 좁은 지역의 명소만 소개했다. 말하자면 대중교통으로 즐길 수 있는 작은 지바 소풍이다. 많이 알려진 관광지가 아니더라도 사람이 사는 곳이라면 어디든 역사가 있고 주민들이 만들어 낸 분위기가 있다. 낯선 곳에서 사람을 만나서 대화하고 향토 사랑이라는 공감을 느끼는 것이 바로 방문의 묘미이다. 나리타와 사쿠라에서 내가 찾은 것은 여전히 남아 있는 에도 시대의 무사문화와 상인들이 지켜 온 참배길, 그리고 그림이나 서적으로 문화를 즐기려고 하는 거리의 분위기이다. 꼭 현장을 걸어 다녀서 그것을 즐겼으면 한다.

이제 나리타가 비행기 탑승지나 환승지로만 보이지 않기를 바란다. 남은 3시간으로 나리타의 여가를 즐겼으면 한다. 나의 고향, 지바의 매력을 마음껏 느껴 주었으면 하는 바람이다.

일본의 특수한 문화와 숲으로 맺어진 인연

노전선(고궁 해설가, 숲 해설가)

이웃 나라 일본

우리나라와 가까이 있는 일본은 업무상이든 여행이든 자주 갈 수 있는 곳이다. 겉으로 보면 일본은 모양새와 문화 등에서 상대적으로 이질감이 덜 느껴지는 나라이다. 그러면서도 동시에 지리적·문화적으로 꽤 가깝게 느껴지는데 왜 이렇게 여러 부문에서 다르게 느껴질까 싶을 때도 있다.

업무상 일본을 자주 다녔다. 1981년 6월에 오사카, 교토, 고베, 나라를 처음으로 다녀왔다. 1985년에 일본을 비즈니스 파트너로 하는 무역회사에서 일본 업무를 시작하며 일본에 관련한 직무 연수를 여러 번 경험했다. 1990년부터는 직접 회사를 경영하며 본격적으로 일본 출장의 길을 열었는데, 돌아보면 현지인들과 희로애락을 함께한 추억의 시간이었다.

지금까지 횟수를 셀 수 없을 만큼 일본을 자주 다니면서 그들과 어울리며 다양한 문화를 경험했는데도 현지에 가면 왠지 모르게 늘 낯설다는 느낌을 받았다. 그 이유가 무엇인지 늘 생각해 봤는데 그때는 잘 몰랐다. 일본은 지리적으로 가장 가까운 나라이기도 하고 워낙 자주 다녀서 잘 안다고 생각해서 굳이 공부해야 할까 싶었지만, 경험했던 일본을 보다 깊게 알고 싶은 마음이 들어서 대학에서 일본을 공부하기 시작했다.

다시 보니 그때는 보지 못했던 것들이 새롭게 보이고, 알면 알수록 일본의 매력에 새롭게 빠졌다. 대학에 입학하여 일본의 역사, 사회문화, 전통문화, 정치를 공부하면서 뒤늦게 그 원인을 깨닫게 된 것이다. 나는 일본인과 늘 만나면서도 그들의 정서와 사고 그리고 그들 내면에 자리잡고 있는 정체성을 제대로 이해하지 못한 상태로 업무를 해 온 것이다. 돌아보면 아쉽고 스스로에 대한 회한이 가득하지만 그나마 지금 깨달은 것이 얼마나 다행인지 모른다. 그러다 보니 대학 수업이 더 소중하게 여겨지고 더 열정적으로 공부하게 된다. 앞으로도 일본을 더욱 공부해 일선에서 일본과 관련된 업무로 고심하는 여러 사람들에게 조언해 주며 작은 역할을 하고 싶다는 생각이 든다.

일본의 비즈니스 문화

우리는 흔히 일본 사람들에 대해 친절하고 예의 바르며 상대에 대한 배려가 습관화되어 있다고 말한다. 오랜 기간 일본 사람들과 함께 일한 입장에서 이에 대해서는 대체적으로 동의한다. 그렇지만 일상이 아닌 이해관계가 얽혀 있는 비즈니스 세계에서는 전혀 상황이 다르다는 점을 간과해서는 안 된다.

일본 사람들은 누구보다도 치밀하고 계산적이며 이익을 우선으로 한다. 일본 사람들과 일하며 가장 갈등을 겪으며 힘들었던 것은 지나치게 원칙을 고수한다는 것이다. 우리는 어릴 때부터 정서적으로 '좋은 게 좋은 것'이라고 생각한다. 긍정적으로 표현하자면 정이 넘친다고 해야 할까? 다소 원칙을 벗어나도 상대를 신뢰하면 통용되는 부분이 많다. 이것이 우리 한국의 비즈니스 정서이다. 특히 계약서를 작성할 때 이런 점들이 늘 문제가 되었고 심각한 갈등을 많이 겪었던 것으로 기억한다. 계약이라는 것이 무엇을 의미하는지, 무엇이 중요하고, 무엇이 우선인지를 고려하지 않는다.

일본 사람들도 이를 잘 알고 있다. 문제는 일본 사람들이 계약서 내용의 단어 하나하나에 매몰되어 있으며 전혀 양보하거나 배려하지 않는다는 사실이다. 하나의 예를 들자면 어떤 민감한 문제가 대두되었을 때 그 해법으로 우선 검토해서 회신하겠다는 의미는 우리의 정서로 볼 때 긍정적인 의사 표시로 이해되지만 일본에서는 절대 불가능한 부정적인 의사 표시이다. 면전에서 즉답하기 곤란한 사안은 검토하여 회신하겠다는 것으로 피하고 나중에 반드시 불가능하다는 통보가 온다.

처음에는 일본의 그런 정서를 명확히 이해하지 못해서 여러 번 실패를 맛본 경험이 있다. 계약은 국가 사이의 조약처럼 회사와 회사 간의 상생을 전제로 한 협상이다. 사전에 조율을 거쳐 당사자 간에 합의를 도출해 가는 것이 기본이다. 하지만 일본 사람들은 계약서 내용에 단어 하나만 바꿔어도 계약을 하지 않겠다고 나오는 편이었다.

우리의 기준으로 보면 일본 사람들은 지나칠 만큼 고지식하고 융통성도 없으며 답답함을 느끼게 하지만, 그럼에도 우리보다 훨씬 여유롭고 삶의 질이 높다는 사실이 아이러니하다. 그래서 일본이 낯설게 느껴지는 기분이 오랫동안 계속되었는지도 모르겠다.

우리와 달라도 너무 다른 일본의 결혼식

옆 나라이기에 비슷할 줄 알았던 결혼식 문화 또한 무척 달랐다. 일본에서 결혼식을 처음으로 경험한 것은 1995년도 봄으로 기억한다. 마침 거래 업체 사장님의 장남 결혼식에 초대 청첩장를 받은 것이다. 해외에서 처음 가는 결혼식인 만큼 호기심과 설렘으로 갔는데 정작 축의금을 얼마나 해야 하는지가 고민이었다. 마침 함께 초대받은 현지의 지인에게 자문을 구하여 30년 전임에도 축의금으로 2만 엔을 냈던 기억이 난다. 지금은 한국의 '홀수' 개념처럼 2로 나누어 떨어지지 않는 수의 금액을 내는 것이 예로 통하다 보니 평균 3만 엔을 낸다고 하는데, 우리나라의 통상적인 축의금 5만 원, 10만 원과 견주어 보면 많아 보인다. 하지만 누구나가 오는 결혼식이 아닌 만큼 축의금도 초청받은 사람만 낼 수 있다는 점에서는 그럴 만하다 싶었다. 일본 결혼식에 초대받았다면 그만큼 내가 그 사람의 가깝고 특별한 사람이라는 뜻이니 기꺼이 큰 금액을 낼 수 있다고 본다.

축의금을 낼 때 홍백 또는 금색과 은색의 봉투를 볼 수 있는데, 그곳에 쓰여 있는 글자 중 '미즈히키 水引'는 경조사에 쓰이는 봉투나 포장 등에 사용하는 매듭 장식을 의미한다. 그중 무스비키리 結び切り 패턴은 결혼식 등 일생에 한 번 있는 경사에 쓰인다고 한다. 축의금 봉투를 선택할 때 적는 방식도 있지만 더 놀라운 것은 금액에 따라서 봉투를 선정해야 한다는 점이었다. 적은 돈을 내면 조금 수수한 봉투를, 많은 돈을 낼 때는 더 화려한 봉투를 선택하는 것도 인상적이었다.

장소는 나가노현의 시모스와로 경치가 그림처럼 펼쳐진 산속 리조트였다. 당시 결혼식장 분위기는 한마디로 우리의 결혼식 문화와는 전혀 대비되는 신선한 충격 그 자체였다.

식장은 깔끔하게 정리된 분위기였고 하객석은 초대받은 하객의 이름이 빠짐없이 적힌 지정석이었다. 하객석 자리를 세어 보니 신랑 신부 하객들을 모두 합쳐 팔십 석이 넘지 않았고 결혼식 진행도 우리 결혼식과는 많이 달랐다. 빨리빨리 진행되는 우리의 결혼식과 달리 오랜 시간을 들여서 정갈하고 고요하게 진행된다.

그중 가장 감동적인 내용은 신랑 신부가 자신의 부모에게 전하는 주옥 같은 편지였다. 편지의 내용이 가슴을 먹먹하게 하여 따뜻한 감동의 여운이 오래오래 기억되었다. 아울러 더 의미가 있었던 것은 신랑 신부의 각각 가장 절친한 친구가 신랑과 신부를 오랫동안 옆에서 지켜본 인품과 성실함을 하객들에게 전하는 내용이었다.

결혼식 피로연도 바로 그 자리에서 행해졌는데, 유일하게 해외에서 초대를 받은 사람이 나 혼자이다 보니 간단한 축하 인사말과 함께 축가로 한국 노래를 불러달라는 요청을 받아 부르기도 했다. 몇 시간 동

일본의 결혼식에서 신랑과 신부의 전통 의상

출처: 山本家/京都

안 대화를 나누고 함께 식사를 즐기며 천천히 여유롭게 보냈다. 한마디로 결혼식장은 엄숙한 축하의 예를 갖춰 두 집안의 인연을 맺는 분위기에 손색이 없었다.

정성스러운 하객 선물을 받아 들고 돌아오면서 다짐한 것이 있다. 이다음에 아들 결혼식만큼은 우리 결혼식 문화의 혼잡한 분위기가 아닌 꼭 와서 마음으로 축하해 줄 수 있는 하객만을 엄선하여, 검소하지만 누추하지 않고 화려하지만 사치스럽지 않은 결혼식을 하리라는 것이었다.

숲의 인연으로 맺어진 결혼

일본에서 오래전에 소박하고 정이 넘치는 결혼식을 경험하면서 했던 아들 결혼식에 대한 다짐이 현실로 이루어지는 기회가 찾아왔다. 아들이 며느리를 만난 사연은 독특하다. 스토리를 정리하자면 10여 년 전으로 돌아가 2013년 봄의 어느 날, 그때도 변함없이 일본 출장을 거의 한 달에 한 번씩 다닐 무렵이었다. 출장에서 돌아오니 아내가 TV에 나오는 다큐멘터리 내용이 너무 좋다며 한번 보라고 했다. 주인공으로 나오는 아가씨가 참하고 이쁘단다. 45분 분량의 다큐멘터리는 지구촌에 유일하게 제주에만 있는 곶자왈 생태 숲을 가꾸고 지켜 가는 숲지기 아가씨와 숲 이야기를 다루었다. 그 해 초여름 제주에 갈 기회가 있어서 마지막 일정에 그곳 환상숲을 방문했다가 직접 주인공의 참신한 이미지를 확인하고 싶어서 숲을 찾아갔는데, 마침 다큐멘터리에 나왔던 그 주인공이 숲 해설을 준비 중이었다.

한 시간 가까이 이어진 숲 해설에서는 제주 곶자왈 숲의 생성 과정뿐만 아니라 숲과 인간의 공존 필요성을 구수하게 풀어 나갔다. 함께 해설을 듣는 일행들의 귓속에 쏙쏙 들어오는 명해설이었다. 지금도 당시 해설 말미에 "인간은 숲을 필요로 하지만 인간은 숲을 위해 아무것도 해 줄 수 있는 것이 없다."라는 말이 머리 속에 각인되어 있다. 그렇게 제주 여행을 마치고 명함에 표기되어 있는 메일로 감동적이었다는 감상과 함께 또래의 아들이 있는데 좋은 생각을 하는 청년들이 친구가 되어 보면 어떨지 제안했다. 그렇게 스쳐 지나갈 인연이 이어지고 이어지면서 그 처자는 지금 나의 며느리가 되었다.

처음에는 사돈댁에서 외아들 결혼식이니 서울에서 하자고 제안했지만, 서울보다는 이 숲을 인연으로 처음 만났으니 환상숲에서 결혼식을 하는 것이 큰 의미가 있을 듯하여 그렇게 진행했다.

검소하면서도 뭔가 특별함이 있는 결혼식을 진행하기로 합의한 터라 결혼식 준비 진행을 두 당사자에게 맡기면서 옛날 일본에서 경험했던 소박한 방식을 제안했는데 아들과 며느리가 적극 호응했다.

당일 결혼식장은 새벽에 비가 내린 탓에 약간 쌀쌀하기는 했지만 제

숲의 인연으로 맺어진 숲속의 작은 결혼식

주 특유의 맑게 개인 청량한 하늘 사이로 상록수림의 울창한 숲에서 신선한 바람이 불어왔다. 그리고 여러 이름 모를 새들의 합창이 결혼식 분위기를 더욱 빛내 주었고, 육지에서 그리고 일본과 대만에서 발걸음을 한 하객들도 특별한 결혼식 풍경에 감동과 즐거움을 만끽했다.

그날 신랑 신부를 위한 축가는 카페를 운영하는 신부의 지인 부부가 활동하는 동호회 멤버들과 함께 기타와 건반, 가야금으로 연주하여 숲 속 결혼식장 분위기를 감미롭게 이끌어 주었다. 결혼식이 끝난 후 하이라이트는 신부가 드레스를 평복으로 갈아입고 머리에 야생화로 장식한 화관을 쓴 채 참석한 하객들에게 진행한 특별 숲 해설이었다. 나무와 관련한 전문 용어가 적지 않아서 어려움이 있었으나 일본인 방문객들을 위해 옆에서 열심히 통역했다. 결혼식 날 멀리 바다 건너에서 참석한 오랜 인연의 일본 친구 다섯 명은 색다른 제주의 특별한 결혼 축제에 탄성을 자아내며 즐거워했다.

지금 아들 부부는 이 환상숲에서 숲 해설을 본업으로 삼아 숲지기로서 숲을 지켜 가고 있다. 숲 한쪽의 결혼식장 자리에는 아담하고 편안한 새 보금자리를 마련해 주었다.

결혼식 직후 하객을 위한 신부의 특별 숲 해설

야쿠시마의 숲, 제주의 숲, 인생 2막 숲 해설가로 변신

그 이후에 아들과 며느리가 하는 일을 이해해 보고자 직장을 다니면서도 저녁 시간과 주말을 활용하여 숲 해설가 과정 수업을 들었다. 평생 일본 설비 무역 업무를 담당하고 이와 관련된 이들과의 만남만 이어 오던 나에게 새로운 것을 배워 나가는 과정은 즐거움의 연속이었다. 이 과정에서 만난 퇴직한 교장 선생님이 나의 좋은 벗이 되었고, 그 이후에 역사에 관심이 생겨서 또다른 과정을 배우고 주말에는 궁궐 해설을 하기 시작했다. 그 친구를 통해 한국방송통신대학교의 일본학과도 알게 되었고, 지금은 일본의 깊은 이해를 바탕으로 일본어 숲 해설과 궁궐 해설도 준비하며 인생 2막을 꾸려 나가고 있다.

숲 해설을 하는 사돈 내외와 아들 며느리와 함께 일본의 야쿠시마 숲을 방문한 적이 있다. 거대한 고목들과 압도하는 숲의 절경에 감탄했다. 우리가 일본을 가면 부러운 것 중 하나가 울창한 숲과 나무들 그리고 잘 정비된 정원이다.

야쿠시마屋久島는 그중에서도 압권이었다. 가고시마 남쪽에 위치한 제주보다 약간 작은 섬으로 사람 2만 명, 사슴 2만 마리, 원숭이 2만 마리로 대략 6만의 생명체가 살고 있다고 이야기한다. 섬 한가운데에는 해발 2,000미터에 가까운 산이 여덟 개가 있고 '한달에 35일 비가 내린다'는 우스개가 있을 만큼 연간 강수량이 풍부하여 원시림이 유지될 수 있는 천혜의 조건을 갖추고 있다. 습도가 높고 수량이 풍부하다 보니 산 속 이끼가 양탄자를 깔아놓은 듯하여 1월에 방문했는데도 푸르름이 절경이었다.

이 섬은 고산 지대인 만큼 아한대 식물과 아열대 식물이 공존하는 곳이다. 대표적인 수종으로는 삼나무杉, 스기가 있는데 7,200년이 넘은 삼나무縄文杉, 조문스기가 이 섬의 상징이기도 하다.

거대한 고목들이 즐비한 숲을 보며 자연의 위대함과 경건한 마음이 동시에 들었다. 전쟁 이후 새롭게 산림을 형성한 우리 숲들과는 비교할 수 없는 장엄함이다. 1,000년이 넘는 스기杉를 흔히 볼 수 있고 이런 삼나무는 야쿠스기屋久杉라고 부른다.

야쿠시마에서는 이 섬의 원시림을 훼손하지 않고 보존하기 위해 우리 상식으로 이해되지 않는 특별한 관리를 하고 있다. 첫 번째로 하루에 섬으로 입도하는 인원을 1,000명으로 제한하고 있다. 섬으로 들어오는 항공과 선박편이 그 기준에 맞춰 있다. 두 번째로는 모든 탐방로 안에 쓰레기통이 없다. 가져온 쓰레기는 모두 가지고 나와 탐방로 밖에 지정된 쓰레기통에 버려야 된다. 세 번째로는 탐방로에 화장실이 없다. 토양 오염을 방지하기 위해서라고 한다. 입구에서 1회용 배변 처리 봉투를 판매한다. 탐방로 중간에 임시 배변 처리용 간이 텐트가 있고 처리한 봉투는 가지고 나와 탐방로 밖에 지정된 장소에 버려야 한다. 네 번째로는 탐방로 입구에 우리처럼 식당, 매점 등이 없고 단지 관리사무소와 화장실, 휴게실만 있다. 이런 모습을 보면서 다소 번거롭고 불편하기는 했지만 한편으로는 이런 시스템을 운영하며 자연을 보존하는 그들의 노력에 경이로움과 부러움을 느꼈다. 우리의 대표적인 자원인 제주도도 난개발로 훼손되어 가고 있는데 이를 막기 위한 방안을 함께 고민해 봐야 한다.

제주도는 야쿠시마屋久島와 여러 면에서 비슷하지만 훨씬 한국적인 요소를 잘 간직하고 있는 곳이다. 아들 며느리의 요청으로 일본인 단체 팀을 대상으로 숲 해설을 한 적이 있다. 나무에 대한 해박한 지식을 전달하기보다는 제주의 숲과 그 안에서 살아가는 사람들의 이야기, 숲을 지켜 나가는 가족들의 이야기를 나누니 감동적이었다며 극찬을 받았다. 특히 아들 며느리의 숲 속에서의 러브스토리와 나의 일본과의 인연에 대한 이야기를 가장 관심 있게 들어 주었다. 말이 매끄럽게 통하지 않더라도 사람들이 지니고 있는 보

야쿠시마의 대표 수종인 삼나무(하하코스기, 母子杉)

편적인 감정인 사랑, 가족, 행복, 희생, 봉사, 환경, 보전 등에 대한 가치는 전 세계인들이 공감하고 감명받는다.

전 세계가 주목하는 세계문화유산인 제주에 이런 젊은 청년들이 자연을 보존하고 전수하고 있으니 앞으로 일본인들이 좋아하는 여행지로 활성화되면 하와이보다는 제주도로 가게 될 것이다.

이제는 세월이 흘러 그 잔디밭에는 예쁘고 요망진'야무진'의 제주어 손자 손녀가 뛰어놀며 미래 숲지기의 꿈을 키우고 있다. 제주의 허파인 곶자왈 숲의 보전을 늘 바라며 지금도 나는 일본어를 다시 배우고 있다. 나 또한 이 숲을 알리는 데 일조하기 위해서이다. 문화를 알면 그곳의 사람들이 보이고, 그곳의 사람들이 보이면 그 지역이 보이고 그럴 때 비로소 문화 교류도 이루어지고 서로 화합하고 상생하는 길도 열린다고 본다. 나의 배움이 뜻 깊은 일에 쓰이기를 바라며 70이 넘은 나이에도 새로운 것을 도전해 본다.

영화 〈센과 치히로의 행방불명〉에 나타난 원시신도

한정미(도쿄대학 Visiting Professor)

원시신도 原始神道 란, 불교나 유교 등의 영향을 받기 이전의 일본 고유의 신도이자 일본 민족의 전통적 신앙으로 제사를 중시하는 신도 종교를 말하며 고신도 古神道 라고도 한다. 원시신도의 신 神 에는 자연신과 인간신이 있고, 태양신이자 황실의 선조신인 아마테라스 오미카미 天照大神 를 비롯한 신들이 있으며 선조 숭배가 중심이 된다. 여기서는 영화〈센과 치히로의 행방불명〉에서 원시신도가 어떻게 나타나 있는지 살펴보고자 한다.

영화 〈센과 치히로의 행방불명〉 포스터

〈센과 치히로의 행방불명〉의 줄거리

〈센과 치히로의 행방불명〉은 미야자키 하야오 감독의 대표적인 애니메이션 영화로 2001년에 개봉되어 흥행 수입 304억 엔이라고 하는 일본 영화 흥행 수입 역대 1위를 기록했다. 이는 2020년 극장판 〈귀멸의 칼날: 무한열차편〉이 정상에 오르기 전까지 일본 영화 흥행 수입에서 역대 1위였다. 영화의 줄거리는 다음과 같다.

시골로 이사를 간 소녀 치히로는 가족과 함께 이상한 터널을 통과하는데, 터널 너머의 세계에서 치히로의 부모는 음식을 먹다가 돼지로 변한다. 치히로는 소년 하쿠의 도움으로 온천장의 주인 마녀 유바바와 계약을 맺고 '센'이라는 이름을 부여받아 그곳에서 일한다. 센은 지극한 성실함으로 오물신을 치료해 주고 탐욕으로 거대하게 팽창한 가오나시를 원래의 모습으로 돌려놓으며, 소년 하쿠의 본래 이름을 되찾아 준다. 또한 유바바의 시험을 통과함으로써 돼지로 변한 부모를 인간으로 되돌아오게 한다. 이에 본명을 찾은 치히로는 부모와 함께 인간 세계로 돌아간다.

시메나와

〈센과 치히로의 행방불명〉의 도입부에는 모두冒頭에 돌 사당祠堂이 아무렇게나 버려져 있는 장면이 등장하고 바로 다음에 시메나와注連繩가 쳐져 있는 마른 고목이 나온다. 이 시메나와는 원래 짚으로 만든 두꺼운 새끼줄에 몇 가닥의 흰 종잇조각을 늘어뜨린 것으로 옛날에는 악령을 쫓는 힘이 있다고 믿어 신사나 사당과 같은 곳에 장식되었던 것이다. 현재 신사신도神社神道에서 시메나와는 신역神域과 현세를 분리시키는 역할이 있다고 여기는데 원시신도에서도 거의 같은 역할을 한다. 모두에 등장하는 고목은 시메나와가 쳐져 있는 것에서 성聖과 속俗의 경계선이자 그 자체가 신성성을 나타낸다고 할 수 있는데, 완

전히 말라 있는 것에서 사람들의 신앙심이 황폐해진 것을 암시한다고
도 볼 수 있다.

신들의 세계 - 도코요

터널 너머의 이상한 마을은 신들의 세계가 펼쳐지고 이는 신역神域,
즉 신의 나라인 도코요常世라고 할 수 있다. 〈센과 치히로의 행방불
명〉에는 하쿠라고 하는 소년이 주인공 치히로에게 "여기 음식을 3일
만 먹으면 인간 냄새가 사라진다."라고 말한다.

신들이 일하는 온천장의 모습

일본에서 3일이라는 숫자가 의미하는 바는 크다. 예를 들어, 결혼 후 3일째를 '미카노 모치이三日の餠'라고 하여 헤이안 시대794~1185에 결혼 후 3일째 밤에 부인 집에서 신랑·신부에게 먹인 축하 떡 의식이 있었으며, 탄생 후 3일째를 기리는 의식도 있었다. 여기에서 3일간 신들의 세계의 음식을 먹음으로써 인간의 냄새가 사라지는 것은 '치히로'가 '센'이라는 이름이 바뀌는, 즉 인간의 세계에서 신들의 세계로 가는 '소속 공간의 이동'에 앞서 필요한 일종의 의식이라고도 할 수 있다. 또한 온천장에서 일하게 해 달라는 치히로의 말에 유바바가 이곳은 인간이 올 곳이 아니라고 말하는 장면에서도 신역이기 때문에 인간이 올 곳이 아니라는 설정임을 알 수 있다.

마지막에 치히로가 원래의 인간 세계에 돌아가려고 할 때 하쿠는 "터널을 빠져나갈 때까지 뒤돌아보아서는 안 된다."라고 말한다. 인간의 생사 기원에 대한 《고지키古事記》 상권의 이자나기·이자나미 신화에서도 비슷한 모티브를 찾아볼 수 있는데 그 내용은 다음과 같다.

이자나미가 불의 신을 낳다가 음부가 불에 타서 죽자, 이자나기는 아내인 이자나미를 지상으로 데려오기 위해 요미노쿠니黃泉国를 방문한다. 그곳에서 이자나기는 '쳐다보지 말라'는 이자나미의 금기를 깨뜨리고 죽은 아내의 시체를 보는 바람에 이자나미에게 쫓기는 신세가 된다. 두 신이 현세와 타계의 경계에서 부부 절연의 말을 주고받는 과정에서 이자나미가 현세의 인간을 하루에 1,000명씩 죽이겠다고 하자, 이자나기는 하루에 1,500개씩 산실을 짓겠다고 응수한다. 절대로 자기 모습을 보지 말라고 당부한 이자나미와의 약속을 이자나미가 어김으로써 이자나미의 재생이 불가능해졌고, 또 그로 인해 인간은 매일 1,000명씩 죽게 되었다는 것이다.

〈센과 치히로의 행방불명〉에서도 신들의 세계는 현세와 분리된 신역인 도코요이기 때문에 이 세계의 음식을 먹는 것은 인간의 세계에서 신들의 세계로 소속공간이 이동되는 의식으로 설정되었다고 볼 수 있다. 또한 신역이기 때문에 신들이 일하는 온천장은 인간이 와서는 안 되는 곳으로, 이곳을 나가면 절대로 뒤돌아보지 말라는 금기로 설정된 것이라고 할 수 있다.

야오요로즈의 신들

신들의 세계에서 주요 산업은 작중에서 치히로가 일하는 온천장이다. 이 온천장에서는 야오요로즈八百万의 신들을 섬기는데 꽤 번성한 모습이다. 본래라면 신들을 믿는 인간이 신을 섬겨야 할 터인데 섬기고 있는 것은 섬김을 받아야 할 신들이다. 이 신들은 온천장을 운영하는 마녀 유바바에게 매일 혹사당하며 휴식을 제공받는 일도 없다.

일본 신도에서 신이란 신앙이나 경외의 대상으로 자주 '야오요로즈노 가미사마八百万の神様'라고 말한다. 한자로 '八百万神'이라 표기하는 것에서도 엿볼 수 있듯이 헤아릴 수 없이 많은 신이 존재하고, 그만큼 다양하고 복잡한 기능과 이미지를 지닌다.

〈센과 치히로의 행방불명〉에는 온천장에서 일하게 해 달라는 치히로의 말에 유바바가 이곳은 야오요로즈노 가미사마가 피로를 풀러 오는 곳이라고 말하는 장면이 나온다. '오물신', '가오나시' 등 신들이 피로를 풀기 위해 찾는 온천장으로, 이는 온천장이 '영적인 장'으로 기능하고 있음을 나타내는 것이라고 할 수 있다. 물로 몸을 씻는 일종의 목욕재계 행위는 일찍이 일본 신화에서 '미소기禊'라는 신도 의식으로 표상되었기 때문이다. 예컨대,《고지키》에는 이자나기가 요미노쿠니를 방문하고 돌아온 뒤 부정을 씻어 내기 위해 강물로 몸을 씻는 목욕재계의 장면이 나오는데 이것이 미소기의 기원이라고 할 수 있다. 신화의 세계에서뿐만 아니라 고대 일본인들은 상가를 다녀오거나 병이나 재해를 당하고 나면 반드시 몸을 씻는 '미소기'를 행했다. 온천장은 신들이 미소기 의식을 행하는 영적인 장으로서 나타나며, 이 미소기 의식을 행함으로써 신은 본연의 모습을 되찾는다.

● 오물신 - 강의 신

작중에 나오는 신들 중 '오물신'이 이느 날 온천장에 방문한다. 이 오물신은 폐수와 같은 것을 뒤집어써서 강렬한 악취를 풍긴다. 모두 이 신에게 가까이 가기를 꺼리는 가운데 주인공 치히로가 반강제적이지만 열심히 몸을 씻겨 준다. 그리고 치히로는 이 오물신에게 박혀 있는 무언가를 발견하고 유바바에게 보고하는데, 유바바도 근처에 있는 신들을 모아 박혀 있는 것을 빼도록 지시한다. 오물신에게 박혀 있는 것을 차례로 빼는데, 제일 먼저 자전거 핸들이 나오고 그것을 빼자 오물신으로부터 차례대로 쓰레기들이 나온다. 모든 쓰레기가 나온 후에 할아버지의 얼굴이 나오면서 "고맙구나."라고 말한 후에 오물신은 강력한 해독력을 지닌 경단을 센에게 주고 큰 벌이가 될 정도의 사금砂金을 남긴 채 크게 웃으며 온천장을 빠져나간다.

오물신이 나간 후에 대량의 사금이 남자 유바바는 치히로에게 오물신이 '이름이 있는 강의 신'이라는 것을 고한다. 오물신으로 등장한 강주인은 사금을 뿌릴 정도로 풍성한 강으로, 예로부터 사람들이 측량할수 없는 열매를 가져다준 것이라고 여겼는데 지금은 그 은혜가 잊혀져 감사함도 없이 대량의 쓰레기만 버려진 것이다. 여기에서 주의해야 할 것은, 오물신이 온천장에 와서 물로 씻기는 과정에서 몸에 박힌 것을 빼내자 오물신의 몸에서 차례로 쓰레기가 나왔다는 점에서 이 물로 씻는 행위를 쓰레기와 같은 부정이 씻기는 미소기 의식이라고 볼 수 있다는 점이다. 이 미소기 의식을 통해 오물신이 본래의 모습인 강의 신으로 재생된 것이다.

강은 치수를 하지 않으면 흙을 깎아 서서히 그 형태를 변형시켜 버린다. 농경을 기반으로 하는 문화권에 사는 사람들은 강의 형태가 변해 버리면 관개灌漑에 막대한 영향을 끼치므로 치수 기술이 불가결했다. 그러나 큰 자연 재해, 예를 들면 태풍이나 지진 등에 의한 쓰나미로 단숨에 강의 물이 증가하면 인간이 만든 제방 등이 파괴되어 막대한 피해를 끼친다. 그런 성격에서 강이나 물은 옛날부터 장소를 불문하고 신앙이나 두려움의 대상이 되었고, 그 심벌은 큰 뱀이나 용이 많았다.

이름 있는 강의 주인도 몸이 길고 뱀과 같은 모양을 하고 있다. 강의 주인에게는 다리가 달려 있어서 뱀이라기보다는 용 쪽에 가까울 것이다. 이야기의 후반에는 수수께끼의 흰 용이 몇 번이나 치히로를 도와준 하쿠임이 판명되고, 마지막에 치히로는 하쿠의 진짜 이름인 '니기하야미 고하쿠누시'를 생각해 낸다.

일본 신화에는 '누시主'가 들어간 신의 이름이 많이 나오는데, 대표적인 신이 오모노누시大物主와 오쿠니누시大国主이다. '누시'란 말은 총령総領, 지배자라는 뜻으로, 이 오모노누시는 오미와 신사大三輪神社, 사쿠라이시桜井市의 미와야마三輪山에 모셔져 있으며 오쿠니누시는 이즈모出雲 신화에 등장하는 신이다. 《니혼쇼키日本書紀》의 여러 전승

안에 오모노누시를 오쿠니누시노카미^{大国主神}, 오나무치노미코토^{大己貴命} 등 여러 이름으로 불렀는데, 이 이름 있는 강 주인이 오물신으로 등장하는 것은 주인이 있는 강이 쓰레기나 공장 등의 폐기물로 오염된 것을 상징한다. 이와 관련하여 작중에서 하쿠는 돌아갈 장소가 없어서 온천장을 방문했다고 말한다.

아울러 하쿠가 신이라는 증거는 그의 진짜 이름에 '누시'가 들어 있는 것 외에도, '니기하야미 고하쿠누시'란 이름에 《고지키》, 《니혼쇼키》에 등장하는 '니기하야히노미코토'가 모티브로 사용된다는 것에서도 알 수 있다. 이 니기하야히노미코토는 일본의 최고신^{最高神}인 아마테라스 오미카미의 손자에 해당하며, 아마테라스 오미카미의 명령에 따라 곤란한 인간계를 다시 세우기 위해 강림하는 천황계의 신이다. 극 중 치히로의 조력자이며 강의 신인 하쿠는 일본 신도에서 중요한 비중을 차지하는 신위^{神威}를 등에 업고 등장하고 있는 것이다.

● 가오나시

〈센과 치히로의 행방불명〉에는 얼굴이 없는 캐릭터로 가오나시가 등장한다. 검은 그림자와 같은 물체에 가면을 쓴 것 같은 얼굴을 하고 있으며, 힘없는 목소리를 짜낼 뿐 말도 하지 않고 표정도 없다. '자신'을 갖고 있지 않고, 손에서 어떤 것을 만들어 내는 힘을 가지고 있지만 그것은 그저 흙덩이가 변한 것에 지나지 않으며, 다른 사람을 삼키고 그 소리를 빌리는 방법으로만 의사소통이 가능하다. 주로 손에서 사금 등 사람이 원하는 것을 내놓고 그것을 원하는 순간 그 사람을 삼켜 버린다.

다리의 난간에서 치히로를 발견했을 때부터 집요하게 쫓아다니며

가오나시의 모습

치히로를 기쁘게 하고 싶은 일념으로 온천장 카운터에서 약탕 표를 훔치기도 한다. 오물신이 한 차례 지나간 다음 날에 온천장에 나타나 사금을 미끼로 종업원들을 집어삼킨다. 치히로에게도 사금을 내밀지만 거절당해 절망하자 차례로 온천장의 종업원을 삼켜서 점점 비대해진다. 그 후 치히로와 대면하지만 마음을 거절당하고 치히로가 준 경단을 먹고 폭주하는데 치히로를 쫓는 도중에 삼켜 버린 사람들을 모두 토해 내면서 원래 모습으로 돌아온다.

여기에서 '물'을 관장하는 강의 신이 준 경단은 재생과 정화와 관련되어 있음을 유추할 수 있다. 그것은 가오나시가 종업원과 음식들을 먹고 비대해져서 온천장에서 행패를 부려 온천장의 주인인 유바바조차 이를 어찌할 수 없을 때, 치히로가 준 경단을 먹고 정화되어 원래의 가오나시로 돌아오며 재생되며, 마법의 인장을 삼킨 하쿠의 저주도 경단을 먹고 토하여 정화되어 원래 모습으로 돌아오고 재생되고 인장에 걸려 있었던 마법도 풀리기 때문이다.

이는 강의 신이 다름 아닌 오물신이 씻어짐, 즉 미소기 의식이 행해 짐으로써 신의 본연의 모습인 강의 신으로 돌아왔다는 점에서, 미소기를 행한 강의 신이 준 경단을 먹은 가오나시 역시 원래의 모습을 되찾게 된다고 볼 수 있다.

이와 같이 〈센과 치히로의 행방불명〉에는 신역과 현세의 분리 상징으로 여기는 시메나와와 신들의 세계인 도코요, 야오요로즈의 신들이 그려져 있어서 원시신도와 매우 깊은 관련성이 있다고 하겠다.

답례 문화로 보는 일본인

조영남(고려대학교 일어일문학과 교수)

일본인들과 오랫동안 교류해 오면서 우리와 다르다고 생각한 것 중 하나가 답례 행동과 그에 대한 의식이다. 한국인도 어떤 기념일이나 축하할 일이 있을 때는 선물이나 금품으로 본인의 마음을 전달하는 문화가 발달했는데 이에 대해 바로 답례하는 사람들은 많지 않은 것 같다. 식사 자리를 만들거나, 우연히 함께 식사할 기회가 생겼을 때 상대방의 음식 값까지 지불하는 형태로 답례하는 식이어서 의무보다는 우발적인 느낌이 강하다. 또한 식사 형태의 답례는 일본인들 사이에서는 그리 일반적이지는 않은 것 같다. 일본의 경우 '반틈 답례 半返し'라는 말이 있듯이 기념품을 받은 사람은 다시 수주일 이내에 반 정도의 예산을 들여 물건을 통해서 답례하는 문화가 존재한다.

답례 문화와 관련한 일본어 표현과 행동과 관련된 구체적인 사례를 소개하면서 그 저변에 깔려 있는 의식을 탐색하고자 한다.

답례품

일본인의 답례 문화 중 정형화된 것은 결혼식 참가객의 축의금에 대한 답례품과 장례식 참가객의 부의 香典에 대한 답례품이 있다. 결혼식

답례품을 히키데모노引き出物라고 하고, 장례식 답례품을 고덴가에시香典返し라고 한다. 한국에서는 결혼식이나 장례식 때 식사를 대접하는 방식으로 답례하지만, 일본에서는 물건을 통해서 답례하는 것이 일반적이다. 최근에는 한국에서도 장례식에 참가한 지인에게 물품을 보내는 경우도 있지만, 이것도 필수라기보다는 소속 집단의 분위기나 인간관계에 따라 정해지는 것 같다. 특히 주목할 만한 것은 일본 사전デジタル大辞泉, 小学館에 제시된 예시문이다.

'축하 답례를 하다(お祝いの返しをする')
'병문안의 답례(病気見舞いのお返し')

축하 답례와 병문안의 답례가 사전의 예시로 나올 정도로 일본 사회에서 답례가 어느 정도 관용적으로 정착했다는 것을 알 수 있다.
일본에서 결혼식과 장례식의 답례품의 종류는 다음과 같다.

'引き出物'로는 접시나 머그컵과 같은 식기류, 스위트나 식품, 수건이나 입욕제 등의 일용품, 받는 사람이 원하는 것을 선택할 수 있는 기프트북 등이 있습니다. (…) 香典返し는 상주로부터의 감사 편지나 식품, 일용품이 포함되는 경우가 많습니다.

　　　　　　　　- 조영남 외 4인, 《문화로 보는 일본어》, 2021, p.201.

답례 의식

일본 유학 시절 때부터 일본인들과 오랫동안 교제하면서 실제로 '반
틈 답례 半返し'라는 표현과 '3분의 1 답례 三分の一返し'라는 표현은 들어
본 적이 없다. 최근에 일본인 동료와 문화 관련 토의를 하면서 이런 표
현을 처음 들었는데, 일본인들 사이에서는 '반틈 답례'나 '3분의 1 답
례'라는 용어를 입 밖으로 표현하기보다는 답례할 때 암묵적으로 계산
하는 방식을 보인다고 한다. 다음 내용에 제시된 것처럼, 받은 물건에
대해 어느 정도의 금액의 물건을 돌려주어야 하는지가 일본인들 사이
에서 어려워하는 부분이라고 한다.

> お返し'답례에서 어려운 점은 받은 물건의 금액에 대해, 어느 정도 금액의
> 물건을 되갚아야 하느냐 하는 것입니다. 답례는 '半返し'라고 하여, 받은
> 물건의 반의 금액에 해당하는 것을 되갚거나, '三分の一返し'라고 하여
> 3분의 1의 금액에 해당하는 것을 되돌려주는 경우가 많지만, 지역이나 축
> 하의 종류에 따라서도 답례의 습관은 다릅니다.
>
> - 조영남 외 4인, 《문화로 보는 일본어》, 2021, p.201.

한국인끼리는 어떤 부탁에 대한 답례로 '식사 한번 합시다'로 대체
하는 경우도 많다. 이런 답례를 의미하는 식사 권유에 대해서 일본인
학생이 한국인과의 이문화 차이로서 자주 거론한다. 한국인의 부탁을
들어주면 곧잘 식사하자는 권유를 받는데, 일본인 학생 입장에서는 왜
답례로서 식사하자고 하는지 이해가 안 된다는 것이다. 식사를 통해서
인간관계가 더 친밀해지면서 깊어지기를 바라는 한국식 답례의식에
익숙하지 않은 것 같다.

따라서 일본에서는 배려해 준 것에 대한 감사의 뜻을 표하는 답례 행위가 매우 발달되어 있지만, 식사를 대접하는 형태라기보다는 기념 품을 통한 전달이 더 일반적으로 보인다. 제대로 포장된 물건의 형태로 형식을 갖추어 감사의 뜻을 전하면서 예의를 차리는 것이 일본인의 답례 문화라고 볼 수 있다.

보답의 의미로 보내는 답신

일본인과 메일 교환이나 연하엽서 등의 서신 교환을 할 때도 한국과는 사뭇 다른 답신 형태를 띤다. 필자는 일본 유학 시절에 교수님들께 연하엽서를 보내면 반드시 답신 형태의 연하엽서가 도착하여 매우 신선한 느낌을 받은 적이 있다.

메일에 대한 답신 문화도 한국인 대학원생과 일본인 대학원생이 다르다. 필자는 최근에 일본인 대학원생 세 명과 한국인 대학원생 세 명에게 청강생으로 등록해 달라는 부탁을 받아, 학교의 학습관리 시스템에 등록한 적이 있었다. 대학원생 6명에게 혹시 등록이 안 되어 있으면 연락을 달라는 단체 메일을 작성했는데, 이에 대해 그날 답신을 준 사람은 일본인 대학원생 세 명이고 이틀 후에 한국인 대학원생 한 명이 답신 메일을 주었다.

필자가 6명의 대학원생에게 보낸 단체 메일

안녕하세요?
방금 블랙보드에 청강생 등록을 했습니다. 혹시 안 되는 경우 다시 연락 바랍니다.
A(이름) 드림

[한국어 번역]

A(이름) 선생님
신세를 지고 있습니다.
박사과정 C(이름)입니다.
방금 블랙보드 확인했습니다.
바쁘신데, 신경 써 주셔서 감사합니다.
앞으로도 잘 부탁드리겠습니다.
그럼 좋은 주말을 보내 주세요.
C(이름)

[일본어 원문]

A(이름) 先生
お世話になっております。
博士課程 C(이름)です。
たった今、ブラックボード確認しました。
お忙しいところ、お気遣い下さりありがとうございます。
今後とも何卒よろしくお願いいたします。
では、良い週末をお過ごしください。
C(이름)

왜 나라별로 답신 형태가 극명히 갈라지는가? 한국인 대학원생 입장에서는 6명에게 단체 메일로 왔고, 등록이 안 되었을 때 연락하라는 메시지에 입각하여 등록이 잘 되어 있으니 따로 답신 메일을 할 필요가 없는 정보 중시의 커뮤니케이션에 입각한 것이다. 하지만 일본인 대학원생은 등록이 안 되었을 때 보내라는 메시지를 따르는 행위는 아니지만, 인간관계 중시의 커뮤니케이션에 입각하여 등록이 잘 되었다는 보답으로 답신을 보내는 것 같다.

또한 일본인 대학원생에게 나타나는 '신세를 지고 있습니다お世話に
なっております'라는 표현은 은혜를 입고 있다는 의미로서 교수와 학생
간, 직장 동료 간, 일로 만난 관계에서 이메일 인사말로 자주 사용
된다. 또한 '은혜를 갚음恩返し', '은혜에 보답하다 恩に報いる', '은혜를
입다恩に着る', '원수를 은혜로 갚다 仇を恩で報いる'와 같은 표현이 있는
것처럼 은혜에 보답하는 표현도 매우 발달되어 있음을 알 수 있다.

답례 문화의 사회문화적 배경

일본인의 답례 문화에 대해 일본인의 의리와 양립을 인정하는 대화
방식과 연결시켜 사회문화적 배경을 설명하고자 한다.

● 의리의 원초 형태

일본인의 답례 문화는 일본인의 의리라는 개념과 상통하는 부분이
있다. 미나모토 료엔源了圓에 따르면 일본인의 의리의 원초 형태는 '행
위에 대한 답례', '신뢰에 대한 호응', '체면이나 고집'이라고 한다. 현재
도 의리義理라는 단어가 들어간 표현이 다양한 상황에서 사용된다. 시
부모나 장인, 장모, 처남 등을 가리킬 때 의리의 아버지義理のお父さん,
의리의 어머니義理のお母さん, 의리의 남동생義理の弟 등 친족 관계를
나타낼 때 사용한다. 또한 2월 14일 밸런타인데이에 직장이나 학교에
서 아는 남성에게 의리상으로 선물하는 초콜릿을 의리 초콜릿義理チョ
コ이라고도 한다. 따라서 밸런타인데이 초콜릿은 마음에 둔 사람에게
주는 초콜릿本命チョコ과 동료에게 의리상 주는 초콜릿으로 구별하기
도 한다. 의리라는 단어가 친족 관계를 나타내는 일상 용어에 포함되

어 있을 정도로 그 의식은 일본인을 지배하고 있다. 행위에 대한 답례와 신뢰에 대한 호응으로서의 의리, 체면이나 고집으로서의 의리가 일본인의 답례 문화 의식과 행위로 연결된다고 할 수 있다.

● 양립을 인정하는 대화 방식

일본 편의점이나 마트 같은 곳에서는 먼저 손님에게 돈을 받으면 '1,000엔 받았습니다 1,000円, お預かりします'와 같이 금액을 명확히 말로 제시하고, 다시 거스름돈을 돌려줄 때도 '200엔의 거스름돈입니다 200円のお返しです'와 같이 명확히 구두로 전달하는 경향이 많다. 이익과 손해가 생기지 않도록 손님과 점원의 두 입장에서 계산 내용을 명확히 드러나게 하는 대화 방식이라고 할 수 있다.

이렇게 두 측면의 공존과 유지를 의식한 양립을 인정하는 대화와 행동 양식이 답례 문화를 통해서 절묘하게 균형을 취하는 것이 아닐까 생각한다. 도야마준遠山淳, 1993은 《일본서기 日本書紀》에서 요메 천황 用明天皇, 587에 대해서 다음과 같은 점을 거론했다.

'천황 불법을 믿고 신도를 존중한다'
「天皇仏法ヲ信ジ神道を尊ぶ」

신도와 불교, 천황과 막부, 전통문화와 신서양문화의 양자택일이 아니라 공존을 인정한다는 일본인의 양립형 사고 방식이 당시에도 존재했고 현재도 유지되고 있다는 것이다.

원활한 의사소통을 위하여

도야마준에 따르면 일본인은 이익과 손해라는 이해관계에 관심을 갖는 인터레스트interest 형의 사람이 많다고 한다. 그에 반해 한국인은 이기고 지는 주도권에 관심을 갖는 헤게모니형의 사람이 많다고 한다. 필자는 학부 수업에서 이 이론을 소개하면서 참가한 일본인 학생 몇 명에게 어떤 형인지 물어보니, 실제 인터레스트형을 선택하는 학생이 많았다. 그에 반해 한국인 학생의 경우는 헤게모니형을 선택하는 경우가 더 많았지만 인터레스트형을 선택하는 학생도 몇 명 있어서 다양한 생각을 가진 젊은이가 늘어나는 것 같았다.

인간의 삶을 영위하는 데 필요한 의사소통 과정에서 무엇이 중시되는가는 각각의 사회와 문화에 따라 다르다. 어디까지 허용하는지, 어떤 선을 넘으면 안 되는지는 개인, 집단, 사회에 따라 제각기 다르지만 의사소통 과정에서 중시하는 문화 공식을 간파할 필요가 있다. 통찰을 통해 개별 집단뿐만 아니라 각국의 문화 공식을 서로 이해하고 공유한다면 살기 좋은 국제사회가 될 것이다.

일본의 목욕은 일본만의 특유한 문화

남득현(명지전문대학 교수)

    일본인은 하루의 일과를 마무리한다는 의미에서 목욕 후에 시원한 맥주 한 캔을 마시는 것을 소소한 행복으로 느끼는 경향이 강하다. 일본인은 혼자 맥주를 마시거나 밥을 먹는 것을 이상하게 생각하지 않는 것 같다. 세대별 차이는 있을 수 있지만 큰 틀에서 이야기하면 그런 경향이 강하다고 할 수 있다.

처음으로 체험한 일본 가정집의 목욕 문화

    대학원 유학을 위해 일본에 입국했으나 료寮라고 불리는 기숙사에는 이틀 후부터 들어갈 수 있었기 때문에 일본인 친구 집에서 1박을 하게 되었다. 친구와 친구 부모님, 여동생과 할아버지까지 5인 가족이 사는 아담한 3층 집이었다. 나를 환대해 준 친구의 가족은 저녁이 되자 갑자기 목욕을 권유했다. 순간, '내 몸에서 김치 냄새라도 난 걸까? 왜 갑자기 목욕을 권하지?'라는 생각이 들었지만 첫 해외여행으로 긴장한 몸은 자연스럽게 욕실로 향하고 있었다. 살구색 소형 플라스틱 의자에 앉아 거품 샤워를 한 후, 뜨거운 김이 모락모락 나는 욕실 욕조에 들어가 여독을 풀었다.

소란스러워진 1층, 원인은 바로 '이것!'

일본에는 자기 집에 머무는 손님에게 가장 먼저 목욕을 권하는 문화가 있다. 그런데 친구 집을 방문한 첫날 첫 번째로 욕실을 사용한 사람이 나였는데, 목욕을 마치고 욕조 물을 완전히 뺀 후 욕조에 들어가기 전에 거품 목욕을 하는 공간인 아라이바 洗い場까지 말끔히 청소하고 나온 것이, 친구 가족의 평온했던 일상에 큰 혼란을 가져다줄 것이라고는 상상조차 하지 못했다.

"우리나라에서는 욕조 물을 가족이 함께 사용해. 괜찮아. 엄마가 다시 준비하면 되니까."

그야말로 혼란 그 자체인 1층 상황에 당황한 나에게 일본인 친구가 씩 웃으면서 해 준 말이었다. 미안한 마음 때문에 목욕 후 후끈해진 몸이 더욱 달아오르는 것 같았다. 일본을 공부하겠다고 유학 온 첫날, 고맙게도 이치방부로 一番風呂, 욕실을 가장 먼저 사용하는 것를 배려해 준 친구 가족에게 본의 아니게 큰 실수를 저지른 이 날의 사건이 유학하는 동안 계속 기억에 남았고 항상 죄송스러운 마음이 들었다. 그런데 유학을 마치고 귀국한 후에 아이러니하게도 이때의 에피소드가 일본 문화 체험담 18번이 되었고 강의 때도 학생들에게 가장 호응이 좋은 레퍼토리가 되어 있었다.

고온다습한 기후와 종교가 만들어 낸 일본의 목욕 문화

일본은 남북으로 길게 늘어선 14,125개의 섬으로 구성된 섬나라이다. 오키나와현 주변을 제외한 지역 대부분이 사계절이 있는 고온다습한 기후이다. 흙먼지가 많이 발생하는 토양의 성질과 화산활동 등의 환경적 영향 탓에 등목이나 목욕을 통해 청결과 건강을 유지하는 것이 일본 사람들의 일상이 되었다. 유럽의 목욕 문화가 기독교의 영향으로 중세 이후 쇠퇴한 것에 반해, 일본의 목욕 문화는 종교의 영향을 받아 발전해 온 것으로 전해지고 있다.

신토神道, 죽은 사람, 지역의 신을 모시는 종교로 이들 신을 모시는 곳이 신사의 미소기 禊, 6월 말 정도에 전국의 신사에서 냇물이나 강물로 몸을 씻는 행사 **혹은 불교의 목욕재계** 齋戒沐浴, 제사를 지내거나 신성한 의식을 행할 때 목욕해서 몸을 깨끗이 하고 마음을 가다듬어 부정을 피하는 것와 같은 것이 대표적이다. 이처럼 일본의 목욕 문화는 단순히 몸을 씻는 청결 관리에 그치지 않고, 신체의 정결함을 통한 신에 대한 기도 행위가 병 치료까지 가능하다고 믿는 신념에서 발전해 왔다고 할 수 있다.

전국적으로 분포한 온천

튀르키예처럼 유럽 일부 지역의 경우, 예로부터 대중목욕탕은 사우나 중심이었다. 이에 반해 일본은 화산의 영향으로 전국적으로 분포한 온천 등을 통해 산간부, 해안, 평지 등에 거주하는 주민이 다양한 형태로 목욕을 즐겨 왔다.

물론 에도 시대 1603~1868에 도시 지역에서 시작된 요금을 내고 이용하는 대중목욕탕인 센토 錢湯처럼 따뜻한 증기를 이용한 사우나 형태의 목욕을 즐기기도 했지만 이후 점차 욕탕의 목욕물이 증가하면서 지금처럼 욕조에 몸을 완전히 담그는 형태의 목욕으로 발전했다.

욕조의 목욕물이 증가하는 형태로 목욕 문화가 발달한 것은 일본인의 의식에서 나왔다고 할 수 있다. 일본인은 전국 평균 목욕물 온도와 입욕 시간이 각각 41.1℃와 25.2분인데, 이는 높은 온도의 목욕물과 장시간 욕조에 몸을 담그는 것을 목욕의 중요한 가치로 삼고 있어서이다.

세대를 뛰어넘는 사교의 장

일본에서는 어려서부터 가정에서 목욕을 통해서 가장인 아버지가 제일 먼저 욕실을 사용하고, 손님이 있는 경우 손님을 먼저 이용하게 한다. 목욕을 통해 일본 특유의 배려 정신을 자연스럽게 기르는 것이다. 이런 배려는 센토를 이용할 때도 그대로 나타난다. 예를 들어, 거품 샤워 후 욕조에 들어가는 행동이다. 센토는 다양한 세대 간, 가족 이외의 이웃 사람 간의 소통의 장으로서도 중요한 역할을 한다. 그래서 일본에서는 대중목욕탕 이용을 '맨몸의 사교'라고 부를 정도로 의미를 부여하기도 한다.

일본 가정집에 머물거나 센토를 이용한다면

일본인들은 일본의 목욕 문화를 '무형의 문화제'라고 생각할 정도로 자랑스럽게 여긴다. 그만큼 오랜 역사를 자랑하며 남을 배려하는 일본인의 정신이 목욕 문화에 녹아들어 있다고 생각하기 때문이다. 그래서 일본을 방문해서 일본의 가정이나 센토에서 목욕을 체험할 때는 다음과 같은 점을 고려하면 좋겠다.

먼저, 일본 가정집에서 목욕할 경우 욕조 목욕물은 가족이 모두 사용한다는 점을 잊지 말아야 한다. 깨끗이 사용한 후 욕조 목욕물을 빼지 말고 그대로 두고 나온다. 센토를 이용할 때는 욕조에 들어가기 전에 거품 샤워를 한다. 그리고 일본에서는 때 수건 등으로 각질을 벗겨 내는 목욕을 하지 않는 점을 염두하여 가능하다면 때를 미는 행위는 삼가는 것이 좋다.

오래전 이야기이지만, 연구원으로 1년간 일본에 체류한 한국인 가족이 센토를 이용했다가 경찰이 출동하는 소동에 휘말린 적이 있는데 그 이유가 어린 자녀의 몸을 때 수건으로 미는 과정에서 아이가 울음을 터뜨리자 누군가 아동학대로 의심해 110번에 신고를 했던 것이다. 문화의 차이를 이해하지 못했기 때문에 벌어진 해프닝이었지만, 일본어를 모르는 아내와 어린 자녀가 겪은 일이어서 언어 소통의 문제도 영향을 주었을 것으로 생각된다.

지금까지 일본의 목욕 문화에 대해 개인 체험을 바탕으로 설명해 보았다. 진정으로 일본의 문화를 경험하고 일본인의 배려 정신을 몸소 체험하고 싶다면 꼭 한번 일본의 대중목욕탕인 센토를 이용해 보는 것을 추천한다. 깨끗하고 정갈한 호텔 욕실에서는 얻을 수 없는 일본의 대표적인 생활 문화를 500엔 전후의 부담 없는 가격으로 체험할 수 있기 때문이다.

도쿄의 '간토' vs 오사카의 '간사이'

오영상(뉴스핌 기자)

에도 시대 이후 시작된 400년 라이벌
'지역 감정'보다는 지고 싶지 않은 '경쟁 의식'

도쿄와 오사카는 일본을 대표하는 두 도시이다. 우리나라 관광객들도 일본 여행을 계획할 때 대체로 둘 중 어디를 갈지 고민한다. 역사적으로도 도시 규모로도 일본을 대표하는 곳이라는 데는 이견이 없다. 일본의 공식적인 수도는 도쿄이지만 일부에서는 동쪽의 수도는 '도쿄', 서쪽의 수도는 '오사카'라는 말이 있을 정도이다.

그만큼 양 도시의 자존심 싸움은 대단하다. 이를 단적으로 보여 주는 것이 바로 프로야구이다. 도쿄를 연고지로 하는 '요미우리 読売 자이언츠'와 오사카를 연고지로 하는 '한신 阪神 타이거스'는 일본 프로야구에서 대표적인 라이벌로 꼽힌다. 다른 팀에게는 져도 서로에게는 지면 안 된다고 생각한다. 축구 한일전 경기를 본다고 생각하면 이해가 빠를 것이다.

요미우리 자이언츠는 일본에서 전국적 인기를 누리고 있는 구단이지만 오사카에서만큼은 비인기 구단이다. 한신 타이거스의 홈구장인 고시엔 甲子園 구장에서 요미우리를 응원하다 뺨을 맞았다는 이야기도 있다. 만일 일본 사람과 좋은 관계를 유지하고 싶은 경우 상대방이 오사카 사람이라면 절대 요미우리 칭찬은 하지 말아야 한다.

에도 시대 이후 시작된 라이벌 의식

도쿄와 오사카를 중심으로 한 지역 기반을 좀 더 확대한 개념이 '간토關東'와 '간사이關西'이다. 도쿄를 중심으로 지바현, 가나가와현, 사이타마현, 이바라키현, 도치기현, 군마현을 아울러 간토 지방이라고 부른다. 반면 오사카를 중심으로 미에현, 시가현, 교토부, 효고현, 나라현, 와카야마현을 합쳐 간사이 지방이라고 부른다. 여기서 간關은 옛날 지역을 구분했던 각 검문소를 칭한다. 쉽게 말해 관의 동쪽과 서쪽이라는 것으로 이해해도 무방하다.

간토와 간사이 간 경쟁 의식의 발단은 꽤나 먼 시간을 거슬러 올라간다. 혼란스러웠던 일본의 전국 시대를 끝내고 통일을 이룬 도요토미 히데요시豊臣秀吉는 자신의 권력을 과시하기 위해 오사카성을 짓고 오사카를 수도로 활용했다. 이를 계기로 오사카는 급속한 발전을 이루며 천년의 도읍지 교토, 나라 등과 간사이 지방의 번영을 함께한다. 그러나 도요토미가 죽은 후 도쿠가와 이에야스德川家康가 실권을 잡고 1603년 자신의 주거지였던 지금의 도쿄 지역 '에도江戸'를 거점으로 새로이 에도 막부 시대를 열게 된다. 이로써 모든 중심이 일거에 에도로 옮겨지고, 간사이는 천 년의 영광을 고스란히 간토에 넘겨주었다.

교토, 나라, 오사카가 일본 역사 속에서 오랜 기간 구심점 역할을 해 왔다는 점을 생각하면 간사이 사람들이 느꼈을 상실감도 이해할 만하다. 그들의 눈에 당시 에도도쿄는 그야말로 아무것도 없는 시골 촌구석에 불과했을 것이다. 그래서 지금도 간사이에서는 간토를 깔보는 투로 '간토에 뭐가 있겠나' 등의 표현을 사용하기도 한다. 이에 대해 간토에서는 간사이 사람들에 대해 '과거에 사로잡힌 채 시기만 한다'고 응수한다. 사람들의 성격도 많이 다르다고 여겨진다. 대체적으로 간사이 사람들의 이미지는 '시끄럽다', '화려하다', '감정적이다', '유머러스하다', '낙천적이다' 등이다. 그래서인지 연예인이 많고 특히 개그맨 중에는 간사이 출신이 유독 눈에 띈다. 반면 간토 사람들은 '개인주의', '원칙주의', '조용하다', '소박하다', '소심하다', '이성적이다'는 이미지를 갖고 있다. 우리가 흔히 생각하는 일본인의 이미지가 떠오른다.

에스컬레이터 탈 때 간토는 '왼쪽', 간사이는 '오른쪽'

간토와 간사이가 서로 다른 것은 이 정도로 그치지 않는다. 언뜻 봐도 차이를 알 수 있는 것에서부터 이 정도까지 다른가 하고 다시 한번 보게 만드는 것도 있다. 우선 눈에 띄는 것이 지하철역 등에서 에스컬레이터를 타는 법이다. 간토에서는 에스컬레이터를 탈 때 사람들이 왼쪽에 선다. 반면 간사이에서는 오른쪽에 선다. 간토와 간사이의 차이를 명확히 보여 주는 한 장면이라고 할 만하다. 한쪽을 비워 두는 것은 우리나라와 마찬가지로 걸어 올라갈 사람을 배려한 것이다. 언제부터 어떻게 이런 차이가 생겼는지에 대해서는 정확한 설명이 없으나 오사카에서는 지난 1970년 세계박람회 당시 우측 서기가 시작되었다고 알려져 있다.

패스트푸드 '맥도날드'를 부르는 호칭이 다르다는 것도 유명한 이야기 중 하나이다. 일본에서는 약칭으로 부르는 것이 일반적이어서 맥도날드도 줄여 부르는데 간토에서는 '마크'라고 하고, 간사이에서는 '마크도'라고 부른다. 신문 등 공적인 매체에서도 다르게 쓸 정도라고 하니 그 차이를 새삼 실감한다. 간토에서는 '마크'까지면 충분한데 왜 '마크도'라고 하냐 하고, 간사이에서는 '마크'라고 하면 어느 컴퓨터 애플의 맥북이나 아이맥 회사가 떠오르지 않느냐고 응수한다. 참고로 맥도날드의 일본식 발음은 '마크도나루도'이다.

택시의 색깔도 확연히 차이가 난다. 간토에서는 노랑색, 주황색, 녹색 등 컬러풀하면서도 다양한 색의 택시가 많고, 간사이에서는 검은색 택시가 일반적이다. 정확한 이유는 없지만 교통량이 많은 간토에서는 구별이 쉽고 눈에 잘 띄도록 택시 색깔을 다양하게 했고, 간사이에서는 검은색이 고급 차라는 인식에서 늘어나기 시작했다는 설이 있다. 기름 등을 넣을 때 사용하는 폴리탱크의 색깔도 다르다. 간토에서는 빨간색을, 간사이에서는 파란색을 사용한다. 이렇다 할 이유는 알 수 없지만 가장 유력한 설은 폴리탱크를 제조할 때 색을 입히는 도료가 파란색이 싸기 때문이라는 것이다. 상인의 도시이자 실용성을 중시하는 간사이에서는 원재료 가격을 낮추기 위해 파란색 폴리탱크가 주류가 되었다고 알려져 있다.

똑같은 상품인데 간토와 간사이에서 다르게 판매하는 경우도 있다. 유명한 컵 우동 '돈베에 どん兵衛'는 간토와 간사이에서 판매되는 상품의 맛이 완전히 다르다. 간토에서는 가다랑어포 국물 맛을 팔고, 간사이에서는 다시마 국물 맛을 판매한다. 국물 색깔도 다르다. 간토 쪽은 간장색이고, 간사이는 맑은 색이다. 각각 달리 판매되는 제품을 구별하기 위해 용기와 뚜껑에도 작은 글씨로 'E'와 'W'라고 표기돼 있다. E는 EAST로 간토를 의미하고, W는 WEST로 간사이를 나타낸다. 같은

나라여도 지역에 따라 지형, 기후, 물이 조금 다를 수 있다. 간토의 물은 미네랄이 풍부하고 반대로 간사이의 물은 미네랄 함유량이 상대적으로 낮다. 그리고 다시마는 간토보다는 간사이가 더 풍부한 편이다. 이에 따라 간사이가 간토에 비해 맑은 다시마 국물을 내기가 더 쉬운 환경이 되지 않았을까 생각한다. 우리나라는 일본식 우동을 생각하면 대부분 맑은 국물을 떠올릴 것이다. 우리나라가 아는 일본식 우동은 간사이 스타일의 국물이 들어간 우동에 더 가깝지 않을까 한다.

우리나라에서도 즐겨 먹는 달걀이 들어간 '에그 샌드위치'도 간토식이냐 간사이식이냐에 따라 모양이 전혀 다르다. 간토에서는 에그 샐러드를 빵 사이에 넣어 먹는 것이 일반적이다. 한편 간사이에서는 두툼하게 구워 낸 달걀말이를 끼워넣는 것이 정통이다. 유부초밥의 모양새도 다르다. 간토에서는 타원형 모양으로, 간사이에서는 삼각형 모양으로 만든다.

빵에서도 드러나는 간토와 간사이의 차이점

원래 서양에서 들어온 음식인 '빵'은 오랜 세월을 거쳐 이제는 한국이나 일본에서나 더 이상 이국적인 음식이 아니라 자국 음식처럼 일상의 한 형태로 자리 잡았다. 앞서 간단히 소개한 에그 샌드위치도 한국이나 일본에서 모두 일상에서 쉽게 접하는 인기 식품이다.

에그 샌드위치에 사용되는 '식빵' 자체가 한국과 일본의 일상 먹거리이다. 그런데 식빵을 일본 문화와 연결해 살펴보면 간토의 식빵과 간사이의 식빵의 두께에 차이가 있다는 점에 주목하게 된다. 간토의 식빵에 비해 간사이의 식빵이 두껍다. 이 차이점에 흥미를 느껴서 일본의 기사를 찾아 읽어 보니 '교토, 나라, 고베'가 속한 간사이가 특히 식빵 소비량이 높은 곳이라고 한다. 식빵 소비량이 많은 간사이여서 식빵의 두께도 상대적으로 간토보다 두꺼운 것은 아닐까라는 생각이 든다.

같은 음식을 두고 부르는 명칭도 간토와 간사이가 미묘하게 다르다. 한국에서도 인기가 많은 고기 왕만두와 비슷한 음식이 일본에도 있다. 일본에서는 고기 왕만두를 '중화만두'로 생각한다. 그런데 이 중화만두를 부르는 명칭은 간토와 간사이가 다르다. 간토에서는 '고기만두'라는 뜻의 '니쿠망肉まん'이라고 부르지만, 간사이에서는 '돼지고기 만두'라는 뜻의 '부타망豚まん'이라고 부른다.

실제로 일본식 중화만두에 들어가는 고기는 돼지고기이다. 따라서 간토보다는 간사이가 중화만두 안에 들어가는 고기 종류를 조금 더 구체적으로 알려주는 것 같다. 간사이에서는 그냥 '고기'라고 하면 '소고기'를 떠올리는 사람들이 많다고 한다. 참고로 간토는 돼지고기 소비량이 많고 간사이는 소고기 소비량이 많은 편이다. 이렇게 봤을 때 간토에서는 '니쿠망'이라고 불러도 자연스럽게 '돼지고기가 들어간 중화만두'를 떠올리는 분위기여서 굳이 '돼지고기'라고 따로 밝힐 필요는 없을 것이다. 하지만 간사이에서는 '니쿠망'이라고 부르면 자연스럽게 '소고기를 사용한 중화만두'를 생각할 수 있어서 혼란을 줄 수 있다. 따라서 간사이에서는 중화만두에는 소고기가 아니라 돼지고기가 들어갔다는 것을 구체적으로 알려 줄 필요가 있다.

문득 우리나라도 공통적으로 인기가 많은 빵 사이에 지역별로 어떤 차이가 있는지 궁금해졌다. 한국은 '서울 공화국'이라고 불릴 정도로 수도 중심의 문화가 강한 편이지만, 그래도 제대로 공부해 보면 한국도 지방별로 일상에서 흔히 접하는 빵에도 소소하게 차이가 있을 것이다.

지역 차이를 선의의 경쟁으로 활용

물론 간토와 간사이가 지역별 차이가 있다고 해도 간토 사람과 간사이 사람을 이분법적으로 단순하게 나누어서 '아, 이 사람은 간토 출신이니까 이러겠지. 아, 이 사람은 간사이 출신이니까 이럴 거야'라고 단정하는 것은 조금 위험하다고 생각한다. 이는 한국에도 마찬가지로 적용되는 부분이다. 전반적으로 큰 틀에서 간토 출신과 간사이 출신이 서로 다른 점은 존재하지만, 일본인 개인을 대할 때는 출신 지역은 재미로 참고만 하고 그 사람의 성격, 취향, 가치관은 출신 지역의 특징과 일치할 수도 있고 다를 수도 있으니 열린 자세를 갖는 것이 중요하지 않을까 한다.

우리나라도 동서 간 지역감정이 여전히 존재하고 있지만 일본에서도 동서 간 대립이 있다는 사실이 흥미롭다. 그런데 하지만 우리나라와 일본의 지역감정은 그 성격이 조금 다르다.

도쿄 vs 오사카, 간토 vs 간사이라는 구도에 정치색은 섞여 있지 않다. 그렇기 때문에 도쿄와 오사카의 경쟁, 간토와 간사이의 경쟁은 한국의 영남과 호남의 경쟁에 비해 적대적이거나 무겁지 않다. 따라서 일본의 지역 대립은 우리 표현대로 '지역감정'이라는 프레임에 집어넣기에는 다소 미안하다. 감정적 대립보다는 선의의 경쟁을 펼치는 오래된 라이벌이 더 어울리지 않을까?

일본의 100대 명산

우제붕(케이블 마운틴TV 일본 산 진행자)

한국과 일본의 산

한국은 국토의 70%가 산이고 일본은 국토의 73%가 산이다. 그리고 일본의 면적은 한반도의 1.8배이며, 남한 면적의 3.7배로 크다. 일본 열도는 규슈 JR 최남단역인 가고시마현 니시오야마西大山驛에서 훗카이도 동쪽인 네무로根室까지 활 모양으로 휘어져 있어 그 거리가 약 3,200킬로미터에 달한다. 그러니 일본의 땅덩어리 모양은 매우 길어서 다양한 식생과 고산식물들이 만발한다.

한국과 일본은 산에서도 다른 점이 있다. 우리나라 산들은 아기자기함이 많으나 일본의 산은 히말라야 산들과는 크기가 비교가 되지 않지만 화산산이 대다수이며 2,000미터가 넘는 산들이 많아 웅대함을 갖추고 있다. 지대가 낮은 지역에는 주로 삼나무가 많이 심어져 있는데, 1950~1960년대에 국가에서 땔감이 모자라 성장이 빠른 삼나무를 심도록 장려했기 때문에 전국 어디를 가더라도 삼나무 숲이 무성하다. 오늘날에는 봄에 삼나무 꽃가루가 날려 알러지 환자를 많이 발생시켜 해마다 봄이 되면 삼나무 꽃가루 일기예보까지 나온다. 일반적으로 800~1,200미터 높이에는 너도밤나무가 서식하고 1,700미터 부근까지는 사스래나무자작나무과가 서식하며 산림한계선인 2,300미터 부근까지는 눈잣나무가 많이 서식한다.

일본 알프스라는 이름이 불리게 된 것은 1881년에 간행된《일본 안내》라는 책에서 영국인 광산 기사인 윌리엄이 유럽의 알프스 산맥과 비슷하다고 하여 '일본 알프스'라고 소개한 데서 유래되었다. 유럽 알프스의 정상인 몽블랑을 올라가 본 적이 있다. 봄이 되면 일본 산은 유럽 알프스의 하얀 눈을 뒤집어 쓴 모습과 비슷하여 일본 알프스라고 이름 지었을 것으로 사료되는데 윌리엄이 본 것은 4~6월경이었다고 짐작된다. 일본 산악계는 윌리엄이 일본 산을 전 세계에 알린 공을 기리기 위해서 일본 알프스의 관광 안내소 앞에 윌리엄의 흉상을 많이 세워 두었다.

일본에는 일본 100대 명산이 있다.《일본 100대 명산》은 1964년에 후카다 규야가 산의 품격, 역사, 개성 등을 보고 쓴 것이 후에 요미우리 문학상을 수상하여 일반인도 읽게 되면서 100대 명산의 유래가 되었다. 후카다 규야는 1968년에 일본산악회 부회장에 취임하기도 했는데 1971년 야마나시현 치가다케茅ヶ岳 정상 부근에서 뇌졸중으로 68세에 사망했다. 산악인들은 산에서 죽는 것을 가장 영광이라고 생각하는데 이 작가도 그 소원을 이루었다고 할 수 있겠다.

우리나라에도 일본 100대 명산을 본 따서 산림청이 주관하여 2002년 '세계 산의 해'에 즈음하여 지리생태학 교수들과 산악 관련 전문가 13명이 모인 100대 명산 선정 위원회에서 지방자치단체에서 추천한 150개의 산과 산악회 등에서 추천한 산들을 3개월에 걸쳐 심사하여 '한국 100대 명산'이 탄생하기도 했다.

일본 산의 특징

산에 다니는 일본 사람 중에는 일본 100대 명산을 연간 목표를 세워 완등하고자 노력하는 사람들이 있다. 일본인의 기록 중에서 일본 100대 명산을 가장 빠르게 완등한 사람이 65일만에 완등, 최연소자는 3살 때부터 시작하여 5세 8개월에 완등했는데 2년 반만에 걸쳐 올랐다고 한다. 일본 산의 특징을 정리하면 다음과 같다.

1) 국토의 약 73%가 산지이다.
2) 산지는 국토의 중앙부를 등골 모양으로 연결되어 있고 동북일본으로는 남북으로 3열, 서남 일본에서는 동서로 2열의 산맥이 있다.
3) 본토의 중앙부가 가장 높다.
4) 환태평양 조산대의 일부이고, 험한 산맥이나 화산, 온천이 많다. 환태평양 조산대는 알프스, 히말라야 조산대와 필적하는 세계 2대 조산대이다.
5) 일본에는 200개 이상의 화산이 있다. 화산이 분포하고 있는 지역을 화산대라 말하고 북해도에서 중부지방 그리고 후지산에서 해상으로 연결되는 동일본 화산대와 중국 간사이 아래 지방에서 큐슈에 연결되는 서일본 화산대의 2개로 크게 나누어진다.
6) 온천은 지하에서 분출되는 샘 중에서 수온이 25℃ 이상의 것으로 온천물에는 유황을 많이 품은 유황천, 철분을 많이 품은 철천, 탄산칼슘을 많이 품은 탄산천, 라듐을 많이 품은 라듐천, 거의 광물이 들어 가지 않은 단순천으로 부른다.

일본 산의 분포

● 홋카이도

홋카이도는 일본의 최북단에 위치해 여름은 짧고 겨울이 무척 길다. 특히 내륙의 겨울은 연간 6미터 이상의 엄청난 적설로 유명하다. 홋카이도의 볼거리는 전 지역에 분포한 수많은 산과 호수, 활화산과 온천이며, 자연 경관이 수려해 섬의 대부분이 국립공원으로 지정되어 있다. 대표적인 산으로는 다이세쓰산大雪山, 2,291미터이 있고 톰라우시야마2,141미터과 도카치다케十勝岳, 2,077미터도 많은 사랑을 받고 있다. 산행이 가능한 시기는 6월에서 10월 초까지이다.

● 혼슈

일본에서 가장 큰 섬으로 열도의 길이는 약 1,500킬로미터에 다다르며 최고 높은 산은 후지산3,776미터이다. 동북지방은 눈이 많아 2~3월에 설산을 즐길 수 있으며, 봄 가을에 벚꽃과 단풍을 만끽할 수 있다. 혼슈의 명산들은 특히 6월 중순에서 7월 중순에 걸쳐 잔설이 남아 있어 신록과의 조화가 아름답고 야생화와 고산식물들이 만발해 한국에서 볼 수 없는 풍경을 보여 준다. 접근성이 좋아 온천과 자연 경관이 멋있어 트레킹의 묘미를 느낄 수 있다.

일본에는 3,000미터 이상 되는 산이 21개가 있다. 일본 100대 명산에는 3,000미터급 이상의 산이 후지산을 비롯하여 13개, 2,000미터 이상 되는 산은 50개가 있다. 혼슈 정중앙에 도야마현, 나가노현, 시즈오카현, 기후현이 위치한 중부산악국립공원인 일본 알프스를 중심으로 고봉들이 분포된다.

- 시코쿠, 규슈

일본 열도 최남단에 위치한 규슈는 따뜻한 기후와 독특한 자연 경관으로 유명한 섬이다. 곳곳에 하얀 연기를 내뿜는 활화산과 온천이 있으며, 대부분의 산에 올라 시원한 바다가 조망되는 이점이 있다. 대표산으로는 봄에 철쭉이 만발하는 구주산九重山, 1,791미터, 화산 능선 종주가 일품인 가라쿠니다케韓國岳, 1,700미터, 천년 이상 된 삼나무로 유명한 야쿠시마의 미야노우라다케宮之浦岳, 1,936미터 등이 있다. 겨울에도 온화한 날씨로 연중 등산이 가능하다.

나의 등산 경험

우리나라 사람들이 산을 많이 가게 된 계기는 1997년에 일어난 IMF라고 할 수 있다. 대량 실직으로 인하여 갈 곳이 없던 사람들이 시간을 보내기 위해 산을 가게 되었다. 그 이후 등산 인구는 폭발적으로 증가했고 몇 년 전만 하더라도 한 달에 한 번 가는 기준으로 우리나라 2,000만 명 이상이 등산을 다녔다고 한다.

개인적인 경험을 이야기하자면, 2003년에 처음으로 일본 거래처에서 후지산을 우리나라 사람들에게 소개해 보라는 권유로 6월 30일에 후지산 3,200미터 중턱의 산장에서 잠을 자고 7월 1일 개산제에 맞추어 후지산 정상을 올랐다. 처음으로 간 일본 산행 때 일본 최고봉을 오른 것이다. 그 이후 수년간 일본 산을 10여 곳 다녔고 2007년 2월에 KBS 〈영상앨범 산〉에 출연하면서 본격적으로 일본 산 등반을 시작하여 2012년 6월 29일에 니가타현의 나에바산2,145미터을 끝으로 10년 만에 일본 100대 명산을 완등했다.

등산을 시작해서 2~5년 경험을 쌓은 산악인들이 사고를 많이 당하는 편이다. 산을 처음 타는 사람이라면 산을 잘 모르기 때문에 모든 행동이나 준비물을 신경 쓰지만 산에 경험이 조금 쌓이면 자신이 전문가가 된 듯이 방심해지는 경우가 있다.

2007년 12월 중순, 도쿄에서 업무를 마치고 이틀 정도 시간이 있어 전철을 타고 2시간이면 갈 수 있는 구모도리야마를 혼자서 등산한 적이 있었다. 일반적으로 사람들은 버스를 타고 가서 6~7시간이면 정상 옆에 있는 산장을 갈 수 있는 곳으로 산행 계획을 세운다. 하지만 나는 40대 중반에 등산에 입문하여 4년 정도 되니 마치 산악 전문가라도 된 듯 두려움도 없이 한겨울에 10시간이나 되는 산행을 가는 무리한 등산 계획을 세웠다. 중간에 등산 지도를 잘못 보고 1시간을 허비했고 물은 무거워 1리터만 준비하고 도중에 샘물로 보충하려고 했지만 샘이 말라 있었다. 산에서는 남에게 물을 얻어 마시면 안 된다는 것이 등산객들 사이에서 무언의 규칙인데, 부득이 하산객에게 사정을 이야기하고 반 병 정도 얻어 마실 수 있었다. 점심도 컵라면과 간단한 간식을 먹으며 온 힘을 다해 예정된 시간인 4시 30분에 정상을 도착했는데, 갑자기 구름이 덮쳐 서둘러 내려가다가 그만 다른 방향으로 산장을 찾아갔다. 20분 정도 가면 산장이 나와야 하는데 보이지 않았다. 12월의 도쿄는 4시 45분경이면 해가 지고 어두컴컴해진다. 지도를 보고 등산로 여기저기를 찾아보았지만 산장의 모습이 보이지 않았다. 갖고 있던 것은 초콜릿 몇 개와 컵라면, 물은 물통의 1/3밖에 남지 않았다. 이 물마저 다 마셔 버리면 바로 죽을지도 모르니 혀에 물을 적시는 정도로 갈

증을 해소할 수밖에 없었다. 어둠 속에서 2시간을 헤매다 죽더라도 정상에서 죽자고 가파른 길을 올라갔다. 8시경 피난 산장에 간신히 도착해 휴식하고, 올라올 때 보았던 산장으로 1시간가량을 내려가 구사일생으로 살아 돌아올 수 있었다. 하산을 하고 나서 나중에 또 이런 상황이 되면 산에서 죽더라도 깨끗하게 죽자고 다짐했다.

이렇듯 일본 산에서는 가급적 혼자서 산행을 해서는 안 된다. 혼자서 산행을 하면 사고가 났을 경우 구조할 수 없어 일본에서는 꼭 두 사람 이상 산행을 하도록 권유한다. 철저한 산행 계획, 비상 식량, 구급약 등을 지참해야 한다. 등산로 입구에는 사고를 대비하기 위해 산행 계획서를 신고하는 곳이 있는데 본인이 가는 등산로를 사전에 반드시 신고해야 한다.

한국에서 국민 취미에 해당하는 것이 등산이기에 일본의 산에 관심이 많은 한국인 독자들이 상당하다고 본다. 일본의 산과 산행이 한국과 유사하면서도 다르다. 충분히 숙지하고 즐겁고 안전한 산행하는 데 이 글이 도움이 되면 좋겠다.

모아이, 태평양을 가로지른 우정

이영미(작가, 인문학 강사, 출판지도사)

모아이 석상이 일본에도 있다고요?

모아이 Moai 라는 이름을 들어 보았는가? 앉아 있는 사람의 형상을 돌로 만든 커다란 조형물이다. 모아이 석상은 남아메리카의 칠레에 속한 작은 섬인 이스터섬에 있으며 이집트 피라미드, 바빌로니아 공중정원, 올림피아의 제우스상 등과 함께 세계 7대 미스터리 중하나이기도 하다.

버킷리스트 중 하나였던 칠레의 이스터섬에 다녀온 후, 정년퇴직하고 세계 일주를 하고 있는 선배를 만났을 때였다. 내가 여행을 떠나기 전에 여러 조언을 해 주어 답례로 모아이 모양의 기념품을 건넸더니, 얼마 전 일본에 갔을 때 모아이 석상을 보았다는 것이다.

이스터섬 행가 라우 해변의
모아이 석상 아후 나우 나우(Ahu Nau Nau)

이스터섬은 섬 전체가 칠레의 국립공원이고 유네스코 세계유산으로 지정되어 있다. 특히 모아이 석상은 유네스코 세계유산으로 지정될 당시 중요한 역할을 했기 때문에 칠레 정부는 다른 나라에 모사품을 만드는 것을 공식적으로 허용하지 않는다. 다른 나라에 모사품이 있을 리가 없다고 말했더니 그 증거로 팸플릿을 보여 주었다. 팸플릿에는 완벽한 복제품의 사진이 있었다. 이스터섬에 있는 실제 크기 그대로인 모아이 석상 7구가 칠레 정부의 공식적인 허가를 받아 일본 미야자키현 산멧세니치난サンメッセ日南이라는 곳에 있었다. 이스터섬을 안내하는 칠레인도 언급한 적이 없고, 미야자키현에 사는 일본인들에게 물어도 잘 몰랐다. 연결고리가 단번에 떠오르지 않는 이 두 나라 사이에는 대체 어떤 사연이 있는 것일까?

이스터섬과 라파 누이 국립공원의 모아이 석상

이스터섬은 지도에서 보는 것과 같이, 남아메리카에 있는 칠레에 면하고 있는 남태평양 서쪽 약 3,800킬로미터 지점에 있다. 칠레 본토를 제외한 가장 가까운 섬인 타히티섬까지 약 4,000킬로미터 떨어져 있어 말 그대로 태평양 한가운데에 있는 섬이다.

이스터섬이 처음 발견된 것은 신항로 발견의 끝 무렵이라고 할 수 있는 18세기였다. 1722년에 네덜란드의 야코프 로헤벤Jacob Roggeveen 제독이 서구인 최초로 태평양 한가운데에 있는 이 신비로운 섬에 상륙했다. 이날이 마침 기독교의 부활절이었기 때문에 이 섬을 영어로 이스터Easter라고 명명했다. 그러나 폴리네시아의 자긍심을 갖고 있는 섬 사람들은 본토 칠레의 스페인어가 아닌 폴리네시아어로 큰 섬이라

태평양 한가운데 붉은 화살표가 가리키는 곳이 이스터섬

출처: 유네스코 홈페이지

는 의미의 라파 누이Rapa Nui라는 이름을 사용하고 있으며, 1995년 유네스코 문화유산으로 등록한 이름도 '라파 누이 국립공원'이다.

섬의 크기는 면적 166제곱킬로미터의 삼각형 모양으로 우리나라 강화도302.4제곱킬로미터보다도 작다. 섬 안에 강은 없고 낮은 산비탈에는 해안을 향해 완만하게 구릉이 펼쳐져 있다. 이 작은 섬에 해안을 따라 약 1,000구 정도의 모아이가 있다. 이 섬이 행정적으로 칠레에 병합된 것은 1888년이며, 라파 누이 국립공원은 1935년 칠레 정부에 의해 만들어졌다. 이후 원주민들은 보호구역에 갇혀 있었고 나머지 땅은 양치기들에게 임대되었다. 1980년대에 양치기들의 임대 기간이 종료되면서 섬 전체가 공원으로 선언되었다. 이후 한참이 지난 2017년 12월 1일, 전前 칠레 대통령 미첼 바첼레트는 라파 누이 국립공원의 형태로

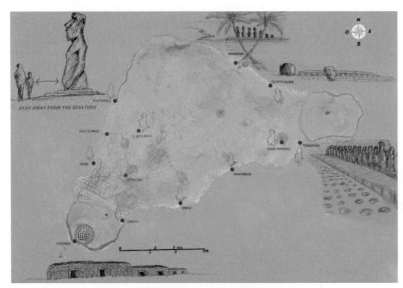

삼각형 모양의 라파 누이 국립공원

출처: 라파 누이 국립공원 공식 홈페이지

조상의 땅을 원주민들에게 반환했다. 현재 라파 누이 국립공원은 이 섬의 최초 자치기관인 마우헤누아 폴리네시아 원주민 공동체에서 관리·보존·보호를 맡고 있다. 라파 누이 국립공원에서 창출된 수익은 이 섬에 재투자되고 자연유산 보존에 사용된다.

고고학자들에 따르면 모아이 석상이 어떻게 만들어졌는지에 대한 기록이나 근거가 담긴 정설은 없다고 한다. 폴리네시아인들이 언제 이 섬에 도착하여 정착했는지 정확히 알 수는 없지만, 고고학자들은 모아이가 만들어진 시기를 기원후 800년에서 17세기까지로 보고 있으며, 이때가 섬의 번성기라고 생각한다.

라파 누이 국립공원 소속 안내인에 따르면, 예전에는 가족 중심의 공동체 생활을 했고, 공동체에서 연장자는 가장 현명한 사람으로 존경

받았다. 연장자가 죽으면 이후에도 외부로부터 마을을 지키고 지혜를 전해 준다고 믿어 그를 닮은 석상을 만들기 시작했다고 한다. 마치 우리나라에서 조상의 위패를 모시고 때가 되면 제사를 지내는 것과 유사하다. 그러다가 시간이 갈수록 마을 간, 부족 간 경쟁이 붙어 석상의 크기가 점점 커졌다. 나중에는 모아이 석상만 전문적으로 제작하는 직업인이 생겼고, 의뢰를 받으면 돈을 받고 원하는 크기와 모양대로 제작해 주는 사업가도 있었다고 한다. 주문을 받으면 채석장에서 돌을 옮겨서 제조하는 것이 아니라 채석장에서 완성하여 주문자가 원하는 곳으로 옮겨 설치한다. 사람 키의 몇 배나 되는 커다란 석상을 채석장에서 만들어서 해안가까지 어떻게 옮길 수 있었을까? 이에 대해서는 현재까지 여러 가설이 있지만 아직 정확히 밝혀지지 않았다. 그 이유로 오늘날까지도 세계 7대 불가사의 중 하나로 꼽힌다.

대부분의 모아이 석상은 해안가에서 발견되었는데 바다가 아닌 섬 내륙을 바라보는 모양으로 서 있다. 그중 유일하게 내륙이 아닌 바다를 바라보고 있는 모아이 석상이 있는데 바로 아후 아키비 7구 석상들이다. 7구의 모아이 석상이 모두 바다를 바라보고 있고, 이에 대해서는 새로운 땅을 찾던 어느 나라 왕이 꿈에서 이 섬을 보고 실제인지 확인하기 위해 7명을 데리고 섬에 왔다는 전설도 있다. 라파 누이 국립공원 소속의 안내인에게 들은 다른 전설도 있었는데, 이들은 아버지와 여섯 아들이라고 한다. 중앙이 아버지, 옆으로 큰아들부터 여섯째 아들까지 차례로 서 있으며 라파 누이 주민들은 이들을 알아볼 수 있다고 한다. 이들에 얽힌 다음과 같은 이야기를 들으면 왜 바다를 바라보고 있는지 고개가 끄덕여진다.

오래전 라파 누이 섬에는 몸집이 작은 부족과 몸집이 큰 거인족이

바다를 바라보고 있는 7구의 모아이 석상 아후 아키비

해안가의 영역을 나누어 살고 있었는데 거인족은 몸집이 크다 보니 상대적으로 많이 먹었다고 한다. 점점 먹을 것이 부족해지자 거인족은 몸집이 작은 주변 부족을 공격했고, 용감한 아버지와 여섯 아들이 힘을 합쳐 이 거인족을 물리쳤다고 한다. 거인족은 해안가에 살고 있었기 때문에 거인족으로부터 마을을 지키기 위해 바다를 바라보게 되었다는 이야기이다. 조상들은 부족 공동체로 부족 안에서 근친결혼을 했다. 이에 따라 돌연변이들이 계속 출현했고 이들은 부족 안에 섞이지 못하고 따로 무리를 이루어 살았다고 한다. 거인족도 그중 하나로 여겨진다.

참고로 라파 누이 섬에 있는 모아이 석상을 부르는 이름은 아후 나우 나우Ahu Nau Nau, 아후 통가리키 Ahu Tongariki, 아후 아키비 Ahu Akibi 등과 같이 '아후Ahu'라는 단어로 시작한다. 아후Ahu는 석상이 놓여 있는 하단 플랫폼을 의미한다.

산멧세니치난의 모아이 석상

앞서 미야자키현에 모아이 석상이 있다고 언급했다. 그렇다면 일본에서 태평양을 건너 멀리 떨어진 작은 섬에 관심을 갖게 된 계기는 무엇일까?

산멧세니치난サンメッセ日南 소개 자료에 따르면, 쇼와 63년 1991년 〈히타치 세계 불가사의 발견!日立 世界·ふしぎ発見!〉이라는 TV 프로그램에서 세계 7대 불가사의 중 하나로 꼽히는 모아이 석상을 소개했다. 옛 부족 간의 다툼과 1960년 칠레 대지진으로 무너진 모아이 석상을 방영하면서, 이렇게 황폐해진 세계 문화재 복원이야말로 평화에 이바지하는 일본의 역할이 아니겠느냐고 호소했다. 1960년 칠레 대지진 때 지진과 해일에 의해 몇백 킬로미터 떨어진 곳까지 날아간 석상도 있다고 한다.

이를 계기로 시코쿠의 크레인 제조사 (주)타다노, 나라국립문화재연구소, 석공 사노 가쓰시 이렇게 3자가 모여 모아이 수복위원회를 결성했다. 칠레대학과 이스터섬 박물관의 협력을 얻어 1990년부터 약 3년에 걸쳐 아후 통가리키 15구를 완전히 복구했다.

모아이 수복위원회에서 복구한 아후 통가리키 모아이 15구

아후 통가리키 옆에는 일본의 도움으로 복구했다는 안내문이 설치되어 있는데, 안내문은 칠레의 국어인 스페인어, 일본어, 영어로 쓰여있다.

아후 통가리키의 안내문

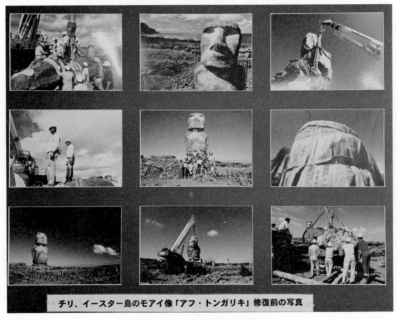

아후 통가리키의 재건 과정

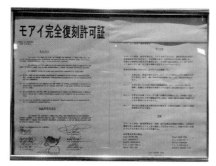

칠레 정부의 아후 아키비 복각 허가증(좌)과 복각 과정(우)

이런 노력으로 라파 누이 국립공원은 1995년에 유네스코 세계유산에 등재되었다. 그 후 모아이를 복구했던 팀의 요청으로 라파 누이 장로회는 세계 최초로 일본에서 모아이를 복제하는 것을 허가했고, 이번에는 아후 통가리키의 복원에 참여했던 칠레대학과 칠레 고고학자들이 참여했다.

앞서 제시한 산멧세니치난의 아후 아키비 7구의 복제에는 아후 통가리키의 복원에 참여했던 석공 사노 가쓰시가 무보수로 참여했다. 여느 기업이나 부자들의 요청과 같이 개인이나 기관의 수입을 위하는 것이 아니라, 미야자키 지역이 더 좋아지는 일을 하고 싶다는 산멧세니치난 소유주 이토엔一燈園의 니시다 다케시의 진심이 느껴졌기 때문이었다고 한다. 키 약 4미터, 무게 약 18~20톤의 모아이 7구는 이렇게 세워졌다. 이들이 라파 누이 국립공원에 있는 모아이 석상들과 색이 다른 이유는 제작된 시기, 해안의 태양과 풍파를 맞은 기간이 다르기 때문이다. 참고로 이스터섬의 돌은 반출이 금지되어 있어서 이스터섬의 모아이 석상 재질과 같은 응회암을 후쿠시마현 시라카와 마을에서 가져왔다고 한다.

산멧세니치난에서 태평양을 등지고 서 있는 아후 아키비 복제품 모아이 7구

소유주이자 관리자는 1905년 설립되어 교토에 본부를 두고 있는 봉사단체인 재단법인 이토엔一燈園이다. 이곳은 쇼와 44년 1969년부터 목장으로 사용하고 있었으나, 경영 악화로 쇼와 62년 1987년에 문을 닫았다. 마침 그 해 이토엔의 두 번째 도반当番이 된 니시다 다케시는 이 땅을 미야자키 지역에 도움이 되려면 어떻게 사용할 수 있을지 고민하던 어느 날 태평양 저편에서 태양이 떠오르는 꿈을 꾸게 된다. 이에 영감을 받아 모아이 석상을 세우면 어떨까 하는 구상을 했다. 태양으로부터의 메시지를 통해 시작되었다고 하여 산메세 サンメッセ, Sun Message를 붙였고, 지금의 산멧세니치난 サンメッセ日南이 되었다. 지금까지 미야자키 내 테마파크로 유지되고 있으며 해마다 많은 해외 관광객이 방문하고 있다.

그런데 이토엔은 라파 누이 공원에 있는 많은 모아이 석상 중 하필 아후 아키비를 선택하여 복제했을까? 아후 아키비 7구는 일 년에 두 번, 춘분과 추분에 태양이 가라앉는 방향을 바라본다고 한다. 1960년부터 칠레 고고학자와 장로 등에 의해 과학적으로 복원된 최초의 모아이다. 이는 아후 아키비가 유일하게 바다를 바라보게 세워졌기 때문에 가능한 일이 아닐까? 추분과 추분에 태평양 건너의 라파 누이 국립공원에서 아후 아키비가 해가 지는 것을 바라보고, 동쪽의 산멧세니치난에 해가 뜨면 태양 빛이 복원된 모아이 석상을 지난다. 분명 이런 의도가 있었을 것으로 추측한다. 실제로 산멧세니치난에서는 춘분과 추분, 일 년에 두 번, 아침에 7구의 모아이 석상 중 가운데 석상의 등으로 태양이 떠오른다. 이 태양 빛이 언덕 위의 탑에 있는 작은 틈을 지나 최종적으로 지구 감사의 종에 닿게 설계되어 있다. 지구 감사의 종鐘이란 지구의 평화를 기원하는 신도, 불교, 기독교 등 18개의 종교단체가 제작에 참여한 종이다. 자연과 어울려 살면 인간은 소유나 노동에 대한 대가가 없이도 살 수 있다는 이토엔 창시자의 이념을 구체화한 상징적인 건축물이라고 할 수 있다.

모아이를 만나러 가는 길

2024년 5월 기준 한국에서 이스터섬을 갈 수 있는 가장 빠른 길은 칠레의 수도 산티아고에서 출발하는 항공편이 유일하다. 산티아고까지 가기 위해서는 미국 혹은 멕시코를 경유해야 한다. 게다가 본토인 칠레와도 2시간의 시차가 있어 비행시간이 갈 때와 올 때가 서로 다르다. 본토에서 섬에 갈 때는 약 5시간 반, 섬에서 본토로 올 때는 약 4시간 반이 소요된다.

산멧세니치난의 위치

모아이 석상을 보고 싶은데 칠레의 라파 누이 공원이 너무 멀다면, 상대적으로 가까운 산멧세니치난에 가 보는 것도 방법이다. 산멧세니치난은 남큐슈 미야자키현의 니치난 해안도로를 따라 남쪽으로 내려가는 길 중간쯤에 있다.

같은 시점 한국에서 미야자키까지 가는 방법은 항공편을 이용하는 편이 가장 빠른데, 주 3회 수, 금, 일요일 직항이 운영되고 있다. 운전하지 않고 대중교통을 이용할 때 가장 편리한 것은 버스를 이용하는 것이다. 미야자키역에서 출발한다면 버스로 1시간 반 정도 소요된다. 버스를 타면 갈아타지 않고 한 번에 산멧세니치난 입구 바로 아래까지 갈 수 있어 버스 출발·도착 시간만 잘 맞는다면 여유롭게 시간을 보낼 수 있다. 다만 버스가 자주 다니지 않으므로 시간표를 꼭 확인해야 한다. 공원이 넓고 언덕이 많으므로 발이 편한 신발을 추천한다.

하지만 1시간 반이 소요되는 이유는 정류장을 54개나 거치기 때문이고, 버스 요금이 만만치 않다. 미야자키역 내 관광안내소나 편의점 등에서 미야자키 내 관광지 버스 할인권을 사면 여러 구간에도 적용되므로 장거리 버스 여정에도 저렴하게 이용할 수 있다. 이 버스는 해안도로를 따라 달리기 때문에 산멧세니치난에 갈 때는 버스의 왼편에 앉으면, 태평양과 함께 신화에 나오는 도깨비 빨래판 바위가 빨래판 모양을 한 특이한 지형으로 이곳에서만 볼 수 있음과 해안을 따라 있는 해수욕장 등 절경을 구경할 수 있다. 또한 중간에 국가천연기념물 식물들이 가득한 아오시마와 동굴 속에 지어진 우도 신궁 등 이름 있는 관광지에 내려 구경할 수 있다. 여행 일정이 빠듯하다면 건너뛰어도 되겠지만 여유가 있다면 추천한다.

7

시간 여행으로 만나는 일본

일본의 신권 지폐

박경애(건국대학교 강사)

요즘은 신경 써서 현금을 챙기지 않으면 현금을 써야 할 때 곤란할 수 있다. 여러분 지갑에는 현금이 얼마나 들어 있는지 궁금하다. 그만큼 한국 사회는 현금보다는 카드나 전자화폐가 보편화되었다.

일본은 오래전부터 현금을 선호하는 문화가 자리 잡고 있다. 현금 사용은 일본인들에게 익숙하며 일상생활의 많은 부분에서 현금이 사용되는데, 2024년 7월 3일에 20년 만에 신권 지폐가 발행되었다. 1만 엔, 5,000엔, 1,000엔 지폐가 그 주인공인데 1만 엔 지폐는 40년 만에 새로 디자인되었다고 한다. 여기서는 일본에서 새로 발행된 지폐에 대해 살펴보고자 한다.

1만 엔 지폐

1만 엔권의 앞면의 인물은 시부사와 에이이치이다. '일본 자본주의의 아버지'로 불리며 일본 근대 경제의 기초를 세운 인물로 도쿄 증권 거래소와 일본 우편저축은행을 포함한 약 500개의 기업과 금융 기관을 설립하거나 운영했다.

시부사와 에이이치는 1840년생으로 오늘날 사이타마현 후카야시에서 태어났으며 부농의 집안에서 비교적 여유로운 환경에서 자랐다고 한다. 어렸을 때부터 유학과 한학을 공부하며 학업에 매진했다. 나중에 오사카로 가서 상인으로서 경험을 쌓으면서 일본의 경제와 산업에 대한 깊은 이해를 키웠다. 1867년 프랑스에 파견되어 파리 만국 박람회에 참가하여 서양의 경제 시스템을 배우고 일본에 돌아왔다.

메이지 유신 이후 신정부에서 일했는데 특히 재무부에서 일하며 새로운 경제 시스템 구축에 기여했다. 미즈호 은행의 전신인 제일은행을 설립했고 도쿄 가스와 동일본 철도 등 다수의 기업을 설립하거나 지원했다.

지폐 뒷면에는 1914년에 건립된 도쿄역 마루노우치 빌딩이 그려져 있다. 이 건물은 일본 근대화의 상징으로 일본의 철도와 교통 발전에 중요한 이정표가 되었다. 제2차 세계대전 중 일부는 파괴되었지만 원래의 형태로 복원되어 현재까지 유지되고 있으며 2003년부터 국가 중요문화재로 지정되었다. 국내외 많은 관광객이 방문하는 명소로 도쿄역 주변은 일본 경제의 심장부로 불리며 일본의 경제적 번영을 상징한다.

도쿄역 마루노우치 본관은 네오바로코 양식의 아름다운 건축물로 붉은 벽돌과 대형 돔 구조가 특징이다. 시부사와 에이이치의 업적을

1만 엔의 앞면

1만 엔의 뒷면

기리는 만엔 권에 도쿄역 마루노우치 빌딩이 함께 등장한 것은 일본의 경제적 발전과 역사적 발전을 동시에 기념하는 의미를 담고 있다고 한다.

5,000엔 지폐

5,000엔 지폐의 주인공은 쓰다 우메코이다. 1864년생으로 도쿄에서 태어났고 아버지가 사무라이 출신으로 교육에 대한 열정이 컸다. 딸에게도 교육의 중요성을 강조한 덕분에 우메코는 어릴 때부터 다양한 학문에 접했다.

쓰다 우메코는 1871년에 7세의 나이로 이와쿠라 사절단의 일원으로 미국 유학을 떠났다. 이는 일본 정부가 근대화를 추진하는 과정에서 선발된 유학 프로젝트의 일환이었다. 일본 여성으로서는 처음으로 서양 교육을 직접 경험했다. 미국에서 초중고등학교를 다니면서 영어와 서양문화를 배웠고, 이 시기에 미국의 교육 시스템과 여권 신장 운동에 큰 영향을 받았다고 한다. 10년간의 유학을 마치고 일본에 돌아온 쓰다 우메코는 일본 사회에서 여성의 지위와 교육 기회의 한계를 느끼고 다시 미국으로 건너가 브린마대학교 Bryn Mawr College 에서 생물학을 공부했다. 두 번째 미국 유학을 통해 보다 전문적인 지식과 경험을 쌓았다.

일본에 돌아온 우메코는 여성 교육의 필요성을 절감하고 여성들이 고등 교육을 받을 수 있는 환경을 조성하는 데 힘을 쏟았다. 일본 정부와 협력하여 여성 교육을 촉진하기 위해 다양한 활동을 전개했으며 1900년에 여자영어학교 현재의 쓰다주쿠대학 를 설립하여 많은 여성이 고등

| 5,000엔의 앞면 | 5,000엔의 뒷면 |

교육을 받을 수 있는 기회를 제공했다.

5,000엔 지폐의 뒷면에는 등나무꽃이 그려져 있다. 등나무꽃은《고지키》와《만요슈》에도 등장하는데 일본 전통 정원과 문화에서 중요한 위치를 차지하는 아름다운 꽃이다. 그 색깔과 형태는 일본의 자연미를 상징한다. 또한 등나무꽃은 강인함과 지속적인 성장을 상징한다. 이는 쓰다 우메코가 보여준 강인한 정신과 교육에 대한 헌신을 상징한다고 볼 수도 있다. 또한 지폐 디자인에서는 미적인 요소도 매우 중요한데 등나무꽃의 우아한 모습은 지폐의 디자인을 더욱 아름답고 조화롭게 만들었다.

1,000엔 지폐

1,000엔 지폐의 주인공은 기타사토 시바사부로이다. 1853년에 구마모토현에서 태어났고 어렸을 적부터 학문에 열정적이었으며 현재의 도쿄대학당시는 도쿄제국대학 의학부에서 의학을 전공했다. 대학 시절 서양 의학에 관심이 컸으며 이는 그의 연구와 실험에 큰 영향을 끼쳤다.

기타사토 시바사부로는 독일의 에밀 폰 베링과 함께 파상풍 항독소를 발견하여 세균학의 발전에 크게 기여했다. 이 연구는 파상풍 치료에 혁신을 가져왔으며 이는 그가 세계적으로 인정을 받는 계기가 되었다. 1864년에 페스트균을 발견하여 페스트균의 원인 규명과 방역에 중요한 정보를 제공했다.

1914년에 도쿄에 기타사토 연구소^{현재의 기타사토대학}을 설립했고 현재도 세계적인 연구기관으로 활동하고 있다. 그는 콜레라와 결핵에 관한 연구를 하여 해당 질병의 예방과 치료에 기여했다. 일본인들은 그를 근대 의학의 아버지로 존경하고 있다.

1,000엔 지폐 뒷면에는 가쓰시카 호쿠사이가 그린 〈가나가와 해변의 큰 파도 神奈川沖浪裏〉가 그려져 있다. 이 그림은 거대한 파도가 작은 배들을 덮치려는 순간을 생동감 있게 그려냈다. 파도의 움직임과 물방울의 표현이 매우 정교하며, 파도의 흰 포말은 마치 날카로운 발톱처럼 보인다. 배 위의 사람들은 파도의 위력 앞에서 무력하게 보이지만, 이 또한 자연의 위대함과 인간의 작은 존재감을 상징적으로 나타낸다. 배경에는 일본의 상징인 후지산이 작게 그려져 있어 이는 파도의 웅장함을 더욱 부각시킨다. 이 그림이 선정된 이유는 일본의 예술적 유산과 문화적 가치를 높이는 데 일조했다는 점이라고 하겠다.

신지폐 발행의 의미

신지폐 발행의 주요 목적은 지폐의 위조 방지와 보안 강화이다. 이런 이유로 정기적으로 지폐를 새롭게 디자인하고 보안 요소를 강화했다. 신지폐의 보안에는 어떤 것들이 추가되었는지 살펴보자.

액면가의 숫자를 만지면 표면이 거칠고 돌출되어 있다. 지폐의 특정

부분에 3D 홀로그램이 삽입되어 각도에 따라 이미지가 변한다. 지폐를 고정해 두고 몸을 움직이면 움직인 방향을 따라 시부사와 에이이치의 시선이 따라오는 것을 알 수 있다. 이는 쉽게 위조하기 어려운 요소로, 빛의 반사에 따라 다양한 색상과 이미지가 나타나도록 설계한 것이다. 또 은선 Silver Stripe 이 삽입되어 빛을 비추면 띠의 색상이 변하거나 특정 문양이 나타난다. 이 은선은 지폐를 기울이거나 빛을 비추었을 때 더 명확하게 보인다고 한다. 그리고 보안 강화를 위해 지폐의 일부에 매우 작은 문자로 인쇄한 글씨가 포함되어 있다. 육안으로는 잘 보이지 않지만 돋보기를 통해 보면 정확하게 인쇄된 문자를 확인할 수 있는데 이는 고해상도 프린터로도 쉽게 복제할 수 없다고 한다. 그 외에 물결무늬 패턴이 인쇄되어 있고, 지폐의 특정 부분에 사용된 잉크가 각도에 따라 색상이 변하도록 한 점, 지폐의 일부에 투명한 창이 있어서 이를 통해 뒷면을 볼 수 있도록 한 점 등이 있다. 홀로그램과 워터마크의 형태와 위치도 이전 지폐와는 차이가 있다.

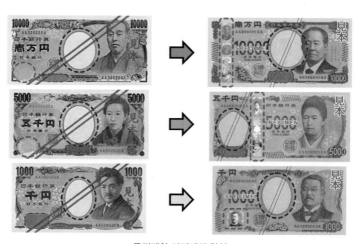

구지폐와 신지폐의 차이

신지폐 발행에 대한 또 다른 기대는 일본 국민들의 독특한 장롱 예금과 관련이 있다. 일본은 1990년에 버블 경제가 붕괴되고 그 후로 이어진 장기적인 경제 침체로 많은 사람들이 은행을 불신했다. 낮은 금리와 은행 수수료 역시 현금을 집에 보관하는 동기를 부여하기도 했다. 이번의 신지폐 발행으로 장롱 예금을 하는 사람들의 상담이 많은 것 같다. 이에 대해 일본은행은 '구권을 신권으로 교환할 때의 유의사항'을 안내하고 있다. 일본은행에 따르면 신지폐 발행 후 구지폐도 계속 사용할 수 있으며 지폐 교환은 은행 창구나 ATM을 이용할 수 있다고 한다. 단, 은행에 따라서 다를 수 있으며 구지폐를 신지폐로 교환할 때 수수료가 발생할 수도 있으므로 사전에 확인하는 것이 좋다. 큰 금액의 장롱 예금을 교환할 경우는 은행에 이력이 남아 국세청에 세금 미신고 사실이 드러날 수도 있으므로 상속세나 증여세가 부과될 수도 있다. 따라서 큰 금액의 경우는 교환 전에 세무 신고를 하는 것이 좋다고 한다.

새로운 지폐의 발행으로 오래된 지폐가 회수되고 새로운 지폐를 유통시키는 과정을 통해 장롱 예금이 유통 경제로 어느 정도로 이어질지 그 효과가 기대된다.

캐시리스화

일본 국민이 현금을 선호한다고 했지만 최근 일본 정부는 경제 디지털화와 효율성을 위해 캐시리스화^{현금 없는 사회}를 적극 추진하고 있다. 다양한 정책과 인센티브를 통해 국민들의 캐시리스 결제를 유도하고 있지만 여전히 현금 사용 비율이 높다. 전 세계의 캐시리스의 보급률을 보면 한국이 94.7%로 1위, 중국이 77.3%로 2위이며 일본은 24.2%

이다. 일본도 2019년 이후로 캐시리스율이 증가하고 있는데 2019년 10월에 소비세가 오르면서 사람들이 현금 대신 카드나 스마트폰 결제를 하면 포인트로 돌려주는 '캐시리스·포인트 환원 사업'이 그 계기가 되었다.

일본 정부가 캐시리스를 추진하는 이유로 다음을 들 수 있다. 첫째, 저출산, 고령화, 인구 감소로 인한 노동력이 감소하고 있는 현실에서 점포 등의 무인화와 효율화를 통해 인력을 절감할 수 있는 점이다. 둘째, 불투명한 현금 자산의 가시화를 통해 금융 거래의 투명성을 높일수 있는 점이다. 셋째, 현금 유통의 비효율성을 줄이고 자금의 유동성을 높여 경제의 활력을 증진한다는 점과 넷째, 지불 데이터의 활용을 통해 소비자의 편리성을 높이고 소비 활동을 활성화하여 경제 성장을 도모할 수 있다는 점이다. 마지막으로 다섯째, 글로벌 시장에서 경쟁력을 유지하기 위해 다양한 형태의 캐시리스 서비스를 통해 경제적 이점을 극대화할 수 있다는 점이다.

20년 만에 1만 원 지폐는 40년 만에 새로운 디자인으로 탄생한 신권에 대한 일본 국민들의 관심은 제각각이다. 젊은 사람들은 현금보다는 전자화폐나 카드를 사용하기 때문에 특별히 관심을 보이지 않는 사람도 있고 장롱 예금을 가진 사람은 신지폐에 어떻게 대응해야 할지 고민을 안고 있다.

한편, 음식점 등 사업을 하는 사람들의 고민도 크다. 식권을 구입하는 자동판매기를 교체하거나 갱신하는 데 비용이 한 대당 100만 엔 이상 들기 때문에 부담이 너무 크다는 불평이 많다. 지역에 따라 자동판매기 갱신비를 원조한다고는 하지만 신지폐가 발행되고 사회에 정착하기까지 앞으로 많은 시간이 필요한 것 같다.

도쿄 문학관 순례 이야기

이혜영(한국방송통신대학교 강사, 일본 언어문화연구가)

도쿄의 문학관

처음 도쿄를 방문했을 때는 디즈니랜드, 디즈니씨, 메이지 신궁, 센소지, 간다의 헌책방, 에도 도쿄박물관 등을 다녔다. 그다음엔 긴자, 신주쿠, 시부야, 하라주쿠, 아키하바라, 시나가와, 지유가오카 같은 도시를 중심으로 여행했다. 요즘 도쿄를 찾는 여행자들은 쇼핑, 맛집 탐방, 카페 탐방 등 자신의 기호에 맞는 다양한 도쿄를 탐구 중인 것 같다. 여러 번의 방문으로 도쿄에 흥미를 잃어 갈 즈음 도쿄에 다양한 작가들의 문학관이 많다는 것을 알게 되었다. 그래서 도쿄의 문학관들을 찾아다녀 보기로 했다. 도쿄를 문학의 관점에서 들여다보려고 하니 도쿄 여행이 더욱 신선하게 느껴졌다.

일본 전국 각지에 2017년 기준 764개의 문학관이 존재한다. 그리고 도쿄도都에는 92개, 도쿄시에는 전체 23구 안에 대표적인 문학관이 10여 곳 정도가 있다. 여기서는 그중 다섯 곳을 소개하고자 한다.

일본 근대문학관

일본 근대문학관으로 첫 발걸음을 옮겨 본다. 이곳에서 가까운 역은 고마바토다이마에역이다. 방향 감각이 서투른 나는 일단 역을 나서면 고민이다. 구글맵이 알려 주는 방향의 반대로 가는 게 일상이기 때문이다. 방향을 잘 정하면 쉽게 찾아갈 수 있는데 말이다. 근대문학관의 위치가 담긴 표지판을 어렵지 않게 발견할 수 있어 무사히 도착했다.

근대문학관은 메이지 유신 이후 수많은 근대문학 자료를 제대로 보존하지 못하자 문화계 인사들이 앞장서서 1963년 4월에 비로소 문을 열었다. 당시 1만 5,000명이 자료를 기증하고 문학관 건립 비용을 기부했다고 한다. 현재 명작 원본을 포함해 2019년 기준 120만 점의 자료를 소장하고 있다. 일본 근대문학관은 자료의 보존에만 머물지 않고 중요 자료의 복각판을 펴내 연구자들에게 도움을 주며 그 판매 수익금을 운영비에도 보태고 있다.

1층의 안쪽 공간에는 회원제로 운영되는 도서 열람실이 있고 2층에는 전시관이 있다. 관람료로 300엔을 내고 2층 전시관으로 올라갔다. 때마침 '2023년도 신 수장자료전'이 열리는 중으로 모리 오가이, 시마자키 도손, 오에 겐자부로 일본의 두 번째 노벨문학상 수상자, 마사오카 시키의 원고가 전시 중이었다. 가와바타 야스나리 첫 번째 노벨문학상 수상자 기념

근대문학관 전경과 내부 열람실

실은 4~5월, 10~11월에만 공개하고 있어 직관하지 못한 것이 안타까웠다. 2년 전 가와바타의《설국》의 집필 장소인 니가타의 료칸을 방문한 적이 있었기에 아쉬움이 컸다.

도쿄의 문학관을 여러 곳 방문하면서 대부분 문학관 안에 카페가 있어서 좋았다. 문학관을 돌아보고 나서 커피를 한 잔하면서 자료를 훑어 보고 문학관의 향기를 다시 한번 음미하면서 소설가의 삶을 생각해 보는 시간은 일종의 보약 같은 휴식이었다. 이곳 카페 'BUNDAN' 역시 그런 장소이고 특별히 일본 문학 작품 속의 요리를 재현하는 곳으로도 유명하다.

모리 오가이 기념관

일본 근대문학관은 일본의 기라성 같은 작가들을 소개한 곳이다. 이제부터는 작가 개인의 문학관이나 기념관을 소개하고자 한다. 모리 오가이는 일본의 유명한 소설가이다. 그러나 그를 단순히 소설가라고만 소개하기에는 부족하다. 그는 메이지, 다이쇼 시대의 소설가, 평론가, 번역가, 교육자, 육군군의관, 관료이자 의학박사이며 문학박사이다. 도쿄대학 의학부를 졸업한 후 육군 군의관으로 근무하다가 1884년 독일로 유학을 떠난다. 1888년 일본으로 돌아와 군의관이라는 본업을 유지하면서 일본의 신문학을 개척하며 많은 업적과 작품을 남겼다.

도쿄 메트로 치요다선을 타고 치다키역 1번 출구를 나와서 단고 언덕을 오르면 모리 오가이 기념관이 있다. 그의 탄생 150주년을 기념하여 2012년에 세워졌다. 그가 30세부터 60세에 사망할 때까지 살았던 곳에 이 기념관을 설립한 것이다. 이 건축물은 2015년 일본 예술원상

모리 오가이 기념관, 입구에 세워진 모리 오가이 입간판

을 수상하기도 했는데 건축가 도키 후미오의 작품이다. 기념관에 들어 서자 오가이가 나를 맞아 주듯 입구에 그의 입간판이 서 있다. 기념관 안에는 그의 생전의 유품과 그의 작품들을 전시하고 있다. 그리고 특 별전이 열리고 있었는데 제목은 〈오가이와 소세키〉이다. 바로 전날 '소세키 산방'을 다녀온 터라 무척 반가운 전시였다. 두 사람의 교류와 작품에 대한 내용이 주를 이루었다.

모리 오가이의 대표작으로는 소설 《마이히메舞姬》1890, 《이타 세쿠 스아리스ヰタセクスアリス》1909, 《기러기》1911, 《아베일족》1913 등이 있다. 전시실을 둘러보며 그의 작품 중에 《마이히메》라는 소설이 궁금 해졌다. 문득 가와바타 야스나리의 《이즈의 무희伊豆の踊りっ子》1926 가 떠올랐다. 무희라는 단어는 뭔가 아련하고 가련한 이미지를 갖는 것 같다. 《마이히메》는 오가이의 첫 소설로 독일 유학 시절의 체험과 견문을 소재로 한 단편이다. 베를린을 배경으로 일본의 젊은 유학생이 무희인 엘리스를 만나면서 사랑에 빠지지만 결국 자신의 입신양명을 위해 엘리스를 버려야 했고 그 결과 그녀는 미쳐 버리고 만다는 내용 이다. 이 작품은 메이지 청년 오가이의 로맨틱한 젊은 시절의 좌절과

감성을 잘 표출한 작품이라고 할 수 있겠다.

청년 오가이를 생각하며 기념관을 이곳저곳을 보다가 그의 데스마스크^{안면상}를 보게 되었다. 이 데스마스크는 오가이 아내의 요청으로 제작되었다. 그는 임종 때 스스로를 '바보 같다'고 말하며 숨을 거두었다고 한다. 임종을 앞둔 그는 60년의 일생을 일별하며 문득 엘리스의 모습을 보았을지도 모르겠다. 관내에 있는 '모리키네 카페'에 앉아서 오가이 기념관의 도록을 뒤적이며 차 한 잔을 했다. 카페에 앉아 중정의 모습을 볼 수 있다고 하는데 늦은 시간에 방문한 터라 전혀 보이지 않았다. 12월의 짧은 해를 원망하며 오가이를 느껴 본다.

이치요 기념관

히구치 이치요는 메이지 시대를 대표하는 여성 작가이다. 사족土族의 딸로 유복한 가정에서 태어났으나 사업에 실패한 아버지와 큰오빠의 사망으로 16세부터 집안의 생계를 책임져야 했다. 그리고 경제적인 이유로 약혼자 시부야 사부로에게 파혼당하기도 한다. 이치요는 생활고를 헤쳐나가기 위해 장사를 하고 글을 써야 했다. 《문학계》 등의 잡지에 〈섣달 그믐〉¹⁸⁹⁴, 〈키 재기〉^{1895~1896}, 〈탁류〉¹⁸⁹⁵ 같은 서정성 넘치는 수작을 발표하여 주목을 받았다. 1896년 발표한 〈키 재기〉가 모리 오가이 등에게 호평을 받으며 작가로서 인정받았지만 그해 폐결핵으로 24세에 요절했다. 학력은 초등학교 졸업이 전부였다. 어머니가 여성 교육에 대한 부정적인 생각으로 상급학교 진학을 극구 반대했으나 아버지의 배려로 '하기노야'에서 와카와 고전 문학을 공부할 수 있었다. 이치요의 작가 생활은 14개월 정도였지만 근대 문학사에

이치요 기념관 입구와 히구치 이치요의 초상화

길이 남을 여러 작품을 남겼다.

히구치 이치요의 짧고 불행한 생을 알고 있던 터라 이치요 기념관으로 가는 내 발길은 그다지 가볍지 않았다. 날씨마저도 맑지 않고 흐릿한 구름 가득한 날이었다. 히비야선 미노와역에 내려 일단 방향을 정하고 10분쯤 걸었을까? 갑자기 골목 안쪽에 동네 모습과 어울리지 않은 현대적인 이치요 기념관이 모습을 드러냈다. 그가 잠시 살던 이곳에 다이토구가 1962년에 이치요 기념관을 설립했다. 일본 여성 작가의 단독 기념관으로는 최초였다. 세월이 흘러 기념관 건물이 노후되었는데 때마침 2004년에 히구치 이치요가 5,000엔 화폐의 인물로 재조명받으며 2006년 11월에 새롭게 단장했고 기념관 앞 공원도 함께 정비되었다.

관내로 들어서면 5,000엔 화폐 속 모습과 같은 히구치 이치요의 초상화가 반겨 준다. 2층 전시실로 올라가 보니 〈키 재기〉의 미완성 원고가 소장되어 있다. 단편소설 〈키 재기〉는 요시와라 유곽 마을의 다이온절의 거리를 오가는 사람들의 이야기이다. 주인공 미도리는 게이샤의 여동생으로 신뇨주지의 아들에게 어렴풋한 연정을 느끼며 성숙해 가는 미도리의 심리 변화를 잘 나타낸 성장 소설이다. 이 소설을 읽고 이치요 소설의 세련된 구성과 표현력에서 시대감이 전혀 느껴지지 않았고 1895년에 이런 소설을 썼다니 믿어지지 않을 정도였다.

> "그러던 어느 서리 내린 아침, 조화로 된 수선화를 격자문 안으로 밀어 넣은 사람이 있었다. 누가 그랬는지는 알 수는 없지만, 미도리는 이 수선화에서 까닭 모를 그리움이 느껴졌다. (…) 들려오는 말에 따르면, 다음날 신뇨는 승려학교에 들어가 잿빛 승복으로 갈아입고 출가했다고 한다."
>
> - 히구치 이치요, 《해질녘 보랏빛》, 2021, p.100.

〈키 재기〉의 마지막 부분은 아련하고도 풋풋한 사랑과 애틋한 그리움이 느껴진다. 이치요 기념관은 다른 기념관과 달리 카페가 없어서 차 한 잔과 함께 〈키 재기〉의 긴 여운을 느껴 볼 여유를 갖지는 못했다. 그러나 기념관 앞 기념공원에 〈키 재기〉 기념비와 기쿠치 칸이 이치요를 기리는 기념비가 있어서 천천히 둘러 보며 아쉬움을 달랬다.

다바타 문사촌 기념관

다바타는 메이지 중기까지만 해도 한적한 농촌이었는데 메이지 22년 우에노에 도쿄미술학교가 개교하면서 미술학교를 지망하고자 하는 젊은이들이 다바타에 모여 살기 시작했다. 그러던 중 다이쇼 3년 1914 새로운 전기를 맞이하는데 아쿠다가와 류노스케가 이곳으로 전입해 온 것이다. 2년 후 무로 사이세이室生犀星가 전입하고 그 후 기쿠치 칸, 호리 다쓰오, 오기하라 사쿠다로 등이 이곳으로 이주해 '문사촌'

을 이루었다. 1993년 문사, 예술가 100명 이상의 공적을 기리기 위해 '다바타 문사촌 기념관'을 열었다. 나쓰메 소세키와 모리 오가이가 메이지를 대표하는 작가라고 한다면, 아쿠타가와 류노스케는 다이쇼를 대표하는 작가라고 볼 수 있다. 작가로서 활동한 기간도 다이쇼 시대와 거의 정확하게 일치한다. 10년이 조금 넘는 동안 다바타에 머물면서 많은 명작을 써 냈다.

JR 다바타역에 내려서 역사를 빠져나가 북쪽 출구로 나가면 바로 다바타 문사촌 기념관을 만날 수 있다. 입장료는 무료이고 관내에 들어서면 아쿠다가와 무로가 함께 반겨 준다. 마침 다바타 문사촌 기념관 30주년 기념진으로 〈고전적 작품의 재현자 아쿠다가와 류노스케〉라는 타이틀의 특별 전시가 있었다. 그곳에는 《라쇼몽》의 친필 원고가 전시되어 있다. 그의 대표작이 《라쇼몽》1915이라는 것을 알 수 있었다. 구로사와 아키라 감독의 영화, 소설 모두 꾸준한 인기를 누리고 있다. 내게 아쿠다가와의 작품 중 최고는 《코》이다. 대학 시절 읽었던 작품이 살면서 가끔 생각났기 때문이다.

주인공 승려 나이쿠内供는 다른 사람보다 훨씬 긴 코 때문에 골치를

다바타 문사촌 기념관의 전경, 아쿠다가와 류노스케와 무로 사이세이의 입간판

앓고 있었다. 그러던 어느 날 나이쿠는 코를 작게 만드는 방법을 알게 되어 자신의 코를 보통 사람만큼 크기로 줄이는 데 성공하고 이제 자신의 코가 크다고 비웃는 자가 없으리라 생각하며 흐뭇해하지만 이번에는 짧은 코를 보고 비웃는 자가 나타난다. 어느 날 밤 나이쿠의 코는 원래의 긴 코로 변해 있었고 오히려 나이쿠의 마음이 편안해진다. 인간은 종종 타인의 행복을 질투하고 불행을 비웃는다는 인간의 심리를 적확하게 표현한 작품인 것 같다. 이 작품은 나쓰메 소세키에게 격찬을 받으며 본격적으로 문단에 진출하는 계기가 된다.

마지막으로 아쿠다가와의 옛집 복원 모형을 보면서 행복했던 시절과 병으로 고통받던 끝에 자살로 생을 마감한 불행했던 그를 생각해 보았다. 1935년 아쿠다가와 문학상이 제정된 것을 알게 되면 그도 좀 흡족해하지 않을까 생각하며 다바타역으로 아쉬운 발길을 돌린다.

무라카미 하루키 라이브러리

무라카미 하루키 라이브러리를 가기 위해 와세다대학으로 향한다. 12월 초이지만 아직 늦가을의 풍경이 물씬 풍기는 교정에 들어서니 마음이 두근두근 설레기 시작한다. 젊은이들의 힘찬 발걸음처럼 씩씩하게 '와세다 대학 국제문학관'으로 향한다. 바로 그곳에 '무라카미 하루키 라이브러리'가 있다. 2019년 무라카미가 모교인 와세다대학에 친필 원고, 책, 음반 등 약 1만여 점의 소장품을 기증한 것이 계기가 되어 개관했다. 하루키스트 Harukist, 하루키 열성 독자들의 성지가 된 것이다. 무라카미와 두터운 친분을 갖은 건축가 구마 겐코가 이곳 라이브러리의 건축을 담당했다. 오브제를 지나 건물 내부로 들어서면 '物語を拓こ

う、心を語ろう」Explore Your Story, Speak Your Heart'라는 무라카미 하루키 라이브러리의 모토를 만날 수 있다.

그리고 지하 1층으로 이어지는 거대한 계단 책장과 마주한다. 계단 양쪽에는 2층 높이의 책장이 아치 모양의 천장 구조물과 이어져 있어 마치 터널이나 동굴로 들어가는 듯한 착각을 일으킨다. 무라카미 작품 특유의 현실 세계에서 비현실의 또 다른 세계로 완벽하게 이어지는 모습을 표현하는 것 같다. 바로 나무 터널로 들어가고 싶은 마음을 억누르고 1층 갤러리로 향했다. 1층 갤러리 라운지에는 무라카미가 작가로 데뷔한 1979년부터 2021년까지의 작품이 연대순으로 전시되어 있다. 내가 예전에 읽었던 그의 작품이 하나씩 눈에 들어왔다. 《바람의 노래를 들어라》1979, 《상실의 시대》1987, 《댄스 댄스 댄스》1988, 《해변의 카프카》2002, 《1Q84》2009 등 주옥같은 작품들이 반겨 준다. 반대편 책장에는 50개 이상의 언어로 번역된 무라카미 작품들을 모아 놓았다. 무라카미의 세계적인 명성과 인기를 실감할 수 있다. 갤러리 한가운데에는 기다란 책상이 있어 누구나 자유롭게 전시된 책을 꺼내서 읽을 수 있다. 그야말로 도서관이다. 갤러리 벽에는 무라카미 작품에 자주 등장하는 그 '양 사나이'가 앉아 있다. 무라카미 하루키가 직접 그린 것이다.

갤러리를 나오면 오디오룸이 있어 무라카미가 평소 즐겨 듣던 음악을 즐길 수 있다. 재즈 애호가로 알려진 무라카미의 오디오룸답게 재즈 레코드가 눈에 띄었다. 2층은 전시공간으로 내가 방문했을 때는 2014년 작고한 안자이 미즈마루의 전시가 진행 중이었다. 30년간 무라카미 하루키의 예술 파트너로 활동한 그는 무라카미 작품 커버의 일러스트를 담당했다. 이제 천천히 나무 터널을 지나 커피 향이 이끄는

무라카미 하루키 라이브러리, 오디오룸과 나무 터널

대로 따라가니 와세다대학 학생들이 운영하는 카페 '오렌지 캣'이 있다. 이 카페의 이름은 무라카미 하루키가 전업 작가로 활동하기 전 도쿄에서 아내와 함께 운영했던 커피숍 '피터 캣'에서 따왔다고 한다.

카페 라운지에는 '피터 캣'에 놓여 있던 그랜드 피아노와 무라카미의 소설 《해변의 카프카》를 연극으로 상연했을 때 사용했던 무대 장치도 있었다. 카페 옆에는 현재 무라카미의 서재를 그대로 재현해 놓았다. 레코드 플레이어와 의자는 무라카미가 기증한 것이고 나머지 가구와 소품은 무라카미 하루키의 작업실에 있는 것과 최대한 비슷한 모양으로 구했다고 한다. 입실할 수 없어 아쉬웠지만 작업실에서 집필에 몰두하고 있는 72세의 노작가의 모습을 상상할 수 있었다. 마라톤을 사랑하는 그는 "소설가는 육체적으로 건강한 에너지를 갖고 있어야 한다."라고 말한다. 영어 속담의 "Sound Body Sound Mind 건전한 신체에 건전한 정신"가 떠오르는 대목이다. 늦가을의 교정이 보이는 '사람과 이야기의 만남의 공간'인 카페에 앉아 나도 오늘 하루 하루키스트처럼 무라카미 작품의 바다에 푹 빠져 본다.

도쿄로 떠나는 인문학 여행

인문학의 향기를 느낄 수 있는 곳이 여러 군데 있다는 것은 도쿄의 새로운 발견이다. 늦가을인 12월의 도쿄에서 작가들을 만나며 그들의 삶이 문학관과 기념관 안에서 되살아나는 듯했다. 그들의 치열한 삶과 문학에 대한 열정에 숙연해지기도 했다.

이번에 도쿄의 문학관과 라이브러리를 순례하면서 한국의 상황이 궁금해져서 조사해 보았다. 한국에는 수도권경기 지역 포함에 15곳, 강원권 5곳, 영남권 5곳, 충청권 4곳, 호남권 7곳으로 전국 각지에 총 35곳에 문학관이 존재한다. 한국에는 문학관이 생각보다 많지 않아 아쉬움이 있지만 '국립한국문학관'이 2026년 완공을 목표로 2024년 5월 첫 삽을 떴다는 반가운 소식이 있었다. 서울 종로구에 우리가 사랑한 한국의 대표적 작가 윤동주, 이상, 조병화 등의 문학관이 5곳 있다. 적극적인 관심과 노력이 문학의 발전과 문학관·기념관의 개관에 도움이 될 것이라고 믿는다.

모리 오가이, 히구치 이치요, 아쿠다가와 류노스케, 무라카미 하루키의 기념관과 라이브러리를 순례하면서 다시 한번 그들의 소설을 읽어 보는 계기가 되었다. 글 읽기는 평범한 일상에 신선한 감성과 사색의 시간을 주었다.

여인 천하인가! 시대의 악녀인가!

최갑수(금융투자협회)

'암탉이 울면 집안이 망한다'는 말이 있다. 이 말의 속내는 남성이 여성을 지배와 종속의 대상으로 삼으려는 태도일 것이다. 21세기에 전혀 어울리지 않는 시대착오적인 말이지만, 역사적으로 남자 군주가 힘이 없거나 후계자가 어릴 경우에 여성이 권력을 마음대로 휘둘렀던 사례들이 있었다.

일본 역사를 공부하다 보니 '3대 악녀'라고 부르는 세 사람이 등장한다. 미나모토노 요리토모源賴朝가 개국한 가마쿠라 시대1185~1333의 '호조 마사코北條政子, 1157~1225', 아시카가 다카우지足利尊氏가 시조인 무로마치 시대1336~1573의 '히노 도미코日野富子, 1440~1496' 그리고 도요토미 히데요시가 천하의 패권을 잡은 아즈치·모모야마 시대1573~1603의 '요도 도노淀殿, 1569~1615'가 바로 이들이다. 세 여인을 둘러싼 파란만장했던 주변 이야기를 살펴보자.

'악녀'라는 표현은 일본뿐만 아니라 중국과 우리나라에도 등장한다. 중국의 3대 악녀는 여후, 서태후, 무측천이다. 여후와 서태후는 섭정으로 조정의 모든 권력을 장악했다. 무측천은 본인이 직접 황제의 반열에 올랐다. 조선 시대 3대 악녀는 장녹수, 정난정, 장희빈이다. 장녹수는 무오사화와 갑자사화를 일으켰고 폭정을 일삼은 연산군의 후궁이었다. 정난정은 문정왕후의 남동생이자, 대표적인 외척 세력인 윤원형의 첩으로 각종 이권과 전횡을 일삼았다. 그리고 장희빈은 숙종이 정계 개편을 할 때 정략적으로 이용하여 굴곡의 인생 여정을 걸어간 인물이었다.

가마쿠라 막부 초기를 호령한 비구니 쇼군, 호조 마사코

가마쿠라 시대 초기의 사회상을 알아보기 위해서는 2022년 1월부터 방영된 NHK 대하드라마 〈가마쿠라도노의 13인鎌倉殿の13人〉을 시청하면 조금 더 이해가 쉬울 듯하다. 이 드라마는 초대 쇼군인 미나모토노 요리토모源賴朝의 사망 이후 18세의 어린 나이로 2대 쇼군이 된 미나모토노 요리이에源賴家가 정권 유지를 위해 마련한 일본 최초의 집단지도 체제 성격을 띤 13인의 합의체를 소재로 다룬 작품이다. 요리토모는 가마쿠라 막부를 개국하여 일본 최초로 무사 정권을 세우고, 정이대장군쇼군이 된 인물이다. 쇼군이란 말은 원래 에치고오늘날 니카타현, 무쓰오늘날 아오모리, 이와테, 미야기, 후쿠시마 4개 현 등 일본 동쪽 지방의 오랑캐인 에미시蝦夷 정벌을 위해 파견된 장수를 말한다.

요리토모가 헤이시平氏 세력을 멸망시키고 쇼군에 오르기까지는

드라마 〈가마쿠라도노의 13인〉 포스터

동생 미나모토노 요시쓰네源義經 역할이 컸으며, 그는 일본에서 가장 인기 있는 무장 중 한 사람이다. 요시쓰네는 단노우라 전투 당시 월권 행위를 했다는 죄목으로 형에게 미움을 받아 도망자 신세가 되어, 자살로서 생을 마감한다. 훗날 그의 기구한 운명과 비극적인 최후 때문인지 수많은 전설과 가부키에서 주인공으로 등장한다. 이 사건은 고려 시대 무신정권 시절 최충헌1149~1219이 쿠데타를 일으켜 권력을 잡는 데 결정적인 역할을 한 친동생 최충수1151~1197를 자신의 독자 세력을 구축하기 위해 살해한 이야기와 너무나 유사하다.

호조 마사코는 헤이안 시대 말기 1180~1185년까지 겐페이 전쟁실제 전쟁은 동생인 요시쓰네와 노리요리가 주도에서 지방 호족 세력인 겐지源氏의 승리 이후 가마쿠라 막부를 개창한 요리토모의 정실 부인이다. 오늘날 일본 녹차의 절반 이상을 생산하는 것으로 유명한 이즈오늘날 시즈오카현 동쪽 반도 호족 세력이었던 가마쿠라 막부 초대 싯켄쇼군을 대신하여 막부의 정무를 총괄하는 직책인 호조 도키마사北条時政의 맏딸이다. 마사코는 요리토모가 가마쿠라에 무가 정권을 수립하면서는 미다이노도코로御台所라고 불렸고, 남편의 사후에는 머리를 깎고 출가하여 아마미다이尼御台라 불렸다.

호조 마사코

요리토모 생전에 호조 마사코는 정치에 관여하지 않고 내조에만 힘썼다. 1199년에 갑작스러운 낙마 사고로 남편이 죽자 비구니가 되었으나, 가마쿠라 내부에 권력 다툼이 이어지자 막부로 복귀한다. 요리토모와의 사이에 요리이에요리토모의 적장자이자 2대 쇼군, 사네토모요리토모의 차남이자 3대 쇼군 두 아들을 둔다. 요리이에가 반역 사건에 연루되어 유폐되고 사네토모가 암살되자, 1218년에 여성으로서 최초로 쇼군이 된다. 이후 고토바 상황을 시마네현의 오키섬으로 유배 보낸 후 난에 가담한 귀족들을 참수한다. 이후 조정을 감시하기 위해 행정사법을 총괄하는 막부의 최고 기관인 로쿠하라단다이六波羅探題를 설치한다. 마사코는 생전에는 비구니 쇼군尼將軍이라고도 불렸다.

마사코는 1221년에 조큐의 난고토바 상황이 가마쿠라 막부를 타도하기 위해 일으킨 난이 발생하자 어느 편에 서야 할지 동요하는 무사들을 향해 명연설을 한다. "돌아가신 요리토모께서 역적을 멸하고 간토를 여신 이래로 관위이며 녹봉 그리고 은혜는 산보다 높고 바다보다 깊다. 은혜를 아는 자라면 불충의 무리를 토벌하여 은총에 보답해야 할 것이다." 이연설을 들은 고케닌쇼군과 주종관계에 있던 무사들은 눈물을 흘리며 보은을 맹세한다. 가마쿠라 막부의 개국은 남편인 요리토모의 공이었으나, 이를 반석 위에 올려놓은 것은 부인인 마사코이다. 그러나 남편 첩들에 대한 질투심이 유난히 강해 첩들을 내치는 등 인륜을 저버린 행위를 하고, 친정인 호조 가문의 이득을 가장 많이 챙겨 악녀로 비판받고 있다. 1979년에 방영된 NHK 대하드라마 〈풀 타오르다草燃える〉에서 요리토모와 호조 마사코 부부가 공동 주인공으로 등장한다.

무로마치 막부 시대 부정 축재와 사채놀이의 달인, 히노 도미코

히노 도미코는 15세에 무로마치 막부 시대 8대 쇼군인 아시카가 요

히노 도미코

시마사足利義政와 혼인을 한다. 도미코는 히노 시게마사日野重政의 딸로 어렸을 때부터 쇼군의 아내로서 소양을 배우면서 성장한다. 일본 희대의 악녀이면서 3대 악녀 중에서도 제일 악질로 취급받는다. 전국 시대의 시작인 오닌의 난1467~1477의 원인 제공자이다. 정치적으로 적극적인 발언과 쇼군 부인이라는 지위 등 사용 가능한 모든 수단을 동원하여 치부致富와 권력 강화에 몰두하는 모습으로 인해 대표적인 악녀의 이미지를 갖게 된다.

여기서 잠시 '오닌의 난'에 대하여 알아보자. 남편인 요시마사는 정치에는 관심이 없고, 시·서예 등 예술과 풍류에만 몰두한다. 요시마사는 부인이 아들을 낳지 못하자, 당시 승려로 출가해 있던 친동생인 아시카가 요시미足利義視를 쇼군의 자리에 앉힌다. 도미코는 남편과 달리 정치적인 야심이 많았으나, 남편 생존에는 반대할 만한 권한과 명분이 없었다. 그러나 도미코가 아들 요시히사를 낳으면서 오닌의 난발생의 원인이 된다. 요시미를 지지하는 호소카와 가쓰모토細川勝元 가문 등 24개국 16만 명의 동군과, 히노 도미코와 아들 요시히사를 지지하는 야마나 소젠山名宗全 가문 등 20개국 9만 명의 서군이 11년간 전쟁을 벌이면서 교토는 불바다에 휩싸인다. 내란이 진정된 후 일본 정국은 누구나 힘만 있으면 권력을 잡을 수 있는 하극상이 난무하면서 서서히 전국 시대로 접어든다.

도미코는 백성들이 다른 구니훗날 현로 이동할 때 통행세오늘날 고속도로 통행료를 징수하고, 급전이 필요한 사람에게 돈을 빌려주고 높은 이자를 받는 고리 대금업자로 악평이 나 있다. 그러나 도미코의 이런 선택은 확실히 막부의 재정에는 커다란 도움이 되었다. 훗날 나쁜 평판은 도미코가 너무 똑똑했기에 불었던 역풍이라고 볼 수 있다.

도요토미 가문 멸문지화의 주역, 요도 도노

아즈치·모모야마 시대에 희대의 아름다운 미녀로 알려진 요도 도노는 오다 노부나가織田信長의 여동생인 오이치노가타お市の方의 장녀이다. 1582년 혼노지의 변 이후 히데요시가 보살피다가, 1588년 그의 첩으로 들어간다. 오이치노가타를 짝사랑했던 히데요시가 엄마를 빼닮은 요도 도노를 측실로 맞은 이유라고 전해진다. 결혼 후에 도요토미 쓰루마쓰3살 때 사망를 낳고 요도 성淀城을 하사받는다. 여기에서 요도노 가타淀の方, 즉 요도 도노라는 이름이 유래한다.

첫째 아들 쓰루마쓰가 요절한 후, 임진왜란 이듬해인 1593년에 둘째 아들 도요토미 히데요리豊臣秀頼가 태어난다. 문제는 여기서부터 불거진다. 히데요시는 적장자가 없자 후계자 문제로 고민하다가 조카인 도요토미 히데쓰구豊臣秀次를 1591년에 천황을 보좌하는 최고 자리인 관백関白으로 삼는다. 그러나 자기 친아들을 후계자로 삼기

요도 도노

위해 히데쓰구를 모반죄로 몰아 고야산高野山, 와카야마현 이토군으로 추방한 후 그의 나이 28세에 할복 자살을 시킨다. 더욱이 그의 자녀와 처첩과 시녀 39명을 약 5시간에 걸쳐 교토의 산조가와라에서 처형시켜 한 곳에 매장한다. 이 사건은 당시 일본 사회에 엄청난 파문을 일으킨다. 특히 히데쓰구에게 딸을 시집보낸 다이묘들의 원한을 사게 되어 세키가하라 전투에서 그들이 동군인 이에야스의 편에 서면서 서군 패배의 빌미가 된다.

한편, 당시 일본 야사에서는 요도 도노의 자식이 이시다 미쓰나리와의 불륜으로 낳은 아들이라는 설이 나돌았다. 히데요시가 15명이나 되는 측실을 두었음에도 아이를 낳은 여성이 오직 요도 도노밖에 없었기 때문이다. 그러나 친아버지가 미쓰나리일 가능성은 별로 없어 보인다. 히데요리의 출생 연월을 따져 보면 당시 미쓰나리는 임진왜란 참전으로 조선에 출병 중이었기 때문이다.

한편, 세키가하라 전투 이후 이에야스는 처음에 히데요리에게 유화책을 사용한다. 한 예로 이에야스는 1603년에 7세 손녀딸인 센히메를 11세인 히데요리의 정실 부인으로 정략 결혼을 시킨다. 세월이 흘러 이에야스는 점차 야망을 드러낸다. 1614년 오사카 전투의 발단이 된 호코지 종명사건이 발생한다. 호코지方広寺는 히데요시가 나라奈良의 도다이지東大寺를 능가하는 대불전과 대불을 조성하여 일본의 모든 면에서 최고가 되기 위해 1595년에 지은 절이다. 훗날 이에야스가 히데요리의 재산을 축내기 위해 엄청난 규모의 사찰 재건을 권유한다. 재건 이후 이에야스는 유학자인 하야시 라잔林羅山을 시켜 절종에 새겨진 '국가안강國家安康과 군신풍락君臣豊樂'이라는 문구를 이상하게 해석하게 만든다. 앞의 문구는 이에야스의 이름 가강家康을 안安 자로

호코지 종명 사건의 발단이 된 문구

잘라버린 것이고, 뒤는 신囻과 풍豐을 거꾸로 이어놓아 '도요토미 가문의 번영을 기원하고 도쿠가와 가문을 모독한 것'이라고 간주한다. 이것은 히데요리를 공격하기 위한 구실에 불과하다.

　이것을 빌미로 1614년 12월 초, 20만 명의 이에야스군과 10만 명의 히데요리군이 충돌하는 오사카 겨울 전투로 이어진다. 이후 오사카 겨울 전투에서 이에야스가 물러가는 휴전 협정의 조건으로 '오사카성을 둘러싼 해자를 매립할 것, 성안에 있던 낭인들의 자진 해산' 등의 요구를 요도 도노가 받아들이면서 겨울 전투는 일단락된다. 그러나 이듬해 4월 26일 전열을 마친 양측이 다시 한번 충돌하는 여름 전투로 이어진다. 5월 7일 오사카성이 함락되고, 히데요리와 생모인 요도 도노는 폭탄 창고에서 자살로 생을 마감한다. 이후 전국 시대 제1의 불운녀라는 타이틀도 가지게 된다. 그러나 2017년에 설문 조사한 '가장 좋아하는 전국 시대의 여성 랭킹'에서 4위를 차지할 만큼 일본에서는 꽤 인기가 높은 여인이다.

누가 이들을 악녀로 만들었는가?

한 시대의 격변기에는 남녀를 불문하고 영웅호걸이 나타나는 법이다. 그러나 남성이 주로 권좌에 올라 통치했던 동양 사회에서는 여성이 권력의 중심에 서면 세상 사람들이 탐탁하지 않게 생각했다. 심지어 이를 '악녀화'하는 좋지 않은 풍조는 예나 지금이나 마찬가지이다. 그러나 남성이 권좌에 오르면 당연한 것이고, 여성은 그러면 안되는 것인지 의문이 든다.

세 여인이 악녀로 낙인이 찍힌 이유는 간단하다. 공통점은 자신이 권력을 잡고 유지하기 위해, 혹은 자기가 낳은 자식을 쇼군으로 내세우기 위해 죄 없는 수많은 주변 인물을 반역죄로 몰아 숙청 작업을 벌였다는 점이다. 진정 권력 앞에서는 피도 눈물도 없는 모양이다. 그러나 중국이나 한국과는 달리 일본에서는 악녀로 불리는 여성들이 눈부신 활약을 하여 당시 막부의 체제를 공고히 하는 데 기여했다. 일본에서 악녀로 불리는 여성들이 막부 체제를 공고히 만든 역할을 했다는 것은 부인할 수 없는 사실이다.

이노 다다타카의 열정
- 일본 전역을 발로 뛰어 일본 최초의
과학적 실측도를 만들다

이용화(일본문화 번역가)

일본의 전국 지도를 완성한 이노 다다타카

우리나라 지도를 이야기하면 당연히 고산자 김정호1804~1864의 《대동여지도》가 떠오른다. 그러면 일본에서 전국 지도를 완성한 인물은 누구일까. 50세의 나이로 측량가의 길에 뛰어들어 74세로 사망할 때까지 일본 전역을 측량하여 〈이노즈 伊能圖〉, 정식 명칭인 〈대일본연해여지전도 大日本沿海輿地全圖〉를 작성한 이노 다다타카伊能忠敬, 1745~1818이다.

평균 수명이 40~50세이었던 시대에 자신이 진정으로 하고 싶은 일을 찾은 이노 다다타카는 은퇴 후 측량가로서 막부의 지도 제작 의뢰를 받았다. 그리하여 1800년에 에도에서 홋카이도까지 측량하는 일을 시작으로 1816년까지 17년간 10차례에 걸쳐 실측 여행을 했다. 1817년부터 일본 전국 지도 제작에 착수하지만 완성을 보지 못한 채 1818년에 74세의 나이로 세상을 떠났다. 그의 사후에 제자들의 의해 1821년에 공개된 〈대일본연해여지전도〉는 일본 최초의 과학적 실측도이다.

이노 다다타카는 1745년 지금의 지바현인 가즈사국 야마노베군 고세키촌에서 태어났고, 1762년 18세에 시모우사국 사하라의 이노 집안에 데릴사위로 가게 되었다. 이노 집안은 지역에서 이름 있는 술 제조업을 하는 집안으로 당주當主들이 연이어 일찍 사망해 버리는 바람에 친척들이 대신 가업을 이었지만 쌓여 가는 부채로 인해 점점 몰락해 가고 있었다. 정식으로 이노 가문을 잇게 된 다다타카는 가세가 기울어 있던 이노 집안을 다시 세우는 데 매진하는 한편, 새로운 가문에 친숙해지려고 창고에 처박혀 있던 이노 집안의 옛 기록을 살펴보기 시작했다. 그 과정에서 측량에 소질이 있었던 3대 앞 선조가 측량에 관련된 기록을 남겨 놓은 사실을 알게 되었다. 다다타카는 이노 집안의 선조에게 깊은 존경심을 갖게 되었고 이것이 이노 집안의 부활과 마을의 촌장인 나누시名主로서 존경을 받는 발판이 되었다.

나누시로서 활약하던 다다타카는 덴메이 대기근天明大飢饉, 1782~1788을 맞게 되었다. 마을 사람들이 곤궁에 빠지고 또 먹을 것을 구하기 위해 외지 사람들이 마을로 몰려오는 위기에 직면했을 때, 자금과 물품을 효과적으로 운용하는 한편 지역 공동체의 힘을 빌려 이를 극복했다. 대기근 때의 경험이 있으므로 현지의 쌀 이외에도 간사이오사카·교토 방면 지방의 저렴한 쌀을 사들여 에도의 가마쿠라 강변에서 쌀 중계업을 시작했고 양조업도 번창했다. 이 밖에 땔나무 등의 연료로 사업 영역을 확장하여 재산을 쌓았다.

잇따르는 재해에 막부는 전국의 다이묘大名와 하타모토旗本에게 명하여 재해 대책의 일환으로 자주 범람하는 강의 제방 신축을 명령했다. 사와라 지방에서도 막부의 도네가와利根川 강줄기 제방 신축공사를 맡았는데 측량에 소질이 있는 다다타카는 이때 건축토목공사 지휘감독자로 명을 받아 기쁜 마음으로 그 일에 임했다.

1778년에 34세가 된 다다타카는 아내와 함께 일본의 북부 오슈 지방으로 여행을 떠났다. 그는 이때 여행일기 《오슈기행 奧州紀行》을 기록으로 남겼다. 이 여행을 통해 더욱 지리와 측량에 관심을 갖게 되었다.

도쿠가와 이에야스는 오다 노부나가가 애써 허물어뜨린 검문소 關所와 후나반쇼 船番所, 항만관리소를 다시 설치했다. 그리고 일본 전국을 270여 군데로 나누었다. 각각의 다이묘 집안의 지배지를 구니 国라고 했다. 세분화된 지방 사이에는 검문소를 설치해 자유로이 드나들 수 없었다. 특히 농민은 한곳에 정주할 것을 강요당했고, 영주인 다이묘와 하타모토가 근무 지역을 옮겨도 따라가는 것은 허락되지 않았다. 마지막까지 그 지역 안에서 살다가 죽어야 했다. 다다타카의 뇌리에는 아내 미치와 걸었던 오슈로 가는 길의 추억이 새록새록 떠올랐다. 그것은 풍경의 아름다움이 아니다. 농민은 여행할 때 반드시 지배자의 '여행허가증'을 발급받아야 한다. 이것을 소지하지 않으면 각처에 있는 검문소를 통과할 수 없다. 일본 전체가 거대한 울타리로 둘러싸여 있다. 다다타카의 가슴 속에서는 "그런 거대한 울타리를 하루빨리 걷어 내고 국민이 전국을 자유로이 여행할 수 있도록 만들고 싶다."라는 생각이 싹트고 있었다. 그리고 이런 생각이 일본 전국을 측량하겠다는 그의 의욕과 연결되어 지도와 달력에 대한 생각으로 구체화되었다.

쌀 쇼군이라고 일컬어지는 제8대 쇼군 요시무네 吉宗, 재임 1716~1745 시대의 역법은 대부분 중국에서 전해진 것이었다. 시부카와 슌카이 渋川春海, 천문학자가 조쿄력 貞享曆을 만들었지만, 이것 역시 중국의 역법을 기초로 한 탓에 점차 오차가 현저했다. 당시 일본에서는 시마바라 島原의 난과 같은 가톨릭 농민반란 1624~1644이 일어나서 서양의 과학서를 읽을 수 없게 금서령이 내려져 있었다. 1720년에 요시무네는 이것을 완화하여 서양의 과학 서적을 수입할 수 있도록 허락해 달력의 오차도 바로잡을 수 있게 했다. 이에 따라 서양의 천문학 서적이 일본에 계속 들어올 수 있었다. 그러나 로쥬老中, 쇼군에 직속하여 정무를 총괄하던 직책인 마쓰다이라 사다노부松平定信, 요시무네의 손자는 "간세이 개혁은 교호 개혁을 견본으로 삼는다."라고 하면서도 막부 교육기관의 강한 요청에 따라 '이학 금지異学の禁'라는 법령을 발포하고 말았다. 이학 금지란 관학인 쇼헤이자카昌平坂 학문소에서는 주자학 이외의 학문을 가르쳐서는 안 된다는 것을 의미한다. 국가의 기본 학문을 주자학으로 한정하면서도 민간에서 외국의 학문을 배우는 것은 용인했다. 그 때문에 네덜란드 학문인 난학蘭学을 중심으로 많은 서양학자가 길러졌다. 이들은 간세이 개혁 최전성기인 1794년 윤달 11월 11일에 해당하는 '네덜란드의 정월'을 축하하는 모임을 열었다. 이날이 서양 달력에서 1795년 1월 1일에 해당하기 때문이다. 태양력과 태음력에는 이런 차이가 있었다. 나중에 일본이 메이지 이후 기원절로 2월 11일을 설정한 것은 이날이 태음력 1월 1일에 해당하기 때문이다. 이날은 현재 '건국기념일'로 부활했다. 마쓰다이라 사다노부의 엄격한 개혁에도 불구하고 네덜란드 학문 수용을 인정한 것은 국방 문제가 대두되고 있었기 때문이다. '일본은 도대체 어떤 지리 지형을 갖추고 있을까? 정확한 측량을 실시하여 이를 바탕으로 지도로 만들 필요가 있다.'라는 결론에 도달했다.

지도 제작의 배경

에도 막부가 정부 차원에서 지도를 새로 제작하게 된 배경은 크게 두 가지였다. 하나는 당시 자신들이 쓰던 달력이 정확하지 않았기 때문이고 다른 하나는 지금의 홋카이도 인근으로 러시아가 남하할 가능성이 있었기 때문이었다. 실제로 러시아는 표트르 대제 이후 '부동항 확보'를 목표로, 지속적으로 남하하여 종종 북방의 섬들과 에조치蝦夷地, 홋카이도 등을 침범했다. 이때 북방의 방위는 일본의 국정과제로서 크게 대두되기 시작했다. 이후 러시아의 남하는 계속되어 1797년에는 러시아인이 에토로후토擇捉島, 이투루프 섬에 상륙하기도 했다. 막부 수뇌부도 북방 문제에 눈을 돌리지 않을 수 없었다. 그와 관련하여 이때는 아직 정확한 일본 지도가 없었다. 지켜야 할 에조의 땅이 도대체 어떤 지형이고, 어떤 지세를 이루고 있는지 자료조차 부족했다. 올바른 북방의 지도와 아울러 전국의 정확한 지도를 만들 필요가 있었다. 그러려면 우선 일본 전국의 토지 측량을 해야 한다는 생각에 이르렀다.

이노 다다타카는 젊었을 적부터 학문을 좋아하여 수학, 지리, 천문에 밝았다. 50세 때 장남에게 사업을 물려주고 은퇴했다. 은퇴 후에 그가 뜻을 둔 것은 '천문학'과 '측량'이었다. 그는 거처를 에도로 옮긴 뒤 자기보다 19살이나 아래인 막부의 천문방天文方, 천문·역술·지지·측량·양서 번역 등을 담당하는 기관의 관리인 다카하시 요시토키高橋至時 문하에 들어가 천문학을 공부했다. 그리고 사비를 들여 여러 기구를 구입해 천문 연구에 매진했다. 당시 천문학의 과제는 정확한 달력을 만드는 데 필요한 위도 1도의 거리 수를 알아내는 것이었다. 다다타카는 위도 1도의 거리에 대한 궁금증이 생겼다. 그는 홋카이도의 에조치 지역처럼 탁 트인 땅에서 실측하면 정확한 수치를 알 수 있을 것이라고 생각했다. 그때 마침 막부가 북방으로 보낸 사람들이 측량을 하고 있었다. 막부의 에조치 책임자에게 측량을 위한 청원서를 제출했다. 에조치 책임자는 일개 농민 신분인 다다타카가 측량하는 것에 대해 미온적이었지만 결국 측량을 허가받아 자비를 들여 1800년에 에조치의 동남쪽 연안을 측량할 수 있었다.

1차 측량은 1800년 윤사월 19일부터 10월 21일까지 이루어졌다. 이를 지도로 작성하여 막부에 헌상했다. 이때 측량 데이터에서 핵심적인 자오선 1도의 대강의 길이를 산출할 수 있었다. 그러나 다다타카 본인도 이 수치의 정확성에 자신이 없었다. 에조치의 지세가 불규칙하기 때문에 생기는 보폭 문제가 있었고, 걸을 때 다른 일에 정신이 팔렸기 때문이다. 과연 걸음 짐작만으로 확정해도 좋을지 자신이 없었다. 이렇듯 측량에 대해 아쉬운 점이 있어서였는지 그는 곧 2차 측량에 대한 청원서를 올렸다. 막부는 '본토의 동해안을 측량하라'고 명령했다. 막부 측에서도 다다타카의 노력을 충분히 인정한 까닭에 경비도 이전보다 많이 지원해 주었다. 1801년 4월 2일부터 12월 7일까지 약 8개월 동안 이즈, 시즈오카의 동남부에서 도호쿠 일대의 해안을 측량했다. 이때는 대방위판과 중방위판을 사용하고, 밧줄 대신 쇠사슬로 거리를 재는 등 다양한 궁리를 했다. 그리고 다다타카 자신이 고안한 양정거 量程車도 사용했다. 이 양정거는 현재 가토리시에 있는 이노 다다타카 기념관에 전시되어 있다. 바퀴의 회전수로 거리를 측정하는 장치로 자동차의 주행거리 미터기 같은 것이다.

양정거
측량지의 위도를 구하기 위해 북극성 등의
고도를 관측한 기구(이노 다다타카 기념관 소장)

이후 막부의 지원을 받으며 총 10차에 걸쳐 전국을 측량했고 이 작업은 1816년에 종료되었다. 측량의 여행 일수는 총 3,736일, 육상 측량 거리가 4만 3,708킬로미터에 이르는 대사업이었다. 다다타카는 측량을 한 번 마칠 때마다 지도를 만들었다. 1818년 74세 때 쇠약해진 건강을 회복하지 못한 채 결국 사망했지만, 그의 제자들에 의해 1821년에 일본 전역을 담은 〈대일본연해여지전도〉가 완성되었다.

이노 다다타카가 막부로부터 명 받은 일본 각지의 측량은 주로 일본의 해안선을 명확하게 하는 것이었다. 내륙부의 측정은 중요시하지 않았다. 그 때문인지 몰라도 그가 만든 지도의 내륙부는 지명이 간단하게 기록되있고, 또 산과 호수, 강 등이 그려져 있다. 한마디로 말하면 '보면 즐거운 지도'이다. 수채화처럼 엷은 터치로 일본 각지의 도로가 그려져 있다. 그 필치가 흐르는 것 같다. 유동성이 넘친다. 어딘가 새로운 목표의 땅을 찾아 정열적으로 앞으로 나아가는 다다타카의 마음이 그대로 드러나 있는 듯하다. 그런 의미에서 그의 여행은 언제나 '앞을 보고 계속 전진하는 역동감 넘치는 여행'이었다고 해도 좋을 만하다.

은퇴 후 측량 활동에 나서서 천문학과 서구적 측량을 현실화하여 최초의 일본 지도를 제작

〈대일본연해여지전도〉의 교토·오사카 일대
(중지도, 1821년, 도쿄대학 대학원 이학도서관 소장)
출처: 일본대백과전서

〈대일본연해여지전도〉의 무사시·시모우사 부분(대지도, 1873년 복제, 국립국회도서관 소장).

출처: 일본대백과전서

해 막부에 제출된 〈이노즈 伊能圖〉는 에도성 모미지야마문고 紅葉山文庫에 보관되어 일반인은 접근할 수 없었다. 지도가 너무 상세해서 국방상의 이유로 막부에서 유포를 금지했기 때문이다. 1828년 모미지야마문고를 관리하던 다카하시 요시토키의 아들 가게야스 高橋景保가 나가사키 네덜란드 상관 商館 소속 의사 지볼트 Philipp Franz von Siebold에게 금서에 해당하는 〈이노즈〉를 넘겨준 일로 다카하시 가게야스는 체포되어 이듬해 3월에 옥사했다. 일본에서 추방당한 지볼트는 자국으로 돌아가 1840년에 〈이노즈〉를 네덜란드에서 메르카토르 도법 Mercator projection 으로 수정한 〈일본인의 원도 및 천문관측에 근거한 일본국 지도 日本人の原図および天文観測に基づいての日本国図〉를 간행했다. 이 지도는 매우 정밀하여 당시 일부 유럽 지식인들이 일본의 높은 측량 기술을 인식하는 계기가 되기도 했다. 〈이노즈〉는 에도 시대에는 일반적으로 활용되지 못했지만, 메이지 유신 이후 신정부에 의해 발행되어 군사, 교육, 행정용 기본 지도로 사용되었다.

일본의 지적 엘리트 작가와 선구적 변신 콘텐츠
-아쿠타가와 류노스케, 나카지마 아쓰시

조성미(前 한국방송통신대학교 강사, 일한 번역가)

현대의 많은 대중문화나 문학 작품은 자기만의 주제를 표현하기 위해서 여러 수단을 동원하고 있는데, 최근 인기를 끈 K-드라마의 변신 콘텐츠도 불가사의한 스토리의 표현 수단이 되고 있다. 키스를 하면 개로 변신하는 〈오늘도 사랑스럽개〉라든가 매일 아침 눈을 뜰 때마다 다른 사람이 되는 〈뷰티 인사이드〉는, 우리에게 잘 알려진 신카이 마코토 감독이 영화 〈너의 이름은〉을 구상할 때 이들 드라마에서 모티브를 얻었다고 밝힌 바 있다. 10여 년이 지난 현재까지도 재방영될 정도로 K-드라마의 위상을 자랑하는 〈별에서 온 그대〉도 400년 전 지구에 떨어진 외계인을 등장시켜 화제를 모았다. 이 밖에도 로봇 건담이나 트랜스포머로 알려진 변신 로봇, 사람이 변신하는 〈요술공주 밍키〉와 〈달의 요정 세일러문〉, 신체 일부가 변하는 〈기생수〉, 사람이 좀비로 바뀌는 좀비물 등이 있다. 일상생활 속에서 일어난 불가사의한 일들은 사람들의 화제에 오르며 흥미를 끌어 대중문화와 문학 작품에 좋은 소재로 사용되곤 했다.

변신 콘텐츠는 인간의 상상력과 결부되어 많은 이야기를 만들어 왔다. 인간은 평범한 일상으로부터 탈출을 꿈꾸고 동경한다. 어쩌면 인간 세계와 다른 새로운 세계를 동경하고 그곳을 엿보고 경험하고 싶은 것은 인간으로서 당연한 욕구라고 할 수 있다.

일본의 현대 문학을 대표하는 작가가 무라카미 하루키라면, 일본 근대 문학을 대표하는 작가는 아쿠타가와 류노스케芥川龍之介, 1892~1927라고 해도 지나치지 않을 만큼 일본 문학계에서 아쿠타가와는 입지전적 인물 중 하나이다.

나카지마 아쓰시中島敦, 1909~1942는 중국 고전 등의 원전을 근거로 수많은 소설을 창작한 점에서 데뷔 초부터 아쿠타가와가 환생했다고 평가될 만큼 제2의 아쿠타가와라는 평가를 받고 있다. 아쿠타가와는 무의식의 세계와 가상의 공간을, 나카지마도 중국 고담을 통해 독특한 비일상적 세계를 자주 묘사했다. 두 작가는 우수한 고전적 작품뿐만 아니라 넓은 독자층, 특히 젊은 층이 수용할 수 있는 대중적인 작품을 남기기도 했다. 이들 작품은 교과서에 실려 독자들이 통째로 암기할 만큼 널리 알려졌다. 두 작가는 시대 상황을 가장 민감하게 느끼고 작품에 투영하여 표현한 작가라고 할 수 있다. 그들은 작품의 시간과 공간을 아득히 먼 옛날 먼 이국으로 설정해 우리 현실에서는 이상하다고 여겨지는 일이 당연한 일로 발생하도록 했다. 옛날 이야기나 전설, 우화의 방법을 모방하여 재미의 보편성을 얻고자 한 것이다. 즉 변신 콘텐츠를 서양 철학과 중국 고전 설화에서 선구적으로 도입했다고 할 수 있다. 두 작가 모두 일찍이 외국어나 한문에 정통한 교양인이어서, 현대 작가들이 사용할 수 없는 기품 있는 말을 자유자재로 구사했기 때문이다. 또 인간 존재의 본질적인 물음을 고전 속에서 찾는 작가적 안목이 뛰어났다. 인간 존재의 부조리를 추구하여 일본 근대 문학의 중요한 부분을 차지하는 작가로 자리매김한 점에서 재평가할 필요가 있다.

일본의 지적 엘리트 두 작가와의 만남

지적 엘리트로서 작가적 요건은, 그들이 그 시대에 한 개인인 인간으로서 문제의식을 품고 예술가로서 사회적 책임을 떠맡아 성실하게 인생을 걸어가고자 노력했는가이다. 또 하나 중요한 점은 그들이 우수한 고전적 작품뿐만 아니라 다양한 독자들이 수용할 수 있는 대중적인 작품을 남겼는가 하는 점이다.

새롭게 재조명되는 아쿠타가와의 문학은 현재 일본이라는 지리적 공간과 일본어라고 하는 언어 공간을 넘어서 세계 약 14개 국어로 번역 소개되었다. 다양한 문학 표현 방식이나 텍스트 그 자체가 재미있기도 하지만, 35세라는 짧은 인생 속에서 어떻게 살아가야 할지를 고뇌한 궤적이 담겨 있어서 21세기를 살아가는 우리에게 용기와 희망을 주기 때문일 것이다. 또 인간의 에고이즘이나 생존의 문제가 격조 높은 문체로 표현되어 있다는 점도 매력적이다. 앞이 보이지 않는 불안한 시대 속에서 인간의 문제를 고민한 아쿠타가와의 소설은 오늘날에도 시사하는 바가 크다.

아쿠타가와 류노스케의 작품과 생애를 연구하게 된 계기는 다음과 같다.

첫째, 일본 최고 권위의 문학상인 아쿠타가와 류노스케상芥川龍之介賞의 주인공이라는 점이다. 일본뿐만 아니라 우리나라에서도 아쿠타가와상을 받은 작품이라면 믿고 읽을 정도로 그의 영향력이 크다고 할 수 있다.

둘째, 그의 단편소설 〈덤불 속〉을 영화화한 〈라쇼몽 羅生門〉이 1950년에 제작되어 베니스 영화제 황금사자상을 수상했다. 유명한 구로사와 아키라 감독의 영화 〈라쇼몽〉의 원작자로 '라쇼몽 효과'라는 용어가 생겨났을 정도로 유명한 작가인 점이다.

셋째, 일본 근대 문학을 대표하는 문호 아쿠타가와의 문학이 외국인들에게도 널리 읽히는 까닭이 그의 작품이 스토리성이 풍부한 데다가 모두 단편이라는 점이다. 끊임없이 삶을 고민하며 뛰어난 단편을 남겨 현재까지도 독자에게 사랑받는 천재 작가인 점이다.

넷째, 자살한 요절 작가라는 점에서도 그의 이른 죽음이 안타까운 독자의 심정으로 그를 주목하게 되었다.

중국의 고전에서 제재를 가져다가 번뜩이는 지성으로 작품을 빚어내어 제2의 아쿠타가와로 불리는 나카지마 아쓰시와는 2013년 출판사의 작품집 번역 요청으로 접하게 되었다. 나카지마의 대표작인 〈산월기山月記〉 등을 통해 우리나라에 처음으로 소개된 이후 지쿠마쇼보筑摩書房의 《나카지마 아쓰시 전집中島敦全集》제1권에서 작품을 발췌하여 《나카지마 아쓰시 작품집》이숲, 2013을 번역 출간했다. 이 책에는 지금까지 국내에 소개되지 않은 설화와 고전의 소재를 걸작으로 승화한 중단편 10편이 실렸다. 그러나 아직 그 연구자나 독자층에게 생소하고 미흡하다고 할 수 있다. 일본에서보다 해외에서 높은 평가를 받는 나카지마의 문학은 전후 문학과 연계하여 일본 문학이 안고 있는 문제에 대한 비판이 가능하다는 점에서 앞으로 활발한 연구가 기대된다.

한편 나카지마에 대해 현재까지 발표된 자료 중에서 《나카지마 아쓰시 문학론》으로 유명한 나카무라 미쓰오中村光夫는 현대 청년 작가들 가운데 자질이나 작풍으로 보아 장단점 모두 아쿠타가와와 가장 비슷한 작가로 나카지마를 꼽으며 '현대의 작은 아쿠타가와'라고 평가했다.

두 작가 모두 그 세대에 한 개인인 인간으로서 문제의식을 품고 제일선의 예술가로서 사회적 책임을 떠맡아 성실하게 인생을 걸어가고자 노력한 점, 교과서나 영화 등을 통해 대중과 공감대를 형성한 점에서 지적 엘리트 작가라고 할 수 있다. 두 작가의 근원적인 회의와 고뇌, 불안 등은 급변하는 시대를 사는 현대의 시대적 상황을 대변하는 점과 현대인이 느끼는 불안의 본질을 이해하기 위해 그들의 작품을 비교 분석할 필요가 있다.

왜 두 작가는 변신이라는 콘텐츠에 주목했을까? 변신물의 핵심은 정체성의 변화로 한 인물이 전혀 다른 존재로 바뀌는 것이다. 그렇다면 두 작가에게는 현재의 자신이 아닌 다른 존재가 되고자 하는 욕구가 있다고 생각할 수 있다. 아쿠타가와 류노스케와 나카지마 아쓰시를 대비하여 두 작가의 문학적 특성과 선구적으로 변신 콘텐츠를 다룬 두 작품을 소개하고자 한다.

두 작가의 문학적 특성과 변신 콘텐츠 작품

아쿠타가와 류노스케는 20대의 젊은 나이에 거장 나쓰메 소세키로부터 "아쿠타가와는 문단에서 유례없는 작가가 될 것"이라는 극찬을 받으며 일본 문학계에 화려하게 등장했다. 이후 약 10년 이상 작품 활동을 하는 동안 많은 명작을 탄생시켰다.

짧은 생애에도 불구하고 일본 근대 문학사에 거대한 획을 그었다는 평가를 통해 일본 문학계에서 가장 큰 영예인 '아쿠타가와상'이 탄생했다. 1935년부터 매년 2회 1월, 7월 시상되는 아쿠타가와상은 그를 기념하여 분게이슌주사文藝春秋社에서 제정한 문학상이다. 다이쇼 시대의 종언으로 평가받는 그의 죽음을 기리기 위해, 사후에 소설가 기쿠치 간에 의해 제정되었고 현재 일본에서 가장 권위 있는 순문학상이다. 승승장구할 것만 같던 그는 젊은 나이에 스스로 생을 마감했다. 1927년 7월 24일 아쿠타가와가 자살했을 때 남긴 말인 '뭔가 내 장래에 대해서 그저 막연한 불안'은 그의 문학에서 끊임없이 제기되었고 그의 시대와 문학을 이해하는 키워드가 되었다.

일반적으로 아쿠타가와의 죽음은 작가의 개인적인 사건으로 보지 않고 지식인의 위기의식이 표면화된 하나의 사건으로 간주된다. 아쿠타가와가 온몸으로 느꼈던 불안을 당시 작가들이 자신들의 불안으로 인식하면서 점차 사회화되기에 이른다. 이후 환경적, 생태적, 시대적 '존재 불안'이라는 주제는 여러 연구자들에 의해 오랫동안 제기되었고 그의 문학과 시대를 이해하는 요소가 되었다고 할 수 있다.

무라카미 하루키는 "아쿠타가와는 일본 문학의 흔들리지 않는 정점이다. 그의 작품은 읽고 또 읽어도 질리지 않는다. 그가 사용하는 언어의 흐름은 아쿠타가와 스타일의 가장 큰 특징이다. 결코 정체되지 않고 살아 있는 생명체처럼 움직인다."라고 평가했다.

아쿠타가와는 어릴 때부터 중국 고전에 대해 관심이 많아서 한문 서적을 1,177권이나 소장할 정도로 한시와 한문에 조예가 깊었다. 이런 환경적 영향으로 《서유기》, 《수호전》, 《삼국지》를 초등학교 때부터 접하기 시작했다. 이는 중국 고전적 서적에서 직접 소재를 얻은 작품을 쓴 배경이 되었다고 할 수 있다.

나카지마도 유명한 한학자인 조부, 한문 교사인 아버지, 중국학 학자인 숙부들 밑에서 가풍을 이어받아 한학의 전통이 그의 문학적 소양의 기반이 되었고 작품의 근저를 이루었다. 그는 1909년 5월에 태어나

1942년 12월 4일 33세 나이에 천식에 의한 심장 쇠약으로 사망했다. 소설가로 일반에 알려진 것은 1942년 그가 죽은 해 2월에 잡지 《문학계》에 〈고담古譚〉이 발표되면서부터이다. 일본 문예사에서는 그를 '예술적 저항'이라는 구조 속에 규정지어 암울한 시대 상황 속에서 초연하게 자신의 예술적 양심이 뒷받침된 작품을 써 온 작가로 평가했다. 확실히 그의 작품에는 조부로부터 내려오는 한학의 전통과 교양이 보이고, 격조 높은 문체와 역량 있는 작품 구성이 특색으로 평가되고 있다. 나카지마의 특이성이라고 한다면 시대적 모순에서 헤어 나오기 위한 수단으로 서양의 근대 철학을 접목한 점이다. 중국의 고전 설화나 역사, 전기 소설에서 인간관계의 다양한 모습들을 체험하면서 그것을 다시 자신만의 스타일로 재구성했다. 나카지마는 많지 않은 저항 작가 중 하나였지만 그가 남긴 작품의 가치가 독자들에게 인정받은 것은 안타깝게도 그가 작고한 후의 일이다.

19~20세기에 활약한 대문호들을 주인공으로 내세운 만화가 잇따라 출간되어 인기를 누리기도 했다. 아사히朝日 신문 등에 따르면 연애 이야기, 식사 취향을 다룬 작품부터 작가들이 초능력자로 등장하는 액션물까지 다양한 '문호 만화'들이 주목받으면서 거장 작가들에 대한 관심도 높아졌다. 초능력 마피아로 등장하는 아쿠타가와 외투를 짐승으로 바꾸는 초능력자 캐릭터로 변신한 액션 만화는 실제와 동떨어져 있다는 비판도 있지만, 문호의 작품을 전혀 접하지 않았던 젊은 독자들이 만화를 보고 그들의 작품을 읽었다는 점에서 변신 콘텐츠는 대중성과 현재성을 기대할 수 있을 것이다.

나카지마 아쓰시의 〈산월기〉

60여 년 넘게 일본 교과서에 수록되어 일본의 국민 소설인 동시에 나카지마의 대표작 〈산월기山月記〉는 중국 당나라의 괴기 소설 〈인호전人虎伝〉에서 소재를 얻은 것이다. 원본 〈인호전〉은 천지신명에 등을 돌림으로써 괴수가 되었다는 괴기담에 불과하다. 그러나 〈산월기〉는 당나라 이경량이 지은 기담 전문을 완전히 소화하여 한 점의 모호함이나 흐트러짐 없는 단편으로 완성된 작품이다.

출생을 어기고 정신이 이상해지면서까지 시 쓰기에 열중한 이징李徵이라는 시인이 호랑이로 변신했지만, 시에 대한 열정을 후대에 전하지 않고서는 차마 죽을 수 없다는 이야기로 거듭 태어난 작품이다. 이징은 천성이 존대한 성격인 동시에 겁쟁이 같은 면도 있다. 시인이 되는 꿈을 꾸지만 자진해서 스승이 된다든지 시 친구와 교류하지 않는다. 이 자존심과 수치심의 모순에 빠진 이징은 자신을 해치고 처자를 힘들게 하고는 마지막으로 자신의 외형을 내면과 흡사한 호랑이로 바꾸어 버린 것이다. 겁 많은 자존심과 존대한 수치심이라는 천성적 성정을 가진 것은 이징의 운명이라고 할 수 있다. 그러나 얼어 죽은 처자보다도 자신의 부족한 재능에만 신경을 쓰는 비인간적인 면 또한 그의 운명이다. 이징이 호랑이로 변신한 이유는 그의 운명으로 결론지을 수 있다. 다시 말하면 〈산월기〉는 일종의 변신 스토리로, 시인이 되고자 했으나 시인이 되지 못하고 호랑이가 된 비운의 사나이 이징을 그린 이야기이다.

주인공이 호랑이로 변신한 까닭을 살펴보면 시인이 되고자 하는 예술가적 광기가 결국 내면의 호랑이로 변신했다는 데서 찾을 수 있다.

바로 이 점에 주인공 자신의 시적 재능에 대한 자부심과 그 회의가 있음을 알 수 있다. '겁 많은 자존심'과 '존대한 수치심'이라는 표현이 이 작품의 키워드이다. 주인공은 자신의 '겁 많은 자존심'과 '존대한 수치심' 때문에 하찮은 직업으로 일생을 낭비하고 만다. 자신의 두려움과 자존심 때문에 같은 시대를 사는 다른 시인들과 교류하지 않고, 결국 그것은 시인으로서 평범한 재능이 탄로 날 것을 두려워한 나머지 '자신을 드러내기'를 혐오하는 마음이 일생의 목적 달성을 방해한 것이다. 그러나 이런 통찰에 도달했을 때는 이미 때가 늦었다. 호랑이로 변해 버린 시인의 참회를 통해 인간이 어떻게 살아야 하는지에 대한 짧지만 강렬한 화두를 던지는 작품이다.

〈산월기〉에서 변신 콘텐츠는 주인공 이징의 문학에 대한 강한 집념에서 생긴 비인간성을 상징한다. 이징은 호랑이가 되어도 기억하고 있는 시를, 후대를 위해 기록해 주기를 친구에게 부탁하고 자신이 죽고 난 후 가정을 돌봐 주도록 부탁한다. 호랑이로 변신한 것은 인간 존재의 근본적인 부조리를 극적으로 표현한 것이다. '이유도 모른 채 강요 당한 것을 어른스럽게 받아들여 이유도 모른 채 살아가는 것이 우리들의 운명'이라고 호랑이가 된 이징을 말하고 있다.

〈산월기〉는 나카지마가 이루지 못한 작가로서 명성을 얻고자 하는 의지의 반영이고, 나카지마는 그 자신 내면에 있는 자존심, 두려움, 자의식 과잉, 예민함, 내면에 감춰진 절망감과 분노, 불안 등이 투사되었다. 작가의 자기 투영으로 초래한 〈산월기〉의 내레이션에서 긴장된 어조는 마지막 장면에서 호랑이가 된 이징이 비탄을 호소하는 것처럼 달을 향해 포효하는 광경의 서정성과 멋진 균형을 유지하며 심미적으로 높은 효과를 낸다.

나카지마는 자기 작품에 대해 아내에게 '인간이 호랑이가 된 소설을 썼다'고 말한 적이 있는데, 아내는 '그때의 그의 얼굴은 너무나 애절해서 지금도 잊을 수 없고, 나중에 〈산월기〉를 읽고 나서 남편의 목소리처럼 들려서 슬펐다'고 회상했다. 이징_{호랑이}의 울부짖음은 동시에 나카지마의 고뇌와 연결되어 있다.

나카지마는 중국의 고전에서 그 소재를 빌려와 변신이라는 장치를 작동시켜 작품을 재구성했다. 인간 운명의 부조리함과 애절함을 묘사하면서 중국 고대 전기에 새로운 생명력을 불어넣어 선구적인 변신 콘텐츠 소설로 재탄생시킨 것이다.

아쿠타가와 류노스케의 〈두자춘〉

〈두자춘〉은 중국의 고전 정환고鄭還古의 〈두자춘전〉을 동화로 엮은 작품이다. 역사물, 동화, 기리시탄물 등 원전이 있는 작품 가운데 중국 당나라 시대의 신선소설인 〈두자춘전〉을 소재로 한 동화로, 아쿠타가와가 자기의 상상력을 첨부해서 한 편의 소설로 새롭게 창출해 냈다. 일본 근대 문학의 상징으로 꼽히는 아쿠타가와가 자살하기 전까지 남긴 100여 편의 단편소설 중 동화적인 감수성을 보여 주는 성인 우화 또는 어린이를 위한 명작이라는 평가를 받았다. 이 작품은 주인공의 변신 소망을 주축으로 전개되는 작품이다. 〈두자춘〉의 세계에는 옛 중국이 완전하게 재현되었고 원전과는 다른 재창조의 시점은 주인공을 보다 인간적인 존재로 만드는 데 맞추어져 있다. 게다가 아쿠타가와의 〈두자춘〉은 아이들이 이해하기 쉽고, 동화와 어울리는 개작이라고 할 수 있다. 중국 당나라의 낙양이라는 이국과 신선 세계라는 이계異界를 통해 인간애로 나아가는 긍정적 시선이 묘사되었다.

〈두자춘〉은 인간의 에고이즘과 욕망을 추구하며 인생에 대한 아쿠타가와의 절망적이고 염세적인 태도에서 인간에 대한 참된 사랑을 자각하고 회복해 가는 그의 내면 세계를 엿볼 수 있는 작품이다. 신선계를 통해 주변의 에고이즘에 대한 고뇌와 어머니 상실로 인한 질곡의 삶으로부터 희생적 어머니상을 통한 화해와 '인간다운 정직한 생활'을 모토로 하는 그의 휴머니즘이 담겨 있다. 인간의 에고이즘에 정이 떨어진 두자춘은 선인이 되고자 이계로 가려고 모색하지만, 지옥에서 말로 변신한 어머니의 무한한 사랑 앞에 선인 소원을 단념하고 인간 세상으로 회귀한다. 두자춘은 말로 변신해 채찍을 맞으면서도 자기 자식을 생각하는 모친의 깊은 애정에 금기인 '어머니'라고 외치며 선인이 되는 소망을 미련 없이 버린 것이다. 인간에 대한 불신과 절망 때문에 선인을 지망했지만, 모친의 깊은 사랑을 보고 인간에 대한 신뢰감이 생겨난 것이다. 두자춘이 인간애로 시선을 돌린 이유도 아쿠타가와의 내면에 숨어 있는 어머니에 대한 사랑과 인간주의 덕분일 것이다. 이 작품에는 복잡한 현실 세계에서 선인의 세계로 초극을 시도하는 두자춘의 모습과, 작가로서 고뇌하는 아쿠타가와의 모습이 겹쳐 있다. 돈과 부귀에만 쏠리는 인간의 추악한 속성을 지적하면서도 결국 어머니의 자식 사랑이라는 숭고한 모성애를 독자들에게 일깨우며 인간 본연의 순수성을 부각시킨 것이다.

인간의 박정함과 세속의 인정에서 탈출하는 수단으로 선인이 되고 싶었지만, 어머니의 고통을 보고 자신의 수행만을 생각하는 불효한 인간을 용납하지 못하는 아쿠타가와의 인간적인 면이 잘 드러난다. 인간의 고통과 번뇌를 초월한 세계에 안주하는 것보다 고통과 번뇌가 넘치는 세상일지라도 애정으로 극복하려는 인간 그 자체로 존재하는 데 더욱 높은 가치를 두려는 작가의 의도로 파악할 수 있다.

무라카미 하루키는 "아쿠타가와 류노스케는 누구나 읽을 수 있는 현대 작가이다. 1868년 메이지 유신 이후 가장 위대한 〈일본의 작가〉 10인을 뽑는 조사가 이루어진다면 아쿠타가와는 틀림없이 그중 한 사람이 될 것이다. 또 대표적 작가 상위 5명 안에 들어가도 이상하지 않을 것"이라고 높이 평가했다. 이는 아쿠타가와 문학이 일본이라는 공간을 초월하여 중국을 비롯한 세계의 독자들에게 여전히 현재성을 가진 문학으로 사랑받고 있음을 반영한 것이다.

나카지마의 〈산월기〉와 아쿠타가와의 〈두자춘〉은 중국 고전 설화에서 소재를 취해 현실 도피적 동물 변신과 모색을 꾀한 작품이다. 등장인물이 모두 인간이 아닌 동물로 변신하는데 〈산월기〉의 주인공 이징은 호랑이로, 〈두자춘〉에서는 주인공의 어머니가 말로 변신한다. 사람이 호랑이가 된다는 중국 설화에서 암시받은 이 설정은 다분히 환상적이고 우화적이다.

아쿠타가와는 1892년생이고 나카지마는 1909년생인데, 두 요절한 천재 작가들이 한 사람은 자살로, 또 한 사람은 병사로 생을 일찍 마감했다. 두 작가가 인간이 아닌 다른 존재로 변신시키면서까지 작품을 통해 말하고자 하는 바는 무엇일까?

아쿠타가와와 나카지마는 1920~1930년대 일본이나 세계적으로 불안한 시대에 청년 작가로 활동하면서 느낀 근원적 회의나 고뇌를 중국 설화나 서양 철학이라는 다양한 장르를 통해 작품에 투영했다. 두 작가의 작품 모두 주인공의 성격을 바꾸는 변신 콘텐츠로 새로운 인간상을 창조하여 현대 소설로 완성해 냈다는 점에서 선구적이다. 자의식의 과잉으로 괴로워하는 모습과 그로부터 탈출을 시도하는 모습은 그들 작품 속 주인공에게서 나타나는 공통점이다. 특히 작가 자신을 역사 속 인물에 투영시켜 난세를 살아가는 불안과 체념 등 고뇌하는 자신의 내면을 묘사하는 부분은, 바로 그들이 '무한한 가능성을 지닌 채 요절한 천재 작가'라고 불리게 된 결정적 요인이라고 할 수 있다.

나카지마의 작품에 등장하는 주인공의 '막연한 불안'은 '인생이란 무엇인가?', '세계란 무엇인가?'라는 질문에 대답을 구할 수 없는 고뇌, '존재의 불확실함'과 '운명의 불확실함'이라는 필연성이 결여된 데서 기인한다. 게다가 이 자전적 소설을 통해 자신의 '막연한 불안'을 진지하게 고백하고 있다. 현실의 나로서는 절대로 할 수 없는 일들을 가능하게 해 주는 존재가 되고 싶다는 욕망을 '변신'이라는 상징적 방식을 통해 다채로운 문체와 다양한 소설 스타일로 표현한 것은 '현대 문학'으로 한 걸음 더 나아가는 계기가 되었다.

두 작가와의 만남을 통해, 현대의 이슈인 '존재 불안'을 어떻게 극복했는지를 담은 이들의 작품이 변신 콘텐츠의 선구적 역할을 했다는 점에서 '일본의 지적 엘리트 작가'라는 두 사람의 타이틀이 전혀 과장되지 않음을 알 수 있었다.

나쓰메 소세키의 발자취를 따라서

– 도쿄대학, 구다부쓰안, 센다기 집, 소세키 산방 기념관

황성자(고려대학교 박사과정)

나쓰메 소세키와 도쿄대학

일본에서 가장 우수한 대학으로 손꼽히는 도쿄대학에는 연못이 하나 있다. 이름하여 산시로 연못三四郎池이다. 여기서 '산시로'는 일본인들이 가장 좋아하는 소설가이자 우리나라에도 잘 알려진 나쓰메 소세키夏目漱石의 작품《산시로三四郎》에 등장하는 주인공의 이름이다. 이연못은 청년 산시로와 여자 주인공 미네코가 처음 만나는 로맨틱한 장소이자, 당시 근대화의 물결 속에 급변하던 도쿄의 분위기와는 달리순수한 학문의 전당 속에서 고요한 정취를 자아내는 공간이다. 산시로 연못이 위치한 현재의 도쿄대학 혼고本郷 캠퍼스 일대는 원래 가가번의 번주였던 마에다 도시쓰네前田利常가 도쿠가와 장군에게 하사받은 땅으로, 메이지 시대 초에 도쿄대학의 부지로 편입되었다. 특히 이 연못 주변은 당시 가장 아름다운 다이묘 정원으로 소문난 이쿠토쿠엔育德園이라는 마에다 가문의 정원이었다. 연못의 정식 명칭은 마음 심心이라는 글자의 형태를 닮았다고 해서 신지이케心字池라고 불렸으나, 소세키의《산시로》가 발표된 이후부터 산시로 연못이라고 부르게되었다. 이와 같이 소설 속의 무대가 현실의 공간에서 자리 잡을 정도로 나쓰메 소세키와 그의 작품은 일본인들의 삶과 의식에 많은 영향을

산시로 연못

도쿄대학 정문 아카몽(赤門)

끼쳐 왔다.

소설 속의 주인공 산시로가 도쿄제국대학의 학생이었던 것처럼, 실제로 나쓰메 소세키는 현재 도쿄대학의 전신인 도쿄제국대학 영문과 출신이다. 도쿄제국대학을 졸업한 이후 나쓰메 소세키의 이력을 간단히 소개하자면, 그는 도쿄전문학교^{현 와세다대학} 강사와 도쿄고등사범학교^{현 쓰쿠바대학} 교사를 거친 후, 지방으로 내려가 시코쿠의 마쓰야마 중학교에 이어 구마모토의 제5고등학교^{현 구마모토대학}에서 근무하던 중 문부성의 명령을 받아 영국으로 2년간^{1900~1902} 유학을 다녀온다. 일찍부터 산업혁명을 겪은 대도시 런던의 유학 생활은 그의 일생에 지대한 영향을 끼치는데, 근대화된 서구 문명과 거대한 체구의 서양인은 체구가 왜소한 동양인에 불과했던 그에게 충격과 불안감을 가져다주었다. 신경쇠약이 심해진 그는 결국 유학 생활을 다 마치지 못하고 귀국길에 올랐다.

나쓰메 소세키와 마사오카 시키의 구다부쓰안

나쓰메 소세키는 영국에서 귀국하기 직전에 절친이였던 마사오카 시키正岡子規의 사망 소식을 듣는다. 하이쿠의 혁신에 앞장섰던 마사오카 시키는 나쓰메 소세키와 함께 메이지 시대의 대표적인 문학자로서, 그 역시 동경제국대학을 다녔지만 중퇴하고 니혼 신문의 기자가 되어 문예 활동을 본격화했다. 한문학과 하이쿠에도 조예가 깊었던 나쓰메 소세키는 마사오카 시키와 문학적으로 교류했을 뿐만 아니라, 20대의 청년 시절부터 마사오카 시키가 사망하기 전까지 계속해서 서신을 주고받을 정도로 우정이 깊었다. 특히 나쓰메 소세키는 마쓰야마 중학교 부임 시절, 청일 전쟁 종군기자로 나갔다가 폐병이 깊어 요양을 위해 고향 마쓰야마로 돌아온 마사오카 시키를 자신이 하숙하던 우에노 가문의 별채 1층에 머무르게 해 주고 자신은 2층으로 옮겨 갔다. '구다부쓰안愚陀佛庵'이라고 불리는 이 장소의 이름은 나쓰메 소세키가 하이쿠를 지을 때 썼던 필명 구다부쓰愚陀佛에서 따온 것인데, 마쓰야마의 여러 하이쿠 가인 들이 모임을 갖는 장소가 되었다. 또한 그는 소설을 집필하면서 본명인 나쓰메 긴노스케夏目金之助 대신 나쓰메 소세키라는 필명을 썼는데, 이는 마사오카 시키의 여러 필명 가운데 하나였던 것을 받

구다부쓰안
출처: 구다부쓰안 공식 홈페이지

아서 쓴 것이다. 소세키에 해당하는 수석漱石이라는 한자는 중국《진서晉書》의 고사에 나오는 '수석침류漱石枕流, 돌로 양치질하고 흐르는 물을 베개로 삼겠다'에서 유래한 것으로, 이는 원래 손초孫楚라는 사람이 물로 양치질을 하고 돌을 베개로 삼겠다라는 것을 잘못 말한 것이다. 이 고사성어는 남에게 지기 싫어 사실이 아닌 것을 억지로 우기거나, 그럴듯한 임기응변으로 실수를 무마하는 것을 뜻하기도 한다. 따라서 나쓰메는 손초와 같이 언변은 뛰어나지만 자기 주장을 고집하는 괴짜를 뜻하는 '소세키'라는 이름이 자신과 어느 정도 부합한다고 생각하여 필명으로 선택했을지도 모른다.

나쓰메 소세키와 모리 오가이의 센다기 집

1903년 1월 영국 유학에서 돌아온 나쓰메 소세키는 다시 구마모토로 돌아갈 마음이 없었기에, 유학 전에 근무했던 제5고등학교를 사임하고 도쿄에 있는 제1고등학교와 도쿄제국대학에서 전임 강사로 영어와 영문학을 가르쳤다. 신규로 임용되었기에 이전의 제5고등학교 시절보다 적은 보수를 받았던 나쓰메 소세키는 도쿄에서 생활이 경제적으로 녹록지 않았기에 이듬해부터는 메이지 대학에도 출강을 나갔다. 그는 도쿄제국대학 근처의 혼고구本郷区 고마고메 센다기초駒込千駄木町 57번지로 이사하는데, 현재의 분쿄구文京区에 해당하는 위치에 있었던 이 '센다기 집'은 나쓰메 소세키 문학의 발상지이자 그와 필적하는 모리 오가이森鴎外가 한때 살았던 집이기도 하다.

모리 오가이는 도쿄대학 의학부를 졸업한 후 육군 군의관이 되어 육군성의 파견 유학생으로 독일에서 4년 동안 유학을 한 경험이 있다. 나쓰메 소세키가 영국에서 귀국 후 본격적인 작품 활동을 시작한 것처럼, 모리 오가이는 독일에서 서구 문물을 접하고 돌아와 문학 활동을 시작했다. 당시 이 '센다기 집'에서 모리 오가이는 첫 작품《무희舞姫》1890를 발

나쓰메 소세키와 모리 오가이의 집
출처: 메이지 무라 공식 홈페이지

표하고, 이후 나쓰메 소세키는 첫 번째 장편소설《나는 고양이로소이다吾輩は猫である》1905와《도련님坊っちゃん》1906, 그리고《풀베개草枕》1906 등의 작품을 집필한 것으로 전해진다. 이 '센다기 집'은 당대의 문호 두 사람이 살았다는 이유로 많은 사람들의 관심을 끌었고, 현재는 아이치현 이누야마시에 있는 메이지 마을明治村로 이전하여 보존·전시되고 있다.

소세키 산방 기념관

나쓰메 소세키는 1907년에 도쿄제국대학을 비롯한 모든 강사직을 그만두고 아사히 신문사에 입사하여 전속 작가로 작품 집필에만 전념한다. 오늘날의 교수직에 해당하는 직업을 버리고 전업 작가의 길로 들어선 나쓰메 소세키의 선택은 경제적인 이유도 있었으나, 여러 대학에서 가르치면서 잡다한 업무로 창작 활동에 방해받는 것을 상당히 불만스럽게 여겼던 것으로 보인다. 문부성으로부터 박사 학위 수여도 거

부할 정도로 명예보다는 작품 활동을 중시했던 나쓰메 소세키는 작품 집필에 전념하면서 매주 '목요회'라는 모임을 열었는데, 여기에는 모리타 소헤이森田草平를 비롯해 아쿠타가와 류노스케芥川龍之介 등 많은 문하생들이 출입했다.

특히 나쓰메 소세키가 자신의 출생지인 현재의 신주쿠 지역에 해당하는 우시고메牛込에서 가까운 와세다 미나미초早稲田南町로 이사한 후, 이 집을 그의 서재를 일컫는 '소세키 산방漱石山房'이라 부르고 말년에 이르기까지 작품 활동과 문하생과의 교류를 이어 갔다. 현재 이곳에는 나쓰메 소세키 탄생 150주년을 기념하여 도쿄 신주쿠구에서 개설한 '신주쿠 구립 소세키 산방 기념관新宿区立漱石山房記念館'이 들어서 있다. 2008년부터 계획하여 마침내 2017년 9월 24일에 개관한 이 기념관에는 소세키 산방의 서재와 객실, 회랑 등이 재현되어 있고, 나쓰메 소세키의 생애와 작품들을 소개하면서 그의 원고, 서간 등 실물 자료를 전시하고 있다. 그뿐만 아니라 그와 관련된 테마전이나 특별전 등을 수시로 개최하고, 북 카페 운영과 서책 및 굿즈 판매 등을 통해 이

소세키 산방 기념관

안내 간판

소세키 서재

용객들이 다채롭고 여유 있게 즐길 수 있도록 운영하고 있다. 나쓰메 소세키와 그의 작품에 관심이 있다면, 도쿄 신주쿠에 있는 소세키 산방 기념관을 방문해 볼 것을 추천한다. 도쿄 지하철 도자이선東西線의 와세다역에서 내려서 기념관까지 걷다 보면 그의 작품에 등장하는 고양이 그림이 새겨진 간판과 발판이 순조롭게 길을 안내해 줄 것이다.

《리에종 - 어린이 마음 진료소》의 만화가 영찬과의 인터뷰

구영찬(만화가), **이경수**(한국방송통신대학교 일본학과 명예교수, 스페셜티커피앤티 연구소 소장)

번역: **채숙경**(번역 작가)

《리에종-어린이 마음 진료소》의
한국어판 표지

만화 《리에종[1]–어린이 마음 진료소》는 2023년 1월부터 8부작으로 드라마화되어 일본 아사히 방송에서 방송한 작품이다. 의료 관련 만화라서 일본 의료계에서도 관심을 갖고 의학정보지에 탑으로 인터뷰하기도 했다. 한국의 JYP 걸그룹 트와이스 멤버 중 일본인 세 명이 미사모(미나, 사나, 모모)라는 이름으로 일본에서 새롭게 활동하면서 이 드라마 삽입곡을 부르기도 했다. 이것은 한국과 일본의 좋은 교류의 장면으로 여겨진다. 특히 원작이 일본인 작가 다케무라 유사쿠[2]이고 한국인 구영찬 씨가 만화가로 참여했는데, 이와 같은 협업은 앞으로 우리가 함께

---

1 리에종(liaison): 프랑스어로 (논리적) 연관, 연결, 관련, 제휴 등이라는 뜻임.
2 다케무라 유사쿠(竹村優作): 문필가이자 만화가. 《주간소년 매거진x모닝》 제1회 만화각본 대상에서 《킬 브로디 존슨》으로 장려상을 수상했다. 《리에종 - 어린이 마음 진료소》로 데뷔했고 이 작품은 2023년 드라마로 제작되었다.

나아가야 할 아름다운 미래이다. 방송대 이경수 교수와 구영찬 만화가의 인터뷰를 짧게 실었다.

이경수 교수(이): 안녕하세요, 영찬 님. 자기 소개와 더불어 어떻게 만화가가 되셨는지 알려 주세요.

영찬(영): 일본에서 만화가로 활동하는 영찬입니다. 만화를 본격적으로 시작한 동기는 한국 공립 특목고 '한국 애니메이션 고등학교' 입학이었습니다. 2011년에 교토 세이카대학 만화학부 유학을 계기로, 일본으로 건너가서 2017년에 동 대학 졸업과 동시에 고단샤의 신인상인 'The gate'에서 제4회 신인 만화 대상을 받으며 데뷔했습니다. 그 해 첫 연재 작품으로 보트 경기_{조정}를 소재로 한 스포츠 코미디 《베스트 에이트》를 집필했습니다. 그리고 《주간 모닝》에 아동 정신의학과를 무대로 한 휴먼드라마 겸 의료 만화 《리에종 - 어린이 마음 진료소》를 2020년 3월부터 연재하여 지금까지 집필 중입니다. 잠시 에피소드를 소개할까 합니다.

'재능 있는 사람은 그 재능의 노예가 될지어다.'라는 말이 있습니다만 저도 마치 태어나면서부터 쭉 만화만 생각하고 만화만 그리는 만화를 위한 인생을 살았습니다. 초등학교 시절에는 교과서 여백에 만화를 그려 대서 부모님께 꾸중을 들었고, 교실 책상에도 만화를 그렸다가 쉬는 시간에 지우고 다시 그리기를 반복하는 나날을 보냈습니다. 그 시절의 학교 책상은 반질반질해서 그리기도 지우기도 쉬웠기에 만화를 실컷 그리기에는 정말로 최적의 장소였다고 생각합니다. 그런 저를 보고 정말이지 못 말리겠다고 생각한 부모님은 중학생 때 "만화를 제대로 해 보는 게 어떠냐?"라고 제안했습니다. 다만 한 가지 한국의 예술고등학교 중에서 제일 등급이 높은 학교에 합격하라는 조건을 걸었습니다. 그 학교는 전국에서 25명만 뽑는 데다가 절반은 수도권 우선 배정이었기 때문에 지방에 살던 저에게는 몹시도 혹독한 경쟁이 기다리고 있었습니다. 일본으로 치면 도쿄 게이주쓰대학에도 일부 요소가 존재하는 것처럼 실기만이 아니라 성적의 평가 비중이 50%를 차지해서 만화가 지망을 결정했을 무렵에 저는 처음으로 만화 그리는 시간을 줄이고 학업에 몰두했습니다. 그때까지 성적은 중위권이었지만, 중간 시험 때 대부분 과목에서 만점을 받아 단박에 성적 상위자가 될 수 있었습니다. 그렇게 별 탈 없이 고교 수험 조건을 충족시키고 특기였던 실기 실력을 발휘해 합격을 따냈습니다. 그 후 담임선생님이 다른 반 수업 중에 "꿈이 있으면 사람이 바뀐다."라는 훈계 거리로 저를 자주 언급했다는 이야기를 들었습니다. 학창 시절에 성적을 올렸다는 지극히 흔한 이야기일지도 모르지만, 확고한 목표를 가지고 온 힘을 다해 노력했던 경험은 그 이후의 도전에서도 든든한 버팀목이 되었고 지금도 여전히 힘이 됩니다.

먼저 일본에서 활동하는 연재 만화가로서 말씀드립니다만 저는 만화가를 지망하는 주위 분들에게 누구나 만화가가 될 수 있다고 누누이 말합니다. 현재 만화업계는 연재 영역이 계속 늘어나 누구나 공평하게 도전할 수 있는 환경이 조성되었기 때문입니다.

물론 현재 작업 중인 작품이 바로 연재로 연결되지 않더라도 이야기, 작화, 연출 등 세부 사항을 갈고닦는 노력을 계속한다면 언젠가 그 작품을 찾는 독자가 틀림없이 나타나리라고 믿습니다. 그리고 만화를 연재하고 싶다는 강한 의지가 있다면 그 열망은 함께 프로젝트를 진행하는 편집자나 편집부에도 반드시 전해지기 마련입니다.

그렇지만 진짜 어려운 점은 바로 이것입니다. 만화가의 시련은 자신이 납득 가는 작품을 그려 연재를 이어 가고 싶다는 소망만으로는 실현되지 않는다는 현실입니다. 상업 잡지에 연재하는 이상 수요와 인기가 요구되는 건 피할 수 없습니다. 어느 정도 열정이 있어도 직업인 이상 수익 증대가 필요합니다. 작품이 팔리고 단행본이 출간되어 인기를 유지해야 비로소 출판사와 지속적인 연재 계약을 통해 장기 연재로 이어질 수 있습니다. 개인적으로 스포츠 선수와 비슷하다고 생각하는데 출판사팀와 계약해서 함께 연재 시즌를 준비하면서 실력과 성과가 동반된다면 길게 활동할 수 있습니다. 그러나 성과가 따르지 않는다면 매서운 평가와 더불어 선발 선수에서 제외되는 경우도 있습니다. 단, 만화가는 나이 제한이 적기에 전 생애에 걸쳐 현역으로 연재를 이어 가는 분이나 나이 드시고 데뷔하는 분도 적지 않습니다.

제가 일본으로 건너갔을 무렵 한국에는 이미 웹툰 시장이 급속히 성장해 있었습니다. 현재도 일본에서 활동하면서 전 세계 시장에서 웹툰의 영향력이 나날이 확장되는 것을 실감합니다. 이제는 일본 만화 앱에서도 한국 만화를 많이 읽을 수 있어 저도 언어의 벽이나 국경을 넘어 제 작품을 전 세계 독자에게 선보이고 싶다는 일념으로 고군분투해 왔습니다만 그 여정이 조금 돌아온 길이었나 싶을 때도 있습니다.

그러나 일본의 만화는 주로 종이 매체를 전제로 하는 회사가 적지 않아서 종이책 형태의 출판이 목적입니다. 반면에 한국 웹툰은 디지털 플랫폼을 기반으로 유통되므로 각각 다른 장점과 독자적인 업계 문화가 있습니다.

앞으로 만화가를 지향하는 여러분은 이런 차이를 잘 알고 자신의 성향에 맞게 선택하시기를 바랍니다. 전통 출판 형태인 종이만화책으로 독자에게 선보일지, 무료에다 접근성이 장점인 웹툰 같은 디지털 플랫폼을 활용해 많은 독자에게 다가갈지를 말입니다. 각각 큰 가능성이 잠재해 있습니다. 선택지가 있다는 자체가 만화가로서 기회를 더욱 넓히는 계기가 될 것입니다.

이: 한국 독자에게 《리에종 – 어린이 마음 진료소》를 소개하고 싶습니다. 인상에 남는 장면이나 감동적인 장면, 줄거리 등이 있는지요?

영: 정말 죄송하지만 이미 인터넷이나 출판사에서 공개한 훌륭한 요약본을 참고해 주신다면 오달지겠습니다.

"대학병원에서 수련 중이던 소아청소년과 인턴 도노 시호는 상습적인 지각과 건망증, 하루 한 건씩 꼭 사고를 치는 문제 행동이 잦아 지도 의사 야마자키에게 걸핏하면 야단을 맞는다. 결국에는

'소아청소년과 의사는 포기해'라는 말까지 들은 시호를 수련 기간이 끝난 후 유일하게 받아 준 병원이 지방에 있는 아동 정신의학과인 '사야마 클리닉'이다. 시호는 여기에서 만난 별난 원장 사야마 다쿠와 의료진과 함께 다양한 마음의 병을 가진 아이들을 만나게 된다.'[3]

이: 등장인물을 간단히 소개해 주세요.

영: 마찬가지로 이미 공개된 내용이지만 소개해 보겠습니다.

● 도노 시호

이 작품의 여자 주인공. 대학병원에서 소아청소년과 수련을 받은 수련의. 아이를 좋아하고 어린 환자들에게 인기가 있지만, 앞서 말한 바처럼 문제 행동이 잦았기에 많은 병원에서 임상 수련을 거절한다. 유일하게 받아 준 사야마 클리닉 원장 사야마 다쿠에게 '발달장애'라는 진단을 받고 일단 사야마의 조수로 근무한다. 본디 소아청소년과를 지망했지만, 마음의 병과 그늘이 있는 아이들과 접하는 사이 차츰 아동정신의학과의 매력을 깨닫는다.

---

3   https://ja.wikipedia.org/wiki/リエゾン_-こどものこころ診療所-

● 사야마 다쿠

이 작품의 남자 주인공. 시호를 받아 준 아동 정신과 사야마 클리닉 원장. 처음에는 엉뚱한 행동거지로 시호를 당혹스럽게 하나 본인도 '발달장애'가 있음을 인지하고 있다. 대형 병원 '사야마 기념 종합병원'의 후계자이지만 본가를 떠나 홀로 소규모 클리닉을 경영하며 친족들 사이에서는 별종으로 여겨진다. 이런 배경을 지니고 있지만 환자나 그 가족과 소통하는 시간을 중요시하는 굳은 신념을 가진 의사이다.

이: 의학 내용을 만화로 풀어내는 과정이 쉽지 않았을 텐데 어떻게 진행하셨는지요?

영: 아동정신의학과 의사 두 분에게 취재부터 만화의 대사 작성 그리고 최종 작화 완성까지 꼼꼼한 감수를 부탁 드렸습니다. 가령 가상의 만화라고 해도 아동정신의학과를 주제로 해서 사회적 약자분들의 시점을 그린 이상 정확한 정보를 전하고 의도치 않은 오해나 왜곡을 피하려고 신중하게 검토했습니다. 따라서 거듭된 협의와 의료 현장에서 반복 취재한 내용을 바탕으로 작품 제작을 진행하고 있습니다.

또 독자에게 즐거움과 감동을 선사하기 위해 극적인 줄거리 구성과 희망을 줄 수 있는 따뜻한 그림체, 사회문제에 대한 경종도 잊지 않도록 그 균형을 의식하며 제작에 임하고 있습니다.

이: 만화와 드라마의 차이를 꼽자면 어떤 점이 있을지요?

영: 매체가 다르더라도 그 목적이나 근본에 깔린 의도는 같을지 모릅니다. 만화는 종이와 펜만 있으면 완성할 수 있지만, 드라마는 음향, 조명, 영상, 배우의 연기 등 여러 요소가 조합되므로 더 복잡한 제작 과정이 필요합니다. 하지만 줄거리와 등장인물을 통해 독자나 시청자에게 전하려는 이야기나 메시지는 같다고 생각합니다.

이: 한국과 일본 드라마의 차이나 특징, 매력이 있는지요?

영: 사람마다 느낌이나 호감, 기준은 다르겠지만 제 개인적으로 일본 드라마는 전통 가부키의 영향을 받아 극 중 톤이나 연기에서 의도적인 과장을 느낄 때가 있습니다. 반면, 한국 드라마는 사실감이나 영상미, 시각적 요소를 중시하여 시청자를 사로잡는 스타일에 강한 이미지입니다.

　이런 차이는 각 나라의 업계가 지닌 문화적인 방향성이나 호감도에 따라 생겨나고 시대나 유행에 부응하여 변화했습니다. 그 결과 다양한 스타일이나 접근성을 가진 작품이 잇따라 출시되어 시청자가 질리지 않고 항상 참신하게 즐길 수 있는 경험을 제공하고 있다고 봅니다. 또 정기 구독 서비스 보급으로 전 세계 작품을 실시간으로 즐길 수 있는 환경이 정비되어 국경과 문화를 초월한 '상호 공유'가 가능하게 되었습니다. 이에 따라 기존에 제한된 방식에서 벗어나 더욱 다각적인 시점을 도입하며 서로의 작품에 상승효과를 주지 않을까 생각합니다.

이: 영찬 님의 향후 꿈이 있다면 알려 주세요.

영: 이 이야기에 앞서 '꿈이란 무엇인가?'라는 물음의 본질을 새삼스레 가늠해 보려고 합니다. 우리는 꿈을 말할 때 사회적 지위나 행복한 가정, 경제적 여유라는 막연한 이상을 떠올리는 경향이 있습니다. 하지만 그 이상이 정말로 인생의 궁극적인 목표와 일치하는지는 모릅니다.

저는 어릴 때부터 동경했던 '만화의 성지' 일본에서 자신의 원작을 연재하고 전국 서점 진열대에 깔리는 꿈을 이루었습니다. 하지만 그 꿈의 실현은 상상과 달랐습니다. 쉴 틈 없이 계속되는 연재, 매주 쫓기는 마감, 심신이 모두 피폐한 하루하루. 게다가 만화가는 단순히 만화만 그리는 것에 그치지 않고 개인 사업자로서 현장 운영, 스태프 관리와 급여 지급, 세무 신고 등 수많은 사무 업무도 혼자 힘으로 감당해야 했습니다. 목표를 달성한 뒤에 펼쳐지는 풍경은 막상 눈으로 보지 않으면 모르기에 그런 과정조차 자신에게 진짜 행복이라고는 할 수 없는 겁니다.

그래도 저는 만화가가 되는 꿈을 가졌던 것을 한 번도 후회한 적이 없습니다. 이상과는 동떨어지고 수많은 역경에 처하더라도 그 과정에서 얻은 열정과 자신감, 발밤발밤 꿈에 다가가는 사이에 느낀 기쁨은 무엇과도 바꾸기 힘든 것이었습니다. 그렇기에 '꿈'

이란 일반적으로 뇌리에 주입된 이상의 모습이 아니라 마주할 때마다 가슴 설레고 기쁨을 주는, 마치 언제나 이야기를 나눌 수 있는 마음속 '벗' 같은 존재라고 느끼고 있습니다.

이야기가 빗나갔습니다만 지금부터 저를 달뜨게 하는 미래의 꿈 이야기를 잠시 하고 싶습니다. 예전부터 저는 자신이 창작해 낸 세계관을 자유롭게 표현하기에 열중했습니다. 그런데 상상은 누구나 할 수 있는 반면에 그것을 형태로 만들 수 있는 것은 한정된 사람들뿐입니다. 자신의 꿈을 타인에게 전달하는 수단으로 말에만 의지해야 하는 사람이 있는가 하면 만화라는 표현 수단을 가진 사람도 있고, 영화나 애니메이션, 음악 등을 통해 자신의 세계를 표현할 수 있는 사람도 있습니다. 저는 창작의 즐거움이 특정 재능을 가진 사람만의 특권이 아닌 누구든지 자유로이 창작하고 마음껏 표현할 수 있는 미래를 꿈꿉니다. 그 꿈이 실현된다면 전 세계가 창작물로 충만해지고 제한된 시간과 물리적인 제약을 뛰어넘어 자기 혼자서는 이루지 못했던 표현이 가능해지지 않을까 생각합니다. 그런 미래를 그리며 기대감을 품고서 일상에서 가능한 것을 찾아 한 계단 한 계단 꿈을 향해 전진 중입니다.

참고 자료

● 한국어 자료

강상규·김세걸,『근현대한일관계와 국제사회』, 한국방송통신대학교출판부, 2013.

겐콘 이치호이,『도쿄의 가장 밑바닥』, 김소운 옮김, 글항아리, 2021.

공의식,『새로운 일본의 이해』, 다락원, 2005.

구메 구니타케,『특명전권대사 미구회람실기 제2권: 영국』, 방광석 옮김, 소명출판, 2011.

권민혁,「텍스트마이닝으로 보는 일본 문학관의 관광적 활용 양상 분석」,『일본연구』제40집, 2023.

김도형,「해방 전후 자바지역 한국인의 동향과 귀환활동」,『한국근현대사연구』24, 2003.

김장권·하종문,『근현대일본정치사』, 한국방송통신대학교출판부, 2006.

김흥식 엮음,『도쿄 전범재판정 참관기』, 서해문집, 2020.

니토베 이나조,『일본의 무사도』, 양경미·권만규 옮김, 생각의 나무, 2005.

다나카 히로시 외,『기억과 망각』, 이규수 옮김, 삼인, 2000.

다카하시 데쓰야,『역사/수정주의』, 김성혜 옮김, 푸른역사, 2015.

도시재생사업단,『역사와 문화를 활용한 도시재생 이야기』, 한울, 2012, p.207-213.

루스 베네딕트,『국화와 칼』, 김윤식·오인석 옮김, 을유문화사, 1991.

리처드 플래너건,『먼 북으로 가는 좁은 길』, 김승욱 옮김, 문학동네, 2018.

모가미 도시키,『처음하는 평화 공부 - 인권과 인도에 관한 아홉 가지 이야기』, 김소라 옮김, 궁리, 2019.

무라카미 하루키,『코끼리 공장의 해피엔드』, 안자이 미즈마루 그림, 김난주 옮김, 문학동네, 2023.

문창재, 『나는 전범이 아니다』, 일진사, 2005.

박찬기·엄명숙·조원미, 『조선통신사』, DGB 대구은행 사외보(계간), 2018.

선상규, 『조선통신사 옛길을 걸은 까닭』, 글로벌마인드지엠, 2021.

앤터니 비버, 『스페인 내전 - 20세기 모든 이념들의 격전장』, 김원중 옮김, 교양인, 2009.

야마모토 시치헤이, 『어느 하급 장교가 바라본 일본제국의 육군』, 최용우 옮김, 글항아리, 2016.

양은경, 『일본사를 움직인 100인』, 청아출판사, 2012.

우쓰미 아이코, 「김은 왜 심판을 받았는가 - 식민지지배·전쟁재판·전후보상을 생각한다」, 『제3회 동아시아 평화를 위한 한일공동기획 특별전: 전범이 된 조선청년들, 한국인 포로감시원들의 기록』, 민족문제연구소, 2013.

우쓰미 아이코, 『조선인 BC급 전범, 해방되지 못한 영혼』, 이호경 옮김, 동아시아, 2007.

워라웃 쑤완다릿, 「제2차 세계대전 당시 죽음의 철도 한인포로감시원의 운명」, 『한국근현대사 연구』 30, 2004.

유하영, 「전후 극동지역에서 전시범죄의 처벌」, 『인도법논총』 39, 2019.

이민진, 『파친코』, 문학사상사, 2021.

이영·김동철·이근우, 『전근대한일관계사』, 한국방송통신대학교출판부, 2007.

이장희, 「도쿄국제군사재판과 뉘른베르크 국제 재판에 대한 국제법적 비교 연구」, 『동북아역사논총』 25, 2009.

이학래, 『전범이 된 조선청년』, 김종익 옮김, 민족문제연구소, 2017.

이한섭, 『일본어에서 온 우리말 사전』, 고려대학교출판부, 2014.

정혜경, 「일제 말기 조선인 군노무자의 실태 및 귀환」, 『한국독립운동사연구』 제20집, 2003.

정혜경, 『조선청년이여 황국신민이 되어라 - 식민지 조선, 강제 동원의 역사』, 서해문집, 2010.

조영남 외 4인, 『문화로 보는 일본어』, 가토 기요카타 감수, 솔과학, 2021.

조정민, 「발견된 '지역'과 만들어진 '문학관' 그 이후를 사유하다 - 일본 홋카이도 시립오타루문학관의 시사점」, 『동북아문화연구』 27집, 2011.

하응백, 「한국의 문학관, 그 현황과 실태」, 문화예술 특별기획 문학관 실태조사 문학관 도록.

한국공해문제연구소,『한국의 공해지도』, 일월서각, 1986.

한국체육진흥회,『第9次 21世紀 朝鮮通信使 SEOUL – 東京 韓・日友情 WALK 結果報告書』, 2023.

한태문,「유네스코 세계기록유산 '조선통신사 기록물'의 등재과정과 현황」,『항도부산』 제36호, 2018.

후지타 히사카즈,『국제인도법』, 이민효・김유성 옮김, 연경문화사, 2010.

히구치 이치요,『해질녘 보랏빛』, 유윤한 옮김, 궁리, 2021.

● 일본어 자료

新井信一,『空爆の歴史–終わらない大量虐殺』, 岩波書店, 2008.

遠山淳,「日本文化とコミュニケーション」日本コミュニケーション学会, 橋本満弘・石井敏 編,『日本人のコミュニケーション』, 桐原書店, 1993.

加藤陽子,『それでも、日本人は「戦争」を選んだ』, 新潮文庫, 2009.

栗原俊雄,『戦後補償裁判–民間人たちの終わらない「戦争」』, NHK出版新書, 2016.

栗原俊雄,『東京大空襲の戦後史』, 岩波書店, 2022.

児玉雄二,『戦争裁判と平和憲法』, 明石書店, 2019.

新宿区立漱石山房記念館,『漱石山房記念館特別展図録 夏目漱石と芥川龍之介』, 2022.

神保町文学散歩具楽部,『東京文学散歩』, メイツ出版, 2010.

台東区立一葉記念館編,『台東区立一葉記念館 図録』, 2023.

田中宏・中山武敏・有光健,『未解決の戦後補償—問われる日本の過去と未来』, 創史社, 2012.

田中正敬,「史料紹介: 長崎在日朝鮮人の人権を守る会『原爆と朝鮮人』」. 2016.

源了圓,『義理と人情』, 中央公論社, 1969.

東郷和彦・波多野澄雄編,『歴史問題ハンドブック』, 岩波書店, 2015.

中山武敏・松岡肇・有光健,『未解決の戦後補償Ⅱ–戦後70年・残される課題』, 創史社, 2015.

二松学舎大学文学部国文科 編,『文学散歩』, 新典社, 2014.

森鴎外記念館図録,『千駄木の鴎外と漱石』, 2023.

増山かおり,『死ぬまでに一度は訪ねたい東京の文学館』, X-Knowledge, 2018.

水島朝穂·大前治,『検証防空法−空襲下で禁じられた避難』, 法律文化社, 2014.

山口祐香,『朝鮮通信使をめぐる戦後日本市民社会の歴史実践』, 九州大学大学
　　院, 2020.

● **기타 자료**

선상규, 인터뷰 대면 (2022.06.22.) / 인터뷰 이메일 (2022.07.04.)

http://www.chiiori.org/about_chiiori/maintenance.html (알렉스 커 작업 사진)

https://blog.naver.com/happygwedu/223228990074 ("[한글날] 우리말과 글 속 일본
　　어 잔재, 얼마나 알고 있나요?"〈강원특별자치도교육청〉)

https://blog.naver.com/wexpats_japan

https://cafe.naver.com/anywhereis ("부부쇼군", 카페 철학의 세계(네이버 카페).
　　2016. 10. 25)

https://enchiren.com/ (NPO法人 朝鮮通信使縁地連絡協議会 홈페이지)

https://ja.dict.naver.com/#/main (네이버 일본어사전)

https://ja.wikipedia.org/wiki/TRAIN_SUITE_四季島 (위키피디아, TRAIN SUITE
　　四季島)

https://ja.wikipedia.org/wiki/TWILIGHT_EXPRESS_瑞風 (위키피디아,
　　TWILIGHT EXPRESS 瑞風)

https://ja.wikipedia.org/wiki/ななつ星_in_九州 (위키피디아, ななつ星in九州)

https://miyoshi−city.jp (마루고토 미요시시 관광 포털 미디어)

https://miyoshi−tourism.jp (미요시시 공식 관광 정보 사이트)

https://n.news.naver.com/mnews/article/001/0001511829?sid=102 (민영구, "〈인터
　　뷰〉강남주 조선통신사문화사업회 집행위원장〈연합뉴스〉)

https://naver.me/GmbqJgqp ("트와이스 유닛 '미사모' 1.20. 신곡 발표!", Ent.Ant.)

https://naver.me/GRzdQpSx (金曜ナイトドラマ『リエゾン−こどものこころ診

療所 - 』| テレビ朝日) (인용: https://ja.wikipedia.org/wiki/リエゾン_-こども
のこころ診療所 -)

https://news.infoseek.co.jp/article/financialfield_311520 (「「タンス預金300万円」を
新紙幣に交換すると税務署にバレますか？交換しなくても使えるのでし
ょうか？’.〈ファイナンシャルフィールド〉)

https://press.uos.ac.kr/news/articleView.html?idxno=13586 (신영경, "일본 문화 열
풍 이모저모, 우리는 공존할 수 있을까?",〈서울시립대신문〉)

https://readyfor.jp/projects/yonkoh598 (보닛 버스 크라우드 펀딩 홈페이지)

https://sites.google.com/view/literarymuseum (일본 문학관 연구)

https://terms.naver.com/entry.naver?docId=938348&cid=43667&category
Id=43667 (네이버 지식백과 > 시사상식사전 > 산티아고 순례길)

https://www.awanavi.jp/archives/spot/1606 (도쿠시마현 관관 정보 사이트 > 스팟 >
서부 > 오치아이마을)

https://www.cruisetrain - sevenstars.jp (나나쓰보시 in 규슈)

https://www.digima - japan.com/knowhow/world/14404.php (世界のキャッシュ
レス普及率ランキング - 海外と日本の「“電子マネー普及率・決済事情・課
題」の現状を比較“, <Digima>)

https://www.jalan.net/news/article/202210 (観光列車の最高峰！いつか乗りたい
「豪華クルーズトレイン」徹底解剖！〈2023〉)

https://www.jreast.co.jp/shiki - shima (트레인 스위트 시키시마)

https://www.korean.go.kr (국립국어연구원)

https://www.kyeonggi.com/article/202009151138958 (성주현 숭실대 HK연구교수,
"[생활 속, 일제 잔재를 청산하자] 2. 무의식 속 자주 사용하는 일본어",〈경기일
보〉)

https://www.miyoshi.i - tokushima.jp/docs/4239.html (미요시시 공식 홈페이지 >
미요시시의 위치·액세스)

https://www.nagasakijinkenheiwa.com/ (나가사키 인권평화자료관 홈페이지)

https://www.npb.go.jp/ja/n_banknote/design10 (新しい日本銀行券特設サイト>
新しい一万円札について)

https://www.poemhouse.kr (한국 시 문화회관)

https://www.tokyo‑np.co.jp/article/311247 (“新紙幣の対応に100万円かかる!? 「しんどい。これ以上は…」ラーメン店の嘆き”, 〈東京新聞web〉

https://www.twilightexpress‑mizukaze.jp (트와일라이트 익스프레스 미즈카제)

https://www.youtube.com/watch?v=D44L9d0TiYI (“일본 3대 악녀”, 유튜브 > 사건 탐구 과거탐구 STGT)